# Das war *Der Rundblick*

## 1954 bis 1990

Heimat zwischen Collm und Mulde

Herausgeber und Redaktion

Manfred Müller

SAX-VERLAG BEUCHA

**Zu den Abbildungen auf dem Umschlag:**

Das Titelbild von Gerhard Weber zeigt die Postkutschen, mit denen die *Rundblick*-Leute 1981 unterwegs waren, auf einem Feldweg zwischen Sachsendorf und Burkartshain.

Auf Seite 2 befindet sich das *Rundblick*-Plakat zum ersten Geburtstag 1955

Die Übersichtskarte der drei *Rundblick*-Kreise zeichnete Ehrhart Kundisch 1957

Auf dem Postplakat mit Wurzener Einrichtungen sind abgebildet:
das Posthausportal, das Ringelnatz-Geburtshaus (mit Redaktionssitz des *Rundblicks*), Posttor, Postsäule und die Königlich-Sächsische Eilpost von 1836.
Eine Arbeit von Artur Zieger anläßlich des 30. Geburtstages vom *Rundblick* im Jahre 1984

Das Plakat auf der Rückseite schuf 1979 der junge Paul Kothe für die dreitägige Planwagenreise durch die Rundblick-Kreise anläßlich 25 Jahre *Der Rundblick*

*

Bibliografische Information der Deutschen Nationalbibliothek

Die Deutsche Nationalbibliothek verzeichnet diese Publikation in der Deutschen Nationalbibliografie; detaillierte bibliografische Daten sind im Internet über http://dnb.ddb.de abrufbar.

ISBN 978-3-86729-054-8

Herausgeber und Redaktion:
Manfred Müller, Am Lossatal 30, 04808 Hohburg
Tel. 034263 41261

1. Auflage 2009
Redaktionsschluß: 31.12.2008

Herstellung: Druckerei Bode GmbH, Wurzen
Buchbinderei Müller, Gerichshain
Printed in Germany
www.sax-verlag.de

# Zur Buchanlage

**„Das war *Der Rundblick*"** hat Beiträge der Jahrgänge 1954 bis 1990 zum Inhalt. Die Hefte erschienen für die Kreise Wurzen, Oschatz und Grimma. Ab 1991 gab es den *Rundblick* nur für den Muldentalkreis (Wurzen/Grimma). Eine Übersicht aller *Rundblick*-Veröffentlichungen befindet sich auf Seite 489.

Die **Auswahl** der Texte erfolgte nach dem Prinzip, möglichst viele Orte der Landschaften zwischen Collm und Mulde zu berücksichtigen. Ebenso sollte sich die umfangreiche Themenvielfalt widerspiegeln, also Heimatgeschichte, Denkmalpflege, Natur und Naturschutz, Kultur, Wirtschaft, Sport, Soziales, Gesellschaft. Dabei lag der Schwerpunkt auf den aktuellen Ereignissen der damaligen Zeit mit den Menschen der Region im Mittelpunkt. Sie schufen mit ihrem Wirken geistige und materielle Werte im Heimatgebiet. In anschaulichen Texten fand das oftmals seinen Niederschlag im *Rundblick*. Die Beiträge zur älteren Historie blieben deshalb mehr oder weniger unberücksichtigt wie auch viele andere Texte.

Die **Artikel** wurden grundsätzlich **gekürzt** in das Buch übernommen. Im wesentlichen blieben sie authentisch, also ohne Änderungen und Kommentare, sowie nach den damaligen Regeln der Rechtschreibung. Der Leser kann und soll sich sein eigenes Urteil bilden. Das fällt sicher den Älteren leicht, denn sie haben diese Zeit selbst erlebt.

Dort, wo ich es für angebracht hielt und die nötigen Recherchen erfolgreich verliefen, geben sparsame Anmerkungen in einem **HEUTE**-Nachsatz Hinweise zur gegenwärtigen Situation. Sie beziehen sich ausschließlich auf die wiedergegebenen Texte. Weiterführende Hinweise findet der interessierte Leser für die Dörfer aus dem Muldentalkreis in den beiden *Rundlick*-Bänden *„Von Dorf zu Dorf"*.

Für die **Marginalien** haben Einzelpersonen, Gemeindeverwaltungen, Betriebe und Einrichtungen entsprechende Zuarbeit geleistet. Ihnen gilt mein Dank, insbesondere danke ich *Gerhard Heinz*, Oschatz; *Jens Müller*, Brandis; *Wolfgang Sieber*, Nerchau; *Helmut Schumann*, Naunhof; *Andreas Lobe*, Mügeln; *Paul Holzberger*, Dahlen; *Siegfried Heidler*, Calbitz; *Gottfried Massanek*, Neusornzig; *Frank Schimpke*, Brandis; *Reiner Scheffler*, Oschatz, sowie *Werner Hubrig*, Wurzen, und *Lutz Heydick*, Beucha, für Korrekturen und fachliche Unterstützung.

Für Interessenten und Heimatforscher, die den gesamten Text der einzelnen Beiträge lesen wollen, ist die **Quelle** mit Jahrgang und Seitenzahl in dem betreffenden *Rundblick*-Heft angegeben. Handelt es sich um die *Rundblick*-Jahrbücher, dann geschah das mit der Abkürzung *JB* und bei den Heimatkalendern mit *HK*.

Auf ein **Inhaltsverzeichnis** habe ich wegen der Vielzahl der Beiträge verzichtet und dafür am Schluß des Buches ein ausführliches **Register** zu Mitarbeitern, Namen und Orten zusammengestellt.

*Manfred Müller*

# *Zum Geleit*

## Laudatio für einen Bruder – *Zum 25. Rundblick-Geburtstag:*

Es ist ja nicht allein die grüne Titelfarbe, die uns eint, sondern vor allem die Qualität, wenn ich das einmal mit dieser Mischung aus Lob und Unbescheidenheit sagen darf. Dein Chef hat dich in unserem mehrjährigen Briefwechsel immer sehr zurückhaltend als den kleinen Bruder *Rundblick* tituliert, der lernend zur großen Schwester *Wochenpost* nach Berlin aufschaue. Er weiß nicht, daß die Schwester immer staunend in den Leipziger Vorgarten *rundblickte* und sich über die sehenswerte journalistische Verwandtschaft freute.

Der Begriff „Kulturspiegel“ in deinem Untertitel irritiert. Einmal gibt es davon eine ganze Anzahl unvergleichlicher Erscheinungen, zum anderen ist man heutzutage von Spiegeln gewohnt, daß sie nach kurzer Zeit erblinden oder der Belag abblättert. Welcher Spiegel, so frage ich mich, wird denn noch nach einem Vierteljahrhundert immer glänzender?

Gucken wir uns fünfundzwanzig Jahre nach deinem Erscheinen vor allem für deine Nichtleserschar (denn bei deiner Auflagenbegrenzung kann *Manfred Müller* nicht gerade mit *Rundblicken* um sich werfen) ein wenig deine praktischen Seiten an, die bunt vor Ideen sind. Ich gestehe, daß es ein paar gab, die ich ein wenig nachgenutzt habe. Zeitungmachen fängt eigentlich mit Ideen an, was manchmal schon etwas in Vergessenheit zu geraten droht.

Man sagt den Sachsen immer Unternehmungs- und Reiselust nach – nicht zu Unrecht, wie ich an dir merke. Denn inzwischen hast du eine eigene Wandermannschaft auf die Beine gestellt, die den Lesern zeigt, welch eine terra incognita drei kleinen Heimatkreisen innewohnen kann. Deine Freizeitjournalisten warfen aus einer kleinen Chartermaschine RUNDflugBLICKE über Wurzen, Oschatz und Grimma, über die Dahlener Heide und den Wermsdorfer Forst; sie reisten mit Kleinbahnen und Pferdekutschen, griffen zu Rucksack und Wanderschuh, benutzten Fahrräder und Reitpferde, schaukelten in Planwagen herum und befuhren die Mulde mittels Paddel- und Ruderbooten sowie einem Floß.

All deine einfallsreichen Experimente hier zu würdigen ist unmöglich. Lassen wir's daher bei einigen Sätzen zum jüngsten Jubiläumsereignis bewenden, jener dreitägigen Reise mit zwei Planwagen durch deine drei Wirkungskreise. Das Aufsehen, das deine in Fuhrmannskleidung gesteckten Männer hervorriefen, war gewaltig. Am Wermsdorfer Horstsee fanden sich später zum *Rundblick*-Biwak am Lagerfeuer zwölfhundert Menschen ein, und manch größere Zeitung kann sich kaum solch einer Leserversammlung rühmen.

Und wenn ich in deinen Heften blättere, dann weiß ich, daß man eine Heimatzeitung machen kann, ohne gleich in den Abgründen kleinstädtischen Lokalpatriotismus' zu versinken. Greifen wir nun zur Feier des Tages nach einem Sekt, dessen Eigenschaft so sein soll, wie unsere Schreibweise nie: Extra dry.

*Rolf Pfeiffer (stark gekürzt aus WOCHENPOST Nr. 36, 1979 Seite 18)*

## 1954 1. Jahrgang

**Der Rundblick.** Wurzener Halbmonatsschrift für Kultur und Heimat. 8 Hefte, 158 Seiten, Preis: 25 Pfennige
Herausgeber (bis 1990): Kulturbund zur demokratischen Erneuerung Deutschlands (später wurde der Zusatz gestrichen und dafür Kulturbund der DDR eingesetzt).
Redaktionssitz: Altes Rathaus am Markt (Platz der DSF).
Druck: VEB Kreisdruckerei Wurzen am Domplatz (auch alle späteren Jahrgänge).
Redaktionskollegium (der ersten Stunde): Manfred Müller (Vors.), Manfred Jordan, Ewald Mörl, Kurt Pahle, Gerhard Zeeh.

Die Titelgestaltung zeigt die Wurzener Silhouette mit den Türmen der Krietschwerke, des Domes und der Wenceslaikirche sowie drei rauchende Schornsteine, die den Aufbau symbolisieren sollten. Daneben „schwebt" das Wurzener Stadtwappen sowie das Symbol des Kulturbundes (KB).
Die Titelseite wurde in dunkelbrauner Farbe gedruckt. Da aber schon beim zweiten Heft diese Farbe nicht zur Verfügung stand, erfolgte der Druck mit blauer Farbe. Dieser Farbwechsel blieb auch im 2. Jahrgang bestehen.

# Geleitwort zum Erscheinen

Der Kulturbund schätzt sich glücklich, der Bevölkerung des Kreises Wurzen mit dem heutigen Tage das erste Heft dieser Schrift unter dem Titel *Der Rundblick* vorlegen zu können. Es wird das besondere Anliegen dieser Halbmonatsschrift sein, vom kulturellen Leben unserer Heimat zu berichten. Schon immer war das Bedürfnis nach einer entsprechenden Publikation vorhanden, und wir glauben, mit der Herausgabe des *Rundblicks* dieses Bedürfnis zu befriedigen.

Unser *Wurzener Land* hat eine reiche Geschichte. Besonders lohnend wird es sein, wenig erforschte Ereignisse bekanntzumachen und ungenaue Darstellungen richtigzustellen. Das Naturgeschehen in all seiner Schönheit und Gesetzmäßigkeit soll dem Leser zeigen, daß es vieles gibt, woran er sich erfreuen kann.

Wenn am Tag des Friedens das erste Heft erscheint, so sehen wir darin eine ganz besondere Verpflichtung. Wir wollen dazu beitragen, daß die humanistische Kultur in einem geeinten und befriedeten deutschen Vaterland erhalten wird. *1954 S. 4*

# Bei Wurzen ist's fatal ...

Noch zu Anfang des 19. Jahrhunderts mußten am alten Fährhaus (später Gasthaus *Drei Brücken*, jetzt *Station Junger Techniker*) die Menschen auf den schwerfälligen Fährkahn warten, wenn sie über die Mulde setzen wollten. Erst 1830 wurde die Muldebrücke gebaut. Zu hoher oder zu niedriger Wasserstand waren oft die Ursachen eines unfreiwilligen Aufenthaltes. Selbst die Eil-Postkutsche mit dem gelbgrau berockten Schwager mußte hier ebenso rasten, wenn die wäßrigen Umstände keine Übersetzung ermöglichten.

Wir schreiben das Jahr 1768. Auf der von Leipzig nach Dresden führenden Landstraße rollt die Postkutsche hinab zur Mulde. Fuhrleute und Bauern warten schon mit ihren Wagen auf die Überfahrt, und so wird der junge Mann, es ist *Johann Wolfgang von Goethe*, recht ungeduldig.

**Das 1954er Hochwasser in Wurzen**

Viele Dörfer hat er schon passiert.

An diese Dresdner Reise, wobei er die Gemäldegalerie kennen lernte, hat sich Goethe oft erinnert. Auch unser Wurzen mit seinen nicht gerade günstigen Verkehrsverhältnissen hat er nicht vergessen. Das beweist die Niederschrift in einem seiner Entwürfe zum *Faust,* die 1911 gefunden wurde, worin er den Namen unserer Stadt – wenn auch nicht mit lobpreisenden Worten – erwähnt hat.

Dem lustigen *Frosch* läßt er in der Szene in *Auerbachs Keller* in Leipzig die Worte sagen:

*„Bei Wurzen ist's fatal, da muß man gar lange auf die Fähre warten."*

Leider – was den Ruhm unserer Stadt betrifft – hat Goethe diese Darstellung, die wir heute als den „Urfaust" bezeichnen, in einer späteren Neufassung gestrichen und dafür den Ort Rippach bei Weißenfels eingesetzt.

Einige Jahrzehnte später waren diese Worte auch überflüssig. Weite Brückenbogen überspannten inzwischen die Mulde, und die alte Fähre hatte ausgedient. *1954 S. 14*

## Pegel fünf Meter acht über normal

Es ist stockfinstre Nacht. Ein Regen, den man nicht sieht, den man nur fühlt, kommt aus den tiefhängenden Wolken, die man nur ahnt. Seit vielen Tagen, schier ununterbrochen, ergießen sich Bäche, Flüsse, Ströme vom Himmel. Ein Unwetter.

Friseurlehrlinge haben ihre Prüfung abgelegt und feiern im großen Hotel *(Pippig)* mit ihren Meistern. An anderen Tischen sitzen Männer und spielen Skat, trinken Bier. An jedem Tisch fällt wenigstens einmal das Wort Hochwasser. Es geht zurück, heißt es, für unsere Gegend ist die Gefahr vorbei, Gott sei Dank.

Ruhe mal! Schreit einer. Und augenblicklich verstummt das Summen und Klappern. Welche stürzen hinaus. Die Tür bleibt offen. Ein Windstoß, feucht wie Nebel, fährt herein, und mit dem Windstoß ein gewaltiges Tönen. Die Glocken! ruft die Stimme von vorhin. Kirche und Dom – alle Glocken zugleich. Ein Brausen und Schwingen über der Stadt. Mitten in der Nacht Sturmglocken.

Das Wasser steigt. Pegel fünf Meter zehn, schreit der Greis. Die Stadt ist in höchster Gefahr. Wenn Fluß und Kanal sich über die wenige Zentimeter breite Dammkrone vereinigen, läuft der Kanal über und überschwemmt das Vorland der Stadt, die Tuchfabrik, das Nahrungsmittelwerk, eine Siedlung. Das Wehr wird geschlossen.

Der Tag kommt herauf. Das Wasser wogt und rauscht, geschwängert von der Muttererde fruchtbarer Fluren. Aus den Nachbarstädten am Fluß sickern Gerüchte bis hierher. Dort steht der Markt anderthalb Meter unter Wasser.

Der Pegel hält sich seit einer Stunde, fünf Meter acht über normal. Der Greis hängt mit seinen kurzsichtigen Augen so dicht an der Latte, wie er sich nur irgend vorwagen kann. Wenn's nur so bliebe, stammeln seine Lippen.

Dann ein Hilferuf aus einem Dorf weitab vom Fluß. Einige Kilometer flußab ist der Damm gebrochen, die gurgelnden Fluten haben sich übers Land gewälzt und strömen von dort zurück.

Der alte Mann besinnt sich, was im Heimatmuseum, urkundlich überliefert, zu erfahren ist. Daß die Sturmglocken läuteten, geschah zum letzten Male 1854, im Juli, auf den Monat genau vor hundert Jahren. Damals gab es noch keinen Kanal, keine Dämme wie heute. *Hans Kyffer, Pseudonym von Manfred Jordan, 1954 S. 17 i.F.*

**Soldaten der Sowjetarmee erhöhen mit Sandsäcken den Deich bei Püchau**

**Das Hochwasser** der Mulde von 1954 gehörte – wie später auch das vom Jahre 2002 – zu den „Jahrhundert-Hochwassern", die in unserer engeren Heimat beträchtliche Schäden verursachten. *Weiterer Text: Adolf Böhm „Die Hochwasser der Mulde", 1989 S. 122.*

## „Ein Maskenball" mit Rätseln

Eigentlich war es ja sehr lustig. Nein, haben wir gelacht. Es war der reinste Rätselabend. Wir waren nämlich in der Oper. „Ein Maskenball" von *Giuseppe Verdi* hatte das Kreistheater Döbeln zu bringen versprochen. Die Lustbarkeiten begannen schon zeitig: mit dem Ablegen der Garderobe, die über waghalsige Stiegen geschleppt werden mußte, denn in den eigentlichen Garderoberäumen war eine Ausstellung.

Und dann ging es los, natürlich verspätet; denn wie anders sollte man sonst die Spannung des Publikums auf das richtige Maß bringen! Dann die vielen Töne. Die Zuhörer mußten raten, welches Instrument jeweils die richtigen spielte. Dann ging der Vorhang auf. Wo waren wir? Im Audienzsaal des Königsschlosses *Gustavs III. von Schweden*? I bewahre. Wir tippen: in einer Hütte, in der die Maler für heute Feierabend gemacht hatten.

Sogleich hörten wir auch die erste Solistin des Abends, Hanna Harbordt-Daurer, in ihrer Eigenschaft als Souffleuse. Sie war nicht nur lauter, sie war auch verständlicher als der Gustav Heinz Steinbachs.

Wir wurden weiter unterhalten, auch durch die Spielchen der Beleuchtung: hintereinander zehn verschiedene Farben und Lichtstärken, und dann das freudige Aufatmen: diese Farbe lassen wir. Dann setzte auf der Bühne ein muntres Pochen ein. Reizvoll, was man mit einem Hämmerchen alles für Spaß machen kann. Und dann neckische Ausrufe, wie etwa dieser: „Schmeiß mal das Scheißding rüber!". All das zwanzig Minuten und länger.

Und so ging es weiter, und so ging es fort. Es kamen neue Bilder mit Denksportaufgaben bei Bühnenbild und Regie. Es kamen neue Unterhaltungspausen.

*Manfred Jordan, 1954 S. 65*

# Das Wurzener Krankenhaus

Wer heute unser Krankenhaus oder unsere Poliklinik als Patient betritt, macht sich wohl kaum Gedanken darüber, daß es in der Geschichte Wurzens nicht immer so leicht war, so umfassende Hilfe in Krankheitsfällen zu erhalten...

Am 20.4.1847 war es der Schauspieldirektor *Wolf* aus Leipzig, der die Hälfte des Erlöses einer Wohltätigkeitsvorstellung, des Schauspiels „Zopf und Schwert", an den Stadtrat zu Wurzen als Beitrag zur Errichtung eines Krankenhauses übergab. Im Jahre 1849 wurde in dem Grundstück des Stadtkämmerers *Barth* in der Bahnhofstraße, neben dem Johannishospital, das 1. Obergeschoß gegen eine jährliche Miete von 25 Talern gemietet, um dort eine Krankenstube einzurichten. In 1 ½ Jahren wurde diese Einrichtung von 53 Kranken benutzt, davon waren allein fünfzig Handwerksgesellen. Zur Deckung der Unkosten mußten die Innungen für jeden Gesellen einen „Sechser" an die Stadt abführen. Da damit der Aufwand für die Krankenstube nicht beglichen werden konnte, kündigte der Stadtrat 1851 das Mietverhältnis und verlegte die Krankenstuben nach dem neu erbauten städtischen Armenhaus am Köpfplan, dem jetzigen Gebäude Ecke Torgauer und August-Bebel-Straße.

Erst im Jahre 1872, nachdem Wurzen aufhörte, Garnisonstadt zu sein, wurde das ehemals als Garnisonlazarett benutzte Gebäude bezogen, das jetzige „alte Krankenhaus" in der Albert-Kuntz-Straße. In den Jahren 1909 bis 1911 erfolgt schließlich ein Krankenhausneubau für 60 Betten mit einem Kostenaufwand von 234 000 Mark in der Eilenburger Straße. Im Jahre 1929 wurde durch einen Erweiterungsbau die Bettenkapazität auf 200 erhöht.

**Historische Ansichtskarte vom Krankenhaus, um 1900**

Der chaotische Zustand nach dem Zusammenbruch 1945, vor allem durch die damalige Demarkationslinie an der Mulde, erforderte umgehend Notlösungen zur Unterbringung der Patienten. So wurde das ehemalige Garnisonlazarettgebäude, welches vorübergehend dem Finanzamt zur Unterkunft diente, dem Krankenhaus zur Verfügung gestellt. Außerdem mußten in vier Baracken Kranke untergebracht werden.

Neben der stationären Versorgung steht heute der Bevölkerung eine große Poliklinik mit acht Facheinrichtungen sowie eine Entbindungsstation, Massagestellen, das Ambulatorium, gut eingerichtete Betriebssanitätsstellen und ein ausgedehntes Netz von Gemeindeschwesternstationen zur Verfügung. *Dr. Hellmut Schumann, Chefarzt und ärztlicher Direktor des Kreiskrankenhauses Wurzen, 1954 S. 75.*

**Krankenhaus Wurzen**

Zwei weitere ausführliche Texte befassen sich mit dem Krankenhaus. *Werner Ballschmieder, 1986 S. 92*, berichtet in einer Reportage über die zahlreichen Veranstaltungen anläßlich „75 Jahre Wurzener Krankenhaus" und gibt einen Überblick über die bauliche und medizinische Entwicklung der Einrichtung.

**Dr. H. Schumann**

Einen ebensolchen Rückblick vermittelt *Jürgen Schmidt, 1991 S. 145,* anläßlich der Feierlichkeiten „80 Jahre Krankenhaus Wurzen". Er stellt u.a. die einzelnen Abteilungen vor:

Ärztliche Direktoren: *Dr. Schumann, Dr. Grundmann*;
Chirurgie: *Chefärzte Dr. Schumann, Dr. Unrein, Dr. Weiss;*
Innere Krankheiten: *Dr. Burgdorf, Dr. Burger, Dr. Patzeld, Dr. Ackermann*;
Kinderheilkunde: *Dr. Schimmel;*
Gynäkologie: *Dr. Matzke, Dr. Steglich, Dr. Schmidt;*
Anästhesiologie und Intensivtherapie: *Dr. Vogler;*
Diagnostik: *Dr. Kaftan, Herr Kössling;*
Physiotherapie: *Frau Heine.*

HEUTE: Das Krankenhaus Wurzen bildet mit dem Krankenhaus Grimma die *Muldentalkliniken* GmbH, gemeinnützige Gesellschaft.
Vors. des Aufsichtsrates *Dr. Gerhard Gey*.
Geschäftsführer *Dr. Andreas Ehrlich*, medizinischer Geschäftsführer *Dr. Uwe Krause*.
Fachabteilungen:
Anästhesie und Intensivtherapie, Chefarzt in Grimma *Dr. med. Uwe Krause*,
in Wurzen *Dr. med. Hasso Wallenborn*;
Chirurgie, Chefarzt in G. *Dr. med. Wolf-Dieter Hirsch*,
in W. *Dr. med. Thomas Jungmann*;
Gynäkologie und Geburtshilfe,
Chefarzt in G. *Dr. med. Ulrich Piskazeck*,
in W. *Prof. Dr. med. Johannes Heidenreich;*
Innere Medizin, Chefarzt in G. *Dr. med. Kay Nestler*, in W. *Dr. med. Stephan Schickel*:
Kinder- und Jugendmedizin,
Chefärztin in W. *Dr. med. Katrin Gröger*.

# 8,5 Millionen Knoten

Woher der Teppich stammt, kann uns die Wissenschaft auch heute noch nicht sagen. Aller Wahrscheinlichkeit nach ist der Ursprung in Innerasien zu suchen. Dort wurden schon vor drei- bis viertausend Jahren Teppiche geknüpft.

Die Tradition des Handknüpfens wird heute noch in der volkseigenen *Wurzener Teppichfabrik* gepflegt. Dort wurde schon manches kleine Wunderwerk geschaffen. Die Präsidialkanzlei und die Empfangsräume einiger Botschaften in Berlin sind damit geschmückt. Des weiteren wurde ein Bild *Mao-Tse-tungs* für eine chinesische Delegation geknüpft. Diese kleinen Kunstwerke werden aber beträchtlich von einem Teppich

**Am Handwebstuhl entsteht ein Wandteppich für den Apollosaal der Berliner Staatsoper**

übertroffen, der für den Apollosaal der neuen Staatsoper in Berlin geknüpft wird. Sechs Knüpferinnen müssen sieben bis acht Monate arbeiten, um das Meisterwerk zu vollenden. Der Teppich besteht aus zirka 8,5 Millionen Knoten.

Im In- und Ausland ist die Wurzner Teppichfabrik durch ihre Knüpftechnik berühmt geworden. Zahlreiche Exportaufträge über mechanische und geknüpfte Teppiche helfen mit an der Verwirklichung des neuen Kurses unserer Regierung und verbessern damit die Lebenslage unserer Werktätigen. *Herbert Appelt, 1954 S. 86*

**Die Wurzener Teppichfabrik**

In einer Reportage von *Werner Ballschmieder, HK 1960 S. 97,* können wir den Werdegang eines Perlonteppichs verfolgen von den „weißen Bergen des aufgelockerten Fasermaterials" über die Spinnerei, Färberei und Weberei bis zum Versand als Exportschlager ins Ausland und zum Verkauf im Inland. Im Werk arbeiteten damals 850 Beschäftigte.
1971 wurde der *VEB Wurzener Teppichfabrik* dem *VEB Halbmond-Teppiche* zugeordnet.

HEUTE: Unmittelbar nach der Wiedervereinigung entstand die *Wurzener Teppichfabrik GmbH* als eigenständiges Tochterunternehmen der *DEKO AG Plauen*. Spinnerei und Färberei wurden 1993 stillgelegt und die Maschinen verschrottet. Zwei Jahre später ging der Betrieb in Konkurs und wurde geschlossen. Bis 2006 erfolgte nach und nach der Abriß weiterer Gebäudeteile. Heute künden nur noch wenige Ruinen von einem traditionsreichen Wurzener Betrieb. Durchs Betriebsgelände führt jetzt eine Straße als verlängerte Friedensstraße zur Anbindung an die neue Umgehungsstraße.

# Der Park zu Machern

Die romantische Anlage erhielt im 18. Jh. ihren einstigen Charakter, der allerdings heute nicht mehr erkennbar ist. Der leitende Gedanke war, den Park in Einzelszenen aufzuteilen und die Bäume, darunter auch ausländische Baumbestände, in dichten für sich abgeschlossenen Gruppen wirken zu lassen.

Man schuf eine Menge Stimmungs-Szenerien, in denen Imitationen und tatsächliche alte Bauteile vereint wurden, so daß es dem heutigen Beschauer oft schwer fällt, das Unechte vom Echten zu unterscheiden. Für ein Pyramidengrab gab es eigentlich keine Veranlassung. Eine Ritterburg entstand gleich im halbverfallenen Zustand und an einer abgeschiednen Stelle eine Köhlerhütte. Grotten und Lauben enthielten verschiedene Plastiken.

*Graf von Lindenau* besaß seine Parkanlage nur kurze Zeit. 1802 finden wir in der Chronik einen anderen Besitzer, und 1806 übernahm der Leipziger Kaufmann *Gottfried Wilhelm Schnetger* die Rittergüter von Machern und Zeititz und damit auch den Park. Die Anlage blieb der Öffentlichkeit weiterhin vorenthalten. Mit der Gründung der *Gartenstadt Machern* im Jahre 1934 sollte er einem groß angelegten Siedlungsprojekt Platz machen. Das geschah zum Glück nur in geringen Teilen.

Im Zuge der Bodenreform kamen Schloß und Park in Volkseigentum. Es erfolgte eine Öffnung, und ein Parkaktiv bemühte sich mit Unterstützung der Gemeinde um die Erhaltung der Anlage, was mehr oder weniger gelang. Besonders viele Leipziger suchten und fanden hier an den Wochenenden erholsame Stunden. *Jochen Bergmann, 1954 S. 44. Weitere Texte: HK 1959 S. 118, R 1979 S. 62*

HEUTE: Der Park befindet sich nach wie vor in öffentlicher Hand und wird von der Gemeinde bewirtschaftet. Schloßeinrichtung und neugebautes Kavalierhaus sind privatisiert und werden von einer GmbH verwaltet mit Hotel und Gastronomie. Parkführungen, Ausstellungen und kulturelle Veranstaltungen, hervorzuheben die schottischen Spiele im Herbst eines jeden Jahres, ziehen viel Gäste an.

**Das Bauernhaus vom Jahre 1799 im Park zu Machern, längst abgerissen**

# Der kleine Hans Bötticher

Vor 20 Jahren, am 17. November 1934 ging *Joachim Ringelnatz* von dieser Welt. Dem ewig Ruhelosen hielt *Paul Wegener* die Totenrede. Zum Schluß sagte er der trauernden Gemeinde die Ringelnatzigen Worte: „Wenn ich tot bin, darfst du gar nicht trauern, meine Liebe wird mich überdauern und in fremden Kleidern dir begegnen und dich segnen. Lebe, lache gut! Mache deine Sache gut!"

Am 7. August 1883 erblickte Joachim Ringelnatz – sein eigentlicher Name war *Hans Bötticher* – in **Wurzen** das Licht der Welt. 1888 verließ die Familie Wurzen und zog nach Leipzig, deshalb hat Ringelnatz auch nur wenige Erinnerungen an die Muldestadt.

*Otto Scheffler*, ein Großonkel von *Kurt Bergt*, lernte bei *Georg Bötticher* im Kunstgewerbefach und erinnerte sich sehr gut an den kleinen Hans: „Im ersten Stockwerk des *Thüringer Hofes* befand sich das Atelier. Viel zu oft tauchte der Fünfjährige hier auf, um seine ersten Versuche in der Malerei zu unternehmen. Auch zum

**Hans und Ottilie Bötticher im Jugendalter am Kaffeetisch**

Spielen mußte ich Zeit haben, was vom gutherzigen Vater stets erlaubt wurde. Als aber eines Tages ein soeben fertig gewordenes Tapetenmusterblatt dreimal fünf Finger einer Kinderhand trug, die nur von Klein-Ringelnatz stammen konnten, ließ sich der kleine Sünder lange Zeit nicht blicken.“ *Kurt Bergt, 1954 S. 126*

Episoden aus dem Leben von **Joachim Ringelnatz** sowie seine skurrilen und nachdenklichen Verse veröffentlichte *Der Rundblick* des öfteren, schon weil der Redakteur ein Faible für den Wurzener Dichter hatte. Damit konnte die Erinnerung an den Schelm wachgehalten werden. Es ist auf alle Fälle ein Irrtum, wenn in der Nachwendezeit ein neunmalkluger Kopf vermelden wollte, daß Ringelnatz in den vergangenen Jahrzehnten „unterdrückt“ worden und in Wurzen nicht bekannt sei. Das Gegenteil war der Fall.
Auf die Spuren von Joachim Ringelnatz in Berlin, „wo der Wurzener Schelm seine letzten Jahre verbrachte“ und in eine Künstlerkneipe, wo er des öfteren einkehrte und deren Wände mit einem Sammelsurium von Bildern und Texten geschmückt sind, begab sich *Ulrich Rhein, 1990 S. 98.* Welches Denkmal die Stadt Wurzen ihrem Hausdichter setzte, liest der geneigte Leser im Jahrgang 1983 S. 71, in diesem Buch Seite 354.

# Weihnachtliche Werkstätte

Der Zufall wollte es, daß ich an einem Nachmittag in einem unserer alten Gäßchen in Wurzen den Weihnachtsmann traf, der mir auf meine Frage nach der Herkunft der Pfefferkuchen in seinem wohlklingenden Baß berichtete, er hätte, um allen Anforderungen gerecht werden zu können, mit den hiesigen *Albert-Kuntz-Werken* einen umfangreichen Kauf- und Liefervertrag abgeschlossen. Er sei gerade nach dem Werk unterwegs, und wenn ich Interesse hätte, könnte ich gern mitkommen.

Als wir das Werk II – die Dauerbackwarenfabrik – betraten, empfing uns ein lieblicher Pfefferkuchengeruch. Der Produktionsleiter Kollege *Joachim Gerngroß* bot sich als Führer an. Zunächst wird der Pfefferkuchengrundteig hergestellt. Er ruht bis zu drei Monaten in hölzernen Vorratsbehältern aus und bekommt dadurch die richtige Reife.

Bei der Weiterverarbeitung werden Triebmittel, Gewürze und Aromen zugesetzt. Über einen großen Fülltrichter gelangt der Teig zwischen ein paar Walzen, die ihn in ein breites Band verwandeln, das auf einem Tuchband bis zur Stanzmaschine läuft, die Herzen, Scheiben, oder Sterne ausstanzt. Sie fallen dann auf untergelegte Bleche, die von flinken Frauenhänden dem Backofen anvertraut werden. Die Öfen haben eine Länge von ca. 18 m und werden mit Kohle oder elektrisch geheizt. Nach dem langsamen Durchlauf und dem Abkühlen werden die Pfefferkuchen der Kandiermaschine zugeführt, wo sich eine Zuckerlösung (oder Schokolade) über die wandernden Gebäckstücke ergießt.

Im Packraum verpacken Frauen und Mädchen den Pfefferkuchen in geschmackvoller Weise. Nebenbei sei bemerkt, daß noch viele andere Dauerbackwaren im Kombinat hergestellt werden, und daß die Auswahl seit dem neuen Kurs unserer Regierung wesentlich zugenommen hat.

*E. Kind, 1954 S. 152.*

Eine der *Rundblick-Runden* führte 1977 in den *VEB Nahrungsmittelkombinat Albert Kuntz.* Von dort berichtete *Werner Ballschmieder, 1977 S. 4.* Teilnehmer waren Redaktionsmitglieder, Beschäftigte des Werkes, Museumsleute sowie die beiden Bäckermeister *Rudolf Hepner* aus Fuchshain und *Karlheinz Schwarze* aus Bennewitz.
Anläßlich des 150jährigen Bestehens der *Krietschmühle* schrieb *Günter Janke* den Beitrag „Wurzener Extra aus echtem Schrot

und Korn", *JB 1997 S. 146,* in dem er den geschichtlichen Werdegang des Betriebes erläutert:

## *Zur Geschichte der Krietschwerke*

Kommt der Reisende aus Richtung Leipzig nach Wurzen, so sieht er als erstes, einer gewaltigen Kathedrale gleich, aus dem Muldental die 68 Meter hohen Türme der 1920 und 1925 errichteten und nun wieder im neuen Glanz erstrahlenden ehemaligen Krietschmühle aufragen.

1847 erwarb *Johann Friedrich Krietsch,* der einst als Müllerbursche nach Wurzen gekommen war, die Stadtmühle. Sein älterer Sohn *Fritz* war ein kluger Mühlentechniker. 1869 wurde eine Brotbäckerei errichtet, aus der dann die Biskuit- und die erste industrielle Keksproduktion in Deutschland hervorgingen. Besonders die Wurzener Biskuits eroberten in der Folgezeit Märkte und Messen, erhielten unzählige Diplome und Auszeichnungen.

1917 vernichtete ein Großbrand das gesamte Stadtmühlengebäude einschließlich Bäckerei. Damit wurde der Weg frei für den gewaltigen Doppelmühlenneubau aus Stahlbeton, 1920 die Weizenmühle und 1925 die Roggenmühle.

1946 wurde der Betrieb volkseigen und firmierte fortan als *VEB Nahrungsmittelkombinat Albert Kuntz.* Im Volksmund blieb es *die Krietsche (auch Krietschmühle).*

Nach 1990 erfolgte eine Zweiteilung. Die *Stixi-AG,* ein schweizerischer Konzern, übernahm die Wurzener Dauerbackwaren GmbH. 1997 ging der Betrieb an die *Stollwerck AG* in Köln und 2002 wurde er von der *Barry Callebaut AG*/Schweiz übernommen. Im Februar 2008 erfolgte eine erneute Veränderung. Diesmal kam der Betrieb in die Hände der Firma *Griesson DeBeukelaer.* Jetzt produzieren 190 Mitarbeiter Waffelprodukte, Erfrischungsstäbchen, Riegel und anderes.

Die *Wurzener Nahrungsmittel GmbH* (Mühlenwerke) ist von Anfang an ein Tochterbetrieb der *Getreide AG* Rendsburg gewesen. Die 90 Beschäftigten produzieren mit Getreide aus der heimischen Landwirtschaft die Cornflakes, Weizenmehl und -grieß, verschiedene Sorten Nährmittel aus Hafer und Gerste sowie den beliebten Reis im Kochbeutel und aus Sojaschrot die begehrten Erdnußflips. Bevor es soweit war, wurden die technischen Anlagen völlig rekonstruiert, die gewaltigen Gebäude bekamen neue Dächer und neue Farbe.

HEUTE präsentiert sich die Wurzener Traditionsmühle wieder als rotbekröntes Wahrzeichen der Stadt. Die Inschrift *Wurzener* an einem der beiden mit viel Aufwand und Sorgfalt restaurierten Silotürme zeugt vom Vertrauen in die alte Tradition.

**Tagesproduktion 1977**
(in Packungen)
In der Mühle:
242 000 P. Erdnußflips
18 000 P. Cornflakes
72 000 P. Kuko-Reis
36 400 P. Normalreis
20 000 P. Instanderzeugnisse
31 000 P. Graupen
23 600 P. Mehl
20 600 P. Kindernährgrieß

Und in der Bäckerei:
35 000 P. Marie-Keks
64 000 P. Sonderklasse
71 400 P. Spekulatius
9 500 P. Gebäckmischungen
2 100 P. Exquisit (in Dosen)
35 000 P. Herzen in Häuschen

**Köstlichkeiten vom Fließband aus der Wurzener Keksbude**

## LESERPOST

**Der erste Leserbrief:**
*Hans-Georg Stock* schreibt: Viele Wurzener werden sehr erfreut gewesen sein, als sie das erste Heft des *Rundblick* bekamen. Schon lange fehlte in unserer Stadt eine Schrift, die einmal über das kulturelle Geschehen informiert, zum anderen einen Einblick in Geschichte und Gegenwart unserer Heimat gibt. Beide Anforderungen verspricht der *Rundblick* zu erfüllen. Wünschen wir ihm ein erfolgreiches Bestehen! *1954 S. 93*

**Farbloser Name?**
Aus Thammenhain schreibt *Hermann Seidel:* Mit großem Interesse habe ich Ihre neue Zeitschrift studiert. Format, Umfang, Papier, Druck und Heftung sind gut. Die Ansicht „Wurzen" auf der Titelseite könnte im Druck und Farbton etwas schärfer sein. Das Wappen und das andere „Abzeichen", dessen Bedeutung mir nicht bekannt ist, finde ich an einer unmöglichen Stelle. Der Name *Rundblick* gefällt mir nicht; er ist so farblos, so nichtssagend und trifft auch nicht die Sache.

Antwort der Redaktion: Wir freuen uns über jede Zuschrift, auch wenn sie nicht unserer Meinung entspricht. Wir sind uns im klaren, daß z.B. das äußere Gesicht, besonders der Titel, nicht das Beste darstellt. Das läßt sich aber nur finden, wenn viele ihre Meinung dazu sagen. Wir bitten deshalb um Vorschläge, damit mit Beginn des neuen Jahres *Der Rundblick* evtl. unter einem anderen Namen erscheint. Anm. Zum Glück haben wir den Namen nicht geändert. Wir konnten keinen besseren finden! *1954 S. 93*

**Quergeschriebenes**
Ich erwarte ihn sehnlich, den *Rundblick*: Noch am Abend des Erscheinens gebe ich mich ihm hin, lese, studiere. Alles. Bis auf die Kurzreportage. *Hans Kyffer* schreibt sie in Fortsetzungen, in seinem eigenartigen Stil. Das lese ich immer erst am Morgen, am kommenden. Es erfordert aufgefrischte Nerven. Ich gehe dann am Abend vorher um 20 Uhr schlafen. Abends kann ich *Hans Kyffer* nicht mehr lesen, man muß sich seelisch vorbereiten auf seinen Stil, seinen unverkennbaren. Beim Lesen denkt man unwillkürlich an den Crostigall, den holprigen.
*Hans Querpfeifer, 1954 S. 93*

**Nachschlagewerk**
Ich möchte nicht versäumen, vor meiner Rückreise nach Hamburg Ihnen meine Anerkennung für die von Ihnen redigierte Heimatzeitschrift auszusprechen. Es ist ohne Zweifel ein begrüßenswertes Beginnen, sich der Pflege der Heimatgeschichte zu widmen. Wenn es möglich wäre, würde ich recht gern regelmäßig diese Zeitschrift lesen. Ja, ich würde alles daran setzen, diese Hefte zu sammeln, um sie mir jahrgangsweise einbinden zu lassen. Ich hätte dann ein schönes heimatgeschichtliches Nachschlagewerk. Gerade wenn man als geborener Wurzener in der Fremde lebt, erinnert man sich recht gern der alten Heimat. *Rolf Wagner 1954 S. 143*

Heutige Anm.: Für mehrere Jahre bestanden sogenannte Leser-Patenschaften, die die Redaktion mit hiesigen volkseigenen Betrieben und Einrichtungen abgeschlossen hatte. *Der Rundblick* sollte als „Agitationsmaterial" den westdeutschen Bürgern die Entwicklung der DDR anschaulich dokumentieren. Auf diese Weise gingen jeden Monat kostenlos über hundert Hefte in den Westen, und einige Leser bedankten sich schon mal mit einem „Westpaket", das Bohnenkaffee und Schokolade enthielt.

**Thallwitz: Mitten durch den Ort fließt die Lossa. Deshalb überqueren mehrere Brücken und Stege den Bach, die alle einen Namen tragen, so z.B. Schäferbrücke, Mühlbrücke, Dorfbrücke, Große Brücke, Kirchbrücke, Selzerbrücke, Hirten- und Böttchersteg. Der Ort erhielt mit Recht den Beinamen „Brückendorf". 1954 S. 110.**

| 1955 | 2. Jahrgang |
|---|---|

**Der Rundblick** – Neuer Untertitel: Kultur- und Heimatschrift des Wurzener Landes. Halbmonatlich, 24 Hefte, 490 Seiten, 25 Pfennige.

# Der Spitzberg bei Lüptitz

Ganz kahl und wie ein Zuckerhut beherrschte er vor vielen Jahren mit einer Höhe von 193 Metern das Wurzener Land. Bereits in vorgeschichtlicher Zeit zog er die Menschen an. Das beweisen kleine Feuersteinanhänger, die am Fuße des Berges gefunden wurden.

Vor 70 Jahren begann der Abbau des Quarzporphyrs. Noch können sich viele ältere Wurzener der Schwerlast-Fuhrwerke erinnern, die Tag für Tag durch die Straßen der Stadt zum Güterbahnhof rollten.

Vor reichlich hundert Jahren soll hier ein unterirdischer Gang entdeckt worden sein. Das Wurzener Wochenblatt von 1832 schrieb damals: „In der Nähe von Lüptitz, unfern des Spitzberges, den man stets mit Respekt zu betrachten gewohnt war, entdeckte ein Hirt, durch Versinken seines Stockes im freien Felde, einen nach jenem Berge führenden unterirdischen Gang, der, in Felsen gehauen, hoch und lang genug ist, um zwei nebeneinandergehenden Personen freien Eingang zu gestatten. In der Tiefe angesammeltes Wasser hinderte nicht die Suche nach Altertümern. Mittels Kahn mußte man nach einer Fahrt von ungefähr 120 Ellen ankern, denn hier hörte die Höhlung auf.“ *Kurt Bergt, 1955 S. 107*

Stolz und erhaben ragte einst der Spitzberg über die Fluren von Lüptitz. Heute ist von ihm nur noch ein Drittel seiner einstigen Größe zu sehen. Etwa hundert Meter hoch reichte seine Spitze über das Dorf hinaus. Einzelne Felswände hatten im Volksmunde folgende Namen erhalten: Drachenfelsen, Kanzel, Kanapee und der höchste Punkt Geierfelsen. An der steilen Nordwand rieselte ein kleiner Quell. Die Ostseite war mit Rasen, Moos und Heide bewachsen. Vom Gipfel aus hatte man einen herrlichen Rundblick.

An den Hängen spielten die Kinder gern zur Sommerzeit, zu Ostern wurden die Eier den Abhang hinunter gerollt, und im Winter gab's eine herrliche Rodelbahn. Zu Manöverzeiten beobachteten die Stäbe das gesamte Gelände.

**Blick vom Spitzberg über den mit Wasser gefüllten Bruch auf das Dorf Großzschepa**

1888 begann der Abbau des Berges. Dabei fand man Reste von Urnen. An den Felswänden konnte man damals Inschriften oder eingemeißelte Zahlen und Namen lesen, die Zeugnis gaben von einstigen Besuchern. Der Spitzberg hat wirtschaftlich niemals die Bedeutung wie der Breite Berg gehabt. Er wechselte mehrmals den Besitzer. 1928 wurde der Steinbruch stillgelegt.

*Christa Sperling, 1968 S. 76*

HEUTE: Nach dem Abzug der Sowjetarmee im Jahre 1993 ging das Manövergelände mitsamt dem Spitzberg in das Eigentum der Gemeinden zurück und wurde wegen seiner seltenen Trockenrasengesellschaft unter Naturschutz gestellt.

## Einmalig: Karneval in der Domstadt

Auch in **Wurzen** kann ein Karneval auf die Beine gestellt werden. Es stimmt also, daß das träge und dickflüssige Blut der Wurzener doch noch nicht ganz zu Sirup geworden ist. Nun hinein in die erste Elferratssitzung in Wurzen. Es ist schwer zu sagen, ob der Saal im HO-Hotel Stadt Wurzen jemals so viele Menschen aufgenommen hatte. Bühne und Saal, von den Kollegen der Werbeabteilung der HO-Lebensmittel wirklich auszeichnet dekoriert, verbreiteten eine karnevalistische Atmosphäre. Dazu die vielen bunten Papierhüte und -mützen, Luftballons und Luftschlangen und die witzigen, humorvollen Beiträge des bekannten Wurzeners Lothar Bribach, der schon vor dem Einzug der Karnevalsregierung die Lachmuskeln aller Anwesenden in persönliche Pflege nahm. Später war die erste Büttenrede des Wurzener Nachtwächters Brilo (Bribach Lothar) eine reine Zwerchfellmassage. Selbstverständlich war auch für eine echte Karnevalsmusik gesorgt worden. Die Blaskapelle der MTS Lossa war ein guter Griff.

Wie sie alle mitgesungen haben, als der Wurzener Constantin Giesel sein extra für die Wurzener komponiertes Karnevalslied von der Bühne aus dirigierte. Und geschunkelt wurde, daß es eine Freude war. Auch die Worte des Ministerpräsidenten, in natura Betriebsleiter der Druckerei Paul Lasch, weckten Frohsinn und Lebensfreude.

Und so ging also unter viel närrischem Treiben die erste öffentliche Sitzung des Wurzener Elferrates zu Ende, gar nicht davon zu reden, daß anschließend noch ordentlich getanzt und getrunken wurde. Sicher ist jedenfalls, daß das Eis auch in Wurzen gebrochen ist und daß der Karneval fortan zu den Volksfesten in unseren heimatlichen Mauern zählen wird. Was sagen wir dazu?: „Nu klar!“

*Werner Ballschmieder, 1955 S. 461*

Unser Autor irrte sich, die Hoffnung auf eine Fortsetzung bestätigte sich nicht. Wegen Querelen unter den Aktiven kam es zu keiner Wiederholung, und auch späterhin wurden niemals wieder irgendwelche Versuche unternommen.

## Die Erdhügel auf dem Brandiser Kohlenberg

Auf der langgestreckten Höhe des Brandiser Kohlenberges erheben sich zahlreiche große von Menschenhand errichtete Hügel. Es sind 26 Hügelgräber der Bronzezeit, etwa vor 1000 v.d.Ztr. entstanden. Früher waren es sicher noch mehr, also ein ganzes Gräberfeld oder frühgeschichtlicher Friedhof. Doch dem Steinbruchbetrieb dürften eine ganze Reihe zum Opfer gefallen sein. 1935 fand durch Wissenschaftler eine planmäßige Untersuchung eines Grabes statt, um den Inhalt zu retten und einen Anhaltspunkt über das Alter der Anlage zu gewinnen.

Die Grabhügel müssen einstmals über einen Meter hoch gewesen sein und waren von Steinpackungen eingefaßt. Im Inneren fand man Urnen, in denen nach der Verbrennung der Toten die restlichen Knochen und deren Asche aufbewahrt waren. Hier liegen also die fernsten Vorfahren unserer Heimatstadt. Die Beigefäße waren wahrscheinlich mit Fleisch und Früchten für die Fahrt ins Jenseits gefüllt. Einzelne Getreidekörner waren noch gut erhalten.

*Adolf Ratzsch, 1955 S. 159*

# Ostern wandern wir zum Wachtelberg

**Die Unterführung, der Fußweg unter der Bahnstrecke hinüber zur Liststraße, wurde im Zuge der Neugestaltung des Wurzener Bahnhofes nach 1990 zurückgebaut**

Es ist eine Tradition der Wurzener, am Ostermorgen und auch am Nachmittag vor die Tore der Stadt zu pilgern. Welches Ziel liegt wohl näher als der Wachtelberg mit seiner Osterblume. Unser Treffpunkt soll diesmal das Eckhaus Möbel-Zimmermann in der Dresdener Straße sein. Hier teilte der Weichbildgrenzstein Nr. 22 Stadt- und Landflur. Im Schatten des Hochhauses versteckt sich ein Hofseitengebäude des ehemaligen Schlag'schen Gutes. Das schöne Fachwerkhaus ist heute unter Denkmalschutz gestellt und damit vor moderner Umgestaltung oder gar vor dem Verfall geschützt.

Wir biegen in die Beethovenstraße ein. Einst hieß sie die Scheunengasse und später auch Leichengang. Aus den kahlen Bäumen des Alten Friedhofs lugt der erneuerte Turmbau des Pesthäuschens hervor. Die dicht daneben stehende Johanniskapelle verfällt leider immer mehr.

Vorbei am Hotel zur Börse, wo einst Straßenzoll und andere Abgaben entrichtet werden mußten, erreichen wir die Unterführung, wo der Weg noch bis 1928 über die Schienen führte. Weiter geht es an der Wasserglasfabrik vorbei. Aus den vielen Schornsteinen raucht es Tag und Nacht. Hinter dem ehemaligen Lindenhof führt der Weg zur Muldenfähre. Wir biegen links ab und wandern zum Wachtelberg hinauf. Der „Holländer" ohne Flügel zeigt noch immer die Spuren des letzten Krieges. Damals wäre das Muldendorf Dehnitz beinah vernichtet worden. Der Beschuß und mehrere Todesopfer auf dem Berge veranlaßten aber den Abzug des Volkssturmes.

Das Wanderziel ist erreicht. Unsere Augen werden sicherlich zuerst die Osterblume, vielfach auch Küchenschelle genannt, suchen. Auf alle Fälle wollen wir uns auf diesem Gelände sehr vorsichtig bewegen, denn die Pflanze wurde wegen ihrer Seltenheit vor Jahren unter Naturschutz gestellt, da sie im Aussterben begriffen war.

Ein herrlicher Rundblick übers Wurzener Land lohnt den Aufstieg. Mulde aufwärts, hinter dem Sonnenmühlfelsen, grüßt uns von der Deditzer Höhe die uralte Linde, die als Landmarke den alten Gespannführern gut bekannt war.

Und schließlich noch ein Blick in die Tiefe zur Naturbühne. Ausdauer, Fleiß und gemeinsame Arbeit schufen hier eine Kulturstätte, die, obwohl sie noch kein volles Jahr eröffnet ist, bereits vielen Menschen Freude und Entspannung geboten hat.

*Kurt Bergt, 1955 S. 126*

# Die Wurzener Domglocken

In weihnachtlicher Zeit über Glocken schreiben kann ich nicht, ohne mit einem persönlichen Erlebnis zu beginnen. Ich mag ein Bub von 11 oder 12 Jahren gewesen sein, als ich in meiner Heimat nach alter Sitte mit meinem Bruder am 1. Weihnachtstage früh um 6 Uhr die Christmette besuchte, während die Mutter daheim die Bescherung herrichtete. Dabei geschah es, daß mich der Kirchner, den seine Läutebuben in so früher Stunde im Stich gelassen hatten, kritisch musterte und fragte, ob ich mir zutraute, mit zu läuten. Auf mein freudiges Einverständnis hin durfte ich mit ihm die knarrende Stiege des Kirchturms bis zum Glockenboden emporsteigen und Weihnachten einläuten.

Auf manchem Kirchturm habe ich in der Zwischenzeit die Glocken geläutet, aber von der gleichen Eindrücklichkeit ist mir nur noch ein Läutedienst geblieben: als ich nämlich am 16. Mai 1950 mittags im Nordturm unseres Wurzener Domes die Schalluken aufstieß und – ganz ungewöhnlich – zum üblichen Mittagsgeläut diesmal die kleine Domglocke läutete, die jahrelang geschwiegen hatte. Was war geschehen? Am gleichen Tage war per Bahn die große Domglocke aus dem Glockenlager Hamburg zurück gekommen. So grüßte die Daheimgebliebene die wieder heimgekehrte Schwester.

Wir haben sie dann unter Anteil der Kirchgemeinde und im Beisein von Vertretern der damaligen Stadtverwaltung am 24. Mai 1950 wieder aufgezogen, und Pfingsten konnte zum ersten Male das Festtagsgeläut neben den Glocken von St. Wenzeslai auch wieder mit den beiden altehrwürdigen Glocken des Domes vorgenommen werden.

1751 war die große Domglocke umgegossen worden, da sich Risse gezeigt hatten. Fast 200 Jahre konnte sie ihren Läutedienst tun, bis der Erste Weltkrieg auch ihr Schicksal gefährdete. Nicht befreit, sondern nur „wegen ihres geschichtlichen Wertes zurückgestellt“, so lautete das über sie gefällte Urteil im Jahre 1917. Jedoch brauchte sie damals glücklicherweise nicht abgenommen werden. Als aber die Furie des Zweiten Weltkrieges über uns hinwegbrauste, nützten alle Einsprüche und Proteste nichts mehr. Sie mußte im Jahre 1942 abgeliefert werden und mit vieltausend ihrer Schwestern den Todesweg nach einem der großen „Glockenfriedhöfe“ in Hamburg antreten. Als sie mit Gewalt abgenommen werden mußte, weinten viele Menschen.

Nur ein kleiner Teil fand sich nach Kriegsende noch unversehrt vor und konnte an die Kirchgemeinden zurückgegeben werden. Zu diesen wenigen gehörte erfreulicherweise unsere große Domglocke.

Zur Mahnung der Menschen rufen sie in unsere friedlose und ruhelose Zeit. Es ist ihr Läuten weit mehr als nur der harmonische Zusammenklang eherner Instrumente. Vielleicht empfinden wir etwas davon, wenn wir am Weihnachtsmorgen oder in der Silvesternacht ihrem Klingen lauschen und das alte Gebet heraushören: „Verleih uns Frieden gnädiglich, Herr Gott, zu unsern Zeiten!“

*Pfarrer Roscher, 1955 S. 485*

**Am Domplatz vor 1880 mit dem Dom. Die Gebäude davor, Kirchnerhäuschen, Kapitelhaus und Archidiakonat, sind längst abgerissen**

# Erinnerungen des Georg Boock

Anläßlich des zehnjährigen Bestehens des Kulturbundes fand im Saal des Kreisratsgebäudes eine Festveranstaltung mit über 200 Teilnehmern statt. Dort sprach auch der ehemalige Oberbürgermeister von Wurzen und jetzige Oberbürgermeister der Stadt Erfurt, Georg Boock:

„Meinen herzlichen Dank für die Einladung. Ich habe mich aufrichtig darüber gefreut, daß ich heute wieder diesen Saal nach 9 Jahren betrete. Beim Eintritt kamen mir viele alte Erinnerungen.

Es war 1945. Größte Sorgen waren vorhanden. Fleisch und Fett waren knapp. Die industrielle Produktion konnte nicht anlaufen, da keine Vorräte vorhanden waren. Der Handel funktionierte nicht. Wurzen war gewissermaßen abgeschlossen von der Außenwelt.

Der lange Krieg hatte aber auch das Verständnis für die kulturellen Fragen beseitigt. An eine Episode kann ich mich noch gut erinnern. Die Menschen sammelten alles, was da war. So hatten große Druckereien viele ihrer Bücher hier im Wurzener Land untergebracht. Im Schloß Nischwitz lagerten wertvolle Bücher vom Verlag Brockhaus. Wir versuchten, die letzten Bücher wieder einzusammeln. Was mußten wir aber feststellen: Die Nischwitzer hatten sich alle einen Band des Lexikons besorgt, jeder aber einen anderen Buchstaben.

Die Mulde war damals Grenze und niemand konnte sie überqueren. Einige Künstler waren auf ihrer Flucht hier am Fluß aufgehalten worden. Deren Barmittel gingen langsam zu Ende. Da fanden sie sich zusammen, die Tänzer, Schriftsteller, Kabarettisten. Sie trafen sich und gründeten ein Theater. Ihr Intendant wurde Herr Schweighöfer. Er war ein großer Optimist. Zuerst wurden bunte Abende durchgeführt. Dann begann man ein Restaurant einzurichten, und leichte und ernste Muse wurde geboten.

Und noch eine Aufgabe war zu lösen, für deren Erfüllung ich Freund Bergt sehr danken möchte: Die Erforschung der Heimatgeschichte und der Aufbau des Heimatmuseums. *Kurt Bergt* war mit großem Idealismus bei der Arbeit und hat mitgeholfen, daß vieles erhalten blieb". *1955 S. 296*

**Georg Boock**, Berlin/Wurzen/Erfurt. *1891 †1961. Verwaltungsangestellter, Mitglied der SPD, ab 1927 Erster Bürgermeister in Wurzen, förderte besonders die Bautätigkeit. 1933 von den Nazis abgesetzt, Teilnahme am Widerstandskampf, 1944 zu vier Jahren Zuchthaus verurteilt. Nach Kriegsende Oberbürgermeister von Wurzen, ab 1946 bis zu seinem Tode Oberbürgermeister in Erfurt. *1961 S. 382. 1962 S. 346. 1986 S. 8*

## NOTIZEN und PERSONALIEN

**Ein Jahr Der Rundblick.** Als am 1. September des vergangenen Jahres das erste Heft erschien, konnte man nicht voraussehen, ob der kleinen Schrift für die kommende Zeit Erfolg oder Mißerfolg beschieden sein wird. Heute nun fällt die Beantwortung nicht mehr schwer.
Der Rundblick wird nicht nur in den Orten unseres Kreises, sondern auch weit über die Grenzen hinaus von vielen Tausenden begeistert gelesen. Das beweisen viele Briefe und Karten. Freilich, es war nicht leicht, dem Rundblick den Weg zu ebnen. Die Schwierigkeiten waren oft beträchtlich. Doch sie wurden überwunden und jetzt haben sich die besten Aussichten für die weitere Entwicklung eröffnet. Der Rundblick wird mit Beginn des neuen Jahres sein Verbreitungsgebiet auf die Kreise Oschatz und Torgau ausdehnen. Aus diesem Grund wird die Seitenzahl um 8 erweitert werden. Der Preis ändert sich nicht.
Wir hoffen, daß noch mehr Leser durch Beiträge, Zuschriften und Fotos mithelfen, die Schrift noch abwechslungsreicher zu gestalten. *Aus dem Geleitwort 1955 S. 331*

**Wurzen:** Bis zum Dezember 1911 besaß die Stadt einen **Türmer**. Dann versetzte der Stadtrat Vater Schöne in den Ruhestand. Die Glocken wurden fortan elektrisch angeschlagen. Die letzte Silvesterfeier beim Wenzelstürmer schildert Kurt Bergt. *1955 S. 10*

**Dornreichenbach:** Im Jahre 1637 (30jähriger Krieg) zerstörte die schwedische Soldateska den Ort fast vollständig. Fast alle Gebäude gingen **in Flammen** auf und nur wenige Einwohner überlebten das Massaker. Fünfzehn Jahre lang blieb die Stätte des Schreckens unbewohnt, und erst dann siedelten sich die ersten der geflüchteten Einwohner wieder an. *1955 S. 29*

**Wurzen:** Eine brisante Fehde erhitzte in den Ostertagen des Jahres 1542 die Gemüter, die als der **Fladenkrieg** in die Stadtgeschichte einging. Es ging um den Besitz des Wurzener Landes, und vor den Toren der Stadt standen sich die Heerscharen von Kurfürst Johann Friedrich und von Herzog Moritz gegenüber. Durch Vermittlung des Landgrafen Philipp von Hessen und von Martin Luther konnte der blutige Ernst verhindert werden. Die Offiziere trafen sich zum friedlichen Fladenessen (ein übliches Ostergebäck aus Mehl und Quark) mit den Einwohnern in der Stadt. Endlich mal ein „Krieg" ohne Opfer! *1955 S. 129*

**Wurzen: Central-Theater** wieder eröffnet. Vor 400 geladenen Gästen öffnet nach aufwendiger Renovierung das Lichtspieltheater. Moderne Vorführgeräte versprechen eine gute Filmwiedergabe. Den festlichen Rahmen gab das Streichertrio des Kammerorchesters mit zwei Werken von Beethoven. *1955 S. 192*

**Brandis:** Der Handwerksbetrieb E. Zechlin befaßt sich nach wie vor mit der **Kerzenherstellung** und stellt gezogene und gegossene Kerzen her. *1955 S. 479*

**Rudi Ebert**, Wurzen, *1909 †1991. Textil-Ing. in der Wurzener Teppichfabrik, danach Musiklehrer an der Pestalozzischule. Nach 1945 Leiter verschiedener Chöre. Ideengeber und aktiver Mitstreiter beim Bau der Naturbühne am Wachtelberg. *1955 S. 46*

**Max Mucker,** Wurzen, *1876 †1960. Tabak- und Zeitschriftenhändler, Urgestein der Wurzener Sozialdemokratie. Freundschaft zu August Bebel. 1903 Vors. des Sozialdemokratischen Ortsvereins, Mitglied des Stadtrates von 1919 bis 1933, Abgeordneter des Sächs. Landtages. *1955 S. 168, 1960 S. 228*

## LESERPOST

### Soll der Turm auf dem Wachtelberg verfallen?

Nach dem letzten Besuch in meiner Heimatstadt Wurzen möchte ich dich, lieber Rundblick, auf etwas aufmerksam machen, das mich sehr betrübt: Der Turm auf dem Wachtelberg. Ein Spaziergang führte mich auch zur Naturbühne, und ich war sehr erstaunt, was hier in freiwilliger Arbeit geschaffen worden ist. Wie ich aber nach Ersteigung des Berges feststellte, war der Turm für den Aufstieg gesperrt, da er ausbesserungsbedürftig ist. Hat man ihn vergessen? Meiner Meinung nach gehört er aber gewissermaßen als Requisit zur Bühne. Ich möchte da an einen alten Spruch erinnern: „Da es Generationen nicht verstanden, den losen Stein zu ersetzen, mußten viele alte Denkmale in Trümmer fallen." *E. Friese, Stadt Wehlen.*

Die Antwort: Der Wachtelbergturm ist zweifelsohne eine wirkungsvoll dekorative Kulisse für die Naturbühne. Es ist auch bekannt, als der Turm durch amerikanischen Beschuß 1945 beschädigt wurde, daß die Instandsetzung notwendig ist. Da jedoch der Turm nicht unter den Begriff Denkmal fällt, machen sich in der Beschaffung der nötigsten Geldmittel erhebliche Schwierigkeiten bemerkbar. Ein reines Ausflugsziel oder ein Wahrzeichen des Wurzener Landes kann in unserer gegenwärtigen Lage nicht mit einer großen Summe bedacht werden. Es sind zur Zeit lebensnotwendigere Arbeiten erforderlich, ehe mit der Ausbesserung des Turmes begonnen werden kann.

*Rat der Stadt, Abt. Volksbildung, gez. Höhne*

### Denkmalschutz und Sichtwerbung

Das unter Denkmalschutz stehende Alte Rathaus muß der Denkmalpfleger einmal kritisch unter die Lupe nehmen. Es geht nicht, daß trotz mehrfacher Mahnung die Bodenfenster offen stehen. Weiterhin müssen die Schaukästen der Volkspolizei und der Deutsch-Sowjetischen Freundschaft wo anders angebracht werden, da nach der Verordnung über geschützte Denkmale die denkmalgeschützten Gebäude nicht beschädigt werden dürfen. Ebenso muß die sicherlich nur vorübergehend dort angebrachte Sichtwerbung in Farbe und Größe zum Gesamtbau passen und sich auf ein Mindestmaß beschränken. Auch das Emailleschild der Bücherei könnte durch eine besser gefertigte Tafel ersetzt werden.

*Kurt Bergt, Kreisdenkmalspfleger, 1955 S. 239*

**1956 3. JAHRGANG**

**Der Rundblick**. Halbmonatsschrift für Kultur und Heimat der Kreise Wurzen und Oschatz.
Vollkommen neue Titelgestaltung mit den Stadtwappen von Wurzen und Oschatz. Titelfarbe grün (Farbe der Hoffnung!).
24 Hefte, 784 Seiten, Preis: 30 Pfennige

**Heimatkalender** des Kreises Wurzen. 1956. 1. Jahrgang
Herausgegeben vom Kulturbund, Redaktion Manfred Müller. 128 Seiten mit Kalendarium und Bauernregeln. Aus dem Inhalt: Im Wandel der Jahreszeiten (Walter Große), Zeitungen des Wurzener Landes (Otto Seidler), Hoch auf dem gelben Wagen (Albrecht Wagner).

# Die Oschatzer Brüderköpfe

Man kann es dem vorigen Jahrhundert nicht gerade nachrühmen, daß es viel Sinn für geschichtliche Altertümer gehabt hat. Viele schöne alte Baudenkmäler waren einer vorwärts schreitenden Zeit im Wege, und alte, ehrwürdige Bauwerke mußten modernen Neubauten weichen. Stadttore und Stadtmauern verschwanden, Postmeilensäulen, Grabmäler, Steinkreuze und altes handwerkliches Gerät wurden vernichtet und verschrottet. So ist es gewissermaßen als ein Glück zu bezeichnen, daß unserer Stadt doch einige Denkmäler der Vergangenheit erhalten blieben, die – in der Hauptsache als Zeugen alter Rechtspflege – im Torbogen unseres Rathauses zu sehen sind.

Da sind *die steinernen Flaschen*. Sie sind 1526 angefertigt und wurden zänkischen Weibern um den Hals gehangen. Die beiden mit einer Kette verbundenen Sandsteine wogen 66 $^1/_2$ Pfund und wurden zum warnenden Exempel öffentlich aufbewahrt, am Rathaus, an der Ratswaage oder sogar an der Kirchentür.

An der Ecke des Rathausturmes steht der *Pranger*, auch Narrenhäuschen oder Korb genannt, entstanden 1532. Er war das „öffentliche Gefängnis" für leichtere Vergehen, insbesondere Feld- und Gartendiebe. Seine lichte Höhe betrug nur 143 cm, so daß der Häftling seine Strafe in gebückter Haltung verbüßen mußte und in dieser wenig glücklichen Figur dem Gespött der Vorbeigehenden preisgegeben war.

Zwei etwa lebensgroße Köpfe, aus Sandstein gehauen, mit langem Haupthaar und martialischem Schnurrbart, das sind die *Brüderköpfe*. Der Oschatzer Chronist *Hoffmann* schreibt davon, daß sie im Laufe der Zeit zu einem Wahrzeichen der Stadt erhoben wurden. Sie stammen aus dem ehemaligen Ratswirtschaftsgebäude im Stadthofe. Es wurden verschiedene Deutungen versucht, doch sie sind nichts weiter als eine in alten Zeiten gewöhnliche Verzierung, womit das Haus markiert war, als es noch keine Hausnummern gab.

Schließlich sei noch der Schlußstein vom einstigen Gefängnis *Der schwarze Sack* erwähnt. Es befand sich unter dem Erdgeschoß vom Rathaus, wo die „schweren Jungs" ihre Zeit absitzen mußten. Schwarz wurde es genannt, weil weder das Licht der Sonne noch des Mondes hineinschien.

*Walther Käseberg, 1956 S.417/453*

**Die Brüderköpfe und der Schlußstein vom „schwarzen Sack" am Rathaus**

# Das Dahlener Sackhuppen

Jeder, der mit der Eisenbahn in das Heidestädtchen Dahlen fährt, wird am Bahnhof von einem originellen Wegweiser begrüßt. Ein Schmunzeln geht über sein Gesicht, wenn er die beiden Gestalten sieht, die sich schwitzend bemühen, im Sack nach der nahen Stadt zu springen. Der Dahlener Holzbildhauer *Max Zieger* hat dieses kleine Werk geschaffen und dadurch mit beigetragen, daß die Mär von dem Dahlener Sackhuppen nicht ausstirbt.

Wie kommt nun Dahlen zu diesem Ruf? Die Frage ist nicht leicht zu beantworten, denn so genau wissen es die Dahlener selbst nicht. Aus Anlaß der 700-Jahr-Feier 1927 erschien eine bebilderte Postkartenserie. Der dichterischen Freiheit waren keine Grenzen gesetzt, und so verwob sich eine Legende mit *Heinrich den I.*: Als er einmal in der Dahlener Heide auf froher Jagd weilte, wollten ihn die *Daleminzier*, die ersten Besiedler unserer Heimat, gefangen nehmen. Ein aufgeweckter Dahlener Junge hatte beim Heidelbeerpflücken von dem geplanten Überfall erfahren. Er wurde aber von den *Daleminziern* entdeckt und kurzerhand in einen Sack gesteckt. Festverschnürt lag er nun auf dem Waldboden, und nur der Kopf lugte heraus. Am anderen Morgen sollte über ihn Gericht gehalten werden. Als seine Wache eingeschlafen war, sprang er mit dem Sack auf der langen Holzstraße entlang nach Dahlen. Die Stadtwache wurde alarmiert, und Heinrich I. war gerettet. Der Dichter schließt mit den Worten:

*Ihr lieben Dahlener, seid nicht dumm,*
*Verleugnet nicht den alten Ruhm,*
*Auf daß vergnügt ganz Deutschland singe:*
*In Dahlen macht man große Sprünge.*

Und wie ist nun die Wirklichkeit? Vor hundert Jahren lebte am Bahnhof Dahlen der Posthalter *Richter*. In den noch heute stehenden Ställen standen die Pferde, die Frachtgut vom Bahnhof Dahlen nach Torgau beförderten. Dieses Amt mag für ihn recht einbringlich gewesen sein. Seine größte Freude war für ihn als Kinderfreund, wenn zu den Dahlener Jahrmärkten, Kirmessen und Schützenfesten die Jugend ein frohes Sackhuppen veranstaltete. Er stiftete dazu kleine Prämien und ermunterte so die Jugend zu noch größerem Eifer. Und da auch viele Fremde zu den Festen kamen, wurde das „Dahlener Sackhuppen“ weithin bekannt. *Oskar Karl, 1956 S. 77*

**Die LPG machte 1975 der Stadt ein Geschenk: einen Marktbrunnen, der auf dem Grund eine Karte rund um Dahlen zeigt und mit einer Gußfigur aus Aluminium den Sackhupper auf dem Brunnenrand**

# Die Tanzgruppe aus Calbitz

An der Landstraße von Oschatz nach Wurzen liegt in der Nähe der Heidestadt Dahlen das Dorf Calbitz. Schon seit mehreren Jahren hat sich hier eine frohe Kinderschar zu einer Volkstanzgruppe der Schule unter der Leitung von Frau *Delly Schallschmidt* zusammengefunden. Unermüdlich und begeistert erfreute die Gruppe bisher in vielen Auftritten Tausende von dankbaren Gästen. Immer wieder überraschten die Jungen und Mädchen durch ihre Unbefangenheit, Natürlichkeit und durch ihre farbenfrohen Trachten. Von den Leistungen berichten auch die Urkunden, die im Schulhaus hängen.

Die Tanzgruppe steht nicht allein. Die geschickten Hände der Mütter und Freunde der Kinder pflegen die bunten Trachten. Eine kleine Gruppe von Jugendlichen des Dorfes umrahmt die Tänze mit frohen Liedern und Musik. Als die Laienspielgruppe der Schule zur Weihnachtszeit das Märchenspiel „Hänsel und Gretel“ auf die Bühne brachte, wurden aus den geplanten zwei Vorstellungen am Ende zehn.

Die erste Ferienwoche in diesem Sommer brachte für die Tanzgruppe eine besondere Überraschung. Sie wurde als eine der besten Landschulen der DDR dafür ausgewählt, an einem Kulturfest in Neubrandenburg teilzunehmen. Die Stadt liegt in einem abwechslungsreichen Endmoränengebiet. Kein Wunder, daß die Jungen und Mädchen glaubten, durch ein Stück ihrer Heimat zu wandern.

Im Mittelpunkt stand natürlich der Leistungsausscheid. Dann am Sonntag erfolgte mit Spannung die Siegerehrung. Vorher zogen 1200 kleine Gäste in einem langen Festzug in bunter Pracht durch die Stadt. Die Spannung vergrößerte sich, als zwei Kinder der Calbitzer Tanzgruppe und ihre Leiterin *Delly Schallschmidt* auf die Tribüne gerufen und verkündet wurde, daß die Calbitzer als einzige Tanzgruppe die Leistungsstufe I erhalten konnte. Kein Wunder, daß vor lauter Freude die Kinder nicht recht hinhörten, als mitgeteilt wurde, daß sie einen dreiwöchigen kostenlosen Urlaub in Oberhof erhalten.

*Oskar Karl, 1956 S. 475. HK 1963 S. 28*

**Delly Schallschmidt,** *1914 †1979, lebte und arbeitete als Angestellte für Kultur in Oschatz und leitete u.a. an der Calbitzer Schule die Tanzgruppe von 1949 bis zu ihrer Auflösung 1975.

# Johann Christian Schöttgen, Verfasser der „Wurznischen Historie“

Wenn hiermit der Heimatkalender für Wurzen erstmals in die Häuser kommt, dann wird er neben manchem anderen auch von einem Sohn der Heimat künden, dessen populärstes Werk die Schaffung einer Heimatchronik war. Es ist Magister *Johann Christian Schöttgen,* Sohn eines Schuhmachers in Wurzen, dem die späte Ehrung gilt.

Von erheblichem Einfluß auf die geistige Entwicklung des Knaben war der ungewöhnliche Bildungsgrad des Vaters. Der junge Christian pflegte in späteren Jahren zu sagen, daß er von seinem Vater, der nie ohne Bücher haben leben können, das Lesefieber und die Lesewut als ein Vermächtnis übernommen habe. Hinzu kam noch, daß Christian besondere Begabung zeigte. Im dritten Lebensjahre lernte er das Lesen und empfing zwei Jahre später schon vom Vater Unterricht aus dem lateinischen „Donatus“, den dieser ihm während des Spielens beibrachte.

Im 9. Lebensjahr verlor er seinen Vater, der unvermutet starb. In dem Schuhmacher *Gottfried Mühlpfordt* bekam der Knabe jedoch einen Stiefvater, der ihm mit besonderer Liebe zugetan war und seine Weiterbildung förderte. Aber auch dieser verstarb nach zwei Jahren.

Nicht weniger fürsorglich erwies sich der zweite Stiefvater, der Krämermeister *Johann Lorenz Klügling.* Die ihm zugebrachten Stiefkinder behandelte er liebevoll und förderte deren geistige Bedürfnisse.

Da Schöttgen 1702 die vom Rat der Stadt Wurzen bei der Landesschule zu Schulpforta zu vergebende Freistelle erhielt, verließ er seine Vaterstadt. Ein weiteres Stipendium erwirkte ihm der Rat, als er die Universität in Leipzig bezog. Philosophie und Geschichte waren die Fächer, die ihn besonders anzogen. Auf der Universität entschied er sich für das Schulfach und widmete sich dem Studium verschiedener Sprachen. Daraus ergab sich ein reger Briefwechsel mit englischen, französischen und italienischen Gelehrten. Bereits mit 23 Jahren promovierte er zum Magister. Gleichzeitig trug er sich mit dem Plan, eine Geschichte seiner Vaterstadt zu schreiben.

1716 erfolgte eine Berufung nach Frankfurt (Oder), wo er die Stelle des Rektors am Gymnasium übernahm. In dieser Zeit erschien auch seine, mit vielem Interesse begrüßte *Historie von Wurzen.* Dieses Werk wurde, vor allem wegen der ihm beigegebenen, bis dahin ungedruckten Urkunden, für viele Forscher eine Quelle, die heute noch von Nutzen ist.

1728 trat ein weiterer Wechsel in seinem Leben ein, er erhielt die Stelle als Rektor am Kreuzgymnasium in Dresden. Seinen Kreuzschülern ließ er die wärmste Fürsorge zuteil werden. Ein besonderes Interesse wandte er dem Sängerchor sowie der Schulbibliothek zu.

Erstere wußten sein gewinnendes Wesen zu rühmen, weiteste wissenschaftliche Kreise hatten dagegen zu bedauern, daß der Tod so manchen Plänen des Verstorbenen ein Ziel setzte. Zahlreiche Manuskripte blieben liegen und ließen sich nicht mehr zum Druck realisieren.

*Walter Koch, HK 1956, S. 81. / Zum 300. Geburtstag von Schöttgen erschien von Ralf Thomas ein ausführlicher Text im R 1987 S. 16*

## Das Wurzener Pestdenkmal

Im *Alten Friedhof* in Wurzen steht das Pestdenkmal – auch Pesthäuschen genannt –, das bei seiner Einfachheit ein würdiges und stimmungsvolles Denkmal der großen Leidenszeit des Jahres 1607 darstellt. In kurzer Zeit starben damals über 1500 Wurzener. An dieser Stelle wurden über 1200 in einem Massengrab beigesetzt.

Das Denkmal ist ein 10 m hoher Turm, der nach drei Seiten hin offen ist. An der Wand hängen ein überlebensgroßes Kruzifix sowie zwei Gedenktafeln. Die linke führt eine Anzahl von Namen an, während von der rechten folgende Inschrift entziffert werden kann *(teilweise nach heutiger Schreibweise, 1956 S. 28):*

*Als Sechzehnhundertsieben Jahr*
*Nach Christi Geburt die Jahrzahl war*
*Hat Gott der Herr nach seinem Raht*
*Ein schedlich Pest in diese Stadt*
*Geschickt. Das in sechs Monat Frist*
*Dieselbe fast ausgestorben ist*
*Den fünfzehn hundert dran geschwindt*
*Weggerafft an Man Weib und Kindt*
*Derer zwölfhundert ein Wagn schwarz*)*
*Geführet hat auf diesen Platz*
*Die in Christo gestorben sein*
*Hier ruhn in ihrem Schlafkämmerlein*
*Gott woll die Stadt und Regiment*
*Hinfurt behüten für solchm Elendt.*

*) Gemeint ist hier der Pestkarren, der sich noch heute im Kulturgeschichtlichen Museum Wurzen befindet

**Der Alte Friedhof mit dem Pesthäuschen und der Heilig-Geist-Kirche, die in den 80er Jahren wegen Baufälligkeit abgerissen werden mußte, auf einer Ansichtskarte aus den 20er Jahren**

## Wasserglas aus Dehnitz

Wasserglas ist für unsere Volkswirtschaft ein wichtiges Produkt. Durch seine vielseitige Verwendung in Stahlgießereien, Papier- und Gummiindustrie, Schweißelektroden, Wasch- und Reinigungsmittel wird der Bedarf von Jahr zu Jahr größer.

Zur Herstellung von Wasserglas werden einheimische Rohstoffe verwendet, und zwar eisenfreier Quarzsand (aus der Gegend von Bautzen und Wittenberg), Natriumsulfat und Reduktionskohle. Diese Rohstoffe werden per Waggon angeliefert. Das Gemenge wird in einem Schmelzofen bei ca. 1400 Grad C verflüssigt und verwandelt sich in Glas. Nach dem Auslaufen in Glashunte kühlt es ab, wird nach dem Erkalten aus den Hunten herausgenommen und im Glaslager gestapelt. Dabei zerspringt das Glas, das dann in Stücken zum Versand gebracht wird. Ein Teil verwandelt sich in Lösetrommeln durch Zusatz von Wasser und Dampf und unter erhöhtem Druck in flüssiges Wasserglas, das in Fässern oder Kesselwagen den Kunden zugeführt wird.

Die Bedarfsforschung hat ergeben, daß die Wirtschaft im Jahre 1960 die doppelte Menge an Wasserglas benötigt. Deshalb muß die Produktionskapazität erhöht werden. *Kurt Hofmann, 1956 S. 494*

**Wasserglasfabrik Dehnitz**
Gründung 1889 von *Ernst und Richard Klug*. 1948 volkseigen. 1984 gegenüber vom alten Werk Grundstein eines neuen Werkes, 1990/91 Beginn und zugleich Ende der Produktion. Altes Werk bis 1999 restlos beseitigt. 1992 Übernahme durch ein niederländisch-amerikanisches Unternehmen, Reduzierung der Beschäftigten von 200 auf 80. Jetzt: *PQ Germany GmbH.*

**Ein Kollege der Wasserglasfabrik beschickt den Schmelzofen mit der Sandmischung**

## *„Mutter Haase“* in Wurzen

Eine unermüdliche Kämpferin für die Sache der Arbeiter und treue Sozialistin ist von jeher die heute 74 Jahre alte Genossin *Helene Haase*, auch *Mutter Haase*, wie sie vom Volk genannt wird. 1882 in Wurzen geboren, wurde sie mit elf weiteren Geschwistern in einer armen Arbeiterfamilie aufgezogen. Der Vater mußte drei Berufe ausführen, denn die vielen Mäuler hatten immer Hunger: Als Gerbereiarbeiter, Schuhmacher und Sonntags-Musiker kannte er keine Freizeit. Helene hatte in ihrer Kindheit die spinale Kinderlähmung zu ertragen, und es dauerte lange, bis sie richtig auf die Beine kam.

In den 90er Jahren stand in Wurzen die Kartonagenindustrie in hoher Blüte. Die Erzeugnisse gingen in viele Länder. Mit 14 Jahren fand Helene in der Kartonagenfabrik Arbeit. Bald erkannte sie, daß die berechtigten Forderungen der Arbeiter nur dann zu Erfolgen führen, wenn die Arbeiter geschlossen auftreten. Nachdem sie 1919 Mitglied des Buchbinderverbandes geworden war, organisierte sie mit Erfolg die Heimarbeiterinnen der Kartonagenindus-

trie, denn diesen ging es besonders schlecht. Im gleichen Jahr trat sie dem Sozialdemokratischen Volksverein bei. Dort war sie hauptsächlich für die Frauenbewegung verantwortlich. Viele Frauen erinnern sich heute noch an die schönen Frauenabende im großen Saal des Schützenhauses.

Sie hatte sich geschworen, nachdem eine eigene Kinderschar ausblieb, sich voll und ganz der Arbeiterbewegung zu widmen. Von 1919 bis 1927 wurde sie regelmäßig als Stadtverordnete wiedergewählt, und bis 1933 war sie im Stadtrat tätig. Viel Kraft forderte ebenfalls ihre Tätigkeit in der Arbeiterwohlfahrt und im Fürsorgewesen. Daneben fungierte sie 17 Jahre als Schöffe.

Das Jahr 1933 setzte ihrer Arbeit ein unfreiwilliges Ende. Polizeiaufsicht und tagtägliche Meldung auf dem Polizeirevier, Hausdurchsuchungen und andere Schikane belästigten sie ständig. Die Nazis fürchteten auch diese Frau. Helene Haase starb hoch geachtet 1962.

*Max Mucker, 1956 S. 263. / 1963 S. 68*

# Ferientage in Schmannewitz

Lieber Leser, sicher geht es dir so wie mir, wenn du, aus der recht eintönigen Landschaft kommend, hinter Dahlen die Heide vor dir siehst: Du glaubst, eine Oase anzutreffen, die dich zum Verweilen einlädt. Freudig umfängt dich der Zauber des kleinen Ortes, der einer der wenigen Urlaubs- und Ferienorte unseres Bezirkes ist. Siebenhundert Einwohner zählt das Bauerndorf Schmannewitz im Winter, über die Hälfte mehr in der Feriensaison...

Ein Häuschen haben die Schmannewitzer für ihre Gäste ausgebaut – aus eigenen Mitteln. Sie nennen es das Gästehaus. Und wenn es auch bescheiden ist, so bieten seine sauberen und hellen Räume doch dem Urlauber die Möglichkeit, Fernsehsendungen zu sehen, Bücher und Zeitschriften zu lesen. Aber dein erstes Anliegen wird ja sein, die Heide zu erleben.

Am Waldteich wurde gerade eine kleine Tanzfläche gebaut. Die HO-Gaststätte verspricht weniger, als sie hält. Nett ist sie eingerichtet und könnte sich noch besser in den zu erwartenden Badebetrieb einordnen, wenn der Lautsprecher mehr Musik und

**Eine Ansichtskarte aus der Zeit um 1920, als auf den Straßen noch keine Autos fuhren. Und was erfuhr der liebe Bruder? „Wir sitzen am fidelen Biertisch und gedenken Dein."**

menschliche Töne und weniger technische Geräusche von sich geben würde.

Ich wünsche dir, lieber Leser, möglichst wenig Regentage, denn die Abende sind schwer totzuschlagen. Und von dem, was die Schmannewitzer dem Gast anbieten, scheinen sie selbst nicht viel zu halten, weil sie nicht daran teilnehmen. Und könnten sie dem Gast nicht noch mehr geben? Zu wenig hört z.B. der Urlaubsgast vom Männerchor. Könnten Laienspiel, Lied und Tanz nicht auch von der Schmannewitzer Jugend aufgenommen und gepflegt werden? Mußte das Pionierensemble zerfallen, weil der Lehrer zum Lehrgang ging?. Viele der zum Teil abbröckelnden Häuserfassaden hätten eine Auffrischung notwendig. Doch „das kleine Nest“ hat mir's angetan, und nächstes Jahr werde ich wiederkommen. Deshalb euch Grüße und Dank für die Gastfreundschaft.

*Gerd Otto Walther, 1956 S. 403*

## „Morgen, Kinder, wird's was geben!“

Der Name Magister *Carl Gottlieb Hering* (1766-1853) ist in der musikalischen Welt bis heute nicht vergessen. Einige seiner schlichten, herzigen Kinderweisen sind es, die sich nun über ein Jahrhundert lang erhalten haben und bestimmt auch in der Zukunft zum eisernen Bestand der Schulliederbücher zählen werden. Mit welcher Begeisterung singt unsere Schuljugend in der Adventszeit sein erwartungsfreudiges „Morgen, Kinder, wird's was geben!“ Wer hätte nicht, seinen Jüngsten auf den Knien wippend, das muntere „Hopp, hopp, hopp, Pferdchen lauf Galopp“ gesungen!.

Sein Ruf als Gesangs- und Musikpädagoge machte ihn in ganz Deutschland bekannt. Seine „Neue praktische Klavierschule für Kinder“ wurde in **Oschatz** gedruckt. Sie erlebte vier Auflagen und Nachdrucke in anderen Ländern. Sie machte den Organisten von St. Ägidien bekannt. Noch heute rühmt man Hering nach, daß er der erste gewesen sei, der die Musik pädagogisch zu erfassen sucht.

**Die gußeiserne Gedenktafel an die Herings hängt jetzt restauriert an einem kirchlichen Gebäude am Kirchhof**

Welche herzlichen Worte findet er für die Armen, die durch Krankheit, Feuersnot, Mißernte u.a.m. in unverschuldetes Elend gekommen sind. Fast immer bittet er mit großem Erfolge die Allgemeinheit, zur Linderung der Not ihr Scherflein zu geben. Wir Oschatzer können stolz sein auf diesen Mann, der ein hervorragender Lehrer, ein bahnbrechender Musikpädagoge und ein angesehener Bürger war.

*Walther Käseberg, 1956 S. 745*

**Carl Gottlieb Hering,** *1766 in Bad Schandau, Besuch der Fürstenschule St. Afra in Meißen, Studium in Leipzig, von 1795 bis 1811 in Oschatz, wohl seine schöpferischste Zeit. Hier tätig als Redakteur, Lehrer, Organist, Gesangs- und Musikpädagoge. Danach ging er nach Zittau, wo er 1853 verstarb.

# NOTIZEN und PERSONALIEN

**Collm:** Das **Geophysikalische Observatorium** der Leipziger Universität, das „weiße Haus“ am Collm wurde 1932 fertiggestellt und besteht aus der Erdbebenwarte, der Magnetwarte und dem Hauptgebäude mit dem Turm für meteorologische Beobachtungen und Messungen. Zu den vielfältigen Aufgaben gehören Erdbebenmessungen, Messungen zum Magnetfeld der Erde u.a. *1956 S. 7, 1974 S. 79*

**Großböhla:** Im **Radeland**, ein Waldstück in der Wiesenflur vom Böhlbach nahe bei Großböhla, wo sich auch das Lange Holz befindet, breitet sich in den Frühlingstagen ein regelrechter Blütenteppich aus. Das Gebiet steht unter Naturschutz. *1956 S. 202*

**Oschatz:** Seit 1888 werden in der **Christbaumschmuckfabrik** der Firma *Fr. Konrad Nachf.* Engelchen, Weihnachtsmänner *(s. Abb.)* u.ä. Schmuckkörper, auch für andere Festlichkeiten im Jahreslauf, hergestellt, viele Erzeugnisse auch in Heimarbeit. Große Mengen davon gehen nach Westeuropa und Übersee, USA, Kanada (Devisenbringer!). *1956 S. 755*

**Wurzen:** Der Betriebsleiter des ***VEB Kreisdruckerei Wurzen***, *Paul Lasch,* schildert S. 531 in einem ausführlichen Text die Entstehung der 8000 *Rundblick*-Exemplare, die alle 14 Tage gedruckt werden. Das beginnt mit dem Maschinensatz, mit dem die Buchstaben (als Matrize aus Messing) zu Zeilen gesetzt und mit geschmolzenem Blei ausgegossen werden. Nach der Korrektur erfolgt der Umbruch, d.h. die Zusammenstellung der Texte und Bilder zu einer kompletten Seite nach Vorgabe des Redakteurs. Nun beginnt der eigentliche Druck. Danach werden die Seiten gefalzt auf DIN-A-5-Größe, geheftet, beschnitten und schließlich zum Versand gebracht, jedesmal sieben Zentner Papier.

**Oschatz:** Der **Sachsenspiegel**, eine Pergamenthandschrift mit kunstvollen farbig gestaltenen Buchstaben *(s. Abb.)* des mittelalterlichen Rechtsbuches, das *Eike von Repkow* um 1225 geschaffen hatte, ist seit 1550 im Besitz der Stadt und stellt eines der wertvollsten geschichtlichen Besitztümer dar. Wer und wann die Oschatzer Handschrift geschaffen hat, ist nicht bekannt. *1956 S. 716*

**Wurzen:** Nach einem gründlichem Umbau erfolgte die Eröffnung des mit hohem Aufwand umgestalteten **Kulturhauses** *Schweizergarten* in Wurzen. Saal, Blauer Saal sowie einige Klubräume können nun wieder genutzt werden. Der langjährige Kulturhausleiter *Gerhard Zeeh* begrüßte bei der Eröffnungsveranstaltung das Kreiskulturorchester Oschatz sowie den Volkschor Wurzen unter Leitung von *Otto Didam. 1956 S. 380*

**Mühlbach:** Im Jahre 1808 baute *Kammerherr von Lorenz* in Mühlbach die erste größere Fabrik in Sachsen, in der aus den Rüben **Zucker** gewonnen werden sollte. Da es aber Schwierigkeiten bei der Raffinierung gab und sich die Kriegsjahre 1813/14 verhängnisvoll auswirkten, stellte er schon 1814 die Produktion wieder ein. *1956 S. 589*

**Friedlicher Blick über die Lossa-Aue auf Müglenz mit den Gebäuden des ehem. Rittergutes**

**Müglenz:** Mitten in einer sommerlichen Schönwetterperiode ergossen sich am 14. und 15. Juni 1956 derartige **Regenmassen** auf das Land, daß der sonst so ruhig dahinfließende kleine Lossabach zu einem reißenden Strom anschwoll. Der Dauerregen führte in Müglenz, Hohburg und Zschepa zu einem Wasserstand, der sogar zahlreiche Brücken überschwemmte. Größere Schäden entstanden nicht. Nach wenigen Tagen fiel der Wasserspiegel wieder auf das normale Maß. *1956 S. 516.*

**Manfred Jordan,** Wurzen, *1929 †1997. Schauspieler am Wurzener Theater, seit 1950 freischaffender Schriftsteller. Zwei historische Romane: 1956 „Zwischen Ruhm und Haß" (das Leben von Otto von Guericke), und 1959 „Am Anfang war die Ewigkeit" (über Giordano Bruno). Vors. des Klubs der Intelligenz in Wurzen. *1956 S. 486, 1998 S. 37.*

## LESERPOST

### Über die Berechtigung der Berichtigung

Sagen Sie nicht, das sei Unsinn! Sie kann einer Zeitschrift erst die persönliche Note geben - wie z.B. dem *Randblick* (Berichtigung erscheint in der nächsten Nummer des Rundblick). Die Redaktion des *Randblick* trifft mit tatkräftiger Unterstützung des VEB Kreisdruckerei Wurzen drei Fliegen mit einem Schlag:

1. Die seit Nummer 19 wegfallende „Rätselecke" wird durch die „Berichtigungsecke" fast vollwertig ersetzt. (Berichtigungen erschienen zuletzt zu Beiträgen in den Heften 15, 18, 19, 20 und 21 des Jahres 1956!).
2. Die Leser werden gezwungen, jede Nummer des *Randblicks* mindestens einige Wochen gut aufzuheben, um diesen oder jenen Artikel mit den Berichtigungen nochmals durchzulesen.
3. Die Berichtigungen bringen eine gewisse humorvolle Spannung für den Leser mit sich.

*Helmut Strauß, 1956 S. 770*

Heutige Anm. Es war ein Kreuz mit den Fehlern, und tatsächlich gab es in den ersten Jahren kaum ein Heft, in dem nicht eine Berichtigung erfolgen mußte.

### Warum dürfen wir nicht ins Ausland reisen?

Ende Oktober fand im Wurzener *Schweizergarten* ein öffentliches Forum statt. Dazu waren hochkarätige Personen aus Berlin herbeigeeilt, um den Wurzenern Rede und Antwort zu stehen. Erwähnenswert ist der Diskussionspunkt „Reisen ins Ausland", zu dem der Bundessekretär des Kulturbundes, Bdfrd. Schulmeister, Stellung nahm. Schade, daß seine Erklärungen nicht über das hinausgingen, was wir schon gelesen hatten. Die Frage z.B. „Können Einzelpersonen in das befreundete Ausland reisen, ohne ausdrücklich dort geschäftlich oder privat zu tun zu haben?" darf nicht nur mit „Das ist nicht möglich" beantwortet werden. Im zwölften Jahre friedlichen Aufbaues läßt sich ganz einfach nicht mehr mit Vertröstungen und sogenannten Erklärungen operieren. In der DDR produzierte Waren gehen um die ganze Erde. Aber die Menschen, die unmittelbar oder mittelbar an ihrer Erzeugung beteiligt sind, dürfen nicht, dem menschlichen Reisetrieb folgend, nach freier Wahl über die 356 000 qkm Deutschland hinaus. Es ist gut, daß diese Veranstaltung gemacht worden ist. Ja, liegt eigentlich Bedürfnis für solche Foren vor? Ich bin überzeugt davon. Nur müssen die Menschen an diese Aussprachen gewöhnt werden. Und sie müssen auch merken, daß ihre Teilnahme am Forum nicht sinn- und zwecklos gewesen ist.

*Manfred Jordan, 1956 S. 711*

## 1957 4. JAHRGANG

**Der Rundblick** erweitert sein Verbreitungsgebiet auf den Kreis Grimma und erscheint nur noch monatlich. Der Untertitel lautet jetzt: Monatsschrift für Kultur und Heimat Wurzen – Oschatz – Grimma. Preis 50 Pfg. 12 Hefte, 612 Seiten.

**Heimatkalender** des Kreises Wurzen 1957. 2. Folge. Herausgegeben von der Rundblick-Redaktion. 128 Seiten, DM 1,50. Mit Kalendarium, vielen Anzeigen und einem heimatkundlichen Preisausschreiben (Erster Preis 50 DM). Aus dem Inhalt: Eine Hochzeit mit strafbarem Luxus (Walter Koch), Straßen und Eisenbahnen im Wurzener Land (Erhart Kundisch), Das Püchauer Schloß (Walter Spitzer), Naturlehrpfad Kleiner Berg (Martin Böhme), Steinkreuze (Kurt Bergt).

# Beim Türmer von St. Ägidien

192 Stufen muß man hinaufsteigen, wenn man dem höchsten Manne von **Oschatz**, dem Türmer von St. Ägidien, einen Besuch abstatten will. Das ist für Leute, die an Atemnot leiden, nahezu eine sportliche Leistung. Zu Anfang geht es. Die Treppenstufen sind breit. Aber allmählich werden sie schmaler, und im letzten Drittel verengen sie sich zu einer steilen Spindel. So waren wir ziemlich außer Atem, als wir durch eine Glastür in das kleine Reich des Türmers eintraten, von Hundegebell freudig begrüßt. Nicht minder freundlich begrüßt uns das Türmerehepaar. Beide sitzen im Sonntagsstaate in den Polsterstühlen, und *Vater Quietzsch* raucht gemütlich ein Pfeifchen. Man sieht den beiden keinesfalls an, daß sie die Achtzig längst überschritten haben.

Seit dem 1. Oktober 1899 regiert Vater Quietzsch auf dem Turme. Mit fünf Kindern zog er herauf, und noch neunmal legte Freund Adebar den Türmersleuten ein Kindlein in die luftige Wiege. Das Türmergehalt mag sich dann als zu schmal erwiesen haben, so daß Vater Quietzsch noch dem Schuhmacherberuf nachging. Bis 1922 mußte er nach dem Schlagen der Rathausuhr die vollen Stunden anschlagen, da es keine Turmuhr gab. Zudem mußte er als Feuerwächter allviertelstündlich eine Runde um den Turm machen und nach Feuer Ausschau halten und bei Gefahr die Polizeiwache telefonisch verständigen. Mit der modernen Technik (Sirenen) wurde das hinfällig. Er mußte fortan nur noch die Glocken um 7, 12 und 19 Uhr und zu Begräbnissen läuten.

Jetzt sind alle Errungenschaften der neuen Zeit vorhanden. Es gibt elektrisches Licht, und auch ein Radio fehlt nicht. Schlimm war es früher mit der Wasserbeschaffung. Erst mit dem Bau des Wasserturmes im Jahre 1919 mußte das kostbare Naß nicht mehr hochgeschleppt werden.

Ob es nicht ein wenig zum Fürchten ist, wenn die Windsbraut um die Turmfenster heult und die Hängelampe ins Schwingen gerät? Und gar erst ein Gewitter? Eigentlich nicht, beruhigt Vater Quietzsch. Doch er erinnert sich an ein zweistündiges Gewitter, als es wiederholt in der Stadt und im Turm einschlug. Es roch hier oben nach lauter Schwefel. Und als es sich endlich verzogen hatte, schallten von unten Rufe herauf, ob wir denn noch lebten.

Die regnerischen Tage werden voll aufgewogen durch die vielen schönen Tage. Man kann hinabsehen auf die winzigen Menschlein. Und dann die Jahreszeiten, wenn der Frühling die Macht des Winters

**Vater und Mutter Quietzsch in ihrer Türmerwohnung**

gebrochen hat, wenn im Sommer die Felder weithin die Früchte äußerlichen Fleißes tragen, wenn der Herbst als der große Künstler seine bunte Palette gebraucht und der Winter Bilder von märchenhafter Schönheit hervorzaubert.

Bis 1950 bliesen jeden Mittwoch und Sonnabend Mitglieder des Oschatzer Stadtmusikkorps vom Turme. Seit 1950 hat diese schöne alte Sitte der kirchliche Posaunenchor übernommen. Ein Volk von Dohlen umsegelt die beiden 76 m hohen Türme. Die schwarzen Vögel gehören zu ihren ständigen Bewohnern.

Wenn unsere *Rundblick*-Freunde diesen Bericht gelesen haben, hat der Türmer das neue Jahr schon eingeläutet. Der alte 86jährige Mann wird es mit dem heißen Wunsche getan haben: „Frieden sei ihr erstes Geläute!" *Walther Käseberg, 1957 S. 3*

**Türmergeschichten** erzählte der Sohn *Karl Quietzsch*, besonders seine Erinnerungen an die Kindheit im Turm von St. Ägidien im Rundblick *1978 S. 174.*
Mit der letzten Türmerin *Gertrud Quietzsch*, die die Türmerstube 1969 verließ, führte *Gertrud Kretzschmar* eine anregende Unterhaltung, *HK 1969, S. 44.*
Am 24. Dezember 1959 feierten Vater und Mutter *Quietzsch* das Fest der eisernen Hochzeit. Mutter Quietzsch starb 1960, der Vater mit 92 Jahren 1962. Beide wurden aus der Türmerwohnung vorbei an den schwingenden Glocken hinuntergetragen.

HEUTE: Nach 1969 stand die Türmerwohnung lange Zeit leer, bis *Heinz Altmann* den Zugang stabilisierte und den Turm damit wieder begehbar machte, was ab 1988 erfolgte. Eine großzügige Spende in Höhe von 500 000 DM von Frau *Amecke-Mönnighof* ermöglichte in den Nachwendejahren die Restaurierung des gesamten Turmes samt Wohnung in drei Etagen. Die Nicht-Oschatzerin wollte damit „ein glaubwürdiges Zeichen echter deutsch-deutscher Zusammenarbeit setzen". Seit 1997 betreuen Mitglieder vom Verein „Rettet St. Aegidien e.V." die Besucher, auch mit Kaffee und Kuchen, gespendet vom Bäckermeister Starke. Geöffnet von März bis Dezember.

*Zum Sehen geboren,*
*Zum Schauen bestellt,*
*Dem Turme*
*verschworen,*
*Gefällt mir die Welt!*
*J.W. Goethe*

**Walther Ventzke** (*1895 †1964), der seine Jugend in Oschatz verlebte und seit 1919 als Zeichenlehrer in Freiberg tätig war, schuf u.a. 1956 eine Mappe mit vier Holzschnitten, darunter auch diesen Blick auf St. Ägidien.

# Die Fresken in der Kirche zu Kühren

Das Innere der Kührener Kirche mit den Fresken im Altarraum

Wer in eiliger Fahrt auf der Staatsstraße Leipzig–Dresden das Dorf Kühren durchquert, wird meist kaum merken, daß er an der Ortskirche vorübergekommen ist. Äußerlich ist es eine schlichte Dorfkirche wie viele andere. Ihre Entstehung mag etwa 800 Jahre zurückliegen. Der Turm, der nicht recht zur übrigen Anlage passen will, wurde 1774 in dieser Form aufgeführt.

Im Innern aber ist diese Kirche von eigenartigem Reiz. Den Hauptanziehungspunkt bilden die Fresken (auf den frischen, noch nicht getrockneten Kalkputz gemalte Bilder). Sie stammen aus der Zeit um 1400 und stellen in ihrer Mannigfaltigkeit eine große Seltenheit dar. Die Bilder lagen unter einer dreifachen Putzschicht und 14fachen Kalkschicht. Sie wurden im Frühjahr 1952 entdeckt, als im Hinblick auf die bevorstehende 800-Jahr-Feier der Neubesiedlung Kührens (1954) Vorrichtungsarbeiten im Kircheninnern durchgeführt werden sollten.

Die aus dem Jahre 1616 stammende Kanzel befreiten die Restauratoren von einer wenig schönen Überstreichung. An Stelle des klassizistischen Holzaltars von 1817 entstand ein neuer, mit Platte und Stufen aus Rochlitzer Porphyrtuff. Er bildet ein schönes Gegenstück zu dem romanischen Taufstein aus gleichem Material, der dem 12. Jh. entstammt. Dank der Opferfreudigkeit einiger Gemeindemitglieder konnte die Vergoldung an der Kanzel mit echtem Golde durchgeführt werden. 1953 gelang es schließlich, eine Orgel aus dem Kohlenabbaugebiet aufzustellen.

Mit der Kührener Kirche ist somit ein Kleinod entstanden, an dem sich nicht nur die Ortsbewohner, sondern auch viele auswärtige Besucher erfreuen, ja begeistern. Häufig kommen Wissenschaftler, ebenso aber schlichte Freunde alter Kunst und Kultur aus nah und fern.

*Renate Sturm-Francke, 1957 S. 165*

# Gefahr am Dammühlenteich!

Es war noch im alten Jahr an einem Dezembertag. Ich saß im warmen Büro. Draußen herrschte klirrende Kälte. Da klingelte das Telefon: „Hallo, ist dort die Redaktion des *Rundblicks*? Hier spricht Abgeordneter *Espe*. Können Sie gleich mit nach Frauwalde zum Bad kommen?“ Zunächst ungläubiges Staunen: Das mitten im Winter! Dann hörte ich weiter: „Es besteht die Gefahr, daß der Dammühlenteich eines Tages völlig verbaut ist und die Erholungssuchenden nur noch über den Zaun zum Bad gelangen. Sie sind doch sicherlich der gleichen Meinung, daß wir das nicht zulassen!“. Und ob!

Wenig später trafen wir uns im Kulturraum der Gemeinde Frauwalde: die Bürgermeisterin, der Direktor der Zentralschule Börln, der Vorsitzende der LPG, Mitglieder des Rates der Gemeinde und wir von der Kreisstadt. Bald stampften wir durch den tiefen Schnee dem Bade zu. „Schauen Sie“, und die Bürgermeisterin zeigt zum östlichen Badestrand in Richtung Meltewitz, „dort ist fast das gesamte Ufer mit Wochenendhäuschen verbaut. In den 30er

**Badestrand am Dammühlenteich**

Jahren hatte einer angefangen, und nach und nach gesellten sich immer mehr dazu. Besonders in den letzten Jahren nahm das Bauen zu, wobei die Bauherren eine recht eigentümliche Praxis an den Tag legten. Sie bauten ganz nach ihrem Gutdünken und ohne Baugenehmigung. Ihren Bau meldeten sie erst dann an, wenn überhaupt, nachdem er fertig war. Dabei legten sie gleich 150 DM als obligatorische Strafe auf den Tisch.“

Die Bautätigkeit blieb nicht auf das Ostufer beschränkt, sondern begann vor wenigen Jahren auch am Westufer. Zwei Bauten stehen bereits, und für eine größere Anzahl sind Parzellen vergeben, die teilweise schon eingezäunt sind. Die Gemeindevertretung handelte vor wenigen Tagen und faßte den Beschluß, daß ab sofort keine Baugenehmigung mehr erteilt wird. Weiterhin stellte sie den Antrag, das Gebiet unter Landschaftsschutz zu stellen.

Erholungsgebiet für alle! Das soll der Dammühlenteich bleiben und nicht zum Privileg einiger weniger werden.

*Manfred Müller, 1957 S. 73*

HEUTE: Beschlüsse der Gemeinde und öffentliche Publikation hatten Erfolg: Eine weitere Bebauung der Uferzone konnte verhindert werden. Der Teich wurde sehr bald zu einem beliebten Erholungsgebiet ausgebaut, das heute noch genutzt wird mit Zeltplatz, Badeplatz u.a.m.

## Kohlenberg oder Brandiser Colm?

Auf Karten und Schriften finden wir teils die eine, teils die andere Bezeichnung. Vorherrschend ist jedoch der Name Kohlenberg, während Brandiser Colm nicht allzuoft auftritt. Absolut falsch ist die Bezeichnung Colmberg bei Brandis, weil Colm ja schon Hügel bzw. Berg bedeutet.

Das Porphyrgestein wurde in zwei Steinbrüchen abgebaut, im Ostbruch geschah das seit 1735 bis nach dem Ersten Weltkrieg. Der kleine Teich diente später als Freibad. Im jüngeren Westbruch wird noch Granitporphyr gewonnen (stillgelegt 1963). Die relative Höhe vom Kohlenbergteich beträgt 47 m, die absolute 179 m über NN.

Der Berg hat nach seiner eruptiven Entstehung nichts mit Kohle zu tun. Das hervorquellende heiße Material erkaltete zu Porphyr, der dann auch später in Steinbrüchen an der Ost- und Westseite abgebaut wurde. Aber das Gelände um den Berg nach Norden und Osten zu trägt Kohlenlager in wechselnder Mächtigkeit und Qualität. Sie wurden schon im 19. Jh. ganz oder teilweise ausgebeutet. So bestand der Schacht *Gottessegen*, dessen Kohle nach dem Ersten Weltkriege sehr begehrt war, von 1881 bis etwa 1930.

Vor 1900 hatten die Brandiser Tonwerke ein Braunkohlenwerk *(Frisch Glück)* eingerichtet, das heute noch besteht *(1959 stillgelegt)*. Die Kohle wird nur noch für die Produktion poröser Ziegel benutzt, die bis zu 40 % Kohlezusatz erfordert. Es werden täglich Mengen von 200 Zentnern benötigt.

Während der Kohleknappheit nach dem Zweiten Weltkrieg suchte sich die Stadt Leipzig ein Zusatzgebiet für Brennmaterial zu erwerben. Sie fand es östlich des Kohlenberges unter den Dammwiesen zwischen Brandis und Polenz. Ein Abfuhrgleis wurde gelegt, eine Haltestelle für Leipziger Schachtarbeiter eingerichtet. Bald rollten täglich ein bis zwei Güterzüge mit Brandiser Braunkohle nach der Großstadt. Das ging wohl einige Jahre so flott vorwärts. Der Abbau zeigte sich aber im Laufe der Zeit zu kostspielig, wie auch die Qualität der Kohle immer geringer wurde. Schließlich hatte man eine Wasserader angeschlagen. In kurzer Zeit ersoff die Grube und mußte 1950 ganz stillgelegt werden.

Der seit Jahrzehnten erfolgte Abbau des Braunkohlenvorkommens am Fuße des Berges hat zu dem Namen Kohlenberg geführt. Er ist vom Volke geprägt und wird sich auch weiterhin erhalten.

*Adolf Ratzsch, 1957 S. 18*

## *Und war im September die Stoppel,* dann ging's nach Altmügeln

Wie jedes Jahr fand auch dieses Mal im September auf den Stoppelfeldern hinter der Altmügelner Kirche der weit und breit bekannte Stoppelmarkt statt. Schon lange hatten wir uns auf das bunte Treiben gefreut.

Eine ungeheure Menschenmenge schiebt sich durch die Reihen der zahlreichen Verkaufsbuden, als wir am Nachmittag auf dem Markt ankommen. Gleich am Eingang stehen die ersten Stände: Eis, Rostbratwürste und Pfefferkuchen werden dort feilgeboten. Und dann die Spiele! Ein Glücksrad, Wurf- und Schießbuden, Losstände und sogar ein Hundezirkus warten auf die Besucher. Schaulustige drängen sich durch die Stände, und Hungrige stehen vor der Imbißbude. Große und kleinere Jungens zanken sich um einen Platz in der Überschlagsschaukel. Ich fahre lieber auf dem Karussell. Viel Spaß macht allen die drehende Tonne. Wer vom vielen Laufen müde geworden ist, kann sich im Bierzelt erfrischen. Die Kleinsten halten stolz ihren Luftballon hoch oder lassen unentwegt ihre neue Trillerpfeife ertönen. Es ist ein Lärmen und ein Getöse, wie man es wohl nicht so schnell wieder zu hören bekommt.

Als die Dunkelheit anbricht, wird der Markt mit seiner festlichen Beleuchtung durch viele kleine Lämpchen noch schöner. Leider muß ich nun gehen, mit mir die

vielen anderen Kinder. Dafür füllt sich der Platz mit Erwachsenen, die sich auf dem Stoppelmarkt vergnügen wollen. Noch daheim höre ich die Musik der Karussells in den Ohren klingen. *Ingeborg Bechtloff, 1957 S. 606 – Der Stoppelmarkt fand 1977 zum letzten Male statt.*

*

*Fritz Thomas* blickt im *R. 1960 S. 480* auf den geschichtlichen Ursprung dieses Volksfestes zurück: Mit der Errichtung der Kirche beginnen vor vielen Jahrhunderten die Anfänge des Marktes. Tausende von Gläubigen feierten alljährlich den Geburtstag ihrer Schutzheiligen *Maria*. Sie kamen oft von weit her. Auf dem Kirchhofe hielten Händler Lebensmittel und Mönche Heiligenbilder feil. Wer sein „Ave Marie" gebeten und entsprechend in den Gotteskasten geopfert hatte, erlangte einen vierzigtägigen Ablaß der Sünden. Dieser Ablaßhandel füllte die Kirchkasse mit großen Mengen Geldes. Aus diesem Grunde hieß der Jahrmarkt früher „Altmügelner Ablaß" oder „Altmügelner Messe". Nachdem der Meßpriester die Beendigung des Meßamtes ausgerufen hatte, begann das fröhliche Treiben auf dem Kirchhof. Da er dabei zertrampelt wurde, duldete dies der Bischof von Meißen 1483 nicht mehr und schloß mit dem Altmügelner Müller einen Vertrag, daß der Markt auf dessen Stoppel abgehalten werde, und so hatte das Markttreiben seinen neuen Namen weg. Es sind im Laufe der Jahrhunderte viele Urkunden über Streitigkeiten abgefaßt worden. So durften 1582 nur die Mügelner Bäcker und Fleischer ihre Waren feilbieten. Ebenso war es mit dem Bier. Ein anderes Mal kam es zu einem Streit zwischen den Oschatzer und Leisniger Tuchmachern um die besten Stände.

In der Zeit um den Ersten Weltkrieg kursierte folgender Vers im Mügelner Land:

*Und war im September die Stoppel*
*In Altmügeln weit raus belegt,*
*Dann putzten die Gendarmen die Koppel.*
*Denn dort wurden Massen bewegt.*
*Es trafen sich alle Verwandten*
*Aus den Dörfern von weit und nah,*
*Und sämtliche Onkels und Tanten,*
*Die waren zum Jahrmarkte da.*

## Torfstich in Göttwitz

Ob er von Dahlen kommt oder von Grimma, beim Kinderheim *Geschwister Scholl*, der einstigen *Pappelschänke* bei Göttwitz, geht der Bus in die Kurve und hält. Alte Landkarten zeigen hier den *Göttwitzsee* an, ein Gewässer, größer als der *Horstsee*. Heute aber sind es weitgedehnte Grasflächen, und ganz draußen sehen wir bräunlichschwarze Hügel aufgehäufelter Torferde, stehen Kipploren und eine Art Baubude.

Der Initiative von Ingenieur *Grille* aus Dahlen und dem Lehrer *Rudolf Lehmann* aus Wermsdorf war es zu danken, daß 1947 hier zur Überbrückung der Brennstoffknappheit mit dem Torfstich begonnen wurde. In freiwilligen Arbeitseinsätzen stach sich jeder Selbstwerber mit der Hand die Soden, bis schließlich von 1949 an maschinell

**Torf wird abgestochen, auf Loren verladen und mit einem selbstgebauten „Dieselaggregat" zu den Trockenregalen transportiert. Dort, wo damals die Torfwerker tätig waren, schwimmen seit 1959 im „erneuerten" Göttwitzsee die Fische und werden Enten und Gänse gemästet. Bis 1860 war er schon mal ein See, dann lag er hundert Jahre lang trocken, ehe er erneut geflutet wurde.**

gerissen und gepreßt wurde. Seit 1951 tritt die Gewinnung von Brennsteinen zurück hinter der Aufbereitung von gärtnerischen Torfen. Sie werden an hiesige und weit entfernte Gärtnereien geliefert. Zeitweise beschäftigte der Betrieb, der heute der *LPG Rotes Banner* in Mutzschen untersteht, zehn Mann.

Dank der Aufmerksamkeit des ersten Torfstichleiters *Rudolf Lehmann* wurden von den Arbeitern wertvolle Funde der Vorzeit geborgen: Steingeräte, Tierknochen, bronzezeitliche Gefäßscherben und die bereits im *Rundblick* 12/1956 besprochene Kreuzbalkenfibel, deren kostbare Nachbildung sich in der Heimatstube Mutzschen befindet, während das historische Kabinett der Schule Wermsdorf – jetzt im Schloß Hubertusburg untergebracht – eine interessante vorgeschichtliche Abteilung daraus zusammengestellt hat. Die meisten Funde gehören einer Siedlung der mittleren Bronzezeit an, deren Begräbnisstätte im nahen *Lindigt* bei Wermsdorf seit langem bekannt ist. *Renate Sturm-Francke, 1957 S. 372*

## Type 405 – das richtige Stollenmehl aus Oschatz

Ein Weihnachtsfest ohne Stollen ist bei uns heute schlechthin undenkbar. Diese Sitte ist schon sehr alt. Urkundlich tauchte der Stollen 1329 erstmalig in Naumburg auf, und zwar als ein der Herrschaft gezinstes Weihnachts- oder Neujahrsgebäck.

Ältere Hausfrauen erinnern sich ungern der Hungerjahre in den Kriegszeiten, da das „öffentliche" Stollenbacken verboten war. Es geschah jedoch auf krummen Wege heimlich zu Hause. Man sagt, daß der Stollen die Nachbildung eines Wickelkindes, des Christkindes, sei. In dieser Beziehung konnte man damals nur auf Mißgeburten schließen. Das lag nicht nur daran, daß die nötigen Zutaten und Fettigkeiten fehlten und die sorgfältig aufbewahrten Pflaumenkerne die südlichen Mandeln nicht ersetzen konnten, es lag vor allem am Mehl, daß der Stollen leider „sitzen blieb". Gutes Stollenmehl wünschen sich darum die Hausfrauen für ihre Weihnachtsbäckerei, und unsere beiden **Oschatzer** Mühlenbetriebe haben vorgesorgt, daß daran kein Mangel ist, liefern sie doch davon nicht nur im direkten Verkauf, sondern auch an HO, Konsum und die Bäckereigenossenschaft.

Unser Stadtchronist *C.S. Hoffmann* ist der Meinung, daß der Mühlgraben gleich bei der Erbauung der Stadt angelegt wurde. Bei Altoschatz wurde er von der Döllnitz abgeleitet, um sich dann bei der heutigen Körnerstraße wieder mit ihr zu vereinigen. Drei Wassermühlen gab es ursprünglich im Stadtgebiet, die Ober-, Mittel- und Unter-(Nieder-)Mühle. Die *Mittelmühle* ging nach dem großen Brande 1616 ein. Die *Obermühle* ist seit über 100 Jahren im Besitz der Familie *Hering. C.F. Hering* (seit 1883), der ein Alter von 91 Jahren erreichte, war eine durch seine Tätigkeit in der Turnerei und Feuerwehr stadtbekannte und hochgeachtete Persönlichkeit. Unter seinem Sohn wurde das Gebäude um einen Stock erhöht und der Mühlenbetrieb wesentlich modernisiert.

Auch die *Niedermühle* wurde 1616 ein Opfer des Brandes. Sie wurde wieder aufgebaut und seit 1881 ist sie im Besitz der Familie

*Reif*, ebenfalls eines alten Müllergeschlechts, das sich seit über 300 Jahren in der Oschatzer Pflege nachweisen läßt. Seit kurzem ziert ein handgeschmiedetes Hauszeichen den Giebel des neuvorgerichteten Mühlengrundstückes. Übrigens hält die Niedermühle heute noch einen Esel, wohl den einzigen im ganzen Kreis.

Unsere beiden Oschatzer Mühlenbetriebe sind kleine Wunderwerke der Technik, sinnreich und zweckvoll eingerichtet. Tag und Nacht, auch sonntags, läuft die Maschinerie. In der Niedermühle werden täglich 100 Zentner Getreide zu Mehl vermahlen.

Seit Ende September arbeiten beide Mühlen für die Weihnachtsbäckerei. Die Hausfrauen bevorzugen zum Stollenbacken das Auszugsmehl *Type 405*, das sich durch leichte Quell- und gute Backfähigkeit auszeichnet. Zur Herstellung dieser begehrten Mehlsorte ist unser heimischer überfeuchter, weicher Weizen nicht allein geeignet. Dank des sich ständig steigernden Handels mischen wir ihn mit sowjetischen Hartweizen und dem sehr trockenen, kleberreichen kanadischen Weizen. Und damit wird er schon gut geraten, der Weihnachtsstollen 1957.

*Walther Käseberg, 1957 S. 575*

HEUTE: Die Niedermühle stellte 1981 und die Obermühle 2007 ihre Produktion ein. Beide Mühleneinrichtungen sind in den Gebäuden noch vorhanden. Der Besitzer der Obermühle, Obermeister *Rolf Hering*, der 2007 in den Ruhestand trat, hat die technische Einrichtung so gewartet, daß sie bei Bedarf wieder in Betrieb gesetzt werden kann. Im Wohngebäude der Niedermühle befindet sich neben der Wohnung der Besitzerin eine Arztpraxis.

## Heuer ist eine gute Pflücke

„Der Hopfen geht los – in der Zeitung steht's", so heißt es drei Tage vor der *Pflücke*, wenn das *Volksgut Kloster* ***Nimbschen*** Hilfskräfte sucht. Am Sonnabend war's, und wer sich das Pflücken vorgenommen hatte, der ordnete im Hause noch dies und das, um dann tagelang von früh bis zum Dunkelwerden frei zu sein fürs neue Tagewerk. Schmuck

**Mechanisierte Arbeit im Hopfenfeld**

reckten sich die Rankenwälder im grünen Gelock – Acker bei Acker.

Die Pflückerinnen hocken im bunten Gewimmel auf Gartenstühlen und Hitschen, Klappstuhl und Schemel mitten im Grünen. Mit fröhlichem Ruck rupfen sie die Ranke vom Draht, und sie packen zu, Rentner und Hausfrauen jeden Alters, solche, die eigens den Urlaub dafür benützen, und solche, die sich vom Haushalt freigemacht haben, Kinder, die noch die letzte Ferienwoche hergeben, und junge Burschen, die ganz gern das Pflückgeld einstecken. Sie kommen mit Bus und Moped, Fahrrad oder zu Fuß aus der Nachbarschaft oder weit her.

„Wie lange dauert's denn, bis ein Korb voll ist?", fragen wir und vernehmen die fast im Chor gegebene Antwort: „Das kommt auf die Pflücke an! Und heuer ist's eine gute Pflücke, da kriegen wir die Dolden leicht herein." Nun scheint die Sonne, und hier und da löst sich eines der bunten Kopftücher. „Daß der Hopfen losgeht und ich bin nicht dabei", strahlt uns eine der Helferinnen an, „das kann ich mir gar nicht vorstellen. Seit vielen Tagen bin ich schon gemeldet, und heute bin ich um 4 aufgestanden, um ja um 7 an Ort und Stelle zu sein. Mir ist das Pflücken eine richtige Erholung – so draußen zu sitzen in Luft und Sonne, und dann das schöne Geld! 104 Mark hatte ich voriges Jahr beisammen."

Wir greifen selber mit zu und geben den Pflückern recht: Es ist ein angenehmes Gefühl, die lockeren Blüten aus dem Gewirr der Blätter zu zupfen, die an der Ranke hängen. Die geleerte Ranke wird zusammengehäufelt, trocknet rasch ab und wird später verbrannt. Die Wurzel aber bleibt im Erdreich, und manche drüben am Klostergut treibt schon das fünfte Jahr.

14 Hektar Hopfenland sind seit 1953 dort in der Muldenaue entstanden. Zwölf müssen dieses Jahr abgeerntet werden, der Rest trägt die Stecklinge, die zum Teil schon am eigenen Draht ein paar Meter hochgewachsen sind.

Jetzt ist der Korb voll. Nun rasch zur Meß-Stelle, wo die Beute umgefüllt wird in ein 30-Liter-Maß aus Eisenblech. Blitzartig steckt man die Marke ein und huscht an den leeren Schemel zurück, um schnell weiterzupflücken.

Am Rand der Hopfenfelder, drüben bei dem Kuhstall des Volksgutes, ist 1954 die Trocknungsanlage entstanden, ein luftiger, schlichter Bau mit einem mächtigen Ofen. Lange Rohre durchlaufen die Räume der *Darre*, um überall gleichmäßige Temperatur zu erzeugen. So kräftig die Hand des Hopfenmeisters auch ist – es gehört Fingerspitzengefühl dazu, genau den richtigen Dürregrad abzupassen. Ist's Einbildung? Hier riecht es nach Bier! Ja, der Staub der einzelnen Dolde hat sogar einen ausgesprochen herben Duft.

Mit einem letzten Blick aus dem Dachfenster der Trockenanlage über Hopfenfeld, Muldenaue und viele bunte Kopftücher nehmen wir Abschied und hoffen, daß auch das grüne Erntefest der Pflücker nicht ganz ohne spritziges Naß vor sich geht.

*Renate Sturm-Francke, 1957 S. 477*

HEUTE: Mit der Auflösung des Klostergutes 1990 erlosch auch der Hopfenanbau im Nimbschener Gebiet. Hopfen wird jetzt nur noch auf Golzerner Flur von der Agrargenossenschaft Ragewitz auf 25 ha angebaut.

## Das Poppitzer Pfarrhaus

ist das älteste Haus in **Lübschütz**. Darin hat vor ca. 150 Jahren ein zweiter Pfarrer des Kirchspiels **Püchau** gewohnt, da im Püchauer Pfarrhaus kein Platz für diesen war. Seit dieser Zeit hat dieses alte Haus seinen Namen. 1833 gelangte es zur Versteigerung, wie aus einer Bekanntmachung im *Wurzener Wochenblatt* hervorgeht: „Von uns, als hohen Orts dazu beauftragter Behörde, soll das im Dorfe Poppitz gelegene Pfarrhaus, wozu unter anderem ein mit Obstbäumen bestandener und tragbarer Garten von ungefähr 6 Metzen Dresdener Maas Aussaat gehört, und auf welchem Grundstück mehr nicht als 1 ½ gangbares Steuerschock und vier Pfennigen und 2 Thaler für Erbzins und für die Hofedienste haften, auf den 23. Dezember 1833, Vormittags, auf der Gerichtsstube in Püchau an den Meistbietenden verkauft werden. Es wird daher jeder, welcher sich über seine Zahlungsfähigkeiten ausweisen muß und gedachtes Grundstück zu erstehen gesonnen ist, veranlaßt, an dem gedachten Tage vormittags sich anzumelden, sein Gebot eröffnen und sodann zu warten, bis alle anderen ihr Gebot dargelegt haben, damit demjenigen, welcher das höchste Gebot getan jenes Grundstück zugeschlagen wird. Stifts-Superintendur Wurzen und Schloß Püchau am 23. Okt. 1833. *1957 S. 243.*

**Das Poppitzer Pfarrhaus wurde in den 60er Jahren abgerissen**

**Blick von der Bahnhofstraße in Wurzen auf die Kirche St. Wenzel, Dom und Schloß. Aquarell von Richard Püttner, um 1865**

# Richard Püttner – ein Maler unserer Heimat

Abseits vom Verkehr sitzt im Juni 1865 ein junger Maler hinterm großen Neumühlengebäude zwischen **Schmölen** und **Bennewitz** und fertigt gekonnt eine Bleistiftzeichnung an, die bis in alle Einzelheiten das Forsthaus Niederschmölen wiedergibt. Mit Schwung setzt er darunter: „Mein Vaterhaus".

**Richard Püttner**, Wurzen/München, *1842 †1913. Maler und Grafiker, tätig als Illustrator

für zahlreiche Zeitschriften, u.a. Gartenlaube, Daheim. Ab 1869 in München seßhaft, anerkannter Künstler. Wurzen ehrte ihn mit der Benennung einer Straße. Zahlreiche Arbeiten befinden sich im Museumsbestand.

Damit überlieferte uns Richard Püttner, um den handelt es sich hier, daß sein Wiege hier gestanden hat. Damals ahnte der junge Künstler nicht, daß kaum 65 Jahre später seine Zeichnungen, Gemälde und Skizzen, die sich ausschließlich mit heimatlichen Motiven befaßten, im neueröffneten Städtischen Heimatmuseum Wurzen zahlreiche Muldenlandkenner erfreuten.

Als Sohn eines Bahnwärters erlebte er den größten Teil seiner Jugend in Wurzen. Er wohnte im Bahnhofsgebäude und später im Rosental. In Leipzig studierte er. Sein Vater brachte für die „Schmiererei" seines Sohnes kein Verständnis auf, während seine Mutter, die er sehr liebte, ihn heimlich unterstützte und förderte. Ihr verdanken wir es mit, daß ein großer Schatz heimatlicher Bilder und Gemälde entstand und im Heimatmuseum ein großes Zimmer füllt.

Kein freier Sonntag verging, an dem nicht Richard Püttner vom nahen Leipzig zu Fuß nach Wurzen eilte. Hier besuchte er die Mutter und die Geschwister und malte

Bilder der Heimat. Der Tod des Vaters, der 1858 einem Schlaganfall erlag, brachte der Familie oft Not und Entbehrungen. Aber immer unterstützte der junge Künstler mit seinen bescheidenen Mitteln die Familie.

Auch später, als er längst in München lebte und arbeitete, brachte ihn das Heimweh immer wieder mal zurück. In Wurzen, Grubnitz und Nischwitz entstanden damals seine wenigen Gemälde in Öl. Seine Bleistiftzeichnungen und reizvollen Aquarelle widerspiegeln romantische Stimmungen unserer Heimat. *Kurt Bergt, HK 1957 S. 47.*

*Werner Ballschmieder, 1992 S. 1*

# Die Nepperwitzer Bauern jagten den Vogt davon

Anno 1790 war es, zur Erntezeit. Die Julisonne brütete mächtig auf die strohgedeckten Güter und Häuser von Nepperwitz. Schweißtriefend waren die Bauern vom Feld heimgekommen. Nun gönnten sie sich nach dem Mittagessen eine kurze Rast. Ganz still und friedlich lag das Muldendörflein mit seinen knapp 200 Einwohnern da.

Mit einem Male wurden Männerstimmen laut und immer lauter. Was ist denn los? Schnell die Fenster aufgerissen und hinausgeschaut! Bei der weitragenden, mehr als hundertjährigen Dorflinde vor der Schmiede umringen einige Bauern einen Reiter auf unruhig stampfenden Pferde. Jetzt kommen noch hastigen Schrittes der Schenkwirt und einige Häusler dazu, schließlich noch der Ortsrichter *Gottlob Plätzsch*. Die Leute lärmen und drohen dem Reiter mit den Fäusten. Der ist seines Lebens nicht mehr sicher und redet den Bauern gütlich zu. Doch alles umsonst. Immer größer wird der Tumult. Da wendet der so hart bedrängte Mann sein Pferd und reitet eiligst wieder zum Dorfe hinaus.

**Dorfbild von Nepperwitz mit der Kirche, um 1840**

Es war der Vogt des Herrn *Dr. Heinrich Lastrop* auf Rittergut **Nischwitz**, der die zum Frondienst verpflichteten linksmuldischen Untertanen in Bennewitz, Grubnitz und Nepperwitz zum letzten Male auffordern wollte, ihre Dienste nach dem Fronregister voll, ganz und pünktlich zu verrichten, widrigenfalls der Guts- und Gerichtsherr gewillt sei, ein warnendes „Exemplum zu statuieren". Aber er stieß hier wie dort auf heftigsten Widerstand.

Frei wollten sie werden von der Bevormundung und Knechtschaft durch die Gutsherren. Sie glaubten, ein gewisses Recht dazu zu haben, daß nämlich die Frondienste nur auf 300 Jahre verordnet, nun aber bereits seit 60 Jahren abgelaufen wären. Zudem brachte noch der Sommer ein langanhaltende Dürre. Die Ernte war mißraten und das Futter fehlte. Das Vieh mußte zu Schleuderpreisen verkauft werden. Ungeachtet dessen ließ die Herrschaft ihre großen Schafherden auf den bäuerlichen Brachfeldern weiden. Da flammte die Empörung gegen die Grundherren auf. Sie handelten aus Notwehr, angestammter Derbheit und ohne weiteres Bedenken.

Warum ich das so erzählen kann? Ich fand es in alten Akten, vor allem die Lasten, die die Bauern so sehr drückten. Dazu gehörte auch, daß die Bauern ohne Erlaubnis des Rittergutsherren ihre Wirtschaft weder vererben noch verkaufen konnten. Jeder neue Bauer mußte den Untertaneneid leisten. Dieser lautete: „Ich, *Johann Gottfried Gödicke*, schwöre zu Gott dem allmächtigen, daß ich dem Herrn

*Grafen Peter Friedrich von Hohenthal* als meinen gnädigen Lehns- und Gerichtsherrn jederzeit getreu und hold und gehorsam sein will, seinen Nutzen befördern, hingegen allen Schaden wahren und abwenden helfen, die schuldigen Gefälligkeiten zu rechter Zeit abstatten, so oft ich gefordert werde, gehorsamst erscheinen, allen rechtmäßigen Geboten und Anordnungen gebührend nachkommen und mich auch sonst als einen gehorsamen Untertan gebühret, jederzeit verhalten will. So wahr mir Gott helfe und sein heiliges Werk und Jesus Christus mein Erlöser. Amen!"

Noch eine Episode möchte ich erzählen, die ich in den Akten fand: Der Nepperwitzer Häusler *Schumer* hatte allein das Recht, in den Dörfern Nepperwitz, Grubnitz und Bennewitz „bei Hochzeiten und Ehrengelagen" die Musik stellen zu dürfen. Dafür hatte er für jeden Fall eine Abgabe von 16 Groschen an das Rittergut Nischwitz zu entrichten. Auch mußte er sich durch Handschlag verpflichten, nur gute ländliche Musik zu liefern. *Gustav Schellhorn, 1957 S. 24*

**Gustav Schellhorn**, *1863 †1943. Dorfschullehrer und Kantor von 1887 bis 1927 in Schmölen und Nepperwitz. Heimatforscher, veröffentlichte 1937 das „Heimatbuch zur Geschichte der Dörfer Bennewitz mit Schmölen, Deuben, Grubnitz und Nepperwitz".

*JB 1998 S. 164*

# Die *Ganker* an der Decke

Brigitte, ein junges Mädel im nahen Grimma, wollte nicht mehr in der Stadt bleiben. Das lag ihr wohl im Blut, weil ihre Mutter aus einer bäuerlichen Familie stammte und nur ihrem Mann zuliebe das Dorf- mit dem Stadtleben vertauscht hatte. Man findet das eigentlich sehr selten, daß die Sehnsucht eines jungen Mädchens von siebzehn Jahren nach dem Lande geht. Eher ist es in neunundneunzig von hundert Fällen umgekehrt.

Schon in ihrer Kindheit hatte sie manchen Tag in ihrer Ferienzeit auf dem Bauernhof der Tante in **Großbardau** verbracht. Nun war sie wieder mal auf dem Gut. Sie band sich ein buntes Kopftuch um den braunen Wuschelkopf und sagte halb ernst und halb spaßig: „So, Tante, nun kann's losgehen!" Die Antwort kam sogleich: „Na, da mach mal erst das Grasehaus rein, fange gleich an zu kehren und nimm auch die Ganker mit."

*Ganker*? Nun das ist wohl das, was die Hühner fallen lassen, dachte sich Brigitte, und machte sich hurtig an die Arbeit. Schon nach kurzer Zeit trat sie selbstbewußt vor die Tante und meldete, daß sie fertig sei. Die Tante besah sich die Arbeit: „Dachte ich

**Steinbruch in Großbardau, in den Sommertagen beliebtes Badegewässer der Jugend**

mir's doch, die Ganker hast du vergessen", lächelte schalkhaft und ging in die Küche. Brigitte war ratlos und kehrte noch mal kräftig drauf los, daß der Staub nur so aufwirbelte. Dann holte sie tief Luft: „Aber nun ist alles ganz sauber." „Nein, noch nicht. Aber ich will's dir sagen: die *Ganker* sind in unserer Sprache die Spinnweben, und die hängen noch von der Decke."

*Oskar Karich, 1957 S. 35.*

**Oskar Karich**, Großbardau, *1886 †1959. Böttchermeister, Gemeinderat. Förderte und bewahrte mit Erzählungen das Brauchtum im Leben seines Heimatdorfes. *JB 1996 S. 176, Rundblick-Lesebuch S. 242.*

# Scherzreime

In früheren Zeiten versuchten die Dörfler ihren Freunden und Bekannten im Nachbardorf immer wieder mal irgend einen „Makel" anzuheften. Das war meist nicht im Ernst gemeint, doch die Scherzreime, Spottnamen und Redewendungen erheiterten die Gemüter. Diese Verse sind von heimatkundlichem Wert, geraten aber immer mehr in Vergessenheit. Es war das Verdienst von *Renate Sturm-Francke*, die die Neckereien sammelte und so für die Nachwelt aufbewahrte. Der *Rundblick* veröffentlichte einige davon, amüsant und liebevoll illustriert von *Dora Fritzsche,* wie das nebenstehende Beispiel zu **Grethen** zeigt. Und noch ein Scherzreim aus **Förstgen:**

*Die Mulde brennt,*
*die Mulde brennt,*
*Die Bauern komm'*
*mit Stroh gerennt,*
*Die Förstger Bauern*
*sinn nich dumm,*
*Die spritzen mit Petroleum.*

**Dora (Dorothea) Fritsche**, *1907 †1991, Hohnstädt. Technische Zeichnerin in der MAG Grimma (bis zum 72. Lebensjahr). Illustrationen für den *Rundblick* und für Ausstellungen und Werbung im Göschenhaus.

# Ein Leben für die Heimat

Mitten aus einem unruhvollen Leben wurde der Leiter des Heimatmuseums Wurzen, *Kurt Bergt* (*1902 †1957) aus seinem reichen Schaffen gerissen. Wer im Wurzener Land kennt ihn nicht, den Museumsleiter, den Autor zahlreicher heimatkundlicher Veröffentlichungen.

Nach einer Lehre als Holzbildhauer war er als Schlosser und Lokheizer tätig. In seiner Freizeit betrieb er mit Leidenschaft heimatgeschichtliche Forschungen, sammelte Kulturgüter und hielt Vorträge, die er lebhaft illustrierte.

Als nach dem Chaos des Zweiten Weltkrieges eine neue Zeit begann, war Kurt Bergt mit unter den ersten, die sich unerschrocken dafür einsetzten, die unzerstörten Kulturgüter der Nachwelt zu erhalten. Tatkräftig bemühte er sich um die Rückführung des nach Püchau und Grimma ausgelagerten Museumsgutes und setzte in mühevoller Kleinarbeit beschädigte Stücke wieder instand.

Jetzt erhielt auch das Heimatmuseum im Lossowschen Hause in der Domgasse eine ständige Bleibe. 1948 erfolgte die Eröffnung, und Kurt Bergt übernahm die ehrenamtliche Leitung, die ihm vier

Jahre später als Berufsaufgabe übergeben wurde.

Nicht unerwähnt sollen seine Verdienste für die Organisation des Kulturbundes bleiben. 1946 gründete er mit einigen anderen die Ortsgruppe Wurzen und war seitdem bemüht, der kulturellen Arbeit in der Stadt neue Impulse zu geben. Natürlich fehlte er nicht, als wir für den *Rundblick* aktive Mitarbeiter brauchten, und viele seiner Arbeiten spiegelten sich in den Seiten der Heimatschrift wider.

*Manfred Müller, 1957 S. 205, JB 1999 S. 174*

## NOTIZEN

**Leipzig:** Bei einem **Messebummel** durch die Hallen und Häuser in Leipzig besuchte der Berichterstatter die Kollektionen der einheimischen Industrie: Nahrungsmittelkombinat Albert Kuntz, Wurzener Teppichfabrik, Kunstschlosserei August Dämmich, Erstlings- und Kinderbekleidungwerk Oschatz, Waagenfabrik Oschatz und MAG Grimma. *1957 S. 179*

**Wurzen:** Auf eine geschichtsträchtige Wanderung begab sich die junge Wurzener Schülerin Ursula. Sie folgte den Spuren von **Schöttgens** *Historie der Chur-Sächsischen Stiffts-Stadt Wurtzen.* Das geschah dann Monate später ebenfalls in Oschatz *(S. 463) mit Walther Käseberg* und in Grimma *(S. 567)* mit der steinernen *Eva* und *Renate Sturm-Francke.*

**Wurzen:** Hatte die Belegung der Fremdenzimmer im **HO-Hotel *Stadt Wurzen*** *(ehemals Pippig)* in Wurzen durch die Verwaltungsstellen der HO Gaststätten vor einiger Zeit den berechtigten Zorn der Einheimischen und Fremden hervorgerufen, so wird jetzt die Freude um so größer sein, da die Verwaltung „ausgeflogen“ ist und die Zimmer für die Gäste aufs modernste eingerichtet sind. Ein guter Anfang für die 1000-Jahr-Feier Wurzens.

**Pomßen:** Ein bronzezeitliches **Gräberfeld** entdeckte der Schüler Peter *Fuhrmann* in der Sandgrube auf dem Fuchsberg bei Pomßen. Anlaß waren einige Scherben, die er seinem Lehrer zeigte. Bei folgenden Ausgrabungen durch staatlich beauftragte Personen konnten die Reste zweier Brandgräber geborgen und der Heimatstube Naunhof zugeführt werden.

*1957 S. 553*

## PERSONALIEN

**Ferdinand Anders**, genannt **Stolle**, Dresden, zeitweilig in Grimma tätig. *1806 †1872. Schriftsteller, Herausgeber des demokratischen Volksblattes *Der Dorfbarbier* u.a. Schriften. Verfasser gesellschaftskritischer Romane. In *Die deutschen Pickwickier* verspottet er das Grimmaer Bürgertum. *1957 S. 217*

**Adolf Ratzsch**, Brandis, *1885 †1961. Nach Besuch des Grimmaer Lehrerseminars ab 1906 Lehrer in Brandis. Seitdem Beschäftigung mit der Ortsgeschichte mit Veröffentlichungen in verschiedenen Publikationen, auch im *Rundblick*. Er hatte maßgeblichen Anteil am Aufbau einer Heimatstube, die sich von 1956 bis 1960 am Markt befand. *1991 S. 18*

**Verdienstvolle Chronisten der Stadt Grimma**

**Christian Gottlob Lorenz**, Grimma *1804 †1873. Fürstenschüler, Lehrer und Gelehrter, Professor, später Stellvertreter des Rektors der Fürstenschule, bis 1870. Chronik der Geschichte von Grimma. *1998 S.72*

**Georg Henning**, Grimma, *1873 †1957. Lehrer am Lehrerseminar Grimma, später an der Landesschule. Mitbegründer des Geschichts- und Altertumsvereins, Museumsleiter, Stadtarchivar, zeitweilig Stadtverordneter und Stadtrat. *1957 S. 422*

**Hans Pippig**, Grimma, *1911 †1998. Selbständiger Fotograf, Fotos aus Grimmas Vergangenheit und Gegenwart. Sammler von historischen Dokumenten und Gegenständen, Heimatkundler. Ehrenbürger der Stadt Grimma.

| 1958 | 5. Jahrgang |
|---|---|

**Der Rundblick**. Monatsschrift für Kultur und Heimat. Wurzen – Oschatz – Grimma. 12 Hefte, 604 Seiten, 50 Pfennige.
Es erschien kein Heimatkalender.

# Wünsche an's Neue Jahr

Natürlich habe ich Wünsche für das Neue Jahr. Ich will nicht von den privaten erzählen, sondern es sollen die sein, die ich an die Gesellschaft habe. Der erste geht dahin, die letzten Reste einer Krankheit verschwinden zu sehen, die noch immer durch ihre Erreger die Menschen beunruhigen. Man nennt sie „Transparentitits“. Sie befällt mit Vorliebe denkmalgeschützte Objekte (besonders hartnäckig hält sie sich am Alten Rathaus in **Wurzen**) und läßt die Sorgenfalten auf der Stirn der Denkmalpfleger einfach nicht zum Schwinden kommen.

Es ist bekannt, daß das **Oschatzer** Marktbild zu den schönsten in Sachsen zählt. Denken Sie noch an Ihr Versprechen, Herr Bürgermeister *Kuhn*, die Eisbude vor der „Alten Wache“ in diesem Jahr nicht wieder aufbauen zu lassen? .

Da hat doch irgendwer von der Kultur beim Rat der Stadt die Zusicherung gegeben, bis spätestens Oktober 1957 eine Kommission zur Vorbereitung der 1000-Jahrfeier von Wurzen ins Leben zu rufen. Das grobe Versäumnis sollte schnellstens nachgeholt werden.

Ich hatte im November vergangenen Jahres Gelegenheit, mir in **Grimma** das Theaterstück „Der Gast aus Paris“ anzusehen. Ich dachte, die Zuschauer wären auch deswegen gekommen. Ich erfuhr jedoch andere Dinge vom Publikum: Maiers Lieschen hatte Zwillinge bekommen, der Kohlenhändler verkauft seit Tagen nur komische Eierbriketts usw. usw. Daß noch nebenbei lauthals gefuttert wurde, gehörte wohl zum Ritual des Publikums.

Allen Bürgern wünsche ich etwas mehr Sinn für Sauberkeit in den Straßen. Papier gehört in die Behälter, die unsere Wurzener Stadtväter hoffentlich bald in ausreichender Zahl aufstellen lassen werden. Der Oschatzer Marktbrunnen sollte jedoch nicht für diese Zwecke genutzt werden. Der herrliche Park hinter dem Schloß in **Mutzschen** sollte nun bald der Öffentlichkeit zugänglich gemacht werden. Unserer Wurzener Fußballmannschaft wünsche ich den Willen zu einem harten Training, um in diesem Jahr den Aufstieg zur Oberliga vielleicht doch zu schaffen.

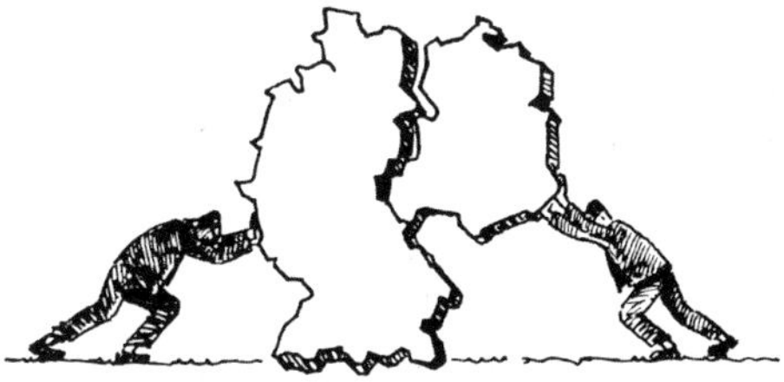

Ein großer Wunsch soll am Schluß stehen: Daß der Weltfrieden erhalten bleibt und die Voraussetzungen geschaffen werden für die demokratische Wiedervereinigung Deutschlands.

*Werner Ballschmieder, 1958 S.11*

# Das Fluchtmuseum in Colditz

Man kann es nicht leugnen: Die Hauptattraktion im Colditzer Heimatmuseum ist nun mal die Abteilung „Schloß Colditz – Lager für kriegsgefangene Offiziere 1939–1945“. Die meisten Besucher fragen gleich beim Kommen danach, und je nach Veranlagung stürmt der eine sofort hinauf, der andere schaut sich bedächtig die übrigen, nicht weniger sehenswerten Räume an und hebt sich das Fluchtmuseum wie einen Leckerbissen bis zuletzt auf.

Diese Einrichtung war schon während des letzten Krieges von der deutschen Kommandantur im Schlosse geschaffen worden. Alle Werkzeuge, Ausweispapiere und andere Dinge, die die Gefangenen sich selbst angefertigt hatten, um eine Flucht unternehmen zu können, und die bei einer Razzia von den Deutschen beschlagnahmt worden waren, wurden gesammelt und mit den Fotos, die sofort nach entdeckten Fluchtversuchen aufgenommen wurden, zu einem kleinen Museum zusammengestellt. Es sollte vor allem der Schulung neu eintreffender Wachmannschaften dienen. Nach

**Das angestrahlte Schloß Colditz im Kriegsjahr 1941**

dem Zusammenbruch wurde der Inhalt des Museums in den Schloßhof geworfen, und von dort hat ihn der damalige Betreuer des Colditzer Heimatmuseums, *Oswald Radestock*, in das Heimatmuseum gebracht. Hier haben die Sachen Pflege und passende Aufstellung gefunden.

Die Besucherliste des Heimatmuseums bekundet, daß öfter Gäste aus weiter Ferne gekommen sind, aus England, Frankreich, Amerika, z.T. ehemalige Kriegsgefangene. Es sind auch viele Briefe gekommen, in denen die Erinnerungen an Colditz wachgehalten werden durch Bücher und Filme über das damalige Geschehen. Das bekannteste ist das von *P. R. Reid* „The Colditz Story“, in dem er, der selbst hier inhaftiert war, über gelungene und gescheiterte Fluchtversuche geschrieben hat. *Hildegard Albrecht, Leiterin des Heimatmuseums, 1958 S. 25*

HEUTE: Die erweiterte Fluchtausstellung vom Museum zog 1996 in das Beamtenhaus vom Schloß Colditz und zieht nach wie vor die Besucher an. Besonders englische Touristen informieren sich über die Bemühungen der Offiziere, aus dem Gefangenenlager auszubrechen.

## Heimatkundliche Sommerfrische in Bernbruch

„Aber warum denn ausgerechnet in so ein Nest?“ – Natürlich, darauf hatte ich nur gewartet. So zog ich voller Erwartung aus: Vor zehn Jahren habe ich in Bernbruch, weil der damalige Bürgermeister darum bat, Stoff für die Ortsgeschichte gesammelt, Akten und Pläne durchstöbert und mich schließlich (ohne zu hamstern) von Haus zu Haus durchgefragt. Vor zehn Jahren – ja, damals war Bernbruch noch ein Nest am Ende des Kreises, fast „am Ende der Welt“. Heute aber verkehrt auf der etwa 1727 vollendeten Poststraße Grimma-Borna die noch von dem alten Viertelmeilenstein vor dem Dorfe markiert wird, der Autobus. Zweimal täglich hält er am Gasthof. Heut ist überhaupt so vieles anders geworden als vor zehn Jahren, so daß man ohne Übertreibung vom „neuen Bernbruch“ schreiben kann.

Der Gasthof *Zur Linde* trägt seinen

Namen zu Unrecht. Der Baum, der Haus und Einfahrt schmückt, ist eine Robinie (irrtümlich Akazie genannt). Leider kann man dort – der Gasthof ist seit kurzem neu verpachtet – nicht nächtigen, und ich muß mir im Dorfe ein privates Unterkommen suchen. Trotzdem trinkt man seinen Bohnenkaffee, dort hockt man bei Regen hinter der hellen Zimmerlinde der Gaststube. Dort lernt man manchen Fuhrmann kennen, manchen Bauern, der – schnell vom Felde herein kommend – seinen „Harten" trinkt. Schließlich nehmen auch Arzt und Zahnarzt mit ihrer Sprechstundenhilfe jeden Donnerstag dort ihren Imbiß zu sich, wenn der vielbesuchte Ambulanzwagen im Orte ist. Wie oft habe ich vor zehn Jahren den Bäuerinnen zugeredet, zum Arzt zu gehen. Aber damals ging eben ein Arbeitstag drauf, und man kurierte lieber mit Geduld und Spucke.

Am Abend kommen die dörflichen Kartenspieler. Fein still aber müssen sie bleiben, wenn die Gemeindevertretung sich im gleichen Raum die Tische zusammenrückt und tagt.

Im kleinen Saal – ich kenne ihn schon von mancher Gemeindeversammlung und manchem Kulturabend her – wird gerade vorgerichtet, so daß am Freitag der Landfilm seine Bilder auf eine sauber umrandete Fläche werfen kann. Ob beim Erntefest und Kirmesball noch die alten Bänke am Saalrande verwendet werden, auf denen vor Jahrzehnten noch die Mädel in Pantoffeln saßen, wenn man sie zum Tanze holte?

Natürlich braucht man im Urlaub so dies und das. So entdecke ich den Konsum, der 1953 in der *Hartmannschen Bäckerei* und ein Jahr später in dem 1871 errichteten *Fischerschen Gute* seine Räume fand. Man sollte es kaum glauben, als Ferienlektüre kann man hier Bücher von *Flaubert, Gottfried Keller* u.a. kaufen. Auch Thermosflasche, Milchwaffeln und Bonbons für den Spaziergang im Frauenholz, Gesichtswasser und Hautcreme für den Aufenthalt auf sonniger Wiese und schließlich sogar Perlonstrümpfe als Ersatz für die im Morast des Waldes verdorbenen. Freilich ist alles auf kleinstem Raume zusammengedrängt, aber die LPG will noch in diesem Jahr einen benachbarten Raum zur Verfügung stellen.

Beim gemächlichen Bummel durchs Dorf fällt viel Neues auf. Wieviel verfallene Häuser von damals sind heute frisch geputzt, wieviel Dächer erneuert. Neu sind die elektrischen Melkanlagen und Jauchepumpen, neue Greifer oder Gebläse. Gepflasterter Hof, gekachelte Küche, modernes Bad, frischgestrichenes Fachwerk – überall ein Auftrieb, den ich nicht erwartet hatte! Und in dem spitzgiebeligen Hüttchen, das 1807 von einem Tagelöhner auf dem Gemeindeanger errichtet wurde, floriert unter Leitung des Kollegen *Resch* mit Schalter und Fliesenbelag das neue Postamt.

Alt und vertraut muten die Blumen an, die im Stile echter Bauerngärten hinterm Zaune treiben. Alt freilich blieb auch der Untergrund der kleinen Gassen im Dorf, die zwischen Höfen und Gärten entlang laufen, dicht von Gänsefuß einfaßt und an Regentagen weich wie ein Moor. Schlimmer noch sind die Wege im Frauenholz. Dieses alte Bruch- und Torfland bedarf einer ganz besonderen Bepflanzung. Nicht jedes der vor zehn Jahren gerodeten Waldstücke trug gute Feldfrucht. Heute hat der Staatliche Forstbetrieb mit der Neuaufforstung begonnen.

**Von Dora Fritzsche illustrierter Scherzreim, den die Bernbrucher den Bewohnern ihrer Nachbarorte zuriefen**

In der Gartenspitze vorm Gemeindeamt tummeln sich die Kleinen des Kindergartens. 18 Kinder besuchen ihn von Mai bis Oktober. Aber solch eine Einrichtung verbraucht sich, und manche Hilfe wäre noch erwünscht: Liegen, stabiles Spielzeug, ein größerer Garten. Im Gemeindeamt ist die Bücherei, im Sommer mehr von Kindern, im Winter auch von den Erwachsenen gern benützt.

Einmal erwische ich den LPG-Vorsitzenden *Buchholz*. Er berichtet von gutem Einvernehmen der *LPG Deutsch-Sowjetische Freundschaft* mit den Einzelbauern: Seit Gründung der Genossenschaft im Jahre 1953 hat sich deren Hektarzahl verdoppelt. Das Hauptaugenmerk ist auf Milchwirtschaft und Ferkelaufzucht gerichtet. Ein neuer Schweinestall auf der Ostseite des Dorfes, ein langgezogenes Hühnerhaus, das gut eingerichtete Büro und die Neubauernhöfe an der Oberstraße zählen zu den neuen Errungenschaften.

„Wir sind schon zufrieden“, sagte der LPG-Leiter, „unsere Rüben sind heuer die besten im Dorf, zehn Ferkel haben wir der LPG Großbuch abtreten können, weil sie in Not geraten war, wir waren 1958 die ersten, die mit der Maisaussaat fertig waren, und unsere Milchablieferung ist einfach großartig.“

„Aber was interessiert denn das einen Feriengast?“, werden die Nörgler sagen. Ja, wissen Sie, wenn man mal an der Ortsgeschichte gearbeitet hat, dann will man auch erfahren, wie es in der Ortschronik weitergeht. Frau *Bachmann*, die Chronistin, hat alles gewissenhaft aufgezeichnet, und wenn ich am Abend hier und da die Bauern besuche, was meinen Sie: Sechs Fernsehgeräte im Dorf – nein, Bernbruch liegt nicht mehr hinterm Monde!

*Renate Sturm-Francke, 1958 S. 387*

HEUTE: Bäuerliche Betriebe gibt es nicht mehr im Dorf, sie stehen leer oder sind zu Wohnungen ausgebaut. Handelsbetriebe und andere Dienstleistungen sind längst geschlossen, die Einwohner können ihre Lebensmittel in Verkaufswagen besorgen. Einige Bauhandwerker sorgen in ihren Kleinbetrieben für Reparaturen. Der Gasthof hat geschlossen, Besitzerin *Monika Nadansky* „bewirtet“ einmal im Monat die Rentner und schreibt die Chronik fort, die sie von *Werner Krannich* übernommen hat.

## Von der Milch zur Butter

Man hat verbürgte Nachrichten von einem kleinasiatischen Volke, daß vor etwa 7000 Jahren schon Milchwirtschaft betrieben wurde. Erst viel später fand sie in Europa Eingang, und mit der Erfindung der Zentrifuge um 1810 sowie den ersten Maschinen zur Haltbarmachung der Milch nahm die Milchwirtschaft auch hier einen ziemlichen Aufschwung.

Die 1898 gegründete *Molkereigenossenschaft Mügeln* eröffnete in den 30er Jahren einen Zweigbetrieb in **Oschatz** in der Wermsdorfer Straße. 1938 entstand ein Neubau, in dem sich die Molkerei selbständig zu einem modernen Großbetrieb entwickelte und täglich 24 000 kg Milch verarbeitet werden konnten. Mit baulichen Erweiterungen erhöhte sich die Kapazität bis 1950 auf 40 000 kg. Das Produktionsprogramm umfaßte Flaschenmilch, entrahmte Frischmilch, Buttermilch, Butter, Speise- und Sauermilchquark und Käse. Aus der anfallenden Molke wurden Milchzucker, Milchzuckersirup, Molkenpaste und Molkeneiweiß hergestellt.

Am 9.1.1958 faßte die Volkskammer den Beschluß, zur Verbesserung des Lebens-

**Früher mit Pferdegeschirren, zu Beginn der 50er Jahre schon mit dem LKW, werden die Milchkannen aus den Dörfen in der Oschatzer Molkerei angeliefert.**

**Berge von Butter kommen aus dem Separator und werden danach zu den begehrten Butterstücken geformt.**

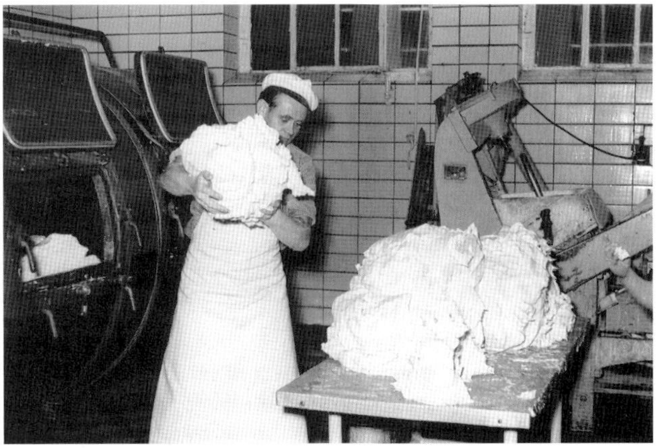

standards bis 1960 die Produktion von Milch und Sahne auf 162 %, von Butter auf 107 % und von Fettkäse auf 132 % gegenüber 1955 zu steigern. Die Verwaltungsorgane und die gesamte Belegschaft der Molkerei Oschatz werden mithelfen, dieses Ziel zu erreichen. *E. Ritter, 1958 S. 172*

HEUTE: 1990 stellte die Molkerei die Produktion ein, und im Jahre 2008 wurden die Gebäude abgebrochen. Auf dem Gelände soll ein Einkaufsmarkt errichtet werden.

## Deckfarben aus der VARIA in Mügeln

Im Gebäude der ehemaligen Schuhfabrik von vor 1900 in der Döbelner Straße finden wir die Fabrik, die sich eines guten Rufes in der DDR erfreut. In den Krisenjahren der Weimarer Republik ging das kleine Unternehmen ein. Während der Nazizeit dienten die Räume als Parteischule, und 1941 fand sich ein Unternehmer, der eine Bohnerwachsfabrik eröffnete. Der Betrieb wurde 1946 volkseigen und setzte die ursprüngliche Produktion mit Bohnerwachs und Schuhcreme fort. Rohstoffmangel zwang die Verantwortlichen, in den Jahren 1947/48 weitere Produktionszweige anzugliedern. So wurden Backaroma, Kohleanzünder, Mundwasser, Parfüm, Benzinampullen u.a. produziert. Schließlich erfolgte eine Umstellung auf Farbkästen mit Deckfarben, Signierstiften, Försterkreide und Plastilina. Für die schulischen Deckfarben ist der Betrieb der einzige Hersteller in der DDR.

Um die Betriebskapazität noch besser auszulasten, wurde die Herstellung von Arbeitsschutzbrillen, Zelluloidwaren und Scherzartikeln aufgenommen. Das notwendige Plexiglas kam zunächst aus Westdeutschland. Jetzt wird es in ausreichender Menge bei uns selbst hergestellt, und die Qualität ist sogar noch besser. Dadurch konnten erhebliche Devisen eingespart werden. Lediglich für die Farbstoffe ist der Betrieb noch auf westdeutsche Importe angewiesen.

Außer der Deckung des Inlandbedarfs exportiert die VARIA ihre Erzeugnisse nach Westdeutschland, in nordische Länder und Polen. Einer Steigerung ihrer Kapazität stehen im Augenblick noch Raumschwierigkeiten entgegen. Die Belegschaftszahl stieg von 1955 bis heute auf das Doppelte, und ca. 120 Werktätige, in der Hauptsache Frauen, arbeiten in drei Schichten in den hellen und sauberen Arbeitsräumen.

Die schmucke Betriebsküche versorgt auch noch andere Mügelner Betriebe mit Essen. Besonders lobend ist der vorbildlich eingerichtete Kulturraum zu erwähnen. Und wenn unsere Kleinen im Werkunterricht mit Plastilina ihre ersten Kunstwerke plastisch gestalten und die Größeren mit kühnem Schwung ihre Meisterwerke auf den Zeichenblock legen, dann sollte der Lehrer nicht versäumen zu sagen, daß die Werkstoffe aus der *Mügelner VARIA* kommen. *Fritz Thomas, 1958 S. 422*

HEUTE: Nach den Wendejahren erfolgte 1997 eine Neugründung des Betriebes zur *Varia Color Produktions GmbH*. Produziert werden Farbkästen, Schulmalfarben, Plastilina sowie die neu entwickelten *Valino* Badespaß Produkte mit Naturfarben.

**Historische Ansichtskarte von der Einweihung der Bahnstrecke Ende der 20er Jahre**

# Probleme beim Bahnbau

Die Bahnstrecke entstand vordringlich aus wirtschaftlichen Gründen und diente vor allem den Abtransport der gebrochenen Steine aus den Steinbrüchen. So begann der Plan unmittelbar nach dem Ersten Weltkrieg Gestalt anzunehmen. Das Gelände für die neue Bahnlinie wurde vermessen, und im Oktober 1920 gaben die Gemeinden **Groß- und Kleinzschepa** ihre Zustimmung. Die Bauarbeiten konnten beginnen.

Von Eilenburg und von Wurzen wuchs nun der verbindende Damm, der stellenweise über 10 m aufgeschüttet wurde. Zwischen **Lüptitz** und Zschepa und an einigen anderen Stellen mußten aber auch etwa 10 m tiefe Durchbrüche durch anstehenden Fels geschaffen werden. Es mußten aber noch mehr Hemmnisse überwunden werden. Nach der Station **Zschepa-Hohburg** galt es, den Lossabach zu überwinden. Als man die zweibogige Brücke, auf der noch 14 m hoch der Bahndamm aufgeschüttet worden war, als vollendet betrachtete, zeigten sich bald handbreite Risse in der Wölbung. Der sumpfige Untergrund ließ die enorm belasteten Betonfundamente einseitig versinken. Es blieb nichts anderes übrig, als das mißratene Werk zu sprengen. Nun rammten die Brückenbauer 15 m lange Betonroste in den Boden und errichteten darauf eine neue Brücke, die bis zur Dammoberkante reichte.

Doch die Brückenbauer hatten nichts gelernt. Unterhalb vom Frauenberg mußte zur Überquerung der Straße und des winzigen Floßgrabens ein weiteres Brückenbauwerk errichtet werden. Die Pfeiler wuchsen erst sichtlich in die Höhe und sanken dann langsam aber sicher in die Tiefe. Nach langen Bemühungen, die hohe Kosten verursachten, wurde dieser Brückenbau schließlich beendet. Heute noch trägt er den Namen, den ihm der Volksmund gab: „Millionenbrücke“
Nach einer Teileröffnung am 23. August 1926 von Wurzen bis Zschepa-Hohburg wurde die gesamte Strecke am 1. April 1927 dem Verkehr mit einer festlichen Veranstaltung frei gegeben.

*Siegfried Höhne, 1958 S. 475*

HEUTE: Der Personenverkehr wurde 1978 eingestellt. Ab 2002 erfolgte ein Rückbau der Strecke zwischen Wurzen und Lüptitz. Sie wird jetzt nur noch als Nebenbahn von Eilenburg aus zum Abtransport der gebrochenen Steine aus dem Lüptitzer Steinbruch genutzt.

# Die Pflanzengesellschaft auf dem Gänseanger in Grubnitz

Auf vielen Dörfern finden wir noch einen Gänseanger. Der städtische Spaziergänger wirft einen scheuen Blick auf den nicht immer ganz sauberen Ort, schnüffelt ein wenig und sieht zu, daß er weiterkommt. Wenn wir ausnahmsweise verweilen, fällt uns das eigenartige Zusammensein von Pflanzen auf, das sich an ähnlichen Plätzen immer wiederholt.

Der Gänseanger ist keine Wiese. Die einst vorhandenen Gräser sind bis zur Unkenntlichkeit abgeweidet oder verschwunden, während gewisse Kräuter, die von dem lieben Federvieh verschont worden sind, bei der guten Düngung üppig gedeihen. Hier haben wir das lehrreiche Beispiel einer Pflanzengesellschaft, deren Zustandekommen verhältnismäßig leicht zu erklären ist. Es wird jedem einleuchten, daß fürs erste alle Pflanzen, deren Blätter von den Gänsen und Enten gern gefressen werden, verkümmern oder zugrunde gehen müssen. Diejenigen, die von den Haustieren gemieden werden, haben auf dem Anger ein Lebensrecht, wenn auch noch lange keine dauerhafte Lebensmöglichkeit. Die Auswahl wird nämlich weiter stark eingeschränkt von der übermäßigen Stickstoffdüngung, verursacht durch den scharfen Kot der Vögel. Diese beiden Lebenserschwerungen wirken wie zwei Siebe und lassen nur eine sehr beschränkte Sortenauswahl übrig. Die zeitweilig geschonten Pflanzen des Gänseangers müssen wahre Helden in bezug auf Widerstandsfähigkeit und Regenerationsfähigkeit sein, wie es z.B. die Brennessel und das Gänsefingerkraut, deren erste Blätter im Frühjahr ein bevorzugtes Futter abgeben, bekanntermaßen sind.

Auf dem Grubnitzer Dorfanger fand ich auch noch andere Pflanzen: Weiße Taubnessel, Knötericharten, Klette, Beifuß, Schöllkraut, Gottvergeß, Spitzwegerich, Gundermann, Guter Heinrich, Eisenkraut, Ampfer, Schafgarbe, Kamille und einige mehr.

Seien wir uns darüber im klaren, daß eine alles beherrschende Gesetzmäßigkeit das Pflanzenkleid der Erde erschafft und erneuert, wenn auch die Dinge nicht immer so einfach liegen und von uns so bequem durchschaut werden können, wie wir es bei der Pflanzengesellschaft des Gänseangers gefunden haben. *Walter Große, 1958 S. 349*

**Der Gänseanger in Grubnitz mit Teich und niedrigem Rasenbewuchs. Nicht weit daneben erhebt sich das winzige Kirchlein.**

# Eine spannende Sommertour nach Otterwisch

Es war der letzte Ferientag, die Linde am Dorfrande von Großbardau war schon gelb, und an der Straße nach Großbuch fielen die reifen Pflaumen von den Bäumen. Zu beiden Seiten der schmalen Straße wurden schon die Stoppelfelder umgebrochen, leuchteten Mais und Rüben in saftigem Grün. Dann erreichten wir Otterwisch, ein großes Dorf, langgedehnt an der Hauptstraße mit kleinen Ausläufern.

Deutlich erkennt man schon bei der Einfahrt über die Gösel und zwischen den mit Teichlinsen bedeckten Wasserflächen hindurch, daß man im Barock – etwa um 1730 – mit dem damals über einer alten Wasserburganlage neu errichteten Schloß einen Blickfang in der Göselaue hat bilden wollen. Die einstige Wasserburg dürfte als Pfahlrostbau innerhalb eines Knies der Gösel gelegen haben. Der heute fast rechtwinklige Lauf des Baches an dieser Stelle läßt eine künstliche Verlegung des Flußbetts vermuten zum Schutz der einstigen Anlage.

Das Barockschloß ist heute Kulturhaus und birgt neben Wohnungen die Gemeindeschwesternstation, die Bibliothek, die Verwaltungsstelle vom Stützpunkt der MTS, den LPG-Kulturraum, die Kinderkrippe und den Hort. Und während wir die weiten Treppen empor schreiten, begegneten uns laufend Maurer, die weitere Kulturräume im Obergeschoß instandsetzten und die feingeschwungenen Kehlen der Saaldecken zu erhalten suchten.

**Gartenansicht vom Schloß (1998)**

Der Park ist um 1750 angelegt worden und soll innerhalb der Landschaftsgestaltung, wenn einmal der Kinderfußballplatz aufgegeben ist, mit Nachpflanzungen und Ruhebänken zu einem Ziel sommerlicher Spaziergänge werden.

Wir erreichen die Schule, einen großen neuzeitlichen Bau. Im Hof spielten und jauchzten eine Menge kleinerer Kinder. Sie gehörten zu den örtlichen Ferienspielen. Angenehmer Duft verriet, daß im Kellergeschoß etwas Gutes zu Mittag hergerichtet wurde. Ein ganz eigenartiger Geruch aber umfing uns im Lehrmittelzimmer, wo ein größerer Junge die Seidenraupen fütterte. Warm, aber würzig und herb war dort die Luft, und leise raschelte das sachte Hin und Her der weißen Raupen im Maulbeerlaub.

Der übliche Sommerschnupfen ließ es geraten, im Konsum-Kaufhaus ein Taschentuch einzukaufen. Früher undenkbar auf dem Dorfe! Dort gab es auch Trachtenjäckchen und Sommerkleider, Schlafanzüge und Oberhemden, und unten in der Lebensmittelabteilung erstanden wir eine saure Gurke als Wegekost. Schuh- und Schreibwaren, belehrte man uns, werden in anderen Konsumstellen verkauft.

Im Büro der MTS im Kulturhaus, einem Stützpunkt der MTS Ammelshain, erfuhren wir, daß zu den Mähdreschern, Mähhäckslern und anderen landwirtschaftlichen Maschinen als letztes ein tschechischer Zetor-Super-Traktor von 42 PS hinzugekommen ist. Alle Maschinen dienen vorzugsweise der LPG, daneben jedoch auch den Einzelbauern.

Dann landen wir auf dem Groitzsch, der stark eingeebneten sorbischen Wallanlage. Bei *Paul Ponert* auf dem Gelände der einstigen Schäferei mag vor rund 900 Jahren der erste deutsche Ritter seinen Wartturm mitten in die Slawenburg hineingesetzt haben. Nach dem Dreißigjährigen Krieg entstand ein pompöser Schloßbau mit Arkaden. Noch vor der Benutzung änderten sich Besitz und Planung, und aus dem Prachtbau wurde ein Schafstall. Reste der alten Architektur und ein prachtvoller Türsturz – Löwenkopf mit Ring im Maul – sowie ein tonnengewölbter Keller sind noch vorhanden.

Im *Gasthof zum Lamm* tranken wir zum Schluß unsern Kaffee und erfreuten uns am 100jährigen Fuhrmannsbild im Hausflur. Ein schönes Stück Heimatgeschichte.

*Renate Sturm-Francke, 1958 S. 526*

HEUTE: Das Schloß kam Ende der 90er Jahre in Privatbesitz, nachdem alle Einrichtungen geschlossen waren. Seitdem erfolgt ein Innenausbau ohne absehbares Ende. Die Schule erhielt 1991 einen Neubau, beherbergt jetzt aber nur noch Grundschüler bis zur Klasse 4. Im Konsum-Kaufhaus hat sich nach 1990 eine Edeka-Filiale eingerichtet, und das Gebäude vom Gasthof zum Lamm ist längst abgerissen.

## Vom alten Wachturm

**Frohngasse mit dem alten Wachturm, Holzschnitt von Walther Ventzke, 1956**

Das Häuschen in der Frongasse Nr. 3 mit dem efeubewachsenen alten Wachturm ist wohl eines der malerischsten Motive von Oschatz. Mit seiner Rückwand lehnt es sich eng an die hier noch erhaltene 4 m starke innere Stadtmauer und den Turm an. Verschiedene Stadtmaurer sind am Bau und der ständigen Reparatur der Stadtmauer tätig gewesen, und in der Zeit von 1515 bis 1544 wurde auch zu Verteidigungszwecken der überdachte hölzerne Gang darüber errichtet.

Der Turm ist im Jahre 1377 errichtet worden, ist ein sich nach oben stark verjüngender Rundbau und hat im Erdgeschoß einen 3 m inneren und 6,40 m äußeren Durchmesser. *Hoffmann* schreibt in seiner Stadtchronik, daß der Turm früher eine schiefergedeckte Haube getragen habe, die aber nach 1600 zerfiel. Es spricht für die solide Bauweise der damaligen Zeit, daß der Turm bis heute erhalten geblieben ist.

Die Ratsfronfeste (Nr. 1) und das Nebenhaus (Nr. 3) beherbergten früher den Fronvogt und seine Knechte. Die Fronfeste wurde 1547 erbaut und ist insofern bemerkenswert, als sie eines der wenigen Häuser ist, das die beiden furchtbaren Stadtbrände von 1616 und 1842 überstand.

Ein kleines Rundbogentor mit einem eisernen Türklopfer führt hinein in das alte Haus, das bezüglich der Wohnräume und des Zubehörs nur allerbescheidensten Ansprüchen genügt. Der Wind pfeift durch die Schießscharten der Stadtmauer im Obergeschoß. Wenn das Haus immer liebevoll mit Blumen am Fenster geschmückt, trotz seines hohen Alters auch innen einen recht sauberen und freundlichen Eindruck hinterläßt, so ist das das Verdienst seiner Bewohner, die in diesem Jahre ihr 50jähriges Wohnungsjubiläum feiern konnten. Es sind die Geschwister *Scholze,* die zum festen Stamm der *Rundblick*-Leser gehören und den Besuchern gern den Wehrgang und das stockfinstere Gefängnis im Fuße des Turmes zeigen. Es dient ihnen jetzt als wohltemperierter Kartoffelkeller. Hier in diesem sicheren Verließ wurden früher wohl ganz besonders schwere Burschen inhaftiert. Drei hohe Treppenstufen führen in dieses Gefängnis mit einem Radius von gerade mal 1,50 m.

Der Turm selbst ist nicht mehr besteigbar, zumal ein Blick über die Stadt vom Kirchturm viel lohnender ist. Heute sind die Käuzchen seine Bewohner. Doch er wird wohl mit dem immergrünen Efeu, dem Sinnbild der Hoffnung, noch manches Jahrhundert überdauern und zur Belebung des schönen Oschatzer Stadtbildes beitragen.

*Walther Käseberg, 1958 S. 580*

# Ammelshainer Dorfmilieu vor hundert Jahren

Still und verträumt, umrauscht von dichten Waldungen, so zieht das Dorfbild von Ammelshain vor der Jahrhundertwende (um 1900) an meinen Augen vorbei. Das Zeitalter der Technik hatte seinen Einzug noch nicht im Dorf gehalten. Kuh-, Ochsen- und Pferdegespanne ziehen durch die Dorfstraße, die zu beiden Seiten mit Gräben begrenzt war. Das Geklapper der Holzpantoffeln von groß und klein gehörte zum Dorfmilieu, wie die Stege und Brücken über die Abwassergräben. Die Bauerngüter, oft noch mit Stroh gedeckt, lagen im Schatten großer aufragender Bäume.

Die Einwohner gingen der landwirtschaftlichen Arbeit nach, und ein Teil fand in den Steinbrüchen Lohn und Brot. Dreimal täglich schafften schwerbeladene Pferdewagen das gebrochene Steinmaterial über die durchfurchten Pisten zur Bahnverladung nach Naunhof.

Dort, wo heute der Konsum den Bedarf der Einwohner deckt, konnte man auch schon damals einkaufen. Im Hausflur des Grundstückes *Risch* gab es Heringe und Bücklinge zu kaufen. Materialwaren bot *Oskar Seifert* in seinem Grundstück feil. 1894 kaufte *Richard Emil Wolf* die kleine Bäckerei, die seitdem im Familienbesitz dafür sorgte, daß den Ammelshainern die frischen Brötchen nicht ausgingen.

Auch von auswärts war man um das Wohl der Ammelshainer besorgt. Fleisch- und Wurstwaren verkaufte Fleischermeister Tauchnitz aus Polenz im Saaleingang des Gasthofes. Um die „Wohnkultur" zu heben, tauchte in Zeitabständen ein Planenwagen auf. Hier erwarben die Hausfrauen weißen Sand, den sie zum Scheuern verwendeten und mit dem sie dann auch ihre Stuben ausstreuten.

In der Schmiede vom Meister *Menzel* herrschte schon ganz früh am Morgen reges Leben und Treiben. Die Steinarbeiter begannen um 6 Uhr mit ihrem Tagewerk, und bis dahin mußten die Werkzeuge geschärft sein und zur Abholung bereitstehen.

Im Übrigen verlief das Leben im Dorf ruhig und arbeitsam. Nur hin und wieder kam ein Leierkastenmann, umschwärmt von einer Schar Kinder. Und wenn dann gar mal die Reitschule ihre Runden drehte, dann genossen die Dörfler diese Abwechslung mit heller Begeisterung.

Wie sah die Anlage des Dorfes damals aus? Am Haselberg kreisten die Flügel einer Windmühle. Auch eine Wassermühle, das Grundstück wird heute noch so genannt, trieb ein Räderwerk an. Am Großen Bruch an der Polenzer Straße, trottete ein Pferd vor einem Göpel seine Runde. Mit seiner Hilfe pumpte er das Wasser aus dem Steinbruch. Im Garten des Gasthofes wuchsen wuchtig ausladende Kastanien, von denen heute noch einige ihren Schatten spenden.

*Kurt Keilitz, 1958 S. 192*

HEUTE: Urenkel *Volker Wolf* setzt mit seiner Frau und einer fleißigen Belegschaft die 100jährige Bäckertradition in altbewährter Qualität fort. Die Bäckerei wurde vor allem nach der Wende modernisiert und expandierte mit Verkaufsstellen nach Grimma und in andere Orte. *JB 1995 S. 124*

**Der Bäckerei-Gutshof von Emil Wolf um 1900 nach einer zeitgenössischen Malerei**

# Die Hügelgräber im Mammbachschen bei Sachsendorf

Am Westrande des Staatsforstreviers Wermsdorf liegt südöstlich von Sachsendorf ein Waldstück, das seit alters her den Flurnamen *das Mammbachsche* führt. Es fiel durch die Bodenreform mehreren Neubauern zu. Beim Roden und der späteren Feldbestellung stellten sich jedoch erhebliche Schwierigkeiten ein, weil der Boden überaus steinig war. Im Februar 1949 beobachtete *Fritz Lommatzsch* in dem noch ungerodeten Gelände eine Anzahl größerer Hügel. Durch sofortige Meldung bei Landesamt für Vorgeschichte wurde weiteres Umackern verhindert, und man veranlaßte die Eigentümer zur Übergabe ihrer Grundstücke an die Gemeinde.

Schon im August des gleichen Jahres erfolgte vom Landesamt eine wissenschaftliche Grabung von zwei Hügeln. Im ganzen konnten sieben gut erkennbare Hügelgräber, drei Steinpackungen kleinerer Hügel und die Reste dreier weiterer Grabanlagen festgestellt werden. Ihr Durchmesser liegt zwischen 10 und 15 Metern.

Das unter Schutz gestellte Gelände ist nach der Grabung zu einer Art Freilichtmuseum geworden, an dem der Besucher mit den zwei rekonstruierten Hügeln erkennen kann, wie die Totenbestattung vor rund dreitausend Jahren (von den Wissenschaftlern mit Bronzezeit bezeichnet) erfolgte. Die mit der Asche der verbrannten Toten gefüllten Urnen sowie mehrerer Grabbeigaben von Tassen und Töpfen befinden sich jetzt im Landesmuseum.

Die Sachsendorfer Hügelgräber stehen in ihrer Umgebung nicht vereinzelt da. An dem nur wenige Kilometer entfernten Doktorteich befinden sich mindestens sechs Hügelgräber, im Lindigt südlich des Horstsees sieben, deren Funde wie die von Brandis, Nerchau, Otterwisch, Nimbschen, Ochsensaal und Zeuckritz zu einer Gruppe spätmittelalter- bis jungbronzezeitlicher Anlagen zu zählen sind.

*Werner Coblenz, 1958 S. 539*

40 Jahre später – sonniger Herbsttag im Jahre '89 – Erinnerung an Fritz Lommatzsch. *Der Rundblick* hatte nach Sachsendorf eingeladen, und sie waren alle gekommen: die Jungen und Mädchen von damals, jetzt betagte Opas und Omas, *Johanna Lommatzsch* aus Kaiserslautern, *Prof. Dr. Werner Coblenz*, der Nestor der sächsischen Bodendenkmalpflege, *Prof. Dr. Gerhard Billig* aus Dresden, seit zwei Jahrzehnten Leiter der Ausgrabungen zwischen Doktor- und Kirchenteich und Mitarbeiter des *Rundblicks* – alles Freunde des unvergessenen Fritz Lommatzsch. *1990 S. 15*

**Fritz Lommatzsch (rechts) mit Kindern der Ferienspiele vor „ihrem" Strohbau an den Hügelgräbern (1950)**

**Brandis:** Die Geschichte des **Ratskellers** endete 1948 und fand ihre Fortsetzung mit der Einrichtung eines „Hauses der Jugend". Ab 1956 war dann auch die Heimatstube für einige Jahre untergebracht. *1958 S. 20*

**Nerchau:** Ein leistungsstarker **Chor** mit über 60 Mitgliedern unter der Schirmherrschaft des Rates der Stadt wird vom 65jährigen Chormeister *Franz Göpelt* geleitet. *1958 S. 58*

**Colditz:** Ein markierter **Kulturpfad** führt als Rundgang durch die Stadt und berührt dabei alle Sehenswürdigkeiten. In einem Text erläutert in mehreren Fortsetzungen der Heimatgeschichtler *Ehrhardt Uhlich* ab S. 77 das mittelalterliche Stadtbild.

**Dahlen:** Mit einer **Wanderung** durch die Stadt und die angrenzende Heide verabschiedet sich die junge Dame *Ursula* von ihren Lesern, nachdem sie mehrmals die Heimat auf ihren Wegen mit profunden Kennern durchwandert hat. Hier ist ihr der sympathische Lehrer, Heimatforscher und das *Rundblick*-Redaktionsmitglied *Hans Fuchs* ein sachkundiger Begleiter. *1958 S. 315*

**Oschatz:** Um 1890 erwarb *Paul Pinkert* ein Grundstück in Zschöllau, das er zu einer **Gärtnerei** ausbaute. Er züchtete zunächst Palmen, später Ericen und Azaleen. Sein Sohn Rudolf spezialisierte sich auf Warmhauspflanzen, die auch exportiert wurden. Sohn Heinz Pinkert widmete sich vor allem der Orchideenzucht. *1958 S. 334*

**Colditz:** Die Vorfahren von *Heinrich Zille*, *1858 †1929, lebten seit Beginn des 19. Jh. in Colditz. Zilles Vater war ein gutmütiger Mensch. Das nutzten seine Mitbürger weidlich aus. Er übernahm für sie öfter Bürgschaften, die er dann nicht einlösen konnte. Dafür mußte er im Schuldgefängnis büßen.

**Leulitz:** Vier Jahrhunderte hat der Baum Wind und Wetter getrotzt *(s. Abb.)*. Nun hat ihn ein Sturm umgelegt, obwohl der Mensch mit Steinen und Beton den hohlen Stamm ausgefüllt hatte. Mit der **Schäfereilinde** verschwand ein Wahrzeichen des Ortes und ein Naturdenkmal des Wurzener Landes. *1958 S. 494*

**Hohburg:** In ihrem polytechnischen Unterricht halfen die Hohburger Schüler dem Forstwirtschaftsbetrieb Thammenhain beim Anbringen von **400 Nistkästen** und bei der Aussaat von Baumsamen im Pflanzgarten. Förster *Preißner* vermittelte dabei theoretisches Wissen über den Wald, seine Pflanzen und Tiere. *1958 S. 282*

**Hochwasserfolgen**: Mit Bedauern müssen wir unsere Leser davon in Kenntnis setzen, daß die vorliegende Ausgabe unserer Schrift in verringertem Umfang erscheinen muß. Die Hochwasserschäden in den Papierfabriken sind noch nicht restlos überwunden, so daß die Papierlieferungen nicht kontinuierlich erfolgen konnten. Aus diesem Grunde erschien auch das Augustheft zu einem verspäteten Zeitpunkt im Handel. *Die Red. 1958 S. 444*

**Wermsdorf/Mutzschen:** Zahlreiche Erholungsorte werben mit Poststempeln für ihren Besuch. Obwohl auch die *Rundblick*-Kreise nicht arm an Ausflugszielen sind, gibt es solche Sonderstempel nur in Wermsdorf und Mutzschen *(s. Abb.)*. Ersterer zeigt die wichtigsten Bauten der Gemeinde mit Jagdschloß, Kirche und Schloß Hubertusburg. Der Mutzschener Stempel wirbt mit dem Naturbad im Ortsteil Roda. *1958 S. 275*

## 1959 6. Jahrgang

**Der Rundblick.** Monatsschrift für Kultur und Heimat der Kreise Wurzen-Oschatz-Grimma
Mit neu gestalteter Titelseite. 12 Hefte, 664 Seiten, 50 Pfennige

**Heimatkalender 1959**
der Kreise Wurzen-Oschatz-Grimma.
3. Folge, 160 Seiten.
Aus dem Inhalt: Die letzten Postsäulen (Fritz Thomas), Post aus Beucha (Franz Martin), Im VEB EKO Oschatz (Heinz Geißler), Flucht aus dem Colditzer Schloß (Hildegard Albrecht), Die LPG in Thammenhain (Werner Ballschmieder), Im Mügelner Schloß (Fritz Thomas), Flugzeugbau in Brandis (Adolf Ratzsch), Denkmalpflege (Renate Sturm-Francke), An den Wermsdorfer Teichen (Rudolf Lehmann).

# Wo Pappe, Kleister und Buntpapier ein Osterei ergeben

Unser Besuch galt diesmal der ***Wurzener** Kartonagenfabrik*, einer der vielen Werkstätten des Osterhasen, die in neuerer Zeit vorwiegend mit staatlicher Beteiligung arbeiten. Der Betrieb zählt sechzig Beschäftigte, vorwiegend Frauen.

Der Rundgang beginnt im Pappenkeller. Dort lagert das Rohmaterial, das nicht austrocknen darf. Im Kaschierraum werden die Pappen mit Wasserglas eingestrichen und mit farbig gemustertem Papier überzogen. Das sind die Innenflächen der Ostereier. Nach dem Stanzraum folgt der Prägeraum, wo in den mit Gasflammen beheizten Formen die halben Pappeier entstehen.

Im Klebesaal, auch Facharbeitersaal genannt, fallen uns zunächst die vielen hundert oder gar tausend in allen Farben leuchtenden, schon beklebten Eihälften auf. Ein farbenprächtiges Bild! An langen Arbeitstischen schaffen hier drei Brigaden zu je sieben Frauen. Einige Kolleginnen sind bereits 30 Jahre im Betrieb tätig.

Wir unterscheiden Pappeier mit farbiger Aluminiumfolie überzogen in glatter und geknitterter Ausführung und Bildereier mit Osterhasen, Küken, Kätzchen und anderen Naturmotiven. Wie flink die Finger der Frauen und Mädchen mit Schere und Kleisterpinsel umgehen! Kaum können unsere Augen den einzelnen Phasen folgen. Das i-Tüpfelchen wird in der Lackiererei aufgesetzt. Es verschlägt uns fast den Atem, als wir den mit durchdringendem Nitrolackgeruch angefüllten Raum betreten. „Das ist alles Gewohnheit“, ist die Antwort auf die Frage, wie man es hier acht Stunden am Tage aushalten kann.

Wenn die Ostersaison vorbei ist, dann werden im Betrieb Artikel für den Schulanfang und für Weihnachten hergestellt. Außerdem ist er Alleinhersteller der Pappkugeln, die bei der weltbekannten Leipziger Firma *Paul Räth* zu den begehrten kleinen Erdgloben verarbeitet werden. Auch die Kartonagen für die Erzeugnisse des *Albert-Kuntz-Kombinates* werden zu einem großen Teil in der hiesigen Kartonagenfabrik hergestellt.

*Werner Ballschmieder, 1959 S. 116*

HEUTE: Die 1882 am Dehnitzer Weg gegründete Firma (Mitbegründer Paul Schlegel) kam 1951 in Volkseigentum, firmierte ab 1974 als VEB Solid-Lederwaren und ging 1990 in Liquidation. 1993 zerstörte ein Brand einige Gebäude, der denkmalgeschützte Klinkerbau steht leer und verfällt zur Ruine *(s. Abb).*

# Walter Koch – verdienstvoller Heimatforscher aus Wurzen

Seinen 75. Geburtstag begeht unser Mitarbeiter *Walter Koch* in **Wurzen**. Durch zahlreiche Veröffentlichungen aus der Geschichte Wurzens dürfte sein Name vielen Lesern bekannt sein. Wir möchten nicht versäumen, den Jubilar, der trotz dieses hohen Alters heute noch aktiv im Berufsleben steht und das umfangreiche Archiv der Stadt Wurzen in mustergültiger Ordnung hält, unseren herzlichsten Glückwunsch zu übermitteln.

*Walter Koch* ist Wurzener und wurde 1884 am Markt geboren. (†1971 in München). Sein Vater war Zinngießer und der letzte seiner Zunft in Wurzen. Nach Volksschule und Gymnasium wandte er sich dem Kunstgewerbe zu. Bei seinen ausgedehnten Reisen steigerte sich immer mehr sein Interesse am historischen Geschehen der engeren und weiteren Heimat. Nach dem Ersten Weltkrieg, der ihm seine Existenz raubte, war er längere Zeit als Presseberichterstatter tätig, bis er zum Archivpfleger des Kreises Grimma, später des Kreises Wurzen, bestellt wurde. Sein Forschungsdrang blieb ihm bis heute erhalten. Bemerkenswerte Vorkommnisse von historischer Bedeutung der Vergessenheit zu entreißen und der Nachwelt zu überliefern, darin sieht er noch heute eine seiner Hauptaufgaben.

Mit einem amüsanten Erlebnis soll der Jubilar selbst zu Wort kommen:

## DIE STEINSARG-PROBE

Dem Pfingstsonnabend 1911 war eine angenehm laue Nacht gefolgt. Der Fremde landete mit dem letzten Nachtzug in der alten Stiftsstadt Paderborn und suchte sich nun im Dunkel der verträumten Gassen zurechtzufinden. Dann sah er die Umrisse des altersgrauen Domes vor sich. Zusehends war alle Müdigkeit verflogen, und er faßte augenblicklich den Entschluß, den ehrwürdigen Bau ohne Aufschub zu besichtigen.

In denkbar tiefster Stille lag das Kirchenschiff. Nachdenklich ließ er seinen Blick durch den hohen Raum schweifen. Da nahm er, nach dem Chore zu, einen uralten, ungeheuren Steinsarg wahr. Er trat heran. Der Sarkophag war leer und offen, die starke Steinplatte, die ihn dereinst bedeckt, lehnte an der Wand. Bewundernd stand der Forscher vor der riesengroßen Steinkiste, die mittelalterliche Steinmetzen aus einem Block herausgearbeitet hatten. Unwillkürlich drängte sich die Frage auf, von welcher Körperlänge wohl der Mensch gewesen sei, der vor rund acht Jahrhunderten in diesem Steinkasten die letzte Ruhestatt gefunden haben mochte. Und er löste diese Frage auf ganz unkonventionelle Art: Er legte Hut und Stock beiseite, fegte mit dem Taschentuch den Sarkophag notdürftig aus, damit die weiße Leinenjacke nicht allzu vielen Schaden leide, stieg in die Höhlung und streckte sich darin in seiner ganzen Länge aus. Er stellte fest, daß bis zum Ende des Innenraumes noch mehr als 40 cm fehlten, die er zu seinen 174 noch hinzurechnen mußte. Also muß die Person eine stattliche Länge gehabt haben.

Befriedigt stellt er sich wieder auf die Beine und stieg nichtsahnend aus dem Sarg. Und wie es ein launenhafter Zufall will, betritt in diesem Moment eine Frau die Kirche, die nun die „weiße Person“ aus dem Sarg emporwachsen sieht. Mit einem Aufschrei stürzt sie davon. Hiermit war seine Forschungsarbeit abgebrochen, und er schlich sich aus dem Dom. Am Ende des Domgäßchens bemerkte er eine Gruppe Leute, die heftig diskutierten, und eine Frau sprach aufgeregt auf einen Polizisten ein. Der Dombesucher aber drückte sich im tiefen Schatten einer Häuserfront vorbei und fand sein Unterkommen im Domhotel am Markt.

Der späte Gast verfügte jedoch anno 1911 noch nicht über so weitreichende Kenntnisse wie späterhin. Dann hätte er zu jener Zeit gewußt, daß der Tote in einem Eichensarg gebettet und mitsamt diesem in den mittelalterlichen Steinsarg gelegt wurde. So hätte er sich wohl kaum der Mühe unterzogen, die Körperlänge eines altsächsischen Domherrn mit seiner eigenen zu vergleichen. *Walter Koch, 1959 S. 246*

**Am Rande der Hohburger Berge bei Zwochau**

## *SOMMERTAG* / *Johanna Kraeger*

*Wie schön das ist,*
*Wenn du beim Morgenwandern*
*Der Erste bist!*

*Ein Lied vom Nest*
*Ruft nach und nach die andern*
*Zum Tagesfest.*

*Der Mittag neigt*
*Den breiten Sonnenbogen –*
*Die Stille steigt.*

*Leicht wie ein Kind*
*Geht nur durch Ährenwogen*
*Ein sachter Wind.*

*Wie Schiffe weiß*
*Ziehn hohe Wolkenwände*
*Vorüber leis.*

*Kein Stundenschlag*
*Ruft heute wohl zu Ende*
*Den Sommertag . . .*

**Johanna Kraeger**, Grimma/Leipzig. Schriftstellerin und Lyrikerin. Als junge Frau mit den Eltern nach der Ausbombung in Dresden nach Grimma gekommen, hier nach dem Krieg Mitarbeiterin in der Kreisverwaltung (Volksbildung), Mitglied der literarischen Arbeitsgemeinschaft *Rudolf Leonhardt* in Grimma. Auch nach dem Umzug nach Leipzig blieb die enge kulturelle Bindung zur Muldestadt und zum *Rundblick* (mit vielen Gedichtveröffentlichungen) erhalten. Mitte der neunziger Jahre verstorben. *1959 S. 111*

# Mit dem Faltboot auf der Mulde abwärts bis Wurzen

Wir sind mit drei Faltbooten die Mulde abwärts gefahren, von Leisnig bis **Wurzen**. Die Tour war großartig. Nur der Rücken ist arg verbrannt.

Vom Kraftverkehr haben wir einen *Framo* ergattert. Früh beizeiten rollt er am Alten Rathaus in Wurzen an. Fünf Leute steigen ein. Am Bootshaus gesellen sich einige mächtige Rucksäcke mit den verpackten Booten zu uns. In Fischendorf kriechen wir tränenden Auges aus dem Fahrzeug. Überhaupt ein Wunder, daß wir die Fahrt mit den Abgasen überlebten.

Vor dem Start schweißtriefende Arbeit: Die Boote müssen zusammengebaut werden. An Connys Boot klebt noch der Kassenzettel.

Wir übergeben die Boote dem Wasser, entern das Gefährt und lassen uns treiben in den Sonntagmorgen hinein. Doch wir müssen uns sputen, wollen wir am Abend in Wurzen sein. Ein wechselvoller Wasserlauf führt die Freiberger Mulde bis zur Vereinigung. Wir durchpaddeln gefahrlos kleine Stromschnellen. Manchmal steht nicht mal die Handbreit Wasser unterm Kiel. Dann steigen wir aus und ziehen die Boote hinter uns her, echte Wasserwanderer eben.

**Geruhsames Dahingleiten auf der Mulde am Podelwitzer Schloß**

Muldenvereinigung. Ein mächtiger Pilz gibt uns Rätsel auf. Am Ufer der Freiberger Mulde erhebt sich der Rohbau eines Pumpwerkes. Es soll sauberes Wasser (das der Zwickauer ist zu dreckig!) ins Industriegebiet um Borna pumpen.

Am **Höfgener** Fährhaus gehen wir vor Anker. Die Hochwassermarken neben der Haustür zollen unseren Respekt. Wir eilen barfuß der *HO-Gaststätte Schiffmühle* zu. Ohne Verzögerung serviert der Kellner saftige Schnitzel und anschließend für die männlichen Paddler noch Rouladen. Wassersport macht hungrig!

Dann kreuzen wir den *Rabenstein*. Das Wehr der Großmühle ist kein Hemmnis. Wir umtragen es, die Kanuten vom Wasserstützpunkt rauschen drüber weg. Zur Rechten steigt der Stadtwald steil empor, zur Linken breitet sich das Häusermeer Grimmas aus.

Im Wehr der Grimmaer Untermühle klafft ein breites Loch. Da fahren wir durch! Die Mädels erblassen, aber wir schaffen die „halsbrecherische" Fahrt. Vom hohen Ufer grüßt die Döbener Schloßruine. Dann wächst mitten aus dem Strom ein mächtiges Fabrikgebäude: Die **Golzerner** Papierfabrik. Ihr Wasserbedarf ist enorm, deshalb diese günstige Lage, doch immer mit dem Risiko der Überschwemmung. Die Umgehung des Wehrs ist eine Strapaze, die Boote im Schlepptau. Wir schaffen auch das. Dann eine freundliche Begegnung mit der Muldentalbahn. Herzliches Winken von hier nach dort und umgekehrt. Ein kurzer Plausch mit der **Wedniger** Fährfrau bringt eine weitere nette Abwechslung.

Im weiten Bogen treiben wir an der *Sonnenmühle* und dem *Loreleyfelsen* vorbei. Die kämmende Jungfrau hat sich wohl im Gebüsch verkrochen. Glutrot senkt sich die Sonne dem Horizont näher und näher. Von dort schauen die Türme unserer Heimatstadt heraus. Nach zehn Stunden sind wir am Ziel. Steif und zerschlagen doch irgendwie zufrieden und glücklich klettern wir aus den Booten. Wie schön ist doch unsere Heimat.

*Manfred Müller, 1959 S. 365/417*

# Stimmungsvolle Wanderwege am Dammühlenteich

Vor über sechzig Jahren stand am Damm des Teiches, dort, wo in beträchtlicher Höhe das Wehr die aufgespeicherten Wassermassen freigibt, die *Dammühle*. Sie gab dem Teich den Namen. Es ist anzunehmen, daß sie bald um 1850 nach Errichtung des 250 Meter langen, 8 Meter hohen und 5 Meter breiten Dammes dort erbaut worden ist. Die Mühle gehörte dem Rittergut **Ochsensaal** und war zuletzt an *Hermann Hönicke* aus Frauwalde verpachtet. 1896 fiel die Wirtschaft mit der alten Brettmühle einem Brand zum Opfer. Über den Damm, der zugleich die Grenze zwischen den Kreisen Oschatz und Wurzen bildet, führt die *Butterstraße*. Der Teich hat zwei Zuflüsse, einmal die *Lossa*, die im Flurteil *Kamerun* entspringt, zum anderen den *Schönewasserbach*.

Wir treffen uns am frühen Morgen eines herrlichen Maitages. Nebel schleiern noch auf der Wasserfläche. Am Überlauf aufgeschreckt, fliegt der lasurblaue und glänzend schillernde Eisvogel davon.

Erste Vogelstimmen setzen ein, und plötzlich lärmt es überall in hundertfachem Chor dem glühenden Sonnenball entgegen. Am Erlenbruch verlandet der Dammühlenteich immer mehr. Das spitzblättrige Torfmoos, das als Unterlage zur Züchtung von Orchideen in den Gärtnereien verwendet wird, wächst hier. Bald werden sich die goldgelben Blüten der Schwertlilie öffnen.

Dem Pfad auf dem nördlichen Teichufer folgend, gelangen wir hinter breiten Schilf- und Rohrkolbengürteln, aus denen wir das Brummen der Rohrdommel vernehmen, zu *Föllners* Wiese. Ein Storch geht dort auf Froschfang aus. Hinter Schilf und Rohr in Moor und Sumpf wächst Enzian mit tief dunkelblauen, samtig glänzenden Glocken. Das Teichufer schmückt mit goldgelben Blütensternen die Sumpfdotterblume und das Sumpfvergißmeinnicht.

Über dem Wasser schwimmen am blaßblauen Himmel einige Wolken. Aus diesem löst sich ein dunkler Punkt, der allmählich immer größer wird. Es ist ein Fischadler. Im rauschenden Sturz geht es aus schwindelnder Höhe auf das Wasser herab, das hoch aufspritzt. Im eisernen Griff der Krallen erhascht der Fischräuber die schuppige Beute.

Wir wandern weiter aufwärts am *Schönewasserbach* bis zum *Krummen Teich*. Ein Teichrohrsänger erfreut uns zum Abschied mit seinem melodischen Gesang. Im Torfmoos lauert der unscheinbare Sonnentau auf Insekten, um sie mit seinen Blättern, die mit roten, beweglichen Drüsenhaaren besetzt sind, zu fangen und zu vertilgen.

Am erhöhten Punkt lassen wir uns auf weichen Moospolstern am Rande von ausgedehnten Flächen reich blühender Blaubeersträucher nieder. Dazwischen kriechen Rote Waldameisen, deren Hügelbauwerk in der Nähe liegt. Eine Eidechse raschelt im vorjährigen Fallaub und verschwindet in der Tiefe. Im harmonischen Zusammenklang von Wald, Wasser, Wiesen und Tieren war es ein Tag voller Sonne, Blüten und Schönheit. *Louis Meyer, 1959 S. 335*

**Louis Meyer**, Ochsensaal, *1882 †1972. Oberförster, Naturschutzbeauftragter, Betreuer der Heide. *Heft 4/1970 S. 36*

## Die Autobahnseen

Eigentlich ist der Name nicht zutreffend. Im Volksmund aber hat er sich in dieser Form eingebürgert. Vor einigen Jahrzehnten brauchte der Staat Kies, billigen Kies: zum Unterbau der Autobahnen, der Rollbahnen. Kies für Kriegszwecke. Kies ist nun an und für sich nicht teuer. So billig aber wie hier bekam man ihn sonst wohl nicht.

Unmittelbar neben der vorgesehenen Autobahnlinie wurden zwischen **Kleinsteinberg, Naunhof** und **Beucha** zwei Kiesgruben in einer grundwasserreichen Gegend zum Abbau freigegeben. Es verwundert deshalb nicht, daß mit zunehmender Tiefe sich das Grundwasser immer mehr bemerkbar macht. Bei 10 m Tiefe mußte der Abbau schließlich in beiden Tagebauen eingestellt werden, da der Wasserspiegel rasch stieg. So entstanden der *Ammelshainer* (oder *Naunhofer)* und der *Albrechtshainer* (oder *Beuchaer) Autobahnsee*.

Angler und Badelustige nutzen ausgiebig die Seen. Im Beuchaer See sind Wanderungen auf der Sandbank beliebt. Er ist im allgemeinen auch anziehender, weil er Kantine, Badeartikel- und Ruderbootverleih und sanitäre Anlagen besitzt. Die Angler

holen zigpfündige Karpfen, Hechte und sogar Aale aus dem Wasser.

Der Naunhofer See hat seine eigenen Reize. Abseits vom Wege liegt er still und beinahe romantisch im Walde. Daß der VEB Bau-Union begonnen hat, den Kies weiter abzubauen, dämpft freilich die Romantik etwas. Doch hat sich inzwischen die Wasserfläche vervielfacht. *Peter Noack, 1959 S. 289*

## Gibt es noch Wassermühlen?

Liebe Schüler! Wir wollen euch von jetzt an regelmäßig eine Seite unserer Heimatschrift widmen. Wir wissen, daß euch der Heimatkundeunterricht große Freude macht. Unsere Schülerseite soll euch im Unterricht unterstützen. Wenn ihr sie sammelt und sie in eure Hefte einlegt oder auch in einer gesonderten Mappe aufhebt, dann habt ihr ein willkommenes Nachschlagewerk. Besser ist es natürlich noch, wenn ihr den *Rundblick* insgesamt jahrgangsweise sammelt, denn dann habt ihr auch für spätere Schuljahre gutes Material zur Heimat.

Mit diesen Hinweisen begann *Der Rundblick* eine Fortsetzungsserie unter dem Titel „Für den Heimatkunde-Unterricht" (später: Heimat und Welt), die der Borsdorfer Lehrer und Lektor beim Brockhaus-Verlag *Ehrhart Kundisch* mit Texten und Zeichnungen jahrelang gestaltete. *R 1959 S. 84.*

Die nebenstehende Karte zum Thema „Wassermühlen zwischen Colditz und Wurzen" gibt Auskunft über einen wichtigen Abschnitt unserer Wirtschaftsgeschichte: Ende des vorigen Jahrhunderts setzte das große Mühlensterben ein. Wasser und Wind, die bisher die Mühlen antrieben, wurden von einer neuen Kraft, der Elektrizität, verdrängt. Nur noch wenige Wind- und Wassermühlen arbeiten heute auf die alte Weise. Die meisten stehen zwar noch am alten Platz, aber die Wasserräder und die Windmühlenflügel sind verfallen.

Wir haben den Besitzer der Großmühle in Grimma, Herrn *Dr. Hermann Gleisberg,* aufgesucht, der so freundlich war, uns einige Fragen über die heimischen Mühlen zu beantworten und wonach die Karte entstand.

*Ehrhart Kundisch, 1963 S. 582*

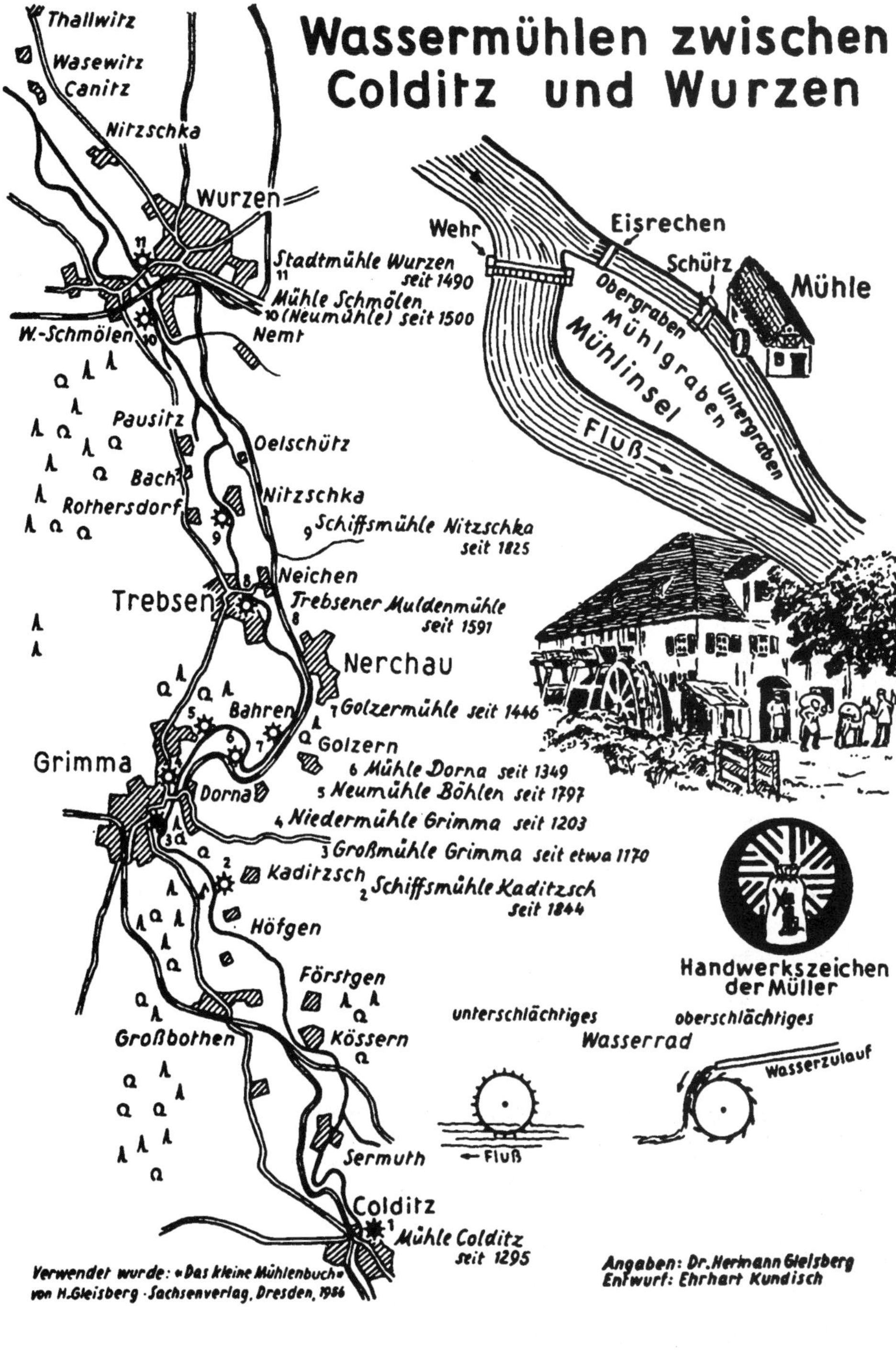
Wassermühlen zwischen Colditz und Wurzen
Thallwitz
Wasewitz
Canitz
Nitzschka
Wurzen
Stadtmühle Wurzen seit 1490
11
Mühle Schmölen
10 (Neumühle) seit 1500
W.-Schmölen
Nemt
Pausitz
Oelschütz
Bach
Nitzschka
Rothersdorf
9 Schiffsmühle Nitzschka seit 1825
Neichen
Trebsen
Trebsener Muldenmühle
8 seit 1591
Nerchau
Bahren
7 Golzermühle seit 1446
Golzern
Grimma
6 Mühle Dorna seit 1349
Dorna
5 Neumühle Böhlen seit 1797
4 Niedermühle Grimma seit 1203
3 Großmühle Grimma seit etwa 1170
Kaditzsch
2 Schiffsmühle Kaditzsch seit 1844
Höfgen
Förstgen
Großbothen
Kössern
Sermuth
Colditz
1 Mühle Colditz seit 1295
Wehr
Eisrechen
Schütz
Mühle
Obergraben
Mühlgraben
Mühlinsel
Untergraben
Fluß
Handwerkszeichen der Müller
unterschlächtiges
oberschlächtiges
Wasserrad
Wasserzulauf
Fluß
Verwendet wurde: »Das kleine Mühlenbuch« von H. Gleisberg · Sachsenverlag, Dresden, 1956
Angaben: Dr. Hermann Gleisberg
Entwurf: Ehrhart Kundisch

## Wasser – 75 Jahre alt!

Das kristallklare Wasser im Härtebad des Feilenhauermeisters *Fritz Martin* in der **Wurzener** Straße des 7. Oktobers ist tatsächlich so alt. Es ist nicht einfach, im Zeitalter einer hochentwickelten Technik noch die Werkstatt eines solchen Handwerks zu finden. 1885 gründete der Vater von *Fritz Martin* in der Domgasse mit drei Mark in der Tasche eine Feilenhauerwerkstatt, die er 1930 an seinen Sohn übergab, der sie 1951 an seinen Sohn *Hans Martin* weiterreichte.

Der erste Blick in die Werkstatt sagt einem unbefangenen Laien zunächst nicht viel, denn Maschinen stehen in jeder Werkstatt. Hier sind es drei Feilenhaumaschinen und eine Hobelmaschine. Es sind fünf Arbeitsgänge notwendig, bevor die Feilen oder Raspeln den Betriebe verlassen. Alte stumpfe Feilen werden zunächst geglüht, dann der alte „Hieb" abgehobelt, danach geschliffen. Dann werden sie neu gehauen, entweder mit Maschinen oder per Hand. Nun dürfen sie ihre Verjüngungskur in jenem Bade vollenden, das eben 75 Jahre alt ist. Das mit Salz vollkommen gesättigte Wasser hat drei Umzüge miterlebt und ist kristallklar geblieben.

Am Haustock erleben wir das Hauen einer Feile. Mit einem Spannriemen wird das

**Hans Martin bei seiner gefühlvollen Arbeit**

Metall festgehalten, und mit unglaublicher Geschwindigkeit und Präzision gräbt der Meißel im Zweischlag Zahn für Zahn in den Stahl. Der hierzu notwendige Hammer erregt unsere besondere Aufmerksamkeit. Im Stiel aus gewachsener Esche legen Daumeneindrücke Zeugnis davon ab, wie viele Jahre und mit welcher Muskelkraft jeder dieser in allen Größen vorhandenen Hämmer gehandhabt wurde. Mit der Hand werden heute nur noch wenige Feilen gehauen. Vor allem in der messingverarbeitenden Musikinstrumentenindustrie werden solche Feilen noch bevorzugt.

*Werner Ballschmieder, 1959 S. 261*

**Die Feilenhauerwerkstatt** von *Hans Martin* (*1937) stellte Anfang der 1990er Jahre den Betrieb ein und befindet sich heute als wichtiges Schauobjekt der Wurzener Handwerkskunst im kulturgeschichtlichen Museum in der Domgasse.

## An der Wedniger Fähre

„Zur Fähre woll'n Se? Na, dann immer gerade aus." Ich war von Bahren nach Nerchau unterwegs und wollte die Muldenfähre bei Wednig benutzen. Nach rüstigem Marsch stehe ich vorm Fährhaus. Ich klopfe an. Ein weißer Spitz bellt mich an. An der Tür heftet ein Messingschild: *A. Kirst*. „Ist denn der Fährmann zu sprechen?" Dann steht eine Frau im Türrahmen: „Der Fährmann bin ich. Seit Vater tot ist, erledige ich das Amt."

Und nun erzählt sie stolz und selbstbewußt von ihrem Beruf. Ihr Leben ist Arbeit, ihre Arbeit ist Leben. Kaum, daß Frau *Johanna Wittig* einmal im Jahr nach Leipzig kommt, weil der Beruf sie hier an die Fähre fesselt. Dann versäumt sie es trotzdem nicht, diesen Tag zu einem Theaterbesuch zu nutzen.

Die Arbeit beginnt täglich um halb fünf, bei Wind und Wetter. Da gibt es keine Ausreden. Um 9 Uhr abends ist der letzte Gast übergesetzt. Der Stechkahn hängt an einem Seil. Trotzdem ist es nicht so leicht, ihn mit der langen Stange ordentlich über den Fluß und genau an den Ausstieg zu bringen.

Ständige Benutzer der Fähre sind Arbeiter, die in Grimma oder den Hohnstädter Tongruben Beschäftigung haben. Darunter sind welche, die schon seit 30 Jahren diesen Weg benutzen. Zwei Schulkinder wollen morgens nach Nerchau in die Schule. Andere Bewohner wollen zum Bahnhof in Nerchau.

Sorgen um Hab und Gut ziehen herauf, wenn Hochwasser droht. Da kann es passieren, so wie im Juli 1954, daß rundherum das Wasser gurgelt. Doch alles wurde bisher überstanden. Hochwasser und Eisgang legen den Fährbetrieb still. Die Kinder können dann nicht die Schule besuchen.

Arbeit im Haus gibt es auch sonst genug. Da ist die anderthalb Hektar große Landwirtschaft zu versorgen. Eine Kuh, Schafe, Schweine, Hühner, Gänse und Enten müssen betreut werden. Bis vor 8 Jahren gab es keine Elektrizität. Gekocht wurde bis dahin mit Flaschengas, und in der Stube brannte die Petroleumlampe. Das Haus ist nahezu 200 Jahre alt, hat ein schiefergedecktes Satteldach und zwei Geschosse. Der Unterbau wurde massiv und dauerhaft in Bruchsteinen gemacht. Das Fachwerk im Obergeschoß ist leider verputzt. Erfreulicherweise ist Frau Wittig bemüht, das Haus und die Fähre zu erhalten. – *Harald Quietzsch, HK 1959 S. 88. Otto Hessel schreibt über die Geschichte der Nerchauer Fähre im HK 1966, S. 69 und Horst Weber über Arthur Kirst, den 1955 verstorbenen letzten Fährmann, im JB 1994 S. 78.*

HEUTE: Das 1803 erbaute Fährhaus wurde 1966 bis auf das Untergeschoß abgerissen und erhielt ein Flachdach. Seitdem wird es als Wochenendgrundstück genutzt. *Johanna Wittig*, die Tochter von *Arthur Kirst*, starb 1959. Danach führten andere Fährleute den Fährbetrieb, bis er 1969 völlig eingestellt wurde.

# Ihr 10jähriges Bestehen . . .

feierten am 5. Juli d. J. die Natur- und Heimatfreunde im Deutschen Kulturbund **Kühren**. Zahlreiche Mitglieder und Gäste aus den Nachbarkreisen trafen sich in der landschaftlich schön gelegenen Gaststätte *Waldhof* im Wermsdorfer Forst bei Kühren. Prof. *Donath* hielt die Festansprache. Im Rückblick auf die 800-Jahr-Feier Kührens 1954 fand die Tätigkeit der Ortsgruppe hohe Anerkennung. Den Begründern und Veteranen *Max Naumann* und *Max Wenzel* wurden Geschenke überreicht. Der Kührener Männerchor umrahmte die Feier. *1959 S. 471*

**Zum Erinnerungsbild stellten sich (v.l.n.r.): Ehrhart Kundisch, Ewald Mörl, Inge Grau, Horst Bergt, Max Wenzel, ??, Prof. Donath, Reinhold Lohrmann, Max Naumann, Kurt Fritzsche, Karl Unger, ??, ??, Erich Stephan.**

# NOTIZEN und PERSONALIEN

**Dahlen:** Eine Fachschule für Nahrungs- und Genußmittel befindet sich seit 1953 im Dahlener **Schloß**. Hundert junge Menschen werden dort in zwei Fleischer- und je einer Bäcker- und Konditorklasse zu Meistern der volkseigenen Industrie ausgebildet. *1959 S. 157*

**Trebsen:** Ein neues Kino konnte im April der Öffentlichkeit übergeben werden. Das nach modernsten Erfordernissen – sogar eine Klimaanlage wurde installiert – ausgerüstete Gebäude auf Pauschwitzer Flur erhielt den Namen *Karl-Plato-Lichtspiele* und wird vom Koll. *Schwieger* geleitet. *1959 S. 319*

**Oschatz:** Im VEB Erstlings- und Kinderbekleidung hat sich ein **Volkskunstensemble** gebildet, in dem hundert Lehrlinge und junge Arbeiter im Chor, einem Orchester und einer Tanzgruppe in ihrer Freizeit singen, spielen und tanzen und mit ihren Auftritten Tausenden Besuchern Freude bereitet haben. *1959 S. 12*

**Wurzen:** In der Stadt wird eine **Volksmusikschule** gebildet mit Zweigstellen in Hohburg, Dahlen, Brandis und Grimma. Es sind Bildungsstätten für Laien, die hier musikalische Kenntnisse und Fertigkeiten erlernen können: Gesang, Streich-, Tasten-, Blas- und Zupfinstrumente. Die Kapazität beträgt vorerst 120 Kinder und 50 Erwachsene. Jahresgebühr gestaffelt nach Einkommen, beginnend bei 15 DM für Kinder, 50 DM für Jugendliche und 75 DM für Erwachsene. *1959 S. 105*

**Grimma:** Unter der Leitung von *Fritz Schlager* wird mit siebzehn Musikern ein **Kreiskulturorchester** gegründet, das vor allem Streichmusik spielt, aber auch mit Blasmusik auftreten sowie nach entsprechender Umbesetzung als großes, modernes Tanzorchester das Publikum erfreuen kann. Zum Wirkungsbereich gehört aber auch die Anleitung von Kulturgruppen und der Auftritt bei Schülerkonzerten. *1959 S. 220*

**Lübschütz:** Im Mai 1957 war der erste Spatenstich für ein neues **Dachziegelwerk**, zwei Jahre später begann die Produktion gelber Dachsteine. Die Tonvorkommen bildeten die Grundlage des neuen Werkes. *1959 S. 502*

**Oschatz:** 1947 gründete der Ing. *E. Böhm* mit drei Mitarbeitern einen Betrieb zur Herstellung von Elektrobauteilen. Zwölf Jahre später war die Firma auf 150 Werktätige angestiegen, und der **Elektrobau Oschatz KG**, der Vorschaltgeräte für Leuchtstofflampen und Kleintransformatoren herstellt, zu einem geachteten Betrieb herangewachsen. *1959 S.509*

**Nerchau:** Anläßlich der Feierlichkeiten zum 100jährigen Bestehen gab die **Post** einen Sonderstempel heraus. Damit wurden Postsendungen entwertet, die mit einer originalen Postkutsche von Nerchau nach Grimma befördert worden waren. *1959 S. 560*

**Müglenz:** Seit 20 Jahren betreibt der Zimmermann *Walter Münch* auf seinem Grundstück nahe am Lossabach eine **Pelztierzucht**. Er begann mit Rot- und Blaufüchsen, denen Nutrias und Nerze folgten. Jährlich lieferte er etwa hundert Felle ab. *1957 S. 396*

**Wurzen:** Die Redaktion des *Rundblicks* stiftet einen **Pokal**, eine meisterliche Schnitzarbeit von *Arthur Hunger*, bei der auf einem Fußball die Wappen der drei Kreisstädte stehen *(s. Abb.)*. Einige Jahre kämpften Betriebsfußballmannschaften der drei Kreise um diesen Wanderpokal. *1959 S. 299/376*

**Kurt Hauck,** Klinga, *1901 †1959. Lehrer und Schulleiter, Heimat- und Volkskundler mit Spezialgebiet Mundart und Flurnamenforschung in Klinga und den umliegenden Dörfern. *1959 S. 46*

**Fritz Lommatzsch**, Sachsendorf, *1899 †1960. Lehrer und aktiver Heimatpfleger, entdeckte die Hügelgräber im Mammbachschen, pflegte die Freilichtausstellung und die von ihm zeitweilig eingerichtete Heimatstube in der ehemaligen Herrschaftsloge der Kirche. Zuletzt durch schwere Krankheit an den Rollstuhl gebunden. *1960 S. 483, 1956 S. 50*

**Hohburger Berge in Gefahr!**
Die Redaktion des *Rundblicks* hat es sich seit einiger Zeit zur Aufgabe gemacht, monatlich eine Wanderkarte mit einer Beschreibung des Wandergebietes herauszugeben. Im letzten Heft war das Gebiet der Hohburger Berge abgedruckt. Viele Besucher der Hohburger Berge werden sich beim Lesen dieser Zeilen wohl an manche Wanderung in diesem schönen Waldgebiet erinnert haben. Hohburger Heimatfreunde berichteten, daß es jährlich über zehntausend Menschen sind, die hier alljährlich Erholung und Entspannung suchen und finden.
Nach einem Bericht der Bezirks-Naturschutzverwaltung ist dieses schöne Zentrum im Leipziger Land in größter Gefahr. Das Kernstück zwischen Löbenberg, Siebensprung und Galgenberg soll der Steinindustrie zum Opfer fallen. Zwar läßt uns der Zustand der Straßen die Notwendigkeit der Erweiterung der Steinbrüche einsehen, trotzdem können wir uns mit dieser Ausdehnung nicht einverstanden erklären. Damit ginge das schönste Stück der Hohburger Berge verloren. Warum wird die Mechanisierung nicht in dem bereits in Betrieb befindlichen Gaudlitzberg und Frauenberg fortgesetzt?

*B.M., Wurzen, 1959 S. 342*

HEUTE: Die Ausdehnung erfolgte nicht. Der Abbau im Gaudlitzberg wurde 1961 beendet und beschränkte sich bis 2007 auf den Zinkenberg. Jetzt wird das Gestein nur noch am Breiten Berg bei Lüptitz gebrochen.

# Leserglückwunsch
## zum fünfjährigen Bestehen des Rundblicks

*Er steht vor uns: ein junges Leben,*
*Doch reich erfüllt von frischem Streben,*
*Und gern macht jeder, der ihn kennt,*
*Mit frohen Wünschen ihm sein Kompliment.*
*Freut uns doch schon sein lieb Gesicht;*
*Von Wert ist, was es uns verspricht.*
*Wie fesselt uns die Reportage –*
*Auch zur Kritik fehlt nicht Courage –*
*Von altem Handwerk, frühem Brauch,*
*Vom Sporte und von Hobbys auch.*
*Ob einer musiziert und ob er singt,*
*Die Leier schlägt, den Pinsel schwingt,*
*Ob er der Nachwelt sich als ein Chronist empfiehlt,*
*Ob er bedrohten Heimatschmuck erhielt –*
*Wie er sich auch verdient gemacht:*
*Voll Ruhmes wird ihm sein Porträt gebracht.*
*(Es tut der Seele wohl wie zärtlich Streicheln,*
*Liest einer, wie ihm andre schmeicheln,*
*Und manchen läßt die Pein nicht frei,*
*Warum an ihn noch nicht die Reihe sei .)*
*Probleme werden auch, mit Vorsicht, angepackt;*
*Mit allen Lesern willig in Kontakt*
*Wird, was sie wundert und bewegt,*
*Und was von ihnen angeregt,*
*Zu Wort gebracht, selbst Enthusiasten*
*Etwas vom Lärm der Welt und ihrem Hasten.*
*Der „Rundblick“, kunst- und auch kulturbeflissen,*
*Bereichert ständig unser Wissen.*
*Mit Ernst erfüllt sein Hauptgebot:*
*(‘s tut unserer Zeit gewißlich not)*
*Du sollst Natur und Heimat lieben lernen!*
*Des Lebens süße Nuß recht zu entkernen.*
*Lern’ du von ihm das Wandern und das Schauen*
*In Stadt und Dorf, in Wald und Auen!*
*Damit auch’s Herze nichts entbehrt,*
*Wird „fürs Gemüt“ Humor beschert.*
*Das Aug’ erquickt sich an den Bildern;*
*Sie schmücken, klären und sie schildern.*
*So kannten wir den „Rundblick“: nett und netter,*
*Von Heft zu Hefte stets adretter.*
*Er mög’ gedeihen, blüh’n und wachsen*
*Als wesentliche Heimatschrift von Sachsen,*
*Beliebter werden noch und auch beleibter –*
*Und unser treuer Freund, das bleibt er!*

*Dr. E. Göhlert, Grimma*

**Johanna Kraeger** schickte uns auch einen Glückwunsch:

*„Der Rundblick“ ist als Monatsblatt*
*Beim Leser sehr beliebt,*
*Weil er vom Brauch in Dorf und Stadt*
*Ihm einen Rundblick gibt.*

*Er ist mit Foto und mit Wort*
*Ein Spiegel der Natur,*
*Führt kulturelle Bildung fort*
*Auf heimatlicher Flur.*

*Fünf Jahre hat’s uns nicht gereut,*
*Dem „Rundblick“ treu zu sein,*
*Drum unser Dank und Glückwunsch heut’*
*Für weiteres Gedeihn!*

1960 7. Jahrgang

**Der Rundblick**. Monatsschrift für Kultur und Heimat der Kreise Wurzen-Oschatz-Grimma. 12 Hefte, 640 Seiten, 50 Pfg.

**Heimatkalender** der Kreise Wurzen-Oschatz-Grimma. 4. Folge, 160 Seiten, 2 DM.
Aus dem Inhalt: Rundblick aus 400 m Höhe (Renate Sturm-Francke), Bodendenkmalpflege (Renate Sturm-Francke), Im Wermsdorfer Wald (Walter Große), Mutzschen (Alfred Leber), Die Döllnitz (Fritz Thomas), Wurzner Teppiche (Werner Ballschmieder), Der große Brand von Oschatz 1842 (Walther Käseberg), Das Mühlenmuseum (Hermann Gleisberg).

## In Cavertitz fließen Milch und Sprit

Es ist ein wunderschöner Sommermorgen. Wir stehen auf dem großen Hof im volkseigenen Gut (VEG). Es ist Arbeitsbeginn, die Motoren der Traktoren dröhnen, es ist ein Kommen und Gehen. Dazwischen erwischen wir den Diplom-Landwirt *Hermann Lahr*, seit 1945 Leiter des Betriebes. Seiner rastlosen Tätigkeit ist es mit zu verdanken, wenn das *VEG Tierzucht Cavertitz* zu den besten Volksgütern des Bezirkes Leipzig gehört. Ein tüchtiger Stamm von guten Brigadieren und Facharbeitern hat sich hier gebildet.

**Im Kessel kochen die Früchte, aus denen der hochprozentige Sprit gewonnen wird**

Das begann 1945 nach der Enteignung des Rittergutes so: Keine Traktoren, kaputte Maschinen, kaum Vieh. In den ersten Jahren bildeten die „alten Hasen“ Sensenbrigaden, um das Getreide vom Feld zu holen. Wie stolz waren sie, als sie aus Überresten den ersten Traktor zum Fahren brachten. Heute rattert ein Dutzend im Betrieb.

Im Kuhstall hat Melkerbrigadier *Linke* die Regie. Ruhe und Sauberkeit sind hier oberstes Gebot. Der neuerbaute Jungviehstall ist eine Augenweide. Die Tbc-freie Rinderaufzucht spielt eine wichtige Rolle. Mitten im Walde der Dahlener Heide, in **Reudnitz**, weiden stattliche Tbc-freie Jungviehherden von der Rasse schwarzbuntes Niederungsvieh. Moderne Offenstallanlagen befinden sich im Nebenbetrieb Clanzschwitz. Auf den Wiesen an der Dahle tummelt sich ein gutes Dutzend Zuchtpferde mit ihren Fohlen. Im Schweinekombinat werden in einem Durchgang 3000 Schweine gemästet.

Wer die berühmte Schafherde des VEG sehen will, der muß zur Hauptherde nach Canitz fahren. Schon viele wertvolle Zuchttiere erhielten auf Ausstellungen 1. Preise. Jedes Jahr werden solche Tiere in zahlreiche Länder exportiert.

Damit alles floriert, finden wir neben den großen Scheunen verschiedene Werkstätten: Motorenschlosserei, Schmiede, Stellmacherei. Dazu kommen Garagen, Tankstelle, natürlich ein Speiseraum sowie saubere Sanitäranlagen. Sehenswert im Ort ist das neuerbaute Lehrlingswohnheim. Hier lernen sechzig Lehrlinge Ackerbau und Viehzucht. Sie wohnen in freundlichen Zimmern, im Klubraum steht ein Fernsehapparat. *Siegfried Heidler, HK 1960 S. 44*

### HOCHPROZENTIGER

Später besuchte ich die Spritbrennerei im *VEG Cavertitz.* Als Willkommenstrunk schöpfte mir ein Gehilfe aus einem mit einer wasserklaren Flüssigkeit halb gefülltem Eimer einen kleines Maß ab. Nach wenigen Schlucken schrie ich um Hilfe und um Wasser. Beides bekam ich und einen kräftigen Schlag auf den Rücken. Man bedeutet mir, ich sei nun in Ehren aufgenommen, und die Werksbesichtigung könne beginnen.
Zuerst stand ich mit dem Brennmeister

**Rentner-Idyll am Brunnen vor dem Häuschen**

auf dem Getreideboden. Hier lagert der Rohstoff für die Brennerei: Roggen, Gerste und Weizen. Von hier aus kommt er in den „Hentze", einen großen Behälter, in dem es eingeweicht und gedämpft wird. In einem Vormaischbottich wird der Masse bei 60 Grad C Malz zugesetzt, damit sich die Stärke im Getreide „verzuckert". Im nächsten Bottich gärt die Masse, und nach 72 Stunden erfolgt in einem sinnreichen Apparat die Destillation. Dabei trennt sich das Wasser vom Spiritus mit einem Alkoholgehalt von 85%.

Während die ausgekochte Maische, auch Schlempe genannt, in einem Bassin im Kuhstall gesammelt und als Viehfutter verwendet wird, fließt der Sprit in ein Sammelgefäß. Das befindet sich nebenan in einem Raum, der verschlossen und mit einer amtlichen Plombe versehen ist. Kollegen vom Finanzamt haben dafür den Schlüssel. Allerdings nicht dafür, daß für sie auch etwas übrig bleibt, sondern daß auch nicht die kleinste Menge unkontrolliert in die Mägen der hiesigen Kollegen fließt. Es ist wegen der Steuer!

Jährlich produzieren die Cavertitzer Kollegen 67000 Liter Rohsprit. Dieser wird in anderen Betrieben dann nochmals destilliert, ehe er schließlich zu Likör oder Korn verarbeitet wird. Na denn: Guten Appetit (aber bitte nur in Maßen). *S. Heidler, 1960 S. 4*

HEUTE: In den vorzüglich sanierten Gebäuden und Stallungen (Milchvieh) des einstigen Volksgutes, jetzt *Gestüt Sachsen,* wirtschaftet die Familie Steinle aus Bayern. Das Lehrlingswohnheim steht leer. Die historischen Mauern vom Schloß werden von vier Schuljahren der Grundschule bevölkert. Die Spritbrennerei hat ihre Produktion 1990 eingestellt.

# Mügeln – größter Schmalspurbahnhof Europas

**Die Kleinbahn dampft durchs Döllnitztal, hier am Mügelner Schloß vorbei**

Im Land Sachsen spielt die Schmalspur-Eisenbahn mit der Spurweite von 75 cm eine wichtige Rolle. Die Schienenlänge beträgt etwa hundert Kilometer, das Zentrum befindet sich in Mügeln. Vom Bahnhof aus führen Strecken nach Oschatz, Wermsdorf und Döbeln.

Der Bau der „Secundärbahn" zwischen Döbeln und Mügeln begann 1883, und schon ein Jahr später rollte die erste Lokomotive mit zwei Wagen, auf denen Ingenieure, Bauführer und Landtagsabgeordnete Platz genommen hatten, mit großer Begeisterung in Mügeln ein. Wenig später fuhr auch der erste Zuckerrübenzug nach Döbeln in die Zuckerfabrik. Die „Rübenbahnen" dienen überhaupt vorrangig dem Transport der geernteten Zuckerrüben nach Döbeln und Oschatz.

Der Personenverkehr hat jedoch nicht mindere Bedeutung. Täglich dampfen zwanzig Züge in Mügeln an und ab. Anfänglich haben kleine dreiachsige Dampflokomotiven zweiachsige Personenwagen gezogen, die 12 Sitz- und 4 Stehplätze enthielten und auf der offenen Plattform ebenfalls 16 Personen Platz boten. Seit 1910 werden vierachsige Loks und später auch solche Personenwagen mit einem Fassungsvermögen von 40 bis 50 Personen eingesetzt.

Der Güterverkehr stellt den Personenverkehr weit in den Schatten. Der Wagenpark im Bahnhof umfaßt 40 Personenwagen, die Zahl der Güterwagen geht in die Hunderte. Neben ländlichen Produkten werden Kaolin aus Kemmlitz und Quarzitsteine aus Glossen befördert. Die Betriebe verfügen über eigene Anschlüsse.

*Karl-Heinz Saumsiegel/Fritz Thomas, 1960 S. 78*

HEUTE: Das Schmalspurnetz schrumpfte schon zu DDR-Zeiten, der Güterverkehr beschränkte sich auf den Transport von Kohle und Kaolin, der Personenverkehr wurde ab 1975 eingestellt. Der Bahnhof war nur noch Durchgangsbahnhof. Nach 1990 kam zunächst das völlige Aus. Jetzt verkehren wieder Diesel-loks im Rahmen des Personennahverkehrs und es erfolgen Sonderfahrten mit dem Dampfzug für die Touristen.

# Mit dem Polymobil übers Land

Das Polymobil im **Wurzener** Museum, ein Autoveteran von vor sechs Jahrzehnten, gehört ohne Zweifel zu den interessantesten Ausstellungsstücken des Museums. Es wurde 1907 von den *Polyphon-Musikwerken* in Leipzig gebaut und vom Wurzener Direktor *Funke* erworben. Er fuhr es bis 1914. Dann stand es lange Zeit still, bis es 1936 dem Heimatmuseum übergeben wurde. Bei der Einweihung der neuen Muldenbrücke im gleichen Jahre fuhr es mit im Festumzug. Dabei stellte sich ein beträchtlicher Schaden ein, der vorerst nicht repariert werden konnte. Das geschah erst Jahre nach dem Krieg. In Hunderten von Stunden haben es Kollegen des *Motorenwerkes,* insbesondere *Hans Ufer,* fertig gebracht, das Auto fahrtüchtig zu machen, u.a. mußten Motorzylinder und Kurbelgehäuse geschweißt, neue Kolbenringe angefertigt, ein neues Auslaßventil gedreht, die Wasserpumpe ausgebuchst und mit einer neuen Welle versehen, das weitmaschige Kühlersystem gelötet werden. Und die Reparatur gelang, der Autoveteran konnte wieder fahren. Was lag also näher, damit eine *Rundblick*-Reportagefahrt zu organisieren.

Es dauerte seine Zeit, bis das Fahrzeug fahrfertig war: Luft aufpumpen, Wasser einfüllen, Schmierstellen abfetten, Batterie anschließen, Startversuche. Sie gelangen, wir öffneten das breite Tor vom Museum zur Johannisgasse, schoben unser kostbares Gefährt hinaus, stiegen auf, winkten zurück und ab ging es. Nach kurzem Tankstopp in der Dresdener Straße verließen wir das Weichbild der Stadt auf der Falkenhainer Chaussee, so mit 40 Sachen! Vielleicht waren es auch mehr oder weniger.

Dann erste Sorgen: Auf der Straße hinterließen wir eine verdächtige Wasserspur. „Ach was, das schaffen wir bis Falkenhain," meinte Maschinist Hans optimistisch. Doch schon einen Kilometer hinter **Zschorna** blieb das Vehikel mit einem mächtigen Knall stehen und vom Motor stieg verdächtiger Qualm empor. Der Lack auf dem Motor kochte, das Kühlwasser war alle! Was nun? Ein LKW mit Hänger hielt an, und an einer schweren Kette schleppte er uns im Zuckeltrab zurück bis Zschorna zur *Gaststätte Albrecht*.

Ganz, ganz langsam füllten wir Wasser nach. Alle Bemühungen zum Start blieben erfolglos. Dafür hauchte die Batterie ihren Geist aus. Ein kameradschaftlicher Motorradfahrer hielt an, einer von uns sprang auf und kam mit einer voll geladenen Batterie zurück. Zwischendurch mußte der Rest der Fahrzeugbesatzung Geburtshilfe leisten. Die Bauersfrau bat um unsere Hilfe, weil ein Kälbchen nicht so recht das Licht der Welt erblicken wollte. Die Füße waren zwar schon da, doch es ging nicht weiter. Mit einem Seil und kräftigem Hau-ruck holten wir das Neugeborene ans Tageslicht.

Und tatsächlich, auch unser Polymobil tuckerte nach dem Einbau der Batterie wieder los. Wir sprangen auf, durcheilten Falkenhain und machten in **Börln** kurzen Halt, um nach den Kühlwasser zu schauen. Das war ein Fehler, denn daraus wurden zwei lange Stunden. Der Motor sprang nämlich nicht wieder an, und als wir nach unendlichen Mühen der Sache auf den Grund gingen, stellten wir mit Erschrecken fest, daß im Zylinder ungefähr 3 cm Wasser (!) standen. Die Dichtung war kaputt und unaufhörlich tropfte es nach. Schließlich die kühne Idee: Wir überlisten das Wasser! Also ablassen, Zylinder trocken wischen, starten – und tatsächlich, der dritte Versuch war erfolgreich – Wasser nachfüllen und losfahren. Unsere Überlegung funktionierte: Das Wasser, das in den Zylinder drang, verdunstete unverzüglich, und das Benzin-Wasser-Luft-Gemisch hielt den Motor in Bewegung.

Nächste Station das Naturbad in **Schmannewitz**. Wir brauchten Abkühlung. Der Parkplatz war uns zu unsicher, also fuhren wir direkt ins Bad nahe am Strand. Der Objektleiter hatte es gewährt, nicht aber der Bademeister: „Hier ist kein Parkplatz! Verlassen Sie unverzüglich das Gelände!" Nach unserer Drohung, daß er einen gebührenden Platz in der Reportage bekommt, war er spurlos verschwunden. Sehr zur Erheiterung der Menschenmassen, die unser Fahrzeug von allen Seiten bewunderten.

**Reparaturarbeiten unter fachkundiger Anleitung der Dorfjugend**

Über **Dahlen** sollte es zurück gehen. Doch wieder gab der Motor seinen Geist auf. Die Steuerung bewegte sich nicht mehr, der Stahlstift, der die Nocken auf der Welle festhält, war verloren gegangen. „Den müssen wir finden!“ In Dreierkette marschierten drei Augenpaare die Straße zurück. Und welch ein Wunder! Mit einem Jubelschrei hob unser Maschinist den drei Zentimeter langen und vier Millimeter dicken Stift (!) aus dem Staub des Weges.

Inzwischen hatten sich wieder jede Menge Neugierige versammelt, darunter auch ein Wachtmeister. Er beäugte das Mobil und uns ziemlich argwöhnisch. Dann faßte er Mut: „Dürft ihr denn damit fahren?“ „Ja, wir haben eine Sondergenehmigung für eine Reportagefahrt“ (hatten wir aber nicht!). Erleichtert atmete er auf. Wir auch! –

Tatsächlich, wir brachten die Maschine in Gang, schwangen uns auf und ab ging's im Galopp auf der F 6 Richtung Wurzen, und das ohne Halt. Wir waren froh, als wir das störrische und doch einzigartige Mobil im Museum abstellten. Eine Fahrt, die Geschichte geschrieben hat.

*Manfred Müller, 1960 S. 424*

HEUTE: Das Polymobil ist nach wie vor ein Anziehungspunkt im Wurzener Museum. Ausfahrten können nicht mehr stattfinden.

## Helmut Drechsler – Tierfotograf aus Colditz

Sein sehnlichster Wunsch, in Afrika mit der Kamera zu „jagen“, ging in Erfüllung; doch die afrikanische Erde sollte ihn behalten. Der weit über Deutschlands Grenzen hinaus bekannte Tierfotograf und Schriftsteller Helmut Drechsler verunglückte tödlich kurz vor Beendigung seiner Filmexpedition. In Fort Archambault haben ihn seine Expeditionskameraden zur letzten Ruhe gebettet.

Sein früherer Lehrer, *Ehrhardt Uhlich* aus Colditz, erinnert sich gern seines Schülers: „Helmut war mein Schüler. Im Geist sehe ich ihn noch vor mir sitzen, wie in den Biologiestunden voll Begeisterung seine Augen leuchteten, wenn wir von Tieren sprachen. Als wir im Unterricht die Taube behandelten, traf ich ihn am Nachmittag auf der Tonhalde. Mit einem Taschenmesser schnitzte er Tauben aus Gipsformen. Seine Liebe zur Natur führte ihn zu seinem späteren Beruf.“

Jahr für Jahr, wenn es in der Natur nach den scheinbar stillen Wintermonaten wieder zu grünen und blühen begann, zog er hinaus, um seltene Vögel und andere Tiere, aber auch Blumen und Pflanzen unserer Heimat im farbigen Bild und Film festzuhalten. Besondere Verdienste erwarb er sich bei Expeditionen, die zum Ziel hatten, die der Verdrängung oder gar dem Aussterben anheimfallende Tierwelt unserer Heimat in Bild und Ton der Nachwelt zu überliefern.

Jeder Naturfreund kennt seine Werke, und vielen Menschen hat er durch seine Bücher, Kalender, Filme und Vorträge die Liebe zur Natur geweckt und vertieft. Sein erstes Buch „Kleine Welt am Wegesrand“, in dem er die Kleintierwelt in ihrer Schönheit, ihrem Leben und Treiben beobachtet, erschien 1948. Ein Jahr später schildert er in „Teichsommer“ die Natur der Eschefelder Teiche bei Frohburg. Zwanzig Wochen hat er mit seiner Kamera im Schilfversteck gelebt.

Er war nicht nur ein meisterhafter Farbfotograf, sondern auch ein ausgezeichneter Erzähler. Die „Uhu-Dämmerung“ wurde 1952 auf der Verlegerkonferenz der DDR als das beste populärwissenschaftliche Buch ausgezeichnet und in mehrere Länder exportiert. Aufregend schildert er darin, wie es ihm in gefahrvoller Arbeit gelungen ist, 60 Meter hoch über dem Spiegel der Saale aus seinem an einem Drahtseil hängendem Versteck, in dem er viele Nächte verbrachte, mit Blitzlicht diese einzigartigen Aufnahmen zu machen. *Erich Thieme, 1960 S. 321. Weitere Texte: 1966 S. 450, 1982 S. 69, 1987 S. 23.*

**Helmut Drechsler**, Colditz, *1917 †1960. Fotograf, Schriftsteller. Weitere Bücher u.a.: Die Kraniche vom Weißen Lug, Durch Wälder und durch Auen, Wildschwäne über Uhlenhorst, Wunderwelt der wilden Vögel. Helmut-Drechsler-Gedenkweg in Hohnbach.

# Der Albertturm auf dem Collm hat schon hundert Jahre auf dem Buckel

Über unseren alten *Vater Collm* ist schon oft und viel geschrieben worden. Und das mit Recht! Trotz seiner nur 314 m Höhe ist er der Bergkönig in unserem Flachlande und die höchste Erhebung im Bezirk Leipzig. Er ist das Wahrzeichen unserer engeren Heimat, seit alters her der sichere Orientierungspunkt in der Landschaft und ein Wetterprophet der Bauern. Und er ist heute noch das beliebte Ausflugsziel vieler Wanderer von nah und fern.

Seine Anziehungskraft wird er ohne Zweifel noch erhöhen, wenn der z.Zt. im Bau befindliche Richtfunkturm fertiggestellt ist, zumal nun mit dem Bau der neuen Straße auch den motorisierten „Wanderern" eine bequeme Gipfelfahrt ermöglicht ist. Wenn der Richtfunkturm natürlich in erster Linie dem Fernsehen dient, so wäre es, mit Verlaub zu sagen, mehr als eine Unterlassungssünde, wenn man ihn nicht zugleich als Aussichtsturm benutzen könnte. Würde dieses zu unser aller großen Enttäuschung nicht der Fall sein, dann müßten die Ausflügler weiterhin von dem altersgrauen *Albertturm* die herrliche Fernsicht genießen. Der Alte würde sicher sehr stolz darauf sein, daß er trotz seines Alters von über hundert Jahren heute noch seinen Zweck erfüllt.

Schon im Jahre 1629 trug sich der jagdliebende sächsische Kurfürst Johann Georg I. mit dem Gedanken, auf dem Berge einen „Turm zur Hirschfeist" bauen zu lassen, und erteilte dem Amtsvogt in Oschatz den Befehl dazu. Die Wirren des Dreißigjährigen Krieges verhinderten die Ausführung.

Die Gedanke zum Bau eines Turmes wurde dann Mitte des 19. Jh. neu aufgegriffen, und am 8. Aug. 1853 fand die Grundsteinlegung statt. Mit den Spenden zahlreicher Heimatfreunde wuchs der Turm 18 m in die Höhe und konnte schon ein Jahr später bestiegen werden. Das „Comitée des Thurmbaues" gab bekannt, daß „die Plattform von dato bestiegen werden kann. Der Schlüssel zum Thurm befindet sich bei Restaurateur Lettau auf dem Berge daselbst". Besagter Lettau, der aus Calbitz stammte, war der erste Bergwirt. Er baute sich auf dem Gipfel ein kleines, aus Lehm ausgeführtes Wohnhaus mit niedriger Decke, und nach und nach entstanden, angeregt durch den fleißigen Zuspruch der Gäste, die übrigen Gebäude, ja sogar ein kleiner Tanzsaal.

Auf den Turm steigt man auf einer an der Außenseite hinaufführenden Wendeltreppe aus Stein zur Plattform hinauf, von wo sich dem Beschauer trotz der geringen absoluten Höhe des Berges eine herrliche Fernsicht bietet. Aus dem Wermsdorfer Waldgebiet heraus erblicken wir die glitzernde Spiegelfläche des Horstsees. Wir sehen in den Dahlener und Reudnitzer Forst, Wurzen und die nicht weit davon lagernden Hohburger Berge. Wir erkennen Riesa mit seinen rauchenden Schornsteinen und die vielen kleinen und größeren Dörfer, die sich zu einem einzigartigen Gesamtbild vereinigen.

*Walther Käseberg, 1960 S. 191*

HEUTE: Der kleine Turm blieb standhaft und kann heute wie seit jeher erstiegen werden zum Rundblick über die Fluren mit ihren Wäldern, Straßen und Siedlungen.

# Wasser aus Canitz für eine große Stadt

**Die Dampfmaschinen im Maschinenraum des Canitzer Wasserwerkes. Sie wurden später ausgebaut.**

Es sind keine hundert Jahre vergangen, da es in den meisten deutschen Städten keine Wasserleitung gab und die Brunnen und Pumpen neben den Häusern, auf Straßen und Plätzen zum Gesicht einer Stadt genauso gehörten, wie heute die dicken Köpfe der Wassertürme.

Die Großstadt Leipzig wird mit von den ältesten, vielseitigsten und größten Wasserwerken unserer Republik versorgt. Sie liegen im wasserreichen Gebiet des Urstromtales der Mulde bei **Naunhof, Canitz** und **Thallwitz**. Hier sind die hydrologischen Voraussetzungen gegeben, um täglich ca. 150 Mill. Liter Wasser für Leipzig zu fördern, das sind rund 200 Liter pro Einwohner.

Die vom Eiszeitalter herrührenden Bodenschichten dieses Urstromtales besitzen infolge ihrer Ausdehnung und Mächtigkeit reichlichen Zufluß an Grundwasser, das sich vorwiegend aus Niederschlägen bildet. In die aus Kies und Sand bestehenden Bodenschichten wurden etwa 700 Brunnen von je 1 m Durchmesser hineingetrieben. Die Pumpen im Wasserwerk saugen das Wasser an, wo es dann aufbereitet wird. Es hat sich zwar im Boden selbst gereinigt, doch auch Stoffe gelöst, die nur bis zu einer gewissen Grenze im Trinkwasser geduldet werden. Dazu gehören Kohlensäure und gelöstes Eisen. Ein Kohlensäureüberschuß greift die Bleirohre an, was zu gefährlichen Bleivergiftungen führen kann. In Naunhof und Canitz wurde deswegen gesättigtes Kalkwasser zugeführt. In dem 1943 erbauten modernen Werk Thallwitz/Kollau entfernt man die Kohlensäure dadurch, daß man das Rohwasser verdüst.

Nachdem das Wasser in biologischer und chemischer Hinsicht als einwandfrei befunden ist, wird es in unterirdischen Rohrleitungen auf Höhen bei Fuchshain und Machern gedrückt. Von dort strömt es dann im eigenen Gefälle bis in die Hochbehälter von Probstheida. Die Leitung von Canitz führt nicht durch die Mulde, sondern in einer Brücke über den Fluß, die auch von Fußgängern benutzt werden kann.

*Wilhelm Strube, 1960 S. 231*

**Mitten in der Flußaue steht die Canitzer Rohrbrücke**

DIE CANITZER ROHRBRÜCKE

Sie nimmt unter den Muldenbrücken eine Sonderstellung ein. Der Wasserbedarf der Stadt Leipzig machte um die Jahrhundertwende den Bau eines Wasserwerkes in Canitz zwischen Thallwitz und Wurzen am rechten Muldeufer notwendig, so daß die Rohrleitungen den Fluß kreuzen mußten. Man entschloß sich zu einem Brückenbau, denn es bestand die Gefahr eines Rohrbruches bei Hochwasser.

Die Brücke war mit ihrer Breite von 4 m und einer genügenden Tragfähigkeit eigentlich für den Fahrverkehr vorgesehen, blieb aber doch nur eine Fußgängerbrücke. Der *Graf von Hohenthal-Püchau*, auf dessen Boden am linken Muldeufer die Brücke auslief, wollte als Fortsetzung keinen Fahrweg, sondern nur einen Fußweg gestatten. Beide Brückenausläufe erhielten deshalb nur Stahltreppen. Es entstand 1910/11 eine Bogenbrücke mit zwei Pfeilern, die auf fünf Meter tief reichenden Brunnenringen gegründet waren.

Eine große Katastrophe, die Brückensprengung, ist am letzten Tag der Kampfhandlungen des Zweiten Weltkrieges 1945 verhindert worden. Ein Sprengkommando unter der Führung von Major *Gerstefeld* hatte bereits Sprengladungen angebracht. Der Obermeister des Wasserwerkes, *Richard Kohlschmidt*, war sich der schweren Folgen für die Leipziger Bevölkerung bewußt. Für unbestimmte Zeit wäre die Wasserversorgung der Werke in Canitz und Thallwitz ausgefallen. Er entfernte die Ladungen und warf sie in die Mulde. Wenig später ist er von den Soldaten gesucht worden, die ihn vor ein Kriegsgericht stellen wollten. Doch sie zogen ab, der Krieg war zu Ende. *Georg Grebenstein, 1980 S. 168*

## Die Dahlener Sägewerker

Sie fielen auf im Straßenverkehr von Dahlen, die gewaltigen Langholztransporte, die von kräftigen Zugmaschinen aus der Heide durch die Stadt rollen. Sie müssen bis vor die Stadt in Richtung Bahnhof, denn dort stehen die Betriebsanlagen des *VEB Sägewerk Dahlen*. Jetzt kommen die Fahrzeuge von der Malkwitzer Straße her. Donnernd rollen die Stämme von den Transportwagen. Sie werden mit einer elektrischen Kettensäge auf eine bestimmte Länge geschnitten, auf ein Transportband gerollt und dem Sägegatter zugeführt, wo Bretter oder Balken geschnitten werden. Im vorigen Jahr hätten die geschnittenen Stämme eine Länge von 300 km erreicht, dieses Jahr sollen es 385 km werden. Baumriesen bis zu 120 cm Durchmesser werden von einem Horizontalgatter geschnitten.

Eine Absaugeinrichtung befördert die Sägespäne in einen Hochbunker. Man sucht händeringend nach Abnehmern. Ja, früher, da ließ sich damit der Sägespäneofen stopfen. Jetzt holen die Bauern im Winter Späne zum Streuen in die Ställe, der Rest verschwindet in den Schuttgruben. Versuche für weitere Verwendungen laufen.

**Am Sägegatter im Dahlener Sägewerk**

Weiter drinnen in der Stadt befindet sich das Werk II. Dort werden Abfallhölzer verarbeitet, die früher in Öfen verfeuert wurden. Fast ausschließlich Frauen produzieren Hühnerhäuser, Gemüsekisten, Pikierkästen, Transportkäfige für Geflügel, aber auch Teile für Puppenwagen und Fahrradkörbchen. Eine Absaugeinrichtung sorgt für einigermaßen saubere Luft. Die räumliche Ausdehnung ist stark begrenzt. Deshalb soll direkt neben dem Sägewerk eine neue Produktionsstätte gebaut werden.

*Johannes Fuchs, 1960 S.172*

HEUTE: Das Sägewerk wurde in den 90er Jahren teilweise stillgelegt. 2005 übernahm die TIP-Holz GmbH den Standort und baute ihn mit weiteren Betriebshallen aus. 60 Mitarbeiter produzieren rund 800 verschiedene Artikel Gartenhölzer, die in Deutschland und anderen europäischen Ländern vertrieben werden.

# Wohl bekomm's!

## *So laßt uns reisen, trinken und speisen, in unseren drei Kreisen. In historischen Gaststätten und solchen, die es werden könnten*

Der Anlaß zu dieser Reise war zunächst ganz profan: Auf einer Berliner Tagung der Natur- und Heimatfreunde wurde angeregt, die sozialistische Kultur auch so zu verstehen, daß man die Gaststätten nicht nach Schema F benennen und gestalten, sondern ihnen eine Atmosphäre geben und mit ihnen auch das Gemüt ansprechen sollte. Also machten wir uns auf den Weg, dies im Heimatgebiet zu erkunden.

In der *Waldschänke* **Colditz**, Eigentum der Bezirks-Handwerkskammer, trafen wir gerade ein, als die Pensionsgäste zu Tisch gingen, so daß wir – entgegen früherer Erfahrungen – auf die gebratene Leber eine Weile warten mußten. Obwohl die meisten Tische besetzt waren, war es nicht laut. Wundervoll die Ruhe ausstrahlende Farbgebung der Räume. Der Garten mit seinen blühenden Polstern und luftigen Sitzplätzen stimmt fröhlich. Recht angetan fuhren wir weiter.

Vom *Hirsch* in **Kössern** war nichts zu entdecken, was den Namen rechtfertigte. Dabei ließe es sich hier gut anspielen mit Wort, Bild und vielleicht manchem Gehörn auf das nebenan befindliche stattliche Jagdschloß, das als Kulturhaus vorgesehen ist. Darüber, ob das Foto einer Fußballmannschaft mit Wimpel in eine Gaststube gehört, entbrannte eine heftige Diskussion zwischen uns. Im übrigen: Familienbilder in Ehren! Aber kommen sie nicht in der privaten Wohnstube besser zur Geltung als im Gastzimmer? Die Gaststube könnte mehr Farbe gebrauchen. Nichts für ungut, Frau Wirtin, Bier und Most schmeckten uns und sprechen für einen gepflegten Keller.

Im *Gasthof* **Ragewitz** sind wir noch nicht wieder durstig genug, um auszusteigen. Ich kann nur berichten, daß es dort an Stelle des älteren „Kerbholzes" eine Tafel gibt, auf der mit Kreide die Bierschulden eingetragen werden.

Der traditionsreichen Gaststube von *Stufen-Bergers* in **Mutzschen** galt der nächste Besuch. Die Ladeneinrichtung mit ihren Hunderten von Schubkästen, auf denen „Chocolate" und „Zimmet" noch mit der Hand geschrieben erscheinen, der altertümliche Glasschrank mit Mutzschener Porzellan und ehrwürdigen Trinkgläsern und nicht zuletzt die Gaststube selbst, in der sich der Mutzschener direkt zu Haus fühlt! Dort stehen Nähtisch und Nähmaschine dicht neben den Gästetischen, dort erinnern der Zigarrenabschneider von 1893 und das Tischglöckchen, bei dessen Anschlag eine Runde fällig ist, an die Gründung der Gaststätte durch den Vater der Wirtin vor reichlich 80 Jahren.

Im scharfen Winkel um die Entenfarm von Göttwitz herum erreichen wir den *Rothen Ochsen* in **Wermsdorf**, eine echte historische Gaststätte, heute von der HO bewirtschaftet. Der Türsturz weist auf die Jahreszahl 1787, und an der mächtigen Barocksäule, die die Decke des Gastzimmers trägt, „lehnte" einst, wie ein Messingschild besagt, *Napoleon*! So schön die Lampen sind, die Deckenbemalung ist erschreckend phantasielos. Und daß der Kühlschrank mit

**Hedwig Berger (*1888 †1970) am Arbeits- und Leseplatz mit Fensterblick auf den Mutzschener Markt**

**Das Gebäude von „Stadt Wurzen" (Pippig) am Wurzener Markt, jetzt in Privathand und nach langer Schließung vorbildlich saniert, aber immer noch geschlossen**

in der Gaststube stehen muß, begreifen wir auch nicht. Man könnte eigentlich die reiche geschichtliche Vergangenheit des Ortes etwas mehr zur Geltung bringen. Wir plaudern mit der freundlichen Kellnerin über unsere Ideen und ob denn Napoleon wirklich .„Mor hoffn's, dassor hier gelehnt hat", meint sie treuherzig. Und darum habe ich den stillos an der Säule angebrachten Kleiderhaken in voller Überzeugung herausgewuchtet. Man kann doch ein so wertvolles Geschichtsdenkmal nicht mit ein paar schäbigen Kleidungsstücken verunzieren! -

Vorm *Gasthof* in **Mahlis** trägt der Brunnen das zierlich gedrechselte Meisterzeichen eines wohl ehedem hierzulande tätigen Brunnenbauers. Ein Hirschgeweih im Hausflur verrät die besondere Note dieses Gasthofes. Vier Gewehre hängen am Garderobehalter, und vier wohlgelaunte Zecher verlassen mit ihnen kurz darauf das Lokal, um auf die Wildschweinjagd zu gehen. Buntdrucke der Jägerzeitung betonen, daß wir hier im Wermsdorfer Forst sind.

Zum zweiten Male lockt uns – diesmal in **Mügeln** – ein Hirsch. Mügeln ist reich an Gaststätten, aber der *Rote Hirsch* wurde uns von *Fritz Thomas* besonders empfohlen. Es ist eine neu hergerichtete Konsum-Gaststätte. Die Fenster führen auf den kulturhistorisch bedeutsamen Markt, und historisch dürfte auch der Gasthof sein, einst Treffpunkt der Bauern, die mit ihren kleinen Geschirren weit übers Land kamen. Im Gastzimmer fehlt leider die individuelle Note noch ganz. Auf der Speisekarte fehlt sie nicht. Der Objektleiter ist Deutsch-Ungar und hat sich mit seiner Konsumplatte für 1,40 DM, die reichlich mit Paprika bestreut ist, mit ungarischem Gulasch, Schaschlyk und mehreren Sorten Hackepeter oder Szegediner Kraut schon einen guten Ruf geschaffen.

Es geht schon zum Abend zu, als wir in **Lampertswalde** die Vertragsgaststätte *Zum Adler* aufsuchen. Der Adler war genau das, was wir brauchten! Das prachtvolle schmiedeeiserne Wirtshausschild mit Adler, Stern und Lorbeerkranz, ein Werk des Schlossermeisters *Großmann* aus Oschatz, müssen wir der Denkmalpflege ans Herz legen. Auch das prächtige Fuhrmannsbild über der Tür, wie wir es aus dem *Lamm* in **Otterwisch** und dem **Oschatzer** *Schwan* kennen, und das Dokument, das den alten *Willy Bittig* zum „Biervater h.c." erhebt, bringen uns in gute Laune.

Ochsenschwanzsuppe und Brühe mit Ei sind goldrichtig. Wir nehmen sie im *HO-Hotel Stadt* **Wurzen** am Wurzener Markt zu uns. Das Lokal bietet eine gesunde Mischung von neuzeitlicher Gaststättenkultur und dezenter Tradition mit den historischen drei Stadttoren in den großformatigen Wandbildern. Warum nur draußen an der Front die knalligen Lichtkästen, die den alten Bau mit seinem Erker und den hübsch gegliedertem Dach völlig erdrücken. Das gleiche fiel uns schon in Mügeln bei mehreren Gaststätten auf, wo Tafeln mit übergroßen Buchstaben kurzsichtige Besucher anzulocken trachten.

Der oft gerühmte *Gästehof in* **Pausitz** ist „vorübergehend geschlossen", als wir im Dunkeln dort vorbeikommen, und so nehmen wir den Abschiedskaffee in der *Hospitalschenke* **Grimma** ein. Ein Summen und Brummen erfüllt den Raum: die Abendunterhaltung der Grimmaer. Der Kaffee ist stark und gut. Er macht uns munter genug, das Gastzimmer kritisch zu betrachten. Die großen Intérieur-Bilder der Gründerjahre passen ebenso wenig in den geduckten Raum wie die Schwarzwälder Uhr. Es müßte auf die Geschichte des alten *Georgenhospitals* eingegangen werden. Mit unserer Hoffnung, die alte Kapelle als dezente Wein- oder Kaffeestube der Schenke anzugliedern, stimmen wir mit dem Wirt überein. Die Projektierung liegt vor, und in Kürze soll das Dach neu eingedeckt werden.

Und beim Philosophieren sprudeln dann noch einige Gedanken zur Kultur in den Gaststätten: Warum fehlt im *Ratskeller* **Grimma** jeglicher historischer Bezug? Kennt ihr eigentlich **Höfgen**? Dort ist in der *Schiffmühle* (HO) ein bewegliches Schiffmühlenmodell zu sehen. Ja, und bei *Ruhmer* in der *Wassermühle* kann man gleich im Nachbarhaus die ganze alte Holztechnik der Wassermüllerei kennenlernen. Wart ihr schon mal in Naunhof? Also, in *Stadt Leipzig* in **Naunhof** klappt es wunderbar mit der Bedienung. Und dort hat man auch Sinn für wirklich gute Wandbilder. Und dann müßt ihr mal ins *Roß* nach **Ammelshain.** Dort ist wieder das zu finden, was man persönliche Note nennt: Wärme, Traulichkeit. Was, ihr kennt den *Schwan* in **Oschatz** nicht? Der große Gastraum strahlt geradezu die behäbige Breite eines raumfordernden Bürgertums aus. 1581 soll der Schwan entstanden sein. Und in seiner alten Bauweise merkt man dem Hause noch einiges an: Tragwölbungen, Konsole der dicken Mauern, hohe Jochbögen im Erdgeschoß und Flur, die schmiedeeisernen und hölzernen Treppengeländer, die historischen Fotos und Stiche.

*Renate Sturm-Francke, 1960 S. 388/442*

HEUTE: HO- und Konsum-Gaststätten sind verschwunden oder privatisiert. In vielen Dörfern existieren keine Gaststätten mehr. Aus wirtschaftlichen oder Altersgründen wurden die Türen geschlossen. Dort wo sie noch bestehen, bieten sie nur noch selten einen Mittagstisch. Die Zahl der Stammgäste hat sich stark verringert, die Anzahl der Familienfeiern jedoch zugenommen. Geburtstage, Schulanfangsfeiern und erstaunlicherweise viele goldene und diamantene Hochzeiten, meist verbunden mit einem gewaltigen Höhenfeuerwerk (!), erhalten die Gaststätten am wirtschaftlichen Leben.

## Das Wüste Schloß bei Oschatz

In unmittelbarer Nähe von Oschatz, an der Straße nach Wermsdorf beim Abzweig des Weges nach Thalheim, finden sich die Mauerreste des Wüsten Schlosses. Einigen Heimatforschern gab die denkwürdige Anlage Anlaß, über ihre Entstehung, Verwendung und Zerstörung nachzudenken und Nachforschungen anzustellen.

Die Geschichte des Wüsten Schlosses – auch *Schloß Osterland* genannt – konnte bis heute noch nicht restlos geklärt werden. Die Ungewißheit, die über dem alten Schloß liegt, erstreckt sich auf die Zeit seiner Entstehung, seines Zweckes, seines Unterganges und seines Namens...

In der im Ratsarchiv lagernden Originalurkunde vom 12. Mai 1379 wird die denkwürdige Stätte erstmalig als „wüstes steynhuse“ genannt. Seinen Zweck muß es also am Ende des 14. Jh. erfüllt haben und bedeutungslos geworden sein.

1903 beschlossen die städtischen Behörden, in der Ruine umfangreiche Ausgrabungen unter Leitung von *H. Schmorl* vorzunehmen, die vier Jahre andauerten.

*H. Schmorl* vertritt die Ansicht, daß das Schloß als Aufenthaltsort und Jagdschloß gedient haben könnte und nicht in kriegerischen Auseinandersetzungen zerstört wurde, sondern allmählich verfallen ist, weil die Markgrafen von Meißen die Landtage verlegten. Das letzte Collmener Landding fand 1259 statt. Wahrscheinlich benutzten die Bewohner der Umgebung das im Verfall befindliche Steinhaus als billigen Steinbruch. Nach Freilegung der Grundmauern zeigte sich, daß der Bau weit größer war ( 41 x 41 Meter) als man früher annahm. Zwischen zwei gewaltigen Türmen, dem Bergfried und Kapellenturm, befand sich das Herrenhaus, daran schlossen sich rechts und links zwei andere Gebäude an. Auf dem geräumigen Burghofe entdeckte man in der rechten Ecke den Brunnen mit etwa 3 Meter im Durchmesser.

Über den Wert der Ausgrabungen schreibt *H. Schmorl*: „Mögen die Ausgrabungen am Wüsten Schloß auch nicht Fundstücke von Goldeswert gebracht haben, großen kulturgeschichtlichen Wert besitzen sie zweifellos doch. „Ich empfehle das Wüste Schloß erneut der fürsorglichen und erhaltenden Obhut der Stadt Oschatz und allen, deren Herz für ortsgeschichtliche Vergangenheit schlägt."

*Paul Kuhnert, 1960 S. 567/617*

**Erneute Ausgrabungen** am Wüsten Schloß erfolgten 1991 unter Leitung von *Reinhard Spehr* vom archäologischen Landesamt Sachsen. Sie brachten neue, unerwartete Befunde ans Licht, doch immer noch umweben „Sagen" die alten Mauern viel mehr, als gesicherte Erkenntnisse uns Antworten zu Funktion und Bestimmung geben könnten. Es bleibt die Faszination des Ungewissen, die schon Schmorl vor über hundert Jahren in ihren Bann zog. Das ist nun bekannt: Nahe der Stadt Oschatz entstand um 1211 ein nobles Gebäude in einer Zeit, als in Sachsen noch nicht einmal alle Dorfkirchen in Stein errichtetet wurden. Allerdings schon vor 1300 wurde die Anlage wieder aufgegeben.

*Neue Literatur: Jagdpalast oder Kapelle? Robert Schmidt. 2003. – Wer war Thomas Osterland? Gabriele Teumer. 2004. – Das Wüste Schloß Osterlant. Reinhard Spehr. 2005. – Wüstes Schloß Osterlant. Archäologie und Perspektiven für seine Erschließung. Landesamt für Archäologie, Dresden 2006.*

# Johann Gottfried Seume

Das waren seine Gedanken als junger Student in Leipzig: Es fing nun an, furchtbar in mir zu gären. Ich begriff, daß ich als ehrlicher Mann nicht auf dem Wege fortwandeln konnte. Mit jeder neuen Forschung entstand ein neuer Zweifel. Heuchelei war mir unerträglich. So machte er sich mit 9 Talern im Beutel auf den Weg nach Paris. Er wollte sein Leben aus eigener Kraft gestalten. Doch zunächst erreichte er sein Ziel nicht. Unterwegs fiel er hessischen Werbern in die Hände, die ihn an die Engländer verkauften, um im amerikanischen Unabhängigkeitskrieg für deren Belange zu kämpfen. 1787 kehrte er als unbeugsamer Demokrat nach Leipzig zurück.

Nach einer unglücklichen Liebe nahm er das Angebot des Leipziger Verlagsbuchhändlers Göschen an, der seinen Betrieb nach Grimma verlegt hatte, die Stelle eines Korrektors zu besetzen. Er siedelte also in die Muldestadt, die ihm jahrelang zur zweiten Heimat wurde. An Gleim schrieb er: „Sie würden ein wahrhaft kleines Leysium finden, das uns die Natur an der Mulde gegeben hat. Man wallfahret aus Leipzig zu uns, wenn man sich wenigstens eine Idee von der Schönheit der Natur verschaffen will."

Das naturverbundene Leben in Hohnstädt im Hause Göschen begeisterte ihn über alle Maßen: „Dort stand Hohnstädt mit seinen schönen Gruppen, und am Abhange zeigte sich Göschens herrliche Siedelei, wo wir so oft gruben und pflanzten und jäteten und plauderten und ernteten und Kartoffeln aßen und Pfirsiche; an den Bergen lagen die freundlichen Dörfer umher, und der Fluß wand sich gekrümmt durch die Bergschluchten hinab, in denen kein Pfad und kein Eichbaum mir unbekannt war."

*Rudolf Paul Roßberg 1960 S. 286*

**Johann Gottfried Seume** (*1763 †1810) hatte eine enge Beziehung zu Grimma und Hohnstädt. Seine einstige Wirkungsstätte am Markt wurde zu einer Gedenkstätte ausgestaltet.

# Albert Klesse, liebenswürdiger Grafiker

Auf dem **Wurzener** Friedhofe, fünfzig Schritt östlich von der großen Kapelle, unter hohen Birken, steht ein Grabstein mit der Inschrift: „Dem Grafiker Albert Klesse, geboren 12.1.1871, gestorben 30.4.1940".

Seine Altersgenossen sind mit ihm dahingegangen, und die, welche noch mit ihm verkehrt haben, sind immer seltner geworden, so daß ich mit Freuden eine Gelegenheit ergreife, um von unserem alten Freunde zu erzählen, von dem ich nicht entscheiden mag, ob er uns mehr galt als Künstler oder als Mensch.

Die Klesses sind alte Wurzener. Der Vater ist Mustermacher in der Wurzener Kartonagenfabrik gewesen. Albert, dessen Zeichentalent in der Schule auffiel, wurde in Leipzig in die Lehre geschickt, um die Lithographie zu erlernen. Die *Leipziger Illustrierte*, für die Klesse später vierzig Jahre lang arbeitete, bevorzugt den Buntdruck, wohl von Gemälden als auch von Fotografien, welche gehörig retuschiert werden mußten. „Wir machten auf Verlangen aus Winterlandschaften den blühenden Sommer und umgekehrt", sagte einmal Albert Klesse.

Albert besaß vorbildliche Charakterzüge. Er zeigte stets ein kindlich-heiteres Gemüt, war schalkhaft, humorvoll, immer gesegnet mit drolligen Einfällen. Das Entscheidende war aber das wunderbare Auge, das offenbar zeitweilig ausruhte, um sich plötzlich weit zu öffnen und mit fotografischer Genauigkeit die Einzelheiten von Linie und Farbe in sich einzusaugen und aufzubewahren. Das konnte alle möglichen Gegenstände der Landschaft oder die Menschen betreffen. Außerordentlich war seine Fähigkeit, vollschlanke Frauen eines gewissen Typs, die ihm besonders gefielen, in ihren Umrissen dem Gedächtnis einzuprägen. „Da stand heute in Leipzig an der Haltestelle der Straßenbahn eine Frau, ein geradezu wunderbares Weib!", und er nahm einen Stift und zeichnete sie in wenigen Minuten aufs Papier.

Die Kenntnis der menschlichen Linie brauchte er zu seiner täglichen Arbeit. Mit der Sonne stand er auf und zeichnete Figuren, wobei er versuchte, seine traumartigen Einfälle mit Feder und Aquarellfarben oder Buntstiften auf durchsichtiges Pergament zu bringen. Die Bilder von Albert Klesse sprechen für sich. Es sind meist kleine Federzeichnungen, farbig getuscht, halb Zeichnung, halb Aquarell. Die dargestellten Gegenstände behandeln stets Figuren, oft witzig, oft nachdenklich. Oft sind es nichts als spielerische Einfälle, mit einer sehr feinen Feder umrissen. Alle haben etwas Gemeinsames, schwer zu Beschreibendes, eben von Klesses eigener Art. Der Reichtum an Einfällen war unerschöpflich.

Das Leipziger Graphische Kabinett hat ebenso wie das Wurzener Museum eine Sammlung seiner Zeichnungen, zahlreiche andere befinden sich in Privathand.

*Walter Große, HK 1960 S. 84.*

**Improvisierte Badefreuden im Hausgarten eines Wurzener Ehepaares, Zeichnung von Albert Klesse**

# NOTIZEN und PERSONALIEN

**Endausscheide junger Talente**
Mit einem vielseitigen Programm, in Wurzen waren es 34 Auftritte, traten bei öffentlichen Veranstaltungen die jungen Talente in den Endausscheid. Mit mehr und weniger Beifall wurden die vielseitigen Programmpunkte aufgenommen: Geigenspiel, Schnellzeichner, Volkstanz, Kautschukakt, Tanzmusik. Solo- und Gruppengesang, Laienspiel, Klavier und der Dinge mehr. *Wurzen 1960 S. 215, Grimma S. 275, Oschatz S. 278*

**Naunhof:** Vom Aufbau des **Spannbetonwerkes**, das wegen der Kiesvorkommen hier seinen Standort fand, und wo 280 Arbeiter jährlich etwa 3800 Wohnungseinheiten herstellen wollen, berichtet *Helmut Schumann, 1960 S. 223.*

**Oschatz:** Kurz nach der Jahrhundertwende begann im großen Stil der Anbau von **Rosen**. Das intensivierte nach 1938 *Fritz Schneider* und trug dazu bei, daß Oschatz den Beinamen *Gartenstadt am Collm* erhielt. *1960 S. 431*

**Lüptitz:** Die Gründung des **gemischten Chores** der Quarzporphyrwerke Lüptitz erfolgte 1954. Jetzt singen dort unter der 62jährigen Chorleiterin *Hanna Vogel* 52 Mitglieder. Die Proben im Kulturhaus sind gut besucht, stets dabei die 76jährige *Anna Gumlich* und der 80jährige *Adolf Schmidt*. Das Dorf mit dem Ortsteil **Zschorna** ist sehr sangesfreudig, denn es existieren noch zwei Männerchöre und ein Frauenchor.

**Wermsdorf:** Der seit einem Jahrhundert trokkengelegte **Göttwitz-See**, südlich des Horstsees, wird erneut angestaut. Er dient künftig wieder der Binnenfischerei und einer modernen Entenzucht. Die Wasserfläche mit etwa 60 ha ist dann doppelt so groß wie die vom Horstsee. Es entsteht ein völlig neues Landschaftsbild. Durch die Überflutung wird auch das Torfwerk, das seit über zwölf Jahren Brenn- und Düngetorf geliefert hat, seinen Betrieb einstellen. *1960 S. 602*
Die **Ausgrabungen** im Gebiet des ehemaligen Göttwitzer Sees brachten Funde zu Tage, die weit in die Menschheitsgeschichte bis in die Bronze- und Jungsteinzeit zurückgehen. In den Torfschichten wurde sogar die Balkenlage eines Weges sichtbar. *1960 S. 352*

**Mutzschen:** Der Kuhstall des vormaligen Rittergutes wurde wegen seiner prachtvollen Gurtbogen-Gewölbe unter Denkmalschutz gestellt und jetzt zu einem großen **Warenhaus** umgestaltet. Das reiche Warenangebot bedeutet für die Kleinstadt etwas noch nie Dagewesenes. *1960 S. 298*

**Bernhard Eckstein,**
1933 in Zwochau geboren, in Lübschütz aufgewachsen, in der BSG Naunhof zum Radrennsport gekommen, zahlreiche Siege erkämpft, Teilnehmer an Friedensfahrten und Weltmeisterschaften, 1960 gar Weltmeister auf dem Sachsenring *(s. Abb.). 1960 S. 59*

**Louis Plaidy,** Grimma/Wermsdorf, *1772 †1855 (Grabstein auf dem Friedhof in Grimma), Erfinder des Pergamentpapiers. *1960 S. 355*

# LESERPOST

**Lukullischer Ort**
Es ist schon kein Geheimnis mehr, daß **Wurzen** mit dem *Café des Friedens* nach der Renovierung eine Café erhalten hat, das sich sehen lassen kann. Allerdings betrifft das noch nicht die Außenfassade. Wo sollte man anfangen, um all die Vorzüge zu preisen: Moderne und bequeme Möbel, dezenter Wandschmuck, wirkungsvolle Beleuchtung. Einige Male in der Woche spielen die *Boleros* zum Tanz. Man sollte unser neues Café aber nicht als Durchgangs-Gaststätte benutzen. Dafür gibt es genügend andere Lokalitäten, in denen man sich mit der unumgänglichen Bockwurst verproviantierten kann. Großartig die Milchbar! Man möchte sie ob des reichen Angebotes und der freundlichen Bedienung von Frl. Gudrun gar nicht wieder verlassen. *1960 S. 227*

**1961 8. Jahrgang**

**Der Rundblick** Monatsschrift für Kultur und Heimat für die Kreise Wurzen-Oschatz-Grimma. 12 Hefte, 624 Seiten, 50 Pfennige. Kein Heimatkalender.

**Wurzen 961–1961**
Eine Festschrift zur 1000-Jahr-Feier der Stadt stellte die Rundblick-Redaktion zusammen. Die 256 Seiten Kunstdruckpapier (!) geben mit zahlreichen Beiträgen einen Überblick über die Geschichte der Stadt. Halbleinen, Verkaufspreis 5,50 DM (!).

**Wir sind umgezogen!**
Mit einer Karikatur dokumentiert *Georg Ziegler* den Umzugsweg (120 m) vom Alten Rathaus zum Platz der DSF (Markt) Nr. 6 (altes Brauereigebäude), wo wir wesentlich bessere Arbeitsbedingungen vorfinden (jetzt auch mit Fotolabor).

# Der „Akt" auf dem Kleiderschrank

Mit so viel Herzklopfen und so wenig Mut ist wohl selten eine *Rundblick*-Reportage entstanden wie die folgende. Also fuhren wir eines Sonntags als „Vertreter in Bildern" mit einem Trabant los, eine Rolle ungerahmter und ein ganzes Paket gerahmter Bildreproduktionen mit uns führend. Wir wollten eine Lanze für die Kunst brechen!

Nachdem wir einen Ort nach dem anderen hinter uns gelassen hatten – es fehlte uns der Mut zum Aussteigen und Beginnen – war es dann in **Ragewitz** soweit. Wir landeten beim Schmiedemeister des Ortes. Unser holpriges Kunstgespräch, es war ja das erste auf diesem Wege, endete ohne Verkaufserfolg. Wir merkten aber, daß ein gewisses Kunstverständnis vorhanden war. Der Meister war in seinem jungen Jahren oftmals in der Dresdner Sempergalerie gewesen, und in seinem Schlafzimmer zeigte er uns einige sehr gute Scherenschnitte.

Vielleicht bringt ein Besuch im Gasthof mehr Erfolg? Doch außer dem Wirt saßen nur zwei Männer am Stammtisch. Wir zögerten nicht, breiteten die Bilder aus und erwarteten nun das Urteil der Gäste. Die Bilder gefielen, und auch die Preise schienen akzeptabel. Wir wollten wissen, welche Bilder denn zu Hause die Wände schmücken. Ein wenig schüchtern wurde von einem „Elfenreigen" gesprochen, doch gleichzeitig erklärt, daß ein anderes Bild schon da sei, nur es fehlt lediglich noch die „Genehmigung" der Gattin, es an Stelle der Elfen aufzuhängen. Und was ist das für ein Bild? „Ein Akt, aber der liegt eben noch auf dem Kleiderschrank!"

So ganz nebenbei erfuhren wir, daß tags zuvor eine Hochzeit in der LPG stattgefunden habe. In Handumdrehen waren wir uns einig, dem jungen Paar ein Geschenk zu machen (wenn sie uns nichts abkaufen sollten). Im Hochzeitshaus waren wir auf dem langen Flur bald von einer ansehnlichen Menge Leute umlagert, die wohl zur Nachfeier noch vor Ort weilten. Im Nu hatten wir regelrecht ein kleine Kunstausstellung arrangiert. Die junge Braut interessierte sich besonders für ein Bild von *Nolde*, „Rast des Traktoristen", denn ihr Gatte ist Traktorist. Und welche Überraschung: Sie kaufte das Bild als nachträgliches Hochzeitsgeschenk!

Mit einer Genossenschaftsbäuerin führten wir ein Kunstgespräch, das die reinste Freude war. „Man muß sich doch für alles interessieren, auch für die Kunst", meinte sie bestimmend. Sie schnappte ein Bild und kehrte nach einer Viertelstunde zurück: „Das nehmt ihr nicht wieder mit, ich kaufe es für meinen Mann!". Es war das wundervolle Bild des französischen Impressionisten *Edgar Degas* „Tänzerin auf der Bühne".

In **Lampersdorf** bei Oschatz sagte uns ein älterer Herr ganz unverblümt übern Zaun, daß es sich nicht gehöre, die Leute auszufragen und gegen „Vertreter" aller Art hätte er sowieso eine unüberwindliche Abneigung. Wir versuchten nicht, ihn umzustimmen und machten dafür eine

Stippvisite bei seinem Nachbar, der uns ohne Zögern mit ins Wohnzimmer nahm in der Annahme, daß wir angesichts der goldgerahmten, in rötestem Rot prangenden Heidelandschaft vor Ehrfurcht erblassen würden. „Nun ja", meinte er nach vorsichtigem Aufklärungsversuch unsererseits, „es war sehr teuer und da glaubte ich, es ist ein gutes Bild, und Farbe ist ja auch genug drauf."

*Werner Ballschmieder, 1961 S. 159*

## Der Oschatzer Marktbrunnen

Fremde und Einheimische bewundern immer wieder das prachtvolle Oschatzer Marktbild, das sich uns von der Ostseite des Marktplatzes (Platz der DSF) aus bietet. In dieses reizvolle Stadtbild gliedert sich wiederum der seit 1937 in alter Form neu errichtete Marktbrunnen wundervoll ein.

Ob es als Zeichen von Wohlstand der Stadt anzusehen ist oder als das Streben, das Marktbild schöner zu gestalten, mag dahingestellt bleiben. Jedenfalls beendete der damalige Stadtrat die 1587 geführten Verhandlungen mit dem angesehenen Steinmetzen *Gregor Richter* in Leipzig wegen Errichtung eines Zierbrunnens erfolgreich.

Obwohl bestes Material verwendet wurde, machten sich im Laufe der Jahrhunderte immer wieder Verwitterungserscheinungen bemerkbar. Eine erste Ausbesserung erfolgt 1733, fünfzig Jahre später die nächste. Leider zeigte sich in den folgenden Jahrzehnten, daß der bunte Ölfarbenanstrich den zerstörenden Einfluß der Witterung nicht hemmte, sondern begünstigte. Und so kam es, daß seit 1900 die dringende Erhaltung wegen erheblicher Unkosten das Sorgenkind des Stadtrates bildete. Nach sachverständigem Urteile glich 1911 das Brunnengehäuse in seinem verwitterten Zustand mehr einer Ruine als einem Baudenkmal. Eine Instandsetzung wäre einer völligen Neuerung gleichgekommen. Doch der Krieg und die wirtschaftlichen Folgen der Nachkriegszeit verhinderten immer wieder eine Restaurierung. Erst 1937 konnten die Arbeiten abgeschlossen werden, ausgeführt vom Dresdener Bildhauer *Werner Hempel*. Die Kosten beliefen sich auf 13 600 RM.

*Paul Kuhnert, 1961 S. 333*

HEUTE: Im Jahre 2001 erhielt der Brunnen eine neue Technik sowie eine auf historischer Grundlage ermittelte Renaissance-Farbfassung.

## Jahrmarktsbummel in Grimma

Eins steht natürlich fest: Ein solcher Markstein im Jahresablauf wie noch vor vierzig, fünfzig Jahren ist heute der Jahrmarkt nicht mehr. Mein Jahrmarktsbummel im Oktober 1960 ging in der Promenade (ehem. Sauteich). Dort reihten sich die Buden aneinander. Die HO hatte mit einer Topfbude eine so gute Auswahl auf die Beine gebracht, daß jeder gern zugriff und mittags die Auslagen bereits recht gesiebt aussahen. Gut besucht waren an allen drei Tagen auch die Textilien-Stände mit Plauener Spitzen, Kissenplatten und Decken im Stil der Handweberei und Leibwäsche buchstäblich jeglicher Art. Ich selbst erstand die langgesuchten Wollfauster in Grau-Weiß, die seitdem fürs Fahrrad beste Dienste leisteten.

Spielzeug gab es – wie könnte das beim Jahrmarkt anders sein – in wirklich guten und ebenso schauerlichen Exemplaren. Selbstverständlich Luftballons jeglicher Farbe, Mundharmonikas, Trompeten und alles, was quiekt oder lärmt. Karten mit Filmschauspielerinnen waren bei den 14jährigen ungeheuer gefragt. Viel Farbe, viel Blech, viel Igelit. Seit alters gehören zum Herbstjahrmarkt auch die Pfefferkuchenbuden. Und neben den weichen Pflastersteinen, den wohlschmeckenden Schokospitzen und mandelbelegten Lebkuchen in überlieferter Form tauchten auch in einer Bude wieder die echten Pulsnitzer Pfefferkuchen auf. Staatlicher und privater Einzelhandel wechselten miteinander ab, fast schien der letztere stärker vertreten.

Nach alter Gepflogenheit hob ich mir das „Vergnügungsviertel", das durchaus über zwei Drittel des Platzes einnimmt, für den Montag auf. Ich nahm Klein-Thomas zur Hand und stapfte mit ihm an den Buden auf der Promenade vorm Volkshaus entlang. Sie waren schon ein wenig gelichtet, doch die Hauptsache sollte ja der Reitschulenbesuch werden. Bald sitzt er im Renner, ganz allein und ein bißchen resigniert, weil nämlich die Feuerwehr mit Leiter und Glocke besetzt ist. Jedesmal, wenn er mich passiert, winkt er zu mir. Er will zwar noch mal, doch ich schlage ihm das „Schiff" vor (einstmals Berg- und Talbahn genannt). Ich setze mich dazu, und mir wird es gar nicht schlecht in den Wellenbergen.

Die Losbude enttäuscht ihn ärgerlich, denn auf den beiden Losen steht nur „Pechvogel" und „Das nächste Mal".

Am Dienstag sind die Buden im Abbau begriffen, nur die Reitschulen dudeln noch ihre sentimentale Musik, von Schellengeläut und Jauchzen begleitet. Und überall stehen auch noch die Wohnwagen – Wunschtraum aller, die einmal als Kind nach ihrem Wanderleben lechzten. Sie lassen ihre Rauchfähnchen blau und kräuselnd in den linden Herbsttag steigen, bis sich Altweibersommer drin verfängt.

Eins ist unsern Grimmaer Jahrmärkten aller Zeiten geblieben: der Sonntag für die Besucher vom Lande, der Montag für die Grimmaer selbst, der Dienstag für die unentwegten Nachzügler. Und dann ist alles wieder verrauscht – und war doch schön! Oder nicht? *Renate Sturm-Francke, 1961 S. 496*

## Die Freitreppe am Rathaus

Schon vor Jahren regten **Oschatzer** Heimatfreunde an, die Freitreppe zu erneuern, da Wind und Wetter die Sandsteinarbeiten mehr oder weniger zerstört hatten. Der Antrag fiel erfreulicherweise auf fruchtbaren Boden, und mit Hilfe einer Rücklage im Stadthaushalt wird die Erneuerung nun in zwei Bauabschnitten vollzogen.

Im Jahre 1478 war vom Stadtrat ein neues Rathaus am Markt erbaut worden. Dieses wurde jedoch, da es zu klein war, schon 1538 wieder abgetragen und bis 1546 das jetzige größere an dessen Stelle aufgeführt. Leider wurde der repräsentative Bau 1616 ein Opfer des ersten und 1842 des zweiten großen Stadtbrandes.

Der Neubau in der heutigen Gestalt erfolgte nach den Plänen des Dresdener Architekten *Gottfried Semper*. Dabei wurde die Freitreppe als einziger bedeutender Baurest der alten Anlage beibehalten. Sie hatte eine gewisse historische Bedeutung, indem sich in ihrem überdachten Podest in früheren Jahrhunderten alljährlich am Sonntag nach *Ursulae* (Oktober) der neue Rat und der neue regierende Bürgermeister der auf dem Markt aufgestellten Bürgerschaft vorstellten und deren Wünsche und Beschwerden entgegennahmen. Im Volksmund wurde dies die „Büttelkanzel" genannt.

1889 erfolgte eine Erneuerung nach genauer Anlehnung an das Original. An den

Brüstungen der Treppe erblicken wir neben den beiden Rundbildnissen mit sächsischen Herrschern in sieben Feldern die Wappenbilder von Sachsen, Polen u.a. Ländern. Diese Platten wurden abgehoben und nach Dresden geliefert, wo die Restaurierung vorgenommen wird. Wenn dann nach dem Beispiel unserer Nachbarstädte Grimma, Wurzen und Torgau alle Häuser um den Marktplatz einen neuen Anstrich erhalten haben werden, kann man das Oschatzer Marktbild mit Fug und Recht wieder als das reizvollste im ganzen Sachsenlande bezeichnen.

*Walther Käseberg, 1961 S. 601*

HEUTE: Eine Erneuerung der Rathausfassade samt Freitreppe erfolgte von 1992 bis 1994. Das Rathausinnere wurde 2001 umfangreich saniert und umgestaltet.

## Wer seine Puppen lieb hat ...

bringt sie zur Puppenklinik. Man sieht es dem Schaufenster vom Weißwarengeschäft *Marie Ehlers* am **Grimmaer** Markt nicht an, daß sich hier im Laden eine Puppenklinik verbirgt. Unter den Kreuzgewölben eines 400jährigen Hauses schreiten wir entlang, als wir das Behandlungszimmer für kranke Puppen betreten. Auch, du liebe Zeit! Da sitzen und liegen sie nebeneinander, alle splitternackt, die meisten aus Papiermaché, lackiertem Holz, Zelluloid, oder gar als blasser Lederbalg mit steifer Haltung und einem Porzellankopf, der eine neue Perücke bekommen soll.

Marie Ehlers hat seinerzeit das elterliche Trikotagengeschäft in der damaligen Langen Straße übernommen und damit begonnen, auch Puppen zu verkaufen. In den knappen Jahren um 1930 war es dann willkommen, wenn sie selbst die Puppenkinder bestricken und behäkeln konnte.

Kunden sind nicht nur die Mütter, sondern ebenso viele Mädels. „Es ist ganz auffallend", meint unsre Klinikleiterin, „daß heute wieder Kinder bis zu zehn und zwölf Jahren mit Puppen spielen. Die Puppe kann ruhig Jahre alt sein, aber Dederonwäsche, Strandanzug und Cape, Schulranzen und Einkaufstasche müssen sein."

Wenige Häuser weiter in der Marktgasse befindet sich die zweite Puppenklinik. Es ist die vom *Friseurmeister Weiske*. Seit 85 Jahren besteht dieses Geschäft, einst noch von einem Barbier besetzt, der auch Zähne zu ziehen pflegte. In einer Ecke hockt der Meister vor einem Berg zergliederter Nacktfrösche. Er erzählt, daß die Puppenreparatur durch den Friseur wohl noch vom Handwerk der alten Perückenmacher des 18. Jh. herrührt. Er selbst hat schon als Lehrling in Leipzig das „Puppenverarzen" mit lernen müssen und es 1942 hier im Marktgäßchen eingeführt. Vielleicht wird es einmal aussterben. Vorerst hängt er noch mit solcher Liebe daran, daß er manchen komplizierten Handgriff in Kauf nimmt, um nur das Leuchten der Kinderaugen zu sehen, wenn das langentbehrte Puppenkind wieder in neuer Schönheit und Standfestigkeit in die Arme seiner kleiner Mutter gelegt werden kann.

Seine Kundschaft kommt vielfach vom Lande. Oft betritt ein Großvater mit dem Rucksack, eben mit dem Mutzschener oder Colditzer Bus eingetroffen, den Laden und packt, noch ehe er sich auf dem Stuhl zum Haarschneiden niederläßt, ein wacklig gewordenes Puppenkind aus.

*Renate Sturm-Francke, 1961 S. 585.*
*Hildegard Gerlach 1975 S. 162 (Oschatz)*

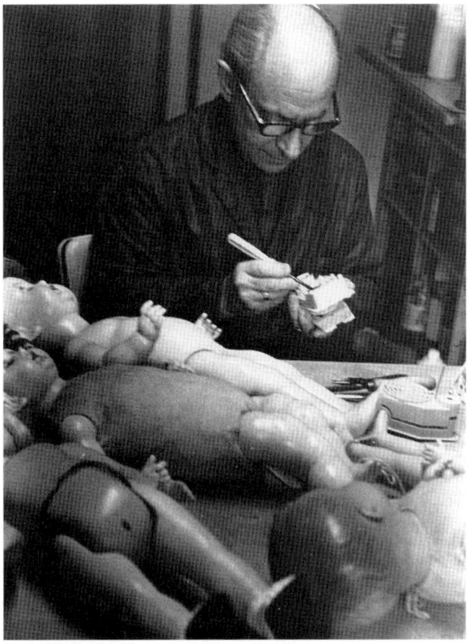

**Beim Oschatzer Puppendoktor Blumenschein, im Hauptberuf Friseurmeister**

# Mit offenen Augen durch unsere Dörfer

Tausende von Menschen sind in den Sommermonaten auf Reisen. Gebirge werden durchwandert, an den Meeresküsten wird Sonne getankt. Burgen, Schlösser und Dome sind das Ziel von Fahrten. Aber wer achtet auf die Schönheiten eines schlichten Dorfes? Wer betrachtet einmal bewußt einen Bauernhof, der oft von hoher dörflicher Handwerkskunst zeugt? Sicher, wir müssen in unserer engeren Heimat schon etwas auf die Suche gehen. Ich fand jedenfalls bei meinen Wanderungen so viel Schönheit und so viel Interessantes, daß ich es für wert hielt, das aufzuzeichnen und zu fotografieren, was ich entdeckte. Meine Zeichnungen wollen keine Kunstwerke sein, sie sollen nur durch Vereinfachung das Charakteristische des Gegenstandes hervorheben. Und vor allem sollen meine Beiträge anregen, daß der Leser mit offenen Augen durch die Heimat wandert.

Natürlich müssen wir einsehen, daß der Bauernhof heute als Bauform veraltet ist. Unsere Großraumwirtschaft läßt neue Siedlungs-, Flur- und Dorfformen entstehen. Doch wir werden auch mit dem Vorhandenen weiter wirtschaften müssen, wir werden umbauen. Dabei müssen wir sichten, was erhaltenswert ist und was nicht. Vergessen wir dabei nicht die ästhetischen und künstlerischen Gesichtspunkte und lernen wir von den handwerklichen Leistungen unserer Vorfahren. *1961 S. 436*

## DER BACKOFEN

Eine Scheibe Bauernbrot dick mit Butter bestrichen, das ist eine meiner Kindheitserinnerungen aus der Zeit des Ersten Weltkrieges. Ja, echtes kerniges Bauernbrot! Es war schon etwas hart, denn nur aller 14 Tage wurde gebacken. Aber wie köstlich schmeckte es!

Ja, das ist schon lange her. Jetzt bäckt die Bauersfrau nicht mehr. Der Bäcker nimmt ihr die Arbeit ab. Nur noch an hohen Feiertagen wie zur Kirmes oder beim Stollenbacken wird der Backofen, soweit er noch vorhanden ist, in Betrieb gesetzt. Nach dem Brandregister von 1851 hatte z.B. noch jedes Haus – außer dem Armenhaus – in **Ballendorf** seinen Backofen, sogar der Schulmeister.

Das kleine Gebäude war an den Flur oder an die Küche angebaut. Nach dem Feuermandat von 1775 durfte nur der Feuerhals in die Küche hineinragen. Das Backofengewölbe (die Haube) wurde aus sorgfältig durchgearbeitetem Lehm, mindestens ½ Elle dick, hergestellt. Als Lehre diente ein ursprünglich wohl kreisrundes Korbgeflecht, das dann dem ersten Anheizen zum Opfer fiel. Diese Lehmhaube wird durch ein auf Säulen gestütztes Dach geschützt. Oftmals ist es auch ein massives Häuschen aus Bruchsteinen, die Seitenwände sind dann mit bogenförmigen Öffnungen versehen.

Seltener ist das Backhäuschen, wie das vom Denkmalschutz wiederhergestellte in **Förstgen** Nr. 20, ein selbständiger Bau mit eigener Esse, hier am Hintergiebel des Seitengebäudes errichtet. *J. Oliva, 1963 S. 217.*

Mit diesem Beitrag von *Johannes Oliva* beginnt eine Artikelserie in zwölf Fortsetzungen. Die Texte illustrierte er mit anschaulichen Federzeichnungen, so wie die hier abgebildeten zum Backofen, *1963 S. 217*

# Der „Weinberg“ in Oschatz

Den *Weinberg*, als wohl einziges Gartenlokal am Rande des schönen Stadtparks gelegen, gibt es als HO-Gaststätte auch heute noch. Seinen Namen hat sie nach den sieben Weinbergen erhalten, die einst am Döllnitzhange vor den Toren der Stadt lagen. Schon zur Zeit der Befreiungskriege war der *Weinberg* ein beliebtes Ausflugsziel der Oschatzer, was aber nicht daran hinderte, der damaligen Besitzerin das Recht zu bestreiten, Bier auszuschenken. Man sollte sein Glas Bier in den brauberechtigten Häusern der Stadt trinken!

Im Jahre 1839 wurde das Weinberggebäude mit hohem Dach neu aufgebaut, so wie es in seiner Grundanlage heute noch steht, wenn auch die übrigen Teile der ganzen Anlage später mehrmals verändert wurden. 1890 bekam die Gastwirtschaft im ersten Stock einen Saal, in dem große Diskussionen geführt wurden, denn sie war lange Zeit das Parteilokal der Oschatzer Sozialdemokratie. Seine größte Blütezeit erlebt der *Weinberg* um 1890 bei großen Parkfesten, als Herr *Dittrich* ihn bewirtschaftete. Nachdem vor etwa 40 Jahren der Saal einging, wurde es still um das Restaurant. Auch jetzt als HO-Gaststätte sind noch nicht alle Möglichkeiten erschöpft, ihn wieder zu der beliebten gern besuchten Einkehrstätte zu machen, als die ihn die älteren Oschatzer noch in guter Erinnerung haben.

*Walther Käseberg, S. 559*

HEUTE: Bis August 2000 ist die Gaststätte unter der Geschäftsführung von *Jürgen Brandtner* ein beliebtes Einkehrziel am Stadtpark gewesen. Dann wurde sie geschlossen und öffnete nur noch einmal 2006 als Geschäftsstelle der Landesgartenschau.

# Theodor Uhlig – Wegbereiter für die Musik Richard Wagners

Dresden, Oktober 1845. Großer Tag in der Staatsoper. Richard Wagner bringt seinen „Tannhäuser“ heraus. Musikalische Hochspannung allenthalben. Dicht besetzt das ganze Haus. Die letzten Lampen verlöschen. Hebt denn der junge Kapellmeister Richard Wagner nun endlich den Stab? – Aber es geht nicht los. Bewegung im Orchester. Wie? Der Harfenist weigert sich mitzuspielen? Nein. Aber er sucht seine Noten. Erregte Stimmen.

Geschieht dem Kapellmeister übrigens ganz recht, dem Musikantenschinder!! Nach ungezählten Proben soll nun seine neue Oper ein Ereignis werden . Ei gewiß, aber er wird sich blamieren. Denn wie soll der „Tannhäuser" klingen, wenn die Harfe nicht besetzt ist?

Da geht ein energischer Ruck durch den Körper des „kleinen Mannes". Er klappt hörbar seine handgeschriebene Partitur zu und winkt aus der vordersten Orchesterreihe den Geiger Theodor Uhlig heran: „Spielen Sie aus meiner Partitur die Harfenstimme auf dem Flügel!" Der Stab in der Rechten hebt sich zum Auftakt der Oper, die Richard Wagner auswendig dirigiert .

Hinterher spricht sich's herum: Nach einstimmigem Beschluß hatte das Orchester seinem unerbittlich strengen Kapellmeister einmal gründlich die Suppe versalzen wollen. Auch Theodor Uhlig darunter. Doch der kriegt bald Respekt vor dem „kleinen Mann" und aus dem eingeschworenen Gegner wird ein von der Kunst Richard Wagners besessener Freund, der fortan ein selbstloses Kämpferleben im Dienste des Freundes führt.

Zwar wurde Uhlig nicht so bekannt wie andere, aber er ist zu seiner Zeit der gesuchteste Musikschriftsteller, und Wagner sagt einmal: „Er ist eine Oase in der Wüste."

Theodor Uhlig wurde 1822 in **Wurzen** geboren, stirbt bereits 1853 an der gleichen Krankheit wie seine Eltern, der Lungen- und Kehlkopftuberkulose. Schon in jungen Jahren fiel sein Talent auf. Als vorzüglicher Schüler wurde er bald erster Geiger in der Dresdener Staatskapelle. Durch das eingangs erwähnte Vorkommnis im Oktober 1845 stellt Uhlig sein ganzes Leben in den Dienst Richard Wagners, zu einer Zeit, da dieser noch lange nicht gefeierter Meister ist. Im Gegenteil: Weil er anno 48 zur bürgerlich-demokratischen Revolution die Sturmglocken geläutet hatte, mußte er im Exil leben. Und wie das Uhlig vernimmt, da rafft er alle seine paar Taler zusammen und unternimmt die erste und einzige Reise seines Lebens. Sie führt ihn jenseits des Bodensees, wo ihn der heimwehkranke Freund Richard Wagner erwartet. Zurückgekehrt wirbt er für die Musik Wagners: „Wagners Opern sind lebendige Bildhauerei." Und er hat recht behalten. Freuen wir uns, daß der Wegbereiter Richard Wagners ein Wurzener Kind ist. *Albrecht Wagner in „1000 Jahre Wurzen", 1961 S. 97*

## Die „Bader" in Wurzen

Badergassen finden wir in vielen Städten, warum sie aber diesen Namen führen, das wissen die wenigsten. Es waren die „Bader", die hier ihren Sitz hatten. Als nach den Kreuzzügen die „Badstuben", die sich in den Klöstern schon seit langem befanden, allgemein auch in den Städten eingerichtet wurden, gab es vorerst nur einen Bader, den der Stadtrat bestellte und der das Baden beaufsichtigte.

**Der Badergraben in Wurzen im 19. Jh. nach einer zeitgen. Zeichnung mit Blick auf die Wenceslaikirche**

Doch bald verband sich mit seiner Tätigkeit ein besonderes Gewerbe, das mit der Zeit ziemlich vielseitig wurde. Alles, was mit der Körperpflege irgendwie zusammenhing, lag jetzt in den Händen des Baders. So war es insbesondere die Heilkunde, die sie betrieben. Die aus ihrer Zunft hervorgegangenen Bartscherer, die „Barbierer", waren gesuchte Wundärzte, die auch mit in den Krieg zogen und dort als Feldscherer so manchen arg Blessierten in die Kur genommen haben.

Die Wurzener Baderei wird erstmalig 1435 in den Akten erwähnt. Doch sie bestand schon viel länger. Gewöhnlich badete man mittwochs und am Wochenende, und lief der Bader, unaufhörlich mit einem Paar großer Messingbecken aneinanderschlagend, durch die Gassen, so wußte jeder, daß das warme Bad jetzt hergerichtet sei. Als letzten Nachhall dieses Brauches haben noch heutige Friseure blanke Messingbecken zum Zeichen ihrer Zunft aushängen.

Es soll noch erwähnt werden, daß sich die Baderei des Rates, die stets die einzige der Stadt gewesen ist, länger als vier Jahrhunderte auf ihrer ursprünglichen Stelle befand, nämlich dort, wo der Baderteich ins Bett der Rietzschke überging.

*Walter Koch, 1961 S. 551*

# Die Mühen der Gerichshainer Schrankenwärterin

**Kirche und Hortgebäude (mit Märchen-Wandbild) in Gerichshain**

Das Dorf liegt „zwischen den Fronten". Während Machern schon zu Wurzen neigt und Borsdorf zum geographischen Stadtgebiet Leipzigs zu zählen ist, pendelt Gerichshain zwischen beiden Stadtgebieten, ohne recht zu wissen, wohin es gehört. Seit alten Zeiten führt eine wichtige Straße durch den Ort, die sogenannte *Hohe Straße*, auf der sich ein großer Teil des west-östlichen Verkehrs abspielte. Im Jahre 1936/37 ergab sich z.B. für Gerichshain ein täglicher Fahrzeugdurchschnitt von 5570. Und so hat der Straßenverkehr dem Ort seinen Stempel aufgedrückt. Ein breite, gut gepflasterte Straße führt mitten durch den Ort und hat den alten Dorfanger fast vollkommen verdrängt.

Es wird uns kein Gerichshainer übelnehmen, daß wir nicht hell begeistert sein konnten beim Anblick vieler wirklich nicht sehr gepflegter Fassaden. Mancher Giebel in der näheren Umgebung der in blendendem Weiß erstrahlenden *Kastanie* nahm sich wie das „häßliche Entlein" neben dem stolzen Schwan im Märchen aus. Wir zweifeln jedoch nicht daran, daß Mörtel und Farbe auch hier recht bald in Aktion treten.

Am Bahnhof kommen wir mit der Schrankenwärterin ins Gespräch. Viele Kraftfahrer scheinen mit ihrem Dienst gar nicht einverstanden zu sein und riskieren lieber eine gefährliche Überfahrt vor dem nahenden Schnellzug. Wie oft muß sie häßliche Schimpfkanonaden erdulden, wenn sie die Schranke schließt. Am schlimmsten benehmen sich die Busfahrer vom *VEB Kraftverkehr Grimma*. Wie die Wilden preschen sie über die Bohlen. Daß aus ihrem Schutzhäuschen manchmal des Nachts urwüchsige Schnarchtöne eines Nachtschwärmers dringen, das nimmt sie noch gelassen hin.

Dann stehen wir vor der *Kastanie*, dem neuen Kulturhaus. Im Nationalen Aufbauwerk wurden für den Umbau des alten Gasthofes von fast dreihundert Helfern 85 000 DM erbracht. Innen wie außen erstrahlt er im neuen Glanz. Treppenhaus, Milchbar, Gasträume, Bibliothek und Saal sind architektonisch glänzend gelöst und verschmelzen zu einer wohlerwogenen Einheit. Und dann die Asphalt-Doppelkegelbahn, die das Herz eines jeden Kegelsportlers höher schlagen läßt. Die Akustik im Saal kommt dem Landfilm zugute. Der Filmvorführer fährt mehrmals in der Woche ins Dorf. Manchmal wünschte er sich einen besseren Besuch, damit sich sein Aufwand lohnt.

Im Saal bringen die jubilierenden Stimmen des Männerchores unter der Leitung von *Horst Werner* des öfteren einem interessierten Publikum ihre Lieder zu Gehör. Der Chor, schon 1874 gegründet, hat eine lange Tradition.

Im Jahre 1969 erfolgte erneut ein Umbau der „Gaststätte mit einem Erlebnisbereich“. Ein neuer Wirt und eine neue Attraktion mit der Inneneinrichtung einer Fuhrmannsgaststätte sollten mehr Besucher anlocken. Selbst eine „Sattelbar“ mit originalen Pferdesätteln als Barhocker wurde installiert. Wir verließen die gastliche Stätte mit der Empfehlung, beim Auf- und Absteigen von den „Gäulen“ aufzupassen, denn manch einer ist da schon vom Pferd gefallen. *Ehrhart Kundisch, 1955 S. 342.*

*Werner Ballschmieder, 1961 S. 523.*

HEUTE: Seit dem Bau (2003/4) der neuen B 6 entlastet ein Teil des Verkehrs den Ort. Doch das riesige Gewerbegebiet auf den Fluren nach Borsdorf zu und die neue Fleischerei von *Reißaus* führen die Fernlaster ins Dorf. Die ehemalige Konsum-Gaststätte (Kulturhaus) war in Pacht gegeben, wurde 2008 mit dem spurlosen Verschwinden des Pächters geschlossen. – Der Bahnübergang nach Brandis wurde nach hundert Jahren mit dem Ausbau der Bahnstrecke für den ICE-Verkehr 1994 geschlossen. Die Fußgänger benutzen jetzt einen Tunnelweg. Der Fahrverkehr, auch in den Ortsteil Gerichshain-Süd, geht jetzt über die nahe Brücke bei Posthausen. – Der Männerchor erweiterte sich 1969 zu einem gemischten Chor und bringt unter der jetzigen Dirigentin von *Hiltrud Engelmann* mit dreißig Auftritten im Jahr in den Dörfern und Städten einem begeisterten Publikum erbauliche Stunden.

## NOTIZEN und PERSONALIEN

**Wurzen: Die 1000-Jahr-Feier** findet in den Spalten des *Rundblicks* einen ausführlichen Niederschlag: *Werner Breuer* und *Walter Koch* stellten eine Zeittafel der 1000jährigen Geschichte zusammen *(ab S. 264)*. *Werner Ballschmieder* macht einen trinkfesten Besuch in der Brauerei am Markt und *Ehrhart Kundisch* fährt mit der Muldentalbahn von Wurzen nach Grimma. *Walter Große* beobachtet ein Training der Wurzener Fußballer mit dem Trainer *Paul Lieberwirth*.

**Oschatz:** In der **Filzfabrik** *(s. Abb.)* werden nicht nur Materialien für Pantoffeln, sondern auch spezielle Filze hergestellt, die in einer Vielzahl von Produkten gebraucht werden. Die Filzwarenindustrie hatte die Hutmacherei als Vorgänger. Sie wurde schon 1552 genannt. 1834 erfolgte dann die Umstellung auf Filzschuhe und Satteldecken. Ein Neubau der Fabrikanlagen auf den noch völlig unbebauten Döllnitzwiesen am Rande der Stadt vor dem Ersten Weltkrieg vergrößerte die Produktionspalette. Während des Zweiten Weltkrieges wurde die Hallen für Kriegszwecke genutzt (Flugzeugwerke), danach wieder für die Filzproduktion, jetzt in einem VEB. *1961 S. 114. – Nach 1990 erfolgte die Einstellung der Produktion und der Abriß der Gebäude.*

**Wurzen:** Das **Seniorwerk Busse**, das vor allem Geräte zum Hacken, Lockern und Häufeln des Ackerbodens herstellt, liefert große Mengen der SENIOR-Geräte in den Export. *1961 S. 66*

**Wurzen:** Die **Friedenslichtspiele** wurden nach einjährigem Umbau wieder eröffnet. Sie fassen jetzt 780 Besucher und wurden aufs modernste ausgestattet: Breitere Bühne, erneuerte Saaldecke, gepolsterte Klappstühle, neueste Kinotechnik u.a.m. Die Kulturstätte kann auch für Theateraufführungen genutzt werden. Das Lichtspieltheater besteht seit den 20er Jahren als *Bürgergarten*. HEUTE: 1992 wurde der Filmbetrieb eingestellt, seitdem steht das Gebäude leer. Vorübergehend war eine Bowlingbahn installiert.

**Max Wenzel**, Trebelshain, *1879 †1961. Berufsschullehrer und Direktor der Berufsschule Wurzen bis zur Entlassung durch die Faschisten 1933. Nach 1945 abermals Direktor dieser Schule bis zum Ruhestand 1948 mit 69 Jahren. Danach Heimatforscher mit großem Anteil an der 800-Jahr-Feier Kührens 1954 sowie Chorleiter und aktive kulturelle Tätigkeit im Dorf. Der Markt wurde in *Max-Wenzel-Platz* umbenannt. *1961 S. 474*

**Julius Theodor Schmidt**, *1811 in Wurzen, †1861 in den USA. Nach Besuch der Fürstenschule in Grimma und Studium in Leipzig Rechtsanwalt in Wurzen, ab 1845 Bürgermeister in Wurzen. 1848 Abgeordneter der Nationalversammlung und des Landtages in Sachsen, Beteiligung an Aufständen im Mai 1849 in Dresden, danach Verhaftung und Verurteilung wegen Hochverrat zu 15 Jahren Gefängnis. 1850 gelang die Flucht aus der Wurzener Haftanstalt in die USA, dort mit der Familie tätig als Farmer bis zu seinem Tode. Seit 1945 Bürgermeister-Schmidt-Platz in Wurzen. *Werner Breuer, in „1000 Jahre Wurzen", 1961 S. 86*

## LESERPOST

**Rettet die Fähre Höfgen!**
Allen Heimatfreunden ist Höfgen mit seinen beiden Mühlen, der Wehrkirche und der seit dem 13. Jh. bestehenden Fähre ein fester Begriff. Der jetzige verdiente Fährmann wird in nächster Zeit altershalber wegziehen, ein neuer ist noch nicht gefunden. Es wäre ein großer Verlust, wenn man auf den Fährbetrieb verzichten müßte. Darum tue sich jeder um, einen Nachfolger für den bisherigen Fährmann ausfindig zu machen. *E.U., Grimma*

**Gibt es noch Trappen im Wurzener Land?**
Die Großtrappe, ein vom Aussterben bedrohter, reichlich gänsegroßer scheuer Vogel der ebenen freien Fluren, zählt heute zu den größten Seltenheiten des Kreises Wurzen. Noch Anfang dieses Jahrhunderts war sie im Wurzener Land zu beobachten. So berichtete *Walter Große* von 15 Tieren, die er 1905 am Wachtelberg gesehen hat. Herr *Fleischer* aus Thallwitz erzählte, daß alljährlich bei der Hühnerjagd von 1909 bis 1940 auf den Fluren zwischen Wasewitz, Canitz und Lossa Trappen angetroffen wurden. 1948 und 1950 fand sich je ein Gelege am Läuseberg bei Thallwitz. Leider wurden die Eier geräubert. Ein letzter spärlicher Nachweis gelang 1961, als einige Schüler von uns zwei Trappen in einem Roggenfeld nördlich von Thallwitz entdeckten. *AG Junge Naturforscher der OS Falkenhain. 1961 S. 570*

**Schon 1924 ausgestorben?**
Angeregt von der Zuschrift der Jungen Naturforscher aus Falkenhain blätterte ich in den Mitteilungen des Landesvereines Sächsischer Heimatschutz und fand in Heft 8/1924 Nachrichten über die Trappe. Der Verfasser erwähnt, daß früher sieben Brutgegenden in Sachsen bekannt waren, daß aber von gegenwärtigen Vorkommen nichts bekannt sei (also schon im Jahre 1924!). Ein weiteres ausgedehntes Brutgebiet befand sich damals zwischen Oschatz, Strehla und Riesa. Das dürfte die Oschatzer Ornithologen interessieren.
*K. L. Wurzen, 1961 S. 621*

**Bedenkliche Sichtwerbung**
Sichtwerbung muß an einem passenden Ort angebracht werden. Auf keinen Fall sollten architektonische Schönheiten und Denkmäler von riesengroßen Transparenten verhüllt werden. In Grimma hat man z. B. eine Riesentafel, auf der zur Erfüllung des Siebenjahrplanes aufgerufen wird, vor dem Lutherdenkmal aufgestellt, so daß dieses völlig verdeckt wird. Oder sollten die Verantwortlichen in Grimma in Luther einen für die deutsche Nation bedeutungslosen Menschen sehen, dessen Werk nur von kirchlicher Wichtigkeit ist?
*Horst Galle, 1960 S. 364*

1962 9. Jahrgang

**Der Rundblick**. Monatsschrift für Kultur und Heimat der Kreise Wurzen-Oschatz-Grimma. 12 Hefte á 50 Pfg., 624 Seiten.

**Heimatkalender 1962** der Kreise Wurzen, Oschatz, Grimma (5. Folge). 2 DM, 144 Seiten. Aus dem Inhalt: Die Zwillinge im Göschenhaus (Renate Sturm-Francke), Jagd im Schmannewitzer Revier (Dietmar Kirsten), Die Oschatzer Gegend im 7jährigen Kriege (Walther Käseberg), Beim Schornsteinfeger (Renate Sturm-Francke), Bei den Brandiser Braunkohlekumpels unter Tage (Karl Schaarschmidt), Windschutzhecken (Walter Große), Harzgewinnung in der Dahlener Heide (Henri Winkler), Die Windmühlen (Dr. Hermann Gleisberg), 1000 Jahre Wurzen - Der Festzug.

## Turmwege über 1042 Stufen

Diesmal brachen wir zu einer Turmfahrt auf. Den Anfang machten wir mit dem **Weinbergsturm in Grimma**. Dieses in den 30er Jahren entstandene, etwas eigenwillige Bauwerk, das sich der Landschaft nicht recht einpassen wollte, ist zu einem Mittelpunkt geworden für Neubau- und Siedlerstraßen, die sich zu seinen Füßen gruppieren. Im Untergeschoß befindet sich die Jugendherberge mit 30 Betten, die im Sommer fast pausenlos belegt ist. Darüber liegen die Horträume der POS Hohnstädt, und weiter darüber haben sich die Amateurfunker der GST eingenistet. Vorbei am Raum des ehemaligen Glockenspiels landen wir auf der Plattform. Im Rundumblick liegen Hohnstädt und Grimma mit seinen Gebäuden im herbstlich gefärbten Blätterwald der Bäume.

Unser nächstes Ziel sind die schlanken Spitzen des romanischen Turmwerks der **Frauenkirche**. Aus den Rundbogenfenstern mit ihren feingemeißelten Säulenkapitellen blinkt uns mit einem Male die Sonne entgegen. Unter der großen Glocke müssen wir wie Schlangenmenschen hindurchkriechen und als wagehalsige Kletterer stemmen wir uns über Stiegen, Eisenträger und schwärzlich-feinen Staub immer höher.

Auf der Fahrt nach Süden lockt uns ganz außerplanmäßig die **Windmühle in Schönbach** zum Besteigen. An den 1880 erbauten steinernen Turmbau fügt sich von außen her die Müllerwohnung an. Bis 1960 war sie im Betrieb und soll es wieder sein, sobald der Eigentümer eine andere Wohnung gefunden hat.

**Das Gelände der Hubertusburg mit dem Horstsee im Hintergrund aus der Luft**

Nach einer Mittagspause und einer kleinen Irrfahrt stehen wir am weithin das Gelände beherrschenden **Kirchturm von Hohenwussen**. Mitten in einem frühdeutschen, wohlerhaltenen Viereckswall thront das wuchtige Gemäuer. Der Turm weist noch den wehrhaften Charakter einer frühmittelalterlichen Trutzfeste auf. Als wir keinen finden, der uns den Schlüssel zur Kirche vermitteln kann, begnügen wir uns mit der Sicht von der Wallkrone und schauen hinaus in die im Blau verdämmernden Fernen der Nachbarkreise.

Fast in Luftlinie streben wir auf schlammweichen Straßen dem **Oschatzer Collm** zu. Über die ausgezeichnete Fahrstraße, eigentlich nur Zubringern gestattet, fahren wir zum Gipfel. Der neue Richtfunkturm ist noch nicht vollendet. 1963 wird er wohl in Betrieb genommen. Der kleine Aussichtsturm daneben nimmt uns freundlich auf.

Unser letztes Ziel für diesen Abend ist der **Turm der Hubertusburg.** Trotz vorgerückter Stunde begleitet uns Kollege Schlosser als Feuerwehrmann die Stufen empor, zuerst die bequemen breiten Treppen des eben prachtvoll vorgerichteten Mittelaufganges, dann die schmalen Holzstiegen. Uns entzückt es, aus einem von unten her winzig erscheinenden Fenster im Zifferblatt schauen zu dürfen. Direkt unter der magischen XI gucken wir heraus, und bedrohlich nähert sich mit sekundlichem Ruck der große Zeiger unsern Köpfen.

Am folgenden Morgen „steigen" wir weiter. Zuerst ist es der wehrhafte Turm der **Kirche in Pausitz**. Morgennebel verhüllen die Muldenniederung im Osten. Unter uns liegt das 1000jährige Dorf. Wir ergötzen uns am langgestreckten Ententeich und dem neu gedeckten Sattelhof und stellen mit Bedauern fest, daß der Storch das freundlich auf dem Turmdach bereitgehaltene Wagenrad als Nistgelegenheit verschmäht hat.

Mit 346 Stufen registrieren wir ein wenig später auf dem **Turm der Roggenmühle** des *Nahrungsmittelkombinates Albert Kuntz* in **Wurzen** unsere bisherige Höchstleistung. Die Betontreppen sind breit, ihre Wände weisen eine Fülle modernster Sicherungseinrichtungen gegen Brände auf. Aus den Werkräumen klingt uns das laute Surren der Maschinen zu, die Luft ist von feinem Mehlstaub erfüllt. Einen der oberen Böden nimmt der selbsttätige Hochbehälter für Löschwasser ein, der 40 500 Liter klares Wasser enthält. Dann stehen wir in der achteckigen Kuppel, die uns mit sechs Fenstern einen wahrhaften Rundblick ermöglicht. Über uns wölbt sich die ehedem erleuchtete Glashaube. Sollte man nicht – dem nächtlichen Stadtbild zuliebe – diese Lichtquelle wieder in Gang bringen? Obermüller *Mehnert* ist uns ein so ortskundiger Erläuterer der Umgebung, daß wir vor freudiger Wißbegier den Appetit auf Wurzener Backwaren ganz vergessen: die *Teppichfabrik* mit eigenem Anschlußgleis, das letzte Stück Rasen der alten *Bleiche,* auf dem noch immer in Weiß und Blau Tücher und Decken an der Leine flattern, der sachlich-nüchterne Feuerwehrturm, die städtebaulich so imposante Anlage von Schloß und Dom. Wie muß Wurzen erst bei Nacht aussehen? Werkleiter *Engelmann* lud uns zur Wiederkehr ein.

**Die beiden Türme der Frauenkirche in Grimma**

Der **Wachtelberg bei Dehnitz** beendete unsere Rundreise. Noch ist der alte Aussichtsturm nicht wieder begehbar, die verschlafene Windmühle steht leer, und einzig das Holzgerüst vom Vermessungsturm versucht unser Fotomann zu erklimmen. Von den berühmten Osterblumen ist um diese Jahreszeit nichts zu sehen. Schön war unsere ganze Eroberungsreise, unser Rundblick von Turm zu Turm, unser Blick ins neue Jahr. *R. Sturm-Francke, 1962 S. 5*

**Die „Selleriefrauen" in der Scheune, herausgeputzt mit Kopftuch und Wickelschürze**

## Die Merkwitzer Selleriefrauen

Zwei Kilometer nordwestlich von Oschatz tauchen hinter dem Bahndamm der Leipzig-Dresdner Eisenbahn die Häuser und der Kirchturm von Merkwitz auf. Wir hielten vor der Konsumgaststätte. Warum haben die Leute hier noch keinen besseren Namen für die Einkehrstätte gefunden? Das Öffnen der Gaststättentür bereitete einige Schwierigkeiten: Von der Klinke war nur noch ein Reststutzen vorhanden. Die Wirtsleute sind ganz neu, erst seit 14 Tagen im Geschäft. Ob wir später zur Mittagszeit etwas zu essen bekämen? Nach Rücksprache mit den Küchenleuten wurde uns „nur Eintopf" in Aussicht gestellt. Warum „nur"? Wir mögen solches Essen sehr gern. Es wird uns von der laufenden Mittagsversorgung abgezwackt, die Genossenschaftsbauern und Hortkinder bekommen. Und sonst? „Ja, sonst haben wir kein Mittagessen. Es verirrt sich ja kaum jemand hierher!"

Was gibt's Neues im Dorf: 1959 wurde aus einer alten Scheune eine Fernsehstube mit Bibliothek geschaffen, der Dorfteich geschlämmt und mit einem Fundament einfaßt, die Beschleusung im Ort gelegt, ein gelber Münzfernsprecher aufgestellt, gerettet von einem Schrotthaufen. Folgen soll der Ausbau einer Scheune zu einer Turnhalle.

Die im Gemeindebüro schreibmaschinetippende *Monika Schönburg* gehörte zum Sekretariat der Gemeinde und entpuppte sich als Genossenschaftsbäuerin, die sonst als Schweinezüchterin im Stall arbeitet. Sie schrieb eben die Rollen für ein Laienspiel ab. Es soll eine Laienspielgruppe gegründet werden. Ein Mundharmonikatrio begeistert schon fleißig seine Zuhörer.

Dann lernten wir noch Anna kennen. Mit ihrem bürgerlichen Namen heißt sie *Anna Sedlag*. Sie ist im Ort gewissermaßen „Hans Dampf in allen Gassen". Anna weiß alles, macht alles und hilft allen. Fehlen Blumen bei einer Feier, Anna besorgt welche im Handumdrehen. Müssen Beitragsgelder einkassiert werden, Anna holt die Moneten herbei. Sie will nun auch künftig unseren *Rundblick* im Ort anbieten.

In der Schule treffen wir den Schulleiter *Drescher*. Sein Arbeitspensum als Landlehrer beschränkt sich nicht nur auf die Schule, in die das 1., 2., 5. und 6. Schuljahr gehen. Die anderen fahren im Winter mit dem Bus nach **Wellerswalde** und rückzu bringt er die Schüler für die hiesigen Klassenstufen mit. Sommers über wird gelaufen oder das Fahrrad genommen.

*Erhard Sauer* ist quasi das heimatkundliche Gewissen im Dorf. Von ihm erfahren wir, wo der Pastorweg verlief, wer in der *Albrechtgrube* begraben wurde, was mal auf den *Jerusalemswiesen* stand und daß die Hussiten auf der *Schlachtbank* eine schlimme Niederlage erlitten. Er erinnerte auch an einen großen Sohn, nämlich den Kaufmann *Franz Ludwig Gehe* (1810-1882) der das heute noch bestehende Welthaus *Gehe & Co.* in Dresden gründete, das chemische und pharmazeutische Produkte herstellte. Von seinen Stiftungen profitierten auch die hiesige Kirche und Schule.

Merkwitz ist ein Handwerkerdorf. Neben Maler-, Schmiede- und Stellmachermeister arbeiten zwei PGH des Tischlerhandwerkes. Die eine stellt Möbel her, die andere Türen und Fenster. Warum stehen hier so viele Möbel rum? „Konsum und HO aus Wurzen und Grimma reißen uns die Möbel aus den Händen, die Oschatzer lassen sich immer damit eine Menge Zeit".

Schon auf der Heimfahrt wollen wir ein altes Bauerngut noch ein bißchen näher betrachten. Und siehe da, in der Scheune hocken ein Dutzend Frauen bei einer Schneidearbeit. Wir werden sofort als „Hilfskräfte aus der Stadt" empfangen. Im Wortgefecht mit den Frauen waren wir natürlich von vornherein unterlegen. Doch als unser Fotograf mit Kamera und Blitzgerät hantierte, ging es wie ein Ruck durch die Menge. Jede warf sich in Positur, und ein Muttchen ließ in Eile gar ihre Arbeitsschürze verschwinden. Ob wir denn schon das Schönste im Dorf fotografiert hätten, wollte eine andere wissen. Als wir prompt erwiderten, daß wir ja deswegen hier seien, hatten wir gesiegt. Und womit beschäftigte sich eigentlich die lustige Brigade? Mit Sellerie! Und sie boten uns an, doch für unsere Frauen etwas mitzunehmen. Natürlich kannte das Geplänkel keine Grenzen, und „die Selleriefrauen von Merkwitz" blieben der Redaktion jahrelang im Gedächtnis erhalten (und sie sind es auch heute noch!).

*Walther Käseberg, Manfred Müller, 1962 S. 13*

HEUTE: Die Gaststätte und die beiden Tischlerhandwerke existieren nicht mehr. Einen regen Zuspruch hat nach wie vor die Bäckerei Taube. Regelmäßig im September versammeln sich die Einwohner und ihre Gäste zum „Merk'ser Wiesenfest". Das Dorffest könnte zur Tradition werden.

## Pomßen hat zwar einen Goldbrunnen, doch es fließt „nur" klares Wasser

Wo ein Mühlteich ist, von Menschenhand vor Jahrhunderten gestautes Parthewasser am Fuße einer eiszeitlichen Moräne, da muß schließlich auch die Mühle sein. Ein beschrifteter Balken im Innern zeigt die Jahreszahl 1471, die weit über den ersten urkundlichen Nachweis hinausgeht. Heute freilich hat das einst oberschlächtige Wasserrad seine Rechte an Elektromotor und Turbine abgetreten. Der Müllermeister *Nozinsky* war, als wir vorsichtig durch den „verbotenen Eingang" schauen, gerade dabei, mit Lochpicke und Kraushammer den neuen Mahlstein zu bearbeiten. Stolz zeigte er uns die vom Holzbildhauer *Hille* aus Naunhof liebevoll hergerichtete Sitzecke mit Holzschnitzereien im Hausflur und den Prachtexemplaren von Müller und Esel auf der vom Kunstschmied *Dämmich* aus Wurzen gestalteten Lampe.

Und das erfuhren wir noch: Der rührige Dorfklub organisiert ein reges Kulturleben, die Kegler schieben alle Neune, der Kaufladen im Kindergarten hat ständig Kunden, das regelmäßige Strandfest der Kleingärtner lockt auch Fremde ins Dorf, das metallverarbeitende Handwerk liefert Schlepper und die Tischler Rundfunk- und Fernsehschränke, Fenster und Türen, im *Gasthof zum Weißen Schwan* spielte schon 1928 ein Privatkino, im Schafstall veranstalten 300 wollige Tiere manchesmal ein aufregendes

**Das Pfarrhaus in Pomßen (2002)**

Gedränge, in der Süßmosterei ladet ein Holzbottich zum Bad auf der Tenne ein.

Zwei Gebäude überragen das Dorf: Die im 13. Jh. erbaute romanische Kirche und das im Renaissancestil errichtete Schloß. Einst Wohnsitz des Adelsgeschlechts derer *von Ponickau*, ist es heute ein Erholungsheim für Kinder im Vorschulalter und während der Schulferien für Kinder der Unterstufe.

Das Schloß ist in den ältesten Zeiten eine Wasserburg gewesen. Von den Gräben, die es umgaben, sind nur an der Westseite Reste zu ahnen. Das Gebäude erhielt durch die Auffüllung aller übrigen Gräben, die *Johann Gottfried Dietze* (1847-1886) veranlaßte, die große Auffahrt an der Ostseite. Das Schloßgebäude ist von einem Park umgeben, wo seltene und schöne Bäume wachsen. Hier entspringt die Quelle, der *Goldbrunnen*, der dem kleinen Teich des Schloßparks und dem Brauteich neben der Gaststätte *Am Brauteich* zufließt. In dem Häuschen neben dem kleinen Teich wohnte früher der Schloßgärtner.

Die älteren Bürger Pomßens kennen die letzte Schloßherrin noch, Prinzessin *Luise von Schönburg-Waldenburg*. Ihr über Gebühr schlanker Wuchs hatte ihr den Spitznamen *Bohnenstange*, ihr unsteter Lebenswandel den Beinamen *Zugvogel* eingetragen. Die Schwestern *Hönemann,* damals Köchin und Zofe der Schloßherrin, wußten von ihrer Liebschaft mit einem Offizier zu tuscheln, den die Prinzessin jedes Jahr im Winter in Afrika aufsuchte. Das „Afrikanische Zimmer“ enthielt eine wertvolle Sammlung afrikanischer Schnitzereien, die sie von ihren dreizehn Reisen nach Südafrika mitgebracht hatte.

Im ersten Stock des Schlosses befindet sich ein 8 x 15 m großer Saal, der von der Prinzessin wahrscheinlich als Schlafraum genutzt wurde. In ihm prangt ein Deckengemälde aus dem 18. Jh. von kunsthistorischem Wert, dessen Schöpfer unbekannt ist.

In seiner heutigen Form stammt das Schloß aus der Zeit des 16./17. Jh. Der an der Ostseite vorgebaute stattliche Turm hat in seinem Inneren eine Wendeltreppe aus Porphyrquadern. Im Jahre 1726 war der Turm abgebrannt. In der ersten Hälfte des 19. Jh. wurde das Schloßgebäude innen und außen umgestaltet.

*Renate Sturm-Francke, 1962 S. 215*
*Klaus und Heike Wetzel, 1987 S. 98*

HEUTE: Das Schloß wurde nach der Wende an den Südtiroler Geschäftsmann Paul Rieder verkauft, der die Fassade sanieren ließ. Innen blieb der alte Zustand, eine Nutzung erfolgt nicht. – Im Gebäude der Süßmosterei entstanden vier Wohnungen, die Gaststätten sind geschlossen, das Strandfest findet nicht mehr statt. In der Mühle drehen sich längst keine Räder mehr. Ein aktiver Heimatverein organisiert mit anderen Vereinen ein reges kulturelles Leben im Dorf.

**Das Schloß in Pomßen (1993)**

# „Die Franzosen kommen mit viel Geld!“

*und andere Falkenhainer Ereignisse*

**Das Hauptgebäude der Falkenhainer Molkerei (2002)**

In der Schmiede in **Falkenhain** begegnete ich Wehrleiter *Bräuer.* Seit 1956 gibt es wieder die FFW-Truppe, und die 32 Kameraden haben schon manchen Pokal geholt. Ihre Bewährungsprobe bestand die junge Wehr 1958, als in den Sommertagen das *Sägewerk Galle* brannte. Zahlreiche Gebäude konnten gerettet werden. Als Knüller hat die FFW eine Laienspieltruppe. Jährlich wird ein Theaterstück einstudiert und zum Jahresball aufgeführt.

Aus dem Panzerschrank holte Bürgermeister *Schaller* die alte Chronik heraus, die Kantor *Börner* 1914 begonnen hatte. In ihr schildert er anschaulich die Begebenheiten im Dorf. Eine Geschichte fanden wir besonders amüsant: Am Dienstag, dem 4. August 1914, herrscht eine ungeheure Aufregung im Dorfe. Gegen Abend wird von Börln aus telephonisch ein fremdes Auto gemeldet. Sofort jagten eine große Zahl Männer auf ihren Rädern hinüber. Unterdessen wurden in Falkenhain Leiterwagen quer über die Straße gestellt. Da im Oberdorfe ein Geschrei: „Die Franzosen kommen mit viel Geld!“ Alles stürzte auf die Straße, einige sogar mit schußbereiter Flinte. Doch dann stellte sich heraus, daß die vermeintlichen Spione Verwandte des Rittergutsbesitzers von Müglenz waren .“

Am Dorfausgang nach Heyda erhebt sich zur Linken ein kleines Fabrikgebäude: Die Molkerei. 1910 wurde das Gebäude errichtet. 1931 kaufte Herr *Zimmermann* die Molkerei, die er noch heute im Besitz hat. 550 Milcherzeuger liefern die Milch hierher, aus der 30%iger Camembert hergestellt wird. Die Butter kommt wegen ihrer Qualität fast ausschließlich in die Staatsreserve.

In der Schule herrscht ein frohes Treiben, und die Schüler habe keine Langeweile. Zwei Schüler- und eine Jugendtanzgruppe wetteifern bei Wettstreiten um gute Plätze, junge Schiffsmodellbauer basteln unter Leitung des Kollegen *Heinz Onasch* ihre Schiffe und die jungen Naturforscher bemühen sich unter Anleitung von Koll. *Hartmut Kopsch* um den Schutz und die Pflege der Natur.

Die Praxis von *Dr. Johannes Paul* ist immer dicht bevölkert. Dabei wird ihm aufs trefflichste von *Frl. Reibert* assistiert, die nun mal hier mit dazu gehört und die in ihrer derb-herzlichen Art das ganze Drumherum befummelt. Das tägliche Arbeitspensum vom Doktor geht von 7.30 Uhr bis weit in die Nacht hinein. Als Landarzt betreut er nicht nur die Kranken seines Wohnortes, sondern auch die der umliegenden Dörfer. Und Dr. Paul hilft nicht nur mit Medikamenten, sondern auch mit tröstenden Worten. Das ist vielleicht das Wertvollste an ihm, daß er es versteht, das Vertrauen und die Liebe seiner vielen Patienten zu gewinnen.

*Manfred Müller, 1962 S. 64; 1991 S. 99*

HEUTE: Dr. Johannes Paul verstarb 1977, die Praxis wurde von anderen Ärzten weitergeführt und ist jetzt geschlossen. – Die Schule erhielt 1985 einen Neubau mit 25 Unterrichtsräumen, jetzt nur noch Mittelschule mit weitem Einzugsgebiet. – Die Molkerei ist seit 1990 wieder in Privatbesitz, es wird u.a. Weichkäse produziert, der einen geringen Anteil an Ziegenmilch hat (Altenburger Ziegenkäse).

# Die *Rundblick*-Leute bedienen im Wermsdorfer Caféhaus

**Die *Rundblick*-Belegschaft im Wermsdorfer Caféhaus mit Renate Sturm-Francke als Küchenhilfe, Inge Grau als Kellnerin (links), Manfred Müller als Büfettier (Mitte) und Werner Ballschmieder als Oberkellner (rechts).**

*Es wurde die bisher wohl aufregendste Reportage der Redaktion. Einige seiner Mitarbeiter übernahmen für einen Tag und eine halbe Nacht als Verkäuferin, Büfettier, Zahlkellner und Aufwaschmädchen das HO-Café in Wermsdorf, (heute: Hubertusklause) an einem Mittwoch im Januar, einem Besuchstag in den Krankenanstalten der Hubertusburg.*

Eigentlich war ich mit bunter Cocktailschürze und Tüllhäubchen nicht ganz stilecht angezogen. Um so besser hatten es meine Kollegen getroffen, der von der HO eingekleidete Büfettier Manfred, die ganz auf Schwarz-Weiß drapierte Inge und der Zahlkellner Werner, der uns in Manier und Erfolg alle bei weitem übertraf. Ich hätte geradezu Lust, ihm hier ein Denkmal zu setzen.

Natürlich konnten wir uns leisten, besonders höflich zu sein, standen wir doch nur einen Tag hinter der Theke. Wenn deshalb wieder mal ein Gast geströmt kam, wurde ihm schon vorher die Tür aufgerissen, dienstbeflissen der Mantel abgenommen und der Stuhl bereit gestellt. Selbst das Bier – es gab hier nur Flaschenbier – gossen wir unseren werten Gästen ein, mit einer anständigen Blume versteht sich.

Allmählich füllte sich das Café wieder: Krankenhausbesucher, der Kulturleiter der Hubertusburg, der Bürgermeister und andere, die auf dem Wege zur Elternbeiratswahl waren. Wartet nur, wenn die vorbei ist, dann wird's voll hier!

Jede Gaststätte hat eine „Schwemme". Im gepflegten HO-Café wurde sie durch einen Marmortisch dicht bei der Theke gebildet. Dort trafen sich dann auch die Backkollegen aus dem Seitengebäude mit den Stammgästen und spielten einen kräftigen Skat. Um 22 Uhr torkelte Wilhelm herein. Mit Hallo brüllte er schon von der Türe aus nach einem Bier. Wir wollten aber die gute Atmosphäre nicht stören lassen, und so setzte ihn unser baumlanger Büfettier mit einem derben Griff wieder an die Luft. Draußen schimpfte Wilhelm (wir nannten ihn nur so) zwar noch herzhaft auf diese neumodischen Methoden, dann trollte er sich davon, in Richtung *Ochsen*.

Seit Stunden schon saß Franz – ein junger Melker aus dem Nachbardorf – am Tisch und amüsierte sich über das Geschehen. Was der alles so vertrug! Gegen Schluß wurde er fidel und ließ „eine Runde für den *Rundblick*" anfahren. Und dann legte er zur Bewunderung aller Anwesenden, am Marmortisch einen Kopfstand hin, der allen Turnern zu einer hohen Punktzahl verholfen hätte. Übrigens, nur ein Zufall hatte ihn heute ins Lokal geführt. Sonst betreut er einen der ertragreichsten Milchviehställe der weiteren Umgebung.

Dann war die Elternbeiratswahl vorbei und das Café füllte sich bis auf den letzten Platz. Wein, Bier, Sekt und Schnaps flossen in Strömen, unser Schweiß mittenmang. Punkt 24 Uhr machten wir Schluß. Wir waren fix und fertig. Mit den lautstarken Worten „Auch der Gast macht sich strafbar, wenn er hier länger verweilt!“, wurden einige Lichter gelöscht und das Ende mit den Worten bekräftigt: „Ihr gennd nuh heemgehn!“.

Die Abrechnung machte uns stolz: 240 Bons sind durch die Kasse gegangen, sämtliches Fleisch der Küche hatten wir als Hackepeter und Schnitzel verkauft, und ein Gesamtumsatz wurde erzielt, der nur an Sonnabenden erreicht wird. Natürlich war es für uns ein herrlicher Spaß gewesen, aber nicht minder brachte er die Erkenntnis, daß die Kollegen im Gaststättengewerbe ganz schön ran müssen. *1962 S. 108.*

PS. Auf den Tischen hatten wir Rundblicks und Fragebogen ausgelegt. Hier einige Antworten:

*Was wollen Sie in Wermsdorf?*
Gemütlich Kaffee trinken. – Ringe kaufen.– Torte essen.– Um die Rundblick-Leute kennenzulernen.– Die kleine Schwarze besuchen. – Haare schneiden und Windbeutel essen.– Kranke besuchen.– Was erleben.

*Was gefällt Ihnen nicht in Wermsdorf?*
Zum Teil die Gaststättenkultur.– Die Schlaglöcher in den Straßen.– Daß es keine Karpfen gibt.– Kein Tanz- und Jugendleben.– Die stinkenden Abwässer (Dutzende Male erwähnt).– Daß das Fasanenholz immer noch ein Urwald ist.

*Wie gefällt Ihnen der RUNDBLICK?*
Gut, weil viele schöne Bilder.– Er soll mehr zum Lachen bringen.– Teils, teils.– Wäre es nicht angebracht, etwas über die Liebe zu plaudern?– Weil er über alle drei Kreise informiert.– Heute zum ersten Male gesehen.

# Neues Schuljahr mit neuen Wandtafeln aus Wurzen

**Die Wandtafelfläche wird lackiert und geschliffen**

Die Wandtafeln sind Anziehungspunkt und zu Zeiten auch Schreckgespenst wohl in jeder Schule. Mit welcher Freude und Hingabe besteigen doch die Kleinen den erhöhenden Hilfstritt und malen andächtig, langsam und feierlich mit der weißen Kreide die ersten Buchstaben und Zahlen – mit welchem Schrecken und Zaudern dagegen schiebt sich so ein Zwölf- oder Dreizehnjähriger nach vorn zur Tafel, soll er auf Geheiß irgendwelche Vokabeln anschreiben oder geometrische Figuren darstellen. Der Teufel soll sie holen samt dem Lehrer und der Wandtafelfabrik, die, und vielleicht weiß er das gar nicht, in seiner unmittelbaren Nähe, nämlich in Wurzen hergestellt werden.

Nähert man sich dem großen, langgestreckten Gebäude im Amtsweg Nr. 3 in Wurzen, in dessen Erdgeschoß und erstem Stockwerk der Betrieb sich heute befindet, ist man selbst als alter Wurzener immer wieder erstaunt über seine höchst verkehrsungünstige Lage. Der Abtransport der fertigen Tafeln geschieht deshalb durch einen Hinterausgang An der Mulde. Der Betrieb *Jäger & Co.,* ist seit seiner Gründung im Jahre 1885 durch den Malermeister *Oscar Jäger* ja auch nicht immer in diesem Gebäude gewesen und schon mehrere Male umgezogen.
Nun zur Herstellung der Tafeln einige Sätze.

Grundlage sind wasserfeste Hartfaserplatten, die durch Ausspachteln mit mehreren Schichten Spachtelmasse und Lack schreibfähig gemacht werden. Die letzte Schicht ist dann die Wandtafelfarbe. Mehr und mehr wird jetzt die Farbe schwarz von grün abgelöst, weil bei letzterer die Augen nicht so schnell ermüden. Tischler fertigen dann das Holzgestell, womit dann die modernen Schiebe- und Klapptafeln ihre Verwendung finden.

Eine besondere Spezialität sind die Maniperm-Hafttafeln. Die Platten werden mit einem Blechbelag versehen, so daß magnetische Plättchen, die aus einem Gemisch von Porzellanerde und Eisenfeilspänen bestehen, auf der Schreibfläche haften bleiben. Die großen Vorteile dieser Tafeln sind leicht einzusehen. Und sie sind auch sehr gefragt, nicht nur im Inland, sondern auch in anderen europäischen Ländern und sogar in Afrika.

*Dieter Götze, 1962 S. 437*

HEUTE: Die gemieteten Produktionsräume im Amtsweg gingen 1971 in Flammen auf und die Fa. Jäger & Co. wurde daraufhin „abgewickelt". Die Produktion von Wandtafeln erfolgte bis 1990 im *VEB Schulmöbel* in Werkräumen in der Altstadt, danach ging der Betrieb wegen Auftragsmangel in Liquidation.

## Mit dem Sonntagsnachmittagsausflugsfamilienmotorboot nach Nitzschka und Oelschütz

Es gehörte zu meinen schönsten Kindheitserlebnissen, zwei- bis dreimal im Jahr an der Hand der Großmutter die weite Reise nach Oelschütz machen zu dürfen. An der Fähre in Schmölen bestiegen wir erwartungsvoll und ein wenig ängstlich Lehmanns großes Sonntagsnachmittagsausflugsfamilienmotorboot. Wenn sich dann der markisenüberdachte Dampfer vom Bootssteg löste, mußte ich jedesmal, bereits mit neun Jahren spielte ich den Zerrwanst, traditionsgemäß „Muß i denn, muß i denn, zum Städtele hinaus..." aus dem arg mitgenommenen Kasten entlocken. Dafür kostete mich die herrliche Reise natürlich nichts. Nach einstündiger Fahrt passierten wir die *Loreley*, und wieder hatte ich die Pflicht als Bordkapelle, von dem Mädchen zu spielen und zu singen, das irgendwo da oben sitzt und sein goldenes Haar kämmt. Später dann saßen wir in Oelschütz unter der alten Kastanie des Gasthofes bei Limonade oder Kaffee und Streuselkuchen.

Mit solchen Erinnerungen ging der Autor dann in die Dörfer, wo ihm u.a. folgendes begegnete: die Feststellung des Bürgermeisters, daß auf dem maroden Saale weder der Landfilm noch andere Kulturangebote stattfinden können, daß von den Handwerkern nur noch ein Tischler

**Das Ausflugsboot „Sellnitz" hat in Oelschütz angelegt, nun geht's in den Gasthof (20er Jahre)**

und ein Bäcker existieren, daß in einem Waschstützpunkt die Wäsche sauber wird, daß im ehem. Rittergutsgebäude ein Stützpunkt der MTS seine dürftigen Zelte aufgeschlagen hat, daß die örtliche Blaskapelle hoffentlich bald wieder üben kann, daß über 50 Jahre hinweg die Fleischhauers bis 1954 die Fähre über die Mulde bedient haben, daß im pflegebedürftigen Park die Erinnerungstafel an *August Mahlmann* (1771-1826) verschwunden ist, einem bedeutenden Schriftsteller in seiner Zeit und ein Kämpfer gegen Napoleon, der mal Besitzer des Rittergutes war. *Werner Ballschmieder und Elisabeth Krämer, 1962 S. 264*

HEUTE: Die Bootsfahrten bis zur Loreley werden vom Fährbetrieb Dehnitz organisiert. Der Gasthof in Oelschütz wurde 1999 geschlossen. Die sanierten Gebäude vom Rittergut fielen 2007 einem Brand zum Opfer. Die Erinnerungstafel an Mahlmann blieb verschollen.

**Noch in den 60er Jahren konnte man den Wasserträgerinnen in Nitzschka begegnen**

# Bücher aus Altenhain

Es war ein warmer Oktobertag, als ich hinüberfuhr. Über den dunklen Lindendamm, der einseitig den Kern des Altdorfes begrenzt, glitt mein Fahrrad weiter in westlicher Richtung und bald lagen vor mir zwei aufgelassene Steinbrüche: Einer am *Klengelsberg,* steil den stillen Teich umschließend, der andere am *Butterberg,* von Brombeerhecken und längst begrünten Halden umgeben, die Teichzipfel mit Sumpfknöterich bedeckt – vor wenigen Wochen noch das ideale Zeltgelände vieler Sommergäste, das Badeziel der Altenhainer selbst. Pilze hier und da, Beeren in Hülle und Fülle, schwarz und glänzend, letzte Glockenblumen ins Gras geschmiegt – das allein hätte schon genügt, die Landschaft um Altenhain liebzugewinnen.

Aus dem Bauerndorf mit seinen Dreiseithöfen und dem abgabenfreien Allodialgut (1702–1741), das wohl wiederum mit der Schäferei identisch ist, ward ab 1900 ein Steinarbeiterdorf. Es entstand die Siedlung der sogenannten Bahnhäuser, der in den 30er Jahren die beiden Neusiedlungen in Richtung Seelingstädt und nach der Bodenreform die Neubauernhöfe an der Trebsener Straße und vom Friedhof bis zum Ammelshainer Wald folgten.

Neben der geschriebenen gibt es im Ort auch eine „lebendige Chronik“. Es ist der Steinbruchsveteran *Emil Linack,* mit 92 Jahren der Älteste im Dorf. Aus der Lausitz ist er kurz vor 1900 auf der Suche nach Arbeit hierher gekommen. Er fand sie auf dem Rittergut Trebsen und bei den Bauern in Walzig und Rothersdorf und schließlich bis zum 70. Lebensjahr im Altenhainer Steinbruch als Brecher, Räumer und Putzer.

Beim Bürgermeister, in dem Ende der 30er Jahre entstandenen Gemeindeamt, fragte ich nach dem kulturellen Leben des Dorfes. „Ach, da gäbe es wohl noch viel zu verbessern“, meint er ein bißchen betrübt. Der Chor sei seit langer Zeit „eingeschlafen“. Eine Volkstanzgruppe gibt es nicht, und für eine angestrebte Mandolinengruppe fehlt ein Leiter. Aber der Kreislichtspielbetrieb bringe allwöchentlich zwei Filme. Und diese Abende seien trotz des Fernsehens immer sehr gut besucht. Ein Volksfest? Na ja, zum wirklichen

**Das Herrenhaus vom Altenhainer Rittergut bröckelte Jahrzehnte lang vor sich hin. Es befindet sich seit wenigen Jahren im Besitz des Restaurators Thomas Lauth, der es schrittweise saniert. Die Außenhülle zeigt sich schon im neuen Glanz (2006).**

Volksfest sei hier der 1. Mai geworden. Dieses Jahr werde wohl auch das Erntefest zu einem richtigen Volksfest werden.

An der Klingaer Straße sind die ehemaligen Steinbruchsbaracken in Privathand übergegangen und zu Wohnungen ausgebaut worden. In der letzten „Am Butterberg" traf ich das Schriftstellerehepaar *Elisabeth und Walther Hering*. Nachdem das Grundstück bis 1961 einer Notwohnung und einer Biberfarm Raum geboten hatte, dient heute der einstige Aufenthaltsraum der Steinbrecher als Wohnraum. All die kleinen Abstell- und Schuppenräume sind zu Arbeitsstuben und Schlafkammern geworden. Alles scheint im Werden begriffen. Trotzdem ist es wohnlich und anheimelnd, riecht nach Arbeit und enthüllt in allen Winkeln Interessantes. In farbenfrohen Umschlägen reihten sich vor mir die Bände auf, die in den letzten Jahren aus Elisabeth Herings Feder hervorgingen: Die „Südseesage", „Der Diakon von Monstab", „Die Indischen Liebesgeschichten", daneben Kinderbücher, vor allem Märchen.

Vor reichlich fünfzig Jahren gründeten die Altenhainer ihren Arbeiter-, Turn- und Sportverein. Unter großen Entbehrungen hatte sich dieser bereits 1925 einen eigenen Sportplatz geschaffen. Natürlich bestand schon immer der Wunsch, eine Turnhalle zu bauen. 1959 wurde damit angefangen. Unter der Bauleitung des SG-Leiters *Siegfried Lau* und des Schulleiters *Roland Exner* begann nun im Dorf ein emsiges Treiben. Während ein Teil der Bevölkerung noch die Ausschachtungsarbeiten durchführte, waren andere Helfer bereits mit der Herstellung von 7000 Hohlblocksteinen beschäftigt. Und so ging es Hand in Hand. Heute steht das Bauwerk kurz vor seiner Vollendung, und im Dezember 1962 wird es bestimmt ein zünftiges Einweihungsfest geben. *Renate Sturm-Francke u. Karl-Heinz Laube, 1962 S.583.*

HEUTE: Fam. *Hering* ist später nach Leipzig verzogen. Elisabeth H. verstarb 1999. Die Turnhalle wurde planmäßig eingeweiht, ist jetzt Eigentum der Stadtverwaltung Trebsen und muß alsbald renoviert werden. Im Steinbruch Klengelsberg begann 1993 erneut der Steinabbau durch ein neues Schotter- und Splittwerk. Anläßlich der 650-Jahr-Feier im Jahre 2008 erschien eine Festschrift zur Geschichte des Dorfes.

**Pfarrhaus und Kirche in Altenhain (2003)**

# Und sei er noch so dick, einmal reißt der Strick!

**In der Seiler-Werkstatt der Familie Thiergen in Grimma um 1930**

Nur noch wenig über hundert Seiler gibt es in der DDR. Und einen davon, *Meister Weickert* aus **Mutzschen**, haben wir in diesem Jahre besucht. Als Mitglied des Meisterprüfungsausschusses kennt er alle Jungmeister in der Republik.

Unsere erste Begegnung mit Meister Weickert fand unterm schmalen Satteldach der langen Seilerbahn in der Brückenstraße 13 in **Grimma** statt. Nach dem Tode des letzten Altmeisters *Hermann Thiergen* im Sommer 1959 war es das Bestreben der Denkmalpflege, die technische Einrichtung dieser Seilerei zu retten und in Stadt- oder Museumsführungen einzubeziehen. Schon immer lockte den Spaziergänger das kleine Schutzdach vor der Haustür an.

All die nun noch vorhandenen Einrichtungen, Geräte, Haspeln und der Dinge mehr sollten auf kleinstem Raum übersichtlich aufgebaut werden. Das gelang auch einigermaßen. Gegen Mittag baumelten dann in stattlicher Reihe handgewirkte Tragbänder, geknüpfte Gurte und Stricke und Seile unter der Holzdecke des kleinen Schauraumes. Nun ist die kleine Ausstellung einer wirklich alten Seilerei fertig.

Tage später besuchten wir Meister Weickert in seiner Mutzschener Werkstatt. Kurz nach dem Krieg war er noch in Grimma tätig gewesen und hatte seine lange „Bahn“ damals im Stadtwald aufgebaut. Hier in Mutzschen, wo er in der vom Vater übernommenen Seilerei arbeitet, ist die Bahn verdeckt und führt in beängstigender Schräge den Felsen empor, der die Grimmaische Straße flankiert.

Ein Elektromotor erleichtert jetzt die Arbeit, aber ersetzen kann er sie nicht. Früher mußte eine zweite Person dafür die Haspel drehen, während der Meister mit der Lehre, in der die vier kleineren Seile geführt und dann zum dickeren Seil verdreht wurden, die Seilerbahn auf- und abging, immer und immer wieder, um ein neues Seil zu „seilen“.

Und dann hängen und liegen die fertigen Stücke, Schnürfäden für die Sattler, Packfäden aus Zelljute, Hanf- und Papierbindfäden. Und die in unserm ländlichen Kreis vor allem benötigten Stricke für Acker- und Heuleinen. Dann Seile für Gruben und Bergwerke, für Warentransport, Essenaufzüge, Kirchenglocken. Bestimmte Arbeiten bleiben dem Winter vorbehalten, so das Stricken von Fußball- und Tennisnetzen, von Fischnetzen für die Binnenfischerei. Damit die Erinnerung an diese alte Handwerkskunst erhalten bleibt, sollte ein Besuch der alten Gerätschaften in Grimma, aber auch der neuen Seilerei in Mutzschen immer wieder mal erfolgen.

*Renate Sturm-Francke, 1962 S. 383*

HEUTE: Die Mutzschener Seilerei wurde in den 80er Jahren vom Meister aufgegeben. Er verzog, verkaufte später das Gebäude, und der neue Besitzer ließ es in den 90er Jahren abreißen.

# Im ausgebauten Kindergarten in Fremdiswalde reicht der Platz trotzdem nicht

**Die Kindergarten-Meute von einst – heute längst gestandene Familienmütter und -väter**

Sieben Kilometer mißt der Weg, wenn man in Fremdiswalde von der einen zur anderen Flurgrenze unterwegs ist. Ein Frühlingstag sondergleichen hüllte Felder, Höfe und Gehölzgruppen in Licht und Wärme. Über die Äcker hüpften Osterhasen und in den Gärten blühten Kirsche und Pfirsich. Und dann begrüßte uns Schulleiter *Erich Rudolph* mit den Worten: „Sie kommen gerade richtig. Ein Schüler hat eben ein schönes jungsteinzeitliches Beil abgeliefert."

Man spürt dem in Ober-, Mittel- und Unterdorf gegliederten Ort seine ehemalige Anlage als Waldhufensiedlung mit den Vierseithöfen in Lehmbauweise nicht mehr an. Die zwischen 1885 und 1895 wütenden Brände haben damals zu zahlreichen Neubauten geführt. Mancher Bauer verlegte sein Gut an den Dorfrand, so daß eine Reihe isolierter Gehöfte entstand. Schmale Holzstege und kleine gemauerte Brücken überqueren wieder und wieder die *Launzige*, die das Dorf teilt. Aber so freundlich diese geordnete Ländlichkeit auch ausschaut, eins wollte uns gar nicht hierher passen: Das waren die ausgedienten Eisenbahnwagen, die, in kargen Nachkriegsjahren als Hühnerställe genutzt, heute nur noch als halbleere Schuppen dastehen und das Landschaftsbild stören.

Und was fiel noch auf? In einer elektrisch betriebenen Wassermühle funktioniert immer noch die alte Technik. Im ausgebauten Kindergarten reicht der Platz trotzdem nicht. Eine 1961 aus einer alten Scheune erbaute Turnhalle verursacht den Neid der Besucher. Fast das gesamte Dorf treibt Sport. Der Konsum bewirtschaftet den zum Kulturhaus umgebauten Dorfgasthof von *Felix Winkler*. Die Schüler der Schule können ihre Freizeit in mehreren Arbeitsgemeinschaften verbringen. Die Imker im Dorf, allen voran Meister *Richard Broy*, betreuen 160 Völker. Das gut sortierte Handwerk ist sogar mit zwei Schuhmachern und zwei Bäckern noch tätig. Na ja, bei einem so langem Dorf.

*Renate Sturm-Francke und Karl-Heinz Laube, 1962 S. 324.*

HEUTE: Die Schule wurde im Jahre 2000 geschlossen und zu einem Dorfgemeinschaftshaus umgebaut. In der Bäckerei von Gunter Schaaf wird noch gebacken, das Kulturhaus wird erfolgreich als private Gaststätte fortgeführt.

## NOTIZEN und PERSONALIEN

**Grimma: Das Rathaus** wird erstmalig 1297 genannt. Nach einem Brande im Jahre 1305 erfolgt der Wiederaufbau. Auf einem steinernen Erdgeschoß stand ein Fachwerkgeschoß. Ein dritter Bau erfolgte 1442 mit einer größeren Erweiterung. Nach einem Brand im Jahre 1538 erfolgte die Errichtung des steinernen Westgiebels, wie wir ihn heute noch kennen. Renovierungs- und Sicherungsarbeiten blieben in den folgenden Jahrhunderten nicht aus, ehe 1961 eine umfassende Instandsetzung erfolgte. Danach bildete es im neuen Gewande nach wie vor den Mittelpunkt der Stadt. *1962 S. 55*

**Oschatz:** Unmittelbar nach dem Krieg entstand der **Ofenbetrieb** Mälzer & Riedel. Daraus folgte 1950 der VEB Herde- und Ofenbau mit 127 Beschäftigten, die jährlich 25 000 Wärmeöfen mit Ofenkacheln herstellten. Eine sparsame Kohlefeuerung verhalf zu guter Qualität. *1962 S. 60*

**Wurzen: Die Maschinenfabrik** von *Richard Klinkhardt* entstand 1872 in den Fabrikgebäuden von *Eppstädt & Söhlmann* zwischen der städtischen Gasanstalt und dem Zschauschen Sägewerk mit zunächst wenigen Leuten. Der Leipziger Buchhändler *Julius Klinkhardt* hatte das Grundstück und die Gebäude gekauft. Produziert wurden Maschinen für die Landwirtschaft, Dampfkessel u.a.m. Nach dem Zweiten Weltkrieg zunächst Futtermuser, dann Pasteurisierungsschränke, Druckwasserkessel u.a. *1962 S. 182*

**Burkartshain:** Ein **Schulneubau** *(s. Abb.)*, nach Beucha der zweite im Kreis Wurzen, beendete im Dorf die Misere der ständigen Suche nach Klassenzimmern. Am Außengiebel der Turnhalle befindet sich ein Sgraffito nach einem Entwurf des Wurzener Kunstmalers *Walter Schäfer* mit Motiven aus dem Schulleben. *1962 S. 88*

**Sermuth**: Kurz vor der Vereinigung von Freiberger und Zwickauer Mulde entstand ein **Pumpwerk**, das die kohleveredelnde Industrie im Raume Borna mit dringend benötigtem Brauchwasser versorgt. Das Wasser wird der Freiberger Mulde entnommen, 67 m hoch in ein Ausgleich-Staubecken bei Schönbach gedrückt, ehe es von dort in offenen und geschlossenen Gräben von selbst ins Industrierevier fließt. *1962 S. 390*

**Oschatz:** Der 1954 gegründete **Hans-Sachs-Chor**, ein Männerchor unter Leitung von *Willy Kopmann*, hat jetzt 36 aktive Sänger, die sich regelmäßig im *Schwan* zu ihren Probeabenden treffen. Als Handwerkerchor pflegt er besonders die Volkslieder, bringt bei seinen zahlreichen Auftritten auch neuzeitliches Liedgut zu Gehör. *1962 S. 117*

**Paul Stadler**, Colditz, *1872 †1960. Colditzer Stadtmusikdirektor bis 1916, danach freischaffender Musiker und Chordirigent. Schuf Bühnenwerke, Orchester- und Kirchenmusik, Theaterstücke. *1962 S. 179, 1997 S. 114.*

**Dr. Gotthard Bulnheim**, Dahlen, *1870 †1964. Apotheker seit 1898 in Dahlen, als 90jähriger noch tätig im Beruf, Natur- und Heimatfreund, Mitbegründer des Heidevereins und des Kulturbundes. *1962 S. 271*

**Dr. Constantin Hering**, Oschatz, *1800 †1880. Begründer der Homöopathie in Amerika, Naturforscher, Schriftsteller, Arzt, Menschenfreund. *1962 S. 549*

**Carl Großmann,** Oschatz, *1880 †1964. Schlossermeister, aktiv in der FFW und im Heimatmuseum, geschätzter Handwerksmeister und treuer Sohn seiner Heimatstadt. *1964 S. 196, 1956 S. 738 u. 784*

**Dr. med. Heinrich Schumann,** Facharzt für Frauenkrankheiten und Geburtshilfe, beging am 2. März seinen 50. Geburtstag. Die Dornreichenbacher Frauenklinik, in der er zusammen mit seiner Frau, die ebenfalls Fachärztin für Frauenkrankheiten ist, eine aufopferungsvolle Tätigkeit leistet, hat weit über die Grenzen des Kreises Wurzen hinaus Anerkennung gefunden. *1962 S. 196*

**Das Luftbild zeigt die Muldenvereinigung mit dem Pumpwerk auf der Landspitze.**

1963 10. Jahrgang

**Der Rundblick**. Monatsschrift für Kultur und Heimat der Kreise Wurzen-Oschatz-Grimma. 12 Hefte á 50 Pfg., 660 Seiten.

**Heimatkalender 1963** der Kreise Wurzen, Oschatz, Grimma. 6. Folge, 128 Seiten, 2 DM.
*Aus dem Inhalt*: Erich Kästner und Mügeln (Fritz Thomas ), Die Vorfahren von Richard Wagner (Christoph Döbler), Das Naturbad Mutzschen-Roda (Erich Müller), Arbeiterführer sprechen in Wurzen (Ewald Mörl), Das Wasser der Mulde im Dienste des Menschen (Adolf Böhm), Beim Grimmaer Stadtgärtner (Renate Sturm-Francke), J.G. Seume im Grimmaer Land (Renate Sturm-Francke), An der oberen Lossa (Walter Große), Die Raststätte in Lonnewitz (Manfred Müller).

## Fünfzig Jahre Senf aus Grimma

Wie lange in Grimma schon Senf fabriziert wird, läßt sich heute nicht mehr genau feststellen. Jedenfalls übernahmen die *Gebrüder Höme* 1913 bereits eine ältere Anlage dafür, die mit einer Dampfmaschine betrieben wurde. Die Kohleknappheit der Kriegsjahre führte dazu, daß die Firma nach 1918 die auf der Großmühleninsel befindliche alte Schneidemühle und Kunden-Mahlmühle pachtete und den Speisesenf dort mit Wasserkraft herstellte. An dieser Stelle wird heute noch gearbeitet, doch steht eine gleiche Anlage schon im Gebäudekomplex der Essigfabrik in der Straße des Friedens 2 bereit, die vor allem umständliche Transporte zwischen den beiden Betriebsteilen einsparen soll.

Aus Holland, Rumänien und Indien kommen die Senfkörner, die in feinem Gemisch mit einheimischen gelben Körnern – je nach Fingerspitzengefühl, Geschmack und Geruchsempfinden ihres Herstellers – das individuelle Aroma geben, das der Kunde liebt. Die Körner werden vom Walzenstuhl gequetscht (gemahlen), mit Essig, bestimmten Gewürzen und Salz vermengt. Die so erhaltene „Maische“ muß dann nacheinander über drei Mahlstühle gepumpt werden, bis sie feiner und feiner wird. Man füllt sie in Holzfässer, Töpfe oder Gläser ab.

Der Großhandel der Kreisstädte unseres Bezirks ist der Abnehmer. Man sollte mal mit ihm sprechen. Es kommt nämlich vor, daß gerade der Mostrich, dem man aus heimatlicher Gepflogenheit eine gewisse Strenge, Lieblichkeit oder den bestimmten sauer-lustigen Geschmack nachsagt, den man eben deshalb schätzt und begehrt, ausgerechnet in der gewohnten Verkaufsstelle nicht vorhanden ist. Wie aber strahlt das Auge, wenn es ausgerechnet diesen Senf auf dem Tisch des fernen Urlaubsortes entdeckt: „Das ist doch u n s e r Senf!“

*Renate Sturm-Francke, 1963 S. 74*

HEUTE: Mitte der 70er Jahre sollte der Betrieb verstaatlicht werden, doch der Inhaber *Höme* widersetzte sich. Die Verstaatlichung erfolgte trotzdem, doch nach zwei Jahren mußte man die Produktion einstellen, da man den Geschmack des ursprünglichen *Höme-Senf* nicht mehr zubereiten konnte. Im Besitz der Gebäudewirtschaft wurden die Maschinen nach und nach demontiert und das Gebäude zu Wohnungen ausgebaut.

## Zwischen Keller und Boden

Von außen sieht man es dem hohen Eckhaus zwischen Dom- und Wenzeslaigasse in **Wurzen** nicht an, daß hinter seinen Mauern ein Stück alter *Apothekenkultur*, ja, mehr noch: ein Stück viel älterer Stadtgeschichte lebt. Ein Gang durchs Haus deutet eine bewegte Baugeschichte an, die weit über das Jahr 1552 hinaus zurückführt, das eine alte Wetterfahne verrät.

Eine Apotheke von heute darf nicht altmodisch sein. Sie muß den strengsten Forderungen an Sauberkeit und schnelle, sichere Handhabung gerecht werden. Die Betreuung von täglich tausend Patienten ist für die achtzehn Beschäftigten, davon sieben Fachkräfte, im Haus ein immenser Dienst an der Gesundheit des Volkes. Personalmangel – hier wie überall – wird durch größte Gewissenhaftigkeit, aufopfernde Pflichterfüllung und im guten Einvernehmen aller miteinander aufgewogen.
So ist die Offizin (im Volksmund „der Laden“)

ein sachlich aufgegliederter Raum. Die Wände, mit schlichter Holztäfelung bedeckt, wirken warm und vertrauenerweckend. Als kleines Tonnengewölbe schließt sich das Untersuchungslabor an. Hier fiel mein Blick auf den prachtvoll in blankem Kupfer leuchtenden Wasser-Destillierapparat. Weiter geht der Weg durch eine Rundbogenpforte aus Rochlitzer Porphyrtuff, einstmals sicher ein Hausportal zur Wenzeslaigasse hin. Nun ging es einige Stufen abwärts, und unter breiten Kreuzgewölben betrat ich die Defektur. Hier werden Tinkturen und Salben im großen auf Vorrat hergestellt Das gleiche Gewölbe birgt den Arzneikeller, um all die Mixturen, die Salben, die zehnkiloweise gekochten Hustensäfte in großen Gefäßen frisch aufzubewahren. Am Regal hängt eine Schiefertafel. Dorthin wird geschrieben, was in der Offizin zur Neige geht.

Und es geht noch tiefer in den Vorratskeller, wo in peinlichster Ordnung bei angemessener Kühle Säfte, Tropfen und andere Arzneifertigwaren lagern. In einer Treppenwand befindet sich, mit Schloß und Eisentür gesichert, der Phosphorschrank. Fast noch schwerer zugänglich und diebessicher sind die Betäubungsmittel untergebracht.

Endlich – nach langem Steigen hinab, hinauf, tief hinunter und wieder nach oben – landete ich auf dem Kräuterboden. Unter gekalktem Dachgebälk reihten sich neue und alte Schübe voller Drogen. Es duftete unaussprechlich würzig und süß wie bei einer Kräuterliese im Märchen. Pfefferminz und Wermut, Fenchel und Unmengen getrockneter Kamille betonen, wie eng der Apotheker der Botanik verhaftet ist. Alte Leute sind es meist, die in erfreulicher Emsigkeit die Kräuter herbeibringen: Huflattichblüten, Kamille und Taubnessel.

Aus dem Bodenfenster werfe ich zuletzt noch einen Blick auf das sonnabendlich bewegte Marktbild – Wochenende, bunte Kleider, neue Frühlingshütchen – ein lustiges Bild. Und was mir in Erinnerung an den Apothekenbesuch geblieben ist? Modernste Einrichtung, angestrengte, mit großer innerer Wärme verbundene stete Bereitschaft zum Helfen, sehr viel mehr als ein Quentchen alter Pharmazeutenkultur.

*Renate Sturm-Francke, HK 1963, S. 111*

**Apothekenhelferin Liska Hänsel im alten Vorratsraum der Apotheke im Keller, um 1925**

Anläßlich „400 Jahre Stadtapotheke Wurzen" 1980 traf sich die *Rundblick-Runde* in den historischen Räumen.

*Heinz Thümmler, 1981 S. 12*

HEUTE: 1996 erfolgte die Privatisierung der Apotheke. Sie wurde von Frau *Ines Wegner* erworben, die danach einen Umbau der Innenräume veranlaßte.

**Dr. Fritz Stock,** war von 1936 bis 1972 Besitzer der Stadtapotheke. Er leitete sie mit voller Hingabe und meisterte in den Kriegs- und Nachkriegsjahren viele Schwierigkeiten. 1963 wurde die Apotheke verstaatlicht.

# Da kamen vier Wanderer des Weges . . .

*Zu Fuß durch die Rundblick-Kreise. In einer Ferienwoche zogen die vier Lehrer (nebenberuflich Mitarbeiter des Rundblicks) los, die Heimat zu „erwandern“: Karl-Heinz Laube, Manfred Müller, Heinz Thümmler und Max Voigt.*

**Aufbruch in den neuen Tag vom Zeltplatz in Schmannewitz**

Es gab wenige, die uns das glauben wollten. Einige erklärten uns auch für verrückt, doch sie alle konnten unser Vorhaben nicht verhindern, zu Fuß durch die drei Rundblick-Kreise zu wandern. Unterwegs hörten wir viele Meinungen, staunend, ungläubig, wundernd. Sie gipfelten in den Worten einer leichtbekleideten Sozia zu ihrem Motorradlenker: „Gugge mah, da loof'n welche!“

Wir legten in sieben Etappen 138 km zurück, durchquerten 42 Orte und waren trotz zweimaliger Regenschauer immer in bester Stimmung. Zur Nachahmung empfohlen!

*Tag 1:* Start in **Hohburg.** Die Wirtin in **Müglenz** gießt uns das erste Bier ein. Im Konsum vom langgestreckten **Falkenhain** kaufen wir Kuchen und in der Dampfmolkerei versorgt uns der Besitzer Herr *Zimmermann* mit allerhand Käse-Proviant. Nach einer sanften Kurve marschieren wir durch **Schmannewitz**, und am Waldteich finden wir ein freies Zelt. HO-Camping vermietet uns Luftmatratzen und Decken. Bei 19 Grad Wassertemperatur sind wir merkwürdigerweise fast die einzigen im Wasser. So haben wir die ganze Wasserfläche für uns. Der abendliche Dorfbummel endet im Gasthof bei Bratkartoffeln und Spiegelei.

*Tag 2:* Die Zeltnachbarin kocht uns einen Morgenkaffee, serviert von der hübschen Tochter Carmen. Auf der Höhe von **Zeuckritz** sitzt am Straßenrand ein 14jähriger Bursche. *Wolfgang Richter* skizziert sein Heimatdorf: „Ich will einmal Maler werden“. Singend marschieren wir in **Lampertswalde** ein. Beim Wirt *Zum Adler,* dem legendären *Opa Bittig,* erleben wir eine einzigartige Geschichtsstunde und genießen ein deftiges Mittagsbrot.

In strömendem Regen erklimmen wir die **Liebschützer** Höhe, inspizieren die wacklige Windmühle und verzieren nach dem Abstieg am *Gasthof von Liebschütz* die Zäune mit der nassen Kleidung zum Trocknen, während ein steifer Grog die müden Glieder mobilisiert. Gastwirt *Nitzsche* will uns beraten: „Was, ihr wollt noch bis **Oschatz** laufen? Da bringt euch der Bus für 50 Pfennige bis auf den Markt!“ Wir erreichen ihn wie geplant zu Fuß und fallen im nebenstehenden Gasthof *Zum Schwan* erschöpft in die Kissen.

*Tag 3:* Die müde Serviererin am Morgen macht ein finsteres Gesicht. Wir erfragen aus Höflichkeit nicht die Ursache, sondern machen uns schleunigst auf den Weg zum **Collm**. Einige Regentropfen jagen uns in den Konsumgasthof. Eine Schulklasse wartet mit uns auf besseres Wetter. Es naht, und wir bewundern und messen gemeinsam den Umfang der 1000jährigen Linde. Der 68 Meter hohe Richtfunkturm auf dem Berggipfel ist noch nicht vollendet. Wir erklimmen über 105 Stufen den kleinen Albertturm daneben. Die Wetterfrau im Turminnern macht uns Hoffnung auf besseres Wetter. Vorläufig haben wir einen trüben Blick vom Turm.

Im **Wermsdorfer** *(Rundblick-)*HO-Café laben wir uns an der beliebten Schwarzwälder Kirschtorte. Weil es immer noch regnet, verzichten wir auf den letzten Weg der Fußreise (es sind nur 5 km!) und steigen in den Bus nach **Mutzschen**. Im Schloß, von der Bezirksjugendschule belegt, erhalten wir tatsächlich ein Zimmer mit vier Betten. *Ratskeller* und *Weißes Roß* haben Ruhetag. Das Bier trinken wir bei der *Stufen-Bergern*.

*Tag 4:* Die Nacht ist kurz und anstrengend. Schlafen Sie mal in einem Haus voller hübscher Mädchen. Endlich schieben sich einige Sonnenstrahlen durch den wolkenverhangenen Himmel. Mit Rast im Gasthof **Zschoppach**, vorbei an der Sorbenschanze in **Köllmichen** und einer noch strohgedeckten und tatsächlich bewohnten Kate erreichen wir über **Motterwitz** und **Muschau** das Dorf **Seidewitz**. Dieser Ort ist erst kürzlich dem Grimmaer Kreis zugeschlagen worden. Er macht einen sehr sauberen Eindruck.

Dann geht es hinab ins Muldental, über die Brücke bei **Podelwitz**, hinauf nach **Zschadraß** (wir haben keine Zeit zum Verweilen!) und wieder hinab in den **Colditzer** Tiergarten. Vorbei am *Triefsäckchen* – natürlich nehmen wir eine Probe vom klaren Quellwasser – durchqueren wir das farbenprächtige Tiergartentor und kehren zur Abendzeit ziemlich abgespannt im HO-Fremdenhof *Zur Brücke* ein. Es fehlt die Kraft für weitere Erkundungen.

**Wo geht's lang? Orientierung in Zeuckritz**

*Tag 5:* In **Zschetzsch** verlassen wir die quirlige Hauptstraße und gelangen auf einer feldwegähnlichen Straße an den geheimnisumwitterten Linden vorbei nach **Sermuth**. Im altertümlichen Schankhaus mit seiner interessanten Schieferbedeckung *Zur Linde* in **Kötteritzsch** herrscht eine freundliche Atmosphäre. Nach **Groß- und Kleinbothen**, vorbei an der *Schaddelmühle*, die einst ein beliebtes Ausflugsziel war, erreichen wir die Fähre in **Höfgen**. Wir rufen sie herüber, bestaunen die Hochwassermarken am Fährhaus und schlagen dann den Weg in Richtung Schiffmühle ein. Dort bevölkern 200 Kinder aus Wurzen unter Leitung des Koll. *Lothar Martini* die gastliche Stätte.

Über einen Wiesenweg geht's hinauf zum *Rabenstein*, oben am Stadtwald entlang. Über die historische Steinbrücke erreichen wir das Häusermeer von **Grimma**. Wir quälen uns noch hinauf bis **Hohnstädt**, wo in *Göschens Siedelei* die betriebsame Leiterin und unser rühriges Redaktionsmitglied *Renate Sturm-Francke* schon seit geraumer Zeit auf uns wartet. Am brennenden Kamin klönen wir noch stundenlang und packen am Ende alle vier eifrig beim Abwasch zu. Ein schöner Tage endet, als der nächste längst begonnen hat.

*Tag 6:* Beizeiten rüttelt uns *sf* aus dem Schlaf, obwohl sie nur wissen will, was sie vom Bäcker holen soll. Heinz nimmt noch eine Sonderführung, weil er zum ersten Mal im Göschenhaus weilt. Auf weichen Feldwegen mit dichten Himbeerhecken am Waldsaum kommen wir über **Beiersdorf** nach **Klinga**. Parallel zum Klengelgraben durchwandern wir die Waldfelder und gelangen auf schattigen Waldwegen nach Naunhof, wo wir von Mutter und Vater *Thümmler* herzlich am duftenden Kaffeetisch begrüßt werden.

Dann heißt es ausschreiten! Vorbei am riesigen Areal des Spannbetonwerkes, wo aus dem Schotter des Urstromtales der Mulde Großbauplatten hergestellt werden, kehren wir der Stadt **Naunhof** den Rücken und erreichen schweißdurchnäßt auf Trampelpfaden den Gipfel vom *Kohlenberg*. Ein herrlicher Rundblick versöhnt uns schnell.

Ein letztes Nachtquartier finden wir in der zentralen Fachschule für Finanzen im **Brandiser** Schloß.

*Tag 7:* Schon frühzeitig machen wir uns auf die Socken, hinein in einen strahlenden Sonntag. Am Pehritzschberg in **Machern** interessiert uns das Treiben eines Kinderferienlagers. Wir schreiben uns in der Wache ein und erstehen in der Küche einen Schluck Kaffee. Nach **Lübschütz** geht es hinab in die Muldenaue. Ein unvergeßlicher Wanderweg. Wer ihn nicht gegangen ist, weiß die Schönheiten der Heimat nicht zu rühmen.

Dann überqueren wir die **Canitzer** Fußgängerbrücke, begrüßen die fahrradstrampelnde **Thallwitzer** Fußballmannschaft, die zu ihrem sonntäglichen Spiel nach Püchau radelt, trinken in Canitz ein letztes Bier und brechen schließlich auf in Richtung *Hohburger Berge*. Jeder hängt seinen Gedanken nach, die Gespräche sind versiegt. Wir haben uns wohl auch alles erzählt. Die Beine wollen nicht mehr so recht. Nur unser Wille läßt sie noch gehorchen, und die Schritte werden kleiner und langsamer. Dann sind wir am Ziel. Müde und erschöpft, aber glücklich über die vielen kleinen Freuden und Erlebnisse, über die „bescheidene" Tat, in acht Tagen 138 km zu Fuß durch unsere Heimat gewandert zu sein.

*Ein Autorenkollektiv, HK 1963, S. 34*

## Hepners Bäckerei mußte umgebaut werden

Merkwürdig, wie unbekannt uns das Ziel noch erscheint: **Fuchshain**? Wer von uns war denn schon einmal länger hier? Fernab der Kreisstadt liegt es, dicht an der Grenze des Leipziger Landes. Fuchshain – ein langgestrecktes Dorf auf kahlen Fluren, rechts und links der Straße wuchtige Dreiseithöfe im verschnörkelten Stil der Gründerjahre hinter breiten Küchengärten, eine Kirche mit spitzem Turm, der nicht enden will, eher in eine Stadt als in ein Dorf passend.

Der stattlich herausgeputzte Pfingstochse stand im Mittelpunkt, als vor vielen, vielen Jahren im Frühjahr der erste feierliche Viehaustrieb auf die Trift erfolgte. Wiesen und Weiden waren ausreichend vorhanden. Die vielen Teiche im und am Ort und die zahlreichen Gräben, die alle künstlich angelegt wurden, zeugen von der vorbildlichen Arbeit der Vorfahren.

In der kleinen Gastwirtschaft von *Felix Remler* sind wir an diesem Tage dreimal zu finden: Zum Aufwärmen, zum kräftigen Eintopf um die Mittagsstunde und zum Abschied beim Dämmerschoppen. Im Gemeindeamt erhalten wir beste Auskunft: 700 Einwohner zählt man im Dorf. Der Konsum ist dreimal vertreten: Lebensmittel im Hause, Textilwaren schräg gegenüber und Fleischwaren am Ortsausgang. Dann drehen sich zwei Windmühlen, weiter sind zu nennen zwei Schmiede, ein Stellmacher, ein Böttcher und ein Bäcker. Und dann natürlich die Genossenschaften. Zwei vom Typ I und eine vom Typ III, wo insgesamt 110 Mitglieder tätig sind. Und die anderen Einwohner? Sie arbeiten in der Stadt. Über hundert fahren täglich mit dem Bus nach Leipzig hinein, während zwanzig entgegengesetzt anrollen.

Und dann sind noch zwei Fabriken vorhanden: Die Firma *Rolf Reichert* begann 1951 eine Sandgrube auszubeuten und stellt jetzt mit 40 Beschäftigten Fußbodenplatten, Treppenstufen und Sohlbänke her. Gleich daneben produziert in der ehemaligen Ziegelei der Betrieb *Horst Kayser* seit 1952 Muffen- und Viereckrohre für Kachel- und Gasheizöfen. Die Produkte sind in der ganzen Republik gefragt. Er möchte die jetzige Belegschaft mit 20 Arbeitern gern erhöhen, doch bisher vergeblich.

Nicht unerwähnt soll die Böttcherei von *Erich Kern* sein. Hier werden vor allem

Reparaturaufträge an Holzwannen erledigt, aber auch neue Aufträge für Jauchefässer, Wurstgefäße, Brühfässer, Kinderbadewannen. Der Handwerksbetrieb besteht seit 1905, doch mit der dritten Generation jetzt wird wohl Schluß sein. Es gibt keine Nachfolger.

Und noch was Neues wird vermeldet: Wir haben jetzt einen Waschstützpunkt. Das will für die Hausfrauen sehr viel heißen, hat doch manches Haus keine eigene Wasserversorgung. Zum Greifen nahe liegt zwar das *Wasserwerk Naunhof*, am Ortsausgang steht die Pumpstation, die das kostbare Naß nach Leipzig drückt, aber keine Wasserleitung im Ort!

Wie sieht es mit der Kultur aus? „Nichts! Unsere Kultur machen wir daheim vor dem Fernseher. 117 gibt es im Dorf bei 85 Wohngebäuden (!). Da sitzen keine Leute mehr beim Landfilm. Und dann fehlt uns das geeignete Gebäude für Vorträge, Sport und Tanz. Da ist wohl der *Gasthof Gerber*, aber wer soll ihn kaufen und aufmöbeln?"

Im Dorf wird schon lange Fußball gespielt. *Alfred Engler* erinnert sich: „1920 gründeten die Fuchshainer ihren eigenen Arbeiter-, Turn- und Sportverein. Heimlich schlichen wir uns auf die Wiesen der Bauern, um Fußball zu spielen, denn einen Sportplatz hatten wir nicht. Oft jagten uns die Bauern davon, aus war das Spiel. Dann endlich erhielten wir die Sandgrube zum Ausbau. Das war eine Plackerei in dem elenden Loch, das erst aufgefüllt werden mußte. Aber da fehlte keiner. Von den Einnahmen unserer Theaterleute kauften wir Sportgeräte. Das war ein Ereignis, als wir den Barren und das Pferd mit dem Handwagen in Leipzig holten und hierher schleppten."

Natürlich planten wir den Besuch in der Bäckerei um die Kaffeezeit. Und wir hatten richtig kalkuliert. Im Hausflur begrüßte uns die freundliche Bäckersfrau, und sofort wurden wir ohne viel Federlesen in die Küche geleitet. Blitzartig war der Kaffeetisch gedeckt mit zierlichen Tassen und prächtigen Kostproben der Backstube. Inzwischen war auch Meister *Rudolf Hepner* eingetreten, und die Unterhaltung zog immer größere Kreise.

Seit 82 Jahren ist der Betrieb im Besitz der *Familie Hepner*. Vier seiner fünf Töchter arbeiten im Fach. Der Junge, er wird als

**Böttchermeister Erich Kern in seiner Werkstatt**

Jüngster in diesem Jahr mit dem Lernen des ABC beginnen, will Fleischer werden! Zweihundert Brote verlassen täglich die Bäckerei. Dazu kommen noch die entsprechenden Backwaren. Was Meister Hepner vollbringt, sucht seinesgleichen. Der Zweite Weltkrieg nahm ihm beide Beine. Der Meister gab nicht auf, ließ die Bäckerei umbauen. Die Stufen verschwanden, die Maschinen so angeordnet, daß er sie im Sitzen bedienen konnte. Und das, was die Bäckerei verläßt, muß gut schmecken, denn die Regale sind am späten Nachmittag immer leer. *Renate Sturm-Francke u.a., 1963 S. 180. – Rudolf Hepner erzählt seine Dorf- und Familiengeschichten in den Rundblick-Jahrbüchern 1994, 1995 und 1996.*

HEUTE: Felix Remler hat seine Kneipe längst geschlossen, und der Gasthof Gerber wird zu einem Bürgerhaus ausgebaut. Vereine und Familien nutzen ihn schon zu ihren Treffen. – Die Bäckerei Hepner *(Abb. beim Stollenbacken 1963)* mußte 2003 aus familiären Gründen den Backbetrieb einstellen, und auch in der Böttcherei von Erich Kern *(Abb. oben)* werden schon längst keine Wannen mehr geböttchert. – Ein Heimatverein bemüht sich um eine gedeihlich Kulturarbeit.

# Siebzig Jahre Trebsener Papier

Es war im Oktober 1888, als der Bergwerksbesitzer *Anton Wiede* die Rechte für den Ausbau der von der Mulde gespendeten Wasserkraft erwarb. Die Nähe der seit 1877 bestehenden Muldentalbahn dürfte den Ausschlag für die Errichtung einer Papierfabrik im Gelände des Dorfes **Pauschwitz** gegeben haben. Da bei geringem Wasserstand die Kraft der Mulde nicht ausreichte, wurde schon 1894 eine Dampfmaschine in Betrieb gesetzt. Den zwei über 50 m hohen Schornsteinen folgte 1916 der weithin im Kreisgebiet sichtbare Schornstein von 101 m Höhe. Alle drei wurden nun gewissermaßen zu einem Wahrzeichen der Trebsener Landschaft.

Das *Zellstoffwerk* entstand erst zwei Jahre (1895) nach der *Papierfabrik* und wurde schon in den Anfangsjahren mehrmals erweitert. Nur ein Teil davon blieb 1946 mit Kraftanlage und Kesselhaus nach den Demontagemaßnahmen erhalten, und erst 1953 konnte die Zellstoffabrik durch neue Kocher erweitert werden.

Das heute verwendete Holz stammt aus den Kiefernbeständen der Wälder der DDR. Die angelieferten ein und zwei Meter langen Stämme gelangen in die Hackerei, werden dort zu Schnitzeln zerschlagen, entstaubt und durch ein Gebläse in die Kocherei befördert. Dort rotieren acht riesige kesselartige Behälter, die „Kocher“ mit jeweils 15 Raummeter Holzschnitzel und 14 cbm Kochlauge. Alle für die Zellstoffherstellung unerwünschten Bestandteile des Holzes werden in der Entlaugungsanlage wie in einer Fruchtpresse abgezogen. Die Ausbeute beträgt jedoch lediglich 45% des Holzes. 70% der zur Kochung verwendeten Chemikalien werden zurückgewonnen, der Rest geht in die Mulde.

Der Zellstoff geht automatisch ins nebenstehende Werk, das 1893 als *Papierfabrik Wiede & Söhne* mit der Produktion begann. 1910 liefen dort drei Papiermaschinen. Sie alle wurden 1945 demontiert und erst 1960 konnte eine neue Papiermaschine installiert werden. Diese Maschine ist heute der Stolz nicht nur der Belegschaft, sondern auch der Stadt *(s. Abb.)*. In 24 Stunden produziert hier das Werk, das 1946 in Volkseigentum überging, 85 Tonnen Papier mit 4,15 m Bahnbreite. Das Papier wird heute in der 1961 neu errichteten Papiersackfabrik verarbeitet. Pro Tag sind das, man höre und staune, 288 000 Papiersäcke!

Der Betrieb begann 1893 mit 112 Arbeitern und Angestellten. Heute zählt die Belegschaft 1050 Angehörige. Beachtenswert war von jeher das soziale Engagement des Betriebseigners. Schon 1908 entstand ein Säuglingsheim für die Kinder im Werk arbeitender Frauen, und vier Jahre später am Pauschwitzer Berg eine Wohnhauskolonie. Ein Warenverteilungsverein, der 1946 in den Konsum überführt wurde, verkaufte die Waren zu günstigen Preisen. Schließlich muß der 1929 entstandene Sportplatz erwähnt werden mit einer anschließenden Turnhalle (mit Bühne, Versammlungsräumen, Bibliothek und einem Kleinsthallenbad), die nach dem Kriege als *Max-Kühn-Kampfbahn* viele Sportler anzog. Etwa 1960 ergänzten schließlich noch Tennisplätze und eine vorbildliche Kegelbahn die großzügige Sportanlage.

*R. Sturm-Francke, 1963 S. 575*

HEUTE: Der VEB Zellstoff- und Papierfabrik ging nach 1990 in die Julius Schulte Trebsen GmbH & Co. KG über. 80 Mitarbeiter produzieren aus Altpapier nur noch Wellpappenpapier. Eine Papiersackfabrik wurden 1991 von der Mondi Packaging Trebsen GmbH neu gebaut.

# Granitporphyr aus Beucha

Der Beuchaer Granitporphyr ist ein erstklassiges Material für alle Arten von Werksteinen. Besonders vorteilhaft ist seine ebenflächige Spaltbarkeit, wodurch der Stein in größeren Blöcken gewonnen werden kann.

Der Mensch ist heute über 45 Meter in die Erdoberfläche eingedrungen, um diesen wertvollen Stein zu gewinnen. Er wird im Bruch durch Pulverkammersprengung gelockert. Das Material bleibt ganz, weil das Schwarzpulver eine schiebende Wirkung besitzt. Mit Eisenkeilen und Bohrlöchern erfolgt eine weitere Zerkleinerung. Die Produkte werden mit Hilfe eines Kabelkranes, dessen Seile über den Bruch gespannt sind, aus der Tiefe gefördert. Dadurch erübrigt sich ein Aufzug.

Nach der ansehnlichen Luftfahrt werden die Loren zu einem kleinen Zug zusammengestellt und mit Dieselloks in die einzelnen Abteilungen zur Weiterverarbeitung gebracht. Daraus entstehen dann Treppenstufen, Gehwegplatten, Platten für die Wandverkleidung, Fenstersohlbänke, Vermessungs- und Kilometersteine, Grabsteine u.a.

Die Bearbeitung erfolgt entweder durch den Steinmetzen mit einem Preßlufthammer oder bei der maschinellen Bearbeitung in einem Steinsägegatter *(s. Abb.)*. Die Stahlsägeblätter werden dabei

laufend mit Wasser und Stahlsand überspült. In der Stunde dringen sie zwei bis drei Zentimeter vor. Die Platten, die bis zu einer Minimalstärke von 2 cm gesägt werden können, kommen dann unter die Schleifmaschine. Ein Steinfräse schneidet schließlich die gewünschten Größen.

Das größte aus Beuchaer Granit bestehende Bauwerk ist das Leipziger Völkerschlachtdenkmal, das in den Jahren 1905 bis 1913 erbaut wurde. Zur Restaurierung oder zum Neubau lieferten die Beuchaer nach Leipzig für das Alte Rathaus und die Handelsbörse, das Buchenwalddenkmal in Weimar, Autobahnbrücken bei Dessau und in Berlin, für Theater- und Hotelbauten und nach Wurzen zum Bau der Muldenbrücke.

*Claus Fischer, 1963 S. 399.*
*Manfred Müller JB 1973 S. 75*

HEUTE: Der Steinbruchsbetrieb befindet sich im Besitz der Firma Ruppert Natursteine und Recycling GmbH.

**Bild oben: Kein Besuch von einem anderen Stern im Beuchaer Granitbruch, sondern ein Kollege im Schutzanzug mit dem thermischen Brenner. Damit beseitigt er Unebenheiten am Stein.**
**Bild links: Am Steinsägegatter**

# Als die Pausitzer rebellierten und „fremdes“ Bier tranken

Eine der ältesten Ortschaften im Kreise Wurzen ist ohne Zweifel das Dorf Pausitz, das urkundlich schon dreißig Jahre nach der erstmaligen Nennung Wurzens nachgewiesen ist. Die damaligen Fronbauern wollten sich nicht immer ihrem Schicksal ergeben. So wurden im Jahre 1605 die Pausitzer bestraft, weil sie in der Erntezeit die Fronarbeit gegenüber ihrer Herrschaft verweigerten. „Weil die ganze Gemeinde rebellisch geworden und sich widerspenstig gezeigt“ hatte, mußten hundert Taler Strafe gezahlt werden und sechs Rädelsführer im Gefängnis auf dem Schlosse Wurzen büßen.

In damaliger Zeit stand ein Erwerbszweig in höchster Blüte, der seit langem schon in Wurzen heimisch war: Das Brauwesen. Zu den Rechten gehörte die „Bannmeile“, wonach alle im Umkreise von einer Meile befindlichen Gemeinden das Einlegen sowie der Ausschank auswärtiger Biere untersagt war.

Wiederholte Übergriffe der Wurzener waren schon in Kühren vorgekommen, das noch von bischöflichen Zeiten her zur festen Abnahme des Wurzener Bieres verpflichtet war, ferner in Collmen und Böhlitz, wo das Eilenburger Bier bedenklich nahe war. Und dann war da noch Pausitz, wo das Grimmaische Bier Eingang gefunden hatte, auf der „roten Liste“ der Stadt Wurzen. Es wurde hier sehr übel aufgenommen, daß man im Sommer 1606 in Pausitz für die Kanne (fast 1 Liter) Bier nur 4 Pfennige zahlte, während die Kanne in Wurzen 5 Pfennige kostete. Wie stark der Rat zu Wurzen an dieser Sache interessiert war, zeigt sich darin, daß sämtliche Ratsmitglieder brauberechtigt waren.

Nach erfolglosen Ermahnungen und Verwarnungen ergriff der Rat 1610 einen folgenschweren Entschluß. Am 18. Juni wurden Rat und Bürgerschaft vors Amt geladen. Zur Sprache kam ein Ausfall, der mit Waffengewalt gegen Pausitz unternommen werden sollte, wo sicherem Vernehmen nach „die Schenke dem Verbot zuwider fremdes Bier verzapfte“. An Hand der Bürgerliste wurden hiernach 23 Bürger ausgelesen, die zwei Stunden später sich „mit ihrer Wehr“ beim Zeughaus an der Mauer stellen mußten. Auch „etliche vom Rate“ beteiligten sich an der Unternehmung, bei der man in der Dorfschenke zu Pausitz kraft des Meilenrechts „zwei Faß prima Bier“ wegnahm, nach Wurzen fuhr, wo sie im Zeug- und Gewandhaus, in dem der Rat das Schankrecht besaß, den Bürgern freigegeben wurden. *Walter Koch, 1963 S. 19*

Meister Pörschmann bei der Spiegelarbeit

## Zauberei am Sperlingsberg

Wir hatten vor unserem Besuch bei Glasermeister *Richard Pörschmann* am Sperlingsberg in **Wurzen** kaum eine Vorstellung von der Mannigfaltigkeit der Arbeiten, die ein Glaser verrichtet. Glasschleifen gehört ebenso dazu wie Glasbrechen, Glasschneiden und Glassägen. Im Handwerksbetrieb gehörte aber auch die Herstellung von Spiegeln zum Fertigungsprogramm. Der Meister hat Arbeit in Hülle und Fülle und könnte hundert Hände gebrauchen.

Wir können beobachten, wie ein Spiegel entsteht. Auf eine Glasscheibe wird eine unansehnliche Flüssigkeit gegossen, und in Sekundenschnelle sehen wir unsere unrasierten Gesichter. Woraus besteht nur diese Brühe? Es ist ein Gemisch von salpetersaurem Silber, Ammoniak, Traubenzucker und Ätzkali, das einen chemischen Prozeß hervorruft, und nach der Härtung kann der Spiegel schon verwendet werden. Klar gehören das Wissen über die Mischungsanteile und eine gewisse Fingerfertigkeit dazu. In der Glaserei wird die „Zauberei" des Spiegelbelegens seit 75 Jahren vollzogen, denn Vater *Gustav Pörschmann* gründete 1888 hier am Sperlingsberg seinen Handwerksbetrieb. *Dieter Götze, 1963 S. 241*

HEUTE: Glaserei und Gebäude am Sperlingsberg sind längst verschwunden. In der Nähe steht jetzt ein überdimensionales Parkhaus.

## Wenn die Kraniche ziehen

Vor meiner Tür hielt kürzlich an einem schönen Nachmittag Freund *Hartmut Kopsch* aus Falkenhain. „Ziehen Sie sofort wärmste Sachen und Gummistiefel an. Wenn wir Glück haben, werden wir im Bruch die Kraniche einfallen sehen. Der Motorroller steht bereit."

Eine halbe Stunde später standen wir auf der Südseite des *Wildenhainer Bruchs* im Schilf, und wateten auf den tiefen Torfmoospolstern umher. Als Moosfreund nahm ich natürlich gleich einige Proben. Dann gingen wir hinter niedrigen Kiefern in Deckung und warteten.

Und tatsächlich, nach einer halben Stunde vernahmen wir ferne Trompetenrufe der nahenden Vögel. „Da sind sie!". 34 Stück flogen in Keilform mit fortwährenden Trompetenrufen genau auf uns zu. Erst als sie nahe bei uns waren und uns vermutlich entdeckt hatten, lenkten sie nach der Seite ab.

Während wir noch alle von dem Erlebnis tief beeindruckt waren, ereignete sich am Nordhimmel ein neues Schauspiel. Ein ungeheurer Schwarm von Staren – schätzungsweise 2000 Tiere –, die ebenfalls vor der Abreise nach dem Süden sich im Bruch sammelten, hatten sich zu einer Wolke verdichtet. Ein Habicht versuchte, die Stare von unten anzugreifen. Die Wolke, dicht zusammengedrängt turnierte gegen den Angreifer mit dem deutlichen Ziel, ihn nicht über sich gelangen zu lassen. Von unten her kann er nämlich keine Beute ergreifen. Der Kampf endete erst mit der immer tiefer eintretenden Dämmerung, und die Stare gingen ins Schilf zur Ruhe nieder. Zuvor waren noch Wildgänse eingefallen.

Aber erst als es ganz finster war, konnten wir, gebannt von der Abendstimmung in der Mooreinsamkeit, uns entschließen, das Schilf zu verlassen und die Heimfahrt anzutreten.

*Walter Große, 1963 S. 624*

# Bei den letzten Mohikanern?

Auf dem Stapelplatz im Sägewerk

Ein Blick zurück: Mit fast tausend Hektar Flurgröße zählt **Thammenhain** zu den flächenmäßig größten im Gebiet. Doch ist die Flur erst nach und nach so groß geworden, denn im Laufe der Zeit kamen die Grundstücke von drei untergegangenen Dörfern hinzu, die wir heute als Wüste Marken bezeichnen: *Bärsdorf* (oder Bärbusch) an der Straße nach Röcknitz, *Hennersdorf* im Waldgebiet an der Kreuzeiche ebenfalls in Richtung Röcknitz und *Hohlbach* nahe bei Hennersdorf.

Ein Blick ins Heute: Er beginnt im schmucken Kindergarten. Ein mit schön bunt bemalten Hühnereiern behängter Baum, ein Firmenschild besonderer Art, läßt uns nähertreten. Wir erfreuen uns am sorglosen Spiel der lustigen Kinderschar.

Kein Schmuckstück ist die alte Schule. Doch daneben steht ein neues Gebäude mit vier Klassenzimmern. Niemand konnte uns sagen, warum die Zimmer noch nicht genutzt werden. Es fehlt wohl der letzte Schliff und an der Zusammenarbeit von Schule, Elternhaus und Gemeinde. Man ist noch auf der Suche vom „Schwarzen Peter". Selbstverständlich ist es nicht gut, wenn die Lehrer in den letzten Jahren häufig wechselten. Auch hier sollte man die Ursachen erforschen und abstellen.

Die Thammenhainer Kirche

Thammenhain und das Sägewerk sind ein Begriff! Auf dem Gelände des veralteten Werkes ist eine völlig neue Anlage entstanden, dank des geradlinigen und fachlich fundierten Betriebsleiters *Alfred Müller*. Zwei Voll- und ein Horizontalgatter ermöglichen den Schnitt von jährlich 18 000 Festmeter Holz. Ein Betrieb, der aufgrund einer guten Arbeitsorganisation ständig den Gewinnplan erfüllt.

In der Werkstatt des Sattler- und Tapeziermeisters *Naumann* stehen eben gefertigte Couchgarnituren neben solchen, die repariert werden. Während zwei Gesellen diese Arbeiten erledigen, arbeitet der Meister an Pferdekummeten. Obwohl die Landwirtschaft mehr und mehr mechanisiert ist, gibt es immer noch Pferdegespanne, jedoch weit und breit keine Sattler mehr.

In der Konsumgaststätte *Zum Stern* wollten wir eine Pause einlegen. Es gelang, und trotz Ruhetag bewirtete uns der freundliche Objektleiter mit einer Vita Cola.

Bei vielen Gesprächen hörten wir, daß sich in den beiden Gaststätten, dazu gehört noch *die Linde*, die Thammenhainer nicht so recht wohlfühlen, weil sich die Räume nicht mehr im erforderlichen Zustand befanden. So bleiben sie lieber zu Haus und gucken in die Röhre. Davon soll es mehr als hundert im Ort geben. Und so bleiben die Bemühungen der Dorfklubs, ein aktives Kulturleben zu entfalten, oft erfolglos. Dazu gehören auch die Filmabende im Kulturraum des Sägewerkes. Sie können dort wegen des zu kleinen Bildes und des miserablen Tones keineswegs befriedigen. Sollte es nicht möglich sein, den Saal der Konsum-Gaststätte, der gegenwärtig als Turnhalle dient, auch für den Film zu nutzen? Und das hören wir vom Kollegen *Dähne*, Buchhalter in der LPG Albert Kuntz: „Früher waren unsere Lehrer immer dabei, wenn es galt, der Kultur auf die Beine zu helfen. Aber bis auf wenige Ausnahmen gehört des der Vergangenheit an. Unsere LPG-Schalmeienkapelle existiert zum Glück noch. Wir fühlen uns hier wie die letzten Mohikaner," meint er resignierend.

Im Teich des Thammenhainer Parkes spiegelt sich die Fassade des ehemaligen Schlosses. Durch die trockenen Schilfbestände des Vorjahres ziehen ein paar Enten lautlos ihre Bahn. Wir spüren: Es wird Frühling! Betrachten wir diesen letzten Eindruck vom Dorf als einen symbolischen Aufbruch. *Werner Ballschmieder, Ewald Mörl, Horst Naumann. 1963 S. 285*

HEUTE: Thammenhain liegt immer noch am Rande, es ist noch ruhiger geworden. Das Sägewerk ist längst geschlossen, ebenso die Schule. Die Kapelle spielt nicht mehr am Morgen des 1. Mai und auch sonst nicht. Lediglich im *Stern* und in der *Linde* erwarten die Besitzer in sauberen Räumen ihre Gäste, und ein Konsum bemüht sich, die Kundenwünsche zu erfüllen.

## „Leichenfinger" aus Otterwisch

Seit fünfunddreißig Jahren betreibt *Vater Ludwig*, den ältesten Grimmaern noch von den einstigen Markttagen her bekannt, die Käserei. Telegrafisch erhält der Betrieb Bescheid, wenn in Holzfässern von je 100 kg Fassungsvermögen der Quark in Lastautos von Leipzig, Groitzsch, Grimma oder auch aus Polen auf dem Schienenwege, anrollt. Im Lagerraum, an heißen Tagen im Keller, werden die Fässer bei 8 Grad Wärme aufbewahrt.

30 bis 40 Fässer beträgt eine Tagesproduktion. Die Gefäße werden im Arbeitsraum mit Blechschaufeln entleert, in einen riesigen Wolf geschüttet und durchgemahlen. Im hölzernen Mischtrog fügt der Meister 3 kg Salz je 100 kg Quark sowie „nach dem Gefühl" händeweise Kümmel zu. Ein weiteres Mal wird die Mischung durch den Wolf gedreht und kommt nun in die elektrisch geheizte Formmaschine. Ein Draht schneidet automatisch eine kleine Menge ab, die auf ein Fließband rollt (160 Stück pro Minute). Auf Käsehorden reifen schließlich die Stangen bei ca. 17 Grad aus. Nach ca. zehn Tagen verpacken flinke Frauenhände diese zu Päckchen von 5 Stück, die dann an den Handel ausgeliefert werden.

Der Sauermilchkäse ist gefragt und hat bei den Kunden seit alters her die verschiedenen Namen erhalten: Schimmelstangen, Magerkäse, Deutscher Käse, Blauschimmel, Langer Käse oder drastischer Leichenfinger, Stinko-Minko. *Renate Sturm-Francke, 1963 S. 462*

HEUTE: Der Stangenkäse wird nach wie vor hergestellt, jetzt von *Albrecht Naumann*, einem Urenkel des Gründers im Jahre 1896.

**Ein weiteres Wahrzeichen von Otterwisch ist die Dorfkirche. Der Chorraum stammt vermutlich aus dem 12. Jh. 1702 wurde der Barockturm angesetzt. Das Innere schmücken ein farbiges Deckengemälde, drei herrlich leuchtende Altarfenster, Renaissance-Gedenksteine an die Familie Hirschfeld aus dem 16. Jh. und eine frühbarocke Kanzel von 1693.**

# „Naundorf
bei Oschatz“

*so kann man es an der Wartehalle der Reichsbahn lesen. Das war wohl notwendig, weil es über dreißig Orte in Deutschland mit diesem Namen gibt.*

**Die Bimmelbahn hält wieder im Dorf, eine Diesellok mit zwei Wagen. Oma und Enkel kehren von ihrem Oschatzer Ausflug wieder zurück (2008).**

Dicken, schwarzen Qualm ausstoßend, prustet neben mir unsere gute alte Bimmelbahn entlang der Staatsstraße Mügeln–Oschatz. Nahe vom *Schwarzen Weg* muß das recht betagte Bähnchen verhalten fahren, weil die Gleisanlage der Erneuerung bedarf. Als ich mit meinem „schnellen Hirsch“ an diesem Schwerlastzug entlang fahre, der sicher Kaolin aus Kemmlitz transportiert, erschreckt mich ein greller, langanhaltender Pfiff, das Warnsignal des *Wilden Robert*, mit dem er sagen will: „Geht mir aus dem Weg!“

Naundorf ist mein Ziel. Ich weiß, daß es hier nichts Herausragendes gibt, was das Dorf sehenswert oder gar berühmt gemacht hätte. Also sehe ich mich um. Vom Schloß finde ich nur noch Reste. Der ehemalige Herrensitz wurde bedauerlicherweise das Opfer einer großen Verständnislosigkeit und 1948 abgetragen. Lediglich ein Seitenflügel und die Toreinfahrt blieben in ihrer ursprünglichen Fassung erhalten.

Das Dorf selbst dürfte als Gutssiedlung um 1200 gegründet worden sein. Es weist zwei zeitlich unterschiedliche Siedlungsformen auf: Die ältere, das „Oberdorf“, ein Rundanger mit großem Teich. Später entstand das Straßendorf, heute „Unterdorf“ genannt. In den 20er Jahren folgte die „Siedlung“ am Wege nach dem Weinberg zu und schließlich die „neue Siedlung“ in Richtung Casabra.

In der Entwicklung des einst typischen Bauerndorfes vollzog sich nach dem Zweiten Weltkrieg eine gesellschaftliche Wandlung. Waren es zunächst zahlreiche Neubauernstellen so war es dann die Gründung der als mustergültig angesehenen LPG *Neues Leben* unter dem Vorsitz von *Max Schmidt*. Sie trug mit dazu bei beim Bau eines Kindergartens und der Umgestaltung des Gasthofes *Zum grauen Wolf* zu einer würdigen Kulturstätte. Dort befindet sich auch ein kleines Land-

**Eigentlich unglaublich, aber die Naundorfer haben bei starken Regenfällen oder plötzlicher Schneeschmelze hin und wieder mit dem Hochwasser zu kämpfen. Das Dorf liegt in einer flachen Senke, und dann ergießen sich die Wassermassen aus den Fluren durch die Straßen und Gärten, so wie hier im Jahre 1963. Schon tags drauf haben sich die Fluten im schmalen Sandbach, der aus dem Dorfteich sein Wasser nimmt, hin zur Döllnitz verzogen. Zurück blieb Schlamm.**

warenhaus. Die Schule wurde 1962 mit einem neuen Gebäude erweitert, das sechs Klassenzimmer beherbergt. Noch steht es etwas verloren und ortsabgeschieden im Gelände, aber bald werden die rings um den weiträumigen Schulhof gepflanzten Bäume die Ansicht verändern. Seit 1954 ist Naundorf Zentralschule für die umliegenden Orte.

Schon von der Straße her bietet das jetzige *Klubhaus Naundorf* einen gepflegten Eindruck, und Küche und Keller halten, was das Äußere verspricht. Nur wenige Schritte entfernt liegt der Bahnhof. Der kleine Umschlagplatz für Güter der Baustoffindustrie (Steinzeugwerk Lonnewitz) und der Landwirtschaft stellt insofern etwas Ungewöhnliches dar, als daß die Bahnagentur schon seit dem Bestehen der Bahnlinie im Jahre 1885 über mehrere Generationen hinweg in den Händen der Familie *Wittich* liegt, und dann durch Einheirat von der Familie *Wolf* weitergeführt wird. Gegenwärtig werden hier täglich drei bis vier Waggons be- oder entladen. Es sei noch vermerkt, daß auch die Post von der Familie verwaltet wurde.

Es gibt dann noch eine ganze Anzahl Handwerker im Ort: Schmied, Sattler, Stellmacher, Schuhmacher, Klempner, Maler, Elektriker, Schlosser und besonders gefragt natürlich Fleischer und Bäcker. Nicht zu vergessen ist die Hebamme, Frau *Voigt*, die in ihrer langen Tätigkeit vielen neuen Erdenbürgern ans Licht der Welt verhalf.

Weithin sichtbar entstand 1976 eine moderne 2000er Milchviehanlage, wo ein Melkkarussell rund um die Uhr die Milchkühe melkt, von Kühen, die im Durchschnitt 4000 kg Jahresleistung haben. Große Mengen davon werden in der neuen Mügelner Molkerei zu *Baby Edamer* verarbeitet.

*Erich Müller, 1963 S. 615.*
*Gottfried Massanek, 1977 S. 80.*

Im Mittelpunkt weiterer Dorfgeschichten *(1986 S. 100)* steht die LPG mit ihrem Vorsitzenden *Bernd Richter*, wo mit 56 Pferden (!) ein aktiver Reitsport betrieben wird und wo der Schulsport, das jährliche Fischerfest, Wohnungen für 130 Familien, eine neue Kaufhalle u.a.m. das dörfliche Leben bereichern.

HEUTE: Am Haltpunkt der Kleinbahn erfolgt keine Abfertigung mehr durch eine Agentur, der Personenverkehr wurde 1975 eingestellt, Anfang der 90er Jahre zunächst für den Schülerverkehr wieder aufgenommen. – Die Zentralschule wurde 1990 aufgelöst, die danach bestehende Mittelschule endete 2006. Seit 2007 hat sich eine evangelische Werkschule eingerichtet. – Das Klubhaus ist längst geschlossen und zerfällt zur Ruine. – Gebäude und Milchviehanlage der ehemaligen LPG bewirtschaftet jetzt eine Agrargenossenschaft. – Handel und Gewerbe sind noch vorhanden. Ein Heimatverein, der Sportverein und die Feuerwehr sorgen für ein kulturelles Leben.

## NOTIZEN

**Oschatz: Hausinschriften,** wie „Es kann der Frömmste nicht in Frieden leben, wenn es dem bösen Nachbarn nicht gefällt“ und andere nachdenkliche Worte bereichern manche Hausgewände und sollten als Kulturdenkmale geschützt werden. *1963 S. 14*

**Wurzen:** Die **PGH Hohag** beschäftigt in sechs Betriebsteilen 70 Mitarbeiter, die Möbel, Polstergarnituren, Spankörbe, Kisten, Blumenständer, Särge (darunter auch Eichensärge mit Schnitzereien von *Arthur Hunger*), Babywiegen herstellen und vor allem Reparaturen erledigen. *1963 S. 83*

**Müglenz:** Am 28. April 1963 fand am Geburtshaus des Großvaters von *Richard Wagner* eine **Gedenkfeier** statt. Dabei enthüllte der Einwohner *Christoph Döbler* eine von der *Rundblick*-Redaktion gestiftete Holztafel, die der Wurzener Holzbildhauer *Arthur Hunger* gefertigt hatte. Die Feier klang aus mit einem Vortrag im festlich geschmückten Saal des Gasthofes vor einem interessierten Publikum. *1963 S. 280*

**Grimma:** Eine Entdeckungsreise führt in die **Etuisfabrik** von *Reinhold Kühn,* die Firma wurde 1910 gegründet, und wo heute 70 Belegschaftsmitglieder ein vielfältiges Programm durchführen. *1963 S. 299*

**Colditz:** Die Firma *Werner Müller KG* begann 1952 die Produktion von **Gummiartikeln** mit zwölf Mitarbeitern. Zehn Jahre später waren es 134, die *„Em-Cee“*-Gummiteile für die Schuh-, Fahrzeug- und Elektroindustrie für In- und Ausland produzieren, auch Gummireifen für Spielzeugautos. *1963 S. 354*

Eine nicht alltägliche **Eisenbahnreise** unternahmen zwei wißbegierige Mädchen mit dem Zug von **Wurzen** nach **Neichen**. Sie durften eine Lok besteigen, prüften die mechanischen und elektrischen Sicherungen und Handgriffe im Stellwerk, versuchten am Morseapparat eine Meldung weiterzugeben, bestaunten die vier Loks, die in Wurzen stationiert sind und hier gepflegt und versorgt werden, um dann nach Leipzig, Riesa, Grimma und Eilenburg ihren Dienst zu vollbringen, versuchten die hundert Schmierstellen an einer Dampflok zu zählen, die der Lokführer täglich mit der Ölkanne schmieren muß und staunten nach der aufregenden Reise im Wurzener Fahrkartenschalter, daß dort täglich im Durchschnitt 800 Fahrkarten verkauft werden. *1963 S. 314*

**Großzschepa:** Ein **Dreiecksrennen** für Motorräder (Serienmaschinen) veranstaltete der MC Wurzen, zu dem 61 Fahrer aus der gesamten DDR angereist waren. Auf der 3,75 km langen Strecke mit den drei Spitzkehren drehte ein Fahrer mit 101 km/h die schnellste Runde. Strohballen boten in den Kurven einen dürftigen Schutz. Ein Unfall, der noch glimpflich ausging, überschattete das Rennen. *1962 S. 283*

## LESERPOST

**Schutz dem Raubwürger!**
Der Vogel ist ungefähr amselgroß und hat einen etwas langen Schwanz. Durch seine schwarzweiße Färbung ist er kaum zu übersehen. In der Muldenaue war er vor 25 Jahren eine sehr seltene Erscheinung, hat aber seitdem erfreulich zugenommen und war dann regelmäßig Brutvogel. Ich konnte ihn auf jeder Wanderung hier auf der Hochspannung, dort auf der höchsten Spitze einer Birke oder auf einem überragenden Eichenzacken sitzen sehen. In letzter Zeit ist er wieder seltener geworden. Die Hauptschuld tragen die sich nicht an die Schonvorschriften haltenden Jäger. Ich möchte deshalb die Leiter der Jagdkollektive bitten, sich energisch dafür einzusetzen, daß der Abschuß des Raubwürgers endlich gänzlich unterbleibt.

*H. Lindner, Borsdorf.*

## PERSONALIEN

**Ehrhardt Uhlich**, Colditz, *1898 †1963. Der Bauernsohn aus Kleinbardau besuchte das Lehrerseminar in Grimma und war nach der Lehrertätigkeit in Naunhof und Golzern viele Jahre in Colditz tätig. Aktiver Mitarbeiter bei den Natur- und Heimatfreunden mit Stadt- und Geländeführungen und heimatkundlichen Veröffentlichungen. Zusammenstellung eines kulturgeschichtlichen Lehrpfades durch Colditz. *1963 S. 298*

**Fritz Kaeßner,** Naunhof, *1923 in Großbothen, †2001. Zurückgekehrt mit einer Beinamputation aus dem Zweiten Weltkrieg holte er sich bei Studiengängen das Fachwissen für Malerei und Grafik. Seine Vorliebe galt der heimischen Landschaft mit kräftigen Aquarellen *(s. Abb.)*. Die Werbe- und Gebrauchsgrafik gehörte ebenfalls zu seinem Arbeitsgebiet. *1963 S. 311*

**Edmund Adolf Voigt,** Döben/Golzern, *1861 †1935. Nach Besuch des Lehrerseminars in Pirna ab 1883 als Lehrer in Grimma und drei Jahre später in Golzern tätig. Seine besondere Liebe galt der Heimatkunde, der heimischen Mundart und der örtlichen Geschichte. Veröffentlichte zahlreiche Beiträge. *1963 S. 652*

**Werner Radig,** Prof. Dr., Wurzen und Berlin, *1903 †1985. Sohn des Wurzener Fotografen *Max Radig*. Nach Studium an verschiedenen Universitäten wandte er sich der Vorgeschichte und Völkerkunde zu. Hauptaufgabe wurde die Erforschung der Siedlungstypen und die Hausentwicklung in Deutschland an der deutschen Bauakademie und der Akademie der Wissenschaften in Berlin. Verdienstvolle Forschungsergebnisse in der sächsischen Vorgeschichte mit zahlreichen Veröffentlichungen. *1963 S. 395, 1985 S. 123*

| 1964 | 11. Jahrgang |
|---|---|

**Der Rundblick**. Monatsschrift für Kultur und Heimat der Kreise Wurzen-Oschatz-Grimma. 12 Hefte á 50 Pfg., 594 Seiten.

**Heimatkalender 1964** für die Kreise Wurzen – Oschatz – Grimma. 7. Folge. 132 Seiten, 2,40 DM.
Aus dem Inhalt: Beim Flußmeister (Erich Rudolph), Der Weißstorch in den 3 Kreisen (Erich Hummitzsch), Museen und Uhren (Heinz Thümmler), Gestüt in Radegast (Walther Käseberg), Schmiedehandwerk in Grimma (Günter Zweynert), Wanderfreudige Mügelner (Fritz Thomas), Hochzeitsausstattung (Renate Sturm-Francke).

## Altenbacher Dorfgeschichten

Es ist in der Tat ein schönes Fleckchen Erde, und wer den Weg in die Wälder zwischen **Bennewitz, Altenbach, Leulitz** und **Zeititz** noch nicht gefunden hat, der sollte sich schleunigst auf die Socken machen. Dazu gehören auch die bekannten Altenbacher Teiche, obwohl sie ursprünglich gar keine Teiche, sondern „ersoffene“ Braunkohlentagebaue sind, deren letzter noch bis 1924 abgebaut wurde.

Fünftausend Menschen sollen sich in naher Zukunft einmal alljährlich dort erholen, wo jetzt, dem großzügigen Plan angemessen, nur wenige Wochenendhäuser stehen. Doch es sind viel mehr vorgesehen. Wo aber sollen sich die Spaziergänger ausruhen und in freundlicher Umgebung einen Kaffee oder ein freundliches Helles trinken? Im *Altenbacher Gasthof* wohl kaum! Wir haben an diesem Tage leider viel zu oft hören müssen, daß selbst die Einheimischen die gastliche Stätte meiden, weil ihr gegenwärtiger Zustand mehr als bedenklich erscheint.

Die Zeititzer Tonwerke gehören verwaltungsmäßig zum *VEB Ziegelkombinat Lübschütz*, haben aber ihr eigenes Produktionsprofil. 58 Produktionsarbeiter stellen Langlochziegel und Schamottesteine für die Ofen- und Essenausmauerung her. Seit August werden die Pläne wieder erfüllt, denn die Kollegen hatten bis dahin arge, durch den schrecklichen Winter 62/63 hervorgerufene Rückstände aufzuholen.

Seit 1961 ist auch der Altenbacher Fußball im Kommen. Die zwei Herrenmannschaften und die Pioniermannschaft haben Platzsorgen. Der Platz ist da, aber es fehlt an Fahrzeugen für die zu bewältigenden Erdarbeiten, die eine Planierung und Dränage nun einmal mit sich bringen. Wer kann helfen?

Links am Wege liegt, wie ein nach erbittertem Kampf gefallener Titan, die „Leiche“ der berühmten Leulitzer Schäfereilinde. Ich wage nicht, das Alter dieses einst prachtvollen Baumes zu schätzen, einige Jahrhunderte werden es wohl sei. Schon als Kinder haben wir bewundernd seinen riesigen Stamm umschritten. Dann machen wir noch einen Abstecher zur in der Nähe gelegen Wasserburg Leulitz, einer mittelalterlichen, in fast viereckiger Form angelegten Wehranlage.

Einen letzten Blick werfen wir vom Steinbruchsberg auf Leulitz. Wir treten an das Grab jenes unbekannten Soldaten aus

**Altenbach um 1840, die Eisenbahn hat den Ort erreicht**

Tonabbau im Tagebau

dem Zweiten Weltkrieg, der hier oben seine letzte Ruhestätte fand. Liebevoll gepflegt wird dieses kleine Fleckchen Erde, das dem Vorübergehenden seine stumme aber um so eindringlichere Mahnung zuruft.

*Werner Ballschmieder, 1964 S. 4*

HEUTE: Mehrere hundert Wochenendsiedler haben inzwischen ihre Hütten und „Paläste" errichtet. – Aus den Tongruben wird kein Rohstoff mehr abgebaut, sie haben sich mit Wasser gefüllt. – Der Gasthof hat seine Pforten längst geschlossen, und auch die Fußballer haben ihren Spielbetrieb schon nach wenigen Jahren eingestellt. Im Klub zu zweit treffen sich nach wie vor viermal im Jahr die Tanzpaare im Deubener Gasthof.

## Zschoppach und drumherum

Gleich am Dorfeingang interessieren wir uns für das neue Schulhaus. Neu? Es ist 1925 erbaut worden, machte aber einen gut gegliederten modernen Eindruck. Im Foyer erfreuen wir uns an der recht eindrucksvollen Sammlung alter bäuerlicher Geräte, die einen Einblick in Feldbau und Hofbetrieb der Vergangenheit geben. Den Schulleiter trafen wir kurz darauf mit einer großen Mädelgruppe beim Rodeln in der *Ponicke*. Natürlich machten zwei von uns eine Bobfahrt mit, landeten nach rasender Schußfahrt aber im Schnee. Das heitere Spektakel belustigte die ganze Mannschaft.

Der altbekannte Straßengasthof zu den *Drei Linden* – jetzt *Konsum*-Gaststätte – hatte leider Ruhetag. So sammelten wir die Auskünfte über dies und das im Ort in *Höhmes* kleiner Gaststube am Hang des Kirchberges. Und auf der Ofenbank erfuhren wir manches Neue aus dem Dorf, vom 1957 errichteten Feuerwehrgerätehaus mit seinem stattlichen Sirenenturm, dem Maschinen-Stützpunkt der LPG oben auf dem *Fiebch* (ganz neuer Flurname, weil dort der Wind so fiept!), dem Nauberger Rinderstall mit seinem Milchhaus, der gut 90 Tiere aufnimmt, den naturgeschützten Linden und Eichen, dem geräumigen Kirchenbau, der fast 200jährigen Pfarre.

Dann machten wir einen Abstecher in die Ortsteile. In **Ostrau** arbeitet die *Ziegelei Gaitzsch* seit 1959 mit staatlicher Beteiligung. Heute stellen hier 27 Belegschaftsmitglieder Mauerziegel her. Mitten im Dorf besuchten wir die aus den Gebäuden eines ehemaligen Bauerngutes 1890 hervorgegangene Landmaschinenreparatur von *Arno Claus*, deren jetziger Inhaber *Rudolf Stoppe* die Arbeiten mit den MTS abgestimmt hat.

Kein Mensch war auf den Straßen von **Draschwitz** zu entdecken. Nur vor den Türen lehnte hier und da der Reisigbesen. Nicht selten ein Zeichen, daß keiner zu Hause ist, heute aber wohl mehr wegen des Wegekehrens. Den *Rugestein* hüllte winterlicher Dunst ein. Wir besuchten die Käserei von *Arnd Hans*, deren „Blauschimmel" seit 1878 auf dem Leisniger Markt Ruf und Absatz genossen hat.

Blick vom Dorfplatz auf die Kirche (2004)

Da irgend jemand behauptet hatte, bei *Schneiders* sei Schlachtfest, stürmten auch wir davon und dorthin. Fehlzündung: Waschfest hatten sie! Von Herrn Schneider erfuhren wir dann noch die Episode aus der Ortsgeschichte, als 1854 arbeitslose Ziegeleiarbeiter einige Scheunen in Brand steckten, damit sie wieder Arbeit bekämen.

Wir kämpften uns durch den Schnee nach **Poischwitz**. Interessante Bodenfunde belegen die frühgeschichtliche Siedlung. Wir fanden an einem der alten Gutshöfe noch hoch im Turm eine richtige Mittagsglocke. Einst rief sie Punkt 11 Uhr die Bauern und Landarbeiter vom Felde heim.

*Renate Sturm-Francke, 1964 S. 56*

HEUTE: Das Schulgebäude wurde hergerichtet, darin pulsiert das quirlige Leben der Grundschüler der Klassen 1 bis 4. Die Gaststätten *Drei Linden* (davon steht noch eine) und von *Höhme* sind geschlossen, ebenso die Ziegelei, die Landmaschinenreparatur und die Käserei.

## Die Schloßmühle in Naunhof

Sie gehört zu den ältesten Gebäuden der Stadt, am Ende der Mühlgasse gegenüber dem Waldbad. Ihren Namen erhielt sie durch das sogenannte Schloß, die ursprüngliche Wasserburg, die südlich dicht dabei lag.

Die geräumigen Fachwerkgebäude der Mühle stehen im Viereck beieinander, so daß das Ganze fast einen wehrhaften Eindruck erweckt. Ein schönes Renaissanceportal aus Rochlitzer Porphyrtuff umgibt die Tür zum Wohnhaus. Das unterschlächtige Mühlrad ist längst verschwunden, der Mühlgraben zugeschüttet. Nur vier wuchtige Mahlsteine zeugen noch von vergangenen Tagen. Der Teich, der die alte Wasserburg umgab, war zugleich der Mühlteich. Er ist 1930 beim Bau des Schloßturnplatzes zugefüllt worden.

Die Mühle wurde von der Parthe angetrieben. Da diese früher reichlich Wasser führte, lagen an ihrem Laufe viele Wassermühlen. Mit dem Bau der Wasserwerke für die Stadt Leipzig Ende des vorigen Jahrhunderts ließ der Wasserreichtum der Parthe nach. Die Gondelpartien von Naunhof nach Lindhardt hörten auf, die Fischerei in der Parthe, wurde aufgegeben. Auch das Wasserrad der Mühle stand oft still. Der Müller *Franz Söllner* klagte gegen die Stadt Leipzig und gewann den Prozeß. Er hatte neben der Mühle die Gaststätte *Schloßmühle* bauen lassen und gab das Müllerhandwerk auf. Alte Naunhofer erinnern sich noch daran, daß der Müller Söllner auch schwarzes Roggenbrot buk und den Hausfrauen die mächtigen runden 8- bis 10-Pfund-Brote mit Pferd und Wagen bis vor die Haustür brachte.

*Helmut Schumann, 1964 S. 70*

HEUTE: Am Vierseithof der Schloßmühle, die unter Denkmalschutz steht, hat der jetzige Eigentümer mit erheblichem Aufwand die Restaurierung begonnen. Der Laubengang und das stattliche Fachwerk sind schon gesichert, am Wohnhaus wurde ein Anbau abgetragen, um den Originalzustand freizulegen.

**Ansichtskarte mit der Schloßmühle um 1900**

# Im tiefen Keller sitz ich hier

*Eine Tour in die oberen Schichten der Erdkruste*

**Versuch eines Einstieges in die Keller vom einstigen Kloster Nimbschen mit Renate Sturm-Francke und Wolfgang Opéns**

Seit wir vor Jahr und Tag die Klettertour über Türme unserer Heimat unternommen hatten, stand fest: Das nächste Mal kommen die Keller dran! Und so geschah es dann auch.

Am imposantesten war wohl der Eindruck, den wir von den weiten Tonnengewölben unter dem ehem. Gasthaus *Zum Stern* in **Oschatz** (heute *UT-Lichtspiele*) empfingen. Hier befand sich die alte Posthalterei, hier kehrte vor über 400 Jahren *Melanchthon* ein. 9,5 Meter unter der Erde stapften wir auf Ziegelsteinen entlang. Wir zogen die Mäntel fester, und doch hat man im vergangenen Winter bei 20 Grad minus Außentemperatur hier unten 18 bis 24 Grad Wärme gemessen! Wegen Einsturzgefahr mußte dem 250 m langen Wege unter dem Markt ein Ende gesetzt werden. Sonst würden wir dicht am Marktbrunnen vorbei den *Schwarzen Sack* erreichen, das ehemalige Stadtgefängnis.

Die Flur der Altstadt **Grimma** hat an altertümlichen Kellern nichts Ähnliches aufzuweisen. Die kleine Marktsiedlung wurde um 1170 in der von Muldenschotter bedeckten Aue angelegt und hatte in allen Jahrhunderten unter Hochwasser zu leiden. Der heutige Markt mit rund zwei Meter Aufschüttung bietet innerhalb seiner Wohnfläche nur wenige Keller, die merklich unter die einstige Oberfläche hinabreichen.

Früher als Grimma ist die Gutssiedlung in **Nimbschen** entstanden. Die südöstlich der Klosterruine befindlichen Keller sind zum großen Teil verfüllt und im Gelände noch als Erdwälle erkennbar.

Um die Braunahrung der Stadt Grimma zu heben, die – im Hochwassergebiet angelegt – keine hinreichende Aufbewahrung des Bieres gewährleistete, verfügte eine Ratsordnung von 1514, außerhalb der Stadt gute und geräumige Keller anzulegen. Solche Bergkeller ziehen sich hinter den Gebäuden der Thälmannstraße, den Kellerhäusern, der Wiesenstraße und Weinberggasse und schließlich auf Flur **Hohnstädt** am Burgberge entlang hin. In diesem allein wurden 1621 35 solcher Keller verzeichnet. Der längste soll 60 Meter messen. Wir wählten den *Kleebergschen* neben der

**Mit Silke im Mutzschener Keller-Labyrinth**

Fleischerei *Necke*. Während der Fleischerkeller noch heute den Pökelfässern die erforderliche Kühle bietet, durften wir (mit einem Seitenblick auf eine stattliche Reihe aufgehängter Bratwürste) den anderen betreten. Das vorn sauber mit Ziegelsteinen ausgemauerte Tonnengewölbe war weiter hinten nur grob in den Felsen gehauen.

Auch in **Mutzschen** besteht die Sage von den unterirdischen Gängen. Das Netz der zumindest im weiten Umkreis des Marktes noch vorhandenen Kellergänge bis in 8 m Tiefe ist erstaunlich. Ob sie nun von Lehmentnahmen der Siedlungszeit herrühren oder eben nur Vorratskeller waren oder was auch immer, eine Klärung dieser Frage wird schwer sein. Einstürze in der nächsten Umgebung legten vor einigen Jahren manchen dieser Gänge frei. Viele sind aus Gründen der Sicherung wieder zugemauert worden. Der berühmte unterirdische Gang vom Kloster der Marienknechte zu Mutzschen zum *Wüsten Schloß* oder zur Kirchenteichruine im Wermsdorfer Forst existiert allerdings, wie auch alle anderen Kilometer langen Gänge in unseren drei Kreisen, nur in der Phantasie seiner Erzähler.

*Renate Sturm-Francke, 1964 S. 26*

## Den Kartoffelanbau verdanken die hiesigen Bauern dem Naunhofer „Äbornpastor"

Eine Marmortafel mit folgender Inschrift ziert das Naunhofer Pfarrhaus: Dem ehrenden Andenken an den Naunhofer Pfarrer *Christoph Gottfried Ungibauer* (*1701 †1758), welchem die Umgebung von Leipzig die im Jahre 1740 erfolgte allgemeine Anpflanzung der Kartoffel verdankte. Gestiftet am Tage der Einweihung des neuen Rathauses zu Naunhof 1891.

Ungibauer stammt aus Schwarzbach im Vogtlande. Dort wurde die Kartoffel bereits kultiviert. Als er 1734 nach Naunhof kam, pflanzte er die „vogtländischen Knollen" auf sein Pfarrfeld. Die Rittergüter in Brandis und Machern sollen die nächsten gewesen sein, die die Kartoffel in größeren Mengen anbauten. So wurde auch 1840 in **Machern** ein „Kartoffeljubiläum" gefeiert, wobei besonders zu erwähnen ist, daß an diesem Tage sogar der Dampfwagen in Machern hielt, um Leipziger Gästen die Teilnahme zu ermöglichen. Der Festsaal war mit einer 1500 Ellen (1 Elle = 0,56 m) langen Kartoffelgirlande geschmückt. In Festliedern rühmten die etwa 200 Teilnehmer die Verdienste des Pfarrers, den man recht volkstümlich als den „Äbornpastor" bezeichnete.

*Helmut Schumann, 1964 S. 529, 1989 S. 92*

Christoph Gottfried Ungibauer.
Pfarrer in Naunhoff und Klinge
Seinem edeln Streben verdankt die Umgegend von Leipzig die im Jahre 1740 erfolgte allgemeine Anpflanzung der Kartoffeln.

HEUTE: Die Kartoffelfelder der LPG gibt es nicht mehr. Wo einst die Schulkinder Kartoffelkäfer sammelten, in der Ernte zur Lese antraten und die Rentner ihren Wintervorrat stoppelten, baut die *Agrar GmbH* Fuchshain eher Getreide und Raps an. In Naunhof erinnert das jährliche Kartoffel-Fest mit der Krönung zum Kartoffelkönig für die schwerste Kartoffel, mit Kartoffelkuchen und Kartoffelschnaps und mit einem Preis für das delikateste Kartoffelgericht an das krautige Nachtschattengewächs mit den giftigen Beeren und den wohlschmeckenden Knollen – und natürlich an den Pfarrer Ungibauer.

# Im „verwunschenen" Seelingstädter Schloß leben die Insassen fast wie im Sanatorium

Das *Altersheim* in Seelingstädt befindet sich in mehreren miteinander verbundenen Gebäuden des ehemaligen Rittergutes. Fremde wie Gäste der Heimbewohner mutet es fast wie ein Sanatorium an mit seinem stets peinlichst gepflegten Park, den Ruhebänken und dem Auf und Ab von Hang und Teich, die noch die ursprüngliche Wasserburganlage bezeugen. Zu den ältesten Baulichkeiten gehört der Turm, der sich an das Torhaus anschließt. Freilich geben die Stufen und Dielen der im Barock eingefügten Räume gefährlich nach, so daß zur Zeit die Bauhandwerker eifrig sichern und bessern müssen. Die in der Renaissance überbaute Anlage ist noch aus prächtig erhaltenen Portalen, geschnitzten Türfüllungen, bronzenen Türklopfern zu erkennen, während die Innengestaltung des Haupthauses mit gemalten Bretterdecken, Türen, gediegenen Möbeln und allerlei Hausrat in Kupfer, Zinn oder Fayence eine Schöpfung der Barockzeit ist. Die vielen Alten, von einem Stab hilfsbereiter Schwestern in jeder Weise liebreich betreut, empfinden ebenfalls den Aufenthalt hier als etwas Gutes: Sauberkeit, Schönheit und Wohnlichkeit der Räume.

Der *Bahnhof*, ehemals fast eine bescheidene Baracke, ist im vorigen Jahr beträchtlich ausgebaut und erweitert worden. Er ist der Bahnhof, dessen 21 Mann starke Belegschaft den größten Steineversand zu bewältigen hat. Das Material liefern die Steinbrüche in **Trebsen** und **Hohnstädt**.

Im Gasthof *Zum roten Löwen* finden sich zahlreiche Hinweise vom ehemaligen sportlichen Leben im Dorf. Eine große Eichentafel mit eingearbeiteten Fotos ist den dreizehn im Ersten Weltkrieg gefallenen Turngenossen gewidmet. Damals hatten sich Arbeitersportler und Bürgerliche in Vereinen organisiert, die jedoch gut miteinander harmonierten.

Die aktivsten Sportler sind die Kegler. So bestanden neben den aktiven Kegelvereinen schon damals noch drei eigenständige Kegelklubs mit den markanten Namen *Murks, Essigmänner* und *Freiweg*. Es war dem Gastwirt *Möbius* und seinem Sohn *Erich* zu verdanken, daß die primitive Kegelbahn zu einer wettkampfgerechten Asphalt-Bundesbahn ausgebaut werden konnte. Nach einem kurzem Abstecher nach Hohnstädt in die dortige BSG ist nun die Sportgemeinschaft Seelingstädt wieder selbständig und heimisch geworden. Wir rufen ihr ein „Gut Holz" zu.

*Renate Sturm-Francke und*
*Karl-Heinz Laube, 1964 S. 331*

HEUTE: Der Personenverkehr auf der Bahnstrecke ist längst erloschen, hin und wieder werden einige Waggons mit Getreide zu den Silos in Trebsen gebracht. Das Bahnhofsgebäude wollte ein Unternehmer für seine Fensterbaufirma ausbauen, er ging inzwischen in Konkurs. Im *roten Löwen* servieren seit langem *Hans-Jürgen* und *Angelika Brebeck* ein hausgemachtes Essen. Die Kegler schieben nach wie vor ihre Kugeln auf einem hohen Niveau. Im Altenpflegeheim der Caritas finden ältere Menschen eine gute Betreuung.

# Mit Manfred Walter über den Nordpol zu olympischer Bronze

Es war spät geworden, als ich die gastliche **Wurzener** Wohnung von *Manfred Walter*, dem Mittelverteidiger der *BSG Chemie Leipzig*, verließ. Ihm steht in wenigen Wochen ein Flug nach Tokio zum Fußballturnier bei den Olympischen Spielen bevor. Der Weg dorthin begann nach dem Zweiten Weltkrieg in **Nischwitz**. Dort wuchs er im Elternhaus auf, und dort jagte der kleine Manfred den Fußball hinterher, in Alltagssachen und ohne Fußballschuhe. Dann durfte er in der Knabenmannschaft mitspielen und ging mit 14 Jahren zur Jugendmannschaft von *BSG Empor*. Hier nahm ihn *Hans Studener*, der spätere Auswahltrainer der DDR, unter seine Fittiche. Schon mit 17 ½ Jahren wurde er in die Männermannschaft aufgenommen. Und das wollte was heißen, denn Wurzen spielte damals in der ersten DDR-Liga.

1961 bot sich die Gelegenheit, beim *SC Lok Leipzig* anzufangen. Trainer *Kunze* hatte ihn bei einem Spiel von Wurzen beobachtet und fand Gefallen an seiner kompromißlosen Spielweise. Beim ersten Einsatz, es war gegen Jena, hatte er als rechter Verteidiger *Roland Ducke* zum Gegner. Aber er zeigte keine Scheu vor „großen Tieren" und spielte sich nach kurzer Zeit in die Herzen der Leipziger.

Zwei Jahre später kam es zur Bildung des *SC Leipzig* mit ausgesuchten Spielern von *Lok* und *Rotation.* Manfred Walter war nicht dabei und wurde zur *BSG Chemie Leipzig* delegiert. Trainer Kunze, der den „Rest von Leipzig" fortan trainierte, wollte ihn unbedingt haben.

Der Neuanfang war nicht leicht. „Wir wurden die Mannschaft, der man wenig Hoffnung machte. Und gerade das schweißte uns wie Pech und Schwefel zusammen. Manches technische Manko glichen wir mit einem kämpferischen Spiel aus. Mit den Erfolgen,gab es fettere Überschriften und lange Kommentare: „Chemie Leipzig ist eine Macht! Bei Stopper Walter war wieder mal Endstation!" Das dramatische Ende der Punktspielserie fiel auf den letzten Spieltag in Erfurt. In letzter Minute erhielten wir einen Elfmeter zugesprochen. Geht der rein, waren wir Meister. Sonst schoß die Strafstöße *Bernd Bauchspieß,* doch der mußte wegen Krankheit pausieren. Also schritt ich zum Punkt und knallte die Kugel mit voller Wucht in die Maschen. Der 'Rest von Leipzig' war DDR-Meister! Wir waren stolz, unsere zu Tausenden zählende Anhängerschar brach in einen unbeschreiblichen Jubel aus."

Damit hatte Manfred Walter ein weiteres Ziel erreicht: Er wurde in die DDR-Nationalmannschaft berufen und trat 1964 den Weg nach Tokio zur Olympiade an. Dort holte er mit seinen Mannschaftskameraden die Bronzemedaille. Nicht zuletzt verdankten sie diesen Erfolg ihrem Trainer Hans Studener, den Ex-Wurzener: „Er ist ein wahrhaft feiner Kerl. Für jeden Spieler findet er ein gutes Wort. Er hat uns zu einem festen Kollektiv zusammengeschweißt. Er war aber auch konsequent. Und die Lehrgänge waren kein Zuckerlecken. Scharfes Training mit und ohne Ball, Theorie und dann zum Abschluß in die Sauna. Da fielen wir abends todmüde ins Bett, da war nichts drin, von wegen mal eine Sause machen. Der Weg zum Spitzensportler ist eben nicht mit Rosenblättern ausgelegt".

Der Aufwand und die Strapazen hatten sich gelohnt. Nach der siebenwöchigen Reise kehrte er mit großartigen Erlebnissen zurück. *Manfred Müller, 1964 S. 445 und 566*

**Manfred Walter mit der Bronzemedaille**

# Ein Großsteinberger Dorfmosaik zwischen Steinbruch und Schule

**Austrieb der Rinderherde durch das Dorf**

Wer den Ort nicht kennt, könnte ihn wohl schon auf Grund seines Namens deuten: Großer Steinberg. Schon vor Hunderten von Jahren wurden hier Steine gebrochen für die Mauern der Kirchen und Rittergüter, bis schließlich eine Reihe von Steinbruchsbetrieben entstand, die zum Teil in Zeiten der Krisen wieder stillgelegt wurden, wie *Rößlers* oder *Wolfs* Steinbruch. Im Gelände des letzteren befindet sich jetzt der MTS-Stützpunkt. Aus einem anderen „toten" Bruch schleppten 1922 die Leipziger Naturfreunde mühsam mit Karren die schweren Brocken zum Neubau des Naturfreundehauses in Grethen, der jetzigen Jugendherberge. Aus dem ehemaligen *Herrmannswerk* ist ein hochmechanisierter Steinbruchsbetrieb, dem *VEB Hartsteinwerke Hohnstädt* zugehörig, ein Millionenobjekt geworden. Lange Züge verlassen über den Bahnhof (deshalb müssen die Schranken oft geschlossen werden) täglich das Werk.

Großsteinberg ist eng mit dem Sport verbunden. Zuerst entstand im NAW ein Fußballplatz, dann folgte der Umbau eines alten Maschinenschuppens zu einer Turnhalle. Mit frischem Elan wurde die *Rudolf-Harbig-Kampfbahn* errichtet. Es folgten Rodelbahn, kleine Sprungschanze, Ausleihstation für Wintersportgeräte u.a. Zu einem Höhepunkt gestaltete sich die Einweihung des Sportlerheimes. Und ständig tauchten Delegationen aus der ganzen Republik auf, die sich vom Sportdorf Anregungen holten, wo weit über 400 Einwohner in zehn Sektionen Sport treiben. Natürlich kamen auch viele Auszeichnung ins Dorf. Einer der aktivsten, der BSG-Leiter *Walter Drieschner*, hatte immer wieder neue Ideen.

Nicht unerwähnt sollen die 135 Kleingärtner sein, die oft mit einer Laienspielgruppe und anderen Auftritten in Erscheinung treten. Die renovierte *Konsumgaststätte am Bahnhof* zieht wie ein Magnet wöchentlich die Jugend der Umgebung an. Orchester mit klangvollen Namen spielen zum Tanz. Schade nur, daß der Garten noch nicht benutzt werden kann.

Groß war die Zahl der Handwerker und Gewerbetreibenden. Es gibt nur noch wenige davon. Wir erinnern uns. Viele Jahre zog *Bertha Rudert* mit Pferd und Wagen – später auch *Willi Kreusch* – voller Obst, Gemüse und Südfrüchten von Haus zu Haus. Ein seltner Betrieb war das „Waldschmuckwerk", wo Naturmaterial zu dekorativem Schmuck verarbeitet wurde. Später befand sich in den Räumen die Firma *Horn*, die Haarnetze und kosmetische Artikel herstellte. Heute sind vier Klassen der Schule untergebracht.

Zur Beeren- und Apfelzeit ist in der *Süßmosterei Kreusch* Hochbetrieb.

1962 starb im Alter von 96 Jahren *Heinrich Wesemann*, ein weit über die Grenzen unserer Heimat bekannter Geflügelzüchter, der sich seit 1887 mit der Kunstbrut beschäftigte. Die Brutapparate der Firma *Haase & Co*, deren Direktor er war, sind in vielen Ländern Europas bekannt geworden. Jetzt werden dort Leimöfen und Teile für die Elektroindustrie produziert. In einer

Tischlerei werden Gestelle für Polstermöbel und in der Metallwerkstatt von *Paul Schmidt* Maschinenteile hergestellt. Schließlich muß noch das Sägewerk erwähnt werden. So ist Großsteinberg schon längst kein reines Bauerndorf mehr.

Noch ein Blick zur Kirche. Dicht daneben steht die Alte Schule. Nach 1945 war hier der Kindergarten untergebracht und jetzt die Schwesternstation. Man darf sich nicht wundern, wenn plötzlich auf einem Moped die rührige Gemeindeschwester *Erika* angebraust käme.

An der Kirchhofsmauer hing bis zum letzten Kriege noch das alte Halseisen, das einer damaligen Schrottsammlung zum Opfer fiel. Dort steht auch ein altes Steinkreuz, das bei den Abbrucharbeiten des Spritzenhauses gefunden wurde.

In dem ehemals zum Rittergut gehörigen Landhaus befinden sich etwas beengt Kindergarten, Kinderhort und Kinderkrippe. Die neue Schule wurde 1921 erbaut. Heute reicht sie bei weitem nicht mehr aus. Mit Grethen und Pomßen bildet Großsteinberg ein Schulkombinat. 230 Schüler werden von zwölf Lehrern unterrichtet. Wie Schulleiter *Schiller* berichtet, ist für 1966 ein Erweiterungsbau vorgesehen.

*Helfried Mengel, 1964 S. 501*

HEUTE: Die Konsumgaststätte wird jetzt privat bewirtschaftet unter dem neuen Namen *Sachsenhof*. Die Landwirtschaft ist völlig erloschen. Ihre Produktion eingestellt haben die Mosterei, Haase & Co und das Sägewerk. Teilweise nutzen andere Betriebe die Gebäude. Die Schule erhielt 1969 einen Erweiterungsbau und wird jetzt nur noch von einer Grundschule genutzt. In der alten Schule befindet sich eine Heimatstube.

## Acht Gemeindeeisen in Döben

In den Dörfern gab es in früheren Zeiten eine besonders Form der Nachrichtenübermittlung. Da gingen Gemeindeeisen, meist ein altes Hufeisen, von Haus zu Haus, an denen die Zettel mit der amtlichen Mitteilung des Gemeinderates hingen. In Museen und Heimatstuben sind sie heute aufbewahrt, je nachdem nannten die Einwohner sie Kloppe, Stock, Hammer, Klatsche, Keule oder Eisen.

In Döben gehen sie heute noch „'rum", acht an der Zahl. Der Gemeindediener trägt die Eisen zu bestimmten Familien, die sie dann, wenn das Eisen „gelesen" war, dem Nachbar weiterreichen. Manchmal verzögerte sich allerdings die Weitergabe, versehentlich oder auch vergeßlich. Am Ende finden sich alle Eisen wieder im Gemeindeamt ein.

So alt die Einrichtung dieser Nachrichtenvermittlung an sich auch sein mag, stammt doch das älteste der Döbener Eisen erst aus dem Jahre 1908. Größe und Form entsprechen den normalen Hufeisen. Es ist aus Flachstahl geschmiedet. Die eine Seite trägt das Monogramm *E.S.* (= *Emil Schöne*, Altbauer und damaliger Orts-Steuereinnehmer von Döben). Die anderen sieben Eisen führen durchweg die Buchstaben *P.M.* (= *Paul Meese,* Schmied zu Döben) und die jeweilige Jahreszahl ihrer Anfertigung. Das jüngste stammt aus dem Jahre 1948.

Wir wollen hoffen, daß diese alte Überlieferung weiterhin am Leben bleibt. Sie beweist übrigens einmal mehr, daß sich dörfliche Traditionen über eine hohe Verordnung wie die von 1884 (Verwendung von Aushängekasten und Anschlagtafeln) zumindest gelegentlich hinwegzusetzen vermögen. *Rudolf Priemer, 1964 S. 267.*

**Der sanierte Pavillon vom ehemaligen Döbener Schloß (2002)**

# In Meltewitz beginnt der Winter schon Anfang August

Blick vom Kirchturm über Meltewitz

Natürlich war uns das Dorf nicht unbekannt. Wir fanden aber auch manches Neue. Die seit zwei Jahren bestehende Nähstube unter Leitung von Frau *Tretschok* bearbeitet Aufträge nicht nur aus dem Dorf. Mit den vier neuen elektrischen Nähmaschinen lassen sich fortan die Wünsche der Kunden noch besser befriedigen. So verhält es sich auch mit dem Waschstützpunkt gleich nebenan, denn außer fünf oder sechs Familien waschen alle Meltewitzer hier ihre Wäsche.

Die Schwesternstation ist mit modernen Geräten ausgestattet. Dort waltet und schaltet seit zehn Jahren Gemeindeschwester *Ruth Wallek*. Bei ihr ist immer Betrieb, und durch ihre fachkundigen Voruntersuchungen entlastet sie *Dr. Röder* aus Kühren und *Dr. Paul* aus Falkenhain. Hausbesuche, Kindergarten, Mütterberatungen, Impfungen u.a.m. gehören zu ihren Pflichten.

Es gibt keine Schule mehr im Ort, wenn auch das Schulgebäude noch steht. Seit Jahren besuchen die Schüler die Zentralschule in **Börln**. Zwar sind noch heute nicht alle Einwohner restlos von der Richtigkeit der damaligen Maßnahme überzeugt, aber zur Ehre der Börlner Schule sei festgestellt, daß man sich sehr mit Elternabenden und Kulturveranstaltungen um den Ort Meltewitz kümmert.

Es gibt Bemühungen im Dorf, die Leute von der Mattscheibe wegzulocken, was aber nicht immer gelingt. Dem Männerchor fehlt der Nachwuchs, und die BSG hat gerade mal 63 Mitglieder. Tanzveranstaltungen im *Konsum-Gasthof* sind zwar gut besucht, aber meist von jungen Menschen, die von auswärts kommen. Von außen macht das Gebäude allerdings nicht den besten Eindruck (es gibt Probleme wegen der Besitzverhältnisse), doch im Innern sieht es ganz gut aus. 22 Einwohner fahren regelmäßig nach Wurzen ins Theater, und in zwei Büchereien, eine hier, die andere in Mark Schönstädt, kann man Lesestoff holen.

Im Protokollbuch des Schulvorstandes, in das wir beim Bürgermeister *Walter Erbe* Einsicht nahmen, finden wir folgende Notiz des Schulvorstandes von der Sitzung am 26. März 1919: „Es wird Klage darüber geführt, daß Schulkinder bis nachts 12 Uhr auf dem Tanzsaal zu sehen gewesen sind. Auch haben Schulkinder in der Gaststube des Knatewitzer Gasthofes Blonden getrunken. Der Tanzaufsichtshabende hat künftig Kinder nicht auf dem Saal zu dulden. Die Wirte dürfen keine Kinder in der Gaststube Getränke genießen lassen. Durch Laufzettel sind die Eltern über das Treiben der Kinder aufzuklären."

*Ingeborg Grau und Ewald Mörl, 1964 S. 155*

*

1984. Ich stehe im Ort. Mein Blick geht über den festeingefaßten Dorfteich mit der Insel hinüber zur ehemaligen Schule. Dahinter liegt der alte Friedhof mit der Kirche. Die bunten Blumengärten sind abgeräumt, und die Fuchsjagd ist vorbei. Die Kremser fahren nicht mehr über die Waldwege. Die vielen tausend Dahlien im OT **Mark Schönstädt** sind verblüht. Auch *Mozart* hat sich in seine Werkstatt zurückgezogen. Nur die *Mooskönigin* streift noch durch den Wald.

Seit 15 Jahren bestimmt Anfang Dezember ein kulturelles Ereignis das Alltagsgeschehen. Damals hatten die Redakteure vom Sender Leipzig den Ort entdeckt. Warum gerade Meltewitz, ist nicht mehr zu sagen. Jedenfalls hatten die Leipziger den Auftrag, Kultur aufs Land zu bringen, und so knüpften sie ihre kulturellen Bande mit dem Dorf. Am Sonnabend, dem 6. Dezember 1969 fand im frostigen Saal vom Gasthof *Zum Hirsch* der 1. Konzertwinter vom Sender Leipzig statt. Wegen des Winters hatten die aus purer Neugier gekommenen Dorfbewohner schon die Winterbekleidung übergeworfen. Sie saßen an kahlen Tischen, bestellten Grog oder Doppelte, um sich auch von innen zu erwärmen.

Fünfzehn Jahre später im August. Der Sender Leipzig verkündet: „In Meltewitz wird heute abend im Kulturhaus der 15. Konzertwinter eröffnet". Und dann kommen sie, die Dorfbewohner, festlich gekleidet, manche tragen sogar „lang". Auch viele junge Leute sind dabei, ohne Jeans. Die Bühnendekoration ist ergänzt mit frischen Kiefern. Der übergroße Adventskranz verströmt noch den Duft aus dem nahen Wald, das Werk der *Mooskönigin* – das ist *Irene Bartsch (*1923 †2008)*. Das Programm und der Text eines Weihnachtsliedes liegen auf jedem Stuhl.

Fünfzehn Jahre sind kein langer Zeitabschnitt in der Geschichte. Trotzdem. Künstlerpersönlichkeiten von Rang und Namen kennen heute Meltwitz: *Kurt Masur, Roswitha Trexler, Prof. Karl Suske, Annerose Schmidt, Prof. Hans-Joachim Rotzsch,* und viele, viele andere. Sie zeigten nicht nur ihr Können, sie blieben auch da beim anschließenden Tanz, tranken mit den Dorfbewohnern einen oder mehrere Klare. Sie kamen wieder mit Angehörigen, nicht nur zu Auftritten, und sie fanden Meltewitz einfach wunderbar.

Den Dorfbewohnern bekam das auch gut. Sie fühlten sich geehrt und krempelten ihr Dorf um. Nicht alles auf modern, sie bewahrten auch Tradition und Geschichte. Aus dem Gasthaus wurde ein sehenswertes Kulturhaus, der Dorfteich ist neu gestaltet, Grundstücke instand gesetzt. Im ehemaligen Steinbruch in **Mark Schönstädt** liegt ein Waldbad. Der Männerchor „ging nicht ein", als der verdienstvolle *Kurt Kästner* in den Ruhestand trat, denn er hatte in *Alex Heinze* seinen Nachfolger qualifiziert. Genauso machte es der bisherige aktive Dorfklubvorsitzende *Willi Kricke* und übergab seine Funktion und seine Erfahrungen dem jüngeren *Werner Kuntzsch. Ursula Müller* leitet mit gutem Erfolg den Zirkel für angewandte Kunst. Die Reitersparte entwickelt die Fuchsjagd zur Tradition. Jedes Jahr gibt es Strandfeste und eine zünftige Dorfkirmes.

Mittelpunkt des Dorfes und der Arbeit im Dorf ist das kleine „Dorfrathaus" mit Bürgermeister *Walter Erbe* (56). Der Thüringer kam 1952 nach Meltewitz und wurde 1960 zum Bürgermeister gewählt. Er ist ein unermüdlicher Initiator und Organisator, ein Optimist, aber auch ein konsequenter Ratsvorsitzender. Er hat sein Herz und seine Liebe voll und ganz an das Dorf verloren.

*Erwin Strittmatter* schrieb den „Schulzenhofer Kramkalender". Würde er Meltewitz kennenlernen, so wäre ein „Meltewitzer Kalender" vorstellbar. Schade, daß er so weit weg wohnt! *Siegfried Heidler, 1984 S. 20*

HEUTE: Meltewitz wird nach der Wende von Falkenhain aus „regiert", Bürgermeister *Walter Erbe* tritt nach 30jähriger Amtsführung in den Ruhestand. – Das Kulturhaus, der *Hirsch,* entwickelte sich zum Sorgenkind. Jetzt wird es nicht mehr bewirtschaftet, dämmert vor sich hin und wird zum Verkauf angeboten. Die Meltewitzer feiern in einem *Freizeithaus,* in der *Scheune* oder im *Waldhof.* – Der Männerchor verstärkte sich mit den Frauen und tritt nun als gemischter Chor auf. – Fleischer- und Bäckerauto bringen die Lebensmittel ins Dorf. Ein Pferdehof bietet gute Freizeitmöglichkeiten und lädt zur jährlichen Fuchsjagd ein.

**Die Mühle zwischen Meltewitz und Börln**

# Die zwei Gattersburgen in Grimma

**Gattersburg und Tonnenbrücke um 1900**

„Was ist denn eigentlich die Gattersburg?“, fragten manche Fremden, „die Villa mit dem Turm oder die Gaststätte daneben?“ Eine richtige Antwort gibt eigentlich eine Ansichtskarte aus dem Jahre 1901 mit der Aufschrift *Gattersburgen*. Es sind wirklich zwei.

Im Jahr 1792 erbaute der Landrichter beim Schulamt Grimma *J. Christian Gattert* aus Malkwitz auf dem Felsen über der Mulde, dem östlichsten Ausläufer des Bockenberges, ein Landhaus. Das Gelände, zuvor als Hopfen- und Weinberg genutzt, hatte er vom Hospitalvorwerkspächter *Heinicke* erworben. Das Gebäude war nicht allzu groß, besaß eine gut gegliederte Dachführung und ein kurzes viereckiges Aussichtstürmchen. Die Romantik jener Tage verlieh ihm den Namen *Gatter(t)sburg*. Gattert hatte dort auch Bier ausgeschenkt. Der nächste Besitzer, der Schankwirt *Förster* aus Leipzig, richtete ab 1819 einen öffentlichen Bierschank ein. Der Volksmund nannte jetzt die Ausflugsgaststätte *Förstersburg*, und ab 1854 verabreichte die neue Pächterin *Neuberg* zusätzlich Speisen, jetzt *Neubergs Höhe* genannt.

1879 kaufte der Miteigentümer der Papierfabrik Golzern, *Max Schroeder*, dieses Gebäude. Im dicht angrenzenden Garten war inzwischen eine neue Gastwirtschaft entstanden, die den alten Namen Gattersburg annahm. Schroeder ließ das alte Haus abreißen und eine Villa im Stile der Renaissance errichten. Der Name Gattersburg haftet seitdem beiden Gebäuden an. Erwähnt werden muß noch, daß Schroeder 1882 eine künstliche Ruine errichten ließ.

Die Gaststätte hat während der Zeit ihres Bestehens manches Auf und Ab erfahren müssen. Sie ging schließlich in den Besitz der Stadt über, während das Schroedersche Grundstück 1946 enteignet und Volkseigentum wurde. Seit vielen Jahren beherbergt die Villa den Kinderhort. Die Gaststätte, schon vor dem Zweiten Weltkrieg durch eine geschlossene Veranda vergrößert, wurde bald nach dem Kriege vielfach genutzt, dann aber geschlossen und als Holzlager verwendet und schließlich nach gründlicher Renovierung und Umgestaltung 1964 wieder eröffnet. *Renate Sturm-Francke, 1964 S. 233*

HEUTE: Die HO-Gaststätte wurde 1992 geschlossen, zuletzt noch zwei Jahre in privatem Besitz. Jetzt in Nutzung der christlichen Elim-Gemeinde. Die Gattersburg (das „Schloß“) war Kindergarten, später Freizeit- und Jugendtreff. Ab Mitte der 90er Jahre in Privatbesitz. Es erfolgte eine umfassende Sanierung und 1998 Eröffnung einer Gaststätte mit Hotel.

# Film noch aktuell?

Warum diese Frage? Der Blick in einen Kinosaal veranlaßt uns dazu: Gähnende Leere! Nicht immer, aber oft. Die Ursachen?

Die erste Kategorie ist die, die keine Zeit hat. Dann kommen die Fernsehbesitzer, die ihr Kino frei Haus bekommen. Das ist verdammt bequem. Und dann noch diejenigen, denen das Filmangebot nicht behagt. Da flimmern DEFA-Lustspiele über die Leinwand, die nur ein mitleidiges Lächeln hervorrufen. Schwache DEFA-Filme haben das Publikum skeptisch gemacht. Unsere Filme zeigen in den seltensten Fällen echte Probleme. Unsere „Filmhelden“ sind meist so vollkommen, daß sie in ihrer Vollkommenheit unerreichbar, uninteressant und vor allem nicht menschlich erscheinen. Wenn nun gar einige Kulturfunktionäre oberflächlich einschätzen, die Besucher lehnten Filme politischen Inhalts ab, weil ihr Bewußtsein noch nicht dementsprechend entwickelt wäre, so sei diesen gesagt, daß der DEFA-Film „For eyes only“ große Besucherzahlen aufweist. Der Film bleibt fester Bestandteil unseres kulturellen Lebens. Nur das Niveau unserer Filme ist überholt, oder besser – überholungsbedürftig.

Ein bescheidenes Büro in den *Friedenslichtspielen* beherbergt den obersten Chef der Kreisfilmstelle Wurzen, den Kollegen *Herbert Kosub*. Er ist nicht zu übersehen, viel unterwegs und mit Haut und Haaren dem Film verschworen. Sein wichtigstes Problem ist die Rentabilität seines Betriebes. Und so schwer es ihm auch fällt, im Landspielbetrieb wird sich im neuen Jahr einiges ändern. Es geht nicht, daß wegen einiger „treuer Seelen“ hier und da in den Dörfern die kostenintensive Landbespielung aufrecht erhalten wird. Deshalb wurden ab 1963 in verschiedenen Gemeinden Dorfkinos eingerichtet. In Machern, Burkartshain und Püchau stehen bereits die festen Apparaturen. Die Bestuhlung (welch häßliches Wort!) ist modern und weich, und es können auch Filme in Cinemascope gezeigt werden. Weitere sind vorgesehen. Lediglich ein beweglicher Trupp wird noch die Orte am Rande bespielen.

*Karl-Heinz Laube und Manfred Müller, 1964 S. 16*

## NOTIZEN

**Zum neuen Jahr**
„Der Mensch ist verehrungswürdig, der den Posten, wo er steht, ganz ausfüllt. Sei der Wirkungskreis noch so klein, er ist in seiner Art groß. Wie ungleich mehr Gutes würde geschehen, und wieviel glücklicher würden die Menschen sein, wenn sie auf diesen Standpunkt gekommen wären!“. *Schillers* Worte standen am Anfang des Neujahresgrußes der Redaktion an die Leser und die Verpflichtung, mit dem zehnjährigen Geburtstag des *Rundblicks* diesen Jahrgang mit viel Liebe und Sorgfalt zu gestalten *(was eben immer mal so gesagt wird).*

**Oschatz:** Gegen 7200 Menschen fanden 1963 als **FDGB-Urlauber** in den FDGB-Erholungsorten des Kreises, in Wermsdorf, Schmannewitz und Ochsensaal Erholung und Entspannung. In Ochsensaal wurde ein ehemaliges Stallgebäude zu einem Speisesaal umgebaut, in Schmannewitz entstand im Garten des Vertragshauses ein Kulturraum in Barackenform. Durch den Bau von Bungalows wird die Aufnahme-Kapazität der Käthe-Kollwitz-Hütte von 30 auf 50 pro Durchgang erhöht.

**Seidenraupen.** Das Institut für Seidenbau ermittelte in einer Bestandsaufnahme das Vorhandensein von Maulbeerhecken und kam zu folgendem Ergebnis:
Kreis Grimma 16600 Sträucher, Oschatz 9350 und Wurzen 6800. Damit war die Möglichkeit gegeben, 655 g Brut zu füttern. Dadurch ließe sich die Seidenraupenaufzucht erhöhen und die Ziele des Siebenjahrplanes mit 26 t Seidenkokons erreichen. Besonders die Schulen sollten sich dieser Aufgabe widmen. *1964 S. 180*

## LESERPOST

**18 Kilometer!**
Während der Pause anläßlich des Konzertes der Lehrer und Erzieher Ende April im Schweizergarten in Wurzen kam ich mit einem älteren Konzertbesucher ins Gespräch. Ich erfuhr, daß er aus Dahlen gekommen war. Als ich ihm am Schluß noch mal begegnete und fragte, wie er denn nun nach Hause komme, sagt er mir zu meinem Erstaunen: „Zu Fuß!“ Und er meinte noch, daß er es trotz des langen Heimweges nicht bereut habe, hier gewesen zu sein, weil ihn die Darbietungen restlos begeistert haben. Es interessierte mich noch, wie er denn von diesem Konzert erfahren habe. Da zog er aus einer Seitentasche die letzte *Rundblick*-Ausgabe: „Hier steht es doch schwarz auf weiß und somit bin ich hier.“.

*H. B., 1964 S. 291/381*

**Wir helfen den Rebhühnern**
Das Rebhuhn ist in seinem Bestand stark zurückgegangen. Deshalb gehört in strengen Wintern eine ausreichende Fütterung der Tiere zu den Aufgaben der AG. Dafür bauten wir in einer nahe Voigtshain gelegenen Schuttgrube eine Rebhuhnfütterung. Sie befindet sich unter einem Dornbusch. In jedem Herbst holen wir uns vom Druschplatz Spreu und Unkrautsamen. Am 13. Jan. 1963 entdeckten wir ein Volk von 13 Rebhühnern, und wir konnten beobachten, daß die Tiere die Fütterung annahmen. Leider fanden wir auch ein totes Rebhuhn, vermutlich war es die Beute eines Fuchses gewesen.

*Roland und Siegfried Liebscher,*
*AG Junge Naturforscher Falkenhain.*

| 1965 | 12. Jahrgang |
|---|---|

**Der Rundblick**. Monatsschrift für Kultur und Heimat der Kreise Wurzen, Oschatz und Grimma. 12 Hefte á 50 Pfg., 608 Seiten. Es erfolgte eine neue Titelgestaltung, die Farbe grün wurde beibehalten.

**Heimatkalender 1965** der Kreise Wurzen, Oschatz, Grimma. 8. Folge, 126 Seiten, 2,40 MDN. *Aus dem Inhalt*: Theatergeschichte in Oschatz (Walther Käseberg), Rathaus zu Colditz ((Walter von Fritschen), Leipziger Herbstmesse in Wurzen 1632 (Walter Koch), Dorfkirche in Bennewitz (Werner Ballschmieder), Besuch in Mutzschen (Renate Sturm-Francke), Ein Grimmaer Hochzeitspokal (Udo Baumbach).

## Das Tuchmacherhaus

„Kennst du die Stadt, wo man viel Tuche webt?“, so mag man vor mehr als hundert Jahren in geselliger Runde gefragt und damit **Oschatz** gemeint haben, das Jahrhunderte lang (wie übrigens auch Grimma) eine Tuchmacherstadt war. Waren es 1154 flandrische Bauern, die Kühren neu besiedelten, so kann man von einem eigentlichen städtischen Leben in Oschatz erst mit dem Einzug flandrischer Tuchmacher reden, oder, wie sie der älteste Innungsbrief von 1391 nennt, der Wollenweber.

Die Tuchmacherzunft ist ein Beispiel für andere Innungen, wie gerade sie sich zu hoher Blüte entwickelte, um dann, aus verschiedenen Gründen, ihrem langsamen Verfall entgegenzugehen. Einstmals besaßen die Zünfte Ansehen, Macht und Reichtum. Die Innung sorgte für die technische Ausbildung ihres Nachwuchses, erzog zur Förderung guter Sitten und Gebräuche, schickte die Gesellen zur Weiterbildung auf die Wanderschaft, überwachte die Leistungsfähigkeit und Lebensführung der Meister und hatte auch für eine maßvolle, frohe Geselligkeit etwas übrig. Wer in der Tuchmacherinnung Aufnahme suchte, mußte es durch vier Ahnen beweisen, d.h. mündlich und schriftlich erhärten, daß vier Urgroßeltern von ehelicher, ehrlicher deutscher Geburt waren. Es nimmt nicht Wunder, daß Tuchmachermeister oft den Bürgermeisterposten bekleideten und unter den zwölf geschworenen „Rathsmannen“ der Stadt oder den „geschworenen Schöppen bei Gericht“ zu finden waren.

Der Wohlstand der Innung, der in Notzeiten oft auch der Stadt mit Darlehen aushalf, erlaubte es ihr, das alte Schultheißenhaus (Rathaus, jetzt Kirchplatz Nr. 1) in ihren Besitz zu bringen. Die aufblühende Stadt hatte sich auf dem Marktplatz ein neues Rathaus erbaut, das man aber bald wieder wegriß und durch Hinzukauf zweier benachbarter Häuser in der Altoschatzer Gasse in der jetzigen Gestalt (1538) errichtete. Von nun an wird das Schultheißenhaus als Tuchmacherfreihaus oder Siegelhaus der Tuchmacher bezeichnet.

Jedes Stück Tuch, das aus der Stadt Oschatz herausging, wurde erst auf dem Handwerkshause „beschaut“ und wenn es für gut befunden, mit dem Siegel der Tuchmacher versehen. Dieses Gütezeichen bot die Gewähr, daß die gesamte Innung für die Qualität des Tuches und die Richtigkeit der Maße bürgte. Die einzelnen Meister waren oft kühne Geschäftsleute, erwarben zuweilen die ganze Wollernte großer Klosterwirtschaften

**Das Tuchmacherhaus (Bildmitte) nahe von St. Ägidien im 17. Jh.**

und setzten Haus und Hof dafür zum Pfande. Die damalig weit bedeutenderen Jahrmärkte (Oschatz hatte allein drei) und die Messen in Leipzig und Braunschweig waren begehrte Absatzgebiete des Oschatzer Tuches.

Durch den 1616 von der Döllnitzgasse ausgehenden Brand wurde auch das Tuchmacherhaus mit beschädigt. Mit zahlreichen Baudetails ist es auf den mächtigen eineinhalb Meter dicken Umfassungsmauern und den schweren Tonnengewölben wieder aufgebaut worden.

*Walther Käseberg, 1965 S. 57*

HEUTE: In den Jahren 2006/9 fand eine gründliche Sanierung statt, die im Innern des Gebäudes zahlreiche Details aus der Zeit der Romanik sichtbar machten. Dadurch kamen die Denkmalschützer zu der Erkenntnis, daß es sich bei diesem Haus um das älteste erhaltene Steinhaus weltlichen Charakters in Mitteldeutschland handeln müßte, das um 1200 errichtet wurde. Sicherlich war es der Sitz eines Vogtes, der hier die Interessen des Markgrafen von Meißen vertrat und auch die Gerichtsbarkeit ausübte. Daher ist die neuerliche Bezeichnung „Vogtshaus" zutreffend.

# Der Streit um den maroden Galgen in Thammenhain

**Die mächtigen Thammenhainer Galgeneichen zur Winterszeit (2004)**

Kurz nach der Ernte im Jahre 1621 war der Galgen beim Thammenhainer Rittergut von einem starken Sturmwind umgebrochen. *Heinrich von Brederlohe,* der damalige Junker und Gerichtsherr auf Thammenhain, war jedoch keineswegs gesinnt, deswegen in den eigenen Beutel zu greifen und suchte alle Kosten seinen Untertanen aufzubürden. Doch diese weigerten sich energisch.

Ein unversehrtes Aktenstück gibt davon Kunde, daß sich der v. Brederlohe sogar an den Schöffenstuhl in Leipzig wandte, der in der Sache im September 1621 folgendes entschied: „Das Gericht zu Thammenhain betreffend *(damit ist der Galgen gemeint),* so alt und vor undenklichen Jahren gebaut und jetzt von dem großen Winde umgeworfen worden, wodurch dem gemeinen Wesen selbigen Ortes erheblicher Abbruch und Verzug geschehen ist. So habt ihr dasselbe, vermöge der euch des Orts zuständigen Obergerichte, auf eure Unkosten aufzubauen und in den vorherigen Stand zu bringen, und eure Untertanen mögen solche Unkosten zu tragen wieder ihren Willen nicht gedrungen werden ."

Wann der neue Galgen stand, wer die Kosten trug und wie oft er danach noch genutzt wurden, läßt sich leider nicht belegen. Die Fronbauern von Thammenhain jedenfalls hatten einen Sieg errungen.

*Walter Koch, 1965 S. 480*

Ein Stück vom Ort entfernt, auf halbem Wege bis zum Waldgebiet, stehen an der Straße nach **Röcknitz** heute noch die drei *Galgeneichen.* Die mächtigen Stieleichen sind wohl über zweihundert Jahre alt. Wann sie diesen Namen erhielten und ob hier vielleicht mal der Thammenhainer Galgen stand, ließ sich bisher nicht ergründen.

*JB 1997 S. 151*

# Die ersten Gäste kamen mit dem Fahrrad ins Heidedorf Schmannewitz

**Das Dreirad mit den beiden Kindersitzen auf der Schmannewitzer Dorfstraße (1892)**

1884, im Frühling, erschien im *Leipziger Tageblatt* eine Annonce: „In waldreicher Gegend, Nähe Leipzigs, bietet sich eine gute Sommerfrische an. Näheres durch den Verschönerungsverein zu Schmannewitz bei Dahlen."

Mein Vater, der so etwas suchte, fragte daraufhin dort an, und im Juli erschienen als erste Sommergäste der Holzbildhauer *K. Scharf* aus Leipzig mit Frau und einem halbjährigen Mädchen. Diese Kleine war ich. Wir wohnten fortan wohl sechs Sommer lang im ersten Stock der Schule, glücklich und ferienfroh. Wir Kinder, die Familie war größer geworden, tummelten uns im Schulhofe unter denselben Linden, die noch jetzt stehen. Manchmal durften wir auch beim Unterricht im Schulzimmer sitzen.

Unser Einzug in Schmannewitz geschah auf nicht ganz alltägliche Weise: Unsere siebenköpfige Familie kam auf Fahrrädern von Leipzig angefahren. In zwei Tagen legten wir die 55 km zurück. Diese Räder waren geniale Erfindungen unseres Vaters. Das große, vierrädrige Familienrad mit Vater und Mutter und der kleinen Ilse vorn drauf war das wertvollste. Dazu kamen zwei Dreiräder mit je zwei Kindern, alle in gleicher Matrosenkleidung.

Im Laufe der Jahre hatten sich immer mehr Leipziger Familien eingefunden und wir bildeten eine richtige große Familie. Mein Vater war der erste, der das Freibaden einführte, und zwar in der „Gänsepfütze" am Parkeingang. Die Badezelle stand im Wasser und war eine etwa 4 qm große, primitive Holzbude. Drei glitschige Stufen führten im Innern hinunter ins Wasser, man tauchte einige Male auf und ab – das war auch schon alles. Großes Aufsehen erregte, daß sogar „ä Weibsen" mitbadete. Es war unsere Mutter.

Später ging's zum Baden nach dem Waldteich. Jahrelang herrschte dort ein lustiges Treiben, bis an einem Sonntagnachmittag der Herr *von Sohr* mit Familie und Besuch vorüberfuhr und nackt badende Burschen sah. Da war die Freude aus, das Baden wurde verboten. Mein Vater wurde beim Schloßherrn vorstellig – erfolglos! Das einzige, was er erreichte, war die Erlaubnis, den Brückenteich nun als Badeteich benutzen zu dürfen.

Die Hauptstraße, schon damals im Schmuck ihrer Kastanienbäume, hatte noch keinen Fußweg. Zu beiden Seiten zogen sich Gräben hin. Die einzelnen Höfe, die wohl die Besitzer, nicht aber ihr Aussehen änderten, sind heute noch dieselben. Beleuchtung gab's nicht. Für nächtliche Ruhe sorgte Herr *Ehrlich*. Das war ein gar vielseitiger Mann. In einer Person vereinigte er sieben Ämter: Von Beruf Schuhmacher war er Gemeindediener, Kirchendiener, Bälgetreter, Glöckner, Nachtwächter und Totenbettmeister.

Des Verschönerungsvereins rührigstes Mitglied war wohl der alte *Herzner*, ein Rentner, der immer ein gesticktes Samtkäppchen trug. Tagtäglich sah man ihn, seinen kleinen Handwagen mit Werkzeug und gelbem Sand ziehend, irgend einem

**Das Schmannewitzer Waldbad nach seinem Ausbau (1928) mit der zweistöckigen Gaststätte, deren hölzerner oberer Teil 1949 abbrannte und nicht wieder aufgesetzt wurde**

schönen Fleckchen zustreben. Er legte den neuen Park an, trocknete feuchte Wegstellen aus, fand kleine Waldpfade, führte Stege über breitere Gräben und anderes mehr. Vom Rettichbirnbaum in seinem Garten durften wir Kinder köstliche Früchte auflesen.

So verging ein Sommer nach dem anderen. Der Verschönerungsverein, die Gastwirte und unsere lieben Bauersleute sorgten weiter fürs Wohlbefinden der Sommerfrischler. Aus dem Kinde von damals wurde ein Mädel, wurde Frau, Mutter, Witwe, Großmutter, deren zweite liebe Heimat Schmannewitz geworden und geblieben ist. Es ist nun einmal so: Je älter man wird, desto sonniger erscheint das Gewesene, ein Leuchten kommt von dort her, ein Schimmer, dessen Glanz sich je länger je mehr verstärkt. *Hilde Brade, 1965 S. 208*

## DIE FDGB-URLAUBER

Mitte des 19. Jh. entdeckten vor allem Leipziger die Dahlener Heide als ein interessantes Ausflugsziel. Zu den Gästen zählte auch der bekannte Zoologe *Alfred Brehm* aus Leipzig, der von 1858 bis 1862 regelmäßig als Waidgenosse hier in der Heide auf die Jagd ging, vor allem aber die Tiere beobachtete. Nach 1880 entwickelte sich Schmannewitz zu einer gern und von Jahr zu Jahr stärker besuchten Sommerfrische, und schon zwanzig Jahre später zählte der Ort über tausend Sommergäste im Jahr. Ein Verschönerungsverein förderte den Fremdenverkehr, markierte die Wanderwege, ließ eine Wanderkarte drucken und warb in Vorträgen für den Besuch der Heide. Das Aussehen des Dorfes wandelte sich. Die Gaststätten richteten sich neuzeitlich ein und das Landhaus *Olga* verwandelte sich in ein modernes Pensionshaus. Erst der Zweite Weltkrieg stoppte diese Entwicklung.

Ein Neuanfang erfolgte Anfang der 50er Jahre, und ab 1954 wurde der Ort in den FDGB-Feriendienst aufgenommen. Die Urlauber kamen jetzt aus der gesamten DDR. In den 80er Jahren waren es bis zu fünftausend im Jahr. Liest irgendwer auf seinem Ferienscheck den Namen *Schmannewitz – Bahnstation Dahlen*, so löst das bestimmt zunächst

**Die Geschwister Jacob als „Schmannewitzer Heidelerchen" im Jahre 1957. Ende der 50er Jahre ging die Bäcker-Familie Jacob in den Westen, wo die vier Mädels mit ihren weißen Pudel als die molligen „Jacobs-Sisters" im Fernsehen und anderswo bekannt wurden und es heute noch sind. Jetzt nur noch drei, da eine von ihnen verstorben ist.**

ein großes Rätselraten aus. Kartenwerke werden gewälzt, Umfrage wird gehalten, ob dem oder jenem der Ort bekannt sei. Und dann wartet auf dem Vorplatz des Dahlener Bahnhofes schon ein Bus, und nach wenigen Minuten Fahrt rollt der in Schmannewitz ein, erwartungsvoll und voller Neugierde.

Viele Urlauber wohnen „außer Haus", sind aber nicht enttäuscht. Der Ort bietet allerhand, auch an den Abenden. Ein Fernsehzimmer ist eingerichtet. Doch letztlich wird es ein „stiller" Urlaub mit Wanderungen in die Heide. Das Naturbad bereitet Abwechslung, und im kleinen Tierpark lassen sich heimische Tiere beobachten. Nach dreizehn Tagen Urlaub nimmt man die Gewißheit mit nach Hause, daß auch die Dahlener Heide ein lohnenswertes Erholungsgebiet ist.

*Arno Jähnig, 1958 S. 382, Hans Fuchs, 1964 S. 209*

HEUTE: Der FDGB-Feriendienst wurde 1992 für immer abgewickelt, die Urlauber blieben fortan aus. Nur noch wenige Feriengäste finden den Weg hierher, meist als Tagesbesucher. Das Dorf erhielt das Zertifikat „Staatlich anerkannter Erholungsort" und nimmt Kurtaxe von den Gästen. Im neuen Ferienhotel *Wiesenhof* und einigen Pensionen sowie in der Gaststätte *Zur Post* ist man gut aufgehoben. Ein Heideverein sorgt für Werbung, Pflege und Beschilderung der Wanderwege. Das Waldbad hat nach wie vor geöffnet. In einem bäuerlichen Museum, das die Mitglieder des Heimatvereins in einem renovierten Bauernhof eingerichtet haben und wo sich die ländliche Geschichte und die Arbeits- und Lebensweise der Landleute nacherleben läßt, locken jährliche Schauvorführungen mit Brotbacken, Schmieden, Dreschen, Buttern und anderen Arbeiten die Besucher an. Die vom Mühlenverein renovierte Windmühle und ein Feuerwehrmuseum in einem ehemaligen Rinderstall der LPG sind weitere Anziehungspunkte. Neues Wahrzeichen des Ortes wurden zwei moderne Kliniken, ein Herz-Kreislauf-Zentrum und eine Reha-Klinik für Orthopädie und Psychosomatik.

Der verdienstvolle Schmannewitzer Lehrer **Arno Jähnig** (*1898 †1972) hat einen großen Anteil am geschichtlichen und kulturellen Leben im Dorf. Er betätigte sich mit Exkursionen und Naturvorträgen aktiv im Rahmen des Feriendienstes, im Kulturbund als Natur- und Heimatfreund für die Ortschronik und als Leiter des Volkschores. *1975 S. 87*

**Die Kirche in Ammelshain**

## In Sonderzügen nach Ammelshain

Vor 35 Jahren (1930) fuhren zwei Sonderzüge aus Leipzig im Ammelshainer Bahnhof ein. 1300 Leipziger Erwerbslose kamen hierher, um im Ort und der Umgebung ihr Schicksal wenigstens für einen Tag zu vergessen. Es war eine „Fahrt ins Grüne", zu dem das Verkehrsamt aufgerufen hatte. Der Ansturm der Teilnehmer war so groß, daß über dreihundert von ihnen vor geschlossenen Fahrkartenschaltern wieder umkehren mußten.

Kurz vor sieben Uhr dampfte den Zug zur Halle hinaus und entführte die mit Rucksäcken, Wanderstöcken und Kinderwagen ausgerüsteten Fahrtteilnehmer der Großstadt. In Ammelshain hatte man sich inzwischen für den Empfang gerüstet. In großen Lettern, von Blumen und einem Kranz geschmückt, grüßte ein Transparent: „Herzlich willkommen" an der Bahnhofshalle. Der Bürgermeister selbst begrüßte die Teilnehmer. Ob es ihm gelang, die verhärmten und fahlen Gesichter der Arbeitslosen aufzuheitern, läßt sich heute nicht sagen. Und dann gab es noch einen Begrüßungstrunk vom Leipziger Milchhof. Jeder Fahrtteilnehmer erhielt eine Flasche Milch oder Kakao, bevor in Gruppen und unter Führung Einheimischer die Wanderungen in die Umgebung begannen.

So zerstreuten sich diese Hunderte von Menschen, um ihre mitgebrachten Rucksäcke und Koffer zu füllen. Als dann am Abend der Sonderzug zur Rückfahrt nach Leipzig am Bahnsteig bereitstand, gab es ein Schieben und Heben. Die Türen waren fast zu eng, all die gesammelte Habe passieren zu lassen. Unsere Bauern aber standen diesen Erholungssuchenden argwöhnisch gegenüber. Doch die Leipziger waren um ein schönes Erlebnis reicher, bevor sie der graue Alltag mit ihrem Erwerbslosenschicksal erneut in Empfang nahm. *Kurt Keilitz, 1965 S. 432*

## Der „Schwarze Kater" an der Wegekreuzung bei Börln

An einer Straßenkreuzung der „alten Salzstraße", die über Dornreichenbach nach Dahlen führte, dort, wo diese sich mit der Straße Luppa-Bortewitz kreuzt, stand auf Börlner Flur ein einsames Gebäude, das Vorwerk Börln, dem sich im Laufe der Jahre noch andere Wohngebäude beigestellt haben. Über der Haustür hebt sich noch heute ein schwarzes Katerbild ab, wonach der Ortsteil seinen Namen hat, *der Schwarze Kater*.

Über die Entstehung dieses Namens und des Bildes gibt es keine authentischen Belege. Doch man erzählt sich eine Sage, die ein bißchen glaubwürdig sein könnte: Vor vielen hundert Jahren, als auf der alten Salzstraße noch Kaufleute vieler Länder ihre Waren transportierten, war dieses Haus eine beliebte Einkehrstätte. Hin und wieder zählte zu den Gästen auch ein gewisser *Philippo* aus Italien, seines Zeichens ein „Zauberkünstler", der von Ort zu Ort reiste und mit seinen harmlosen Späßen dazu beitrug, Fuhrleuten und anderen Gästen die langen Abende zu vertreiben, und sich so durchs Leben schlug.

Eines Tages ging es wieder mal hoch her in der Herberge, denn Philippo trieb allerhand Schabernack und Kurzweil. Die Fuhrknechte ließen manchen Batzen springen, daß sich der magere Geldbeutel des Schwarzkünstlers bald prall füllte. Darauf warf der als geizig bekannte Schenkwirt *Neubarth* seine begehrlichen Blicke. Als sich die Gäste schließlich zum Schlafen gelegt hatten, weckte Neubarth den leichtsinnigen Gesellen und lud ihn zu einer Flasche „Roten" ein. Das ließ sich dieser nicht zweimal sagen. Bald umnebelte der Wein seine Sinne, Sauf- und Spielteufel saßen ihm im Genick und zerrten den letzten Heller aus Philoppos Tasche. Schmunzelnd steckte der Wirt die Beute ein.

Grau und bleich stieg der Tag aus der Nacht herauf. Doch noch ehe der Wirt seine Nase in den Dunst des Morgennebels stecken konnte, hatte der „Hexenmeister" heimlich Rachearbeit geleistet und ein katzenjämmerliches Bild an die Hauswand gemalt. Schwarz und dunkel leuchtete ein buckelndes Katzentier von der Mauer herab.

Als Neubarth in den Morgen blinzelte, vernahm er von vorbeilaufenden Handwerksgesellen: „Ihr habt aber ein seltsames Herbergsschild, Herr Wirt vom Schwarzen Kater!" Da half kein Bürsten und kein Scheuern, die Farbe saß fest wie Pech und Schwefel. Schließlich hatte man sich damit arrangiert, und so strahlt auch heute noch das kleine „Kunstwerk" über der Tür, das der kleinen Ansiedlung seinen Namen gegeben hat. *Joseph Fritscher, 1965 S. 315*

HEUTE: Die einstige Gaststätte ist längst geschlossen. In den 60er Jahren befanden sich im Haus ein Büro der LPG Börln und Wohnungen, heute steht das Gebäude leer; Fenster und Türen im Erdgeschoß sind vermauert *(s. Abb.)*. Die Kreuzung davor wurde zu einem modernen Kreisverkehr ausgebaut, denn hin und wieder fährt doch mal ein Fahrzeug hier vorbei.

# In Malkwitz treffen sich die Männer seit hundert Jahren zur Bildfeier

**Ansichtskarte von Malkwitz aus der Zeit um 1900 mit Kirche und Storchennest, Schule und Steigerhaus und dem Gasthof *Zur Krone* sowie einem Blick in's Dörfchen**

Anfang des Jahres 1904 war es, als die Strategen am Stammtisch im Gasthof auf den Gedanken kamen, von den Anwesenden eine Fotografie zu machen. Es wäre doch schön, von dem einen oder anderen eine Erinnerung in den Händen zu haben, wenn er nicht mehr unter den Lebenden weilte. Der Vorschlag wurde am 22. Februar 1904 in die Tat umgesetzt, und die damals vierzehn Männer gründeten an diesem Tage unsere *Bildfeier*.

Seitdem kamen die Männer am gleichen Tage zusammen, um jenes Tages zu gedenken, an dem das erste Gruppenbild entstand. Die Stunden bei Kartenspiel, Unterhaltung und Gedankenaustausch wollte man nicht mehr missen. Das Bild von 1904 hatte seinen ständigen Ehrenplatz, wurde an diesem Tage geschmückt und der Verstorbenen gedacht.

Im Laufe der Jahre kamen junge Leute dazu, ältere fielen weg. Natürlich wollten dann die Jungen auch mit auf dem Bild sein, und so wurden dann die Aufnahmen 1914, 1927, 1938, 1951, 1954 (50 Jahre Bildfeier!), 1960 und 1964 erneuert.

Als ich jung war, habe ich oft darüber gelächelt, wenn mein Vater zur Bildfeier ging, und habe dieses Ereignis für eine Kinderei gehalten. Doch später dann hat sich meine Meinung geändert. Vor allem, wenn man eines der älteren Bilder in die Hand nimmt, dann werden Erinnerungen wach an diesen und jenen und an die Ereignisse, die damit verbunden waren.

So blieb unsere Bildfeier erhalten, an der sich alle Schichten unserer Bevölkerung beteiligen. Sie ist zu einer echten Tradition geworden. Auch die Damen des Dorfes

**Das Foto zeigt die Männer von Malkwitz zur hundertsten Wiederkehr der Bildfeier im Jahre 2004 hinter der renovierten *Krone*. 1904 trafen sich zwölf Honoratioren, heute fast alle hundert Männer des Dorfes. Sie sitzen altersmäßig aufgereiht, vorn die ältesten, hinten stehen die jüngsten ab 14 Jahre.**

tragen sich jetzt mit dem Gedanken, dem Beispiel ihrer Männer zu folgen. Damit hat der alte „Stammtisch" eine schon recht gute, der neuen Zeit angepaßte Form gefunden.

*Edwin Hanschmann, 1965 S. 207*

HEUTE: Die Malkwitzer Männer treffen sich jedes Jahr im Februar zur Bildfeier. Die Gespräche drehen sich um die Ortsgeschichte. Alle fünf Jahre wird das „Männerfoto" gemacht. Die Damen dürfen diese Runde nicht bereichern. Hauptorganisator ist *Günter Grosch*, der als gründlicher und eifriger Ortschronist die Geschichte des Dorfes aufschreibt. Jährlich gibt er ein *Malkwitzer Heimatblatt* heraus und im renovierten Stall- und Scheunengebäude sammelt er alles, was die Bauern früher zum Leben und zur Arbeit benötigten. Heimat- und Schützenverein sowie die Kameraden der Feuerwehr bestimmen mit zahlreichen Dorffesten im Jahreslauf das kulturelle Geschehen im Ort. Nur die Störche, die sogar das Ortswappen illustrieren, meiden seit einigen Jahren ihr angestammtes Nest.

# Die Trebelshainer Bauern klagen wegen Fronarbeiten

**Die gepflegte Toranlage des Bauern Heinz Thiele in Trebelshain aus dem Jahre 1816 (1995)**

*Bernhardt von Stentzsch*, dem Wäldgen, Sachsendorf und andere Fluren gehörten, hatte Dorf und Vorwerk **Trebelshain** im Jahre 1503 dem Bischof *Johann von Salhausen,* seinem Schwager, käuflich überlassen. Dadurch war der Ort an das Wurzener Stift gekommen. Dieser wußte mit durchgreifenden Maßnahmen die Stifteinkünfte wesentlich zu heben.

Kurz nach dem Bischofswechsel 1556 sahen sich die Einwohner von Trebelshain veranlaßt, beim Amte Wurzen um Neuausstellung einer Urkunde nachzusuchen, die insbesondere die Fronen betraf, die sie bisher zu leisten hatten. Ein Gegenstand ständigen Haders mit dem Nachbardorfe Körlitz war die Nutzung der Mark Schalitz, die die Gemüter immer wieder neu erregte. Dabei ging es vor allem um die Grasnutzung und die Hutung. Nicht minder waren die Fronen, die die Bewohner an ihren notwendigen Arbeiten auf eigener Flur hinderten. Zudem erstreckten sich diese bis weit über den Dorfbereich hinaus. So waren in jedem Jahr etliche Fuder Heu vom Stephanswerder an der Mulde in die Schäferei nach Roitzsch zu fahren und dort abzuladen. Weiterhin mußten Holzfuhren für das Amt in Wurzen geleistet werden. Den größten Raum beanspruchte die Feld- und Gutsarbeit sowie die Teilnahme an der Jagd.

Ob die Klagen der Trebelshainer von Erfolg waren, läßt sich aus der bestehenden Aktenlage nicht ermitteln. Die alten Satzungen galten noch bis zum Jahre 1818, bis sie von der Stiftsregierung aufgehoben wurden. *Walter Koch, 1965 S. 411*

# In Lampertswalde versaufen die Unterdörfler regelmäßig das übrig gebliebene Geld . . .

**. . . und die Blaskapelle unter der Leitung von Heinrich Heßler bläst dazu einen ordentlichen Marsch**

Der Gasthof ist die erste der vier Haltestellen in diesem langgestreckten Dorf. Dort steigen wir aus. Am runden Tisch in der erneuerten Gaststube gibt es mit der Gastwirts-Legende und Helfer beim Naturschutz *Willi Bittig (*1884 †1970)* ein freudiges Wiedersehen. Das schöne Fuhrmannsbild und eine Anzahl alter Stiche und Bilder unterstreichen den historischen Charakter dieser Stätte. Kaum ins Gespräch gekommen, brachte der Gastwirt einen Karton herbei mit allerhand Steinen, teils von kurioser Form, die er bei ständiger Inspektion der Lesesteine am Feldrande gefunden hatte. Daß sich dabei auch wertvolle Funde aus vorgeschichtlicher Zeit befinden, erfreut uns ganz besonders. Was es sonst Neues gäbe? Die Blaskapelle unter ihrem bewährten Leiter *Heinrich Heßler* ist ein tüchtiges Stück vorwärts gekommen. Der Kegelsport zeigt eine leicht rückläufige Bewegung. Und das alte Halseisen am ehemaligen Schloßeingang ist verschwunden. Hat es der Rost zerfressen? Nun, ein geschickter Dorfschmied könnte es schnell ersetzen.

Der anschließende Parkbesuch zeigte ein erfreuliches Bild. Nach Beseitigung wilder Ahornbüsche ist der Park freundlich aufgelockert. Die prächtige Blutbuche und die wohl 300jährige Platane mit 4,20 m Umfang verdienen es, schnellstens mit der „Eule" markiert zu werden. Die Tanzdiele im Park war nun doch gebaut worden. Leider! Ihre Inanspruchnahme steht in keinem Verhältnis zu der Arbeitszeit und den vielen Zentnern Zement, die man zur Sanierung der Parkmauer besser verwendet hätte.

Nachdenklich stellte *Vater Bittig* fest, daß die Vogelwelt in den letzten Jahren sehr abgenommen hat. Der Eisvogel ist nur noch selten zu sehen, eine Folge der Begradigung des Baches. Die Nachtigallen fehlen, ebenso Lerchen, Nachtschwalben und Kiebitze. Das bekräftigt auch *Max Hofmann,* der Storchenvater (*1901 †1986). Ihm hat man sogar angeschossene (!) Grünfinken, Lerchen und sogar eine Schleiereule gebracht.

Der Kirche galt unser nächster Besuch. Sie birgt neben einem dekorativen Altar des 17. Jh. Grabmonumente der *Köckeritzer* und *Thielaus*. Uns interessierte besonders das Bild des Geistlichen *Christian Frege*, geboren 1753 in Lampertswalde. Seine Gemeinde scheute die Mittel nicht, ihm, der seinem Dorfe 42 Jahre lang ein treuer Diener war, dieses Denkmal zu setzen.

Freges Sohn war der Begründer des berühmten Leipziger Handels- und Bankhauses *Christian Gottlob Frege,* der hier vor 250 Jahren geboren wurde. Er wurde zu einem Förderer der wirtschaftlichen Entwicklung der Messestadt und half 1771 der

Stadt, dem Jahr der großen Teuerung, in großzügiger Weise.

Dann hörten wir noch die Geschichte vom alljährlichen *„Gemeindebier“*. Es bildet neben Frühlings- und Parkfest und Theaterfahrten nach Riesa einen kulturellen Höhepunkt. Da wird nicht etwa Freibier verschenkt, sondern es wird ein großer Ball gefeiert, wie es die 100jährige Tradition verlangt. Und das sind dafür die Gründe: Im Oberdorf saßen die reichen Bauern. Sie hatten sich einen Leichenwagen angeschafft, was die armen Unterdörfler, Häusler und Kleinpächter, nicht konnten. Sie mußten sich also das Fahrzeug ausleihen und dafür ein Entgelt entrichten. Jeder Unterdörfler hatte deshalb am „Kürtag“ (Gerichtstag) seinen Obolus in die Gemeindekasse zu zahlen. Acht Tage später wurde dann das Geld, was nicht verbraucht worden war, beim Gemeindebier mit lustiger Tanzmusik in edlen Gerstensaft umgesetzt. Und das feiern die Einwohner heute noch, längst nicht mehr getrennt in Ober- und Unterdörfler.

*Walther Käseberg, 1965 S. 462*

HEUTE: Das Gemeindebier wird nach wie vor gefeiert, und die Blaskapelle spielt immer noch, natürlich in völlig anderer Besetzung, zur Freude ihrer Fans. Seit wenigen Jahren hat ein eifriger Investor den Park in Ordnung gebracht, einige Gebäude saniert und ein gut besuchtes *Burg-Café* eingerichtet, in dem auch Konzerte und Ausstellungen stattfinden. Den historischen Gasthof *Zum Adler* bewirtschaftet der Sohn und an der Winterseite wurde ein 4-Seiten-Hof zu einem *Highländer-Hof* ausgebaut mit Restaurant und zahlreichen Veranstaltungen im Jahreslauf.

## Prachtvolles Gitter an der Mügelner Johanniskirche

Das schmiedeeiserne Gitter an der Südvorhalle der aus dem 16. Jh. stammenden Mügelner Johanniskirche bezeichnete der Kunstgeschichtler *C. Gurlitt* als eine „der schönsten und größten Arbeiten dieser Art in Sachsen“. Es ist ein Beweis dafür, daß selbst in der vom Dreißigjährigen Kriege schwer heimgesuchten kleinen Stadt die Technik des Handwerks noch in hoher Blüte stand.

Die Halle mit dem Portal ist ursprünglich eine Leichenhalle gewesen, die sich der Amtsschösser *Abraham Grundmann* auf seine Kosten erbauen ließ. Unter der Jahreszahl 1648 steht A.G.C.S.A.Z.M.E.G.G.M., d.h. Abraham Grundmann, Churfürstlich-Sächsischer Amtsschösser zu Mügeln, *Esther Grundmann geb. Mühlpfortin*. Diese, seine zweite Ehefrau, wurde 1648 hier begraben. Grundmann hat noch zweimal geheiratet und fand „neben seinen Eheweibern“ ebenfalls dort seine letzte Ruhestätte. Als Kantorensohn aus Eilenburg war er seit 1622 Actuarius im Amte Wurzen, wurde 1630 Amtsschösser und starb 76jährig auf seinem Gute in Kiebitz.

Leider ist über den Meister dieser hervorragenden Arbeit nichts bekannt. Da sich in letzter Zeit starke Rostschäden zeigten, wurde das Gitter 1962 erneuert. Die Halle dient jetzt als Gedächtnisstätte für die im Zweiten Weltkrieg gefallenen Gemeindemitglieder.

*Walther Käseberg, 1965 S. 346*

# Der Schmied in Sachsendorf gibt Alarm: Der Ochse liegt im Brunnen!

**Schmiedemeister Gerhard Kretzschmar am riesigen Blasebalg**

Wenn mich einer fragen sollte, ob ich Sachsendorf kenne, hätte ich sofort eine Antwort: Aber natürlich! Da sind doch die Hügelgräber. Ich war dabei, als damals vor 16 Jahren die Entscheidung gefällt wurde, daß das *Mambachsche* aus Neubauernbesitz in das Eigentum der Gemeinde überging, als Bodendenkmal, als Gräberfeld, und später fuhr ich per Rad alle paar Tage von Grimma zur Grabung nach Sachsendorf hinüber. Als mich an der **Wedniger** Fähre einer fragte, was ich denn so oft dort drüben zu tun hätte, da berichtete ich ihm mit flammenden Worten von den Brandgräbern in Sachsendorf. „3000 Jahre alt?", meinte er skeptisch, „und da sollen sie schon das Feuer gekannt haben?" – „Aber ja, Meister, das Feuer ist doch seit Jahrhunderttausenden bekannt." – „Na, wenn's die Nerchauer wären, aber die Sachsendorfer...?"

Eine alte Dorfschmiede hat für die Leute vom *Rundblick* schon immer Anziehungskraft besessen. Deshalb auch kehrten wir beim Schmiedemeister *Gerhard Kretzschmar* ein. Wir fanden auch allerhand Bemerkenswertes, so die über 100jährigen Zangen über der offenen Feuerstelle, den noch mit der Jahreszahl 1879 versehenen Amboß, den trotz eines elektrischen Gebläses immer noch gut funktionierenden alten Blasebalg und die eichene Werkbank voller Furchen und Runzeln. Herzstück natürlich war der Schmiedemeister selbst.

Er legte etwas Koks auf das Feuer im kleinen Kanonenofen und begann seinen Bericht: „Ja also, das war vorgestern. Ich saß Punkt 12 Uhr bei meiner Nudelsuppe, als ich als Einsatzleiter der Feuerwehr alarmiert wurde. Eine Ochse sei in den Brunnen meines Nachbargrundstückes gestürzt. Donnerwetter! Das hatte ich noch nicht erlebt. Hier mußte sofort was geschehen, und schon drei Minuten später heulte die Sirene. Im Handumdrehen waren die notwendigen Helfer zur Stelle. Drei Heuseile, ein Hebezeug von der LPG, das waren neben einigen Leitern die wichtigsten Rettungsgeräte.

Ein Blick in den Brunnen – tatsächlich, da lag *Moritz,* ein Öchslein von etwa sechs Zentnern, schön an die Rundung des Brunnenschachtes geschmiegt in acht Meter Tiefe. Den Kopf hatte er etwas erhoben, also lebte er. Nun mußte einer von uns auf der Leiter hinunter, um dem Tier ein Seil um die Hörner zu legen. Ein zweites wurde um die Brust geschlungen. *Gerhard George* unternahm das Wagnis, und vielleicht nennt man ihn in Sachsendorf nun mit Respekt den „Ochsenretter".

Jedenfalls trat dann der Kran von der LPG in Aktion, und nach 40 Minuten stand Moritz, völlig eingeweicht und etwas zitternd wieder an der Erdoberfläche. Wir hatten danach allen Grund, die Rettungsaktion im Gasthof genügend zu würdigen.".

Beim Gang durchs Dorf fielen uns die fränkischen Bauernhöfe auf mit den zur Straße gerichteten Giebeln und dem schlichten Lehmfachwerk im Obergeschoß. Dann bewunderten wir die noch in reiner Form erhaltene romanische Rundapsis mit dem Turmraum der Kirche. Diese selbst ist nach einem Brande erst um 1700 errichtet und seitdem mehrfach verändert worden.

Übern Gartenzaun wurde uns dann eine weitere Heldengeschichte erzählt: Es war vor Weihnachten im vergangenen Jahr. Eine für den Schlachthof bestimmte Kuh der LPG hatte während des Verladens die Flucht ergriffen. Trotz aller Bemühungen gelang es nicht, sie wieder einzufangen. Sie suchte im nahen Wald Zuflucht und ward nur während der Dunkelheit hin und wieder im Dorf gesehen (versicherten jedenfalls glaubwürdig einige Einwohner!?). Einer Frau mit einem Kuchenbrett voller Stollen jagte sie einen gehörigen Schrecken ein. In letzter Minute konnte sie ihr Weihnachtsgebäck retten. Hier kann nur noch Förster *Dubrow* helfen! Der ging von Stund an in Wehr und Waffen seiner sonst so friedlichen Arbeit nach. Endlich konnte er mit drei Brennecken der Kuh aufs Leder rücken. Trotzdem wurde sie noch flüchtig, und erst nach weiteren vier Kilometer Jagd beendete eine Schrotladung das Abenteuer. Revierleiter Dubrow meldete der LPG seinen Erfolg und hielt die Totenwache. Doch der Abtransport verzögerte sich, und der Tierarzt mußte den letzten Gang des aufmüpfigen Tieres ändern: Nicht Kochtopf der LPG-Mitglieder, sondern Tierkörperverwertungsanstalt!

Wir warfen noch einen Blick in die Schule, die seit 1953 im vormaligen Herrenhaus in **Wäldgen** untergebracht ist. Heute sind es nur noch die ersten drei Schuljahre, während die Großen nach **Burkartshain** fahren. Der aus dem 16. Jh. stammende Bau wurde im Barock verändert und weist eine kraftvolle Raumentfaltung auf. Doch das Gebäude zeigt viele Mängel. Und welche Überraschung: Im Schulhaus fanden wir neben einigen anderen und älteren Darstellungen des ehemaligen Herrensitzes einen echten *Stengel* vor, eine „Dorfstraße in Sachsendorf", in Stengels bekannter hervorragender Aquarelltechnik ausgeführt.

Die flache Landschaft ist in ein milchigtrübes Licht getaucht, als unser Trabant die Straße nach Wurzen unter die Räder nimmt. Mit guten Eindrücken verlassen wir die kleine Siedlung. Am Wegrand, weit außerhalb des Ortes, steht einsam, an längst vergangene Zeiten erinnernd, ein schlichtes Steinkreuz, neben dem eine junge Birke den Frühling entgegenträumt.

*Renate Sturm-Francke und*
*Werner Ballschmieder, 1965 S. 98.*

HEUTE: Die Schule in Wäldgen hat ihre Türen längst geschlossen, das Gebäude des Herrenhauses gehört seit der Wende einem Italiener und zerfällt zur Ruine.

**Der Ort blieb vom Krieg nicht verschont. 1943 hat eine „verirrte" Bombe in Sachsendorf eingeschlagen**

# In der *Kuhmulde* wurden zum Tode verurteilte Delinquenten ertränkt

Einstmals schlängelte sich in der Niederung vor **Wurzen** ein Altarm der Mulde vorbei. Er konnte dort, wo die Muldengasse endete, in einer Furt durchquert werden. Vor allem nutzten die Wurzener die seichte Stelle, die hier tagtäglich ihre Kühe hinüber auf den Anger trieben. Da war es natürlich, wenn der Volksmund angesichts der Rinderscharen, der Furtstelle den Namen *Kuhmulde* gaben.

Neben der Viehzucht mit dem Weidetrieb und der Pferdeschwemme waren aber noch etliche Gewerbe vorhanden, die ebenfalls diese Stelle nutzten, die Fischer, Bleicher und Gerber. Aus einer Häuserzeile, die der Kuhmulde am nächsten lag und als die *Gerberhäuser* schon im 16. Jh. nachzuweisen ist, entwickelte sich die *Muldengasse*.

Hier war aber auch jene denkwürdige Stelle, an der der Rat zu Wurzen die zum Wassertod Verurteilten zu richten pflegte. Trübe Empfindungen erweckte auch ein Haus am jenseitigen Anger, wo der *Bleichplan* seinen Anfang nahm. Es war das „Siechenhaus", seitab von allem örtlichen Verkehr, in das man namentlich bei drohenden Epidemien Pestverdächtige und schon Erkrankte übers Wasser brachte. Man sieht auf Wurzens Stadtbild jener Zeit weder Brücke noch Steg.

Auf der *Bleiche*, deren Ufer sich bis zur Kuhmulde dehnten, herrschte ein ständiges Treiben. Die Fischer, die auf der Bleicheninsel wohnten, warfen oft hier ihre Netze aus. Belebend wirkte seit 1810 die Anlage der „Pflanzenbeete", die der Rat der Stadt auf seinem Areal am alten Anger den Stadtbewohnern überließ, die keinen Grund und Boden besaßen, um sich aus dem Gartenbau selbst zu versorgen. Jetzt machte es sich notwendig, eine Bockbrücke zu setzen. Zwar entstand durch des öfteren

**Die Ansicht von Wurzen eines unbekannten Zeichners um 1650, wie sie über die Jahrhunderte hinweg bestanden hat (nach Merian)**

eintretendes Hochwasser immer wieder mal einiger Schaden, doch es vermochte nicht die aufkommende Kleingartenbewegung einzudämmen.

Da auch der Steg den Hochwassern nicht immer standhielt, kam es schließlich zum Bau einer festen Steinbrücke, die die Kuhmulde in weitem Bogen überspannte *(Abb.)*. Doch schon nach 25 Jahren wurde sie ein Opfer der gesamten Umgruppierung, mit der das Kanalprojekt und die Ausdehnung der Industrieanlagen das Landschaftsbild wesentlich veränderten. Die Kuhmulde wurde verfüllt und damit verschwand ein idyllisches Stück vom älteren Wurzen.

*Walter Koch, 1965 S. 73*

## Rodeln ohne Schnee auf der Betonpiste am Oschatzer Collm

Das diesjährige Sommerrodeln war bereits das fünfte seiner Art, das auf der Betonpiste am Oschatzer Collm stattfand. Am Start oben auf dem Berg kamen wir mit jungen Rodlern ins Gespräch *(s. Abb.)*: „Angst? Na ja, vor allem beim ersten Male ist da so ein komisches Gefühl. Aber wenn es gefährlich wird, dann kann ich ja immer noch bremsen. Und außerdem fahren wir nicht gleich von oben, sondern Stück für Stück ging es beim Start weiter höher. Etwas riskieren müssen wir schon, denn schließlich ist *Thomas Köhler* unser großes Vorbild, dem wir nacheifern. Und der beobachtet uns ganz genau."

Das Rennfahrzeug ist ein ganz normaler Rennschlitten, der ein zweites Kufenpaar erhält, an dem kleine, luftbereifte Rollerräder befestigt sind. Kurz nach dem Abschub legt sich der Rodler ganz flach auf den Rücken. Seinen Halt bekommt er durch einen Gurt, der vorn befestigt ist. Die Lenkung erfolgt durch Eindrücken der Kufen. Anfänger lassen die Beine auf dem Pflaster schleifen. Zur notwendigen Ausrüstung gehören ein Schutzhelm und ein Paar feste Handschuh. Mit Spitzengeschwindigkeiten von 80 km/h sausen die Rodler den Berg hinab. Die granitenen Begrenzungssteine und die Kurven sind mit Strohballen ausgepolstert. Gefährlich ist die Fahrt schon, deshalb stehen Krankenschwestern und das DRK bereit. Einige Stürze gehen glimpflich ab.

*Manfred Müller, 1965 S. 525*

HEUTE: Da sich die Stürze mit bedenklichen Verletzungen häuften, erfolgte wenige Jahre später die Einstellung dieses sommerlichen Ausgleichssportes.

## NOTIZEN

**Wurzen:** Am 12. Mai pilgerte alt und jung hinunter zur Muldenbrücke. Hier bot sich ihnen ein Schauspiel, das sie lange nicht gesehen hatten: Die Mulde hatte **Hochwasser**. Weithin waren die Wiesen überschwemmt, und manch einer wird sich an die schrecklichen Tage des Jahres 1954 erinnert haben. Ursache waren reiche Niederschläge, die das Gebiet der DDR heimsuchten. *1965 S. 285*

**Oschatz:** Der **Mühlgraben** wird zugeschüttet und verschwindet aus dem Stadtbild. Einst bedeutete er eine Lebensnotwendigkeit für die Städter, denn sein Wasser trieb drei Mühlen an. Außerdem brauchten die Gerber das Wasser zum Einweichen der Felle, und auch die Stadtbrauerei profitierte davon. Es bleibt der Straßennamen *Am Mühlgraben*. *1965 S. 118*

**Leipzig:** Einen Messebummel zu den Betrieben, die anläßlich der **Frühjahrsmesse** in Leipzig ausstellen, unternahm die *Rundblick*-Redaktion. Dabei vermerkten die Besucher mit Anerkennung, daß eine ganze Anzahl wertvoller Produkte aus dem Heimatgebiet angeboten werden: Kaolin, Kekse, Porzellan, Papierwaren, Farben, Möbel, Wandtafeln, Lampen *(s. Abb. mit Bronze und Dämmich aus Wurzen)*, Filze, Teppiche, Kinderbekleidung, Maschinen und Apparate, Waagen, Hausschuhe, Kleinschlepper u.a.. *1965 S. 143*

**Döben:** Die **Teichmühle** *(s. Abb.)* wird erstmals 1542 im Türkensteuerregister genannt, zweihundert Jahre später sogar als „Mahl-,

Öl- und Walkmühle“. Sicher lieferten die Grimmaer Tuchmacher ihre Ware hierher. Da der kleine Bach keinen regelmäßigen Mahlbetrieb gewährleisten konnte, wurde er zu einem Teich angestaut. Er ist heute noch vorhanden. Das Wasserrad dreht sich allerdings nicht mehr und ist dem Verfall preisgegeben. Der elektrische Strom hat seine Arbeit übernommen. *HK 1965 S. 78*

**Colditz:** Das Heft 8/1965 *(S. 349–400)* bringt ausschließlich einen Rückblick auf die Festtage der **700-Jahr-Feier**. Die Texte und Bilder von *Wolfgang Stadler und Gerhard Weber* spiegeln die festliche und fröhliche Atmosphäre wider, die in den vergangenen Wochen in der Stadt herrschte.

Die amtlichen **Ergebnisse** der **Volkszählung** vom 31.12.1964 ergaben für die drei Kreise eine Fülle von Zahlen. Die Einwohnerzahlen betragen für
Wurzen: Kreis 56 934, Stadt 24 324
Oschatz: Kreis 55 244, Stadt 15 547
Grimma: Kreis 70 698, Stadt 16 294
Auch alle Gemeinden sind mit ihrer Bevölkerungszahl aufgelistet. Rund 57 % aller Einwohner befinden sich im arbeitsfähigen Alter. Dieser Anteil wird sich auch in den nächsten Jahren nicht erhöhen, da immer noch mehr Personen ins Rentenalter gehen als aus dem Kindesalter zur arbeitsfähigen Bevölkerung hinzukommen. *1965 S. 419*

**Grimma:** Die **Brüder Harnisch** waren zwei Landschaftszeichner, deren Lithographien von Landschaften in und um Grimma heute noch manche Stube oder das Treppenhaus zieren. Der eine, *Friedrich Wilhelm Harnisch*, wurde 1805 in Grimma geboren, sein Bruder *Johann Ludewig* 1818. Die Darstellung zahlreicher Gebäude zeigt manches Detail zur Geschichte der Stadt. *1965 S. 475*

**Colditz:** Betriebsleiter *Hans-Joachim Lampe* schreibt über die **Brauereigeschichte** einen längeren Text. Sie nimmt 1584 ihren Anfang mit der Einlagerung von Bier im Bergkeller am Hartenstein. Das Bier wurde in den historischen Gebäuden am Markt gebraut und verdankt seinen guten Namen dem Colditzer Wasser. Vor allem *Moritz Dietz* steigerte bis zum Zweiten Weltkrieg den Bierausstoß. Nach dem Zweiten Weltkrieg nahm der Betrieb staatliche Beteiligung auf. *1964 S. 559 – Die Produktion wurde Anfang der 90er Jahre eingestellt.*

**Wurzen:** Im Jahre 1889 gründete der Schlossermeister G.F. Lieder in der Jacobsgasse einen Betrieb zum Bau von Transportanlagen. 1905 bezog er neue Produktionshallen in der

Dresdener Straße. Mit dem Ende des Zweiten Weltkrieges erfolgte die Verstaatlichung unter der neuen Firmenbezeichnung **VEB Wutra-Werk** Wurzen. Nach der Modernisierung, bei der Maschinen die Handarbeit ablösten, werden in größeren Mengen Schneckenförderer und Becherwerke hergestellt. Sie sind überall dort notwendig, wo feine und trockene Güter transportiert werden müssen, also in der Grundstoffindustrie (Zement, Kalk, Getreide usw.), in Bekohlungsanlagen u.a.m. Beachtenswert ist der polytechnische Unterricht für neun Klassen. Eine fachlich gute Lehrlingsausbildung sorgt für qualitativen Nachwuchs. *1964 S. 451.*
HEUTE: Die Produktion wurde in den 90er Jahren eingestellt und der Betrieb geschlossen.

**Blick in die Werkzeugmacherei vom Wutra-Werk**

## Die Kannengießergasse in Wurzen

Es gibt in Wurzen mehrere Gassen, die in ihrer Anlage und ihrem Namen nach aus mittelalterlicher Zeit herstammen, wie die Barbara-, die Jacobs-, Wenceslai- und Johannisgasse, während einst die Badergasse als die Donatsgasse ebenfalls den Namen eines Heiligen der bischöflichen Zeit getragen hat. Diese ältesten Namen lassen sich ergänzen mit der Altstadt und An der Mauer, wozu noch eine Gasse kommt, die an ein Handwerk alter Zeit erinnert: Die Kannengießergasse.

In dieser Gasse, deren Name zuerst 1617 erscheint, hat zweifellos ein Kannengießer (wie man einst die Zinngießer benannte) sein Gewerbe ausgeübt. Ein Meister hat damals genügt, der Gasse ihren Namen für Jahrhunderte zu sichern. Nächst der Töpferware war das Zinngeschirr vorherrschend und das meistgebrauchte Hausgerät. Dazu waren die Kannengießer in den Landstädten nicht allzu häufig anzutreffen. Es scheint, daß die in Wurzen ansässigen Meister niemals über zwei hinausgekommen sind. Dadurch konnten sie auch keine Innung bilden, sondern unterstanden zunftmäßig der Kreislade in Leipzig.

Unter den Kannengießern Wurzens ist als erster Meister Fischer nachzuweisen, der 1607 an der Pest verstarb. Er war der einzige des Handwerks hier, wie sechzig Jahre später auch Franz Porta und 1717 Meister Schäffer. Erst 1730 sind zwei Zinngießer in Wurzen, die laut der Feuerordnung für den guten Stand der Feuerspritze die Verantwortung zu übernehmen hatten. Zwei Meister hielten sich hier bis zum Jahre 1833, von welchem Zeitpunkt ab das Zinngießerhandwerk nur noch am Markt bis 1896 anzutreffen war.

*Walter Koch, 1958 S. 469*

**Die Kannengießergasse in den 20er Jahren**

| 1966 | 13. Jahrgang |
|---|---|

**Der Rundblick.** Monatsschrift für Kultur und Heimat der Kreise Wurzen-Oschatz-Grimma. Heimat zwischen Elbe und Mulde. 12 Hefte á 50 Pfg., 624 Seiten.

**Heimatkalender 1966** der Kreise Wurzen-Oschatz-Grimma. 9. Folge, 128 Seiten, 2.40 MDN. *Aus dem Inhalt:* Die Nerchauer Fähre (Otto Hessel), Radfahrt durch die Dahlener Heide, Neue Schule in Mutzschen (Jutta Barthel), Park- und Gartenanlagen (Erwin Winkler), Die Steingutfabrik in der Hubertusburg (Walther Käseberg), Alte Autos in Rohrbach (Manfred Müller), Erinnerungen an Tanzstunden.

## Rauchen Sie Rothersdorfer?

Vor zwanzig Jahren hatte ich acht Tabakpflänzchen erwischt und sie im Garten unterm Pfirsichbaum in die Erde gesenkt. Sie hatten zu wenig Sonne, wurden nur 30 cm hoch, blühten zwar sehr rosig und reizvoll, schmeckten aber scheußlich!

Zwei Jahre später, die Männer waren aus dem Kriege heimgekehrt. Man erwarb schöne breite Tabakblätter im Tausch gegen irgend etwas, und man tauschte auch Rezepte für die Behandlung dieser Blätter aus. Mit unwahrscheinlicher Geduld hockte man – einmal bis ¼ 3 Uhr nachts – auf dem Oberboden, feuchtete, fermentierte, sortierte und was weiß ich alles.

An all dieses muß ich denken, als wir an einem herrlichen Herbsttag voller Morgendunst in Rothersdorf anrollten, und zwar mit dem Fahrrad wie einst, als man noch Tabakblätter hamsterte. Die Tabakanlage im Ort ist 1956 von der *LPG Einheit* in **Pausitz** errichtet worden. Das gesamte hier verarbeitete Material wird in Eigenbau gewonnen. Zwei Feldbaubrigaden der LPG beschäftigen sich damit. Die Aussaat beginnt in den ersten Märztagen in Frühbeetkästen. Vom 10. April bis Anfang Mai pikieren 15 Frauen die winzigen Pflanzen. Anschließend erfolgt das Auspflanzen mit der Maschine, die ein Traktor gemächlich übers Feld zieht. Solange er wächst, wird er dreimal mit der Maschine und zweimal mit der Hand gehackt, und schon Ende Juli setzt die Ernte ein. Schulkinder im UTP oder in den Ferien und zahlreiche Frauen beteiligen sich daran, die jeweils drei bis vier untersten Blätter zu „blatten". Bei durchschnittlich achtzehn Blatt sind das fünf Durchgänge.

Tabakballen warten auf den Abtransport

An einem Tag werden 40 Doppelzentner Grüngut geerntet, die in der Tabakanlage getrocknet werden. Das geschieht in drei Kammern, von denen jede zwölf Wagen faßt. In einem Wagen werden drei Doppelzentner Frischblatt „aufgelattet". In der ersten Kammer erfolgt die „Vergilbung" bei hoher Luftfeuchtigkeit, die zweite ist die Trockenkammer bei 85 Grad Wärme und in der dritten werden die Blätter angefeuchtet, damit sie nicht brechen.

Das alles geht Schlag auf Schlag. In jeder Kammer bleiben die Blätter 24 Stunden, dann werden sie auf den Tischen mit einem Sauggebläse entfaltet, nach Güteklassen sortiert, gepreßt und „verballt" in 30 kg Ballen zum Fermentieren nach Döbeln geliefert.

Der Tabakanbau in unserer Gegend ist noch etwas ganz Neues. Er begann nach dem Zweiten Weltkrieg. Die Großanlage in Rothersdorf umfaßt 13 ha Feldfläche, eine weitere gibt es in **Nischwitz**. Der hiesige Tabak wird mit anderen Sorten gemischt und in der Zigarettenindustrie verwendet. Es kann also ohne weiteres passieren, daß Sie zur Hälfte *Rothersdorfer* rauchen.

*Renate Sturm-Francke 1966, S. 279*

HEUTE: In den Betriebsräumen hat sich seit Jahren die Gaststätte *Zur Tabakbaude* etabliert, die vor allem Reisegesellschaften ein unterhaltsames Programm bietet.

# Lohnender Aufstieg zum Colditzer Heimatturm

„Die Welt ist eine schöne Gegend“, meinte scherzhaft der Wanderer, der die 102 Stufen des Colditzer Heimatturmes emporgestiegen war. In der Tat: Hier oben kann man einen schönen Rundblick genießen. Oder auch im *Rundblick* blättern – ganz wie man will.

Berlin hat seinen Müggelturm, Leipzig das Völkerschlachtdenkmal. Der Colditzer Heimatturm ist auch ganz schön hoch. Es besteht absolut kein Grund, geringschätzig an seinen 35 Metern emporzugucken oder hinabzusehen, denn die Colditzer lieben ihren Heimatturm nicht weniger als die Pariser ihren Eiffelturm.

Im Jahre 1901 wurde der Heimatturm erbaut. Nun gibt es in Colditz einige Schelme, die meinten spitz: „Na ja, da geht er 1966 also in Rente und verfällt!“ Weit gefehlt!

Sechs wechselvolle Jahrzehnte vergingen. Niemand zählte die Veranstaltungen, die hier oben auf dem *Töpelsberg* schon stattfanden. Die ältesten Einwohner der Stadt schwören darauf, daß der Name Töpelsberg von dem Wort Teufel herrührt und aus jener Zeit stamme, als es noch „richtige Teufel“ gab. Unsere Sprachwissenschaftler sind leider anderer Meinung.

Eine Zeitlang war es etwas ruhig um den Heimatturm geworden. Aber als sich in diesem Frühjahr die Natur schmückte, erneuerte sich auch der Turm unter den Händen fleißiger Colditzer Bürger. Dies sollte eigentlich schon bis zur 700-Jahr-Feier geschehen sein, aber die Zeit reichte einfach nicht mehr (vielleicht auch nicht das Geld, ich weiß das nicht so genau). Nun ist der Turm mit seinen Anlagen doch wieder ein beliebter Ausflugsort geworden. Der schönste Aufstiegsweg ist der von der Lastauer Straße aus. Er ist aber auch der gefährlichste, denn er führt über die *Schwindelbrücke*. Jeder Spaziergänger, der schon mal gelogen hat, stürzt dort unweigerlich in die Tiefe. Daß dies bisher noch nicht passierte, spricht für die Wahrheitsliebe der Colditzer.

Der Weg ist schattig. Er führt in leichter Steigung nach oben. Stühle, Bänke und Tische laden zur Rast. Auf Wunsch kredenzt Turmwirtin Uta einen kühlen Trunk oder

**Luftige Begegnung am Heimatturm**

reicht einen kleinen Imbiß. Im Inneren des Turmes befinden sich fünf gemütliche Nischen, gerade das Richtige für kleine Gruppen.

Wir steigen hinauf. Über uns flattert die rot-weiße Stadtfahne. Im Tal glänzt das Band der Mulde. Das Porzellanwerk zieht mit seinen hellen Gebäuden den Blick auf sich. Wir erkennen manchen Ort, ganz im Hintergrund den Oschatzer Collm, auf der anderen Seite den Rochlitzer Berg. Hier oben empfindet man umfassend den ganzen landschaftlichen Reiz unserer Heimat. Über die **Lastauer** Brücke rollt ein Güterzug. Wie eine Riesenschlange windet er sich parallel des Muldenbettes. Seine Rauchfahne zittert eine Weile über dem gleißenden Schienenstrang, aber ehe der Zug zwischen den ersten Häusern der Stadt unsern Blicken entschwindet, hat sie der leichte Sommerwind schon verweht.

Etwas nachdenklich geworden, aber innerlich bereichert, treten wir den Heimweg an. Die Sonne steht gleich einem roten Feuerball über dem Colditzer Wald. Ein schöner Tag geht zu Ende. Wir wandern der Stadt zu. Es ist wirklich ein wohlgestaltetes Fleckchen Erde hier am Heimatturm, wert, daß es viele Menschen kennen und lieben lernen. *Wolfgang Stadler, 1966 S. 367*

HEUTE: In den folgenden Jahren erhielt der Turm Anbauten und eine neue Krone. Er ist nach wie vor ein beliebtes Ausflugsziel mit Gastronomie und wechselnden Veranstaltungen.

**Ballendorf im Winter. Holzschnitt von Johannes Oliva, 1963**

## Meine Heimat Ballendorf

Er erzieht sie alle auf seine Weise, auf eine eigene, stille und bescheidene Weise, der Landlehrer *Johannes Oliva*, der Lehrer für alle und alles ist, zugleich Schulleiter, Chorleiter und Leiter der Gemeindebücherei.

Klein ist das Klassenzimmer in Ballendorf, in dem das 1. bis 3. Schuljahr mit Alphabet und dem Einmaleins bekanntgemacht wird – aber groß ist die Liebe ihres Lehrers, der ihnen nicht nur Buchstaben und Zahlen beibringt, sondern sie auch das Sehen lehren möchte, damit sie nicht achtlos an den kleinen Dingen vorübergehen, damit sie ihre Heimat lieben lernen, und ihre Heimat, das ist das Dorf.

Die beiden Wandseiten gegen Tür und Fenster tragen große schwarze Schiefertafeln, auf denen schon die Aufgaben für den kommenden Tag stehen. Und wenn die Schüler, wie bisher, ohne Sitzenbleiber ihre ersten drei Schuljahre mit Erfolg absolviert haben, werden alle zum vierten Schuljahr nach Bad Lausick entlassen.

Es gehörten Mut und Kraft dazu, 1952 nach Ballendorf in das alte Wohnhaus eines ehemaligen Bauerngutes zu ziehen, aber noch mehr Kraft und Mut forderten sicher die ersten Jahre nach 1945, denn da war es nicht die Schule, sondern es waren die kunstgewerblichen Arbeiten, die der achtköpfigen Familie Oliva Brot und Milch auf den Tisch brachten. Die Keramikmalerei, bisher nur geliebtes Steckenpferd, wurde damals zum Beruf und diente dem Broterwerb. Und die von Töpfern gedrehten und gebrannten von Johannes Oliva bemalten Teller und Töpfe, Krüge und Kannen waren so bunt und so schön, daß sie vielen Leuten in Stadt und Land gefielen .

Wohin man schaut in der alten gemütlichen Bauernstube, alles ist von seiner Hand: der Teller an der Wand, der Krug auf dem Schrank, das Bild über dem Klavier, Holzschnitte und Federzeichnungen.

Alles, was ihn umgibt, zeugt davon, daß er sich der Volkskunst verschrieben hat. Er will die Menschen wieder zum Sehen veranlassen, zum Schauen erziehen, zum

Betrachten bringen, denn wenn sie schon nicht hören wollen, dann sollen sie doch sehen lernen, sagt er lächelnd, und es ist ihm ernst damit.

Immer konzentriert er sich auf das Nächstliegende, das jeder sieht oder doch sehen könnte, das allen gehört, auf das Dorf, in dem er wohnt und lebt und schafft. Er möchte, daß keiner mehr gedankenlos vorübergeht, daß jeder es sieht, wie stark ein Baum ist, wie klar der Dorfteich, in dem sich alle Schönheit widerspiegelt wie in einem beseelten Auge. Und sein Dorf und die Bäume und der Teich spiegeln sich auch in allen seinen Bildern wider.

Vierhundert Einwohner hat Ballendorf, und außer den Kindern gibt es Bauern und Schichtarbeiter, die nach Espenhain fahren ins Braunkohlenkombinat. Und doch gibt es einen Männerchor, der stolz auf eine hundertjährige Tradition zurückblicken kann. Der musische Lehrer Johannes Oliva pflegte diese Tradition, und als die Männer rar wurden, gesellte er zu ihnen die Frauen und schuf den Gemischten Chor, der nun auch schon seinen 10. Geburtstag feiern konnte.

In seiner Wohnstube ersetzen rankende Pflanzen die hindernden Gardinen am Fenster, vor dem es blüht und blüht, denn er will ja sehen, mit offenen Augen sehen, der Lehrer von Ballendorf. Und als wir wieder auf die Dorfstraße treten, sehen wir Kirchturm und Kastanie mit anderen Augen, mit seinen Augen an und sind Johannes Oliva dankbar für die zwei Stunden, in denen wir viel gelernt haben. Zum Abschied grüßt uns noch einmal das klare Auge des Dorfteiches, auf dessen grünem Inselchen sich schneeweiße Enten sonnen. *Johanna Kraeger, HK 1966 S. 65*

*

*Fünf Jahre später*: Als ich so unvermutet die Nachricht von seinem frühen Tode erhielt, stand Erinnerung auf an die Begegnung mit Johannes Oliva in seinem Wirkungsbereich Ballendorf, die unvergessen in mir weiterlebt. Mich berührte damals die bescheidene Weise, in der er sein Werk in der Stille tat.

Er hat Kindern wie Erwachsenen sehen gelehrt: Schönheit der Heimat, Kunst im Kleinen, Form und Farbe an Keramiken, an Holzschnitt und Federzeichnung. Und alles kam aus ihm selbst, ohne Anleitung oder Studium etwa, nur aus seiner Liebe zu den Menschen, zu seinem Dorf. Er schenkte alles her und gab sein Herz mit darein. Schule wie Dorfchronik, Bilder wie Kinderherzen bergen die Erinnerung an Johannes Oliva und werden sie in dankbarer Liebe bewahren.

*1971 Heft 3 S. 12*

# Einsamkeit im Erlenmoor

Hinter dem östlichen Ortsausgang von **Grethen** beginnt zur Rechten das große Erlenmoor *Die alte See*. Dieses Naturschutzgebiet umfaßt 25 Hektar und ist von einer eigenartigen Schönheit. Nur wenige dringen in dieses Gelände ein. Wege und Pfade sind kaum vorhanden, und Wassertümpel verhindern das Vorwärtskommen.

Die alte See gliedert sich in fünf unterschiedliche Teile: Die Insel, das Erlenmoor von 17 Hektar Ausdehnung, das fast baumlose Sumpf- und Wiesenland, der drei Hektar große Teich und das sich an diesen nordwestlich anschließende Laubgehölz, das von der in den Ort fließenden Parthe umgrenzt wird. Dieses Gewässer durchfließt fast geradlinig das gesamte Gebiet der alten See und trennt es in zwei ungefähr gleich große Teile.

Die Insel, vermutlich durch eine Aufschüttung entstanden, ist mit mächtigen Eichen bestanden. Hohe Gräser überziehen den Boden, und im Frühjahr blühen die Maiblumen. Im Geäst der Bäume bauen Habichte, Elstern, Krähen und Ringeltauben ihre Nester. In Baumhöhlen haust vereinzelt die Eule.

Im Erlenmoor, eine versumpfte Niederung des einstmals größeren Sees, wachsen auf unzähligen von Wasser und Sumpf umgebenen runden Sockeln Schwarzerlen und andere Bäume. Die Sockel bieten eine ganze Pflanzenwildnis dar, darunter Farne, Gräser, Stauden und Moose. In dem heißen Sommer des Jahres 1947 verwandelte sich der Morast in eine zundertrockene Masse, und durch einen Brand gingen mehrere Hektar Erlenwald verloren.

An der Nordecke der alten See tritt der Mühlgraben aus dem Teich. Aber es fließt kein Wasser mehr über ein Mühlrad. Seit zwanzig Jahren ist die Mühle stillgelegt.

Am schönsten ist das Moor im Frühling. Den ersten Farbenschimmer verleihen die vielen gelbblühenden Grauweidenbüsche. Den nächsten Farbengruß entbieten die Birken mit ihrem zartgrünen Laub. Wenn die Sonne wärmer scheint, übt der Kuckuck wie närrisch seinen Frühlingsruf auf den alten breitästigen Eichen. Im Wasser aber und im Morast gärt das neue Leben mit unwiderstehlicher Kraft. Schilf und Rohr und Farne schießen wieder empor. Das Blätterdach breitet sich erneut über dem Bruch aus, so schattig und dicht, als sollten die Geheimnisse einer schönen und unberührten Natur verborgen bleiben, die ein Stück unserer Heimat sind.

*Alfred Klaus, 1966 S. 375*

# Wie das Wurzener *Rosental* zu seinem Namen kam

**Windschiefes Wohnhaus am Eingang zum Rosental, in den 60er Jahren abgerissen**

Das Gelände an der Stadtmühle kannte man von altersher nur unter dem Namen *Teichdamm*. Es war üblich, eine Straße oder einen Weg danach zu benennen, was in seinem Bereich für wichtig erachtet wurde. Hier war darunter der Fahrdamm zu verstehen, der den vom Westen kommenden Verkehrsweg über Sumpf und Wasser leitete und dann nach der Färbergasse zu weiterlief. Hier, wo die Rietzschke sich ihrer Mündung in den Mühlgraben näherte, setzte der Fluß in Regenperioden das Arial oft unter Wasser und riß tiefe Löcher in den Amtsweg.

Der Teichdamm war ein sehr alter Verkehrsweg, und von hier aus führt ein Weg hinauf zur mittelalterlichen Burg. Bauliche Maßnahmen und umfangreiche Abgrabungen an der Süd- und Ostseite des Domberges haben das ursprüngliche Profil des Steilhangs stark beeinflußt und die Spuren dieser einstigen Burgauffahrt verwischt.

Die ersten Anfänge zu einer baulichen Veränderung am Teichdamm zeigten sich nach 1806, als ein ausgedehnter Brand in diesem Viertel über 60 Häuser bis zur Färber- und Postgasse in Schutt und Asche legte. Mit Mühe wurde wenig später, beim Mühlenbrand von 1811, die Wiederholung einer solchen Katastrophe abgewendet, als dichter Funkenflug auf die neuerbauten Häuser niederging.

1872 begann der Rat sich aktiv um das Gelände zu kümmern. Das Teichdamm-Areal wurde planiert, wobei das Bett der Rietzschke überwölbt und auch der Postteich eingeebnet wurde. Es wurden Bäume gepflanzt und Grünflächen geschaffen. Ob dabei auch Rosen in die Erde kamen, ist unbekannt geblieben.

Jedenfalls verschwand die alte Bezeichnung, und an ihre Stelle trat *Rosental*. Vielleicht war es hier ganz so wie späterhin beim *Goldenen Tälchen* – ein flüchtig hingeworfenes Wort das Anklang fand, dann wieder aufgegriffen wurde und ein Name war gegeben.

Fünfzig Jahre später, nach dem großen Mühlenbrand von 1917, wurde auch die Westseite des Rosentalgeländes völlig umgestaltet. Die alten Bauten, die an den Mühlhof stießen, wurde abgerissen, und das *Rosental* damit noch übersichtlicher gestaltet.

*Walter Koch, 1966 S. 341*

# Walther Käseberg – Lehrer und Heimatforscher aus Leidenschaft

**Walther Käseberg (rechts) mit Paul Kuhnert in der Oschatzer Ratsstube beim Blättern im Sachsenspiegel. Über die Schulter schaut Ursula aus Wurzen.**

Am 5. Februar wollten wir Walther Käseberg, den **Oschatzer** Lehrer i. R. und Heimatforscher aus Leidenschaft, im Leisniger Krankenhaus zu seinem 70. Geburtstag mit lieben Grüßen überraschen. Da erreichte uns wenige Tage zuvor die Nachricht von seinem Tode. Seine Familie, Freunde und Mitarbeiter beim *Rundblick* und viele andere nahmen mit großem Schmerz Abschied von einem wertvollen Menschen. Sie alle schätzten seinen ehrlichen Charakter, sein bescheidenes Wesen, seinen urwüchsigen Humor und seinen Glauben an das Gute im Menschen.

Seit Bestehen der Monatsschrift war er deren Mitarbeiter, als Textautor, Ratgeber und Freund. Mit unerhörtem Fleiß vermittelte er den vielen Lesern durch interessante Beiträge sein heimatgeschichtliches Wissen. Er hat in großem Maße dazu beigetragen, daß der *Rundblick* sich zu einer Schrift entwickelte, die Achtung und Anerkennung gefunden hat.

Walther Käseberg wurde 1896 in **Wurzen** geboren. Seine Eltern verzogen mit ihm bald danach nach Oschatz, wo er später das Lehrerseminar besuchte. Er begann seine Lehrertätigkeit in verschiedenen Dörfern, bis er in Oschatz eine feste Anstellung fand.

Der faschistische Krieg unterbrach seine freudvolle Arbeit. Als er nach fünfjähriger Gefangenschaft mit neuen Hoffnungen in die Heimat zurückkehrte, verwehrt man ihm zunächst seine Lehrertätigkeit. So widmete er sich jetzt intensiv der Heimatforschung. Er begann die ausgelagerten Gegenstände des Heimatmuseums zusammenzuführen und gleichzeitig durch emsiges Sammeln zu erweitern. In seiner ehrenamtlichen Museumsleitung legte er die Grundlagen für die Oschatzer Bildungseinrichtung.

Dann durfte er in **Schmorkau** den Kleinsten das ABC lehren und die Liebe zur Heimat wecken. Er versäumte dort nicht eine Stunde. Und war der Sturm noch so verheerend, lag der Schnee noch so hoch, immer war er pünktlich zur Stelle. Wenn es nicht anders möglich war, dann schritt er zu Fuß zu seinen Schülern.

1961 trat er in den verdienten Ruhestand. Er blieb aktiver und treuer Mitgestalter des *Rundblicks* und des Heimatmuseums. Außerdem übernahm er als Reiseleiter die Aufgabe, die Urlauber in Wermsdorf und Schmannewitz bei Rundfahrten mit den Schönheiten und der Geschichte seiner Heimat vertraut zu machen.

Ein Freund schrieb diese Zeilen: „Wir haben ein großes Stück Heimat mit unserem Walther Käseberg verloren.“ Wie recht hatte er. Das, was er getan hatte, wird ihn überdauern. *Manfred Müller, 1966 S. 121*

# In Pferdeomnibussen mit Kind und Kegel und einer Portion Butterbemmen nach Lindhardt

**Historische Ansichtskarte aus Lindhardt der 20er Jahre**

Der Ort ist in der Vergangenheit nicht nur ein beliebtes Erholungsziel, sondern sogar ein Kurort gewesen. Zu Beginn des 19. Jh. stand hier ein Gutsvorwerk mit einer Wassermühle, und in sieben Häusern lebten die Drescher. Um 1850 stellte die Mühle den Mahlbetrieb ein. Der Müller lebte nur noch von der Gastwirtschaft und betrieb dazu eine kleine Landwirtschaft. Schon damals gab es einen Schießstand mit Halle und Kugelfang. Mit dem Bau der Eisenbahn (1866) rückte der Ort als Ausflugsziel immer stärker in das Interesse der Leipziger, und 1885 konnte man lesen: Des Sonntags war der Wald zwischen **Naunhof** und Lindhardt von Leipziger Ausflüglern bevölkert. Dicht gedrängt rückten sie in Pferdeomnibussen an. In der Mühle durfte man im Garten an ungedeckten Tischen die mitgebrachten Butterbemmen verzehren.

1886 und in den folgenden Jahren wurde die Mühle beträchtlich erweitert. Von tüchtigen Wirten geführt, wurde das Etablissement zu einem Begriff für vorbildliche Betreuung und ein Anziehungspunkt für die ganze Umgebung.

1893 öffnete gar ein Kurhaus seine Pforten. Es sollte ein exklusives Haus für die „bessere Gesellschaft“ werden. So gab es Tennisplätze, eine Rollschuhbahn, Springbrunnen, Kegelbahn und eine Musikmuschel für die Kurkonzerte. In der Folgezeit mieteten sich in der Tat Geldleute, darunter auch Ausländer, im Kurhaus ein. Ein Kurarzt verordnete Bäder und Massagen. Mühle und Forsthaus dienten der breiten Öffentlichkeit.

1903 war das Jahr der höchsten Konjunktur. Der Mühlensaal erhielt eine neue Theaterbühne. Die über 2000 Sitzplätze in Gärten und Lokalen waren an schönen Sommertagen durchweg besetzt. Im Winter gab es Eiskonzerte der Kapelle Blohm. Die Besucher kamen in Pferdeschlitten an, Grog und Pfannkuchen sorgten für die Erwärmung.

Das Kurhaus erfüllte nicht die geschäftlichen Erwartungen. In zwanzig Jahren wechselte achtmal der Besitzer oder Pächter, und immer wieder wurde das Geschäft mit Verlust aufgegeben. Der Erste Weltkrieg gab dem friedlichen Treiben den Rest. Im Kurhaus wurde eine Lazarett eingerichtet, das danach gänzlich seine Pforten schloß. Die Mühle kaufte für einige harte Dollar in der Inflationszeit der Deutschamerikaner *Schurk*. Mit Geld, neuem Unternehmergeist und viel Reklame brachte er die Einrichtung wieder in Schwung. Der Teich erhielt eine Holzeinfassung, die Strandveranden wurden vergrößert, ein großer Wintergarten eingerichtet und das ganze Haus mit Warmwasserheizung versehen. 1926 lockte gar ein Flugtag die Gäste an. Zu Weihnachten sprang ein Fallschirmspringer als Weihnachtsmann auf die Mühlwiese. Auch die Forsthaus-Gaststätte wurde erweitert. Tanzdiele mit einer Hauskapelle, Gondelteich, Asphaltkegelbahn, Schießstand und 2000 Sitzplätze lockten die Gäste an.

Infolge der Wirtschaftskrise Anfang der 30er Jahre mußte Schurk die Gaststätte verkaufen. Ein Nachbesitzer versuchte dann noch mal einen Aufschwung, der aber mit

Beginn des Zweiten Weltkrieges zunichte gemacht wurde. Die Gebäude dienten fortan als Lazarette, und die gestreiften Anzüge der Verwundeten bestimmten in den folgenden Jahren das Bild.

Ein Neuanfang in den Nachkriegsjahren hatte keinen Erfolg. In die Mühle zogen über hundert Kinder, die hier eine Heimat fanden. Das Forsthaus war noch bis 1961 in Betrieb, doch der Ausflugsverkehr blieb aus. Die Zukunft wird zeigen, ob Lindhardt wieder zum Anziehungspunkt für Erholungssuchende werden kann.

*Werner Kendschek, 1966 S. 442*

HEUTE: Diese Wunschvorstellung erfüllte sich nicht. Die Gaststätte schloß einige Jahre später ihre Pforten, das Kinderheim wurde 2003 aufgelöst. Auf dem Gelände und in den Gebäuden der ehemaligen Großgaststätte „Mühle“ entstand ein Wohnpark. Ein aktiver Heimatverein bemüht sich um Naturpflege und Veranstaltungen. Die am Wald- und Ortsrand gelegene Ausflugsgaststätte *Lindenklause* bewirtet die Gäste.

## Ist die Linde am Oschatzer Collm wirklich tausend Jahre alt?

Niemand versäumt es, der im Dörfchen **Collm** Einzug hält, der alten Linde auf dem Friedhof einen Besuch abzustatten, jenem mächtigen Baume, der an Alter und Stattlichkeit wohl kaum ein Gegenstück im Sachsenlande findet. Man spricht schlechthin, da keine genauen Nachrichten vorliegen, von der *1000jährigen Linde*. Bei einem Umfang von 11 Meter in 1 Meter Höhe müssen sich acht bis neun Erwachsene die Hände reichen, um den Baumriesen zu umfangen.

Die Jahrhunderte sind nicht spurlos an ihm vorübergegangen, denn Äste, die stärker sind als mancher stattlicher Baum, mußten schon mal aus Altersgründen entfernt und am Stamm durch Auszementierung notwendige sachgemäße Erhaltungsarbeiten vorgenommen werden. Aber zur Freude aller Natur- und Heimatfreunde sprießt und blüht der alte Recke unverwüstlich jedes Jahr wieder in jugendlicher Frische und unverminderter Lebenskraft.

Der Baum hat wohl die ganze Geschichte des Dorfes miterlebt. Hier am Fuße des weithin sichtbaren Berges fanden von 1185 bis 1259 die *Landdinge* des Meißner Landes statt. Der *Markgraf von Meißen* kam hierher, um mit den Großen des Landes über Leben und Tod zu entscheiden, Besitzstreitigkeiten zu klären, Belehnungen vorzunehmen. Da die Gerichtstage altem Brauch folgend im Freien abgehalten wurden, ist es durchaus möglich, daß der Dingplatz auf dem jetzigen Friedhofe lag und die Herren hier unter der Linde zu Gericht saßen.

Als dann die Landtage in die sich bildenden Städte verlegt wurden, wurde es still um die Linde. Sicher vernahm sie später etwas von dem wilden Jagdgetümmel, das anläßlich der großen Saujagden unter *August dem Starken* viele Schaulustige anlockte, aber auch von den Flüchen der Bauern, die gezwungen wurden, als Treiber oder zur Beförderung des Jagdzeuges tätig zu sein.

Die örtlichen Gerichtsherrn benutzten die Linde später als *Pranger*. Ein Eisenring wurde dem „Verbrecher“ um den Hals gelegt, und ein Zettel beschrieb seine Verfehlungen. Noch vor wenigen Jahrzehnten konnte man das Halseisen an der Linde sehen. Möge die alte Linde noch recht lange stehen als einzigartiges Naturdenkmal, als Wahrzeichen des Ortes und des Oschatzer Landes.

*Walther Käseberg, 1966 S. 383*

**Alljährlich im Frühjahr brechen die Knospen auf und überziehen den alten Gesellen mit einem grünen Blätterdach.**

# Durch Wurzen rollt eine gleislose Straßenbahn

**Die gleislose Straßenbahn im Crostigall**

Als am 2. Februar 1932 der Ingenieur *Max Schiemann* im Alter von 67 Jahren an den Folgen einer Darmoperation verstarb, fanden Werk und Arbeit Schiemanns, des „Pioniers des elektrischen Autobusses", des „Erbauers gleisloser elektrischer Straßenbahnen" in Fachzeitschriften und vielen Zeitungen die verdiente Würdigung. Schiemann selbst hatte zu Lebzeiten von der großen Anerkennung seiner Arbeit nichts gespürt. Von den großen wirtschaftlichen und finanziellen Auswirkungen seines Schaffens haben andere profitiert.

Schiemann wurde 1866 in Breslau geboren. Nach Beendigung eines Studiums arbeitete er bei *Siemens & Halske* in Berlin. Schon 1895 erschien von ihm ein Buch über Bau und Betrieb elektrischer Straßenbahnen. Nach kurzer Tätigkeit im Dresdener Straßenbahnbetrieb gründete er in Dresden ein eigenes Konstruktionsbüro und baute im Auftrage der Stadt die Straßenbahn durch den Plauenschen Grund. Danach gab ihm 1910 die Errichtung der Bielatal-Motorbahn Gelegenheit, in kurzer Zeit die erste gleislose Straßenbahn zu bauen.

Die Schiemannsche Art der Stromabnahme mit zwei Kontaktstangen von einer Oberleitung hatte sich gut bewährt. Sie lag 5 bis 6 m über der Straße und beeinträchtigte damit nicht den Straßenverkehr. Neben Personenwagen mit 13 Sitz- und 6 Stehplätzen gab es besondere Wagen für den Güterverkehr und Turmwagen für die Unterhaltung der Fahrleitung. Die Personenwagen waren entweder mit Polstern oder mit Lattensitzen versehen, der Fußboden mit Kokosmatten bedeckt. Im Inneren gab es eine elektrische Beleuchtung. Die Wagen konnten Steigungen bis 6 % befahren und entwickelten auf gerader Strecke eine Geschwindigkeit von 12 bis 15 km/h. Der Personentarif betrug 5 Pfennige pro Kilometer, Frachtgut wurde je Tonne für 20-30 Pfennige befördert. Die Preise lagen wesentlich unter dem Tarif des üblichen Pferdebetriebes.

Der Plan zur Projektierung einer großen Mühlentransportbahn für die *Krietsch-Werke* führte Schiemann 1904 nach Wurzen. Die schon 1905 eingeweihte Bahn führte vom Mühlenbetrieb bis zum *König-Albert-Schacht* am Roitzscher Weg und diente in der Hauptsache der Versorgung des Mühlenbetriebes mit Kohle und dem Transport der Mühlenerzeugnisse zum Bahnhof. Sie war bis 1911 in Betrieb.

Der Wurzener Bahn folgten bald neue Bahnen im Elsaß, in Norwegen, Italien und Algier. 1914 waren ungefähr hundert Fahrzeuge auf einer Strecke von 200 km Länge auf dreißig Linien in Betrieb.

Die blühende Entwicklung der Firma wurde durch den Ersten Weltkrieg jäh unterbrochen. Sie fand in Deutschland ein vorläufiges Ende. Schiemann, von Natur aus ein gutmütiger und optimistischer Mensch, aber ein schlechter Geschäftsmann, hatte im Vertrauen auf den Selbstlauf der Dinge sein abgelaufenes Patent nicht wieder erneuert. Er glaubte, daß sich seine so gut angelaufene Erfindung nach dem Weltkrieg von ganz allein wieder durchsetzen würde, hatte aber nicht mit der Geschäftstüchtigkeit der großen Elektro-Konzerne gerechnet. Jahrelang hörte man von seiner Erfindung nichts mehr, bis gegen 1930 von England ausgehend der Trolley-Bus, im Grunde eine Schiemannsche Entwicklung, unter anderem Erfindernamen seinen Siegeszug um die Welt antrat.

*Wolfgang Krämer, HK 1966 S. 55*

## Ein strebsamer junger Mann

1911 war die Schulzeit von *Albert Kuntz* in **Bennewitz** zu Ende. In der Firma *Wilhelm A. Naumann* in **Wurzen**, einer Kupferwarenfabrik und Montagewerkstatt für Zentralheizungen, trat er im April eine vierjährige Lehre an, um Kupferschmied zu werden. Die Mutter träumte davon, ihre beiden Söhne einmal als selbständige Handwerker zu sehen.

Der Arbeitstag begann in den ersten Lehrjahren jeden Morgen um 5 Uhr damit, daß Albert für die Naumanns beim Bäcker einen Sack Brötchen holte. Anschließend putzte er für die Familienangehörigen des Lehrherrn die Schuhe, und bis 6 Uhr, wenn die Gesellen kamen, hatte er gemeinsam mit anderen Lehrjungen dafür zu sorgen, daß die Schmiedefeuer brannten und die Fabriktüren geöffnet waren. Erst gegen 18 oder 19 Uhr, eine genaue Reglung gab es nicht, war der Arbeitstag zu Ende.

An den freien Abenden besuchte er zusammen mit seinen Freunden Veranstaltungen des Arbeiterturnvereines. Dabei beschäftigten sie sich mit vielen Fragen: Wie kommt man zu einer geregelten Arbeitszeit? Was muß getan werden, um die Prügelstrafe abzuschaffen? Wie kann eine gute fachliche Ausbildung gesichert werden?

Oft trafen sich die Jungen und Mädchen zu kultureller und sportlicher Betätigung. Vor allem wanderten sie durch die Heimat und lernten dabei die Umgebung von Wurzen kennen. Ein beliebtes Wanderziel waren die Hohburger Berge. Ein besonderes Erlebnis war es, wenn sie sich unterwegs mit der Jugend anderer Städte trafen. Fest haftete in Alberts Gedächtnis ein schöner Sonntag, den die Wurzener zusammen mit Grimmaer Jugendlichen an der Feueresse, einem zwischen Golzern und Grimma gelegenen Felsen erlebten.

Als Albert im April 1915 seine Lehrzeit abgeschlossen hatte und das Zeugnis in der Hand hielt, konnte er daraus entnehmen, daß er Wilhelm Naumann Achtung abgerungen hatte. Der Lehrherr hatte geschrieben: „Albert Kuntz hat die ihm übertragenen Arbeiten zur Zufriedenheit ausgeführt und sich die nötigen Kenntnisse und Fertigkeiten im Kupferschmiedehandwerk erworben. Er ist ein strebsamer junger Mann, und ich bin mit seinen Leistungen wie mit seinem Betragen jederzeit zufrieden gewesen."

*Wolfgang Kießling, 1966 S. 583*

**Albert Kuntz,** *1896 in Bennewitz, von den Faschisten 1944 im KZ ermordet. Sohn eines Tischlers. Frühzeitig in der Arbeiterjugend tätig. 1919 Gründung einer KPD-Ortsgruppe in Wurzen. Mitglied des Wurzener Stadtrates. Ab 1924 politischer Führer der KPD in verschiedenen Städten. 1933 von den Faschisten verhaftet und seitdem bis zu seiner Ermordung Häftling im KZ Buchenwald und Dora/Nordhausen.

*1/1971 S. 38, 1955 S. 6*

## Die „silberne Zigarre" des Max Byczkowski

Es war am Himmelfahrtstag 1965, als ich den Rennfahrer *Max Byczkowski* in **Brandis** besuchte. Während die Straßengräben von den ersten Opfern der Herrenpartien bevölkert wurden, stand er mit seinem Helfer in der Werkstatt. Sie trafen letzte Vorbereitungen für ein Rennen in der CSSR, und der *Wartburg-Melkus* war bereits in dem neuen Anhänger verpackt.

In der Werkstatt gehört eine Wand den hart erkämpften Siegerkränzen, die wie eine Chronik von seiner sportlichen Laufbahn berichten. Seit 1953 betreibt er den Motorsport. Die ersten Jahre fuhr er Motorradrennen auf der Straße und im Gelände. 1961 stieg er in den Rennwagen um. Bisher fuhr er etwa 75 Rennen.

Sein erster Beruf war Kraftfahrzeugschlosser, jetzt ist er als Säurebautechniker in Vaters Firma tätig. So bringt er die nötigen beruflichen Erfahrungen in seinen Sport mit. Er sagt mir aber ausdrücklich, daß der Rennsport eine Team-Angelegenheit ist. Seine Helfer, die Sportfreunde *Manfred Rosenthal* und *Wolfgang Komischke,* beide ebenfalls aus Brandis, sind mit ihrer Arbeit an

**Max Byczkowski**, Brandis, *1931 †1994. Der Unfall bedeutete zugleich das Ende seiner Sportkarriere. Im väterlichen Unternehmen Säurebau Byczkowksi bis 1967 verließ er nach der Verstaatlichung den Betrieb und führte bis 1990 ein privates Taxiunternehmen. Von 1990 bis 1993 aktiv im Stadtrat seiner Heimatstadt tätig.

**Max Byczkowski auf der Rennstrecke**

der Entscheidung eines Rennens maßgeblich beteiligt.

Die allgemeinen Wettkampf-Bestimmungen beschränken die Konstruktion eines Wagens. So darf er nicht mehr als 1000 ccm Hubraum haben und muß ein Mindestgewicht von 400 kg besitzen. Es sind auch nur vier Gänge und ein Rückwärtsgang gestattet.

19. Juni 1965 – Training zum Rennen auf der Strecke von Opatija in Jugoslawien. Max Byczkowski ist wieder mit seiner „silbernen Zigarre" dabei. Bereits dreimal ist er hier gestartet, kennt die Strecke genau und rechnet sich seine Chancen aus. Im Training wird ebenso hart gefahren wie im Rennen, geht es doch immerhin um die Aufstellung beim Start, und der mit der besten Zeit steht immer an der Spitze. Taktisch klug zieht Byczkowski seine Runden, kommt die Vollgasstrecke herangejagt und steuert seinen Wagen in die anschließende Rechts-Links-Kurve. Hier wird gebremst und tiefer geschaltet – dennoch bleibt die Geschwindigkeit bei etwa 160 km/h. Plötzlich geschieht das Unbegreifliche: Im Augenblick des Schaltens blockiert der Motor! Alle Teile werden abgerissen, und Max Byczkowski kommt mit schweren Beinverletzungen ins Krankenhaus.

Wir alle wollten ihn auf dem Sachsenring, in Schleiz und in Dresden sehen, wenn er den vorjährigen „Deutschen Meister" verteidigt hätte. Aus war es! Wir wünschen ihm gute Besserung und eine baldige Rückkehr in seinen geliebten Rennsport.

*Wolfgang Opéns, HK 1966 S. 72*

## NOTIZEN und PERSONALIEN

**Lüptitz:** Die Straße über den **Breiten Berg** nach Wurzen mußte 1964 gesperrt werden, da ihr die beiden Brüche von West und Ost immer näher kamen. Nun vereinigten sie sich und beseitigten damit ein Stück Verkehrsgeschichte. Für die Radfahrer wurde ein Umgehungsweg durch die *Gänseweede* gebaut. *1966 S. 505*

**Kössern:** Das hervorragende Baudenkmal des Barock im Kreis Grimma, das **Jagdhaus,** wird rekonstruiert und zum gesellschaftlichen Zentrum des Dorfes ausgebaut. Damit wird es vor weiterem Verfall verwahrt. Maßgeblichen Anteil an der denkmalgerechten Sanierung hat der Kösserner Bürger und Architekt Prof. *Manfred Berger. 1966 S. 523*

**Oswald Radestock**, Colditz, *1877 †1969. Verwaltungsangestellter. Von 1938 bis 1954 Museumsleiter, Retter und Sammler zahlreicher Objekte von den Fluchtversuchen gefangener ausländischer Offiziere im Colditzer Schloß und der allgemeinen Stadtgeschichte. *1966 S. 84*

**Arno Lange**, Prof., Dresden/Colditz, *1885 †1966. Lehrer in Dresden, ab 1946 Leitung des Lehrstuhls für Forstbotanik in Tharandt. Forscher und gründlicher Kenner der Colditzer Stadtgeschichte. *1966 S. 216*

| 1967 | 14. Jahrgang |
|---|---|

**Der Rundblick**. Monatsschrift für Kultur und Heimat der Kreise Wurzen-Oschatz-Grimma und angrenzender Gebiete. 12 Hefte á 50 Pfg., 620 Seiten.

**Heimatkalender 1967** der Kreise Wurzen-Oschatz-Grimma. 10. Folge, 128 S., 2,40 MDN. Aus dem Inhalt: Musketen im Museum (Heinz Thümmler), Reitschulen (Fritz Thomas), Möbel im Göschenhaus (Renate Sturm-Francke), Der Fluchtstollen im Colditzer Schloß (Rudolf Paul Roßberg), Wanderungen durch die Grimmaer Altstadt (Renate Sturm-Francke).

## Schüler als Chefredakteure

Ich hatte übers Wochenende eine Lektüre zu Haus, die ich mit Freude und Spannung gelesen habe. Es waren handgeschriebene Seiten, durch Zeichnungen und Fotos mit viel Liebe gestaltet – nämlich die *Neuen Schulillustrierten (NSI),* die von zehn Schulen des Kreises Wurzen geschrieben waren .

Es war eine lobenswerte Sache, die hier die Redaktion der NBI eingefädelt hatte. Sie entfesselte in vielen Schulen einen Sturm der schöpferischen Arbeit .

Es ist rührend zu lesen, wie Hausmeister, Küchenfrauen, Heizer und andere stille Helfer des Schulbetriebes eine liebevolle Würdigung erfuhren. Auch manches Schulproblem kam zutage, und sicher wird man sich überlegen, wie es gelöst werden kann.

Der **Hohburger** NSI (Platz 2) merkt man die langjährige Erfahrung an. Dort gibt die Schule gemeinsam mit dem Dorfklub allmonatlich (seit 4 Jahren) ein *DORFECHO* heraus, sogar gedruckt. Besonders auffällig ist, mit welcher Liebe die Schüler von ihrem Ort schreiben. Hohburg ist ein schönes Dorf, und daran haben sie keinen geringen Anteil. Das macht sie natürlich stolz. Dazu sind die Beiträge in einer oft humorvollen Weise geschrieben, so daß das Lesen zu einer Freude wird.

Die **Thallwitzer** haben sogar eine plastische Seite mit eingebunden. Sie gibt Anregung zur Gestaltung von Faschingsmasken. Ich las auch davon, wie Thallwitzer FDJler die verwaiste Bibliothek in Lossa entstaubten und neue Leser gewannen. Bei **Großzschepa** war ausdrucksvoll das Leben zwischen früher und heute dargestellt.

Bei den **Brandisern** erlebt der Leser eine Fülle von Beispielen aus der außerschulischen Arbeit. Und natürlich, wie konnte es anders sein, merkte man deutlich der NSI an, daß Brandis eine Mathe-Hochburg ist. Zahlreiche Knobeleien stellten den Leser oft vor unlösbare Probleme.

Die Diesterweg- (1. Platz) und die Pestalozzischule in **Wurzen** konnten aus dem vollen schöpfen. Die Redakteure der Pesta kamen „per aspera ad astra" (auf rauhen Wegen zu den Sternen). Der Bau der Schulsternwarte ist hier das schöne Dokument einer großartigen Gemeinschaftsarbeit. Auch die von Brandis, Kühren, Burkartshain, Deuben und Großzschepa zeigten gute Ansätze. Zumindest ist das Mitmachen lobenswert, denn die anderen Schulen fanden noch nicht den Mut.

Wir schließen die Seiten der ersten NSI. Es lohnte sich, in ihnen zu blättern. Wir freuen uns auf die nächste. Und so hatte jede NSI etwas, was bemerkenswert erschien.

*Hans Richter, 1967 S. 3*

*

Meist gehen Kinder nicht gern in den Keller. In unserer Schule ist das anders. Alle Schüler der 3. bis 5. Klasse freuen sich, wenn sie einmal in der Woche ins Schwimmbad dürfen, das 1961 im Keller erbaut wurde. Seit sechs Jahren unterrichtet Herr *Hanke* die Schüler unserer Schule im Schwimmen. Alle haben ihn gern. Schon in seiner Jugend trieb Herr Hanke Sport. Damals war er noch Drahtseiler und qualifizierte sich später für den Lehrerberuf. Beim Bau des Beckens half er tüchtig mit. Seither sind aus vielen Nichtschwimmern richtige „Wasserratten" geworden, und viele Urkunden zeigen, daß die Mühe gut belohnt wurde. Herr Hanke läßt es sich nicht nehmen, kleine Reparaturen selbst durchzuführen. Er sorgt dafür, daß das Wasser stets sauber ist und poliert das Becken nach Unterrichtsschluß wieder auf Hochglanz, damit es ein Schmuckstück unserer Schule bleibt. *(Aus NSI der Pestalozzischule Wurzen).*

# Kunst unserer Zeit? Ein Wurzener Maler erregt die Gemüter

**Unterführung in Wurzen. Aquarell von Hans-Peter Hund, 1974**

Nach dem Besuch einer Ausstellung mit Bildern des Wurzener Malers *Hans-Peter Hund* bei Wort und Werk in Leipzig veröffentlicht der *Rundblick* einen Beitrag von *Dieter Götze (1967 S. 427)*, der neben einigen positiven Aspekten folgende Aussagen hat: Das Kernproblem im Schaffen von Hans-Peter Hund liegt wohl in seinem Verhältnis zur Farbe, zum Licht, das sich wiederum nicht trennen läßt von dem, was er auf den Bildern darzustellen versucht. Violett-rötlich, grau und dunkelgrün, leer und verlassen präsentiert uns Hans-Peter Hund die Welt in seinen Landschaften. Den trostlosesten Eindruck hinterlassen aber die Menschen, die er gestaltet hat.

Wir sind nicht gegen Landschaftsbilder, wir können uns nur damit nicht abfinden, daß sie oder auch Porträts in der Manier unserer Großväter gemalt werden. „Fabrik und Friedhof" mag vor 50 Jahren originell gewesen sein, heute ist nicht nur dieses Bild von Hans-Peter Hund ein Anachronismus. So kommen wir nicht um die Feststellung herum: die Leipziger Ausstellung zeigte uns den jungen, begabten Künstler in einer Krise.

**Hans-Peter Hund in seinem Atelier**

*

Wenige Wochen später bringt die Redaktion eine ausführliche Antwort unter dem Titel „Die Verantwortung des Kritikers" der Leipziger Kunstwissenschaftlerin *Dr. Magdalena George*, die ab *S. 530* veröffentlicht ist. Hiervon einige Auszüge:

Es scheint mir sehr fragwürdig, ob in dieser Weise und vor allem von dieser Fragestellung her „Ein Künstler unserer Zeit, aber: Kunst unserer Zeit?" eine sachliche Einschätzung des Werkes, geschweige denn eine Beurteilung der Person des Künstlers überhaupt möglich ist.

Daß Hans-Peter Hund seine Landschaften und Stilleben – technisch gekonnt – eigenwillig interpretiert und arrangiert, ist bekannt. Sie erhalten ihren Reiz besonders dadurch, daß sie nicht in irgend einer Weise ein kunstgeschichtlich anerkanntes Vorbild nachäffen, sondern daß er aus eigener Sicht und eignem Erleben diese Arbeiten komponiert und deutet. Natürlich ist es Geschmackssache, ob den einen mehr eine plakative, helle und kräftige Farbigkeit anspricht, oder ob dem anderen mehr die verhaltene Palette gebrochener Mischfarben zusagt.

Zu den Menschendarstellungen. Schon die Wahl der Modelle läßt deutlich werden, daß der Künstler nicht das Typische und Allgemeine, sondern mehr das Individuelle, etwas Außenseiterhafte interessierte. Die Rentner, die er zeigte, sind nicht alte Menschen im allgemeinen Sinn, es sind solche, die am Ende ihrer Tage stehen, deren Kräfte gebrochen sind durch Krieg und Arbeitslosigkeit, durch Hunger und Leid: denen die Wehmut des Alters, das Abschiednehmen von dieser Welt im Gesicht geschrieben steht. Dieses Problem der Menschheit wird auch fernerhin bestehen bleiben und wird auch in Zukunft Künstler zur Darstellung inspirieren.

Das wenige, das wir bisher von ihm gesehen haben, läßt erkennen, daß der Künstler sehr hohe Anforderungen an sich und seine Kunst stellt, daß er nur das der Öffentlichkeit vorlegt, was nicht nur vom Thema, sondern auch von der Ausführung her akzeptabel ist.

Die Absicht des Autors, den Maler, dem „bis jetzt keine kritische Stimme zu helfen vermochte" auf einige Probleme in dessen Schaffen aufmerksam machen zu wollen, muß bei einer so subjektiven und zum Teil dem Tatbestand widersprechenden Argumentation zwangsläufig das Gegenteil erreichen. Er erreicht dadurch nur, daß die ohnehin schon schwierige Stellung eines Künstlers in einer Kleinstadt, in der ein kunstverständiges Publikum nur langsam und mühselig zu schaffen ist, nicht nur fachlich, sondern auch politisch untergraben wird. Magdalena George behielt recht. Hans-Peter Hund ist ein Künstler ersten Ranges geworden.

Abschließend verweise ich auf die 6. Deutsche Kunstausstellung, in der er vertreten ist. Wenn man bedenkt, daß die Jury aus einer übergroßen Vielzahl von eingesandten Werken die Auswahl traf und daß aus dem ganzen Bezirk Leipzig nur 32 Kunstschaffende mit Arbeiten in Dresden vertreten sind, so spricht das ebenfalls für das Schaffen dieses Künstlers, der über die Grenzen des engen Lokalbereichs hinaus anerkannt wird.

*Eine ausführliche Würdigung des Künstlers erfolgte im Rundblick 1982, S. 24 nach einem Atelierbesuch von Ingrid Leps und Manfred Müller. Weitere Beiträge 1965 S. 163, 1968 S. 109, 1991 S. 7*

# Als ich zum ersten Male die Heidelerche hörte

Den Namen dieses Vogels kannte ich bereits als Kind, denn ich besaß eine ausgezeichnete Vogelbildserie. Gesehen und gehört hatte ich ihn nicht.

Es war im Jahre 1948. Unsere vordem schönen Wälder boten auf weiten Strecken einen verheerenden Anblick. In der Nachkriegszeit waren riesige Kahlschläge entstanden. Außerdem setzte ein Fichtensterben größten Ausmaßes ein. Dieser, die hohe Luftfeuchtigkeit liebende, bei uns nicht standortgemäße Nadelbaum, kränkelte schon lange infolge der Dürrejahre. Und so konnten sich die Fichtenborkenkäfer massenhaft vermehren. Schließlich wurden größere Waldflächen ein Raub der Flammen.

Eine solche trostlose Brandfläche wurde für mich trotzdem zu einem unvergeßlichen Erlebnis. Bei einer Wanderung mit meinem Onkel hörten wir plötzlich ein leisen Vogelgesang, den wir nicht kannten. Mit einem alten Feldstecher suchten wir den Himmel ab, doch vergeblich. Nach langem Verweilen traten wir unbefriedigt den Heimweg an und rätselten, was das für ein Vogel gewesen sein könnte. Wir einigten uns schließlich auf eine Heidelerche.

Im Jahr darauf überraschte es uns nicht mehr sehr, als wir über der gleichen Fläche, die inzwischen viele grüne, kurzrasige Inseln bekommen hatte, den gleichen Gesang hörten, nun schon von zwei Vögeln vorgetragen. Jetzt wußte ich sofort, daß es die Heidelerche war, und ich konnte bestätigen, was der Ornithologe *Alwin Voigt* einmal gesagt hatte: „Keine mir bekannte Vogelstimme hat so einen seelenvollen Klang."

Auch auf anderen Kahlschlägen war dieser einmalige Gesang zu vernehmen. Und wir konnten den kleinen, graubraunen, stummelschwänzigen Vogel auch ein paarmal über den Boden huschen sehen. Bis etwa 1955 stieg sein Bestand weiter an. Mit der einsetzenden Aufforstung verringerte er sich wieder. Trotzdem hat er sich bis heute mit wenigen Brutpaaren in der Dahlener Heide und im Thammenhainer Forst halten können. *Hartmut Kopsch, HK 1967 S. 104*

# Von der profanen Kiesgrube zum gefragten FKK-Strand

**Schwimmbagger in der Luppaer Sandgrube**

„Hallo, hier Dahlen 358" – „Ja, hier *LPG Albert Kuntz,* wir brauchen dringend 20 t Kies, aber bald, unser neuer Schweinestall geht in den nächsten Tagen los."

So geht es laufend am Telefon. Wir befinden uns im *VEB Kunststein- und Betonwerke Oschatz, Sandgrube Luppa.* An der Straße zwischen **Luppa** und Dahlen mutet das Gelände eher wie ein kleiner Braunkohletagebau an.

Früher besaß bald jeder Ort seine kleine Sandgrube, von wo der Sand mit dem Pferdegeschirr geholt wurde. Doch der Bedarf stieg immer mehr an, und es wurden größere Vorkommen erkundet. Wie es der Zufall manchmal so will, beim Bau neuer Wohnhäuser am Dorfausgang von Luppa kam herrlicher Sand zutage. Die Geologen fanden nun sehr schnell ein ausgedehntes Kiessandlager von 18 Meter Mächtigkeit, und 1962 entstand die Sandgrube Luppa. Vom Vorkommen werden 15 Meter abgebaggert, und die Grube füllte sich sehr schnell mit Grund- und Regenwasser.

*Siegfried Heidler, 1967 S. 118*

*Fünfzehn Jahre später schreibt Renate Baumann, 1982 S. 176:*

Unsere nun stillgelegte Kiesgrube ist ungefähr 40 ha groß, bis zu 7 m tief und hat ein sauberes, klares Wasser. Es dauerte nicht lange, da wurde dieses Stück Heimatboden so recht des „Volkes wahrer Himmel". Mit größter Selbstverständlichkeit sicherten sich die Anhänger der FKK ihren Uferabschnitt. Es ist nicht wahr, daß die Volkspolizei von den Jüngern der Freikörperkultur 20 Mark kassiert hat.

Leidenschaftlich lieben die Angler ihre Kiesgrube. Sie stehen oder sitzen bei jedem Wetter und zu jeder Zeit meist an den Südhängen. Man wundert sich, daß Karpfen, Barsche, Hechte, Schleien und ab und zu Rotfedern und andere Weißfische herausgeholt werden. Auch Aale sind schon dabeigewesen, und jetzt sind erstmals 9000 kleine Glasaale aus Frankreich eingesetzt worden. In acht Jahren werden sie anbeißen.

Auch Ornithologen kommen hier auf ihre Kosten. Vor ein paar Jahren kam fast täglich ein junger Fischadler aus dem Wermsdorfer Forst, um sich im Sturzflug seine Fischnahrung zu holen. Bis zu 600 Enten konnten gezählt werden, in der Mehrzahl Stockenten. Vor zwei Jahren beobachteten wir als ornithologische Besonderheit einen Prachttaucher und Brachpieper sowie drei Paare Flußregenpfeifer. Das Braunkehlchen brütet in den mit Unkraut bewachsenen Halden.

Gegenüber der stillgelegten Grube wurde ein neuer Tagebau erschlossen. Er gehört jetzt zum *VE Kies- und Natursteinbetriebe Leipzig-Beucha.* Der Betrieb hat etwa 30 Belegschaftsmitglieder. Der Kies wird mit zwei Eimerkettenbaggern gefördert.

Dringend erforderlich ist für die Badegäste ein Parkplatz. Das Naturbad soll ausgebaut werden. Geplant sind Haldenbepflanzungen, der Bau einer Gaststätte, von Toiletten und einer Bootsverleihstation. Aber das alles liegt noch in weiter Ferne.

HEUTE: Die Sandwerker holen immer noch den Rohstoff aus dem Kieswerk. Eine der stillgelegten Gruben wurde zu einem Naturbad mit 35 ha Wasserfläche erschlossen, das privat mit Gastronomie, Bootsverleih, Strandkörben, Parkplatz u.a. betrieben und von Mai bis September von zahlreichen Badefreunden genutzt wird, die wegen eines FKK-Strandes auch von weither anreisen.

## „. . . dann ging er nach Kuckeland und nahm sich eine Frau“

Warum *Schmidt* aus Kleinbothen oder, wie es in einer anderen der alten „Bauernleiern“ hieß, *Matthes* aus Kleinbardau nach Kuckeland ging – wir können es heute nicht mehr ohne weiteres feststellen. Vielleicht hatte er dort ein Liebchen gehabt? Meine volkskundliche Kartei gibt noch andere Auskünfte.

Da heißt es doch 1956 in **Dürrweitzschen**: „Papsdorf, Frauendorf und Kuckeland, das sind *die Fürstentümer*, da wohnen lauter reiche Leute!“ In Großbothen allerdings galt man nichts, wenn man „von driem riwwer“, also von hinter dem Thümmlitzwald her, stammte. Und die Fürstentümer hießen auch *die kleine Tartarei*, in Grimma sogar gelegentlich *die Raubstaaten*. Die drei Fürstentümer sind übrigens nie Herrensitze gewesen. Aber es geht noch weiter. So hieß es, daß in Kuckeland die *Samtjäckchenbauern* wohnten, mit anderen Worten: gut situierte Leute. Und schließlich sagte man um die Jahrhundertwende: „Kain erschlug Abel in *Grimme*, dann ging er nach Kuckeland und nahm sich eine Frau.“ All diese lustigen Spötteleien scheinen aber eins mit Sicherheit auszusagen: Die drei Kernorte hatten guten Boden und besaßen damit eine reiche Landwirtschaft. – In dem Beitrag wird außerdem von einem Besuch beim damaligen Bürgermeister *Julius* und mit ihm ein Rundgang zum Gasthof (Platz für 15 Personen), zu einer selbstgeschaffenen Kulturstätte, zum Konsum erzählt und von den vielen Helfern, die immer da sind, wenn sie gerufen werden.

Wie ist so etwas möglich? – „Weil wir alle wie eine große Familie zusammenhalten“, und – wir fügen es hinzu – der organisatorische Leiter, Bürgermeister Julius, ein Kind des Ortes ist und einfach alle kennt. Die Bauern sind zwar keine „Fürsten“, sie sind mit der LPG Einheit von Leipnitz zusammengeschlossen. Aber sie fühlen sie nicht schlechter als die „Samtjäckchenbauern“. Nicht schon immer. Aber eben jetzt, da ihnen ein Zentrum gegeben ist, das sie sich selbst schufen. Es ist keine Schule am Ort, die etwa die kulturelle Leitung übernähme. Alle Kinder von Kuckeland radeln sommers wie winters nach Leipnitz. Aber ihre Eltern sind eben Kuckeländer. Sie sind froh und glücklich. Und darum könnte auch heute noch „Kain nach Kuckeland gehen und sich eine Frau nehmen“ – Haha!

*Renate Sturm-Francke S. 323*

HEUTE: Kulturstätte und Konsum sind längst geschlossen, die Dörfer gehören verwaltungsmäßig zu Thümmlitzwalde mit Sitz in Dürrweitzschen.

**Fachwerkhaus in Kuckeland (2002)**

# Mahliser Berümtheiten

## DIE BACKSCHÜSSELN

Biegen wir von Wermsdorf kommend bei *Strobachs Gasthof* in das Döllnitztal ein, stehen zur Linken die Anlagen des Ziegelwerkes von Mahlis mit seinem hohen Schornstein. Dann geht es steil hinab ins Dorf. Auf der gegenüberliegenden Seite, dem *Haferberg* zu, wo sich einst die Flügel der Bockwindmühle drehten, steigt das Gelände wieder auf 200 m an, so daß wir dieseits und jenseits der Siedlung einen Höhenunterschied von 40 m haben. Die Straßen im Dorf verlaufen kurvenreich und auf und ab wie in einem Erzgebirgsdorf.

Aus dem Ort beziehen die Bäcker in der DDR die von ihnen so dringend gebrauchten Backschüsseln. Seit über hundert Jahren, nämlich 1843, ist hier die Brotbackschüsselfabrik ansässig. Als Vertreter der vierten Generation leitet jetzt *Fritz Birnbaum* dieses Familienunternehmen. Fast findet man diesen Kleinstbetrieb nicht, so versteckt liegt er im Dorfe, und kein auffälliges Firmenschild verrät in dem schmucken kleinbäuerlichen Gutshof eine Fabrik. Beim Betreten der Betriebsräume fällt dem Besucher die Ordnung und Sauberkeit auf. Bis zum Zweiten Weltkrieg hat der Betrieb aus Peddigrohr produziert, doch es wurden bereits Versuche unternommen, dieses Material durch Holzfasern zu ersetzen. Nun stellte er die Produktion auf dieses Material um. Es wird in kleinen Ballen aus Holzschliff geliefert und unter Beigabe von Wasser in einer Maschine zerkleinert. Der dunkelbraune Brei wird mit einem Spezialhärter gemischt und in Stahlformen gefüllt. In einer hydraulischen Presse verdichtet die Masse zur Brotbackschüssel, die dann noch austrocknen muß, anfangs an der Luft, dann noch in einer Heißluftanlage. Schließlich müssen sie noch verputzt werden und kommen dann zum Versand.

*Gottfried Meier, 1967 S. 128*

**Jörg Birnbaum in der Werkstatt (2008)**

HEUTE: Die Fabrik hat alle Zeiten überdauert und wird erfolgreicher den je in 5. Generation seit 1977 von *Jörg Birnbaum* mit weiteren vier Beschäftigten fortgeführt. Je nach Wunsch der Kunden werden die Brotformen (in denen das Brot nicht gebacken wird, sondern wo es für den Backprozeß „heranreift“) aus Holzschliff oder Peddigrohr, also reine Naturprodukte, in über zwei Dutzend Formen gefertigt. Die Versandpakete gehen nach Australien, die USA, Kanada, in fast alle europäischen Länder (natürlich gegen Vorkasse!) und zu der Mehrzahl der Bäckereien und Bäckergenossenschaften in Deutschland.

Sind es mit den Brotformen Naturprodukte, die den Namen Mahlis über viele Ländergrenzen tragen, so hat der Schornsteinfeger *Sebastian Abratzky* nicht unwesentlich zur Berühmtheit des Dorfes beigetragen. Er erstieg 1848 als bisher einziger die Festung Königstein. Seine Geschichte liest sich wie folgt *(gekürzt, ausführlich in einer von ihm selbst herausgegebenen Broschüre, nachgedruckt im R 1956 S. 456 und später oftmals publiziert):*

## SEBASTIAN ABRATZKY

Über meine erste Lehrlings- und Gesellenzeit brauche ich wohl meinen lieben Lesern nicht viel zu erzählen. Meine Meister konnten mich wohl gebrauchen, aber meine tollkühnen Streiche gefielen ihnen weniger, und so war ich denn wieder mal auf der Wanderschaft.

So war's im Jahre 1848. Die Eltern waren mir inzwischen gestorben. Wollte ich nicht hungern, so mußte ich Arbeit suchen. Eben wurde die sächsische-böhmische Eisenbahn gebaut, da wollte ich mithelfen und bekam auch im Städtchen Königstein Arbeit zugesichert. Gänzlich ohne Geld war ich angekommen. Mit vieler Mühe gelang es mir, im Gasthofe ein Unterkommen zu finden und gegen Abgabe meines Passes etwas Essen zu erhalten. Mit schwerem Herzen schlief ich auf meiner Streu ein. Anderntags überlegte ich, wie ich den Sonntag verbringen wollte. In die Gaststube wagte ich mich nicht, weil ich nicht bezahlen konnte. Also sah ich mir die Gegend an. Vor mir lag die Festung, die vierhundert Fuß hohe und allbekannte Felsenfeste. Ich fragte mir begegnende Leute, ob man da hinein dürfe. Ja, gegen Eintrittsgeld, aber das hatte ich nicht.

Dann stand ich am Fuße des hohen Sandsteinfelsens und sah darin Risse und Spalten. Wie ein Blitz fuhr mir der Gedanke durch die Seele, gleich auf der Stelle hinaufzusteigen. Vielleicht belohnt man mich sogar für mein Wagnis mit Geld? Also stieg ich los. Wir Schornsteinfeger gebrauchen dabei besonders das Knie, stemmen es gegen die Vorderwand, mit dem Rücken lehnen wir uns fest an die Hinterwand und schieben uns so die Esse hinauf.

Zur Hälfte stoße ich auf einen Sandsteinblock, der im Risse klemmt. Ich prüfe, ob er fest liegt, trete darauf, setze mich, er wankt nicht. Ich kann ausruhen. Und freue mich der schönen Aussicht. Dann steige ich in meiner Spalte weiter. Plötzlich prasselt unter mir etwas den Riß hinunter. Erschreckt halte ich inne. Meine Ruhestein, vermutlich durch meine Körperschwere gelockert, poltert hinab.

Als ich fast oben bin, wölbt sich über mir die Brustwehr, sie ragt über den Felsen hervor. Kalter Schweiß rinnt mir über die Stirn. Wie überwinden? Und es gelingt. Nun erhob sich noch die 5 Ellen hohe, glatte Brustwehr. Zu meinem Glück hatten Wind und Wetter im Laufe der Jahre den Kalk zwischen den Steinen tief ausgewettert. Dort konnte ich mit meinen Fingern eingreifen. Ich nahm meine letzten Kräfte zusammen. Ein gewaltiger Schwung, und ich bin in der Festung, doch so erschöpft, daß ich erst mal liegen blieb.

Nach einiger Zeit bemerkte mich die Schildwache. „Wer da?", rief sie mich an. „Sebastian Abratzky aus Mahlis". „Wie sind Sie hierher gekommen?" – „Dort herauf!"

**Der Gedenkstein an Abratzky in Mahlis (2008)**

Dies schien dem Soldaten Spaß zu machen, doch dann hatte er Bedenken und erklärte, mich festnehmen zu müssen. Wir kamen zur Wache. Die Kunde meines Wagnisses hatte sich bereits verbreitet. Alles lief zusammen. Nach vorläufigem Verhör wurde ich in die Rumpelkammer abgeführt und an Händen und Füßen gefesselt. Vergebens beteuerte ich meine Harmlosigkeit.

Anderntags war das Kriegsgericht zusammengetreten, und ich wurde vor dasselbe zitiert. Man wollte mir nicht glauben, daß ich einer so geringen Sache wegen das Leben wagte. Aber letztlich konnte ich die Herren von meiner Unschuld überzeugen. Nach zehn Tagen stellte man mich abermals vors Kriegsgericht und verkündete mir meinen Freispruch, mit der Bemerkung; daß ich mich in meine Heimat zu verfügen habe. Mitleidige Seelen hatten inzwischen Reisegeld für mich gesammelt. Der Wachtmeister führte mich zum Tor hinaus, gab mir meinen Paß und ich war wieder ein freier Mann. Auf dem Schein las ich: Der hier vom 19. bis heute wegen unbefugten Einsteigens im Arrest gewesene J. F. Sebastian Abratzky wird nach beendigter Untersuchung über Dresden nach Wilsdruff in seine Heimat nach Mahlis gewiesen. Festung Königstein, den 31. März 1848. Das Königliche Kriegsgericht daselbst.

HEUTE: Ein aktiver Heimatverein erinnert immer wieder mal an den bekannten Sohn des Dorfes, so mit einem Gedenkstein am Dorfplatz, mit einer bunten Ansichtskarte und einem Abratzky-Likör in kleinen Flaschen.

# Das Herz von Nischwitz schlägt im Pflegeheim

**Blick auf das Nischwitzer Schloß und die Kirche (2002)**

„Wenn Mutti früh zur Arbeit geht . . .“, dann gehen die Kinder in den Kindergarten. Das ist in Nischwitz so wie anderswo. Sie sitzen, als wir ankommen, an ihren kleinen Tischen, essen und trinken – wie die Zwerge im Märchen – von kleinen Tellerchen und aus kleinen Becherchen, und bei lauter Lustigkeit geht doch alles fein ordentlich zu.

Später schlendern wir die gutgebaute Dorfstraße entlang und entdecken eine Tafel am Haus des Meisters *Döring*, die von der Geburt des *Cornelius Gurlitt* erzählt, am Neujahrstag des Jahres 1850. Sein Bild hängt im Hausflur, aber die Bewohner wissen wenig von ihrem „Irgend so ein Arbeiterführer .“ heißt es im Haus. Der Wirt vom Dorfgasthof holt den „Dichter“ aus seiner Gedächtnistruhe, und seine Gäste wissen was von einem „Maler“, der aber nicht hier gewohnt habe. Auch die „Christel von der Post“, im Geburtshause wohnend, bestätigt den „Maler“ – wohl darum, weil ihn die Nischwitzer seinerzeit oftmals auf seinem Klappstuhl sitzen sahen, als er für seine Veröffentlichungen über Baudenkmäler seine Studien holte .

Dann wenden wir uns dem Herzen von Nischwitz zu – seinem staatlichen Pflegeheim, das eine Welt für sich inmitten des Dorfes darstellt. Ein geräumiges Schloß, davor ein riesiges Rasenrondell – das ist der erste Eindruck. Im Jahre 1945 wurde das Schloß gerettet – für 170 Menschen, denen es heute Heimat sein kann. 1947 wurde es zunächst Altersheim und dann vier Jahre später ein Pflegeheim, praktisch eine Ausweichstelle für das nahe Wurzener Krankenhaus. Zwei Drittel der Insassen sind gelähmt und zum Liegen gezwungen, die anderen sind krank an Herz, Galle u.a.. Zwischen 35 und 97 sind alle Altersgruppen vertreten.

Die ärztliche Betreuung ist gesichert. Regelmäßig kommt der Heimarzt. Zwanzig Schwestern sorgen für die Patienten und 47 Mann Personal spielen die Heinzelmännchen und wachen und putzen und nähen und kochen und pflanzen und gießen, denn auch der sechs Hektar große Park will gepflegt sein – zur Freude der Augen und Herzen, denn Freude ist bekanntlich die allerbeste Medizin.

Beim Rundgang werden wir für Leute vom Fernsehen gehalten, da dieser gerade dabei war, Aufnahmen für den Film „Ohne Kampf kein Sieg“ vorzubereiten, der den Lebenslauf des *Manfred von Brauchitsch* zeigt. Der weltbekannte Rennfahrer hat in seiner Jugend in Nischwitz gelebt .

Schließlich einen Blick ins Innere. Noch zeugen Vestibül mit alten Spiegeln, Treppenaufgang mit *Cranach*-Gemälden sowie der frühere Musiksaal von einer anderen Zeit. Die Verantwortlichen der Denkmalpflege sollten nicht nur kommen und staunen und beraten und wieder gehen – sondern veranlassen, daß diese Schätze nicht zerfallen, vom Zahn der Zeit benagt, sondern erhalten werden für die Generationen von morgen.

Zum Schluß ein Blick in die schlichte Dorfkirche mit schönen alten Glasmalereien an den Fenstern. Leider dienen sie den Kindern manchmal als Zielscheibe für Ball und Stein. Nur im Sommer ist der

Gottesdienst in der Kirche; bei Schnee und Kälte im gegenüberliegenden Winterkirchenraum, geschmückt von einem Bildnis *Lukas Cranachs d. J.* Für den Rundblick noch ein Rundblick – der Fotograf hoch vom Turm, die Schreiberin tief aus dem Tal. Das Pflegeheim zu Füßen, weithin die Muldenaue, und fern am Horizont die Hohburger Berge – auf Wiedersehen, Nischwitz! *Johanna Kraeger, HK 1967 S. 28*

HEUTE: Der Dorfgasthof ist längst geschlossen, dafür öffnete vor Jahren eine Gaststätte „vorn" an der Hauptstraße. Ebenfalls geschlossen wurde 1996 das Pflegeheim und die Schloßgebäude wurden von der Treuhand an eine Leipziger Immobiliengesellschaft verkauft. In den Gebäuden und im Park erfolgten seitdem mehrere Renovierungen, eine Nutzung blieb bisher aus. Einmal im Jahr findet ein „Sonnenball" statt.

# Die modernste Fischwaage der Welt wird in Oschatz hergestellt

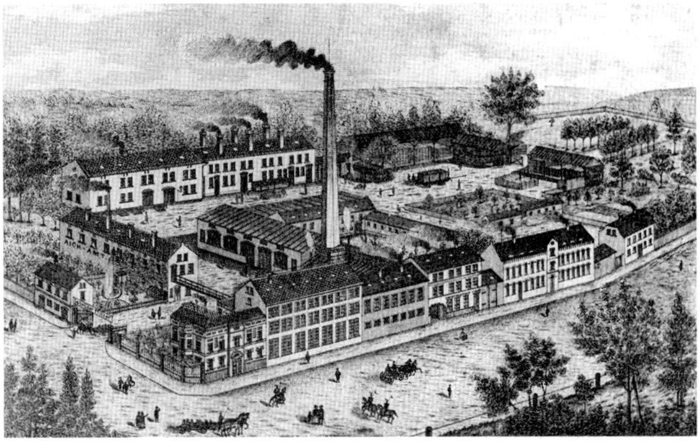

**Die Waagenfabrik von Pfitzer vor 1900**

Wir kennen sie alle, die gute alte Kohlenwaage. Laut plumpsen die Briketts in die Schüttmulde. Der Kohlenhändler hantiert mit den eingeschütteten Briketts, fügt zwei hinzu oder nimmt sie weg, je nachdem, wie die Waage ausschlägt. Und dann rutscht das Heizmaterial in den aufgehaltenen Sack oder in den Handwagen.

Diesen Kohlenwaagen begegnen wir im *VEB Oschatzer Waagenfabrik* bei einem Rundgang durch den Betrieb. Sie gehören immer noch zum traditionellen Produktionsprogramm des Betriebes. Doch es werden noch eine Anzahl anderer Waagen produziert, so u.a. Laufgewichts-, Straßen-Fahrzeug-, Neigungs- und Präzisionswaagen. Ist dieses Fertigungsprogramm aber heute noch profilbestimmend? In allen Betrieben klopft mehr oder weniger kräftig die wissenschaftlich-technische Revolution an die Tore. Und bei der Oschatzer Waagenfabrik ist das nicht anders, zumal sie einer jener Betriebe ist, die den Namen „Oschatz" in weiten Teilen der Welt bekanntwerden ließ. Jetzt hat der Betrieb eine neue Aufgabe. Er liefert dem *VEB Volkswerft* Stralsund Waagen für die modernen Fang- und Gefrierschiffe der Atlantikserie. Diese müssen allerhand aushalten, Kälte wie Wärme, Seegang und Schiffsneigung, sie müssen funktionieren. Und die Oschatzer schufen eine Waage, die dafür die modernste in der Welt ist. Und das will was heißen. Weltniveau ist heute mehr als eine Redensart.

Neben diesem kleinen Teil der Produktion werden noch eine ganze Menge anderer Waagen produziert, neuerdings auch eine automatische Getreidewaage. Im Betrieb gibt es nur ein Ziel: Durch qualitative Arbeit Erzeugnisse zu produzieren, die dem Weltniveau entsprechen.

*Wilhelm Staudacker, 1967 S. 526*

HEUTE: Nach mehrmaligen Versuchen, den Betrieb in Gang zu halten, die jedoch am Konkurrenzdruck anderer Betriebe scheiterten, kam es 2004 zu der Neugründung einer *Oschatzer Waagen GmbH,* die mit ihrem Geschäftsführer *Heiko Börner* und sieben Mitarbeitern Schüttwaagen für die Industrie entwickelt, fertigt und montiert.

# Mit der Reitschule unterwegs in Stadt und Land

Ganz egal, wo Jahrmärkte oder Volksfeste stattfanden, überall ist die Reitschule, auch Karussell genannt, die Attraktion für jung und alt. Wie oft haben wir Jungen in Mügeln uns ein paar Freifahrten „erschoben", wenn wir Auerbachs Reitschule oder die Burenmühle mehrere Male mit dem nötigen Schwung versehen hatten.

1873 begann der **Mügelner** *Karl Auerbach* mit einem Pferdekarussell in ganz Deutschland die Märkte zu besuchen. Sein Enkel, in Mügeln *Auerbachs Nande* genannt, führte das Geschäft vom Vater weiter. Seit 1920 führte *Rosa Pönitz* das Geschäft. Neben dem großen Kettenflieger läuft bei ihr die 1959 angeschaffte Berg- und Talbahn. Mit zehn Wagen und einer fünfköpfigen Bemannung geht im Frühjahr die Tour los. Sie verläuft durch ganz Sachsen und endet auf dem Riesaer Weihnachtsmarkt. In der Ruhezeit von Januar bis März wird repariert, geprüft und gemalt. Sohn Arndt wird mal das Geschäft fortführen. Er ist einer von den sieben Geschwistern, die aufgezogen werden wollten ohne den Vater, der einen frühen Tod erlitt. Die Familienchronik berichtet von besonderen Ereignissen. Als am 2.8.1909 die Dresdener Vogelwiese abbrannte, konnte ein Teil der Habe gerettet werden. Als am 1.8.1914 der Erste Weltkrieg ausbrach, mußten alle die Vogelwiese verlassen, das wiederholte sich am 1.9.1939 auf dem Lorenzmarkt.

*Fritz Thomas, HK 1967 S. 49*

In **Grethen** wurden die Reitschulen meist im Grasgarten hinter dem Gasthof aufgebaut. Wenn sie früher im Dorf waren, ging es in den Abendstunden bei feenhafter Beleuchtung im wahrsten Sinne des Worts hoch her, besonders dann, wenn es ein Kettenkarussell war. Die meisten Jugendlichen gaben sich ein Stelldichein, und manche letzte Mark wurde verfahren. Die jungen Burschen versuchten, hinter einem Mädchen einen Sitz zu erwischen, damit sie die Verehrte „schwingen" konnten. Manche trieben das Spiel so weit, daß dem Karussellbesitzer angst und bange wurde, wenn die Ketten mit den Sitzen waagerecht von der Aufhängung wegstrebten. Hinzu kam, daß die holden Mägdelein in noch höheren Tonlagen quietschten als die schrillsten Drehorgelpfeifen das vermochten.

1935 zogen Leute ins Dorf, die eine Reitschule hatten. Das war ein wichtiges Ereignis. *Emil Breitenborn* kam mit seiner Familie von **Nischwitz** hierher. In der traurigen Kriegszeit wird für die Kinder die Freude doppelt groß gewesen sein, wenn im Ort ein Karussell aufgebaut wurde. Breitenborns besuchten nun auch größere Städte. Im Herbst 1944 hielten sie sich in Meißen auf und mußten die Geräte verpackt stehen lassen. Als Emil Breitenborn nach dem Krieg zurückkehrte, fand er nur die völlig ausgeräumten Wagen vor. Ein Teil konnte mit Hilfe der Polizei ausfindig gemacht werden, und zwei Jahre später ging es wieder auf die Reise.

Jahre später übernahm die Tochter das Geschäft und heiratete den *Christian Pönitz* aus der Mügelner Karussell-Dynastie. Seitdem waren sie wieder viele tausend Kilometer unterwegs. Damit die Abende besser ausgelastet sind, steht seit kurzem eine Schießbude daneben. Und das Resümee der Fahrensleute? Wir sind gern unterwegs, wir sind aber auch gern zu Hause.

*Alfred Klaus, HK 1967 S. 53*

HEUTE: Christian Pönitz betrieb sein Fahrgeschäft bis 1995 und verkaufte dann die gesamte Einrichtung nach Leipzig, wo sie immer noch läuft. Übrigens: Das Karussell wird nur in Sachsen *Reitschule* genannt.

## NOTIZEN und PERSONALIEN

**Hohburg**: Mit den 3. Hohburger Dorf- und Schulfesttagen feierten die Einwohner die Einweihung ihrer im NAW gebauten **Turnhalle**. Der Auftritt der Kulturgruppen des Dorfes stand dabei im Mittelpunkt der festlichen Tage. *1967 S. 603*

**Nemt:** Der **Gasthof** stürzte im vergangenen Jahr in sich zusammen, nachdem er schon seit 1960 geschlossen war. Der Trümmerhaufen ging jetzt in den Besitz der Gemeinde über. Nun begann ein Neuaufbau, damit das Gebäude für div. Zwecke (Konsum, Gemeindeamt, Vereine) genutzt werden kann. *1967 S. 251*

Eine **Anzeige** der KONSUM-Spezialverkaufsstellen für Kfz in Wurzen, Grimma, Colditz, Nerchau und Naunhof bietet folgende Artikel an: Zylinder, Vergaser und Ketten für ES 250, für Trabant Getriebe, Stoßdämpfer, Lenkräder, Felgen, Keilriemen, Radlager, Reifen schlauchlos. *1967 HK S. 129*

**Otto Edler,** Naundorf, *1887 †1966. Als ein echter Landlehrer und Schulleiter unterrichtete er von 1911 bis 1945 in Neusornzig die Kinder, lebte zuletzt in Naundorf, leitete bis ins hohe Alter mehrere Liederchöre, kümmerte sich um den Obstbau und war als Bodendenkmalpfleger in der Vor- und Frühgeschichte tätig. *1967 S. 267*

**Georg Wünsche** *(Wünsch-Schorsch),* Colditz, *1897 †1975. Ein aufrechter Arbeiter, Sportler und Kulturorganisator, der das gesellschaftliche Leben in seiner Schaffenszeit maßgeblich mit beeinflußte. *1967 S. 430*

**Georg Bötticher**, Wurzen, *1849 †1918. Vater von Joachim Ringelnatz, Musterzeichner und zu seiner Zeit bekannter Literat. Eine Gedenktafel mit dem Reliefportrait von Bötticher *(s. Abb.)* befindet sich am alten Rathaus in Leipzig.

*HK 1967 S. 91*

## LESERPOST

### Wurzen ohne Rundblick?

Ich meine nicht unsere Heimatschrift, sondern die Aussichtstürme im Kreis. Da muß man auf unsere Nachbarn wirklich neidisch sein, denn dort ist man an der Erhaltung der Türme sehr interessiert, z.B. den Colditzer Heimatturm, den Turm auf dem Oschatzer Collm, den Aussichtsturm auf dem Schildberg.
Und hier? 1945 hat der Wachtelbergturm einige Schäden durch amerikanischen Beschuß erhalten, die nach über 20 Jahren, obwohl die geringfügig sind, immer noch nicht behoben sind. Mutwillige Zerstörungen der letzten Jahre haben weitere Schäden zugefügt.
Auch der Aussichtsturm auf Johannas Höh' bei Pyrna sollte erhalten werden. Hoffentlich kann der *Rundblick* recht bald über zwei neue Rundblicke im Kreis Wurzen berichten.

*Artur Zieger, 1967 S. 91*

### Grimmaer „Naturschönheiten"

Wir befinden uns mitten im Frühling. Leider muß man feststellen, daß die Instandhaltung der Anlagen noch recht rückständig ist. Im Stadtwald besteht ein Mangel an Sitzbänken. Das „Kuxloch" dort ist verschlammt und nicht begehbar, wie überhaupt zahlreiche Wege. Sämtliche Naturquellen sind nicht mehr im Fluß. Das Brunnenmädchen empfängt leere Blechbüchsen. Die Busbahnhofsuhr läuft monatelang nicht. Schließlich noch die beiden Bedürfnisanstalten in den Promenaden. Die am Pappischen Tor ist verschlossen, die am Sportplatz als alles andere als eine hygienische Einrichtung. Ein altes Sprichwort sagt: Wo ein Wille ist, da ist auch ein Weg. Also muß auch in Grimma etwas geschehen.

*Max Malke, 1967 S. 300*

### Vom Ladenschluß

Die Einführung der 5-Tage-Arbeitswoche sollte uns veranlassen, einmal zurück zu schauen auf frühere Verhältnisse. Die Colditzer Ratsakten geben da einige Hinweise. 1892 wünscht der Gewerbeverein, daß es den Geschäftsleuten freigestellt sein sollte, ob sie die Sonntagsruhe halten wollten oder nicht. 1902 liegt eine Eingabe vor, an Sonntagen den 2-Uhr-Ladenschluß einzuführen und nicht erst um 4 Uhr nachmittags. Noch früher gab es überhaupt keinen Ladenschluß. Ein alter Kaufmann erzählte, daß er als „Kommis" in der 9. Abendstunde ausgeschickt wurde, um zu sehen, ob die Konkurrenz noch geöffnet habe. War das der Fall, schloß man auch noch nicht den Laden.
Ich entsinne mich als Geschäftsmannsjunge besonders an den Heiligabend. Während andere Weihnachtsbescherung feierten, standen die Eltern bis spät im Geschäft, denn viele kamen gleich nach ihrer Feier, um nicht gefallende Geschenke umzutauschen.

*Hermann Starke, 1967 S. 558*

**1968 15. Jahrgang**

**Der Rundblick.** Monatsschrift für Kultur und Heimat der Kreise Wurzen, Oschatz, Grimma und angrenzende Gebiete. 12 Hefte á 50 Pfg. 620 Seiten.

**Heimatkalender 1968** der Kreise Wurzen-Oschatz-Grimma. 11. Folge, 126 Seiten, 2,40 MDN. Aus dem Inhalt: Im 750jährigen Großbardau (Helfried Mengel), Vom Aberglauben (Alfred Klaus), Besteck im Museum (Heinz Thümmler), Der Colditzer Tiergarten (Wolfgang Stadler), Die Wasserläufe im Kreis Oschatz (Wilhelm Staudacker), Wurzen - Ein Stadtführer.

## Im Pferdeschlitten übers Land

Als wir den Entschluß faßten, mal eine richtige Schlittenfahrt mit Mann und Roß und echtem Geläut zu machen, da war rund um uns noch „grüne Weihnacht". Erst gute 14 Tage später wurde die Erde weiß. „Wo gibt's noch Pferdeschlitten?" Die Denkmalpflege wußte Bescheid. 1952 waren drei Schlitten als technische Denkmale unter Schutz gestellt worden. „Versuchen wir es bei *Schippan* in **Göttwitz**!"

Frau Schippan hatte in Abwesenheit ihrer zwei Männer zugesagt und damit einen regelrechten Aufruhr in Haus und Hof und Dorf heraufbeschworen. „Was glaubst du denn, der ist doch hochgebockt!" Er wurde heruntergehoben. – „Die Deichsel ist entzwei!" Meister Schippan baute eine neue, die einer Wäschestütze nicht unähnlich war. „Woher die Pferde?" Die LPG war so freundlich, die bei Bauer Müller stehenden 19jährigen Braunen anzuspannen. „Und wer soll fahren?" Der Junior-Bauer erklärte sich bereit. Hatte aber noch Bedenken wegen der Eisen auf glatter Straße. Wiederum war die LPG einverstanden: „Laßt sie schärfen!" So sprang als weiterer Helfer der Schmied ein.

Nun fehlten noch Geschirr und Schellengeläut. Was wäre eine Pferdeschlittenfahrt ohne hellen Kling-klang? Beides wurde aus Kühren besorgt. Die Scheuklappen der Pferde waren mit Krone und verschlungenen Initialen derer von *Bleichert* geziert. Blaue, weiße und rote Hanfbüschel wippten beim Klang der Schellen. Eine wahre Pracht!

Nein, es ging noch nicht los. Drei Dorfjungen mit Schlitten baten darum sich anhängen zu dürfen. Und schon saßen fünf Göttwitzer Kinder begeistert und jauchzend und mit rotgefrorenen Wangen auf den drei Hängern. Auf den gut geräumten Straßen kamen unsere braven Braunen flott voran, und es war eine rechte Freude, so gut gelaunt und warm verpackt in den hellen Wintertag hineinzufahren. Von rechts schickte Schloß Hubertusburg seine Grüße herüber und in **Liptitz** war es Hundegebell in allen Tonlagen, das die Ankunft eines merkwürdigen, weil seltenen Gefährts verkündete. „Gugg mah, e Ferdeschlidden!".

An der alten Liptitzer Mühle gab's einen Halt. Mutter *Thiele* kam mit einem Korb voller Äpfel aus dem Keller. Die Pferde dampften im Stehen und setzten Rauhreif an. Es roch herrlich nach Pferd – ein Duft, der in unserer motorisierten Zeit selten und kostbar geworden ist.

In **Ablaß** mußten wir die unterwegs verlorene Körperwärme erneuern. Der Gasthof war dafür der richtige Ort. Von innen drang der Ruf: „Pferde vor der Schenke! Wie in alten Zeiten!" Rasch schlossen wir mit den Skatern Bekanntschaft, und Scherzworte flogen von Tisch zu Tisch. Ein fröhlicher Umtrunk (nicht ohne Bockwurst!) beendete den Aufenthalt.

**Verweilpause an der Liptitzer Mühle**

Vorbei an einem Feld voller Markstangenkohl – es sah so aus, als hockten da tausend Hutzelmännchen mit weißen Pudelmützen – und einem auf einsamer Höhe thronenden trigonometrischen Punkt ging es nun dem Ausgangspunkt unserer reizvollen Schlittenfahrt zu. *Renate Sturm-Francke und Werner Ballschmieder, HK 1968 S. 55*

## Gut gesattelt vom Sattlermeister

Mittlerweile ist er 75 geworden, aber jung und rüstig wie eh und je, der Sattlermeister *Edwin Kretzschmar* aus **Nauberg**. Mit klarer Stimmung erzählt er aus seinem Leben:

Beim alten Meister *Hermann Brabandt* in Grimma habe ich das Sattlerhandwerk erlernt. Wir waren drei Lehrjungen und drei Gesellen und schliefen im Hause des Meisters in der Weberstraße. Wir verließen, wenn auf dem Lande gearbeitet wurde, früh um 4 Uhr das Haus und zogen zuweilen zwei Stunden zu Fuß mit unserm schwer beladenen Handwagen los, denn um 6 Uhr ging die Arbeit an. In den Dörfern hieß es dann: „De Sattler gumm!". Auf den Bauernhöfen richteten wir in der Scheune oder in der Leutestube unsere eigene Werkstatt ein. Alle Mahlzeiten gab der Bauer. Wir aßen dort um 19 Uhr noch zu Abend, ehe es heimging. Oft reparierten wir ein ganzes Dorf durch, ehe das nächste drankam.

In Grimma hatten war eine ganze Menge Industrieaufträge zu erledigen. Großmühle und Brauerei brauchten für ihre Gespanne viele Geschirre. Treibriemenarbeit gab's in der Handschuhfabrik, im Dampfsägewerk, im Maschinenbau und in der Papierwarenfabrik.

Die Sonntage durften wir nur alle vier Wochen nach Hause, im Winter zu Fuß, im Sommer mit dem Fahrrad. Nach Kriegsdienst und Lazarett in Berlin, blieb ich noch einige Jahre in der Stadt, habe dort auch meine Frau gefunden, bis ich 1927 Haus und Sattlerei meines Vaters in Nauberg übernehmen mußte. Ich blieb nun wieder ganz dem Lande verbunden und zählte 185 Pferde zu meiner „Kundschaft" .

Und wie sonst das Leben damals auf dem Dorfe war ohne Radio und Fernseher? Im Ort war allerhand los. Wir sangen im Gesangverein, spielten Theater, feierten Feuerwehr- und Schützenfeste bei *Kothe* in Zschoppach, es gab in den Gasthöfen von Nauberg und Draschwitz regelmäßig Pflaumen-, Kirsch- und Pfannkuchenschmäuse, und das Gemeindebier dauerte die ganze Nacht durch. Wir verstanden es, fröhlich zu sein und uns auch ohne Motorrad, Auto und Fernseher zu betun. Manchmal denke ich, daß die jungen Leute von heute über ihre Lust an neuer Technik es versäumen, sich selbst in geselliger Unterhaltung zu betätigen.

*Renate Sturm-Francke, 1968 S. 268, Edwin Kretzschmar verstarb 1975*

## Ich rettete die Schwarzkehlchen

Mit der gelungenen Brut eines Schwarzkehlchenpaares brachte das Jahre 1967 eine ganz besondere Überraschung für die Ornithologen, denn der letzte Brutnachweis für den gesamten nordwestsächsischen Raum wurde um die Jahrhundertwende erbracht.

Das Schwarzkehlchen ist ein knapp sperlingsgroßer Zugvogel und bewohnt ein trockenes und wärmespeicherndes Ödland. In seinem kaum hundert Meter im Quadrat betragendem Brutrevier hält er von erhöhten Sitzwarten aus ständig nach vorüberfliegenden oder am Boden vorbeihuschenden Insekten Ausschau.

Es war Anfang Mai 1966. Ich näherte mich mit dem Fahrrad von **Meltewitz** kommend dem **Dornreichenbacher** Steinbruchsgelände. Der Wind trug mir schnalzende Laute zu, die von einem mir unbekannten Vogel stammen mußten. Es dauerte nicht lange, bis ich den kleinen Sänger unweit vor mir auf dem Warnkreuz des Bahnkörpers sitzen sah. Es war mein erstes Zusammentreffen mit dem Schwarzkehlchen, und für mich eine kleine Sensation.

Ein Jahr später entdeckte ich den Vogel wieder im vorherigen Gebiet. Diesmal waren es Männchen und Weibchen, trotzdem wagte ich zunächst nicht an eine Brut zu glauben. Doch ich fand das Nest mit frischgeschlüpften Jungen unter dürren Rotschwingelhalmen im Straßengraben. Meine Freude war riesengroß. Für mich stand fest, die Brut vor umherstreunenden Katzen zu schützen. Ich verbarg offene Flaschen mit stark riechendem Inhalt in der Straßengrabenböschung, um den Katzen die Witterung zu nehmen.

Wenige Tage später setzte starker Regen ein. Die vorbeifahrenden LKW schleuderten regelrechte Wasserfontänen gegen die Grabenböschung und in das Nest. Der Brut drohte die Vernichtung! Ich konnte in letzter Minute, die Jungvögel im Nest waren schon erstarrt, mit dem Spaten Wasserabzugsrinnen ausstechen und so das Wasser von der Fahrbahn herunterleiten. Einige Tage später waren die Jungvögel glücklich ausgeflogen und es dauerte wiederum nur wenige Tage, da war von „meinen" Schwarzkehlchen nichts mehr zu sehen und zu hören. Es verbleibt die Hoffnung, daß ich im nächsten Jahr diese für unser Gebiet bedeutsame Vogelart wieder beobachten kann.

*Hartmut Kopsch, 1968 S. 78*

**Landschaft bei Meltewitz mit den Steinsandhalden der Steinbrüche**

# „Meister Nadelöhr" kommt aus der Bischofsstadt

## *Hans-Günther Bohm erzählt aus seinem Leben*

Wo könnte ich da beginnen? Natürlich bei meiner Geburt. Also: 1920 in **Wurzen**. Vater und Großvater waren hier ansässig, und Großvater balbierte den Bürgern Bart und Haar. Er mußte verstehen, mit dem Messer umzugehen, den bei „Unfällen" wurde er als Badermeister zugezogen. Großvater hat auch noch Zähne gezogen; also ein vielseitiges Gewerbe.

Für einen Sohn „gutbürgerlicher" Eltern war es natürlich standesgemäß, die höhere Schule zu besuchen. Aber dann reichte das Geld nicht fürs Weiterkommen. Die Wirtschaftskrise hatte auch ihre Auswirkung auf Vaters Herrenmodeartikelgeschäft. Auf der Handelsschule verschaffte ich mir ökonomische Kenntnisse, die mir heute noch sehr viel nützen. Besonderen Dank schulde ich dem guten *Albin Gürtler*, der mir und meinen Schulkameraden an der *Höheren Handelsschule* ein menschliches Rüstzeug gegeben hat. Eigentlich wollte ich damals schon Schauspieler werden. Vater riet aber erst einmal zu einem „soliden" Beruf. Also verkaufte ich Textilien, und ganz so nebenbei huschte ich mal ins Alte Theater nach Leipzig, um als kleiner Statist Bühnenstaub zu atmen. Dann kam der Krieg.

Die Zeit danach erlebte ich in Wurzen. Hier tat sich etwas in Sachen Theater. Oberbürgermeister *Georg Boock* hatte das *Neue Theater Wurzen* mit aus der Taufe gehoben. Mit Vater war ich bei der Premiere. Da meine Schulfreundin *Hilderose Boock* mir Mut machte, versuchte ich bei Herrn *Schweighöfer* vorzusprechen. Ich wurde eingestellt für 100 Mark im Monat, führte als Assistent Regie, schrieb Artikel fürs Programm und stand natürlich auf der Bühne. Erinnert sich ein alter Wurzner an das „Jacöble"?

Eine der schönsten Aufführungen war 1945 am Weihnachtsabend. Wir spielten – natürlich ohne Gage – am Nachmittag für Umsiedlerkinder. Die *Krietschmühle* hatte für alle ein paar Kekse bereitgestellt. So wurden diese Stunden zu einem eindrucksvollen Erlebnis. Jedes Mal am Heiligabend denke ich an diesen Nachmittag.

Dann begannen einige Wanderjahre. 1953 fand ich beim Fernsehen etwas Neues. Ich gehöre zu den sogenannten Fernseh-

Pionieren. Mein Schwerpunkt wurde das Kinderfernsehen. Ich habe viele Sendungen gemacht, jetzt *Rolf und Reni. Meister Nadelöhr* wurde eines Tages in Wurzen am Frühstückstisch „geboren“. Natürlich trete ich auch gern mal vor die Kamera. Wenn mich dann meine Mutter in Wurzen als Kellner oder Pförtner sieht, freut sie sich über ihren „großen Jungen“.

Wünsche? Natürlich. Zum Beispiel würde ich in Wurzen gern mal eine Ringelnatz-Sendung machen. Und sollte tatsächlich einmal ein Ringelnatz-Brunnen entstehen, dann wäre das vielleicht ein offizieller Grund!?! Ich hänge an Wurzen, und ich bin stolz auf die Stadt. Ein Wermutstropfen ist da: Das gesellige Leben könnte vielfältiger sein. Ob es noch wird? NB. War mittlerweile in einer Veranstaltung „Zu zweit im Klub“. Ganz großartig. Es ist doch was los in Wurzen! *1968 S. 319. – Hans-Günther Bohm verstarb 1995, JB 1997 S. 128*

Neues Theater Wurzen

BÜRGERGARTEN (Intendant: Willy Schweighöfer)

ERÖFFNUNGS-VORSTELLUNG:

am Sonnabend, dem 10. November 1945, 19³⁰ Uhr,

Meine Schwester und ich!

Musikalisches Lustspiel von Berr und Verneuil – Musik von Ralph Benatzky

Inszenierung: W. Schweighöfer – Musikalische Leitung: Friedrich Spiegel

Tanzleitung: Jlo Siegert – Bühnenbild: Rolf Reschke

Mitwirkende:

Damen: Hilderose Boock, Jrme-Luise Hensing, Jngrid Schlee

Herren: Viktor Lindner (als Gast), Helmut Schurig, Willy Schweighöfer, Heinz-Peter Scholz, Hans Wolter

Nächste öffentliche Vorstellungen:

Sonntag, den 11. November, 19.30 Uhr — Sonnabend, den 17. November, 19.30 Uhr

**Im Wurzener Theater hebt sich schon im November 1945 erstmals der Vorhang**

# Sonnenwende am Brandiser Kohlenberg

Es ist bereits zu einer guten Tradition geworden, daß sich die Mitglieder des Deutschen Wanderer- und Bergsteigerverbandes aus Leipzig mit einigen Einheimischen im Juni zur Sonnenwendefeier im Oststeinbruch des Brandiser Kohlenberges treffen. Im weiten Rund des längst verlassenen Steinbruchs standen über 60 Zelte, und auch in der Jugendherberge hatte eine ganze Anzahl Wanderfreunde eine passende Unterkunft gefunden.

Als die Nacht hereinbrach, versammelten sich alle Sportfreunde um den Holzstoß. Im Schein der Fackeln wurden Lieder und Gedichte vorgetragen. Uralt ist der Brauch, die Sonnenwende zu feiern. Die Fackeln, getragen von unseren Jüngsten, wurden nun den Holzstoß gesteckt. Hell zuckten die Flammen zum nächtlichen Himmel empor, und nun erklangen unsere schönen Wander- und Berglieder, bis das Feuer langsam verlosch.

Anderntags zeigten die Bergsteiger an den Kletterfelsen ihr Können, ein kleiner Orientierungslauf diente der sportlichen Ertüchtigung und die Kinder hatten viel Spaß bei ihren Spielen. Den Abschluß bildete eine botanische Wanderung rund um den Kohlenberg. Dabei geht es weniger um die zurückgelegten Kilometer, sondern um neue Erkenntnisse, die am Rande des Weges gewonnen werden konnten. *Jürgen Lorenz, 1968 S. 372, Horst Liebing, 1980 S. 119.*

# Was soll mit der Wurzener Altstadt werden?

Die Kannengießergasse in Wurzen – Linolschnitt von Arno Straßberger, 1960

Städte und Dörfer gehören zum Bild der menschlichen Gesellschaft. Aus der Hütte wurde ein Haus, das Haus wurde zum Hof erweitert. Siedlung, Dorf, Stadt sind, im groben gesehen, die weiteren Stufen der Entwicklung. Wir haben heute schon einen großen Unterschied zwischen der frühen Stadt des Mittelalters – unsere Städte sind damals in der Mehrzahl entstanden – und unseren heutigen Städten, zwischen dem Haus, das einer Familie als Wohn- und Produktionsstätte diente, und den Großblocks als Nur-Wohnstätte vieler Menschen festzustellen. Leider sind Städtebilder in nahezu ursprünglicher Form heute eine große Seltenheit. Kriege und planlose Entwicklung haben sie vernichtet.

Das alte Stadtzentrum Wurzens mit dem Markt als Mittelpunkt und der äußeren Begrenzung durch das Domgebiet im Westen, dem Badergraben im Süden, dem Dr.-Otto-Nuschke-Platz und der Altstadt im Osten und Norden, ist in seiner heutigen Bausubstanz durchschnittlich 200 Jahre alt. Die meisten dieser Häuser werden den Wohnansprüchen unserer Zeit nicht mehr gerecht. Einige sind substanziell bereits stark angegriffen. Ohne systematische und planvolle Maßnahmen zur Erhaltung und Nutzung dieser Bauten würde eine allmähliche Flucht der Bewohner und ein Verfall des Stadtkerns zu erwarten sein.

Es ist eine qualifizierte Planung nötig. Dabei geht es wohlverstanden nicht darum das Stadtzentrum in einer Art Freilichtmuseum zu konservieren, sondern die alte Stadt mit neuem Leben zu erfüllen. Es sollte unsere Aufgabe sein, die architektonische Gesamtwirkung der Altstadt, besonders des Marktes, zu erhalten und wiederherzustellen und Verunstaltungen im Laufe der Zeit zu entfernen. Neuere Bauten, die bei Schließung von Baulücken oder eventuellem Abriß alter Bauten notwendig sind, müssen in ihrer Maßstäblichkeit und ästhetischen Gestaltung der Umgebung angepaßt werden. Die Gebäude selbst sollten dabei im Innern möglichst unauffällig mit dem modernsten technischen Komfort ausgestattet werden.

*Wolfgang Krämer, 1968 S. 185*

HEUTE: Die sanierungsbedürftigen Häuser blieben über die Jahrzehnte hinweg zum großen Teil dem Verfall preisgegeben. Mit abenteuerlichen Aufwand und schlauen Organisationstalent konnten einige Gebäude erhalten werden. Nach der Wende setzte eine verstärkte Sanierung ein, doch noch immer bleibt viel zu tun. Es ist ruhig geworden in den Gassen, Wohnungen stehen leer. Doch hinter den Mauern pulsiert da und dort in den schmalen Höfen und winzigen Gärten ein „verstecktes" Eigenleben rühriger Bewohner.

## Der Muldepegel bei Golzern

Wer von Nerchau aus muldeaufwärts wandert, erreicht bald einen der schönsten Talabschnitte zwischen Colditz und Wurzen. Tief eingesägt hat sich hier der Fluß in den Porphyr und dabei ein steilwandiges Tal geschaffen, in dem sich Bahn und hinter Schmorditz auch die Straße auf dem schmalen Talboden entlang schlängeln. Schöner Laubwald mit stillen Talgründen zieht sich am östlichen Hang empor. Ein schmaler Wiesensaum trennt vorm Bahnhof Golzern die Gleise der Muldentalbahn vom Fluß. Dort liegt, verschwiegen im Gebüsch versteckt, eine wichtige Einrichtung: Der Pegel Golzern, ein Pegel erster Ordnung, als einziger weit und breit. Er hat die Aufgabe, die Höhe des Muldewassers anzuzeigen. Sie wird dann von einem Beobachter abgelesen und weitergemeldet. Seit Jahren macht das hier Herr *Schröter* aus Golzern neben seiner Tätigkeit auf dem Bahnhof.

Golzern besitzt einen Lattenpegel und einen automatischen Schreibpegel. Ersterer muß jeden Tag um 8 Uhr abgelesen werden. Neben der Wassertemperatur müssen im Winter die Eisverhältnisse ermittelt werden. Mit einem Telegramm werden die Angaben an die Wasserwirtschaftsdirektion nach Dresden gemeldet. Bei Hochwasser, also dann, wenn der Pegel 250 cm und mehr Wasserstand anzeigt, muß er alle zwei Stunden abgelesen werden, auch in der Nacht. Die Warnmeldungen müssen dann an neunzehn (!) Stellen weitergegeben werden.

Herr Schröter erinnert sich an das Hochwasser von 1954. Damals maß er einen Wasserstand von mehr als fünf Metern. Nahe der 5-m-Höhe kam es später in den Jahren 1958, 1965 und Weihnachten 1967. Dem Pegelbeobachter fällt somit eine wichtige Aufgabe zu, da er für die Sicherheit Tausender Menschen, für Vieh und Feldfrüchte und technische Einrichtungen eine hohe Verantwortung trägt muldeabwärts bis nach Dessau. Wichtig auch für die Schiffer auf der Elbe, die wissen müssen, ob sie mit ausreichendem Wasser oder gefährlichem Hochwasser rechnen müssen.

*Ehrhart Kundisch, 1968 S. 446*

HEUTE: Nach dem Jahrhunderthochwasser von 2002 erfolgte zwei Jahre später eine Neuinstallation des Golzerner Pegels. Der Wasserstand wird nun funktechnisch weitergegeben und ist jederzeit abrufbar.

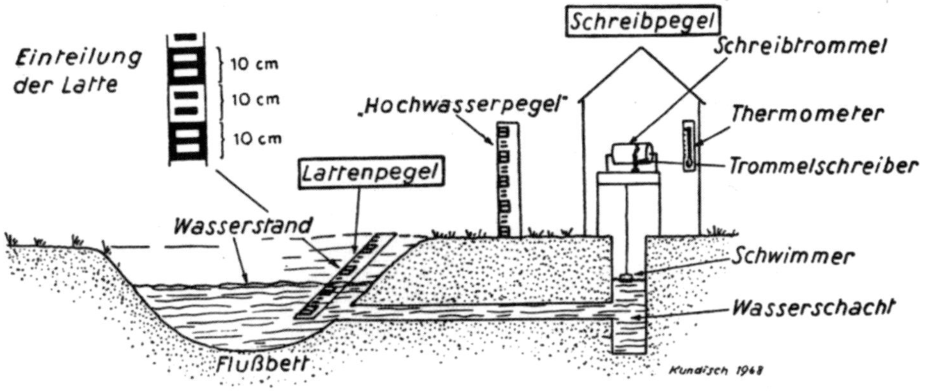

# Die Klinik „auf dem Dorf“ mit Weltniveau

Das **Schloß** ist ein gut erhaltener Renaissancebau aus dem 16. Jh. mit einer angeschlossenen Parkanlage. Im Laufe der Zeit erfolgte ein mehrmaliger Besitzerwechsel, zuletzt bis 1945 war es die Familie der *Fürsten von Reuß*. Mit der Bodenreform Enteignung, danach Ausbau zur Klinik und äußerliche Restaurierung, seit 1992 leerstehend. 2008 wieder in Privatbesitz der Familie des Fürstenhauses Reuß. *1964 S. 217*

Wir halten in **Thallwitz** vor dem schlichten Renaissancebau. Einst Sitz reußischer Fürsten, beherbergt er seit 25 Jahren die weltbekannte Klinik für Plastische und Wiederherstellende Kiefer- und Gesichtschirurgie. Im Laufe eines Vierteljahrhunderts entstand ein hervorragendes Behandlungszentrum für jene Menschen, die an Mißbildungen im Mund-, Kiefer- und Gesichtsbereich leiden. Der Volksmund nennt sie Hasenscharten und Wolfsrachen.

Es machte uns etwas Mühe, zum Zimmer des Ärztlichen Direktors vorzudringen. Leitern, Eimer und Malertöpfe versperrten unseren Weg. Doch dieses Durcheinander nehmen die Thallwitzer gern in Kauf, denn im Herbst feiert man das fünfundzwanzigjährige Bestehen der Klinik. Und zu diesem Ereignis, dem zahlreiche in- und ausländische Gäste beiwohnen werden, soll das Haus in neuem Glanz erstrahlen. Früher, so erzählte uns Herr Professor *Bethmann*, der die Klinik vor fünfeinhalb Jahren aus den Händen des Nestors der Spaltchirurgie in Europa, Herrn Professor *Wolfgang Rosenthal*, übernahm, gab es wesentlich größere Schwierigkeiten. Hier existierten weder Wasserleitung noch elektrisches Licht. Das war nicht einfach, diese Grundvoraussetzungen für eine medizinische Einrichtung zu schaffen. Auch heute noch sind die baulichen Veränderungen ein Sorgenkind. Da das Schloß unter Denkmalschutz steht, muß jede Veränderung mit dem Institut für Denkmalpflege in Dresden abgestimmt werden.

Von den etwa dreihundertfünfzig Spaltträgern, die jährlich in der DDR geboren werden, kommen ungefähr 70 % nach Thallwitz. Im ersten Stock, im Turm des Schlosses, hinter einer Tür mit dem Schild „Zutritt verboten!“, werden fast täglich die anatomischen Voraussetzungen für die Heilung der Patienten geschaffen. Viele Kranke liegen mehrmals auf dem Operationstisch, da bei den meisten mehrere

**Prof. Dr. Wolfgang Rosenthal,** *1884 †1971, war ein bekannter Wissenschaftler, Arzt, Landwirt im Nebenberuf, Ratsmitglied in Thallwitz, Ehrenbürger der Gemeinde. Wegen der Bombenangriffe auf Leipzig verlagerte er 1943 seine Privatpraxis ins Thallwitzer Schloß. Nach dem Kriege erfolge der Ausbau zur bisher einmaligen und führenden Klinik für kieferchirurgische Operationen zur Beseitigung von Mißbildungen im Gesicht. *1984 S. 98*

Eingriffe erforderlich sind. Im Alter von einem halben Jahr wird die Korrektur der Lippenspalte vorgenommen, der Gaumen dagegen erst mit dreieinhalb bis vier Jahren verschlossen. Daneben stehen Nasen- und Kieferkorrekturen, sprachverbessernde und plastische Operationen auf dem Programm. Die Klinik ist voll ausgelastet mit täglich zwölf bis vierzehn Operationen.

*Dr. Mühler* hat im Dachgeschoß eine sprachheilpädagogische Abteilung aufgebaut. Es genügt nämlich nicht, beim Spaltträger nur die anatomischen Verhältnisse zu normalisieren, ebenso wichtig ist das Erlernen der Sprache.

Im Erdgeschoß liegen die Räume der Kieferorthopädie. Die zwei modernen Behandlungsstühle im Untersuchungszimmer lassen den Patienten auf den barockartig angelegten Park des Schlosses schauen und sicher manche schmerzhafte Behandlung leichter ertragen. Natürlich ist es für die Einwohner des Dorfes selbstverständlich, daß sie ihre Zähne in „ihrer" berühmten Klinik behandeln lassen.

*Regine Derdack, 1968 S. 471*

## Der Berg ruft! Man muß aber hellhörig sein

Der Weg hinauf fordert schon seinen Atem. Es führt zwar eine Asphaltstraße hinauf auf den **Collm**, doch die ist für den Normalbürger gesperrt. Also stellen wir das Fahrzeug am Dorfgasthof ab. Auf schmalem Pfad geht es aufwärts, letztlich ganze 88 Meter. Oben stehen wir trotzdem 314 m hoch, allerdings überm Meeresspiegel. Den sehen wir zwar nicht, aber die Landvermesser haben ihn nun mal als Basishöhe Null (Meter) festgelegt.

Wir sind nicht angemeldet, werden trotzdem in den 54 m hohen Richtfunkturm eingelassen und dürfen hinaufsteigen bis zu den Diensträumen der Meteorologischen Station (volkstümlich die Wetterwarte). Dort auf der äußeren Plattform öffnet sich ein einzigartiger Rundblick in die nahen Heimatgefilde und zu fernen Horizonten. Leider hatten die Bauherren kein Mitleid mit den Besuchern (oder waren es Sicherheitsaspekte?), hier in luftiger Höhe ein Café einzurichten.

Am Fuße des Turmes gibt's noch eine geologische Vorlesung: Der Collm und seine nähere Umgebung bestehen aus einem der ältesten Gesteine unserer Erde, der Grauwacke. Dieses Ablagerungsgestein ist ein dunkel- bis hellgraues, sandsteinartiges Gestein, das größere Gerölle einschließen kann und dann als konglomeratische Grauwacke bezeichnet wird. Früher wurde sie in einigen Steinbrüchen abgebaut für den Straßenbau verwendet.

*Ehrhart Kundisch, 1968 S. 337*

**Der Oschatzer Collm hebt sich 88 m aus den umliegenden Fluren heraus. Der „Fernsehturm" wurde Anfang des 21. Jh. abgerissen.**

# Walter Artus malte die stillen Schönheiten der Muldenlandschaft

**Die Gattersburg in Grimma. Einige Ausflügler sind im Automobil angekommen. Ölgemälde von Walter Artus, um 1920**

Den älteren Grimmaern sind die Bilder von *Walter Artus* (*1873 †1945) in guter Erinnerung, in denen er mit viel Liebe und Gefühl die Stadt selbst dargestellt, die nähere und weitere Umgebung. In den Wohnungen hängen sie in Öl und Aquarell, sind beliebt bei verzogenen Grimmaern. Nach Grimmaer Motiven gemalte Schützenscheiben schmücken die Hausflure der ehemaligen „Schützenkönige". Allen diesen Arbeiten ist gemeinsam, daß der Künstler den Auftraggebern entgegenzukommen hatte. Er mußte ihre Wünsche und Vorstellungen in repräsentativ angelegten Arbeiten virtuos verwirklichen.

In den wirtschaftlich unruhigen Zeiten der Weimarer Republik malte er gern für Naturallohn, den die Bauern, die ihr Gut im Sonnenlicht und auch ein wenig schmeichelhaft malen ließen, gern an ihn entrichteten. Ein anderer Erwerb war für ihn der Vertrieb von farbigen Kunstpostkarten, die nach seinen Arbeiten im Eigenverlag mit dem Vermögen seiner Frau hergestellt wurden.

Er hatte sich am Pulverturm, abseits von der Stadt, ein Haus mit Atelierräumen bauen lassen, von dem aus er einen herrlichen Blick nach allen Seiten hatte. Die jährlichen Reisen in die Berge oder ans Meer schienen nach einem Schlaganfall mit Lähmungserscheinungen im Jahre 1932 ausgeschlossen zu sein. Aber Lebenswille und Freude am künstlerischen Schaffen ließen ihn die Sprache wiedererlangen und auch die malenden Hände sicher gebrauchen.

Ein tragisches Ereignis führte zu seinem Tode. Obwohl er sich von einem Schlaganfall einigermaßen erholt hatte, wurde ihm die verbliebene Schwerhörigkeit zum Verhängnis. Er hörte im April 1945 die Aufforderungen eines amerikanischen Soldaten zum Stehenbleiben nicht. Die abgegebenen Schüsse verletzten ihn so schwer, daß er wenige Tage später verstarb.

*R. Priemer 1968 S. 482; H. Mengel 1998 S. 62*

## NOTIZEN und PERSONALIEN

**Wurzen**: Die Geschichte der **Gottesackerkirche** auf dem Alten Friedhof geht bis ins Baujahr 1550 zurück. Der fortschreitende Zerfall des Bauwerkes begann schon in den 30er Jahren und ist nun nicht mehr aufzuhalten. Anfang 1960 erfolgte der Abriß. *1967 S. 66*

**Kössern**: Nach Wiedererstehen des **Jagdschlosses** wurde der Festsaal eingeweiht. Damit kann der historische Barockbau für die kulturellen Belange des Dorfes umfassend genutzt werden. Untergebracht sind zudem das Gemeindeamt, Kindergarten und Krippe, Schulküche und Bibliothek. *1967 S. 117*

**Wurzen**: Nach dem Ersten Weltkrieg war der Stellmachermeister ***Paul Deckwerth*** nach Wurzen gekommen, kaufte eine **Werkstatt für Kutschwagen** in der Dresdener Straße. Mit dem Aufkommen des Autoverkehrs wuchs der Bedarf an Reparaturen und so gründete er 1928 ein Autoreparatur- und Fahrzeugwerk mit Tankstelle. Er baute mit 30 Beschäftigten unterschiedliche Karosserien und sogar Omnibusse. Nach dem Zweiten Weltkrieg schuf er den Vorläufer des B 1000 und andere Spezialkarossen, anfänglich auch einen Uni-Kran, bekannt als Mistlader. Später dann in Kooperation mit dem Robur-Werk Zittau u.a. ein Langfahrerhaus zum LKW W 50. *1968 S.13*

**Döben**: Das **Steinkreuz** am „Markt" *(s. Abb.)* ist ein echtes Sühnekreuz und damit ein Wahrzeichen mittelalterlicher Gerichtsbarkeit. Der Mörder hatte eine Buße zu entrichten und an Gerichtsstelle oder der Stelle des Totschlages ein Kreuz aufzustellen, das zuweilen das Gerät aufweist, mit dem der Getötete erschlagen oder erstochen wurde. Hier ist es ein Dreschflegel. Ein weiteres Steinkreuz, allerdings ohne bildliche Darstellung, befindet sich in der Nähe eingemauert in die Hofwand des Schöneschen Gutes. *1968 S. 206*

**Colditz**: Der Gründer der **Pappenfabrik** (später im Volksmund *die Eule*) im Jahre 1896 wählte ganz bewußt die Lage seines Betriebes an der Mulde abseits von der Stadt, weil er dort ein günstiges Gefälle als Energiequelle vorfand und auch das nötige Steinmaterial für die Gebäude. Auch die Eisenbahnlinie führt unmittelbar am Werk vorbei. Seitdem werden im Betrieb vor allem schadhafte Hölzer von Fichten und Kiefern zur Pappenherstellung verwendet, die dann weiter zu Kartonagen verarbeitet werden. 150 Beschäftigte stellen jetzt täglich 25 000 Kartons her. *1968 S. 279*

**Paul Stirn**, Trebsen, *1882 †1968. Aus Gerichshain gebürtig, war der den Heimatfreunden wohlbekannte Oberlehrer seit 1908 in Trebsen als Lehrer tätig. Sein Arbeitsbereich ging weit über den des Schulamtes hinaus. Turnverein, der Literarische Verein und die Junglehrer-AG rühmten seine Aktivität. Bis ins hohe Alter wirkte er für die Ortschronik. *1968 S. 354*

**Georg Hellmich,** Oschatz, *1867 †1927. Lehrer für Zeichenunterricht an der Berufsschule. Künstlerische Tätigkeit mit Zeichnungen heimatkundlicher Motive. Aktiv in der Feuerwehr, städtischer Branddirektor. *1968 S. 20*

## LESERPOST

**Biber sind nicht Nutria**
Neben meinem Bericht über das Vorkommen des Bibers brachte die Redaktion ein Bild mit vier Nutria und einem Gedicht von *Johanna Kraeger*. Der Biber und die abgebildeten Nutria sind zwei völlig verschiedene Tierarten mit unterschiedlichen Lebensgewohnheiten. Der Inhalt des Gedichtes ist deshalb falsch und vermittelt dem Leser ein entstelltes Bild.

*Herbert Lindner, 1968 S. 89*

Und die Antwort von *Johanna Kraeger:*
*Vier Nutria empörten sich,*
*Berieten und beschwerten sich*
*Und machten ihren Redakteur*
*Verantwortlich für das Malheur:*
*„Warum beschriften, mein Lieber,*
*Sie unser Bildnis denn mit Biber?!"*
*Das Sprüchlein der Johanna Kraeger*
*Ward drum zum Ärgernis-Erreger*
*Für uns und alle, die da nagen,*
*Und eine Schande – sozusagen!*

**Nochmal: Ladenschlußzeiten**
In meiner Kinder- und Jugendzeit (ich werde jetzt 85 Jahre) wurden die Lebensmittelgeschäfte früh 6 Uhr geöffnet und abends 21.30 Uhr geschlossen. Dazwischen gab es keine Mittagspause. Ferien gab es für den Ladenbesitzer nicht, denn er mußte seine Kundschaft erhalten. Zu Weihnachten bekam jeder ständige Kunde vom Bäcker und Kaufmann eine Stolle und vom Fleischer eine Wurst. Die Dienstmädchen, die für die „Herrschaft" einkauften, erhielten eine Schürze und eine Tafel Schokolade.
An Markttagen wurde der Landkundschaft Kaffee und Zwieback vorgesetzt. Die Bauersfrauen brachten ihre Ware noch selbst auf den Markt. Es waren Butter, Käse, Quark und Eier, und in der Weihnachtszeit Geflügel. Die Landkundschaft war bei den Kaufleuten beliebt. Vor den Feiertagen, zum Erntefest und zur Kirmes wurde tüchtig eingekauft.

*Hedwig Grätzsch, 1968 S. 89*

## 1969 16. Jahrgang

**Der Rundblick.** Monatsschrift für Kultur und Heimat der Kreise Wurzen, Oschatz, Grimma und angrenzender Gebiete.
12 Hefte, A5-Format, á 50 Pfg., 640 Seiten.

**Heimatkalender 1969** der Kreise Wurzen-Oschatz-Grimma. 12. Folge, 140 Seiten, 2,40 Mark. Aus dem Inhalt: Göschen und Hohnstädt (Renate Sturm-Francke), Station Junger Techniker in Colditz (Wolfgang Stadler), Beim Tierarzt (Renate Baumann), Kultur in Kössern (Helfried Mengel), Leuchten im Museum (Heinz Thümmler), Fuhrleute und Straßen (Fritz Thomas), Musikrunde im Göschenhaus (Werner Ballschmieder).

# Ein Leben an der Bahnstrecke

Der Weg zu *Hermann Seifert* im Bahnwärterhäuschen östlich von **Dornreichenbach** ist nicht für Autofahrer gedacht. Das muß auch nicht sein, denn der einsame Bewohner dort zwischen Bahnschienen und Waldrand verläßt sein Häuschen nur zu Fuß oder mit dem Fahrrad. Ich sah ihn jenseits des Schienenstranges akkurat Scheite schichten. Ein kleine Bank vorm Haus war dann unser Sitzplatz.

1883 in der Heidestadt **Dahlen** geboren, wuchs er in einer großen Familie auf. Nach dem Schulbesuch in **Meltewitz** und anderen Orten ging er in die Landwirtschaft. Eine Frau zu finden war nicht schwer, aber zu heiraten dann doch. Um einen Hausstand zu gründen, mußt er mehr verdienen. Also ging er zur Bahn und wurde Streckenarbeiter. 1924 zog er in das kleine Haus am Walde ein, wo seine Eltern wohnten. Vater beaufsichtigte die Strecke, Mutter bediente die Schranke. Die Meltewitzer Bauern benutzten den Übergang, wenn sie auf ihre Felder oder zum Bahnhof nach Dornreichenbach wollten. Jeden Tag von frühmorgens 6 Uhr bis abends 18 Uhr hatte die Mutter Dienst. Danach wurde der Baken nur noch auf Wunsch geöffnet, und ab 22 Uhr war er gänzlich geschlossen.

„Ich machte bis 1949 Dienst im Bahnhof Dornreichenbach. Dann setzte ich mich zur Ruhe, d. h. eigentlich nicht ganz, denn seitdem passe ich auf, daß die Brandschutzstreifen in Ordnung sind. Zwanzig Jahre lang hacke ich sie in meinem Abschnitt sauber. Das erhält jung. Natürlich beobachte ich auch sonst die Strecke. Die Reisenden wollen sich doch sicher fühlen.

Einmal, ich traute meinen Augen nicht, sah ich in der Ferne eine Kiefer auf den Gleisen liegen. Der Sturm hatte sie entwurzelt. In 15 Minuten sollte der Schnellzug aus Dahlen kommen. Ich schrie nach einem roten Taschentuch. Aus dem Schuppen holte ich Säge und Beil und hastete die Schienen entlang. Aber der Baum war zu mächtig. Allein schaffe ich das nicht! Also lief ich weiter, den Zug entgegen. Der brauste auch schon heran. Ich winkte und schrie. Der Lokführer sah mich und bremste. Langsam fuhren wir dann bis an das Hindernis heran. Mit vereinten Kräften zersägten wir den Stamm, und die Lok konnte weiterfahren.

Den einen Heiligen Abend werde ich nicht vergessen. Meine Schwester machte den Weihnachtsmann. Später kehrte sie ganz aufgeregt zurück: „Draußen liegt ein Mann zwischen den Gleisen, ich glaube, er ist tot!" Ich rief in Dahlen an, damit der Eilzug aufgehalten wird, holte den Bahnmeisterwagen aus dem Schuppen, wir luden den Schwerverletzten darauf – er lebte nämlich noch – und stakten nach Dornreichenbach. Dort nahm ihn unser Landarzt

**Hermann Seifert verstarb Anfang der 70er Jahre in „seinem" Bahnwärterhäuschen, danach blieb es unbewohnt. Im Zuge des ICE-Streckenausbaues wurde es Ende der 90er Jahre abgerissen.**

*Dr. Hofmann* in Empfang, der ihn dann mit dem Zug nach Wurzen und mit einem Fahrzeug ins Krankenhaus bringen ließ.

Später erfuhr ich Einzelheiten. Ein Koch aus Leipzig wollte seine Braut in Dresden besuchen und hatte eine Menge Geld bei sich. Das haben wahrscheinlich zwei Gauner am Schalter gesehen, und sie saßen dann mit im Abteil. Nach **Kühren** schlugen sie auf ihn ein, raubten das Geld und stießen ihn zur Tür hinaus, wo er besinnungslos neben den Gleisen liegenblieb. Dort rettete ich ihn, doch die beiden Verbrecher konnten unerkannt entkommen.

Seit Jahrzehnten ist hier keine Schranke mehr. Eine kleine Unterführung für Fahrräder und Fußgänger ermöglicht jetzt den Übergang. Das Bahnwärterhäuschen wird nicht mehr als Dienststelle benötigt. Hermann Seifert wird hier seinen Lebensabend verbringen. Seine liebste Beschäftigung ist jetzt das Holzhacken. Den Rohstoff liefert der angrenzende Wald in Hülle und Fülle.

„Bald wird es hier unruhig werden, die Bahn wird elektrifiziert. Sicher, ein bißchen Wehmut wird dabei sein, aber die Welt dreht sich weiter, und in der Elektrizität liegt nun mal die Zukunft." *M. Müller, HK 1969 S. 97*

## Die kleinen Geheimnisse des Röcknitzer Wachthübels

**Findlinge auf dem Wachthübel. Ernst Kretzschmar mit jungen Besuchern**

Breit und behaglich dehnt er sich nördlich von Röcknitz über eine weite Strecke vor dem Beschauer aus und erhebt sich mit einer Gesamthöhe von 127 m NN knapp zwanzig Meter aus dem umliegenden Talgelände heraus. Zu Zwecken der Landesvermessung ist er für die Errichtung eines trigonometrischen Punktes ausersehen worden.

Unser Weg zur Höhe führt uns nordwärts am Schwarzen Bach entlang. Wir durchqueren die Torflöcher. Ja, an den morastigen Stellen am Bachlauf ist tatsächlich einmal Torf gestochen worden. Während der großen Kohlenknappheit kurz nach dem Zweiten Weltkrieg – vielleicht auch schon früher – dienten die getrockneten Torfziegel den Dorfbewohnern als willkommenes Feuerungsmaterial, zwar ohne großen Heizwert, aber trotzdem eine wesentliche Hilfe.

So wenig die Wachthügelkuppe aus größerer Entfernung infolge ihrer weiten Ausdehnung zunächst ins Auge fällt, so sehr ändert sich das Bild, wenn man die sanfte Anhöhe erstiegen hat und oben den weiten Rundblick nach allen Seiten ungehindert genießen kann. Es ist sehr wohl ein Hügel *(Hübel),* von dem aus man einst recht gut hat „Wacht" halten können.

Geologisch ist der Wachthübel ein noch ziemlich junges Gebilde und hat mit den im Süden aus Porphyrgestein bestehenden angrenzenden Hohburger Bergen weder nach Alter noch nach Entstehung etwas zu tun. Die sandigen Erhöhungen nördlich des kleinen vulkanischen Gebirges sind lediglich einige hunderttausend Jahre alt und im Eiszeitalter entstanden, heute eine Moränenlandschaft. Trotz der harten Umweltbedingungen haben sich hier schon Menschen aufgehalten, wie die Vorgeschichtsfunde beweisen: Ein Flachbeil aus Feuerstein sowie ein durchbohrtes Steingerät aus der Jungsteinzeit sind dafür Belege. Auf dem Hügel fanden sich bronzezeitliche Scherben, die Reste von Bestattungsurnen sein könnten. Vermutlich stammen sie aus einstigen Hügelgräbern, die auf einer alten Karte verzeichnet waren. Inzwischen sind sie durch die landwirtschaftliche Bearbeitung der Felder vollständig eingeebnet. Die Steinpackungen, mit denen die Gräber einstmals umgeben waren, wurden wohl zu einem großen Teil ins Dorf gebracht und fanden schließlich in den Grundmauern der Gebäude eine letzte Verwendung.

*Ernst Kretzschmar, 1969 S. 387*

# Beim Püchauer Gemeindebier floß der Gerstensaft in Strömen – und nicht immer ging es gesittet zu

**Die Dorfpumpe vorm alten Gasthof, beide sind längst abgerissen. Die Zinnen vom Schloß dahinter ragen noch heute in den Himmel.**

In einem Protokollbuch der Gemeinde vom Jahre 1862 findet sich folgender Vermerk: „Nach einer alten Bestimmung hatte jeder neue Nachbar 2 Gr. oder 21 Ngr. zu zahlen als Nachbargeld, und Auswärtige 1 Tonne, Hießige ½ Tonne Braunbier, bey Gelegenheit zu geben." Diese Einnahme wurde bei einer jährlichen Tanzveranstaltung, dem Gemeindebier, vertrunken. Wenn es nicht reichte, mußten Zuschüsse gezahlt werden, wie aus einer Notiz vom 10. März 1962 hervorgeht: „beim Gemeindebier 1859 hatten die Musiker (8 Mann) 9 Taler erhalten und zechfrey und hatte je Person 12 Neugroschen und 5 Pf. zu geben. Beim Gemeindebier von 4. März 1862 brauchte aus der Gemeindekasse nichts zugelegt werden."

Das Bier floß also reichlich, und nicht immer ging es gesittet zu. Das Protokoll vermerkt 1865, daß es „diesmal sehr anständig zugegangen" sei. Öftere Eintragungen lauteten „... alles sehr gut, fidel und vergnügt abgelaufen". Damit erfüllte sich der Zweck des Gemeindebieres, einen Neuen in die dörfliche Gemeinschaft aufzunehmen. Und das geschah nach alte Sitte beim Genuß eines zünftigen Gerstensaftes.

Das letzte Gemeindebier wurde nach meiner Quelle 1913 registriert. Seit etwa 1887 bürgerte sich der dritte Pfingstfeiertag für den Umtrunk der Nachbarn ein. Vermutlich machte später die innere Einstellung zu altgemeindlichen Bräuchen eine Wandlung durch. So fehlten am 13.3.1900 (Beschluß zur Ablösung der Altgemeinde) viele Einwohner. Die Wertschätzung des Gemeindebieres verblaßte mehr und mehr.

*Walter Spitzer, 1969 S. 180*

**Das Nachbarbier** wurde einstmals in vielen Orten getrunken. Während dieser alte Brauch nach 1900 allmählich verblaßte, hat er sich in Hohburg bis heute erhalten und wird alljährlich von den Bewohnern des Ortes begangen *(siehe dazu die Broschüre „Zur Geschichte der Nachbarbiere in Hohburg und Kapsdorf", 1998).*

# Schönbach von oben

Wer Schönbach besucht, muß zum *Rauschenbusch* gehen! Das ist ein ungeschriebenes Gesetz für alle, die sich ein wenig Natur- und Heimatliebe bewahrt haben. Die Wanderung nach oben ist nicht lang und auch nicht beschwerlich. Von den fünf Parallelwegen, die vom Dorf aus hinaufführen, kann man irgendeinen wählen. Einer ist so schlicht wie der andere; Graswege, in die die Pferdefuhrwerke in Jahrzehnten ihre charakteristischen Spuren gefahren haben.

Von der Höhe aus kann man über das Dorf hinweg bis Grimma sehen. Auch Leisnig ist zu erkennen, und der Rochlitzer Berg erscheint manchmal greifbar nahe. Ein alter Schönbacher Einwohner wollte mir sogar weismachen, er hätte in seiner Kindheit an einem klaren Tag von hier aus deutlich die Gipfel des Erzgebirges erkennen können. Klar! Früher gab es auch klarere Tage. Ob mit oder ohne Erzgebirge, das Panorama ist trotzdem prächtig.

Auf dem höchsten Punkt des Rauschenbusch wurde eine 20 m hohe „Zementzigarre" errichtet: Ein Feuerwehrwachturm. Der Aufstieg ist nicht gestattet. Ich klettere trotzdem nach oben, im Auftrag der Redaktion gewissermaßen. Welche Überraschung! Der Diensthabende ist ein alter Bekannter: *Erich Knetsch*. Die Freude ist gegenseitig. Der Spruch über seinem Kommandotisch „Wer einsam ist, der hat es gut, weil niemand da ist, der ihm was tut!" ist charakteristisch, denn dem alten Herrn sitzt der Schalk im Nacken.

Weit schweift der Blick über die sommerliche Landschaft. In der Ferne die große Halde von Espenhain, die Schornsteine von Thierbach und Lippendorf. Doch die Neuzeit zeichnet sich nicht nur am Horizont ab. Bauarbeiter haben am Querweg ihr Domizil aufgeschlagen. Beachtliche Erdmassen wurden bereits bewegt. Die Vorarbeiten zum Neubau des großen Rinderstalles sind in vollem Gange.

In einem Ort von 835 Einwohnern kennt jeder die Sonnen- und Schattenseiten des anderen. Eine Gemeinde in dieser Größenordnung kann wie eine große Familie, aber auch ganz anders sein. Ich kenne Schönbach von Kindesbeinen an. Was sich in den letzten Jahren getan hat, ist enorm. Man kann an Sonn- oder Werktagen kommen, weiß der Kuckuck, ob im Ober- oder Unterdorf, immer trifft man einige Bewohner beim Zaun- oder Fensterstreichen, beim Abputzen eines Hauses, bei der Erneuerung eines Hoftores und anderen Verschönerungsarbeiten. Rosen über Rosen blühen am Ortseingang. Schmuck und sauber stehen die Häuser entlang der neuen breiten Dorfstraße.

*Wolfgang Stadler, 1969 S. 524*

**In Schönbach spricht man das A sehr hell, drum hat man den Schönbachern das Spottverschen angedichtet, das Dora Fritzsche mit den markanten Gebäuden des Dorfes so hübsch illustrierte**

# Mit Helga in der geschäftigen Dresdener Straße in Wurzen

**Das sind die Lehrlinge vom VEB Kraftverkehr, die eines Tages alle mal Berufskraftfahrer werden wollen.**

Wir sind diese lange Straße in Wurzen entlang gebummelt, haben Tore geöffnet, in Hinterhöfe und Werkstätten geschaut. Es ist die Industriestraße der Stadt. Dort, wo an einer Kreuzung Crostigall, Bahnhofsstraße und Wenzeslaigasse beginnen (oder enden), nimmt sie ihren Anfang, verläuft über Zimmermanns Kreuzung und endet weit draußen vor den Toren der Stadt nahe bei Roitzsch. Hier nun einige Erkundungen von Helga.

**Eine geschnitzte Holztafel** verkündet, daß hier 1822 in diesem Haus der Musiker *Theodor Uhlig* das Licht der Welt erblickte, ein Freund *Richard Wagners*.

**Polizisten** sind nette Leute. Die „weiße Maus" auf der Kreuzung gehörte dazu. Er wurde zwar ziemlich aufgeregt, als ich ihm so mir nichts dir nichts auf die Pelle rückte, aber er hatte zu dieser Zeit wenig zu regeln. Als ich allerdings seine Mütze aufsetzen wollte, da drohte er mit Dienstvorschriften und ähnlichen. Artig schlich ich mich von dannen, denn in Gewissenskonflikte wollte ich ihn nicht gerade bringen.

**Wäschekörbe** und Polstergarnituren entstehen in der PGH HOHAG. Über eine Hühnerstiege erklomm ich die Arbeitsräume. Im mächtigen Vorderhaus bietet die HO (ehemals *Möbel-Zimmermann*) alles für die Wohnung an.

**Eis** schleckte ich im HO-Café *Palmengarten*. Es sitzt sich gut in der „Palme". Mächtige Grünpflanzen und ein sauberes Aquarium vermitteln eine trauliche Atmosphäre. Ein reichhaltiges Angebot läßt kaum Wünsche offen.

**Gold** hielt ich beim Bildhauer *Hübner* in der Hand, zwar nur hauchdünn, aber dennoch. Ich durfte kaum atmen, denn sonst wäre das kostbare Stück davon geflogen. Übrigens, er sucht Nachwuchs für seine Tätigkeit.

**Fleischer** waren meine nächsten Bekannten. Im Hinterhof der ehemaligen Viktoria-Gaststätte verluden sie halbe Schweine in einen Lieferwagen. Die Fleischerinnung verteilt sie an die Handwerksmeister im Kreis.

**Luftfilter** stehen versandfertig auf dem Hof der Firma Klinkhardt. Der freundliche Chef, *Richard Klinkhardt*, zeigte mir seinen Betrieb, der in wenigen Jahren hundert Jahre alt sein wird.

**Geld** sammelt der Gastwirt *Werner Müller* neben seiner beruflichen Tätigkeit. Es sind Millionen und Milliardenscheine darunter, heute nur mit symbolischem Wert. Was hätte man damit anfangen können. Und doch bekam man damals in den 20er Jahren gerade mal ein Stück Butter dafür.

**Tanken** läßt es sich gut in der Tankstelle, weil automatische Zapfsäulen und flinke Tankwärter für schnelle Bedienung sorgen. Meist stehen die Fahrzeuge in einer „Schlange". Die Motorisierung hat doch ziemlich zugenommen. Wie soll das erst in ein paar Jahren aussehen? Bloß gut, daß dann die Autobahn nach Dresden fertig ist.

**Lehrlinge** in der Lehrwerkstatt des *VEB Kraftverkehr* durften ihre Arbeit unterbrechen und mit dem Fotomodell flirten. Das war eine blendende Abwechselung.

**Becherwerke** produziert das *Wutra-Werk*. Die Landwirtschaft ist Großabnehmer, nicht nur hier, sondern in der weiten Welt.

**Drahtseile** zwischen 1 und 16 mm Durchmesser werden im VEB Drahtseilwerk gedreht. Sie werden überall gebraucht: Flugzeuge, Rennräder, Fahrzeuge, Kräne u.a.m. Drei solcher Betriebe gibt es in der DDR, die inzwischen zu einem großen Kombinat zusammengeschlossen sind, und der Wurzener Betrieb ist einer davon. Er hat sich in den letzten Jahren tüchtig gemausert. Eine neue Seilerei entstand. Dort bewegen sich riesenlange Maschinen, aber ganz wenig Beschäftigte. Sie beherrschen sicher die drehenden Ungetüme. Ganz erfolgreich stehen die Frauen ihren Mann, denn die Hälfte der 200köpfigen Belegschaft sind weiblicher Natur. Sie müssen auch nachts mit ran, denn die Maschinen laufen 24 Stunden am Tag. Und noch ein Neubau lenkt die Aufmerksamkeit auf sich: ein langgestrecktes Mehrzweckgebäude. Sein lindgrünes Kleid hat allerdings der nahe Kohlenhandel schon arg beschmutzt.

**Autos** werden im jüngsten Betrieb der Dresdener Straße, der PGH Kraftfahrzeugtechnik, wieder instand gesetzt, vor allen Trabant und Skoda. Neben der Beseitigung von Motorschäden sorgen die Mechaniker unter der Leitung von Altmeister Bernd Hunger – kleiner Mann ganz groß – für neue Polster, richtiges Licht und glänzende Farbe.

**Sauerstoff** ist ein vielbegehrter Stoff. Extra für mich zapfen die Kollegen in der *Mafa* flüssigen Sauerstoff ab. Aber ich hütete mich, mal den Finger reinzustecken, denn bei minus 193 Grad wäre nicht viel übrig geblieben davon. Ich versuchte es mit einer Blume, die dann auch wie Glas zersprang. Die Anlagen laufen in Asien und Süd- und Mittelamerika.

**Karosserien** schweißen die Kollegen der Firma *Deckwerth* zusammen, darunter spezielle Fahrerhäuser für Sonderfahrzeuge, sowie die Fahrerhäuser für die Schlepperproduktion in der Pomßener PGH.

**Stahlbetonhohldielen** für den Hausbau sowie ganze Trafostationen für die kleineren Orte im Land fertigen mit Sand aus Luppa und Kies aus Beucha (und natürlich Zement) die Kollegen im Betonwerk.

**Milch** wird in der Molkerei in großen Mengen gesammelt, entkeimt, gereinigt und verarbeitet. Sie liefert neben Milch, Butter und Käse den Quark für das gesamte Leipziger Ballungsgebiet, aber nicht nur Quark schlechthin, sondern mit unterschiedlichem Fettgehalt und angereichert mit Erdbeeren. Sieben B 1000 rasen täglich durch die Straßen, um alle Verkaufsstellen zu beliefern. Da kann ich nur sagen: Guten Appetit! Und die Perspektive ist noch toller. Doch darüber später mehr.
*Manfred Müller HK 1969 S. 125. R Heft 1/1970 S. 9*

HEUTE: Die Straße wurde grundhaft und modern ausgebaut. In der Mehrzahl der Betriebe und Handwerksstätten schlossen sich in den ersten Jahren nach der Wiedervereinigung die Pforten. Jetzt arbeiten noch die Firmen Klinkhardt, Deckwerth, Fördertechnik, die Mafa und einige im Bericht nicht genannte Betriebe und Handelseinrichtungen sowie zwei Tankstellen. Die Gebäude vom Möbelhaus Zimmermann fielen der Spitzhacke zum Opfer. Dort soll 2009 ein weiterer Einkaufsmarkt entstehen. Das Geburtshaus von Uhlig wurde ebenfalls abgerissen.

**In der Seilerei vom Drahtseilwerk**

# Die „heimatlichen Impressionen“ des Wolfgang Stadler

**Wolfgang Stadler**, Colditz, *1924 †2008. Gelernter Keramik-Modelleur, Betriebsfotograf im VEB Porzellanwerk. Fotoamateur mit internationaler Anerkennung, Dia-Ton-Vorträge, Chronist der Stadt Colditz, Text- und Bildautor beim *Rundblick* und anderen Publikationen. Buchautor zu Themen seiner Heimatstadt.

Ich fahre gern nach **Colditz**, weil ich dort gute Freunde habe. Einer davon ist *Wolfgang Stadler*. Ich kenne ihn schon lange. Er gehört mit zu meinen besten Mitarbeitern beim *Rundblick*. Seine Texte sind lesenswert. Ansehenswert sind seine Fotos. Und nachahmenswert.

Ende November flatterte mir eine Einladung auf den Tisch. Der Kulturbund in Colditz lud zur Uraufführung des Magnetton-Farblichtbildvortrages „Heimatliche Impressionen“ von Wolfgang Stadler ein. Mit Hand war darunter gekritzelt: „. und wehe, Du kommst nicht! Wolfgang.“ Als ob es das bedurft hätte.

Das Porzellanwerk war hell erleuchtet. Dann stand ich im riesigen Saal. Die Begrüßung war herzlich. Ich traf noch andere gute Bekannte, den unverwüstlichen *Georg Wünsche*, den Werkleiter *Günter Gottlebe* und den Fotoexperten *Gerhard Weber*. Die Stimmung war irgendwie festlich.

Georg Wünsche eröffnete. Dann sprach Wolfgang, schüchtern, bescheiden. Er sagte nur wenige Worte, bedankte sich bei diesem und jenem für deren Unterstützung. Er erläuterte noch, was er mit seinem Vortrag gewollt habe, und dann sahen wir jede Menge Farbbilder von herrlicher Brillanz, von treffender Aussage. Die musikalische Untermalung steigerte die Anschaulichkeit. Ich wurde gefangen genommen von dieser großartigen Synthese von Bild und Musik. Den zweihundert Zuhörern mag es nicht anders ergangen sein. Kein Räuspern unterbrach die angespannte Stille.

Ein Höhepunkt war die Fotowanderung entlang der Mulde. Die „Moldau“ von Smetana gab dazu die Musik. Ich selbst strampelte vor Jahren mit meinen Schülern auf Fahrrädern von der Quelle im Erzgebirge bis zur Mündung bei Dessau. Jetzt erlebte ich diese Tour ein zweites Mal.

Der Beifall am Schluß war sehr herzlich. Noch lange standen da und dort Gruppen und sprachen über die erlebnisreichen Minuten. „Es war aber nun mein letzter Vortrag“. Wir lächelten. Wer sich einmal mit Leib und Seele der Fotografie verschrieben

**Die Heimatlandschaft um Colditz, hier das Tal der Mulde mit Lastau auf der Höhe, war immer wieder ein Motiv für die Fotos von Wolfgang Stadler.**

hat, der wird so schnell die Kamera nicht an den Nagel hängen. *Manfred Müller, 1969 S. 25*

*Wolfgang Stadler verstarb 2008. In einem Nachruf heißt es*: Mit ihm ruht nun das geistige Gedächtnis von Colditz, der unermüdliche und unbestechliche Chronist der Stadt und der „Porzelline". Er war Stadtreporter aus Leidenschaft.

Seine erschütternden Erlebnisse in russischer Kriegsgefangenschaft beschrieb er in *„Hoffnung Heimkehr" (2000)*, einem Buch voller Ehrlichkeit, gegen Gefühlskälte und jegliche Gewalt. Eindrucksvoll und spannend schildert er seine Erlebnisse, wie er auf schwer beladenem Rad als 17jähriger Arbeitsdienstmann durch die sengende russische Steppe zog, im Schützengraben vor Leningrad lag, sechs Jahre lang hinter dem Ural in Gefangenschaft war und dem Tod dreimal gerade noch „von der Schippe sprang".

Mit seinem schlagfertigen Humor, seinem freundlichen und klaren Wesen, seiner persönlichen Bescheidenheit und seinen kreativen Talenten schuf er sich viele Freunde.

**Der Volkschor Bennewitz mit seinem Dirigenten Albrecht Wagner bei einem Auftritt im Schweizergarten**

## Albrecht Wagner verstorben

Der Chorleiter und Musikpädagoge *Albrecht Wagner* (*1900 †1969) aus **Wurzen** war ohne Ausnahme auf allen Gebieten der Musik zu Hause. Ein von ihm vorbereiteter und durchgeführter Volksliederabend konnte die Zuhörer ebenso begeistern wie die ungezählten Konzerte klassischen Charakters, bei denen in zahlreichen Fällen namhafte Künstler des Leipziger Gewandhausorchesters mit Freude und Hingabe wirkten. Daneben widmete sich Albrecht Wagner in besonderem Maße der Ausbildung und Förderung musikalisch begabter junger Menschen, denen er Lehrer und Freund war. Vor allem war es seine Bescheidenheit, die ihn überall, wo er wirkte, so liebenswert und sympathisch machte. Uns, seine ehemaligen Chormitglieder, und besonders mich, der ich auch nach der notwendigen Auflösung des *Albert-Kuntz-Chores* noch oft mit ihm gearbeitet habe, verbinden eine große Zahl unvergeßlicher Erlebnisse.

Wie bescheiden waren die Anfänge nach dem Kriege! Doch die Freude am Lied, am Gesang, an der Musik überhaupt scharte eine Gemeinschaft wahrhaft Verschworener um Albrecht Wagner, die mit ihm gemeinsam ungezählten Menschen in heiteren und besinnlichen Stunden Freude und Entspannung brachten. Und wie sich das Bedürfnis nach guter Musik bei den Menschen abzeichnete, so gewann unsere Arbeit mit Albrecht Wagner ständig an Niveau, fand Beachtung und schließlich Anerkennung und Bewunderung.

*Werner Ballschmieder, 1969 S. 386*

# Die Damen mußten sich an ihre Badezeit halten

Im Stadtbad herrscht Hochbetrieb, Aufnahme um 1930

Als im Juli 1968 mitten in der Saison, das Stadtbad **Oschatz** seine Pforten schloß, um eine umfangreiche Rekonstruktion über sich ergehen zu lassen, was das Jammern groß. Doch der Umbau ging zügig voran, und Dank der tüchtigen Arbeit vieler Betriebe und dem Einsatz freiwilliger Helfer steht das nun blau geflieste Becken der Öffentlichkeit wieder zur Verfügung. Für den, der sich für wenige Pfennige den Eintritt erkauft hat, ist damit alles wieder in Ordnung.

Trotzdem bleibt die Ernüchterung: Es hat in der Stadtgeschichte kaum ein Kapitel gegeben, das mit mehr Kummer verbunden war als das Stadtbad! Sie beginnen in den 20er Jahren. Es muß wohl ziemlich traurig um das Gewässer nahe der Döllnitz gewesen sein, wenn der *Oschatzer Gemeinnützige* in seiner Ausgabe vom 15.6.1925 neben der triumphalen Feststellung, daß man durch weiteres Pachtland nun auch die Möglichkeit zum Luft- und Lichtbaden geschaffen habe, sagen muß: „Die dunkelgrüne Färbung des Wassers ist im wesentlichen auf die den Badeteich umgebenden Grünpflanzen zurückzuführen und hat mit einer Unreinheit des Wassers nichts zu tun.“ Trotzdem wird weiter versichert, daß Oschatz stolz sein kann auf seine Badeanlage.

1930 heißt es in einem Protokoll: „Um alle Verbesserungen wirksam werden zu lassen, bedarf es 8000 RM, doch ganze 1890 RM stehen zur Verfügung“. Es gehörte schon viel Mut dazu, mitten in der Weltwirtschaftskrise an eine Veränderung heranzugehen, die schließlich 1934 das Stadtbad in seiner altbekannten Form entstehen ließ. Doch die Finanzen waren nur die eine Seite. Beschwerden, Streitereien mit Anliegern, 50 durch Oberschüler zerbrochene Latten und andere Probleme belasteten die Stadtobrigkeit.

Erinnert sei noch ein anderer Vorgang, mit dem sich die Stadtväter seinerzeit beschäftigen mußten. 1925 forderte eine Gruppe „fortschrittlicher“ Benutzer, das Damenbaden zu verbieten, weil sich „die Damen nicht an die ihnen vorbehaltenen Zeiten halten, sondern auch die dem Familienbad vorbehaltenen Zeiten benutzen“. Vermutlich war es schwierig, eine Lösung zu finden. So erfolgte schließlich der salomonische Beschluß: Wenn die Damen die ihnen täglich eingeräumte Zeit nicht voll nutzen, dann wird diese Zeit eben beschränkt. Das Damenbad fand fortan nur noch mittwochs und sonnabends von 14 bis 16 Uhr statt. *A. Hermann, 1969 S. 348*

HEUTE: Zwischen 1968 und 1970 wurde das Stadtbad umfassend rekonstruiert und verschönert und blieb ein stets gepflegtes Schmuckstück der Stadt. An seine Stelle trat 1998 das moderne und teure Freizeit- und Erlebnisbad *Platsch*.

# *Fritze Bliemchen* aus Trebsen

Haben Sie schon einmal etwas von Fritze Bliemchen gehört? Sicher erinnern sich da nur die ältesten Leser, die um die Jahrhundertwende in illustrierten Zeitschriften und Sonntagsbeilagen Kurzgeschichten und Gedichte eines Fritze Bliemchen aus Dresden gelesen haben.

Eigentlich handelt es sich um zwei, die *Gebrüder Schumann* aus Trebsen, die seinerzeit als humoristische Schriftsteller bekannt und beliebt geworden sind. Beide waren Söhne des Fleischermeisters *Friedrich Wilhelm Schumann* und seiner Ehefrau *Johanna Sophia geb. Pege* aus Streuben. *Gustav*, geboren 1851 besuchte das Hauptseminar in Grimma und war danach Lehrer in Leipzig. Dort starb er 1897. *Paul* war das siebente Kind, das 1856 geboren wurde und als Kandidat der Philosophie schon 1881 in Trebsen verstarb. Viele Trebsener Gestalten sind in seinen humorvollen Reisebeschreibungen dargestellt.

Gustav schilderte in seinen Veröffentlichungen den sächsischen Menschentyp als den „gemütlichen Sachsen", meist ein wenig einfältig, schwatzhaft, halb vertrottelt und mit einer Mundart, die es eigentlich überhaupt nicht gab. Dabei übte er immer ein bißchen Kritik an der Obrigkeit. Er wollte damit den Politikern gewisse Vorschriften machen, hatte aber auch einen ausgesprochenen Hang zum Bemeckern und Bekritteln. Diese Art der Verspottung fand natürlich viele Anhänger, neigte sich aber auch gefährlich hin zu einer lächerlichen Figur. Deshalb wohl auch wurde der Antrag eines Leipziger Vereins im Trebsener Stadtrat negativ entschieden, auf der Grabstätte in Leipzig ein Denkmal an den Dialektdichter *Gustav Schumann* zu errichten.

In einer Veröffentlichung des Sächsischen Heimatschutzes kam die Figur nicht gerade gut weg. Es hieß dort: „Die Figur des Fritze Bliemchen war vollkommen aus der Luft gegriffen. In einer feuchtfröhlichen Stammtischrunde suchten die Brüder die Untugenden ihrer sächsischen Zeitgenossen zu verspotten. Der Rentier Bliemchen der Gebrüder Schumann ist ein politisch harmloser Klugschwätzer und Weltverbesserer, der sich für einen pfiffigen Praktikus und für ein außergewöhnliches staatsmännisches Talent hält." Und trotzdem, die Schumanns haben auf ihre Art Literaturgeschichte geschrieben und sollten schon deswegen nicht vergessen werden. *Dora Lange, 1969 S. 400*

## Beliebte Raststätte

Unter Fernfahrern ist **Lonnewitz** ein Begriff, das Dörfchen an der F 6 nahe bei Oschatz. Sie mögen aus Bulgarien kommen, aus Holland, aus Rostock oder Suhl: So wie vor Zeiten die Fuhrwerker ihre Pferde zu längerer Rast ausspannten, so ruhen heute Hunderte PS auf dem modernen Parkplatz. Und während sich Motor und Reifen abkühlen, genehmigt sich der PS-Gewaltige im Gastraum seine Cola, seinen Kaffee, das „Lonnewitzer Bemmchen" oder die Schlachteplatte.

Schon vor der Höhe des *Blauen Berges* grüßt den aus Richtung Dresden Kommenden der beliebte Aufenthalt. Blauer Berg – das klingt nach Romantik und Indianerkämpfen. Doch der blau-schwarze Melaphyr, ein Verwandter des Basalt, stand hier Namenspate. Bis vor wenigen Jahren war die Abfahrt nicht von Romantik, sondern von Tragik umwittert. Wie oft preschten Blaulicht, Martinshorn und die Fahne mit dem Roten Kreuz aus Oschatz gen Osten, denn am Blauen Berg hatte es wieder mal gekracht. Heute ist die breit ausgebaute Fernverkehrsstraße, die auf der Kuppe des Berges in das Gestein „hineingehobelt" wurde, zwar immer noch eine Gefahrenstelle, doch nicht mehr so gefährlich .

In diesen Tagen und Wochen hat sich in Lonnewitz einiges getan. Es begann der Neubau der Raststätte mit dem Abriß größerer Teile des alten Gasthofes. Die HO-Verwaltung ließ den neuen Komplex in Hyperschalen-Bauweise durchführen, ein nicht alltägliches Vorhaben. So entstehen ein Gastraum mit über hundert Sitzplätzen und ein neuer Küchentrakt. In den alten Räumen soll eine Bauernstube eingerichtet werden.

*A. Herrmann, 1969 S. 118, HK 1963 S. 100*

HEUTE: Die HO löste sich mit der Wiedervereinigung auf, die Raststätte schloß für immer die Pforten und wurde abgerissen. Auf dem historischen Territorium steht jetzt ein Autohaus.

# Frischeier vom Band in Altenbach und Deuben

**An der Sortiermaschine in der Gegenwart, 1997**

Das ehemals so vertraute Bild der „Hühnerfee", die mit einem Korb am Arm morgens und abends von Legenest zu Legenest geht, um Eier „abzunehmen", gehört hier der Vergangenheit an. Heute stehen an Stelle des ehemaligen Herdbuchbetriebes *Henrici* in Altenbach, der später als Geflügelhof zur *LPG Ernst Thälmann* Wurzen-Bennewitz kam, sechs riesige Hallen und am Ortsausgang von Deuben nach Nepperwitz zu nochmals neun solcher Gebäude. Sie gehören der *Zwischenbetrieblichen Einrichtung Frischeier Wurzen-West,* einer kooperativen Einrichtung der Genossenschaften Mulde-West, Hohburg und LPG Burkartshain.

Die riesigen Aluminiumhallen (achtzig Meter lang, zwölf Meter breit und zweieinhalb Meter hoch) haben unberechtigterweise zu unschönen Bezeichnungen geführt, von denen „die armen Hühner in der Eierfabrik" noch die harmlosesten sind. Sicher, vom Bild der fröhlichen Hühner im Garten ist nichts geblieben. Betrachten wir das Innenleben der fensterlosen Hallen etwas genauer:

In den sechs Altenbacher Hallen werden 48.000 Küken achtzehn Wochen lang regelrecht „beschwindelt". So lange dauert es, bis die Tiere zur vierwöchigen „Umstallung" kommen und mit 22 Wochen zu legen beginnen. Ihnen wird ewiger Frühling vorgetäuscht, sie wachsen in den abnehmenden Tag hinein, dank modernster Wissenschaft und Technik. Ein bestimmtes Beleuchtungsprogramm und die Regulierung des Klimas bieten den Tieren alle natürlichen Bedingungen. Mit dem Futter ist es dasselbe. Aufzuchtfutter, Junghennen- und Legehennenfutter sind so zusammengestellt, daß es zu keinen Mangelerscheinungen kommt. Es enthält alle Nähr- und Aufbaustoffe, Vitamine und Antibiotika, die ein Tier benötigt, um gesund und leistungsfähig zu bleiben.

Sind in Altenbach die Küken zu Junghühnern herangewachsen, dann ziehen sie um nach Deuben, sie werden umgestallt. Hier sorgen nun 108.000 Legehennen dafür, daß es Ihnen niemals an Frischeiern mangelt. Täglich fallen 54.000 Eier auf die kontinuierlich laufenden Förderbänder, wo dann in mehreren Arbeitsgängen das Sortieren und Verpacken erfolgt. Das geschieht seit einiger Zeit ganz praktisch in kleine Kartons mit „eingebauten Eierbechern". Sie haben gegenüber der Papiertüte ungeahnte Vorteile. Die Pappen werden bald abgelöst durch solche aus Polyester. Die sollte man aber nicht verbrennen!

Es könnte den Anschein haben, daß der Betrieb vollautomatisch arbeitet. Nun, ganz so ist es nicht, denn immerhin werden hier sechzig Mitarbeiter beschäftigt, davon 75 % Frauen. Natürlich kommt es auch zum Ausfall dieses oder jenes Aggregates, doch optische und akustische Signale sorgen dafür, daß der kleinste Fehler angezeigt wird, und umgehend setzt sich ein Schlosser oder eine andere Fachkraft in Bewegung. Und sonst gibt es keine Sorgen? Doch, nämlich Nachwuchssorgen. Lehrlinge, die unbedingt den Abschluß der 10. Klasse haben müssen, werden dringend gesucht.

*Werner Ballschmieder, 1969 S. 495*

HEUTE: Nach der Auflösung der LPG 1990 entstand die *Deubener Geflügelhof GmbH* mit 25 Beschäftigten. In den Legehallen in Deuben und Altenbach werden jährlich ca. 30 Millionen Eier produziert, deren größter Teil zur Herstellung von Impfstoff verwendet wird. Ein Hofladen in Altenbach verkauft Nahrungsmittel aus der Region.

# Wo Göschen lebte und arbeitete

*Georg Joachim Göschen* (*1752 †1828) hatte es als Waisenknabe schwer, aus eigener Energie voranzukommen. 1786 gründet er in Leipzig einen eigenen Verlag und richtete wenig später auch eine Druckerei ein. Im Jahre 1797 verlegte er den Betrieb nach **Grimma**. Schon zwei Jahre zuvor hatte er in **Hohnstädt** ein Gut erworben und benutzte das Wohnhaus als Landhaus. Es ist die heute als *Göschenhaus* bekannte Gedächtnisstätte für *Schiller, Seume und Theodor Körner*, die in Verbindung mit der Heimatstube allsonntäglich geöffnet hat. Schiller und die Eltern Körner mit ihrem Sohn gehörten zu den Gästen des Hauses, während Seume, der vielgenannte Wanderer, in Göschens Druckerei als Korrektor und Lektor und in Hohnstädt als Hauslehrer tätig war.

Der Name Göschen hatte in Buchhändlerkreisen einen guten Klang. Aus seiner Druckerei sind das *Grimmaer Wochenblatt* und die *Nachrichten für Grimma* hervorgegangen. Die frühen Werke *Goethes, Schillers, Klopstocks und Wielands* sind nur einige der bedeutenden Veröffentlichungen des Göschenverlages. *1960 S. 452, HK 1969*

## NOTIZEN und PERSONALIEN

**Nerchau**: Das kleine **Museum** der Stadt wird in neuen Räumlichkeiten erweitert aufgebaut. Unter der Leitung von *Walther Koch* zeigt es Produkte der örtlichen Industrie mit Ziegelei, Ofenfabrik, Farbenwerke, Technodruck und Kartonagenfabrik. Dazu kommen Funde der Ur- und Frühgeschichte sowie Dokumente aus der Geschichte der Stadt, darunter auch die letzte Schulglocke sowie Horn und Spieß des einstigen Nachtwächters. *1969 S. 8*

**Grimma**: *Gottlob Carl Weber* ließ sich 1782 als Zinngießermeister in der Stadt nieder und gilt als Erfinder der **Klistierspritze**. Vierzig Jahre lang sicherte er sich das Monopol in der Herstellung dieses medizinischen Apparates, der noch weit bis ins 19. Jh. hinein große Bedeutung besaß. Neben Wasser galten auch Tabak und Tabaksrauch, Essig, Öl und Seife als Klistiermittel. *1969 S. 35*

**Wurzen**: Mit Handel und der Reparatur von Landmaschinen begann 1948 die Fa. *Hoffmann & Co.* im alten *Schumannschen* Gut am Crostigall ihren Betrieb. Später stellten die Kollegen Sackaufzüge her, und nach Umzug und Erweiterung in neuen Hallen an der Dresdener Straße wurde der **UNI-LIFT** geboren, ein universelles Kleinhebezeug für Industrie, Handel und Landwirtschaft, das trotz seiner winzigen Dimensionen große Lasten heben und bewegen kann. Heute produzieren 45 Beschäftigte im Monat 250 dieser kleinen leistungsfähigen Maschinen. Auf der letzten Leipziger Messe wurde das Gerät mit einer Goldmedaille dekoriert. *1969 S. 71*

**Heinrich Semm,** Grimma, *1886 †1962. Geboren in Schneeberg, kam er 1918 ans Lehrerseminar in Grimma und wirkte später an der Oberschule und der Landes- und Fürstenschule als Kunstpädagoge. Eigenes künstlerisches Schaffen mit Linol- und Scherenschnitten. *(s. Abb.)* Sein Leitmotiv lautete: „Lege dein ganzes Herz und deine ganze Liebe in deine Arbeit!“ *1969 S. 115*

**Hansgeorg Mühe**, Dr., Wurzen/Leipzig, *1929. Hochschullehrer für Musik und Komponist. Kindheit und Jugend in Wurzen, nach dem Krieg Mitspieler in Wurzener Tanz- und Unterhaltungskapellen, Studium an der Hochschule für Musik in Leipzig, Lehrer an der Volksmusikschule Leipzig, Dozent für Musiktheorie am Konservatorium in Halle, Komponist von Streichquartetten, Trompeten- und Klavierkonzerten. *1969, S. 216*

## LESERPOST

**Schutz den Eulen!**
Bedauerlich ist, daß die Eulen auch heute noch Feinde unter den Menschen haben. So fand ich kürzlich in einem Gehöft einen Waldkauz aufgehängt, den ein junger Bursche, der ihn in den Schornstein einfliegen sah, dort fing und erschlug. In einem anderen Dorf erschlug im Februar ein Bauer eine Schleiereule in einem Taubenschlag, weil er dort dreizehn getötete Jungtauben vorfand, die nach seiner Meinung nur von ihr getötet worden sein konnten. Sehr viel wahrscheinlicher ist, daß die Täter Ratten oder der Steinmarder waren. Im Magen der Eule fanden sich nur Mäuseknochen. Sollte es immer noch nicht bekannt sein, daß alle unsere Eulen, besonders wegen ihrer Nützlichkeit als Mäusevertilger, gesetzlich vollen Schutz genießen. *Herbert Lindner, 1969 S. 193*

**40 Jahre auf der Bühne**
Im Jahre 1929 begann der Schauspieler und jetzige Spielleiter am Landestheater Altenburg, *Willy Schweighöfer*, seine Bühnenlaufbahn. 1945 beauftragte ihn Oberbürgermeister *Georg Boock*, mit der Gründung eines Theaters in Wurzen. Bereits wenige Wochen später fand die Eröffnungsvorstellung mit dem musikalischen Lustspiel „Meine Schwester und ich" statt. Weite Kreise der Wurzener Bevölkerung waren damals von dieser kulturellen Entwicklung begeistert. *Hans-Adolf Graebert, 1969 S. 351*

**Autoreifen**
Irgendwer ist irgendwo und irgendwann mal auf den Gedanken gekommen, seine alten Autoreifen, die eigentlich in die Schuttgrube sollten, auf eine Grasfläche zu kullern, mit Erde zu füllen und zu bepflanzen. Es gibt sogar schon Bürger, die das Profil noch mit roten und weißen Farbklecksen verzieren. Wenn das so weiter geht, sehe ich schon die erste Matratze im Garten liegen, fein eingerahmt, und auf den Spiralfedern schaukeln 22 Blumentöpfe sachte im Abendwind. So ist doch der Aufruf „Schöner unsere Städte und Gemeinden – mach mit!" doch bestimmt nicht gemeint. *H. Richter, 1969 S. 351*

**...und Blumen reingesetzt**
Im letzten Heft äußert sich ein Herr Richter recht abfällig über den Autoreifen als Blumenbeet. Bei uns in Colditz hat man in der Muldenpromenade einen Zugmaschinenreifen mit gut erhaltenem Profil mit über 1 m Durchmesser zum Blumenbeet gemacht, den oberen Rand sauber abgeschnitten (war wahrscheinlich geplatzt) und Blumen reingesetzt in Erde. Die Stollen sind abwechselnd bunt bemalt und mir und anderen gefällt die Idee und die ganze Sache sehr gut!. *Max Dietze, 1969 S. 403*

**Rohrbach**: Was andere auf den Schrotthaufen werfen, sammelt **Rolf Naether**, seines Zeichens Uhrmacher- und Feinmechanikermeister. In diesem Fall betrifft das Auto- und Motorradveteranen. Dazu gehört ein alter Benz aus den Anfangsjahren des Automobilbaues um 1880/90. Er macht sie fahrtüchtig, und in Festumzügen und bei Ausfahrten lassen sich diese historischen Fahrzeuge bewundern. *HK 1966 S. 35 – Rolf Naether, inzwischen verstorben, versuchte sich auch mit anderen Tätigkeiten möglicher und unmöglicher Art. Dazu gehörte u.a. die Produktion von Gartenzwergen aus Gips (s. Abb.)*

## 1970 17. Jahrgang

**Der Rundblick**. Aus Kultur und Heimat der Kreise Wurzen-Oschatz-Grimma. 4 Hefte im neuen Format DIN A 4 á 52 S. 1,50 M. Jedes Heft mit eigener Numerierung.

**Heimatkalender 1970**. 13. und letzte Folge. 96 Seiten, 2.40 M.
*Aus dem Inhalt*: Schulbesuch in Mutzschen (Renate Sturm-Francke), Alte Flußbetten in der Muldenaue (Koch/Kundisch), Oschatzer Stadtansichten (Gertrud Kretzschmar), Ein Abend in Naunhof (Elsa Müller). Der Irmrich – Naturschutzgebiet des Herzens (Renate Baumann).

**Heimatkundliche Reihe** der Kreise Wurzen-Oschatz-Grimma. Band 1 Heimatkundliches Lexikon. Mit über 800 Stichworten zur Heimatgeschichte, Namenkunde, Geographie, Natur, Denkmalschutz und Personen. A-4-Format, 88 Seiten, 3,50 Mark. Geplant waren 12 Bände, doch es blieb nur bei diesem einen Band, da eine Druckgenehmigung durch den Rat des Bezirkes nicht erteilt wurde.

**Heft 1 der Rundblick-Information**
Wermsdorf und das Wermsdorfer Land. 1984 folgte die 4. erw. Auflage unter dem Titel **Wermsdorf und Mutzschen**. Textautor: Rudolf Lehmann. 48 S., 2,50 Mark.

# Wurzener „Spinnstunden" auf der Suche nach neuen Ideen

Das gibt es nicht gleich wieder, daß sich fünf Ehepaare einer Stadt zusammensetzen und sich Gedanken darüber machen, wie sie allmonatlich mit einer Veranstaltung vielen Bürgern Freude und Entspannung bieten können. Da ist mit Ideen allein nichts getan, es steckt viel, viel Arbeit dahinter.

Die da gemeint sind, waren die Familien *Fiedler, Krämer, Kästner, Kühn* und *Stephan*, die im Herbst 1964 auf diese eigenwillige Idee kamen und mit Unterstützung vom *Kulturhaus Schweizergarten* die Veranstaltungsreihe „Zu zweit im Klub" ins Leben und auf die Bühne brachten.

Der Anfang begann mit 67 Gästen am 30. Januar 1965. Das war wenig. „Was der Bauer nicht kennt...". Doch schon beim zweiten Mal war der Saal fast voller Gäste, und jetzt nach der 50. Veranstaltung sind es 640 an drei Abenden. Wir führten deshalb ein Anrecht ein. Und jedesmal wurde ein anderes Programm geboten. In der Zeitschrift *Für Dich* finden sich folgende Sätze: „Schöpferisch sein, sich Gedanken machen, finden und schließlich verwirklichen – das ist der größte Spaß für alle zehn. Die Einladenden nennen ihre Beratungen vorher 'Spinnstunden'. Das heißt grübeln, denken, verwerfen, neu überlegen. Welche Bereicherung, wenn es solche Spinnstunden tausendfach gäbe, wie es Kleinstädte gibt in der DDR!"

Es wird für uns eigentlich von Monat zu Monat schwerer, Themen für die Abende auszuknobeln, denn man möchte immer aktuell, abwechslungsreich und voller Überraschungen bleiben. Abgenommen wird uns diese Sorge durch feststehende Feiertage wie Weihnachten, Fasching, Ostern. Natürlich ist das Fluidum eines Abends ganz entscheidend von der Dekoration abhängig. Sie macht auch die meiste Arbeit. Den Hauptteil hat damit das Ehepaar Kästner. Kurz vor einem Tanzabend sieht es bei Kästners wie in einer Theaterwerkstatt aus.

Es ist schwer, aus der großen Zahl der 50 Veranstaltungen die herauszuwählen, die die besten waren. Jeder wird das anders empfunden haben, denn zum Glück ist der Geschmack des Publikums sehr unterschiedlich. Abende, von denen wir uns gar nicht so große Erfolge versprachen, wurden sehr oft vom Publikum begeistert aufgenommen. Und immer wieder gelang es den gastgebenden Ehepaaren, Neugier auf die kommenden Veranstaltungen zu wecken.

*1/1970 S. 19*

HEUTE: Der Wurzener Klub bestand noch bis Anfang der 80er Jahre. 1979 hatte sich in Roitzsch ein Wohngebietsklub gegründet, der später den Schweizergarten in Wurzen als seinen Veranstaltungsort nutzte und die Wurzener Ehepaare mit aufnahm. Er kann 2009 sein 30jähriges Bestehen feiern. Die fünf Tanzabende im Jahr werden vor allem von den Familien *Dieter* und *Steffi Ferl* sowie *Matthias* und *Annegret Lux* organisiert.

## Des Hauses Ehre ist Gastfreundlichkeit, sie findet man zu jeder Zeit im Hohnstädter Göschenhaus

**KKK „Kultur mit Kaffee und Kuchen" in den historischen Räumen des Göschenhauses**

Daß dieses Haus *(das Göschenhaus in* ***Hohnstädt***) zu einem Hort der Gastfreundlichkeit wurde, ist im Ursprung der Frau Göschens, *Henriette geb. Heun* (1765-1850), zu danken. Freundlich als Gefährtin, Mutter, Hausfrau und Gastgeberin schildern sie Zeitgenossen und Nachkommen. Und Göschen selbst als junger Verlobter nennt sie 1787 in einem Briefe das beste und einnehmendste Mädchen, nicht arm und nicht reich, das ihn aber unaussprechlich glücklich machen werde. Und sie hat es getan.

Das Göschenhaus von heute sieht sozusagen eine kulturgeschichtliche Verpflichtung darin, die Tradition der Göschenschen Gastfreundlichkeit aufrechtzuerhalten oder neu zu beleben. Es ist mir als Leiterin dieser Gedenkstätte eine große Freude, den vielen unterschiedlichen Besuchergruppen bestimmte Gebiete des Göschenhauses nahezubringen.

Im Sommer beginnen diese Nachmittage oder Abende fast immer mit einem Gang durch den gepflegten kleinen Park, den schon Göschen in vier Terrassen anlegte. Dem alten Bestand nachgearbeitete Bänke sorgen dafür, daß kein Gast zu lange stehen oder steigen muß. Auch die musealen Räume bieten die Möglichkeit, auf bequeme und unterhaltsame Weise aus dem Leben und Wirken der einstigen Bewohner zu hören. Kleinere Grüppchen melden sich gern zu einem echten Biedermeierkaffee ins Wohnzimmer an. Man sitzt dann auf Kirschbaummöbeln, trinkt den Mokka aus Meißner Rosentassen mit Goldrand und rührt Sahne und Zucker mit spitzen Löffeln in Silberfiligran um. Hohes Lob gilt der Quarktorte aus der Großbäckerei in der Malzhausgasse.

Wie verbrachte man im Wohnraum der Biedermeierzeit, als die Bürgermädchen noch keinen Beruf erlernten, die Freizeit? Es wurde musiziert – und schon klingen Spieluhr und Spinett auf. Es wurde gemalt, gehandarbeitet, vorgelesen und auch heftig diskutiert. Denn die Jahre zwischen dem Wiener Kongreß und der 48er Revolution zwangen zu literarischen und politischen Aussprachen im häuslichen Kreise.

Im Winter sammeln sich die Gäste im Kaminzimmer. Bis zu zwanzig Personen können bequem sitzen. Einer darf das Kaminfeuer bedienen. Im Mittelpunkt steht oft die Persönlichkeit des Patrioten und Demokraten Seume. Ein kleiner Imbiß rollt zum Schluß auf dem Teewagen herein und lockert die Aussprache sichtlich auf.

*KKK* „Kultur mit Kaffee und Kuchen" – die Besucher empfinden es als wohltuend und haben das schon oft im Gästebuch vermerkt. Ich aber darf sagen, daß mir diese Form, eine Tradition aufrechtzuerhalten und dabei Wichtiges aus dem Lebenskreis Seumes und Göschens zu berichten, bei aller Arbeit der Vor- und Nachbereitung unendliche Freude macht. *Renate Sturm-Francke, 4/1970 S.14*

HEUTE: Das Göschenhaus, seit Mitte der 90er Jahre im Besitz der Stadt Grimma, wird nach wie vor von einer kleinen, fleißigen und gastfreundlichen Frauenmannschaft unter der Leitung von *Annett Höhne* „verwaltet" und gestaltet und empfängt mit Charme und Eifer die großen und kleinen Gäste. Es ist eine offene Gedenkstätte geblieben, und *sf* hätte ihre Freude dran.

## Was Museumsbesuche zu Tage brachten

Zahnschmerzen! Wer kennt sie nicht! Ich will Ihnen ein absolut sicheres Rezept verraten: „Ein längliches Stückchen Speck in das Ohr der leidenden Seite gesteckt und 24 Stunden darin gelassen, das vertreibt die Schmerzen auf lange Zeit." Bestimmt! Denn so steht's in einem Traktätchen aus dem vorigen Jahrhundert geschrieben, das mir im ***Heimatmuseum Oschatz*** in die Hände fiel und mit dem kühnen Titel „500 selten bekannt gewordene Hausarzneimittel" anpreist. Wie viele unserer Vorfahren mögen in diesem abgegriffenen Heft Rat und Hilfe gesucht haben! Wie sind überhaupt unsere Urgroßeltern ihren Krankheiten zu Leibe gerückt? Diese Frage versuchte ich in unseren Museen zu beantworten.

Eine luxuriöse Hausapotheke aus bestem Kirschbaumholz für den bürgerlichen Haushalt im ***Göschenhaus Hohnstädt*** hatte vor hundert Jahren allerhand zu bieten. Sie erhielt auf der Industrieausstellung 1895 in Merseburg sogar eine Auszeichnung. Teesorten, die heute noch verordnet werden, Arzneimittel wie Hoffmannstropfen, Natron, Salmiakgeist oder Brechweinstein sind uns immer noch gegenwärtig und greifbar. Dann verschiedene Pflaster, alle preisen sie auf beigelegten Reklamezettelchen eine unfehlbare Heilkraft, so verheißt z.B. das US-Amerikanische BENSON-Pflaster, „das beste, schnellste, sicherste und meist heilende äußerliche Heilmittel, was je erfunden."

Ein probates Mittel war seinerzeit die Klistierspritze. Im ***Kreismuseum Grimma*** sehe ich diese zinnernen Exemplare in Ehrfurcht einflößender Vielfalt. Der Grimmaer Zinngießermeister *Carl Jacob Israel Weber* (1756–1834) ist der Schöpfer dieser Geräte. Sein frühkapitalistischer Betrieb verkaufte über vierzig Jahre lang solche Spritzen auf der Leipziger Messe, so daß sie bis Barcelona hin zur gewünschten Erleichterung verhalfen. Die großen seien für die Ochsen, die mittleren für die Erwachsenen und die kleinen für die Kinder, werde ich belehrt.

Dann ergötze ich mich an Mitteln, die der Grimmaer *Obergeneralarzt Dr. Wilke* gesammelt und dem Museum gegeben hat: In einem Glas leuchten einige grau-gelbe Brocken. Es sollen Darm- und Gallensteine wilder Ziegen sein, die den bösen Blick bannen. An einem anderen Gläschen lese ich „Fuchslunge". Das schwach-rote Pulver soll den Menschen listig wie einen Fuchs machen. Ich vergaß es auszuprobieren. Gegen Wadenkrämpfe soll ein einfacher schmuckloser Ring aus Messing helfen, indem das Wort *Jesus* eingraviert ist. Empfehlen möchte ich noch die „Durchziehsteine". Man benötigt dazu einen Stein, in dem die Natur ein Loch eingearbeitet hat. Hat man den gefunden, so zieht der Kranke seine Kleidung hindurch – wenn die Öffnung zu klein ist, dann muß er eben das gute Stück zerschneiden – und schwups, die Krankheit bleibt im Stein, der Patient ist

**Musikalische Runde im Garten vom Göschenhaus**

geheilt. Schließlich noch ein Gläschen mit grau-blauen Schalen. Es sind getrocknete Kellerasseln. In einem Leinwandsäckchen auf der Brust getragen oder auch gepulvert eingenommen, helfen sie gegen die verschiedensten Krankheiten, also ein Allroundmittel!

Doch auch noch in der Gegenwart gibt es „echte" Hilfsmittel. Da liegt im Göschenhaus ein „Konzentrator". „Der bekannte (?) Stuttgarter Heilpädagoge Müh", so steht es im begleitenden Drucktexte, ermöglichte „jedem geistig Schaffenden ein plastisches, konzentriertes und erfolganziehendes Kraftdenken". Die Holzkiste mit einem spiralförmig angeordneten Kupferdrahtwedel über dem Kopf angebracht, beeinflußt positiv die Funktion der Zirbeldrüse. Sie kann für 5,40 RM, in Geschenkpackung für 9 RM, in Pfullingen bestellt werden. Nun denn, viel Erfolg mit diesem Wunderding!

*Heinz Tümmler, HK 1970 S. 80*

*Mit dieser Reportage begab sich Rundblick-Mitarbeiter Heinz Thümmler auf eine Reise durch Museen der drei Kreise. Seine Besuche befaßten sich mit folgenden Themen: Uhren (HK 1965 S. 90), Waffen (HK 1967 S. 37), Bestecke (HK 1968 S. 97), Leuchten (HK 1969 S. 101) und Musikinstrumente (JB 1973 S. 8).*

## Schlachtfest in Deuben

Der neblig-graue Herbsttag begann recht gemütlich, nämlich in der warmen Stube *bei Geißlers* in Deuben mit gutem Kaffee. Derweil gingen draußen auf dem Hof und in der Waschküche die Vorbereitungen fürs Schlachtfest ihren gewohnten Gang. Hausschlächter *Hans Conrad* und sein Gehilfe *Kurt Buchwald* versuchten unter Mitwirkung von Herrn und Frau Geißler die 4 Zentner schwere Sau aus dem Stall zu bugsieren: „Na kommen schon, Matze!"

Und dann ging alles sehr schnell: Kurzes Schießrohr ohne Donner – Matze fällt um – kitzelndes Messer an der Kehle – Blut strömt – ein schwitzender Geißler beim Blutrühren – eiskaltes Wasser aus einem Schlauch . und ein furchtbar kläffender Hund. Das waren meine ersten Eindrücke. Den Brühtrog suche ich vergebens. Er wird nicht mehr benötigt, weil das Rückenfell des Schweins abgezogen werden muß, um dereinst als Aktentasche über irgendeinen Ladentisch zu wandern.

Dann liegt die tote Matze auf einer Leiter, die Schwarte wird abgezogen und mit Lötlampe und „Glocke" werden die übrigen Borsten entfernt. Vereinte Kräfte hieven danach Leiter und Sau aufrecht an die Wand, damit die Innereien entfernt werden können *(s. Abb.)*. Schon naht der Fleischbeschauer. Erst dann, wenn er seine sieben Stempel ins bzw. aufs Fleisch gedrückt hat und damit dokumentiert, daß die Sau gesund ist, erfolgt die Weiterverarbeitung.

Dem Fleischermeister und seinem Gehilfen geht es flink von der Hand. Bald kühlt auf großen Kuchenbrettern vor der Haustür das Rohmaterial für die Bratwurst und im Waschhaus kochen im großen Kessel die Fleischbrocken für Blut- und Leberwurst. Gegen Mittag versammelt sich die ganze bucklige Verwandtschaft am Tisch, um die Würfel für die Blutwurst zu schneiden und um natürlich selbst kräftig zuzubeißen. Ich suchte eine Gabel. „Gekostet wird mit den Fingern!", wurde ich belehrt.

Wir naschten hier und da, aber einmal ist der Bauch voll. Und da die Flasche drinnen in der guten Stube inzwischen auch leer war, wir unseren Block vollgeschrieben und alle Filme verknipst hatten, trollten wir uns heimwärts, mit vielen herzlichen Dankesworten. Bei Geißlers war's prima!

*Werner Ballschmieder, Heft 1/1970 S. 30*

# Die Colditzer „Eisstocker" hoffen auf einen tüchtigen Winter

Es war an einem Wintertag des Jahres 1962. Da hatte *Albert Mutz* einen Gedanken: Seit einiger Zeit versuchen sich auf dem Teichhaus-Teich ein paar Kollegen mit einem eigenartigen Wintersport. Sie lassen nach einem sanften Wurf einen Holzstock über eine glatte Eisfläche schlittern und wollen dort ein markiertes Ziel erreichen, möglichst dabei den Eisstock des Gegners beiseite zu schieben. Ob man das zu einem Volkssport ausbauen könnte? Der Anfang gelingt, und nachdem die Handwerker vom Porzellanwerk zehn solcher Eisstöcke gebaut haben, gründet sich zwei Jahre später die *Colditzer Eisstock-Schieß-Sektion*.

Zur Ausübung dieser Sportart bedarf es keines besonderen Aufwandes. Es werden zwei Mannschaften gebildet. Am Ende der 42 Meter langen Eisbahn liegt ein Holzwürfel, die sogenannte Taube. Ziel der beiden Parteien muß es sein, ihre Eisstöcke möglichst nah an die Taube heranzuschießen. Gelingt das der einen Mannschaft, so ist das Hallo groß. Schießt aber ein Sportler über das Ziel hinaus oder der Stock „verhungert" unterwegs auf dem Eis, ist's Essig. Aber schon der nächste Schuß kann die Spielsituation schlagartig ändern.

Und wer einmal mitgespielt hat, kommt kaum wieder davon los, sagen die Spieler. In der Tat: Die Colditzer Eisstockschießer sind so besessen, daß sie oftmals noch nach Einbruch der Dunkelheit spielen. Natürlich lästern vorübergehende Passanten: „Die bringen es fertig und binden Taschenlampen an die Stöcke". Und das Schöne an diesem Sport ist, daß ihn wirklich jeder ausüben kann.

Aus zehn Eisstöcken sind heute dreißig geworden, und ebenso viele aktive Mitglieder zählt gegenwärtig die Sektion, und die Teilnahme an den Meisterschaften der DDR 1969 und 1970 waren zweifellos die größten Höhepunkte. Obwohl die Colditzer ziemlich im Nachteil sind. Sie haben keine Kunsteisbahn und können nur in dem meist kurzen Flachlandwinter trainieren. Und so warten sie auf einen langen Winter, der hoffentlich kommen wird, frei nach der alten Bauernregel: „Wir hatten keinen richtigen Sommer, dafür bekommen wir einen tüchtigen Winter!"

*Wolfgang Stadler, 4/1970 S. 4*

HEUTE: Die kleine Sportsektion hat sich über die Jahre erhalten, und immer noch schieben die Sportfreunde den Eisstock übers Eis, so wie damals auf der zugefrorenen Mulde am Fuße des Heimatturmes.

Er wählte den Beruf als Kaufmann und trat 1919 in das *Seniorwerk Busse* ein. Es wurde seine berufliche Wirkungsstätte, die er erst im Rentenalter nach 41jähriger vorbildlicher Tätigkeit wieder verließ.

Hinter seinem Häuschen in der Torgauer Straße hatte er sich einen Stauden- und Rosengarten mit Alpinum angelegt. Wer bei ihm zu Besuch weilt, der erhielt dort die schönsten Lektionen über Pflanzen und Tiere. Seine umfangreiche Moossammlung brachte der Wissenschaft weitere Erkenntnisse.

Ein erster Schlaganfall vor Jahren setzte dem Wissensdrang ein Ende. Doch regelmäßig kam er zur Redaktion des *Rundblicks*, erkundigte sich nach den Fortgang der Arbeiten, gab Anregungen und Hinweise. Auf seiner sonnigen Lebensstraße galt für ihn das Goethewort: Edel sei der Mensch, hilfreich und gut. *Manfred Müller, 1/1970 S. 40*

## Die Natur war sein Leben

Im Alter von 77 Jahren verstarb *Walter Große* (*1892 †1969) Damit ist ein Stück **Wurzener** Geschichte dahingegangen, und wir trauern um einen guten Freund. Den Lesern des *Rundblicks* war er kein Unbekannter. Seine Beiträge über die Geschichte Wurzens und vor allem über die heimische Tier- und Pflanzenwelt wurden gern gelesen. Sie atmeten eine tiefe Liebe zur Heimat und spiegelten unerhörte Fachkenntnisse wider. Dieses Wissen hatte er sich nicht in der Studierstube angeeignet, sondern auf seinen Wanderungen mit Rucksack, Pflanzenbestimmungsbuch und Geologenhammer durch Wälder, Felder und Auen.

Die Liebe zur Pflanzenwelt fand er schon als Kind in der Gärtnerei seines Vaters am Oelschützer Weg in Wurzen. Stundenlang stand er auf einer dreisprossigen Leiter, die ihm Vater gezimmert hatte, und schaute dem Wachsen der Stecklinge zu. Es dünkte ihm ein Wunder und ein Geheimnis.

Gleichfalls begeisterte er sich schon als junger Mensch für Gedichte *Schillers, Klopstocks* und *Lessings*. Er wurde zu einem großartigen Kenner der schönen Literatur und las die Werke englischer und französischer Dichter in der Originalsprache.

## Eine farbige Angelegenheit

Um 1850 entstanden in **Nerchau** zwei Betriebe, die auf der Basis einheimischer Rohstoffe, wie Ocker- und Grünerde, Farben herstellten. Bis zum Ende des Zweiten Weltkrieges blieben die beiden Fabriken getrennt. Danach ging sie in Volkseigentum über: *Vereinigte Farben und Lacke Nerchau*.

Der Betrieb produziert heute in zwei Werken. Im Werk 1 wird Eisenoxydrot produziert, im Werk 2 Mal- und Anstrichfarben. Güterwagen bringen den wichtigsten Rohstoff, Eisendrehspäne. In zimmerhohen Holzbottichen beginnt mit Salzsäure ein chemischer Prozeß. Dabei entweicht Wasserstoffgas, das mit der Luft vermischt ein explosibles Knallgasgemisch erzeugt. Deshalb besteht im gesamten Werksgelände absolutes Rauchverbot. Es folgen weitere chemische Prozesse in einem Gewirr von Kesseln und Leitungen, bis schließlich das Eisenoxyd als schwarzes Pulver in Papiersäcke abgefüllt werden kann, die dann mit dem Etikett „Eisenoxidschwarz" zum Versand gebracht werden. Und wohin? Es wird verwendet zur Herstellung von Farben, in der Gummiindustrie und neuerdings in der Halbleitertechnik.

In einem zweiten komplizierten chemischen Verfahren wird ebenfalls aus Eisenspänen mit viel Energie „Eisenoxydrot“ hergestellt. Dieses Pulver ist ebenso zur Weiterverarbeitung in den Farben- und Lackfabriken dringend gefragt. In einem weiteren Verfahren wird es in großen Rührwerken und rotierenden Kugelmühlen mit Bindemitteln, wie Öl, sorgfältig vermischt, wodurch ein begehrtes Rostschutzmittel entsteht.

Gelieferte Farbstoffe, z.T. sogar aus dem Ausland, werden in Rührwerken, die an die Knetmaschinen eines Bäckers erinnern, mit verschiedenen Bindemitteln durchwalkt und danach in einer sinnreich konstruierten Maschine in Becher und Tuben abgefüllt. Das Programm umfaßt Künstlerfarben, Schulfarben, Plakatfarben und Abtönpasten in 70 verschiedenen Farbtönungen.

*Heinz Thümmler, 2/1970 S. 36*

HEUTE: Anlagen und Gebäude vom Werk 1 wurden in den 90er Jahren demontiert, gesprengt und dem Erdboden gleich gemacht. Das Werk 2 (ehemals die 1886 gegründete Lackfabrik) kam in den Besitz der Caparot-Firmengruppe Ober-Ramstadt. 80 Beschäftigte stellen Mal- und Künstlerölfarben, Abtönpasten und Fassadenanstriche her.

## Walter Schäfer malte Landschaften und Porträts

Geboren 1913 in Cunnersdorf in der Sächsischen Schweiz lernte er in einer Zweiklassenschule lesen und schreiben. Viel Spaß macht ihm das Zeichnen. „Du mußt mal Maler werden!“ – Das war seine feste Vorstellung. Deshalb begann er als Dekorationsmaler in Neustadt, um sich einiges Geld für das geplante Studium zu verdienen.

1934 siedelte er nach **Wurzen** um, und bei einem Leipziger Kunstmaler holte er sich erste Einblicke in das künstlerische Schaffen. Doch wieder wurde der Weg unterbrochen: Arbeitsdienst und Einberufung zum Wehrdienst. Dann kam der Krieg. Die karge Freizeit nutzt er ständig zum Malen. 1945 kehrte er in die Heimat zurück und sofort schloß er sich im Kreis Grimma einer Arbeitsgemeinschaft „Bildender Künstler“ an. Noch heute ist er

**Walter Schäfer mit seiner Frau am Gartentisch**

in dessen Vorstand tätig. Durch intensives Selbststudium und als Gasthörer in Leipzig verschaffte er sich weitere Kenntnisse. Nach einem schaffensreichen Leben verstarb er im Jahre 2004. *1/1970 S. 14*

*Einschätzung der Kunstwissenschaftlerin Anneliese Hübscher:* Die Sujets seiner Bilder erwachsen aus seiner unmittelbaren Umgebung. Es sind Landschaftsbilder der engeren und weiteren Heimat, Szenen, die die wirtschaftliche Nutzung der Natur einschließen. Man kann Walter Schäfer als Autodidakten bezeichnen, dem zwar einige individuelle und gesellschaftliche Anregungen zuteil wurden, der aber niemals eine streng akademische Ausbildung erfahren hat. Vielleicht ist dies der Grund dafür, daß jene Arbeiten am stärksten auf den Betrachter wirken, in denen noch die Frische und Unmittelbarkeit des Aufnehmens zu spüren ist.

**Neubauer mit Gespann, Pinselzeichnung, 1952**

# Mügelner Badeleben anno dazumal

Das erste öffentliche Bad in der Döllnitzstadt (nur für Männer!) befand sich nach 1900 hinter dem Altmügelner Wehr am Mühlgraben und hatte stets frisches Döllnitzwasser. Es war kaum 15 m breit und 30 m lang, die Wassertiefe zwischen einem halben und zwei Metern. Wenn die „Dicken" da waren, mußte sich die Jugend höchst sittsam benehmen. Ob der stellv. Bürgermeister und Bäckerobermeister *Striegler* (mit Blumenstrauß) hier mit Feuerwehrhauptmann *Müller*, Buchdruckereibesitzer *Strahmer* und dem Konditor *Christiani* seinen Geburtstag feierte, läßt sich heute nicht mehr sagen.

Nach dem Ersten Weltkrieg dauerte es dann noch viele Jahre, ehe 1932 das im freiwilligen Einsatz erbaute neue Stadtbad mit einem Betonbecken unterhalb des Wasserwerkes nahe der Leisniger Straße eingeweiht werden konnte. Es wurde in den späteren Jahren zu einem echten Anziehungspunkt vieler Badefreunde, und der Zufluß reinen Quellwassers aus dem Wasserwerk garantierte ein hygienisch einwandfreies Baden. Nach 1945 war vieles in Verfall geraten, und es bedurfte großer Anstrengungen, notwenige Erneuerungen durchzuführen. *Fritz Thomas HK 1970 S. 91*

HEUTE: Das alte Döllnitzbad ist nach dem Ersten Weltkrieg verfallen. Geblieben ist nur noch das Kassenhaus, heute als Wohnung genutzt. 1932 wurde an der Leisniger Straße am Hasenbach ein neues Stadtbad eröffnet. Ständig auf den neuesten Stand gebracht erfreut es sich großer Beliebtheit.

## PERSONALIEN

**Kurt Helbig,** Wermsdorf; *1904 †1969. Selbständiger Drogist. Kreispfleger für Bodenaltertümer, Entdecker und Kenner zahlreicher Funde im Wermsdorfer Wald: bronzezeitliche Hügelgräber und Siedlungen, frühslawische Funde im Göttwitzsee, Wüste Mark Hennersdorf am Kirchenteich. Vorträge und Führungen, Arbeit mit Jugendgruppen. *2/70 S. 41*

**Erich Hille**, Naunhof, *1906 †2004 Holzbildhauer, seit 1933 selbständig in Naunhof tätig, vor allem figürliche Schnitzereien, davon einige mit Preisen ausgezeichnet. Zahlreiche Arbeiten befinden sich in Kirchen und in Privatbesitz. *2/1970 S. 34*

**Rudi Ploß**, Böhlitz/Wurzen/Leipzig/Magdeburg, *1925. Ab 1946 Neulehrer in Böhlitz. Nach Gesangsstudium Direktor der Musikschule Wurzen, Solosänger mit eigenen Auftritten, langjähriger Dirigent des Chores der Lehrer und Erzieher Wurzen. *3/1970 S. 35*

**Willi Bittig,** Lampertswalde, *1884 †1970. Legendärer Gastwirt und Naturschutzmitarbeiter. Aktive Tätigkeit bei der Erhaltung und Pflege des NSG Radeland sowie der Kulturdenkmäler seines Heimatortes. *2/1970 S. 49*

**Hedwig Berger**, Mutzschen, *1888 †1970. Liebenswürdige Wirtin einer kleinen Kneipe am Markt *(Stufen-Berger)* mit Handel von „Kolonialwaren". *1968 S. 6; 2/1970 S. 49*

**Willy Kaulfuß,** Neichen, *1899 †1969. Landwirt, verdienstvoller Ortschronist des Dorfes. *1/1970 S. 49*

| 1971 | 18. Jahrgang |
|---|---|
| **Der Rundblick.** Aus Kultur und Heimat der Kreise Wurzen-Oschatz-Grimma. Jetzt als Zweimonatsschrift mit 6 Heften A 4, jedes Heft eigene Numerierung mit 52 Seiten. 1,50 M | |

# Meine Lehrjahre im Grimmaer Lehrerseminar

## *Aus dem Leben des Otto Thiele aus Beucha*

So landete ich 1902 in der Woche nach Ostern unter Führung meines Bruders Erich auf Grund des erweiterten Familienrates in dem Königlichen Lehrerseminar zu Grimma. Damit war mein Kindheitstraum, Arzt zu werden, oder wie es mein Lehrerfreund Graul geplant hatte, als Unteroffiziersschüler dem König zu dienen, ausgeträumt.

Der Botenfuhrmann *Engel* aus Grimma, der schon vier Jahre lang den Reisekorb meines Bruders ins Seminar mitgenommen hatte, wenn die Ferien vorbei waren, guckte erstaunt, als er diesem einen neuen, aber doppelt so großen Korb mit Anhänger *Thiele, Seminar Grimma* in seinem Planwagen verfrachten sollte. Immer bei Schulbeginn wurde der Transport der Bettwäsche, Anzüge, Bücher und Fressalien auf diese für uns so bequeme Weise erledigt. In den Mauern des Seminars erlebte ich nun von Ostern 1902 bis 1908 in streng geregeltem Tagesablauf meine Ausbildung als Volksschullehrer. Nach meinen glücklichen und abwechslungsreichen Kindheitsjahren folgten nun sechs eintönige Jahre des unbedingten Gehorsams wie in einer Kaserne. Das begann jeden Tag früh um 5 Uhr mit dem Wecken und endete um 21 Uhr nach der Abendandacht mit Gesang und Orgelspiel in einem Schlafsaal mit fünfzig Betten. Mittwochs und Sonntags gab es nach dem Essen „Stadtfrei" zum Ausgang oder gemeinsamen Wandern.

Das Ziel unserer Ausbildung war die „Religiöse, vaterländische und sittliche Erziehung". Wir erhielten wöchentlich vier Stunden Religionsunterricht. Sonntags wurden wir wie ein Mönchszug, nur ohne Kutte, aber mit der grünen Mütze, zum Gottesdienst in die Frauenkirche oder Klosterkirche geführt. In der Frauenkirche waren wir mit den Grimmaer Husaren die einzigen Zuhörer, weil dort ein streitbarer und trinkfester Gottesmann seine Predigten heruntermurmelte, so daß keiner etwas davon verstehen konnte, und dann wieder ganz unversehens mit schrecklich grollender Stimme losbrüllte, so daß die Husaren aus ihrem wohlverdienten Schlafe aufschreckten und dabei ihr Säbel herunterrasselte oder ihr Tschako vom Schoße fiel. Auffällig war, daß die Bürger von Grimma bei ihm nicht mit ihren Töchtern zum Gottesdienst erschienen und wir uns dafür ungestört für den nächsten Tag auf den Unterricht vorbereiten konnten. Nur wenn wir in größeren Zeitabständen in die Klosterkirche geführt wurden, setzten wir uns gern vorn an die Brüstung und hielten Ausschau nach manchem hübschen Mädchen drunten im Kirchenschiff.

**Otto Thiele**, Beucha, *1887 †1971. Schulzeit in Liebertwolkwitz, 1902 bis 1908 Besuch des Lehrerseminars in Grimma, danach Lehrer in Rückmarsdorf bis 1933 zur politischen Entlassung, bis 1944 Reiseleiter und Bürohelfer, 1945 kommissarischer Bürgermeister in Beucha, 1945 bis 1951 Schulleiter in Beucha. 1968 Vaterländischer Verdienstorden in Bronze. „Erzählungen aus meinem Leben", in Fortsetzungen in den *Rundblick*-Heften 1971.

Das zweite Ziel unserer seminaristischen Erziehung zum Volksschullehrer war die vaterländische Erziehung. Da gab es die patriotischen Feiern zu Kaisers Geburtstag oder die *Sedanfeier*. Letztere wurde damals allgemein als Schulfest begangen mit Umzügen im besten Anzug und mit Schärpen über den Schultern zum festlich hergerichteten Festplatz.

Höhepunkte in unserem eintönigen Leben waren die Manöverspiele in Grimmas Umgebung. Da bekamen wir schulfrei, und wir wollten natürlich Zeuge dieses Ereignisses sein und möglichst unseren König *Friedrich August* von Angesicht zu Angesicht gegenüberstehen. Das sollte am 29.5.1906 gelingen. Nach langem Suchen entdeckten wir eine Gruppe Offiziere, erkenntlich an den roten Hosenstreifen. Dort mußte ER dabei sein. So war es auch. Doch es war kein königlicher Anblick, als wir ihn zu Gesicht bekamen. Er mußte nämlich gerade einmal „klein machen", und da blieb uns das „Hurra!" bei diesem unvermuteten Anblick im Halse stecken.

Am nächsten Tag war das Wiedersehen mit unserem König noch verheerender. Bei einem Trab hügelabwärts hatte er wohl ein zu schnelles Tempo einlegt, und da er nach einer durchzechten Nacht vermutlich nicht so sehr fest im Sattel saß und das Pferd stolperte, flog Seine Majestät im hohen Bogen kopfüber ins Rübenfeld. Von diesem Tage an war es vorbei mit der Ehrfurcht vor dem Herrscherhause, wie wir damals so manchmal singen mußten.

Als dritte Aufgabe war die sittliche Erziehung im Lehrplan der sächsischen Lehrerseminare aufgeführt. Für den Nichteingeweihten hört sich das so an, als ob die Seminaristen aus Bevölkerungskreisen kämen, die erst einmal zu ordentlichen Menschen erzogen werden müßten. Um das zu erreichen, hatte man eine ganze Stufenleiter von Strafen als Erziehungsmittel vorgesehen. Und diese Strafen waren oft unerfindlich hart und atmeten nichts vom Geiste eines *Pestalozzi*. Ich hatte in meinem Tagebuch einige dieser Strafen vermerkt, denn ich blieb davon nicht verschont.

Das begann mit Geldstrafen. Sie wurden fällig, wenn wir zum Rückkauf liegengelassener Gegenstände wie Bücher, Lineale, des Handtuchs im Waschraum zahlen mußten. Ich z.B. hatte 5 Pfennige zu zahlen, weil ich die Pflanzenpresse nicht weggeschlossen hatte. Trotz der Geringfügigkeit des Betrages war es eine harte Strafe, denn mit 50 Pfennigen wöchentlichem Taschengeld mußte ich mit jedem Pfennig rechnen.

Gehörig Angst hatten wir vor einem Eintrag ins Klassenbuch. Daraus ermittelten sich die Fleiß- und Sittenzensuren oder gar der Entzug des Stipendiums. Mein Sündenregister weist etwas Derartiges auf. Das Sedanfest 1905 glich mit unserem spießigen Klassenlehrer einem Trauerzug, aber keiner fröhlichen Turnfahrt. Deshalb lösten sich heimlich kleine Gruppen von dieser „Alteherrenriege" ab, bis zuletzt nur noch ein „Rumpfparlament" von acht Mann mit ihrem Lehrer im Seminar eintrudelte. Wir übrigen aber marschierten, frohe Turnerlieder singend, zu unserem sonntäglichen Stammlokal zum Gasthof **Dorna**, um einen knusprigen „Blinsen" zu einer Tasse Kaffee zu verzehren. Das war alles. Das dachten wir zunächst, weil wir noch vor dem Abendbrote das Seminartor passierten. Unsere „Verfehlung" wurde mit einem Eintrag ins Klassenbuch gesühnt.

Eine auffällige Änderung unseres Seminarlebens trat endlich 1906 ein, als unser *Papa Preil*, wie wir ihn trotz allem achtungsvoll

nannten, durch einen wesentlich jüngeren Direktor abgelöst wurde, dem Schulrat *Mäder*. Neben besserem Essen gab es jetzt Verbindungen zu den „Fürstenschülern", die bis dahin noch mehr abgekapselt waren als wir. Wir durften sogar – etwas Unfaßbares für uns – mit jungen Damen in den Schwanenteichanlagen Tennis spielen. Da war ich sofort mit von der Partie, weil unter den Partnerinnen mein jugendlicher Schwarm aus der Langen Straße mitspielte. Ebenso hatten wir im Winter Gelegenheit, auf der künstlichen Eisbahn auf dem Sauteich mit jungen Mädchen Schlittschuh zu laufen und uns dabei als Kavalier beim Anschnallen der Schlittschuhe oder beim Aufrichten der Gestürzten zu betätigen. *Otto Thiele, 1971 i.F.*

## „Dadschahna, baß mah off Fernandoun off ...!"

Wie es so manchmal geht im Leben: Da sitzt einer ganz allein auf einer Bank im Park und genießt die Frühjahrssonne. Plötzlich wird er aus seiner Beschaulichkeit herausgerissen: Eine junge und adrette Mutti erreicht mit ihren beiden munteren Sprößlingen den Traumbereich und läßt sich auf der Bank häuslich nieder. Nun könnte eigentlich eine Art Liebesgeschichte anfangen, wie es so manchmal geht im Leben. Aber es sollte ganz anders kommen. Die beiden jungen Erdenbürger im Alter von zwei und drei Jahren etwa waren nämlich gar nicht gewillt, die Häuslichkeit der Parkbank zu akzeptieren: Sie machten sich selbständig. Dadurch erwachte der mütterliche Instinkt. Ein Befehl der Mutter ließ Welten sich öffnen und zusammenstürzen:

„*Dadschahna,* baß mah off *Fernandoun* off, der rennd glei off de Schdrahse!" Mit einem Schlag hatte das wohlproportionierte Frauchen viel von ihren natürlichen Reizen eingebüßt. Sie hatte den Mund aufgemacht und in der ungepflegtesten obersächsischen Umgangssprache nicht nur den Inhalt ihrer Mitteilung an die beiden Kinder lautlich verhunzt, sondern auch deren Namen entstellt: *Tatjana* und *Fernando* – und dazu noch: Welche Namen! Wie klein – und doch wie groß – war da plötzlich die Welt geworden.

Es ist müßig zu fragen, wieso die Eltern ihren Kindern solche Namen verleihen können. Die Namenträger, der zweijährige Fernando und die dreijährige Tatjana, können ja nichts dafür, daß sie mit diesen Plakaten behängt wurden. Die Namengebung ist ausschließlich Sache der Eltern. Die offizielle Gesetzgebung regelt nur, daß jeder Neugeborene einen Namen zu erhalten hat und daß daraus zu ersehen sein muß, ob es sich um ein männliches oder um ein weibliches Menschenkind handelt.

*Tatjana* und *Fernando* sind auch keine Phantasienamen oder völlig ungebräuchliche Bildungen, sondern sie existieren im Slawischen bzw. im Romanischen tatsächlich als Rufnamen. Und dennoch bleibt ein Unbehagen, nicht nur deswegen, weil es wenig wahrscheinlich ist, daß russische oder spanische Eltern ihre Kinder *Hans, Karlheinz, Gudrun, Sigrid, Helga* usw. nennen, das heißt also im Deutschen gebräuchliche Vornamen verwenden. Und sicher fragen in späteren Jahren die Kinder ihre Eltern, wieso sie gerade diesen Namen tragen und keinen „besseren". Trotzdem müssen sie ihn bis zu ihrem Lebensende führen. Dessen sollten sich alle Eltern erinnern, wenn sie den Vornamen auswählen und in das amtliche Geburtenregister eintragen lassen.

Vornamen unterliegen sehr stark der Mode mit Tendenzen, die beinahe revolutionär anmuten. Namen, die in einem Jahrgang zahlenmäßig an der Spitze stehen, haben nach einem Jahrzehnt meist beträchtlich an Beliebtheit eingebüßt. An ihre Stelle treten andere, die vor einem Jahrzehnt zwar schon verwendet wurden, aber damals quantitativ noch zurücktraten. Es gibt freilich auch Namen, die allmählich „ausklingen", und solche die ganz plötzlich da sind.

Daß auf dem Gebiet der Vornamengebung noch ein gutes Stück Erziehungsarbeit zum „guten Geschmack" zu leisten ist, sollte mit diesem Beitrag angedeutet werden. Nun muß *Dadschahna* nicht nur aufpassen, daß „*Fernandou* nich off de Schdrahse rennd", sondern auch darauf, daß ihre Mutti die Verhunzung des Namens künftig vermeidet.

Und das ist wohl schwieriger, als den Dreikäsehoch am Betreten der Fahrbahn zu hindern. *Horst Naumann, 5/1971 S. 16*

Horst Naumann ist Initiator und Herausgeber des 1978 bis 1986 in sechs Auflagen erschienenen „Kleinen Vornamenbuches“ sowie des Buches „Vornamen heute“ in fünf Auflagen zwischen 1977 und 1989.

HEUTE: Die Vornamengebung nach der Wende war bei uns gekennzeichnet durch eine hektische, fast chaotische Übernahme von Fremdnamen aus vielen Sprachen, die durch Medien und westliche Idole bekannt geworden waren. Gegenwärtig gibt es drei Richtungen: die Rückkehr zu den „alten“ Namen (Max, Moritz, Paul – Luise, Lina, Marie), die Weiterverwendung und Neuprägung modernistischer Namen (Fynn, Joel Sunny, Flavio – Ilaria, Nelly Joeline, Joga) und das Eindringen fremdländischer Namen vor allem bei ausländischen Neubürgern (Mehmet, Boris, Kostas – Daccia, Liz, Rabea).

# Wie wir vor 25 Jahren begannen

## *Die Böhlitzer bauen sich ein Naturbad*

Im Februar 1946 begann ich als junger Neulehrer meine Tätigkeit in **Böhlitz** und gewann auch sehr bald Kontakt zu den Bürgern des Ortes, besonders mit den Jugendlichen. Schon wenige Wochen später gründete ich mit 38 jungen Leuten die Ortsgruppe der FDJ, die innerhalb eines Jahres auf 144 Mitglieder anwuchs. Damit hatten wir eine der stärksten FDJ-Organisationen des damaligen Kreises Grimma. Wie wir das geschafft hatten? Ein Geheimnis dafür gibt es nicht. Wir knüpften einfach an die Interessen der Jugend an. Sie wollte nach den düsteren Jahren des Krieges wieder froh und gesellig leben, Sport treiben, singen und musizieren. Viele suchten nach neuen Idealen, da die vermeintlichen früheren vom Faschismus gründlich zerstört worden waren.

Uns war damals klar gewesen, Daß uns das neue Leben nicht einfach in den Schoß fällt, sondern daß wir selbst etwas tun müssen. Die Lehrer der Grundschule spielten dabei ein aktive Rolle. Und es wurde nicht nur geredet. Tanzabende und zwei Sommerfeste fanden schon 1946 statt. Bald entstanden auch Interessengruppen. Mädchen und Jungen kamen regelmäßig einmal wöchentlich zum Singen zusammen. Sehr aktiv war auch die Laienspielgruppe. Sie spielte Schwänke und ernste Stücke. Wir traten auch in umliegenden Orten auf. Dabei wirkten auch die Sportler mit, vor allem die Turner und Saalradfahrer. *E. Mörl, 2/1971 S. 9*

*

Viele zweifelten, als es hieß: Wir richten das Bad wieder her! Aber eine Minderheit mit *Gerhard Krebs* und Bürgermeister *Kurt Mücke* an der Spitze begann 1966 mit der schier aussichtslosen Arbeit.

Das Bad war schon einmal Bad gewesen. Aus einem verschilften Teich hatten die Böhlitzer das Schlammloch in den Jahren 1946 bis 1948 trocken gelegt. Damals gab es noch keine Technik, alle Arbeiten erfolgten mit der Hand. Lediglich einen Ochsen spannten sie mal vor einen Wagen. Für die Baustoffe brauchten sie Geld. Deshalb spielten die Jungen und Mädchen Theater. Die Säle waren überfüllt, und weit in der Umgebung waren die Böhlitzer Theaterleute eine gern gesehene Gruppe. Mancher Abend brachte 500 Mark Nettoverdienst. Das Badbau-Konto ließ sich damit erfreulich aufstocken. Schon 1949 erfolgte die Einweihung, und alljährlich lockten fortan die Bade- und Strandfeste viele Tausende hierher. Jetzt traten die Kameraden der FFW als aktive Kulturgruppe in Erscheinung.

Doch nach 1953 ging es rückwärts. Es gab keinen Bademeister mehr, die Schlammschicht wurde dicker und als gar einer das Bad an die Angler vermietete, die dann mit Fäkalienzufuhr ihre Fische mästeten, da war es gänzlich vorbei.

Und nun kamen 1966 ein paar Unentwegte und wagten den Neuaufbau. Die Schlammschicht hatte inzwischen eine Stärke von einem halben Meter. Die mußte weg, doch diesmal mit moderner Technik. LPG und Splittwerke stellten sie zur Verfügung. Natürlich dauerte es viele Wochenenden, und viel Schweiß floß in das riesige Loch. Dann folgte der Bau der Ufermauer aus Porphyrgestein und Beton, 120 Meter lang und 1,5 Meter hoch.

Nach Monaten und Jahren waren von den Helfern noch zwei bis drei Mann übrig geblieben, aber Ende 1970 war die Mauer fertig. Nun folgen noch das Bad und das Umfeld, und in zwei Jahren wird das neu erstandene Bad der Jugend mit einem großartigen Eröffnungsfest eingeweiht werden. Doch weitere Pläne sind abgesteckt: Systematisch soll der Grund mit Beton ausgefüllt werden. Es sind hartnäckige Burschen, die Böhlitzer, und sie werden das halten, was sie sich vorgenommen haben. *Manfred Müller, 4/1970 S. 41*

HEUTE: Jahre später erschwerten Wasserprobleme immer mehr den Betrieb des Bades, bis er gänzlich eingestellt wurde. Nach der Wende erfolgte Mitte der 90er Jahre ein dritter Anlauf. Das Bad wurde mit einer millionenschweren Edelstahlwanne und anderen Einrichtungen aufs modernste ausgerüstet, doch wirtschaftliche Probleme verlangen beträchtliche Zuschüsse.

## „Heiratsmarkt“ auf den Collm

Um 1900 warben die Anzeigen in den damaligen Zeitungen, am Himmelfahrtstag nach Collm zu kommen. Nach dem Ersten Weltkrieg kam dann der Slogan Heiratsmarkt auf. Schon früh 5 Uhr trafen die ersten Gäste ein, und bald erwachte auf dem Dorfplatz ein reges Treiben. *Ringel-Paul* hatte seine Reitschule bereits Tage vorher aufgebaut, und *Beyer-Clemens* sorgte für Schieß-, Ratz- und Würfelbude. Natürlich fehlten auch Verkaufsstände nicht auf diesem „kleinen Jahrmarkt“. Das wichtigste war natürlich der Tanzschwof in *Kleines Gasthof.*

Zum Vergnügen gehört ein Aufstieg zum Berggasthof von *Gustav Kloß*. Mancher Wasserwagen war hinaufgekarrt worden, denn Brunnen oder Wasserleitung gab es da oben nicht. Aber ein richtiges „Etablissement“ mit Musikpavillon, Veranda, kleinem Saal und Gaststube. Am frühen Nachmittag bot die Oschatzer Stadtkapelle unter Musikdirektor *Franz Beyer* ein Konzert, und einige Musiker luden danach zu einem Tänzchen in den kleinen Saal ein. Er hatte allerdings kein Parkett, und es war mehr ein Stolpern.

Der Saal im Dorfgasthof unten war seit den frühen Nachmittagsstunden gerappelt voll. Fast tausend Eintrittskarten waren verkauft. Tische waren ausgeräumt, und an den Wänden standen Bänke, auf denen sich die „Damen“ niedergelassen hatten. Die Burschen standen an der Theke und musterten von dort, wen sie zum nächsten Tanze holen wollten. Meist waren es Söhne und Töchter von Bauern aus der Umgebung. Hunderte von Kutschwagen rollten an diesem Tage nach Collm. Besonders aus dem „Oberland“, also der Mügelner und Lommatzscher Pflege kamen viele Gäste. Natürlich war auch die Oschatzer Jugend stark vertreten. Der Tanz zum Heiratsmarkt war weithin bekannt. Randale und Schlägereien kamen kaum vor und wurden nicht geduldet. Dafür sorgte der „Rausschmeißer“, ein Mann „wie ein Kleiderschrank“. Die Altwirtin wußte noch, wie in der Küche alle Hände gebraucht wurden, um die belegten Brote, die „Russen“, zurechtzumachen und die Dutzende von großen Kuchen zu schneiden. Zwölf Hektoliter Bier wollten an der Theke auch ausgeschenkt sein. *R. Lehmann, 2/1971 S. 24*

# Modenschau mit Brautleuten im Göschenhaus – einstmals und heute

**Rendezvous im Garten des Göschenhauses am Pavillon mit dem jungen Brautpaar, zwei Brautjungfern, dem Hausmeister und einer steinernen Nymphe**

Schon lange hatte das *HO-Kaufhaus Magnet* in **Wurzen** einmal seine neueste Festkleidung vergleichsweise neben die der Zeit von vor 150 Jahren rücken wollen. Der kleine Park des *Göschenhauses* in **Hohnstädt** bot sich dafür geradezu an.

Nun husch in die Ankleidekabine, soll heißen, daß sich das (wirklich seit drei Tagen verheiratete) Paar (die aus **Hohburg** stammenden *Gerlinde* und *Dieter*) ins Kaminzimmer zurückzog und als modernes Brautpaar ein zweites Mal erschien. Inzwischen gingen die anderen ins Biedermeierzimmer und verbreiteten aus den mottensicheren Museumshüllen und den superfeinen Magnet-Kartons alte und neueste Hochzeitsgewänder über Stühle, Sofa und Spinett. Viele Stecknadeln wurden nach dem Überziehen gebraucht, denn trotz allen Schnürens in alter Zeit sind die Mädchen von heute doch schlanker!

Dann begegneten sich die Brautleute von einst mit denen von heute. Sehr sittsam die Braut von damals: vergilbtes Weiß, ein kunstvoll gesteckter Schleier, dem man die zahllosen Löcher nicht ansah, und ein durch und durch bestickter Tüllrock. Die Brautjungfern in weiß mit einer geblümten Haube, die Brautmutter ganz in schwarzem Seidendamast mit hellen Tülleinsätzen, mit Schleppe und Kapotthut.

Die Laube harrte der Festgäste mit echten Biedermeierschalen für Sekt. Die Bräute nippten ganz herzhaft, während der Bräutigam mit der rosa behuteten Brautjungfer und der Hoteldiener (alias der Fotograf) mit der Brautmutter flirteten.

Die Modenschau ging weiter. Nun mußte sich die neue Braut als Ehefrau des letzten Jahrhunderts kleiden mit steifem Stepprock und glänzender Bluse, mit Frauenhäubchen und Handarbeitskörbchen. Und der eben noch so schicke Bräutigam erschien in weißen Hemdsärmeln, farbig gestickten Hosenträgern mit Hausvater-Mützchen und langer Pfeife.

Und so ging es auf und ab, hin und her. Der Fotograf sah immer wieder neue Motive und mischte sie mit dem reichen Angebot des Wurzener Kaufhauses und dem des behäbigen Hausherren von damals. Sonne im Laub der Parkbäume, Vogelgezwitscher und Mückenspiel in den letzten Abendstrahlen – das war der Ausklang. Aber gefeiert wurde auch er nochmals, diesmal mit Weinbeeren im Sekt, die man mit 120jährigen, spitzen Silberlöffeln fischen mußte.

*Renate Sturm-Francke, 4/1971 S. 6*

# Mit dem Fahrrad durch Dörfer und Auen, Wälder und Felder

**Begegnung auf der Börlner Dorfstraße**

Der Start vollzog sich an einem Vormittag vor der Redaktionstür auf dem Marktplatz in **Wurzen**. Unsere Fahrtrichtung legten wir im Sinne des Uhrzeigers fest. Und so zogen wir gen Nordwest in Richtung **Nischwitz** los.

Plötzlich standen wir an einem Hopfenfeld. Aus einem kleinen fahrbaren Karrenhäuschen trat erstaunt und sicher auch ein bißchen erschrocken eine Frau heraus. Es war die Hopfenfrau *Hoferichter* aus Wurzen. Bei Wind und Wetter radelt sie unermüdlich schon seit fünfzehn Jahren nach **Canitz**. Sie pflegte den Hopfen, dessen Balkenfelder sich weithin ausdehnen.

Die Wasewitzer Wehrkirche erfordert unsere ganze Aufmerksamkeit. Wir rollen in **Thallwitz** ein und suchen den Gasthof. „Heute Ruhetag". Noch öfters auf unserer Tour macht ein solches Schild unerbittlich darauf aufmerksam, daß den Bürgern das Recht auf Ruhe zusteht. Da kommt einer auf die Idee, im Konsum Gläser mit Spaghetti in Tomate, eine Fleischdose und Trinkbares zu kaufen. Frau Fischer von der Schulküche holte Töpfe, Schüsseln und Löffel herbei. Irgendwo stehen paar Ziegelsteine herum und unterm Baum liegt dürres Holz. Direkt neben dem Gemeindeamt entsteht so eine Feuerstelle, und bald qualmt es unterm Topf hervor. Und es schmeckt wie noch nie, unter freiem Himmel, in außergewöhnliche Situation und von freundlichen Menschen umgeben, die sich an unserem gesunden Appetit mitfreuen.

Mit frischen Kräften stemmen wir uns die kleine Anhöhe nach **Böhlitz** hinauf. Der Ort empfängt uns schläfrig an diesem frühen Nachmittag. Im Spielberg finden wir herrlich klares Wasser. Wir stürzen uns hinein mitten unter fröhlich plätschernden Kindern. Dann geht es durch den Ort hinab nach **Röcknitz**. Beinah wird uns die Kurve am Friedhof zum Verhängnis, weil wir den Text eines Transparentes an der Friedhofsmauer entziffern wollen. Er kündet vom Sieg des Sozialismus. Schlimmer geht's nicht!

Nach **Thammenhain** und **Voigtshain** – hier überrascht uns der köstliche Farbtupfer

**Mangels Gaststätte Mittagstisch auf dem Dorfplatz in Thallwitz**

mit einer sehenswerten Blumenfülle an der Bushaltestelle – durcheilen wir **Falkenhain**. Wenig Neues! Das Landwarenhaus hat immer noch den alten bröckelnden Putz.

In **Börln** müssen wir aufpassen, nicht mit einer mächtigen Sau in Konflikt zu kommen, die ein Bauersmann in blauer Schürze vor sich her durch die Straße treibt. „Wir kommen vom Eber. Sie wird nun zum sechsten Male Mutti." Und noch ein Hindernis hemmt an einer Kreuzung die Weiterfahrt. Zwei riesengroße Traktorenreifen, grün-rot-weiß bemalt (das sind die Farben von Helgoland!) und mit leise vor sich hin trocknenden Stiefmütterchen, flankieren eine Bank. Sollte das ein Beitrag zur Dorfverschönerung sein? Am Ortsausgang versperrt eine Schafherde für kurze Zeit den Weg. Der Schäfer trägt am ledernen Wams eine ganze Menge Messingherzen. Ob das die Zahl der in den bekannten Schäferstündchen geknickten Herzen seien, wollte einer von uns wissen. Der Neidhammel. „Nur Zierde, nur Zierde!", ist die magere Antwort. Der Schäfer hat's eilig, er will nach Hause.

Natürlich wissen wir, was es mit dem *Schwarzen Kater* auf sich hat, wo sich Butterstraße und Salzstraße seit alters her kreuzen. Im einstigen Gasthof, heute die Zentrale der gleichnamigen LPG, geht's hoch her. Der Feldbaubrigadier feiert seinen 58. Geburtstag.

Jugendherberge **Dahlen**. Ob wir unterkommen? Wir radeln ja aufs Geratewohl

**Der Schäfer mit den silbernen Herzen**

durch die Lande. Es klappt. Wir nächtigen in einem Bungalow, ganz für uns allein. Abends dann noch einen Abstecher in die Stadt. Die Hochseilartisten der *Gebrüder Weisheit* geben eine Vorstellung. Der Herr auf dem Drahtseil ist böse, bitterböse, weil zu wenig Leute gekommen sind. Lauthals verkündet er seinen Unwillen. Die Darbietungen überzeugen uns. Zum Schluß entläßt uns einer mit einem Trompetensolo auf dem Drahtseil, obwohl mit blutender Unterlippe, wie er verkündet. Und wie er sich aufopfert. Im Stern bilanzieren wir mit *Dahlener Löwenbräu* den ersten Tag. Sie fällt gut aus. Man sollte allerdings nicht montags reisen. Wegen der Ruhetage!

Nach ausreichendem Frühstück treten wir tags drauf frisch ausgeruht in die Pedale. In **Lampertswalde** ist „das Dorf ohne Ende" schier ausgestorben. Das Tor zur Schmiede steht zwar weit offen, aber der Schmied scheint irgendwo im Dorf zu tun zu haben. Erst an der Bushaltestelle beäugt uns eine Wartegemeinschaft. Und welche Überraschung: Die Gaststube *zum Adler* ist schon am Vormittag wohlgefüllt. Wie das? Heute hat's Rente gegeben, und das ist ein guter Grund, bei *Reinhold Bittig* einen kleinen Umtrunk zu halten. Wir schließen uns an, spendieren großzügig eine Runde, machen uns dann doch eilig auf den Weg dem fernen Ziel entgegen.

In **Wellerswalde** erschreckt uns eine kulturelle Geschmacklosigkeit. An der Abzweigung nach Liebschütz haben die Einwohner ihr dörfliches Ruheplätzschen geschaffen mit Blumenbeeten und Bänken. Doch als kulturelle Krönung thront auf einem Steinsockel ein grellgetünchter, aufgeschnittener Autoreifen als „Blumenkorb", die derzeitig wohl modernste Variante der unseligen Autoreifen-Unkultur. Ehemals diente der Platz wohl dem Gedenken gefallener Krieger. Da es vermutlich zu mühevoll war, diesen Stein wegzutransportieren, hat man ihn lediglich umgeworfen. Ob damit dokumentiert werden soll, wie das Neue das Alte besiegt?

*Nitzsches Gasthaus* in **Liebschütz** öffnet die Tür. In der blitzsauberen Gaststube finden wir schnell Platz, aber wir haben einen schlechten Tag erwischt: Das Bierauto ist noch nicht dagewesen und Bockwürste sind auch noch nicht geliefert. Kurz: Es gibt weder was zu essen noch zu trinken. Doch die Wirtin läßt uns nicht im Stich: Bald brutzeln hauseigene Landeier in der Pfanne, und einige Flaschen Dunkles finden sich tatsächlich noch in der Kellerecke. Die weitere Existenz der vier Radfahrer ist gesichert!

Mittlerweile hat sich die Wirtin zu uns gesetzt. Fast ein wenig resignierend klagt uns die 57jährige *Elfriede Nitzsche* ihr Leid: „Ach, wissen Sie, nun bin ich ganz alleine. Mein Mann ist gestorben, die Kinder sind alle verheiratet und ausgeflogen. Aber die paar Jahre bis zur Rente muß ich schon noch durchhalten. Das ist nicht einfach, denn der Gaststättenbetrieb floriert nicht mehr so wie früher. Die Bauern holen ihr Bier lieber nach Hause und sitzen beim Fernsehen. Na, und die Jugend zieht's in die Stadt, und Fremde kommen nicht hier her, da liegen wir zu abgelegen."

Nun müssen wir uns sputen. In flotter Fahrt geht es durch **Gaunitz, Terpitz** und **Mannschatz** nach **Schmorkau**. Hier nur kurzer Aufenthalt bei unserem Mitarbeiter *Wilhelm Staudacker* in seinem Blumen-Refugium. Mit einem Schlenker durch Schönnewitz und Borna halten wir in **Lonnewitz**. Dort inspizieren wir zuerst eine riesige Milchviehanlage und erholen uns anschließend in der markanten *HO-Raststätte*. Es bleibt uns wenig Zeit. Mit rasantem Friedensfahrttempo jagen wir neben dem Schienenstrang der Kleinbahn durch **Naundorf** und **Schweta** hinein nach **Mügeln**. Um abzukürzen, schieben wir die Räder hoch nach **Remsa**, wo noch zwei Bauerngüter ihr Dasein fristen und wir in der Einsamkeit wie „vier bunte Hunde" von fünf Dörflern bestaunt werden. Nun hinab nach **Göttwitz** und weiter nach **Mutzschen**, dem heutigen Etappenziel entgegen. Und tatsächlich, einige Betten sind für Tageswanderer reserviert, und der langjährige Heimleiter *Hans Gollhardt* bietet uns in „seiner" Jugendherberge eine gute Unterkunft.

Wir versäumen natürlich tags drauf nicht einen Blick in die Heimatstube und beäugen scharfsinnig die Mutzschener Diamanten, ohne welche einzustecken. Auch der Badesee in **Mutzschen-Roda** mit seinen neuen Anlagen findet unser Entzücken. Seit dem 14. Jh. wird in **Cannewitz** Bier gebraut und seit der Jahrhundertwende gehört die Brauerei der Familie *Hantschmann*. Ein kräftiges Bier, in den Kreisen Grimma, Wurzen und Döbeln wohlbekannt, verläßt als Pilsner, Einfachbier und Bock das Werk. Auch Faßbrause, die Fruchtsaftlimonade *Dulcio* und Selterwasser rollen täglich flaschen- und faßweise aus dem Haus. Es kann nie genug sein, es gibt keine Absatzprobleme. Im Gegenteil. Gesundes, keimfreies Wasser, das rein und klar aus dem sandigen Gebiet kommt, verarbeiten die 45 Beschäftigten zu den begehrten Getränken.

In **Nerchau** nahmen wir eine Ladung Kuchen an Bord, die im Göschenhaus „vernichtet" werden soll. Vorher stehen wir an einer Großbaustelle, nämlich dem Bau der neuen Autobahnbrücke über die Mulde. Im April 71 soll sie in Betrieb genommen werden. Ein Schild belehrt uns: „Fotografieren verboten!"

Zur Kaffeezeit sitzen wir im Garten des Göschenhauses in **Hohnstädt**, köstlich bewirtet von unserer *Renate Sturm-Francke*. Man muß diese Stimmung im Akazienwäldchen erlebt haben. Doch ehe die Abendsonne ihre langen Schatten wirft, treten wir erneut in die Pedale, obwohl es uns ziemlich schwer fällt, das gastliche Haus zu verlassen. Doch wir müssen bis **Grethen,** wo die Jugendherberge unsere nächtliche

**Rentner-Trupp am Zahltag vorm *Adler* in Lampertswalde**

Endstation sein soll. Die Betten sind sogar weiß bezogen und tadellos weich. Einer schimpft zum drittenmal, daß er seinen Schlafsack umsonst mitradeln ließ.

Anderntags durchradeln wir die steinreiche Gegend bei **Großsteinberg**, nicht ohne vorher vom Sprengmeister des Steinbruchs eine erschöpfende Führung zu erhalten. Kaum liegt das „Dorf des Sportes" hinter uns, tauchen wir in **Klinga** ein. Natürlich müssen wir einen Blick in die Kirche tun, eine Schöpfung des 13. Jahrhunderts. Die Ausstattung in bäuerlichem Barock bietet in den Farben weiß, blau und gold eine geschmackvolle Komposition. Leider ist von der gemalten Sonnenuhr an der Außenwand nicht mehr viel zu entziffern.

In rascher Fahrt erreichen wir **Ammelshain**. Wir haben Glück und treffen den Schmied bei seiner Arbeit. Es dauert ein Weilchen, bis sich Schmiedemeister *Alfred Fleischhammer* uns öffnet, weil er mit der Zeitung nichts zu tun haben will. Doch der *Rundblick* ist ja dann doch was anderes. Alfred Fleischhammer ist quasi im Dorf das Mädchen für alles. Gleichviel, ob ein Wasserrohr geplatzt ist, ob ein Brummi nicht weiter kann, ob eine Landmaschine ihr Leben ausgehaucht hat, er hat immer zu tun. Auch einige Pferde sind noch zu beschlagen. Und Mutti schimpft: „Viel zu dummgut ist der Alfred. Der läßt sich ausnutzen und merkt es gar nicht. Und was mich am meisten ärgert, nicht mal beim Mittagessen lassen'se Alfred in Ruhe. Und sogar sonntags kommen welche angequengelt."

Auf dem Marktplatz in Mügeln

In **Polenz** stellen wir erstaunt fest, daß der Ort seines Wahrzeichens beraubt ist. Die Kirchturmspitze ist nämlich weg. Eine Begründung erhalten wir auch nicht in der Gaststätte *Heiterer Blick*. Eine Bergsteigergruppe war am Werk und hat den Kirchturm abgetragen. Unabgedeckt ist nun das Innere der Witterung und dem Verfall preisgegeben.

Im weiten Bogen umfahren wir den nach 1933 angelegten Flugplatz und gelangen bald nach **Leulitz** und **Zeititz**, zwei Ortsteilen von Altenbach. Die bekannten Altenbacher Teiche sind ursprünglich gar keine Teiche, vielmehr handelt es sich um „abgesoffene" Braunkohlentagebaue, deren letzter bis 1924 noch in Betrieb gewesen ist.

Schattige Waldwege spenden uns wohlige Linderung von der sonnenüberfluteten Straße. Heute zieht es uns nicht nach der in unmittelbarer Nähe gelegenen mittelalterlichen Wasserburg Leulitz, auch der ehemaligen Tbk-Heilstätte Zeititz gilt nicht unser Besuch.

Den romantischen Park durcheilen wir verbotswidrig auf dem Fahrrad (es geht heimwärts!), erfreuen uns am Badeleben an den *Lübschützer Teichen* und erreichen über die F 6 schließlich das Weichbild Wurzens, Start und Ziel unser 4-Etappen-Fahrt. Der Kreis hat sich geschlossen. Etwas müde aber beglückt reichen wir uns die Hände.

Die „... vier wackeren Obersachsen, eine Neuausgabe der 7 Schwaben, die ausgezogen waren, im Gefilde der alten *Daleminzier* gefährliche Abenteuer zu bestehen und einen Feldzug gegen Gartenzwerge und ausgemusterte Autoreifen führten" *(aus einem Leserbrief zitiert)*, sind zurückgekehrt.

*Hefte 1 bis 6/1971*

Die **Radwanderfahrt** durch Gebiete der drei *Rundblick*-Kreise unternahmen an vier Augusttagen des Jahres 1970 die vier Redaktions-Mitarbeiter *Karl-Heinz Laube, Manfred Müller, Heinz Thümmler* und *Gerhard Weber*. In Dahlen, Mutzschen und Grethen übernachteten sie in den Jugendherbergen, ohne sich vorher anzumelden. Es hat prima geklappt.

# Kühnitzscher „Schgadschbiele" und andere Geschichten

Das beste wird sein, wir gehen zur Bürgermeisterin, Frau *Stange*. Ihr Amtszimmer liegt rechts von der Haustür, während es links in die Gaststube geht, denn das Mini-Gemeindeamt befindet sich in *Kretzschmars Gasthof*. Wer davon aber irgendwelche Schlüsse ableitet, ist im Irrtum. Die junge Bürgermeisterin ist erst seit Mai 1970 im Amt. „Herzklopfen kostenlos" ist ihre humorvolle Antwort auf die Frage, wie es einem denn so beim Amtsantritt zumute war. Zugegeben, sie hat ein gutes Erbe angetreten, denn Vorgänger *Willi Stenzel* war bekanntermaßen wirklich ein guter Bürgermeister. (Er wurde wohl deswegen nach Falkenhain delegiert, damit es dort schneller aufwärts geht).

Die weiteren Nachrichten sind hoffnungsvoll: Kindergarten? Kinderkrippe? Vorhanden! Letztere ist jetzt auch im Winter belegt, weil sie – wie auch der Kindergarten – kleine Wurzener Bürger wohl behütet. In der Gymnastikgruppe des Dorfes turnen ein Dutzend Frauen. Der Männerchor übt jeden Donnerstag und hat ebenfalls wie überall Nachwuchssorgen. Die Freiwillige Feuerwehr hat bei mehreren Leistungsvergleichen vordere Plätze belegt. Die bekannten Kühnitzscher Parkfeste werden alle vier Jahre mit gutem Erfolg durchgeführt, und der Park selbst soll 1971 eine inzwischen wieder notwendig gewordene Renovierung erfahren. Klempnermeister *Georg Müller*, Sattlermeister *Rolf Roßberg* und Bäckermeister *Krause* vertreten das Handwerk und der 82jährige Gemeindearbeiter *Heinrich Weidenheim* arbeitet noch immer acht Stunden täglich. Nicht weil er muß, weil er rostet, wenn er rastet.

Im *Gasthof Jacob* imponieren uns die gerahmten „Schgadschbiele" an der Wand. Eins ist dabei, ein Bomben-Grand, das der Spieler trotz der todsicheren Karte, mit „schwarz" verloren hat. Alle Achtung vor dem Mut des Verlierers, der es trotzdem hat rahmen lassen. Übrigens, die Besitzer der kleinen Kneipe lassen sich bis 1866 zurück verfolgen, als ein Urahne des heutigen *Waldfried Jacob* die Gaststätte eröffnete.

**Das Bad im Dorf**

Bei der 82jährigen *Oma Hirsch* erfahren wir die Mühlengeschichte. Auch hier wird das Mühlenhandwerk seit über hundert Jahren ausgeübt. Allerdings wird nur noch hin und wieder die Mühle in den Wind gedreht. Heute kümmert sich der Denkmalschutz um das Bauwerk, das er erhalten will.

Kollege *Preis* (66), eigentlich Ruheständler, aber an der Schule ist Not an Lehrern, und da hilft er mit aus, führte uns durchs Schulhaus, das sich im alten Schloßgebäude befindet. Eine dicke Chronik erzählt seit 1945 die Schulgeschichte. Er will sie fortschreiben, hat jedoch jetzt noch allerhand andere Sachen auf dem Buckel: Er leitet den Chor und ist Leitungsmitglied der Kühnitzscher Obstbaumsparte. Ihr gehören 50 Mitglieder an, die auch aus den umliegenden Orten kommen. Einmal im Jahr werden all die Früchte im Speisesaal der Schule ausgestellt.

Jedes Dorf hat etwas, das ihm eigen ist. Die Kühnitzscher haben ihren Karneval. Als der 11.11. verregnete, zogen sie auf einem Schneepflug durchs Dorf. Eine riesige Anzeige in der Tageszeitung lockte uns später noch mal ins Dorf. Der Saal bei *Kretzschmars* ist zwar nicht gerade groß, dafür aber in einem ordentlichen Zustand. Von der Bühne grüßten alte Bekannte: die lustigen Musikanten der Püchauer Feuerwehr. Wir fanden noch einen Platz an der Theke, bevor sie mit ihrer einmaligen Blaulichtschau die

Gemüter erhitzten. *Adolf I.* übernahm den Gemeindeschlüssel und belehrte uns, daß es am 11.11. noch keine Kußfreiheit gibt. Wir nahmen es mit Bedauern zur Kenntnis.

*Elisabeth Krämer, Werner Ballschmieder, Manfred Müller, 1/1971 S. 4*

**Die Winterversorgung ist eingetroffen**

HEUTE: Das Schloß hat einen neuen Besitzer (doch nichts Genaues weiß man nicht). Schule und Kindergarten sind ausgezogen, ebenso das bäuerliche Museum vom Dachboden. Die Sammlung befindet sich jetzt in der Alten Brennerei und wird sorgsam gepflegt von den Mitgliedern des Heimat- und Schulvereins. Heimisches Obst ist kaum noch gefragt, deshalb auch stellte die Obstbaumsparte ihre Aktivitäten ein. Der Männerchor existiert nicht mehr, die Gaststätten sind geschlossen. Die Damen von der Gymnastikgruppe treffen sich regelmäßig zu ihren Übungen und die Kameraden der Freiweilligen Feuerwehr organisieren die jährlichen Teichfeste (anstelle des Parkfestes).

# Die Oschatzer Friedhofskirche im neuen Gewand

Wir Oschatzer Bürger und die Gäste unserer Stadt sind überrascht von der neuerstandenen Schönheit der Friedhofskirche (früher Gottesackerkirche) *St. Georg*, die an der F 6 liegt. Sie zeigt mit ihrem steilen, neugedeckten Dach und den frisch geputzten Mauern ein wirklich erfreuliches Bild. Sehr eindrucksvoll zur Geltung kommen die gotischen Fenster und die Türen mit ihren eigenartig gebildeten Renaissance-Formen. Das steil aufstrebende Dach wird von einem kleine Dachreiter gekrönt, den eine vergoldete Turmkugel und eine Wetterfahne mit dem Oschatzer Stadtwappen zieren.

Die Begräbniskirche und ihr Friedhof befanden sich in der Hospitalvorstadt gegenüber dem Hospital, das außerhalb der Ringmauer stand. Seit etwa Mitte des 15. Jh. stand hier nur eine Kapelle. Sie wurde 1584 abgetragen und an ihrer Stelle die Kirche gebaut.

Eine ganze Reihe von Denkmälern und Gedenktafeln alter Oschatzer Familien befindet sich teils im Kircheninnern, teils an den Außenmauern. Sie zeigen, meist aus Sandstein gefertigt, zum Teil gute handwerkliche Arbeit und sind dem Kunststil des Jahrhunderts entsprechend gestaltet.

1970 erfolgte eine vollständige Restaurierung des Kirchengebäudes durch den Rat der Stadt Oschatz. Die Baukosten betrugen ein Mehrfaches der geplanten Gelder. Doch nun ist es wieder gefahrlos betretbar und zeigt sich im schönen neuen Gewand als ein Schmuckstück der Stadt Oschatz.

*Gertrud Ketzschmar, 4/1971 S. 41*

HEUTE: 2004 erfolgte nach der Dachreparatur (1997) eine umfassende Innensanierung.
Mit der abschließenden Restaurierung des geschnitzten Flügelalters hat Oschatz 2008 ein Juwel von überregionaler Bedeutung erhalten.

# Dorfgeschichten aus Threna

**In der Dorfmitte fällt ein „protziges“ Gut auf mit den beiden mächtigen Ecktürmen, eine „steingewordene Häßlichkeit“, die überhaupt nicht in die Dorflandschaft paßt, sondern seit Ende des 19. Jh. den Ort verunziert. Der damalige Bauherr wollte wohl damit seinen Reichtum und seine Macht dokumentieren. Zum Glück versteckt es sich des Sommers ein wenig hinter Büschen und Bäumen.**

Das Straßendreieck, das dem Besucher, der von Fuchshain her kommt, besonders auffällt, haben *Max Schönfeld* mit seiner Frau, der Gemeindeschwester *Lilo*, aus einer verunkrauteten Wiese in eine beachtliche Anlage mit Bänken, Büschen und Bäumen gezaubert. Einfach so, wie es Menschen tun, die einen Sinn für Schönheit haben und für die Mitmenschen etwas Gutes tun.

Ein bißchen still fanden wir's an jenem Tage auf der breiten Dorfstraße. Wo sind die Schulkinder? Dort, das Merkmal einer deplazierten Großstadt-Architektur, das ist die Schule. Erbaut gegen Ende des letzten Jahrhunderts, wartet sie geduldig auf den notwendigen Abputz. Aber es tönen keine Kinderstimmen heraus. Die Schule ist verlassen, die Kinder gehen ins benachbarte **Belgershain**. Besser gesagt: Sie fahren mit dem Omnibus. Und was ist heute im Schulhaus? Ein Zimmer dient als Turnraum für die Frauen, die mit Gemeindeschwester Lilo an einem Abend in der Woche Gymnastik betreiben. Der andere Raum gehört der Jugend. Die 18 Kleinstkinder werden ab April an den sauberen und lustig bemalten Zimmern, die hier durch Einbau entstanden sind, ihre Freude haben...

Und was gibt es sonst noch im Ort? Die Sorgenfalten von Bürgermeister *Heinz Lehmann* auf seiner Stirn verschärfen sich: Wir haben einen so herrlichen Gasthof, weit und breit bekannt, und dennoch hat die Gemeinde gar nichts von ihm. Ab 19 Uhr schließt er seine Pforten, und nur mittwochs hat er für Sitzungen länger geöffnet, allerdings ohne Bierausschank. Jugendtanz? Mitnichten! Der Saal ist an das Warenhaus *Konsument* in Leipzig vermietet.

Und trotzdem stecken wir nicht die Köpfe in den Sand. Dann machen wir unsere Veranstaltungen im Freien. So rufen wir jedes Jahr im Juni zu einem Kinder- und Volksfest die Leute zusammen. Und viele der 580 Einwohner helfen mit.

Der Gasthof muß hundert Jahre zählen. Trotz Ruhetag gibt uns der Gastwirt Auskunft. Wie viele Erinnerungen werden da wach, als wir vor 45 Jahren mit vielen anderen per Fahrrad Einkehr hielten. „Brot und Brötchen werden nicht berechnet“ stand damals auf den Tischen zu lesen. Wir bestellten Streichkäse und aßen und aßen, solange er dünn gekratzt die kostenlosen weißen Semmeln bedeckte. Zehn Jahre später reihte sich unser gebraucht gekaufter Opel schon unter die Reihe der Motorräder neben der neuen Veranda ein. In der Ecke im Gastraum stand ein kleiner Mann aus Belgershain, der laufend Grammophonplatten auflegte, gegen ein Bier sogar die ganz speziell verlangten. Damals vermieden wir den Donnerstag. Das war der Schlachtfesttag der zahllosen Leipziger, die Wellfleisch bestellten, Korn und Kümmel tranken und von der Schlachtschüssel ebenso schwärmten wie von der Viertel-Ente.

So wie seinerzeit, als er noch sieben Kellner beschäftigte, ist er auch heute in erster Linie eine Straßen-Einkehrstätte geblieben. Nicht nur den LKW-Fahrern ist er vertraut, die gern in der lichten Veranda sitzen. Auch Familien aus Leipzig oder der Kreisstadt finden sich sonntags hier ein, um den berufstätigen Hausfrauen das Kochen zu ersparen. Schnitzel und Fischfilet sind bevorzugte Speisen. Familienfeiern – Kindtaufe, Jugendweihe, Hochzeiten – konzentrieren sich auf vorbestellte Tafeln im großen Zimmer. Die abendlichen Gäste sammeln sich um den Stammtisch an der Theke.

Aus den vielen Dreiseithöfen hebt sich als einzige Besonderheit das *Mühlbergsche* Gehöft heraus. Ein quer zum Hof stehender Bau an der Straße scheint die Wehranlage eines sehr alten Vorwerks zu sein. 1 ½ Meter tief sind die Lehmmauern gegründet, die unten 150 cm, oben 70 cm stark sind. Eine überputzte Jahreszahl soll auf 1417 gedeutet worden sein. Schwere Eichenbalken, z. T. handbehauen, tragen das Dach. Noch sind einige der Schießscharten vorhanden.

Wir werfen noch einen Blick in die Kirche. Wir sind überrascht, denn der noch vor wenigen Jahr so verfallen anmutende Bau wurde im vorigen Jahr außen und innen vorgerichtet. *Renate Sturm-Francke und Heinz Thümmler, 5/1971 S. 30*

HEUTE: Das doppeltürmige Bauerngut in der Ortsmitte ist seit dem Besitzerwechsel unbewohnt und zerfällt zur Ruine *(s. Abb.)*. – Der Gasthof firmiert seit einigen Jahren unter neuen Besitz und Namen und bietet mit verschiedenen Aktivitäten als „Kastanienhof" den Gästen einen angenehmen Aufenthalt. – Eine rührige Verkäuferin sorgt im Laden von Bäckermeister Schramm aus Naunhof für guten Absatz.

## PERSONALIEN

**Siegfried Fischer**, Grimma, *1920 in Nerchau †1981 in Grimma. Lehre als Lithograph. Nach Heimkehr aus dem Krieg Neulehrer in Nerchau, Spezialfach Musik und Zeichnen, seit 1951 Erweiterte Oberschule Grimma im Fach Kunsterziehung, daneben tätig als Schriftsteller. *4/1971 S. 34*

**Hellmut Weiher**, Dahlen, *1901 †1973 Lehrer in Dahlen seit 1921. Organisator eines Schulgartens und von Theaterspielen. Mitbegründer des Kulturbundes in Dahlen, Wanderer, aktive Tätigkeit im Schloßpark und beim Naturschutz, Lichtbildervorträge über die Heide und seine Heimatstadt. *6/1971 S. 28*

**Gerhard Stengel**, Leipzig/Waldsteinberg/Dresden, *1915. Nach Studium Lehrer, danach freischaffender Maler und Grafiker, vor allem meisterliche Aquarellarbeiten *(s. Abb.)*. Langjähriges Mitglied der AG bildender Künstler der Kreise Grimma/Wurzen. Dozentur an der Hochschule für Bildende Künste in Dresden. Er hat zahlreiche Kunstbücher geschrieben und hohe Auszeichnungen erhalten. *1976 S. 118*

## LESERPOST

**Freude und Bedauern**

Als ich heute abend zur Übungsstunde kam, ließ mir die kleine *Jutta*, ein sehr aktives Mädel des Naunhofer Fanfarenzuges, gar keine Gelegenheit zur Begrüßung. Voller Aufregung und Stolz rief sie mir zu: „Da ist ein Bericht mit Bildern über unseren Fanfarenzug!" und zeigte mir den *Rundblick*. Ich sah, daß es sich um den Leistungsvergleich in Roda handelte. Meinen Spielleuten mußte ich den Artikel vorlesen.

Dieses kleine Erlebnis veranlaßt mich, Ihnen meinen herzlichen Dank für diesen Beitrag im Rundblick auszusprechen. Gleichzeitig möchte ich sagen, daß diese aussagekräftige Wiedergabe in Wort und Bild die schönen Stunden in Roda noch einmal vor Augen führte.

Gleichzeitig muß ich sagen, daß der gesamte *Rundblick* inhaltlich so ansprechend ist, daß ich es bedaure, diese Zeitschrift noch nicht abonniert zu haben. Ich werde das schnellstens nachholen, denn ich werde damit sicher viel Schönes und Interessantes aus Kultur und Heimat erfahren. *Herbert Heiser, Leiter des Fanfarenzuges Naunhof.*

## 1972 19. Jahrgang

**Rundblick-Jahrbuch 1973** (erschien im Herbst 1972). Aus Kultur und Heimat der Kreise Wurzen-Oschatz-Grimma. 96 Seiten, A 4-Format, 3,50 M.

# Etzoldshainer St. Martinskirche im neuen Glanz

Wer in den vergangenen Jahren von Grimma kommend nach Bad Lausick unterwegs war, dem bot sich in **Etzoldshain** ein trauriges Bild: er sah eine scheinbar dem Verfall preisgegebene alte Kirche. Doch seit drei Jahren wird sein Blick von einem völlig anderen Eindruck gefangen: Das 800jährige Kirchlein trägt nicht nur ein schmuckes Kleid, es hat auch seine Gestalt erheblich verändert.

Ende der 50er Jahre machte ein Denkmalpfleger bei einem Besuch in der Kirche eine glückliche Entdeckung. Er erspähte an der schadhaften Putzdecke des Chores (Altarraum) eine dem Laienauge verborgen gebliebene farbige Stelle. Er vermutete Überreste einer alten, bemalten Decke. Und so war es auch, ja noch viel mehr! Im August 1959 wurde der Putz abgeschlagen, und zu Tage kam eine Bretterdecke mit verhältnismäßig gut erhaltenen gotischen Schablonenmuster. Die Decke wurde vorsichtig restauriert, die vorhandenen Farben blieben unberührt. Sie besaßen einen hohen Denkmalswert.

Jener Besuch des Denkmalpflegers war die Geburtsstunde für den Gedanken und den Willen zur Gesamterneuerung dieser Kirche. Es war nämlich festgestellt worden, daß die romanische Bausubstanz noch in hohem Maße vorhanden ist und daß es deshalb möglich sei, bei einer umfassenden Erneuerung dem Urzustand nahezukommen.

Und so geschah es dann auch. Im Innern erhielt die Kirche ebenfalls ein neues Gesicht. Jetzt besitzt sie außer der historischen Chordecke noch zwei Ausstattungsstücke von hohem Denkmalswert. Das ist ein gotischer Flügelalter (um 1490) in seiner ursprünglichen Fassung sowie das Schnitzwerk eines Kruzifixus, wahrscheinlich aus dem 13. Jh.

Die erneuerte St. Martinskirche ist nach ihrer denkmalpflegerischen Restaurierung ein seltenes Kleinod unter den vielen alten Dorfkirchen unseres Gebietes. Wer altes Kulturgut zu schätzen weiß, wird eine tiefe, nachhaltige Freude erleben, wenn er hier eintritt. Die kraftvolle Herbheit der frühen Zeit, die Harmonie des Ganzen und die schlichte Schönheit des Einzelnen vermitteln dem Besucher das Gefühl einer wunderbaren, friedevollen Geborgenheit.

*Friedrich Seifert, JB 1973 S. 68*

**Blick in den Altarraum der Etzoldshainer Kirche**

# Eine Altenbacher Rundblick-Boutique

*„In där Budiche warsch werglich dufte."*

Leute, war das eine prächtige Stimmung! Kein Wunder, denn zum 30. Male traf sich jung und alt aus und um Altenbach zu einem vergnüglichen „Tanzabend zu zweit" im wahrhaft gastlichen *Gasthof in Zeititz*. Einfach alles war auf den Beinen. Der *Rundblick* hatte zu dieser heiteren Jubiläumsveranstaltung eingeladen und war mit vier Leuten seiner Wandermannschaft angerückt, die Ehefrauen im Anhang. Und das noch: Die HO-Werbeabteilung unter Leitung von *Horst Hempel* hatte den Saal tatsächlich in eine Verkaufsboutique verwandelt. Für die musikalische Stimmung sorgten die fünf jungen Herren (?) der *WIKANA*-Tanzkapelle aus Brandis.

In der Einladung waren die Besucher aufgefordert worden, heimischen Hausrat, der eigentlich zu nichts mehr nütze war, mitzubringen. Und tatsächlich schleppten die Leute Materialien herbei, die das Herz der Museologen höher schlagen ließen: ein altes Grammophon, eine Spieluhr (Das Lieben ist kein' Sünd'), eine vorsintflutliche Schreibmaschine, Petroleumlampe, alte Teller und Schüsseln, hübsche Likörgläser (um 1800), Omas Reise-Handtasche, eine unglaublich alte Mausefalle, mittels der sich die kleinen Nager gleich kollektiv in den Tod stürzen konnten (wenn sie wollten!), und vieles, vieles mehr. Es gab einen Heidenspaß beim Erraten der Gegenstände und ihrer Funktion.

Dann bahnten sich rücksichtslos zwei Kanoniere in stilechten Uniformen, behelmt und besäbelt, den Weg durch die tanzenden Paare und brachten ihre mitgeführte klapprige Feldhaubitze in Stellung. Es dauerte lange, bis die Schlumpschützen ihre erste Salve abgeben konnten (mittels Blasrohr auf bunte Luftballons).

Viele Einfälle lockerten den Tanzabend auf. Hatten doch die Schreiberlinge allerhand Fotos von ihren Wanderfahrten mitgebracht, die sie verschenkten, auf Wunsch mit Autogramm. Und das wurde ziemlich stark genutzt. Allerdings mußten sich die Damen mit einem Kuß bedanken. Und das Geschäft florierte. Freunde, man hätte den *Rundblick*-Chef erleben müssen! Er freute sich königlich, daß er so oft seinen Namen kritzeln durfte, wobei er sich vorkam wie ein populärer Spitzensportler. Und während er pinselte und pinselte – dem Chef gehört nun mal der Vorrang – bemerkte er nicht, wie seine Team-Brüder mittlerweile die Küsse kassierten.

Die Stimmung blieb prächtig bis zum – leider viel zu frühen – Ende. Ja, selbst die verwöhnten Ehefrauen der anwesenden *Rundblick*-Redaktionsmitglieder waren hell begeistert und verstehen nun, warum ihren Männern der *Rundblick* über alles geht *(heutige Anmerkung: Das Wort „verwöhnte Ehefrauen“ bewirkte eine scharfe Kritik von den Genossen der SED-Kreisleitung!?).* Und der einheimische *Klaus Kammler* faßte den Abend mit den Worten zusammen: „In där Budiche warsch werglich dufte“.

Und das lasen wir in der Chronik. „Die 21. Veranstaltung fand auf dem Rübenfeld statt. Wenn in der LPG Not am Mann ist, und das geschieht meist beim Rübenverziehen, dann treffen sich die Ehepaare (neulich waren es über 80 Personen) zum Einsatz auf dem Feld. Das Schwein, das dabei „erarbeitet“ wurde, das wird im Winter bei einem zünftigen Schlachtfest verfuttert!“

*Karl-Heinz Laube, Manfred Müller, Heinz Thümmler, Gerhard Weber, JB 1973 S. 46*

**Gerhard Weber begutachtet mit Kennerblick eine echt wertvolle Petroleumfunzel**

Im Klubrat, der alles plant, organisiert und durchführt, wirken die Familien *Werner* und *Gudrun Stein, Werner* und *Jutta Scholz, Gunter* und *Gerlinde Sellmann, Klaus* und *Monika Fischer, Peter* und *Sigrun Schneider*

HEUTE: Der Klub existiert immer noch. Er erreichte inzwischen die Zahl von über 250 Tanzabenden und wird 2009 den 40. Geburtstag feiern. Die Ehepaare treffen sich seit längerem fünfmal im Jahr im Deubener Gasthof, hauptsächlich organisiert von den Familien *Hans-Ulrich* und *Gudrun Zille* und *Claus* und *Birgit Batke.*

# Die neue Schwimmhalle in Wurzen

hat wahrlich mit 27 Grad ein wohltemperiertes Wasser. Für die Wurzener hat seit Januar 1972 die Badesaison kein Ende. Sie dauert das ganze Jahr über und wird von groß und klein dankbar angenommen. Und das verdanken sie der neuen Schwimmhalle. Natürlich verlagert sich die Saison in den Sommermonaten ins Freie.

Der Bau hatte so seine Tücken. 1968 begannen die Vorbereitungen. Doch es lief nicht alles planmäßig, denn mal fehlte es an Baustoffen, mal wurden die Arbeitskräfte abgezogen. Erst mit einem Kraftaufwand von 58 Betrieben, besonders mit Kollegen vom Motorenwerk und der Mafa, ging es der Vollendung entgegen.

Endlich konnte das 25 x 12,5 m große Wasserbecken gefüllt werden. Doch die 600 Kubikmeter Wasser bedürfen einer ständigen Kontrolle, müssen laufend technisch und chemisch behandelt werden. Dazu befinden sich im Keller der Halle jede Menge Aggregate und Ventile, eine gewaltige Umwälzanlage, ein riesiger Filterkessel, Gebläse zur Lufterwärmung, ein Umformkeller, wo der vom Motorenwerk gelieferte Dampf zur Heißwasserheizung „umgeformt“ wird, ein Druckwasserkessel und der Dinge mehr. Damit es mit der Frischluft klappt, sorgen dafür die vorbildlichen Anlagen des VEB Luftfiltertechnik.

Neben den allgemeinen Öffnungszeiten für die gesamt Bevölkerung sind Zeiten für die Sportvereine und für den Schulsport vorgesehen. Sicher wird es bald keinen Jugendlichen mehr im Wurzener Land geben, der nicht sein Freischwimmerzeugnis abgelegt hat. Und vor allem deshalb hat sich der Bau gelohnt.

Besucher aus Nachbarorten und sogar anderen Kreisen sind durchaus nicht selten, und selbst unter ihnen hat sich bereits ein fester „Kundenkreis“ herausgebildet.

*Werner Ballschmieder, JB 1973 S. 65*

HEUTE: Die Schwimmhalle wird mehr den je genutzt. Nach einer gründlichen Sanierung fühlen sich die Badegäste um so wohler.

# Oschatz im Kranze seiner Gärten

**Die Promenade zieht sich wie ein grüner Gürtel um die Altstadt, hier vorbei an den Museumsgebäuden**

In den urkundlichen Unterlagen taucht das Wort Garten mit der Bezeichnung *Keilgarten* auf. Die *Keulgharden* lagen rund um die Burg im Gebiet des heutigen vorderen Stadtparkes. Ihre Bedeutung ist umstritten. Gärten in unserem Sinne waren es nicht. An seinem Abhang nach der Döllnitz zu gab es im Jahre 1159 acht Weinberge, die dem *Georgen-Hospital* gehörten und später an die Bürger verkauft wurden.

In und um Oschatz gab es früher dreißig Hopfengärten. Einige wurden 1331 erwähnt, andere später. Die vor dem Altoschatzer Tore mußten später dem Häuserbau weichen. An der Döllnitzschlaufe befanden sich einige Augärten. Im Jahre 1457 wurde mit Erlaubnis des Seußlitzer Nonnenklosters ein Feld verkauft und gegen einen jährlichen Zins als Gärten verteilt. Das dürfte der älteste Vorläufer der Kleingartenanlagen unserer Stadt sein.

Was wurde in den Gärten der Vergangenheit angebaut? Wir wissen, daß neben dem Obstbau (Pflaumen, Äpfel, Birnen, Kirschen und Wein) der Gemüseanbau stark ausgeprägt war. In den Gärten standen „Krauthäupter", Kohlrüben, Kichererbsen, Kohlrabi, Blumenkohl, Möhren, Rettich und auch Tabak. Die Kartoffeln machte Bürgermeister Hoffmann im 7jährigen Krieg (1756–1763) heimisch.

Mit der Gründung des ersten *Schrebergartenvereines* im Jahre 1864 begann die stürmische Entwicklung der Kleingärten, die auch nach und nach die Stadt Oschatz erfaßte.

Die größten Gartenanlagen unserer Stadt sind heute dem *Verband der Kleingärtner, Siedler und Kleintierzüchter* angeschlossen. Die Geschichte der *Gänsegrube* läßt sich bis ins Jahr 1904 zurückverfolgen. Dort befand sich damals ein Steinbruch, wo ein weißlicher Stein gebrochen wurde. Der Stein und der weiße Tonboden (Kaolin?) haben der Gänsegrube den Namen gegeben, denn im Althochdeutschen heißt *can* =weiß. *Gänsegrube* heißt also *weiße Grube*, was aber nicht ausschließt, daß ab und zu auch Gänse dort geweidet haben können, zumal das Gehöft von *Gänse-Clauss* in unmittelbarer Nähe lag. Später war die Gänsegrube mit Kirschbäumen bestanden, und zur Erntezeit pilgerte halb Oschatz zu den Kirschbuden. An dem hängigen Gelände entstanden dann nach 1900 die ersten Kleingärten in Oschatz.

Zu den Gärten im weiteren Sinne gehört die grüne Promenade, die mitten durch die Stadt zum Stadtpark führt. Im Namen des Stadtrates wurde im Jahre 1797 eine Allee von ausländischen Bäumen und Sträuchern gepflanzt und nach und nach um die ganze Stadt geführt. Heute gilt die Promenade als ein Wahrzeichen unserer Stadt.

Rund hundert Jahre später entstand unser Stadtpark. Im vorderen Teile befand sich bis 1883 das Armenhaus (Pesthaus), das dann wegen Baufälligkeit abgebrochen werden mußte. Der Vorschlag des Bürgermeisters *Härtwig*, auf diesem Gelände ein Wäldchen als Erholungsstätte für die Einwohner zu errichten, fand bei den Stadtverordneten kein Gehör. Der Bürgermeister wollte sein Amt niederlegen, doch auf Anraten einer Abordnung der Stadt gründete er einen Verschönerungsverein und übertrug ihm das Stadtpark-Projekt. Durch Zukauf vieler Parzellen erhielt er seine jetzige Größe.

Ein Wermutstropfen ist jedoch die Tatsache, daß es auch in unserer Zeit Leute gibt, die Arbeit und Mühe und das Eigentum ihrer Mitbürger nicht achten. Einbrüche in Lauben, Diebstahl von Blumen, zertrampelte Rasenplätze am Kinderspielplatz in der Promenade, herumliegende Papierabfälle, umgeknickte junge Bäume sind Spuren des verantwortungslosen Treibens dieser Leute. Ihnen muß die erhöhte Aufmerksamkeit der Öffentlichkeit gelten. Ungestört wollen wir uns an dem ewigen Kreislauf der Jahreszeiten und ihren Erscheinungen erfreuen!

*Hildegard Gerlach, JB 1973 S. 37*

# Die einstigen Siedlungen am Kirchenteich

**Besuchergruppe am freigelegten Mauerwerk eines Gebäudes vom Dorfe Nennewitz**

In der Zeit von 1150 bis 1220 riefen hiesige Feudalherren deutsche Bauern aus Franken, Thüringen in das ehemals slawische Gebiet zwischen Saale und Oder, die dort Wälder rodeten und neue Dörfer anlegten. Damit steht fest, daß die Burgwälle des **Wermsdorfer** Gebietes, die Kirchenteichruine *Wüstes Schloß*, der Untergrund des alten Jagdschlosses und die Wallanlagen im Laubenthal in den gleichen historischen Zusammenhang gehören, mit dem auch die ersten Stadtgründungen in unserer Heimat eng verbunden sind.

Das Dorf am Kirchenteich trug damals noch den slawischen Namen *Nennewitz,* ist aber eine deutsche Anlage mit Feldfluren, mit Kirche und Kirchhof auf der Höhe am Nordrand des Kirchenteiches und einer Burganlage. Die Ausgrabungen in jüngster Zeit brachten diese Erkenntnisse ans Tageslicht.

150 Jahre lang haben Dorf, Burg und Kirche am Kirchenteich gestanden, dann erfaßte eine Agrarkrise den deutschen Feudalstaat. Die Erträge der Rodungsgebiete gingen zurück, die Düngung durch die Brandasche der Rodung war erschöpft, der Wasserhaushalt durch die Rodung gestört. Dann wütete noch die Pest und raffte viele Menschen dahin. Die Bauern verließen die Dörfer, versuchten in die Städte zu kommen oder gingen das Abenteuer einer neuen Rodung im weiteren Osten ein. Ohne Bauern konnte der „kleine Ritter“ am Kirchenteich nicht leben. Er verließ seine Burg. Seitdem ist die Anlage verfallen.

*Gerhard Billig, JB 1973 S. 23.*

HEUTE: Nach jahrzehntelangen Ausgrabungen unter der Leitung von *Prof. Dr. Gerhard Billig* befindet sich seit einigen Jahren am Kirchenteich eine Freiluftausstellung, die Auskunft gibt über das einstige Dorf Nennewitz.

1973 20. Jahrgang

**Rundblick-Jahrbuch 1974** (erschien im Herbst 1973). Aus Kultur und Heimat der Kreise Wurzen-Oschatz-Grimma. 96 Seiten, A 4-Format, 3,50 M

**Heft 3 der Rundblick-Information Dahlener Heide** mit Belgern und Schildau. Autorenkollektiv. 48 S., 2,50 Mark. Es erschienen insgesamt 7 Auflagen.

## Drogen von den Feldfluren am Fuße des Collm

Der Blütenstern ist das Wahrzeichen des *VEB Heilkräuter* ***Oschatz***. Es ist nicht schwer zu erraten, daß dieser Stern nichts anderes als die Blüte der Kamille bedeuten kann. Die Echte Kamille gehört nämlich zu den wichtigsten einheimischen Heilkräutern. Sie weist auf Grund äußerst günstiger natürlicher Voraussetzungen im Kreis Oschatz in bezug auf die Wirkstoffe eine besonders gute Qualität auf und ist deshalb sehr begehrt.

**Das Ernten vom Kamille mit dem Riffelkasten**

Hunderte fleißige Sammler pflücken alljährlich von Mai bis September die stark duftenden Blüten der Echten Kamille. Aber nicht nur sie wird als Droge in der Arzneimittelwirtschaft und der Lebensmittelindustrie verwendet. Der Jahreskalender für die wichtigsten wildwachsenden Heilpflanzen weist allein 35 Pflanzenarten auf, die in den heimischen Wäldern und auf unseren Wiesen- und Feldfluren vorkommen und gesammelt werden sollten. Besonders begehrt sind der Ackerschachtelhalm, die Birkenblätter, die Faulbaumrinde, die Hagebutten, die Holunder- und Lindenblüten und natürlich die Blüten der Echten Kamille.

Doch es kommt nicht nur auf das Sammeln, sondern auch auf das einwandfreie Trocknen und Lagern der Drogen an, damit die Wirkstoffe erhalten bleiben. Deshalb hat der VEB Heilkräuter Oschatz, der im Mai 1972 aus der Fa. *Heilkräuter Förster KG* gebildet wurde, außer in Oschatz auch in anderen Orten Annahmestellen eingerichtet. Hier in Oschatz stehen in der Lutherstraße und in einem Gebäude hinter dem *Thomas-Müntzer-Haus* moderne Trocknungsanlagen zur Verfügung, die eine schonende Trocknung von 35 Grad C gewährleisten.

Ein aromatischer Duft empfängt den Besucher, der die Geschäfts- und Betriebsräume betritt. Der Betriebsleiter, *Dr. C. Förster*, dessen Vater gleich nach 1945 die Grundlagen für den heutigen Betrieb mit seinen 25 Beschäftigten aus kleinsten Anfängen schuf, gibt uns Auskunft. Wenn auch die Sammeltätigkeit von Heilkräutern in den letzten Jahren dank der Propagierung und auch des lohnenden Verdienstes wegen sehr gesteigert werden konnte, so kann doch eine sichere Versorgung durch Sammeln allein nicht erreicht werden. Deshalb wurden mit landwirtschaftlichen Betrieben im Umland bis in den Kreis Döbeln hinein Anbauverträge über bestimmte Drogen mit einer Gesamtfläche von über 200 Hektar abgeschlossen. Dort wachsen niederdeutscher Kümmel, Echte Kamille, Pfefferminze, Ringelblumen, Baldrian und Schafgarbe, die dann nach Oschatz geliefert werden und vor allem im Winterhalbjahr mit größter Vorsicht und Sorgfalt aufbereitet werden.

*Rudolf Lehmann, JB 1974 S. 40.*

*Die Firma wurde 1990 aufgelöst.*

**In der Muldenaue bei Wasewitz mit dem Kirchlein des Ortes**

# Auf Wanderpfaden entlang der Mulde von Wurzen bis Kollau

Wir starten auf der **Wurzener** Muldenbrücke. Hinter schattigen Bäumen schauen Gebäude hervor, die als Gasthaus *Drei Brücken* in Erinnerung sind. Hier im vormaligen *Tivoli* versammelten sich um die Jahrhundertwende die Arbeiter und begeisterten sich an den Reden von *August Bebel* und *Clara Zetkin*. Nach dem Zweiten Weltkrieg wurde für einige Jahre noch mal tüchtig das Tanzbein geschwungen, ehe die *Station Junger Techniker* die Räume übernahm. Im Saal wuschen und trockneten die Mitarbeiter der *PGH des Wäscher- und Plätter-Handwerks 1. Mai* die dreckige Wäsche der Wurzener.

Wir biegen auf den Hochwasser-Schutzdamm ein. Am Gedenkstein von *Karl Goretzko*, der am 7. Juli 1925 in der Mulde ertrank und der in seinem Leben 33 Menschen vor dem Tode des Ertrinkens gerettet hatte, verharren wir zu einer stillen Gedenkminute.

Wir sind nun auf **Grubnitzer** Flur. Die weithin sichtbare Turmwindmühle, 1868 erbaut, ist außer Betrieb, sie hat auch keine Flügel mehr. Das Tor am hübschen kleinen Haus daneben ist noch geschlossen. Es ist ja Sonntag! Nach einem kurzen Solo unseres Musikanten steht die gesamte Familie des Bäckermeisters *Naundorf* an der Haustür. Er versorgt die Umgebung mit Brot und Brötchen. „Angst vor der nahen Mulde? Noch nie gehabt. Wir liegen hier ziemlich hoch.“

Die kleine einschiffige Landkirche in Grubnitz mit dem winzigen verschieferten Dachreiter und zwei Giebelkreuzen fordert unsere Aufmerksamkeit. Da im Ort kein Gasthaus mehr den Wanderer bewirtet, lädt uns Frau *Fietz* zum Morgenkaffee ein. Wir sitzen in der guten Stube und vertilgen den Napfkuchen, den sie vom nahen Bäckermeister Naundorf gekauft hatte und der eigentlich für einen anderen Besuch bestimmt war.

Wir schauen uns in **Nepperwitz** um. Am binsenübersäten Dorfteich, in dem sich ganze Heerscharen von Wasserflöhen tummeln, entdecken wir den Gasthof. Die 72jährige *Liesbeth Brosdorf* nimmt uns trotz der Frühe freundlich auf. Wir tragen Stühle und Tisch aus der düsteren Gaststube vors Haus und erleben bei einem Glas Bier (oder waren es mehr?), wie allmählich das Dorf erwacht. Einige neugierige Kinder beäugen uns mit schüchternem Abstand. Aquarianer fischen das Frühstück für ihre Lieblinge aus dem Dorfteich und dann kommt doch tatsächlich das Gemeindeoberhaupt vorbei und setzt sich zu uns. Seit 17 Jahren „regiert“ *Alfred Hempel*. Er berichtet uns von einigen positiven Veränderungen im Dorf. Dazu gehört auch das örtliche Kulturzentrum, das sich jetzt im ehemaligen Jagdhaus des einstigen Leipziger Holzfabrikanten *Arno Krause* befindet. Dort ist auch die Gemeindebibliothek untergebracht, und die 40 Dorfrentner treffen sich auch hin und wieder in den Räumen, im Wechsel mit den Jugendlichen.

**Am Dorfplatz in Nepperwitz mit dem Krieger-denkmal. Im Hintergrund die Kirche.**

In der Ausfülle des nahen **Dögnitz** entdeckt unser Museologe ein altes Kuhkumt. Da es sich aber keiner von uns um den Hals hängen will, bleibt es liegen. Schade eigentlich. Im weiten Bogen durch Wiesen und Felder erreichen wir die Altwässer der Mulde. Im Laufe der Jahrhunderte veränderte der Fluß mehrmals seinen Lauf. Dadurch blieben Restwasser zurück, die als Altwässer ihre eigene Tier- und Pflanzenwelt hervorbrachten: *Dögnitzer Mulde, Schusterbusch, Hölle, Bockholzlache* und das *Tote Männchen*.

Über die **Canitzer** Fußgängerbrücke, in der das Trinkwasser nach Leipzig fließt, marschieren wir im strammen Schritt durch bis **Kollau**. Dort erwartet uns im *Gasthof zur Muldenaue* bei der Wirtin *Erika Grätz* bereits der gedeckte Mittagstisch. Hier gab

**Angler an der Dögnitzer Lache**

es früher einen netten Brauch. „Die ersten Paddler, die in einem neuen Jahr bei uns anlegten, erhielten eine tüchtige Portion gebratner Eier. Den Siegernamen schreiben wir mit Kreide an das Ofenrohr. Ja, und dann unsere Fähre. Mein Vater ist auf dem alten Foto zu sehen, das hier an der Wand hängt. Die Wagenfähre war notwendig, damit die Leute vom **Thallwitzer** Rittergut auf die Wiesen jenseits der Mulde fahren konnten. Nach dem Kriege kamen diese Flächen zur Gemeinde Groitzsch. Es gab dann nur noch eine Kahnfähre für Wanderer. Aber auch sie wurde vor 15 Jahren außer Betrieb gesetzt. Und noch eine geschichtliche Episode kann ich erzählen. Früher war dem Gasthof eine Fleischerei angeschlossen. Wir gehörten damals noch zu Preußen, und dort mußte man vor 1933 keine Schlachtsteuer bezahlen. Was meinen Sie, wie da die Sachsen ihr Schlachtvieh zu uns trieben, es hier abstachen und mit dem Fleisch wieder heimzogen."

Nach behäbiger Mittagsruhe im Gras vom Deich machen wir uns auf den Rückweg. Die Rundturmkirche von **Wasewitz** ist das nächste Ziel. *Alfred Voigtländer* bringt den Schlüssel und erläutert uns sachgerecht die Innenausstattung mit den renovierten Fresken aus dem Jahre 1496, der Kanzel von 1548, der kleinen Orgel, der ebenen Bretterdecke, den steinernen Altartisch – eine bemerkenswerte kleine Kirche.

Nach der Kaffeestunde in der überfüllten **Canitzer** Gaststube pilgern wir vorbei am Wasserwerk und danach zum stillgelegten Elektrizitätswerk und erreichen den unter Denkmalschutz stehenden Park in **Nischwitz**. Einst im Rokokostil angelegt, wurde er später zum Landschaftspark umgestaltet. Dort kommen wir mit einem 84jährigen Mütterchen ins Gespräch. Sie wohnt nun schon 25 Jahre im Schloß, zusammen mit 126 Frauen, die im jetzigen Alters- und Pflegeheim ein fürsorgliches Zuhause gefunden haben, betreut von einer Schar freundlicher Schwestern. Und von diesen versammelt sich nach und nach ein knappes halbes Dutzend auf dem Balkon der Rückfront vom Schloß, fünf nette, kichernde und scherzende „Karbol-Mäuse." Herbert holt aus seinem Zerrwanst muntere Melodien und trotz aller unserer Redekünste ordnen sie uns einer verspäteten Himmelfahrts-

Partie zu. Alle unsere Proteste verhallen in der abendlichen Stunde.

Wir lösen uns schweren Herzens. Wieder in Tritt gekommen, schreiten wir nun doch etwas rascher aus. Wir überqueren den unglaublich penetrant stinkenden und arg verdreckten Mühlgraben und wundern uns, das dennoch pflanzliches Leben darin gedeiht.

Im Glanze der Abendsonne taucht plötzlich über der Dammkrone vom Kanal ein Flugzeug auf. Es fliegt derartig niedrig, daß wir unwillkürlich die Köpfe einziehen. Über die Felder raschelt ein körniger Nieselregen. Sie werden jetzt aus der Luft gedüngt. Vor uns taucht die abendliche Silhouette von **Wurzen** auf, der wir im Morgendunst den Rücken kehrten. Wir verlassen den Weg am Kanal. Vorbei an Industrieanlagen, entlang üppigblühender Kleingärten, erreichen wir durch stille Altstadt-Gassen den Gerhart-Hauptmann-Platz. Nun noch ein kleines Stück, und wir sind auf dem Markt in der *Rundblick*-Redaktion angelangt.

*Die Wandermannschaft, HK 1974 S. 7*

Die Wandermannschaft *des Rundblicks* machte sich eines Sonntags im Sommer 1973 mit *Karl-Heinz Laube, Heinz Thümmler, Gerhard Weber, Manfred Müller, Rudolf Priemer und Herbert Slotta* auf den Weg entlang der Mulde von Wurzen nach Kollau und wieder zurück. In einem ausführlichen Text mit vielen Fotos schilderten sie unter der Rubrik MULDENLÄNDISCHES ihre Erlebnisse. Nach weiteren drei Mulde-Wanderungen erreichte die Wandermannschaft in Wechselburg das ferne Ziel.

**Kaffeestunde am Muldeufer in Kollau**

**Arbeit am Sägegatter**

## Es klappert die Mühle .

Diese vielbesungene Geräuschkulisse gibt es noch heute! Kommen Sie mit nach **Thallwitz**. Das ist ein Dorf der Mühlen: Nach dem Orte Lossa zu arbeitet noch heute die Siedewitz-Mühle. Mitten im Ort gab es einst die Mittelmühle, und dort, wo der kleine Lossabach das Dorf verläßt, rauscht Wasser über die Räder der Untermühle. Der gilt heute unser Besuch.

Daß ich zu diesem Haus mit den gastfreundlichen Bewohnern besondere Beziehung habe, sei nur am Rande vermerkt. Als junger Lehrer fand ich hier während der fünfziger Jahre für mehr als ein halbes Jahrzehnt nicht nur täglich den schmackhaften Mittagstisch, sondern zu jenen herzlichen Menschen auch festen Kontakt, der ein Leben lang anhält.

Heute arbeitet diese Getreidemühle als Mahlbetrieb in der PGH des Müllerhandwerks, die ihren Hauptsitz in Pausitz hat. *Erich Spott*, der Meister dieses Bereiches, und sein engster Mitarbeiter *Gerhard Hillscher*, der hier heimisch geworden ist, empfangen uns zur Besichtigung. Heute geht es nicht ums Mehl, sondern um das alte, wassergetriebene Sägewerk, das Erich Spott in seiner Freizeit in Gang hält.

Um diese Säge anzutreiben, benutzt man auch heute noch das Wasser. Es fließt kräftig, allerdings ein wenig verschmutzt, direkt an der hinteren Hausseite entlang. Ein

Rechen hält grobes Treibzeug fest, und dann strömt das Wasser durch ein sieben Meter langes Holzgerinne in die Eisenschaufeln des oberschlächtigen Wasserrades mit seiner Breite von 1,25 m und dem Durchmesser von 2,60 m. Ein fast 8 m langer und 0,60 m starker Eichenstamm ist die Antriebswelle zum Sägegatter.

Wir rollen einen Stamm auf den Wagen. Nach vielen Handgriffen „gibt der Sägewerker Gas", d. h. er öffnete das Wehr, das Wasser setzt das Wasserrad in Bewegung, gibt sie über Achsen und Räder weiter bis zum Gatter, wo sich das Sägeblatt knirschend in den sich langsam vorschiebenden Stamm frißt. Wie das duftet! Der herbe Harzgeruch strömt sowohl aus dem Sägemehl, das sich am Gatter anhäuft, als auch aus dem frisch geschnittenen Stamm. Der Sägemüller lobt diesen gesunden Lungenbalsam, womit er nicht ganz unrecht hat.

*Heinz Thümmler, JB 1974 S. 42*

HEUTE: Das Sägewerk ist als denkmalgeschütztes Objekt der Technikgeschichte in Eigentum der Gemeinde übergegangen und wird zu Schauzwecken für Interessierte immer wieder mal angeworfen.

# Sechs Kessel Buntes – Hasenjagd mal anders

Meine sechs „Kessel", die ich nun schon das dritte Mal miterlebte, haben rein gar nichts mit Wäsche zu tun. Der Waidmann wird aber die Ohren spitzen, wenn er etwas von einem Kessel hört.

Jedes Jahr werden im Bereich des Jagdkollektivs **Mügeln** Hasen gefangen, die dann im Rahmen des Exportprogramms die weite Reise nach Frankreich oder Italien antreten. Bekanntlich sind viele Hunde des Hasen Tod. Um Meister Lampe lebendig zu fangen, benötigt man keine Hunde, umsomehr aber viele Helfer, die die Hasen in aufgestellte Netze treiben und ihnen somit zu unverhofftem Liebesglück unter südlichem Himmel verhelfen.

Wichtige Darsteller bei dieser unblutigen Hasenjagd (es wird ja nicht geschossen) sind die Fänger. Sie rammen Eisenpfähle in den Boden und befestigen daran die Netze. In diesen verfängt sich dann der Hase. Doch die Jäger, die auf der Lauer lagen – am besten auf einem Strohsack –, müssen sich beeilen, denn die Mümmelmänner bemühen sich mit Kraft und Tücke, sich aus dem Gefängnis wieder zu befreien. Derjenige, dem das nicht gelingt, wird in einem Sack verstaut.

Vorher hatten die Treiber ihre Aufgabe erfüllt. Sie haben vor den Netzen einen Kessel gebildet und ihn immer mehr verengt. Das vollzieht sich mit ziemlichem Geschrei und unter allerlei Bewegungen: da werden Stöcke geschwenkt, Arme hochgerissen, Mützen geworfen.

Dann ist der erste Kessel geschlossen. Die Fänger bringen ihre Beute zur Sammelstelle am LKW. Dort stehen jede Menge Kisten bereit, und nach der Sortierung in Männlein und Weiblein kommen sie in ein entsprechendes Kistenfach. Vierzehn Hasen erbrachte der Kessel, ein guter Anfang.

Nun wird der nächste Kessel gebildet. Die Hasen werden jetzt in die Rückseite der Netzwand getrieben. Das aufregende Spiel beginnt von vorn. Und so geht es weiter, bis am Nachmittag der sechste und letzte Kessel geschlossen ist. Die Treiber sind rechtschaffen müde. Fünfzig Hasen sind in die Netze gegangen. Einige Zentner Weihnachtsapfelsinen werden mit den Devisen bezahlt werden können.

Langsam verlieren sich Helfer und Jäger. Auf der Heimfahrt erweist uns ein entkommener Hase noch eine Ehrenbezeigung. Es scheint, als wolle er sich mit einem „Männchen" über die Stümper lustig machen, denen er entwischen konnte. Er kann nicht wissen, daß nun statt einer südlichen Schönen eine Ladung Schrot auf ihn wartet. *Gottfried Massanek, JB 1974 S. 76*

HEUTE: Die Hasenjagd wurde ab Mitte der 70er Jahre eingestellt, da deren Zahl wegen der Großtechnik in der Landwirtschaft und den eingezäunten Plantagen immer mehr zurückging.

**Thammenhain:** Einer der ganz wenigen Standorte vom **Königsfarn** befindet sich im Thammenhainer Forstrevier. Die Pflanze kann übermannshoch werden und gehört zu der altertümlichen Farnfamilie der Rispenfarne, die vor 160 Millionen Jahren im erdgeschichtlichen Jura-Zeitalter nachgewiesen werden konnte. *JB 1973 S. 15*

**Kössern:** Anfang 1972 erfolgte die Gründung eines Zweckverbandes zur Erschließung des Thümmlitzwaldes für die **Naherholung**. Beteiligt waren die Gemeinden Kössern, Höfgen, Böhlen, Leipnitz, Schkortitz und Kuckeland. Zentrum soll das Freibad Thümmlitzsee sein. *JB 1973 S. 91*

**Püchau**: Ein Text erinnert an das **Unwetter** vom Jahre 1912, als ein Wirbelsturm über Teile des Dorfes raste. Er hatte im Nachbardorf Sehlis seinen Anfang genommen und dort die schlimmsten Verwüstungen hinterlassen. Der Schaden hier hielt sich mit Zerstörungen einiger Scheunen und Teilen vom Schloß in Grenzen. *JB 1973 S. 41*

**Grethen:** In einer weiten Senke nach Grimma zu liegt der **Münchteich**, ein beliebtes Badegewässer. Seine Anlage erfolgte vor über 400 Jahren durch die Mönche des Grimmaer Augustinerklosters, damit sie Fischzucht betreiben konnten. Deshalb hieß er früher auch *Teich der Mönche*. Der 20 ha große Teich hat keinen Zufluß und sein Wasserstand ist ganz von den Niederschlägen abhängig. *JB 1973 S. 44*

**Oschatz:** Am 31. Jan. 1972 fuhr zwischen Oschatz und Strehla zum letzten Male die **Schmalspurbahn**. 1891 war die 11 km lange Strecke eröffnet worden. Eine ihrer Loks steht im Dresdner Verkehrsmuseum. *JB 1973 S. 91*

**Großsteinberg**: Die BSG Traktor zählt seit ihrer Gründung 1946 unter der Leitung des Sportfreundes *Walter Drieschner* zu den Schrittmachern im Kreis Grimma und darüber hinaus zu den besten Landsportgemeinschaften unserer Republik. Für den Ausbau ihres **Sportzentrums** erhielt sie hohe Auszeichnungen. Fast jeder zweite Einwohner des Dorfes ist Mitglied der BSG. Daneben treffen sich 70 Mitwirkende regelmäßig im Spielmannszug.

**Wurzen**: Mit vier reinen Flugstunden war im Frühjahr erstmalig im Kreis Wurzen ein Hubschrauber im Einsatz, womit Entobakterien, ein biologisches Bekämpfungsmittel, gegen den **Goldafter** versprüht wurde. Im Gebiet der Hohburger Berge, der Lübschützer Teiche und im Park Thalwitz sollten die Schädlinge auf Eichen, Weißdorn sowie Obstbäumen vernichtet werden. Die Aktion scheint gelungen zu sein. *JB 1973 S. 92*

**Dahlen:** Von einem Kollektiv des Kraftverkehrs wurde ein Ausflugsfahrzeug konstruiert, das Kfz.-Schlosserlehrlinge bauten. Im Sommer rollte es viele Male durch die Heide, wobei jeweils bis zu 30 Kilometer zurückgelegt werden. Das Fahrzeug bieten 22 Fahrgästen Platz und wird als **Heide-Expreß** zur Urlauberbetreuung beitragen. *JB 1973 S. 92*

**Gornewitz**: Der Schornstein von der Sägemühle, der viele Jahre ein **Storchennest** beherbergte, mußte wegen Baufälligkeit gesprengt werden. Als Ausweichplatz wurde eine Erle in 12 m Höhe abgesägt und von Kameraden der FFW Nerchau ein Wagenrad aufgesetzt. Das Storchenpaar nahm diesen Nistplatz an. *JB 1973 S. 28*

**Reinhold Birke,** Wurzen, *1896 †1973. Schlosser. Jahrzehntelang tätig als Heimatforscher und Kreispfleger des Landesmuseums für Vorgeschichte Dresden. Aktive Tätigkeiten zur Ur- und Frühgeschichte durch Funde und bei der Mithilfe von Ausgrabungen. *JB 1974 S. 96*

**Letzte Fahrt ins Museum**

| 1974 | 21. Jahrgang |
|---|---|

**Der Rundblick**. Kulturspiegel der Kreise Wurzen-Oschatz-Grimma
2 Hefte (Frühjahr und Herbst) á 100 Seiten, A 4-Format, 3,50 M

Heft 2 der Rundblick-Information
**Zwischen Colditz und Bad Lausick**
Textautoren: Rudolf Krannich und Dieter Händel mit Fotos von Wolfgang Stadler und Karten von Ehrhart Kundisch. 2. Auflage 1979

# Im 1000jährigen Nerchau

Wann ich wohl das erstemal in Nerchau war? Das kann tatsächlich so über 40 Jahre her sein. Da lud der nun längst verstorbene Lehrer *Erich Richter* den Grimmaer Geschichtsverein zu einer Besichtigung der in der Schule befindlichen Heimatsammlung mit altertümlichen Gefäßen und aufschlußreichen Bildern ein.

Später sind es fast ausschließlich Erkundungen heimatgeschichtlicher Art gewesen, die mich nach Nerchau führten. Ich fragte die Ältesten der Alten aus nach ihren Erinnerung an die Handwerksbetriebe der Zeit ihrer eigenen Großväter. Schließlich suchte ich dort jahrelang per Fahrrad meinen Hausarzt auf. Ich verließ **Hohnstädt** schon im Morgengrauen, hoppelte im *Tiergarten* an dem *Haselberg* entlang, las am Weg zur Fähre in **Wednig** Äpfel auf und war im Wartezimmer die erste. Ging dann die Sprechstunde an, so kam der Doktor, ebenfalls Frühaufsteher, schon aus den Pilzen.

Von 1950 an übernahm ich dann die alljährliche Überwachung der gleichaltrigen Hügelgräber auf Nerchauer Flur, der sog. *Drei Berge,* und es ist mir vor einigen Jahren gelungen, am Fuß des einen eine als Kuhstall benützte unansehnliche „Hornzie", wie man die Hütte nannte, entfernen zu lassen.

Der slawische Wall *Kirchberg* ist noch gut erkennbar. Einst mag er eine slawische Kultstätte umschlossen und in voller Biegung den Steilabfall zur Mulde erreicht haben. Erst in christlicher Zeit folgte dieser Kultstätte die gotische Kirche, deren wertvolle Plastiken ich mehrmals im Dienste der Baudenkmalpflege besichtigt habe. Viele Sagen knüpfen sich an die Bierkeller, die um 1500 in den Wall hineingetrieben worden sind. Jedenfalls war das Nerchauer Braunbier mit den Namen *Pumpernickel* berühmt. Sicher verdankte es seine gute Qualität dem ausgezeichneten Wasser, das noch heute der *Cannewitzer Brauerei* ihren Ruf einbringt.

Die slawische Siedlung zum Wall auf dem Burgberg dürfte sich am *Saumarkt* befunden haben, dem runden Plan, der jetzt der Thälmannstraße einverleibt ist. Dort in *Birnbaums Gaststätte* verkehrte vor 140 Jahren der Schriftsteller *Friedrich Gerstäcker*.

Mein Streifzug führt mich weiter über den Karl-Marx-Platz, den einstigen Markt, der straßenartig angelegt ist. Im Veteranenklub plaudere ich mit den Besuchern. Viel früher befand sich in diesem Hause der Materialwarenhandel von Vater und Sohn *Schröder*, bei denen man Bier im Steinkrug und Schnaps in Mäßchen über die Straße kaufte. Als der Kriegsinvalid *Heinrich Däwert* in den 70er Jahren des vorigen Jh. in diesem Hause einen kleinen Ausschank betrieb, sonst aber als Briefträger amtierte, fand er eines Morgens ein Schild über seiner

**Als noch der Triebwagen der Muldentalbahn die neue Autobahnbrücke durchfuhr**

Nerchau um 1910. Im Mittelpunkt das Wohnhaus vom einstigen Görlitzschen Gut. Am Markt steht eine kleine Holzhütte, das Wieghäuschen für eine Fuhrwerkswaage, die vom Wirt im Deutschen Haus (am rechten Bildrand mit großem Torbogen) bedient wurde. Hier wurden die Pferdewagen, die zum Güterbahnhof fuhren, jeweils leer und voll gewogen. Ende der 20er Jahre wurde das baufällige Häuschen abgerissen und durch ein massiv gemauertes ersetzt. Es stand bis Anfang der 90er Jahre.

Tür *Zum Postheinrich.* Ihm gefiel dies, und er gab der Gaststätte den Namen *Zur Post*, nebenbei war er ein so gerissener Skatspieler, daß man ihm die Skatkarte mit in den Sarg gegeben haben soll.

Auf der anderen Seite des Platzes schaute ich in das 1972 vorgerichtete Friseurgeschäft der PGH hinein. Donnerwetter! Alles hell und freundlich, zahllose Hauben, ein warmer Duft und ein leises Surren. Und vor hundert Jahren? Da waltete hier der von Kühren zugezogene Barbier *Weise,* der mit seinen Lehrjungen von Haus zu Haus ging, auch weit über Land, um die Männer zu balbieren und ihnen das Haar zu schneiden. Jawohl, die Mode war gerade auf kurzes Haar aus, aber bis 1850 trugen Bauern und Landarbeiter noch genau den heutigen Beatle-Schnitt. Kam aber ein Kunde persönlich zu Weise, so wurde er in der Wohnstube, in der das alte Kanapee stand, am Waschtisch behandelt. Die Lehrjungen waren froh, wenn sie für ihre Wege bei Wind und Schneegestöber einen „Weihnachts-Fünfziger" bekamen.

*Renate Sturm-Francke, 1974 S. 30*

HEUTE: Die alten Bergkeller, vormalig von *Horst Weber* und *Wolfgang Siebert* beräumt und z.T. mit neuen Türen versehen, wurden 1998 bis auf drei verfüllt und zugesetzt. – Die *Birnbaumsche* Gaststätte wurde Ende der 90er Jahre weggerissen und wo einst die Gaststätte *Zur Post* die Gäste bediente, befindet sich jetzt das Eiscafé *Am Gänsebrunnen*, die letzte Gaststätte der Stadt von einstmals dreizehn. Das Postamt und der Veteranenklub wurden geschlossen. Lediglich im Friseursalon bedient ein Grimmaer Inhaber seine Kunden.

## Na, wie schmeckt das *Pumpernickel*?

Den **Nerchauer** Heimatfreunden ist für ihr großes Fest (die 1000-Jahr-Feier im Herbst 74) ein ganz besonderer Genuß in Aussicht gestellt worden. Der *VEB Brauerei Cannewitz* wird an den Festtagen Hunderte von Hektolitern eines nach Sonderrezeptur gebrauten Festbieres unter den Namen *Nerchauer Pumpernickel* brauen.

Der Name ist nicht neu. Schrieb doch schon vor 200 Jahren der Sprachmeister Adelung in seinem Wörterbuch der hochdeutschen Mundarten ohne irgend eine Anspielung: „In dem Marktflecken Nerchau bei Grimma wird ein starkes Bier gebraut, welches gleichfalls *Pumpernickel* heißt".

Die Nerchauer wollten – es war ums Jahr 1550 – ihr Bier nicht nur selber trinken, sondern auch mit dem Verkauf Geschäfte machen. Sie hatten nur das Pech, innerhalb der „Biermeile" der Stadt Grimma zu liegen, die eifersüchtig auf ihre Privilegien pochte. Das bedeutete, die Nerchauer durften ihr Bier nicht faßweise nach auswärts verkaufen. Darüber kam es zum regelrechten „Bierkrieg" zwischen beiden Städten. Denn die tüchtigen Nerchauer hielten sich nicht an die Verträge und Verbote und verkauften ihr Bier fröhlich weiter. Sie gewannen zwar einen langjährigen Oberhofprozeß gegen Grimma, aber der Rat zu Grimma hatte sogar einmal in Nerchau „etliche Stück Vieh pfänden lassen". Das konnten ihm die Nerchauer nicht vergessen.

Als es sich dann später herumsprach, daß die Beschaffenheit des Grimmaer Bieres „nicht die beste“ war, es sei sogar „der Gesundheit höchst nachteilig“, es sei „schwer, dick und nicht für alle Personen ohne Unterschied trinkbar“, da fehlte es in den Nachbarorten nicht an Spöttern, die wegen des Bauchwehs, das das Grimmaer Bier hervorbringe, den Stadtnamen respektlos in *Bauch-Grimme* verunzierten.

Da versuchten wohl die Grimmaer in ohnmächtiger Wut, den Nerchauern den Spott heimzuzahlen. Sie drehten den Spieß um und dichteten dem Gegner und seinem Bier gerade das an, was ihnen und ihrem Biere mit Recht zum Vorwurf gemacht wurde. Sie verlästerten das Nerchauer Bier mit dem bewährten Spottwort *Pumpernickel*.

Und wie es oft geschehen ist, so wurde auch hier aus dem ursprünglichen Spottnamen ein echter, wohlgelittener Name, ein Ehrenname sogar, in dem spätere Generationen des einstigen Spottes gar nicht mehr gewahr wurden. *Nach W. Koch 1974 S. 86*

# Das Dahlener Schloß steht in Flammen

**Das Schloß vor dem Brand. Nach dem Willen eines heutigen Schloßvereins soll es wieder aufgebaut und genutzt werden**

In den vergangenen Jahren wurden am Schloß in Dahlen vom Institut für Denkmalpflege umfangreiche Restaurierungsarbeiten vorgenommen. Wenige Tage vor Abschluß dieser Arbeiten vernichtete ein verheerender Brand im März 1973 weite Teile des Gebäudes. Ursache war ein Ofenrohr, das nahe einer Balkenlage diese entzündet hatte. Auch die wertvollen Kunstwerke, vor allem die Malereien von *A. F. Oeser*, einem Lehrer *Goethes* in dessen Leipziger Zeit, fielen dem Feuer zum Opfer. Es ist noch nicht entschieden, wie und in welchem Umfang das Schloß wieder aufgebaut werden soll. Vieles wird unwiederbringlich verloren sein. Am Rande der Stadt, dicht an der Ausfallstraße nach Torgau, breitete sich vor Eintritt in die Dahlener Heide seit Mitte des 18. Jh. die repräsentative Schloßanlage des *Grafen Heinrich von Bünau* aus. Von ihr haben sich nun das Schloßgebäude als Ruine mit dem Park, einige Reste vom einstigen Wirtschaftshof und die Orangerie jenseits der Straße erhalten.

Im Schloß wurde große Geschichte geschrieben. 1763 weilte *Friedrich II. von Preußen* wochenlang im Gebäude, als mit dem *Hubertusburger Frieden* sein Eroberungskrieg eine Ende fand.

Mit der Bodenreform 1946 kam der Besitz in Volkseigentum. Nachdem die hier einquartierten Umsiedler und Flüchtlinge ein neues Zuhause gefunden hatten, wurde hier 1953 eine Fachschule der Nahrungs- und Genußmittelindustrie eingerichtet. Fortan lernten durchschnittlich hundert junge Menschen in zwei Semestern in Fleischer-, Bäcker- und Konditorenklassen. Danach erfolgte bis zum Brand 1973 eine Ingenieurausbildung in der Fleischwirtschaft. Heute stehen die Gebäude leer. Ein Wiederaufbau der Ruinen wird wohl nicht erfolgen.

*Hans Fuchs u.a., 1974 S. 163.*
*Weitere Texte: 1959 S. 157, 1970 H. 4 S. 21*

# Sachsens größter Münzenschatz lag im Mutzschener Lößlehmboden

Ein großer Münzenschatz konnte im Spätherbst des Jahrs 1972 bei Ausschachtungsarbeiten für einen Garagenneubau am Marktplatz von Mutzschen geborgen werden. Drei Töpfe enthielten jede Menge grün patinierte Münzen, die dem zuständigen Landesmuseum für Vorgeschichte in Dresden gemeldet wurden.

Die archäologische Untersuchung erbrachte den Nachweis, daß vor rund 550 Jahren an dieser Stelle einmal ein Fachwerkgebäude mit Bruchsteinfundament gestanden hat. Darunter waren die Gefäße im anstehenden Lößlehmboden vergraben worden. Kurze Zeit später vernichtete eine Brandkatastrophe das bäuerliche Anwesen. Es brannte bis auf die Grundmauern ab, und eine dicke Brandschicht bildete sich über den Münzgefäßen.

Der silberne Münzenschatz besteht aus 4805 Meißner Groschen, einer in der damaligen Zeit landesüblichen Prägung. Hinzu kommen noch 27 Prager Groschen. Als jüngstes Prägedatum kommt wohl das Jahre 1428 in Betracht. Als Ursache für die Niederlegung der Münzen sind mit hoher Wahrscheinlichkeit die Hussiteneinfälle in den Jahren um 1430 nach Sachsen anzusehen. Vermutlich wurde damals auch Mutzschen von den Hussiten bedrängt und in Brand gesteckt.

Die damaligen Ereignisse könnten folgendermaßen abgelaufen sein: Als am 29. Dezember 1429 Oschatz in Flammen aufging, drang unmittelbar danach die Kunde von der Zerstörung bis nach Mutzschen. Schon näherten sich die Hussiten der Stadt, da vergrub der Besitzer des Geldes in höchster Eile drei Gefäße voller Münzen im Stallteil seines Hauses. Anschließend stellte er einen Ackerpflug auf das Versteck und überdeckte alles mit Stroh. Eine Brandkatastrophe zerstörte unmittelbar danach das Haus, und der Hausherr kam dabei vermutlich mit ums Leben. Er hätte sonst hinterher das Geld bestimmt wieder ausgegraben. Der Münzenfund stellt ein für die damalige Zeit großes Vermögen dar. Wir können annehmen, daß der letzte Besitzer ein Steuereinnehmer war, der außerdem noch eine kleine Bauernwirtschaft betrieb.

In der anderthalb Meter dicken Brandschicht über den Münzgefäßen kamen Reste des Hausrates, zahlreiches zerbrochenes Tongeschirr, ein zerdrückter Kupferkessel sowie landwirtschaftliche Eisengeräte, eine Breithacke und zwei eiserne Pflugschare zum Vorschein. Alle Gegenstände waren von einer dicken Brandkruste überzogen. Verbrannte Strohreste und verkohlte Getreidekörner von Hafer, Weizen und Gerste sind als ein weiteres Indiz zu werten, an welcher Stelle im Hause sich das Münzversteck befand.

In fünfmonatelanger Arbeit gelang es vier Restauratoren, den bisher größten Münzenfund Sachsens vor einer teilweisen Korrosionszerstörung zu retten. Durch vorbildlichen Einsatz aller Beteiligten, vor allem auch der Bauleute in Mutzschen, wurde dieser wertvolle Schatz in seiner Gesamtheit der Wissenschaft zugängig gemacht.

*Wilfried Baumann, 1974 S. 18*

HEUTE: Der originale Münzenschatz *(s. Abb.)* befindet sich in der Sächsischen Landesstelle für Archäologie in Dresden, die Nachbildung eines Gefäßes ebenso einige der Münzen im Mutzschener Museum.

# Wanderwege entlang der Mulde von Wurzen nach Trebsen

**Am Loreleyfelsen bei Oelschütz**

Wieder ist die Muldenbrücke in Wurzen Ausgangspunkt unserer Sonntagswanderung, diesmal nur in der entgegengesetzten Richtung. Wir gelangen zum Muldewehr. Hier, wo das Wasser der Mulde gestaut und der Kanal im alten Mühlgrabenbett nach Wurzen gelenkt wird, stand einst die *Neumühle*. Nahezu vierhundert Jahre lang brachten die Bauern der linksmuldischen Dörfer ihr Getreide zum Mahlen und Schroten dorthin. Im Jahre 1503 errichtet und zum Unterschied zu der etwas älteren *Stadtmühle* als *Neu-* oder *Obermühle* genannt, später auch *Amtsmühle*. 1887 brannte sie bis auf die Grundmauern nieder und wurde zu Mühlenzwecken nicht wieder aufgebaut. Das benachbarte Wohngrundstück gehörte einst zum landlosen Rittergut Niederschmölen. Vorher hieß das Gebäude *Die Oberförsterei* und noch früher *Das Forsthaus Schmölen*.

Nun haben wir **Schmölen** erreicht. Der Ort besaß für Wurzen wegen des Flußübergangs strategische Bedeutung. Unsere Vorfahren bauten daher auf dieser Bodenwelle, die aus Kies und Quarziten besteht, ein festes Schloß. Durch einen Gang, der unter der Mulde hindurchführte, soll es mit dem Wurzener Schloß in Verbindung gestanden haben. Das Herrenhaus des Rittergutes, das Anfang unseres Jahrhunderts auf den Fundamenten der alten Wasserburg errichtet worden ist, verrät in seinen gewölbten Kellern die Reste der alten Festung.

Wir biegen in das idyllische Unterdorf ein. Das mehrstöckige Wohnhaus ist das ehemalige Schulgebäude von 1859. Hier unterrichtete der Lehrer *Gustav Schellhorn* während seiner Amtszeit (1887-1891) 144 Kinder in zwei, später in drei Klassen. Ab 1924 wurden dann die Schüler nach Bennewitz eingeschult. Vorbei am dunkelgrünen Teich des längst außer Betrieb gesetzten Steinbruchs wenden wir uns wieder dem Muldeufer zu. Hier hat die *BSG Fortschritt Wurzen* ihr Bootshaus errichtet, und gleich daneben entsteht eine langgestreckte Bungalowsiedlung. Ein Angler an der *Schmölener Lache* erzählt uns von einem guten Fang. Das Wasser der Lache ist ja auch

**Das ehem. Herrenhaus in Schmölen**

weitaus besser als das der Mulde. Dabei gab es in dem heute leider arg verschmutzten Gewässer vor 80 Jahren noch 17pfündige Lachse und Karpfen.

Dann müssen wir auf die Straße ausweichen. Kaum in **Pausitz** angekommen, prasselt ein Regenguß auf uns nieder – zum Glück nur wenige Meter vor dem *Gästehof,* heute eine *Konsum*-Gaststätte. Doch wir haben die Rechnung ohne dem Wirt gemacht! Weil noch 30 Minuten bis zur Öffnungszeit fehlen, befördert er uns wieder an die regenreiche Luft. Wir flüchten in das schräg gegenüberliegende Buswartehäuschen.

Der Regen hört auf, wir schreiten ins Dorf hinein. Es gehört zu den ältesten im Kreisgebiet, denn es wird urkundlich 974 erstmals erwähnt. Auch die Dorfkirche ist sehr alt. Jedenfalls stammen die Grundmauern aus der Zeit um 1330. Der Sage nach sollen die Bauern von Pausitz die Glocken für ihre Kirche aus der *Wüsten Kirche* des Dorfes **Söllnitz** geraubt und sie bei Nacht und Nebel auf einem Ochsenkarren durch die seichte Mulde herübergefahren haben. Eine schöne Geschichte.

Bei *Edmund Rohmkopf* gibt es auf dem Hofe einen alten Getreidetransportwagen der ehemaligen *Krietsch-Mühle* zu sehen, den einst die gleislose Straßenbahn vom Werk zum Bahnhof gezogen hat. Unser Museologe findet ein eisernes 5-kg-Gewicht in der Scheune und packt es – mit Genehmigung natürlich – in seinen Rucksack. Na, guten Marsch! Nachdem wir noch einen Blick in die Bodenkammern des einstigen Ritterguts-Herrenhauses geworfen hatten, das aus dem ursprünglichen Sattelhof hervorgegangen war, überlegen unsere Museumsleute krampfhaft, wie die hier stationierte handzubetreibende Holz-Wäschemangel wohl am besten abzutransportieren ist. Na, gute Fahrt!

Nach **Bach**, die von außen her sehr einladende Gaststätte ist leider geschlossen, kommen wir nach **Rothersdorf**. Dort fällt uns der Rest eines frühgeschichtlichen Burgwalls auf. Dieser *Eichberg* ist eine Wehranlage der Sorben. Der jetzige Besitzer, *Wolfgang Graul,* hat nicht nur Sinn für die Erhaltung des Bodendenkmales, sondern zeigt auch große Liebe für die Pflege der Natur. Wall und Umgebung befinden sich in einem guten Zustand. Im Trebsener Schloß überzeugen wir uns vom Fortgang der Renovierungsarbeiten und gehen wenig später im gastlichen *Anker* in **Trebsen** auch vor Anker.

Nach dem herzhaften Mittagstisch wenden wir uns auf der anderen Muldenseite rückwärts Richtung Nitzschka. Wir finden einen begehbaren Weg am Hang. Über das Wehr in **Walzig** rauscht das Wasser. Seit 1954 die mächtigen Hochwasserfluten ihr Zerstörungswerk hier verrichtet hatten, stehen die Wasserräder der Mühle still. Die Mahlanlagen funktionieren noch und schroten Futtermittel für die Genossenschaft, nun mit elektrischem Strom.

**Unfreundliche Rast vor dem Gästehof in Pausitz**

Am Eingang des ehemaligen Rittergutes in **Nitzschka** empfängt uns fröhliches Kinderlachen. Einige Gebäude nutzt die LPG. Wir finden im Gasthof eine genußvolle Kaffeestunde mit frischer Erdbeer-Sahne-Torte.

Die Handvoll Häuser in **Oelschütz**, stattliche Bauerngüter darunter mit schmukken Bauerngärten, erfreuen uns beim Durchmarsch. Dann laufen wir auch schon an der *Sonnenmühle* vorbei hinauf zur *Loreley*. Der Volksmund hat mit der Felsnase ein passendes Gleichnis gefunden. Auf der Höhe stehen wir auf vorgeschichtlichem Boden. Es ist der *Sonnenmühlwall.* Ausgrabungen im Herbst 1927, die von dem bekannten Vorgeschichtsforscher *Werner Radig* aus Wurzen durchgeführt wurden, erbrachten, daß zunächst Germanen der älteren Eisenzeit (700 v. d. Zw.) im Vorgelände ein Gräberfeld angelegt hatten. Der eigentliche Wall ist sorbischen Ursprungs (800 n. d. Zw.).

Am Ufer, an einer Weidengruppe, sind zwei Ruderboote angebunden. Der Dehnitzer Fährmann hatte sie am Nachmittag hierher gebracht. Wir lassen uns treiben und die Landschaft auf uns einwirken. Im oberen Stockwerk des Fährhauses **Dehnitz** werden wir vom Fährmann *Werner Liebig* und seiner Frau freundlich aufgenommen. Seit fünf Jahren übt er diese Tätigkeit aus, und er hat öfters zu tun. Seine Frau hält derweil die kleine Gastwirtschaft offen, die man über eine Außentreppe erreicht. Zu ebener Erde darf wegen der Hochwassergefahr niemand wohnen. Die Sonne neigt sich zum Horizont. Ein erlebnisreicher Tag geht zur Ruhe, ohne Sensationen. Wir brauchten diese auch nicht.

*Karl-Heinz Laube und Heinz Thümmler, 1974 S. 104*

# Sauerkraut ist soo gesund

Seit wann die Menschen Sauerkraut zubereiten? Bestimmt schon lange Zeit. Ich konnte es nicht in Erfahrung bringen. Sicher hat der im Mittelalter von Klöstern eingeführte Obst- und Gemüseanbau, der sich sehr schnell verbreitete, dazu geführt, Sauerkraut herzustellen. Das war ja auch denkbar einfach. Ein großer Steintopf oder ein Holzfaß fand sich in jedem Haus.

Nur über den Vitaminwert des Krautes hat niemand etwas gewußt. Dies wurde erst in neuerer Zeit entdeckt. Sonst hätten sich früher die Seefahrer mit Sauerkraut vor dem gefürchteten Skorbut geschützt, einer Erkrankung infolge Vitaminmangel, die bei längeren Seefahrten gar zum Tode führte.

Vor Jahren konnte der Bedarf von Sauerkraut im Bezirk Leipzig oft nicht gedeckt werden. Deshalb wurde in Rekordzeit in der *LPG Eintracht Luppa* mit dem *Gemüseverarbeitungsbetrieb Malkwitz* eine entsprechende Einrichtung geschaffen. Im August 1970 begann die Produktion mit 1200 Tonnen im ersten Jahr. Die Bäuerinnen hatten sich sehr schnell in die neue Produktion eingefuchst. Selbst den anfänglichen Pessimisten schmeckte das Sauerkraut aus **Malkwitz**.

Die Krautköpfe werden vom Feld oder aus den Mieten hängervoll im Werk angeliefert und in manueller Arbeit gesäubert und geputzt. Ein Förderband transportiert die Krautköpfe zur Bohrmaschine, wo in Sekundenschnelle die Strünke herausgebohrt werden. Weiter geht es dann zur Schneidemaschine. Die Krautschnitzel fallen dann in 4 m mal 3 m große und 3 m tiefe Betonbehälter. Dort stampfen die Frauen in sauberen Gummistiefeln das Kraut fest und mischen dabei Salz und Gewürze zu. Ein Holzdeckel, der mit Steinen beschwert wird, versiegelt schließlich den Inhalt: Nach vier bis sechs Wochen Gärungszeit entnimmt ein Greifer ca. 24 Tonnen Sauerkraut pro Silo, das in Plaste- oder Holzfässer abgefüllt wird. Seit einem Jahr erfolgt auch eine Abpackung in 500-g-Zellophanbeutel. Die Kolleginnen schaffen in der Schicht knapp 8000 Füllungen.

Das benötigte Weißkraut baut die LPG selbst an auf einer Fläche von 50 Hektar. Die Felder werden zusätzlich bewässert, um auch in trockenen Jahren die Ernten zu garantieren. Noch meine ganz persönliche Bitte an die Genossenschaftsbäuerinnen: Nicht mit den Gewürzen sparen!

*Siegfried Heidler, 1974 S. 32.*

*Der Betrieb stellte 1990 die Produktion ein.*

**Frauenhände putzen die Krautköpfe**

# Einen Crostigall gibt es nur in Wurzen und Trebsen

**Der Wurzner Crostigall um 1920 mit dem Posttor**

Wo die F 6 die Stadt Wurzen durchschneidet, führt sie auf der westlichen, nach der Mulde zu gerichteten Stadtseite den Straßennamen *Crostigall*. Einst war dies der Name eines größeren felsigen Geländestückes, einer der Stadt südlich vorgelagerten, nach der Flußniederung abfallenden Dorfflur, um deren Südseite herum die Straße von der Muldenfurt nach Osten führte. Dann wurde das *Dorf Crostigall* zu einem Stadtteil von Wurzen.

Der sorbische Name verweist die Entstehung des Dorfes in eine Zeit vor mehr als tausend Jahren. Im 15. Jh. unterstand es einer Adelsfamilie, die sich *von Krostigal* nannte. Später kam das Gelände zur Stadt Wurzen, die hier die Steine von den Bauern brechen ließ, die für die zahlreichen großen Bauten gebraucht wurden. Der entstehende tiefe Einschnitt wurde zum „hohlen Weg im Crostigall“ und erweiterte sich zum Straßendruchbruch bis zur Mulde.

Hierher, nach dem „Freigut auf dem Crostigall“, wurde in kurfürstlicher Zeit vom Steinhof, wohl der ersten Poststelle Wurzens, die Poststation verlegt und verblieb da von 1696 bis 1806. Der umfangreiche Bezirk des Posthofes am Eingang zur Poststraße ist bis heute erhalten, und das Posttor von 1734 mit seinen Schmuckteilen bildet eine nicht zu übersehende heimatgeschichtliche Kostbarkeit.

So glaubte der ehem. Stadtarchivar von Wurzen, *Walter Koch*, dessen Ausführungen wir bisher folgten, behaupten zu können, Wurzen dürfe sich rühmen, in seinem Crostigall einen Straßennamen zu besitzen, der in deutschen Landen einmalig sei. Da dürfte es für viele eine Überraschung bedeuten zu hören, daß es auch im benachbarten Muldenstädtchen Trebsen einen Crostigall gibt – oder gegeben hat. Die Ähnlichkeit mit dem Wurzener ist sogar in mehr als einer Beziehung erstaunlich groß.

In alten Akten ist der **Trebsener Crostigall** bis zur Mitte des vorigen Jh. ganz geläufig. Es leben auch noch einige alte Trebsener, denen es aus ihrer Jugendzeit um die Jahrhundertwende selbstverständlich ist, in Trebsen einen Crostigall zu wissen. Doch leider scheint er heute vergessen zu sein.

Der Crostigall in Trebsen war der etwa 200 Meter lange Teil der jetzigen Grimmaischen Straße, der zwischen der Fähr- (jetzt Mühl-) Gasse und dem Grimmaischen oder Mühlteiche liegt.

Insbesondere schien sich der Name zu beziehen auf die dort eng aneinandergereihten, noch um die Jahrhundertwende strohgedeckten Gütchen, Crostigerhäuser oder Drescherhäuser genannt, hinter denen das von Kranichbach durchflossene Tal der Kranichwiesen mit dem gestauten Kranichteich liegt.

Woher kommt nun der Name *Crostigall*? Im ersten Teil des Wortes ist slaw. *Chrost* = Gebüsch enthalten. So haben wir uns diese Gelände in früher Zeit als dicht bewaldet vorzustellen. Im zweiten Teil könnte eine Entsprechung des russ. *gal* = kahle, baumlose Gegend, enthalten sein (nach *Naumann*). Das würde in unserem Falle die Trennung des dichten Buschwerkes und der davor gelegenen offen Bachlandschaft betonen. Diese Namensdeutung könnte auch für Wurzen zutreffen, wo die Crostigallflur nach der Muldenniederung abfällt.

*Walter Rinkefeil, 1974 S. 83*

# Die Gaststätte *Zum Rothen Ochsen* in Wermsdorf hat für immer geschlossen

In alten Inseraten wird der *Rothe Ochse* als „althistorische Gaststätte“ bezeichnet. Der Franzosenkaiser *Napoleon* soll der Überlieferung (eher wohl Legende) nach hier bei seinem Durchzug nach Leipzig im Jahre 1813 Einkehr gehalten und an der hölzernen Mittelsäule „gelehnt“ haben. So stand es jedenfalls auf einer Messingplatte an der Säule im Gastzimmer zu lesen. Ein geschäftstüchtiger Wirt hat daraus den Anspruch auf althistorische Gaststätte abgeleitet, obwohl andere Gasthöfe älter sind, so *Zum goldenen Hirsch* wie auch *Zum goldenen Strauß*.

Nun, der *Rothe Ochse* existiert als Gaststätte, die zum alten Wermsdorf gehörte, nicht mehr. Anfang 1974 hat nämlich der Forstwirtschaftsbetrieb das Grundstück gekauft, um es zu Geschäfts- und Sozialräumen umzubauen. Durch die Zusammenlegung verschiedener Forstwirtschaftsbetriebe und der Gründung des Staatlichen Forstwirtschaftsbetriebes Wermsdorf waren neue Geschäftsräume nötig geworden. Es ist zu bedauern, daß es nun in Wermsdorf eine Gaststätte weniger gibt.

Ursprünglich war das Grundstück eines der zehn Pferdnergüter des Ortes. Mit dem Bau der kursächsischen Poststation und nach dem Verlegen fast des gesamten Verkehrs zwischen Leipzig und Dresden über Wermsdorf war eine Gast- und Beherbergungsstätte in unmittelbarer Nähe der Poststation notwendig. So erwarb der Hofmetzger zu Hubertusburg, *Gottlieb Ruppert,* der das Anwesen 1783 gekauft hatte, das Gastierungs-, Ausspanne- und Beherbungsrecht für sein Gut und gab dem Gasthof den Namen, den er bis zuletzt trug.

1786 brannte das Gehöft ab, wurde aber bald wieder aufgebaut. Ende des vorigen Jahrhunderts hatte man das Fachwerk überputzt, aber in den fünfziger Jahren wurde es erfreulicherweise wieder freigelegt und wird auch jetzt erhalten bleiben.

Der Name *Rother Ochse* ist verschwunden, nur für die Wermsdorfer wird er noch lange ein Begriff bleiben.

*Rudolf Lehmann, 1974 S. 185*
*Vignette: Volker Engelhardt*

## LESERPOST

**Eine Nachricht aus Japan.** Sehr geehrter Herr *Rudolf Lehmann*! Entschuldigen Sie bitte, daß mein Deutsch schlecht ist. Ich lese an der Universität Wirtschaftsgeschichte und forsche jetzt die bürgerliche Agrarreform in Sachsen. Ich habe gelesen Ihren Artikel: Liptitzer Bauern klagen 1831 ihre Not. In: *Der Rundblick* 1956. Dieser Artikel ist mir am interessantesten. Denn sächsische Bauernpetitionen von 1830 sind wenig bekannt und, ohne sie zu forschen, bleibt unklar die historische Bedeutung der bürgerlichen Agrarreform in Sachsen.
Ich möchte Sie fragen: Was ist die Signatur der Akte, welche Sie benutzt haben? Welche Dörfer gehörten dem Rittergut Wiederoda damals außer Mannewitz und Liptitz? Sind Untersuchungen über das Rittergut Wiederoda und seine Dörfer im 18. und 19. Jh. vorhanden außer Ihrem Artikel? Ihr ergebener *Prof. Nbushige Matsuo, Okayama, 1974 S. 195*

**Das ehemalige Schloß Döben mit der Feueresse. Gemälde von Friedrich Decker, 1995**

## An der Feueresse hoch über der Mulde

Es ist eine Selbstverständlichkeit für einen ehemaligen **Döbener**, die Feueresse zu besuchen. Also gehen wir hin. Hier hat sich seit der Kindheit, in der wir an den Felsen kletterten und im Walde Buden bauten, viel verändert. Der Weg wächst immer mehr zu. Die Bänke, die einst *Hofmanns Paul* baute und pflegte, sind nicht mehr da, und der Blick zu der namensgebenden Porphyrsäule wird von einer aufwachsenden Eiche verstellt.

Hier, wie auch an vielen anderen Stellen des Ortes und der Umgebung, zeichnete und malte *Friedrich Decker* von Kindheit an, während der Studienzeit, bis zur Gegenwart. Das Skizzenbuch war sein ständiger Begleiter. Später entstanden danach Bildkompositionen. Dadurch ist die einstige Schönheit des Döbener Schlosses und auch der Verfallszustand erhalten geblieben.

*Rudolf Priemer, JB 1997 S. 94*

**Schloß Döben**. Der Felsen trug im 10. Jh. einen Burgward. 1117 soll Wiprecht von Groitzsch den Burgberg erobert haben. Streitigkeiten, Brände, das Wetter setzten dem Gemäuer zu. Es erfolgten immer wieder Umbauten, die Burg verwandelte sich in ein Schloß. Nach einem Brand im Jahre 1857 erfolgte ein totaler Neuaufbau im Stile der Neorenaissance. 1945 amerikanischer Beschuß mit Beschädigungen, mit der Bodenreform Vertreibung der Besitzer und allmählicher Verfall, 1972 Sprengung der restlichen Gebäude. 1991 Rückkauf der noch vorhandenen Wirtschaftsgebäude durch die Familie von Below, seitdem Rekonstruktion.

**Friedrich Decker**, Döben/Dresden/Berlin, *1921, Leiter der Gemälderestaurierung der Staatlichen Schlösser und Gärten von Sanssouci. Nach 1945 Mitglied der AG bildender Künstler im Kreis Grimma. Grafiken, Aquarelle und Ölbilder seiner Heimat um Grimma, zahlreiche Ausstellungen. *1974 S. 37*

| 1975 | 22. Jahrgang |
|---|---|

**Der Rundblick**. Kulturspiegel der Kreise Wurzen-Oschatz-Grimma. 2 Hefte im A 4-Format, 200 Seiten, 3,50 M

## Muldenländisches zwischen Grimma und Trebsen

Die Muldenbrücke von **Trebsen** ist unser Treffpunkt. Erster Eindruck: die weißen Schaumflocken unseres Wanderflusses, die das nahe Zellstoffkombinat hinsprudelt, wollen uns nicht so recht gefallen, sie gemahnen eindringlich an Umweltschutz.

1893 hatte *Johannes Wiede* diese Papierfabrik errichtet. Das Betriebsgelände ist vollgefüllt mit Holzstapeln. Der ewig qualmende Schornstein speit süßlich riechenden weißen Rauch in die Umgebung, eine weitere Umweltbelästigung.

**Pauschwitz**, einst eine Fischersiedlung, dann ein Bauerndorf, hat durch die Fabrik völlig seinen Charakter verloren. Zwischen alten ländlichen Häusern zwängten sich die Wohnsiedlungen der Arbeiter. Ganz ohne Übergang kommen wir ins nächste Dorf, nach **Wednig**. Wir schauen über einen Zaun und entdecken ein selten gewordenes Handwerk. Hier arbeitet Herr *Leichsenring* als Korbmachermeister. Schwingen,

Hoch über der Mulde an der Feueresse

„Bähnerte", Wäschekörbe, Rohrstühle, Sessel und anderes mehr gehen ihm flink von der Hand. Der Einmann-Betrieb hat alles in Eigenproduktion: Die Weiden auf der Muldenwiese sind die Rohstoffgrundlage, dann den Platz zum Aufweichen und Trocknen am Haus, die modern eingerichtete Werkstatt. Nur der Opa geht ihm ab und zu mit zur Hand. Über kahle Hügel sehen wir **Bahren** vor uns liegen. Ehe wir in den Ort hineinlaufen, steigen wir zum Gefangenenfriedhof empor. Auf einer kleinen, bewaldeten Bergkuppe erhebt sich hinter der verwitterten Pforte unter vier prachtvollen Kiefern ein fast drei Meter hoher Obelisk aus rotem Stein. Er erinnert an die Kriegsgefangenen aus dem Ersten Weltkrieg, die in der Papierfabrik arbeiten mußten und hier starben.

Im Ort erwartet uns *Ulrike Große*, die neue Hüterin des Göschenhauses. Heute ganz anders als wir sie kennen. Sie sitzt nämlich hoch zu Roß, und ein zahmes, nicht minder rassiges Reitpferd hält sie dicht am Zügel. Wir müssen da der Reihe nach hinauf. Und das gelingt sogar, und je nach Temperament des Reiters läßt Ulrike die Pferdchen laufen. Da nur einer reiten kann, fahren die anderen mit einer zweispännigen Kutsche, die *Manfred Trutz* meisterhaft beherrscht, vorbei an der ehemaligen Neumühle, die heute Sitz des Flußbereichs Elbe/Obere Vereinigte Mulde ist. An den Böhlschen Wiesen steigen wir aus. Die Pferdesportler der BSG Grimma nutzen das ehemalige Schützengelände heute zum Üben und für ihre Vorführungen.

Im Göschenhaus **Hohnstädt** werden wir am großen runden Tisch unter Kastanien von *sf (Renate Sturm-Francke)* wie immer gastlich erwartet. Nach reichlicher Rast und gutem Frühstück treibt uns die Zeit voran, und nach einigen Schritten stürmen wir durch die Stadt **Grimma**. In der *Paul-Gerhardt-Straße* stehen wir, nachdem wir eine Haus- und Hoftür geöffnet haben, im Mittelalter. Im Hof finden wir eine Obergeschoßlaube. Auf der Stadtmauer stehen gleich Vogelnestern hölzerne Lauben, „Datschen" der Vergangenheit, überragt von riesigen Linden. Man datiert die Häuschen in das 18. und 19. Jh. Das bekannteste und auch am besten erhaltene ist *Stolles Ruhe*, weil hier von 1848 bis 1854 *Ferdinand Stolle*

(1806–1872) Schriftsteller und Zeitkritiker, gelebt und erfolgreich gewirkt hat. Schade, daß die vielen kleinen Mauerbauten nicht die Pflege erfahren, die ihnen gebührt.

Die *Gattersburg*, heute wieder eine gut geführte Gaststätte, nimmt uns auf. Die Jugendbrigade bedient schnell und freundlich. Eine gefällige Einrichtung, die viele Besucher freudig in Anspruch nehmen.

Wir haben unseren südlichsten Punkt erreicht. Über die Hängebrücke schreiten wir hinüber aufs andere Ufer zum Rückmarsch nach Trebsen. Der Weg führt im Auf und Ab am Stadtwald entlang. Gesundbrunnen, Stolle-Denkmal, Köhlerhöhe mit dem Denkmal und das Kuxloch sind unsere Berührungspunkte. Das Gebäude des unteren Bahnhofs ist mit dem Einstellen des Muldentalbahn-Fahrbetriebes seiner zweckdienlichen Funktion beraubt. Jetzt hat sich der Altstoffhandel dort eingerichtet. Der Lagerplatz trägt allerdings nicht zur Verschönerung der Landschaft bei. Ein Stück weiter schieben sich die gelben Klinkerbauten des *VEB Plauener Spitzen* in den Weg.

Nun öffnet sich eine weite Muldenaue nach **Dorna** zu. Den Ort haben wir schnell durchquert, und dann steigen wir das steile Felsufer hinauf zur *Feueresse*. An die einzeln stehende Porphyrsäule grenzt unmittelbar die vierte Seite des *Zettenwalles,* der mit bronzezeitlichen slawischen Scherbenfunden auf eine Nutzung in früher Vergangenheit schließen läßt.

Schon seit Dorna fällt uns die gewaltige Flußschlinge auf, die die Mulde bildet, bevor sie das Golzerner Wehr passiert, das mit 198 m das breiteste in Sachsen ist. Die schon im Mittelalter von Dorna nach **Golzern** verlegte Getreidemühle beherbergt heute ein Futtermittelwerk. Der auf weitem Gelände anschließende Gebäukomplex der volkseigenen Papierfabrik ist aus der 1838 errichteten Papiermühle hervorgegangen.

Nach der Unterquerung der neuen Autobahnbrücke erreichen wir bei **Nerchau** die mächtige Fährweide. Mittels Eisenklopfer machen wir uns lautstark bemerkbar: „Hol über, Fährmann!“ Und schon nach kurzer Zeit stakt die Fährfrau heran. Auf unseren Wunsch, vom erreichten **Wedniger** Ufer gleich wieder zurückzusetzen, geht Fährfrau *Karin Gitte* bereitwillig ein. Ihre Eltern hatten die

**An der Fähre in Nerchau - Wednig**

**Offenes Tor am Trebsener Schloß**

**Versuch eines Aufstiegs**

**Am Muldewehr in Grimma mit Blick auf Großmühle und Frauenkirche**

Fähre 1964 übernommen, und nun versieht sie hier ihren Dienst.

Nach Zöhda und **Neichen** passieren wir das Mutzschener Wasser, das bei seiner Einmündung in die Mulde den Elbebibern seit diesem Jahre zur neuen Heimat geworden ist. Im *Anker* in **Trebsen** wollen wir in fröhlicher Runde unsere Wanderung ausklingen lassen. Ab 20 Uhr geschlossen! Ein letzter Versuch in **Walzig**. Auch hier die gleiche Überraschung. Nun bleibt nur noch die Heimfahrt. Auf ein gesundes Wiedersehen im kommenden Jahr!

*Karl-Heinz Laube,*
*Heinz Thümmler 1975 S. 104*

# Auf erfolgreiche Pilzsuche in Wald und Flur

Das Jahr 1974 war insgesamt ein gutes Pilzjahr, es war ein Jahr der *Pflaumenrötlinge* und der *Violetten Rötel-Ritterlinge*, die in den Gärten geerntet werden konnten. Begünstigt wurde das von den ergiebigen Regenfällen im Frühjahr.

Mit dem Pilzsuchen hängt doch allerhand „Aberglauben" zusammen. So gibt es solche Leute, die nur bei zunehmendem Mond in die Pilze gehen. Angeblich wachsen dann die Pilze besser. Der Mond jedoch hat wirklich keinen Einfluß auf das Wachstum. Dafür maßgebend sind Witterungsverhältnisse, Feuchtigkeit und Wärme.

Auch glauben manche Leute immer noch an den Silberlöffel und die Zwiebel, um durch ihre Beigabe die Schädlichkeit eines Pilzgerichtes festzustellen. Das ist absoluter Unsinn. Die einzige Regel, um eßbare von giftigen Pilzen zu unterscheiden, ist die, daß man sie kennt. Auch die Ansicht ist irrtümlich, daß alle die Pilze eßbar seien, die von Waldtieren angefressen wurden. Das betrifft auch Maden oder Schnecken.

Eine Ursache von Pilzvergiftungen liegt oft in der Verwechslung der Pilzarten. So werden die eßbaren *Grauen Wulstlinge* und *Perlpilze* oft mit den stark giftigen *Pantherpilzen* verwechselt. Deshalb sollte man nur solche Pilze sammeln, die man sicher kennt.

Das Interesse an Pilzen ist in letzten Jahren sehr gestiegen. Ich habe im Jahre 1974 allein 1100 Personen beraten und dabei 773 Giftpilze aussortiert, davon mit 12 *Grünen Knollenblätterpilzen* und 14 *Pantherpilzen* die giftigsten ihrer Art. Bei Pilzexkursionen, Ausstellungen und in Vorträgen konnte ich die nötige Aufklärung geben. Ich hoffe, daß dieses Jahr ein gutes Pilzjahr mit reichen Pilzarten und ohne Pilzvergiftungen wird.

*Walter Becker, 1975 S. 48; 1988 S. 60.*

*Walter Becker (*1913 †2002) war als langjähriger Pilzberater von Wurzen eine echte „Pilzlegende".*

# Vom Elefanten, vom „wilden Richard“ und von anderen Kührener Begebenheiten

**Historische Hochzeit im Festumzug zur 800-Jahr-Feier Kührens 1954**

Kühren hat geschichtlich gesehen etwas Einmaliges: Einst von 16 Flamen-Familien gegründet, ist der Ort unter den unzähligen flämischen Siedlungen das einzige Dorf, dessen Stiftungsurkunde vom Jahre 1154 in vollem Wortlaut erhalten geblieben ist.

Die Kührener nahmen das nicht nur zur Kenntnis, sondern sie betreiben aktive Heimatpflege, die über fünfzig Mitglieder der Kulturbund-Ortsgruppe, die bereits 1949 gegründet wurde. Die Leitung hat eine Frau, *Hildegard Voß* von der Schule. Und dort kümmert sich *Herbert Krause* um den Nachwuchs in der von ihm gegründeten *AG Junge Historiker.* Daß dabei immer mal die Elefanten-Geschichte aufgewärmt wird, ist wohl selbstverständlich. Jene Episode, die mehr oder weniger als Legende in die Dorfgeschichte eingegangen ist, und die von einem Trampeltier erzählt, das 1888 inmitten der Feldflur stand und dem die ängstlichen Kührener mit Heugabeln und Dreschflegeln zu Leibe rückten. In Wirklichkeit war das aber nur ein elefantenähnlicher Ballon gewesen, den die Wurzener aufgelassen hatten und die Kührener nun mit einer Spottgedicht aufs Kreuz legten. Die Kührener nahm's gelassen und erhoben den Elefanten zugleich zu ihren imaginären Wappentier, das nun in Beton auf dem Markt steht und Wasser versprüht.

Eine neue Schule wurde 1968 eingeweiht, entstanden mit Hilfe der Kührener Einwohner, allem voran die Brigade des Baubrigadiers *Anton Putschli* aus Trebelshain. Für den Giebel schuf der Wurzener Kunstschmied *Dieter Lehmann* eine kunstvolle Sonnenuhr mit den Tierkreiszeichen. Die Kirche ist natürlich viel älter, vielleicht schon über 800 Jahre. Sie erhielt 1774 einen neuen Turm. Ein besonderes Kleinod bilden die Fresken im Innern aus der Zeit um 1400. Ein Maurer entdeckte sie 1952 beim Entfernen des Putzes unter einer dreifachen Putz- und 14fachen Kalkschicht. Mit einem beträchtlichen Kostenaufwand wurden sie von der Denkmalpflege restauriert.

Ein Lehrlingswohnheim befindet sich in einem älteren Bauerngut in Trebelshain. Die LPG Kühren hat es ordentlich hergerichtet, und die freundlichen kleinen Schlafräume, die blitzsaubere Küche mit dem Speisesaal, die geschmackvollen Klubräume sind für die 33 Lehrlinge ein wohnliches Daheim. Sie werden hier als Rinderzüchter, Zootechniker oder Mechanisatoren ausgebildet.

Ein weiterer wirtschaftlicher Schwerpunkt neben der Landwirtschaft ist der *VEB Dieselmotoren Leipzig,* der aus der ehemaligen Schlosserei *Heller* entstanden ist. Dort fertigen 45 Facharbeiter, vor allem Schweißer, Fundamentierungen für Dieselmotoren her. Nicht weit entfernt arbeiten ebenso so viele Werktätige an einem anderen Produkt. Es sind vorwiegend Frauen, die in der ehemaligen *Waffelfabrik Brosche* in einem jetzigen Werksteil des *VEB Nahrungsmittelkombinat Wurzen* das von dort gelieferte Keksgebäck mischen und verpacken und in einer weiteren Abteilung hauchdünne Waffeln mit gefülltem Inhalt herstellen.

Es gibt noch mehr Leute im Dorf, die einen wichtigen Beitrag bei der Versorgung der Bevölkerung leisten. Das ist die Fleischerei *Stein,* die mit sechs Beschäftigten eine vorzügliche Hausmacherwurst produziert. Hart an der Kurve steht neben der

Fernverkehrsstraße 6 die Bäckerei von *Rolf Wagner*. Er sorgt für Brot und Brötchen, denn nur in der Not schmeckt die Wurst auch ohne Brot. Zwei Gärtnereien schmücken die Tische mit Blumen und Gemüse, die von *Buchheim* mit herrlichen Nelken und Orchideen und die von *Schusters* zwischen Trebelshain und Körlitz mit Obst und Gemüse, das auch auf dem Wurzener Markt angeboten wird.

Damit in Haus und Garten die vielen kleinen Reparaturen erledigt werden können, sorgt der Schmiedemeister *Kurt Höppner* mit seinen Gesellen. Früher, so bis etwa 1960, da hatte er jedes Jahr noch 85 Pferde zu betreuen mit einem ordentlichen Hufbeschlag. Davon sind ganze vier übrig geblieben. Deshalb mußte er sein Arbeitsprogramm total umstellen. Dazu gehören jetzt jede Menge Gartentore. Und noch eine wichtige Funktion im Dorf hat er auf den Buckel, nämlich die des Wehrleiters der Freiwilligen Feuerwehr.

Hin und wieder kann man einen älteren Herrn mit einem Holzkoffer durchs Dorf eilen sehen. Es ist der 74jährige Tischlermeister *Reinhold Lohrmann*: „Nee, einen Schrank kann ich nicht mehr bauen. Da hättet ihr früher aufstehen müssen. Vor drei Jahren war Schluß mit meiner Bau- und Möbeltischlerei. Wir Handwerker haben ja keine Nachfolger mehr. Na ja, auch so gibt es immer mal was zu tun im Dorf. Dem einen ist der Schrankschlüssel abgebrochen, und im Kindergarten geht mal ein Holzauto kaputt. Und da helfe ich eben aus."

Und wer dann genug auf seinem Dorfspaziergang erfahren und gesehen hat, der kann ja noch beim *wilden Richard* einkehren. Der Wirt von der Konsum-Gaststätte heißt laut Geburtsurkunde *Richard Große*, doch die einheimischen Gäste nennen ihn wegen seiner herzigen Umgangssprache eben nur den *wilden Richard*, und sie wissen genau, daß in ihm ein guter Kern steckt. Überrascht ist der fremde Gast, wenn er die Speisekarte liest. Ein solches Angebot in einer ländlichen Gaststätte übertrifft alle Erwartungen. Und alles, was da serviert wird, schmeckt ganz vorzüglich. Und bitte beachten: Kassiert wird an der Theke!

*Karl-Heinz Laube und Manfred Müller, 1975 S. 155*

HEUTE: Wind und Wetter haben das Beton-Wappentier auf dem Markt (heute Max-Wenzel-Platz) arg zerschlissen und die Kührener bemühten sich um einen neuen Elefanten. Das gelang! Seit 2008 steht nun ein Kunststoff-Elefant im Brunnen und begrüßt die durcheilenden Fahrgäste. - Der *wilde Richard* ist verstorben, und die Gaststätte *Zum Elefanten* wird jetzt von *Kerstin Reinicke* betrieben, die alles sammelt, was irgendwie mit einem Elefanten zu tun hat. - Tischler *Heinrich Lohrmann* erreichte die 90, ehe er sein Werkzeug aus den Händen legte. Auch Schmiedemeister *Kurt Höppner* ist verstorben. Seine Werkstatt wird nun als Metallbau von *Holger Uebe* im Bauerngut gegenüber fortgeführt. Die Fleischerei *Stein* hat ebenfalls den Besitzer gewechselt und produziert weiter als *Sachsenkrone* Fleisch- und Wurstwaren GmbH. *Rolf Wagner* hat die Bäckerei „an der Kurve" vor Jahren für immer geschlossen. Der VEB Dieselmotoren hat seine Beschäftigten gehalten, produziert Gitter und andere Metallwaren und firmiert jetzt unter *MAK*. Die *Waffelfabrik Brosche* produziert nach wie vor ihre Waffeln unter neuer Leitung der Familiennachfahren. - Die Schule besteht weiter als Grundschule für die 1. bis 4. Schuljahre. Die Sonnenuhr an der Giebelwand „tickt" jetzt an einem Wochenendgrundstück und wurde durch eine andere ersetzt. Im einstigen Lehrlingswohnheim in Trebelshain leben ausgewanderte Rußlanddeutsche. - Die Kulturbund-Ortsgruppe löste sich Anfang der 90er Jahre auf, entstand jedoch im Jahre 2000 neu als Heimatverein. Deren Mitglieder bereichern seitdem unter der Leitung von *Matthias Lange* das Dorfgeschehen, besonders hervorzuheben der Aufbau und die Einrichtung eines dörflichen Heimatmuseums im alten Gemeindeamt.

**Rast am Kührener Elefanten**

# Der Schäfer mit seiner Herde auf den Fluren am Oschatzer Collm

Es würde was fehlen, wenn man den Schäfer mit seiner Herde auf den Wiesen und Feldern am Collm nicht mehr sehen würde. Und so ziehen sie entlang, ca. 900 Tiere mit ihrem Schäfer *Hubert Funke* aus **Calbitz**, täglich fünf bis sechs Stunden. Seine treuen Begleiter sind die Hunde. Sieben Stück gehören ihm, eine Mischung aus Schäferhund, Blaupudel und Wolfshund. Drei dürfen jeweils mitziehen, während der Rest in den modernen Zwingern mehr oder weniger geduldig auf die Freiheit in der Natur wartet.

Die Arbeit des Schäfers beginnt früh 6 Uhr, tagaus, tagein, wochentags, feiertags, sommers wie winters. Er war noch nie krank, der Mann mit dem wettergebräunten Gesicht, in dem zwei glashelle Augen stehen. Er hat noch nie Urlaub gemacht. So viele Tage es im Jahre gibt, so viele Arbeitstage hat er. Das Wohl seiner wolligen Schützlinge liegt ihm so sehr am Herzen.

Ich finde den Schäfermeister bei den Böcken. Diese kostbaren Tiere, sieben an der Zahl, werden nicht mit ausgetrieben. Der Handelspreis beläuft sich auf 2000 bis 3000 Mark. Still und friedlich stehen sie in einer Ecke zusammengepfercht. Es sind Merino-Landschafböcke. Diesen Typ züchtet man jetzt in Calbitz, weil er widerstandsfähiger ist, eine größere Ausdauer zum Marsch und gröbere, lang abgewachsene Wolle hat. Vier bis fünf Jahre darf der Bock „seine Arbeit" verrichten, dann muß er weg.

Das Schaf ist als *Pfennigsucher* bekannt. Es findet auf abgeernteten Flächen immer noch eine gute Mahlzeit. Die LPG **Luppa** sät Mitte August Winterfutter für die Schafe ein. Es besteht aus Landsberger Gemenge und Futterroggen, so haben die Tiere den ganzen Winter hindurch eine gesicherte Futtergrundlage.

Nach dem 20. März beginnt die Wollschur. Sie dauert vier Tage. Von Anfang April bis Mitte Mai ist dann Lammzeit. Da ist der Meister oft abends bis 23 Uhr im Stall, kommt nachts nochmals vorbei um nachzuschauen. 1972 hat er 423 Schafgeburten ohne Zwischenfall erlebt. Oft muß er helfen, auch im Dorf bei Einzelhaltung von Ziegen und Schafen. Und er ist immer erreichbar, entweder zu Hause oder bei seinen Tieren.

Und was macht der Nachwuchs unter Schäfern? „Na ja, ich hatte einen weiblichen Lehrling, doch das Mädchen ist nicht mehr im Lande, es hat zu oft Schäferstündchen gehalten, aber leider nicht mit den Schafen."

*Renate Baumann, 1975 S. 143*

*Herbert Funke ist längst verstorben, am Collm weiden Herden mit neuen Besitzern.*

**Schafzucht in der DDR**

Rund 1,7 Millionen Schafe werden in der Landwirtschaft gehalten. Die beiden wichtigsten Rassen sind Merino-Fleischschafe und Merino-Landschafe. Sie zeichnen sich durch ein dichtes, elastisches Wollkleid (Vlies) aus. Durchschnittserträge von 2,4 kg Feinwolle und 10,8 kg Fleisch je Schaf können sich international sehen lassen. Unser eigenes Aufkommen deckt nicht den Bedarf, deshalb werden 85 % der Wolle importiert.

Der Schäfer ist einer der ältesten Berufe in der Landwirtschaft. Die Schäferschule in Wettin an der Saale hat seit 1955 1300 Mädchen und Jungen in diesem Berufe ausgebildet.

# Wilhelm Ostwald in Großbothen

Unter den alten Großbothenern gibt es noch einige, die sich ganz gut an den kräftigen, nicht allzu großen Mann erinnern können. Er fiel auf, wenn man ihm begegnete. Da er aber gewöhnlich keinen Hut trug, leuchtete sein volles, weißes Haar schon von weitem. Seine gesunde Gesichtsfarbe, die blauen Augen und der in jüngeren Jahren rötliche Bart vervollständigten das Bild eines lebensbejahenden Mannes, des Gegenteils eines „Stubengelehrten“. Er brauchte diese langen, ausgedehnten Spaziergänge – auch bei Wind und Wetter – um die Gedanken im Gehen zu ordnen und sie, heimgekehrt, leicht und zügig zu Papier zu bringen. Für die Großbothener war er von 1906 bis 1932, seinem Tode, als „Herr Geheimrat“ eine vertraute Erscheinung.

Wie kam der Leipziger Professor ausgerechnet nach Großbothen? Ostwald hatte es die liebliche Hügel-, Wald- und Wiesenlandschaft des Muldentales so angetan, daß er schon kurz nach seiner Berufung nach Leipzig (1887) seine Familie für lange Ferienwochen nach Grimma schickte und selbst draußen war, so oft es seine vielen beruflichen Verpflichtungen nur gestatteten. Bald kaufte er sich ein Häuschen auf dem Sandberg in Großbothen mit etwas Wald und Wiese drum herum, das erst ausgebaut und erweitert wurde, als 1905 der gänzliche Umzug bevorstand.

Heute befindet sich in seinem Wohnhaus eine Gedenkstätte. Unter den vielen dort aufbewahrten kleinformatigen Ölstudien enthält eine dicke Mappe nur Bilder der Großbothen-Grimmaer Gegend, deren Signatur und Jahreszahl sichtbarer Beweis sind für die schon alte Liebe zu unserer reizvollen Landschaft und für Ostwalds Art der Erholung und Freizeitbeschäftigung. Denn: Ehe man einen Ausblick malen konnte, mußte er zunächst mit den Füßen erwandert und mit den Augen entdeckt werden.

Ab 1906 lebte Ostwald also ganz in Großbothen. Beim Einzug erwies sich die Balkenlage des Fußbodens als zu schwach, um seine Bibliothek zu tragen. Es mußten also entsprechende Stützen untergezogen

**Gretel Brauer an der Urnenstätte ihres Großvaters**

werden, die dann die Last der rund 23 000 Bände aushielten.

Hier in seiner neuen Wohn- und Arbeitsstätte folgten fruchtbare Jahre seiner wissenschaftlichen Tätigkeit, hier schuf er als Universalgelehrter Arbeiten von internationalem Rang. Dafür erhielt er den Nobelpreises für Chemie im Jahre 1909.

*Gretel Brauer, 1975 S. 68*

**Prof. Dr. Wilhelm Ostwald**, Großbothen, *1853 †1932. Physiko-Chemiker an der Leipziger Universität. Seit 1906 mit der Familie wohnhaft in Großbothen. Der Landsitz *Energie* ist heute Archiv- und Gedenkstätte, Tagungsort und Gästehaus. Im Park befindet sich die Urnenstätte der Familie.

**Gretel Brauer**, Großbothen, *1918 †2008. Enkelin von Wilhelm Ostwald, wohnte im „Haus Energie“ und erfüllte es mit Leben als Hüterin und Vermittlerin des Erbes ihres Großvaters. *1989 S. 22*

***Weitere Literatur zu Ostwald** von Gretel Brauer: Alles Gesetzmäßige ist schön! Ehrung und Würdigung anläßlich seines 125. Geburtstages (1979 S. 23). Begegnungen W. Ostwald mit Wilhelm Wundt (1980 S. 134). Ostwald als Maler (1985 S. 51), Ostwald als Fotograf (1999 S. 54). – Die Rundblick-Runde in der Wilhelm-Ostwald-Gedenkstätte. Silke Johannes (1986 S. 12).*

# Ohne Wasser, merkt euch das

Ohne Wasser gibt es kein Leben! Wegen der ständig fortschreitenden Entwicklung der menschlichen Gesellschaft ist die Wasserversorgung auf unserer Erde zu einem Problem geworden.

Neben dem oberirdischen Wasser unserer Gewässer erlangte das Grundwasser eine immer größere Bedeutung. In der DDR werden jährlich etwa 2 Milliarden $m^3$ Grundwasser gefördert. Das wird im wesentlichen für die Trinkwasserversorgung genutzt. Auch das Trinkwasser unseres Heimatgebietes entstammt ausschließlich dem Grundwasser. Hier gibt es drei bedeutende Grundwasserströme, die sich vorwiegend im ehemaligen pleistozänen Muldelauf bewegen: Entlang der Parthe, im Tal der Mulde und entlang der Elbe.

Im Bereich dieser Grundwasserströme werden z.B. in Wurzen, Grimma, Naunhof, Canitz und Thallwitz größere Grundwassermengen gewonnen. Darüber hinaus gibt es natürlich noch viele lokale Grundwasserteilströme in den Tälern und Auen der kleineren Gewässer.

Die Qualität des Grundwassers unserer Heimat ist von Natur aus ziemlich hart, salzarm und mäßig mit Eisen und Mangan belastet. In den letzten Jahrzehnten ist es aber fast überall zu einer bedeutenden Verschlechterung gekommen. Die Folge ist ein Ansteigen des Salzgehaltes, verursacht durch die Versickerung von Jauche, Abwässern und Silosickersäften. Daher ist das Wasser aus vielen noch bestehenden dörflichen Einzelbrunnen nitratverseucht und für die Zubereitung von Säuglingsnahrung nicht mehr brauchbar.

**Die Schwengelpumpen, wie hier auf dem Anger in Grubnitz, sorgten jahrhundertelang für die Wasserversorgung in den Dörfern**

Während in den Kreisen Grimma und Oschatz viele Orte eigene Wasserwerke betreiben, ist im Kreis Wurzen eine Verbundwasserversorgung mit Anschluß an das Fernwassernetz der Elbauewasserversorgung entstanden.

Wohin mit den Abwässern?

Das sorgenvollste Problem der Wasserwirtschaft von heute ist die Bewältigung der Abwasserlast. Der Zustand fast aller unserer Gewässer ist besorgniserregend. Obwohl nach dem Stand der heutigen Technik jedes verschmutzte Wasser gereinigt werden kann, kann das wegen der zu hohen Kosten noch nicht erfolgen. Vor allem fehlt es an zentralen Kläranlagen. Diese gibt es nur in Wurzen, Oschatz, Grimma, Naunhof, Trebsen, Machern und Böhlitz. Die Hausklärgruben haben nur einen sehr bescheidenen Effekt. Der Reinigungsgrad ist sehr niedrig, weil sie kaum gewartet werden.

Die größten Verschmutzer sind Industrie und Landwirtschaft. Dazu gehören der *VEB Zellstoffkombinat Trebsen,* die *Wurzener Teppichfabrik,* das *Fleischkombinat Oschatz* sowie der *VEB Motorenwerk Wurzen*. In der Landwirtschaft sind es Jauche und Gülle sowie die Silosäfte, die erheblich zur Verschmutzung beitragen.

Neben der chemischen Belastung hat sich in letzter Zeit die organische stark vergrößert. Das führte zu einer allgemeinen Sauerstoffarmut in den Flüssen, die wiederrum die Selbstreinigungskraft fast lahmlegt. Der Bau von Kläranlagen für alle Städte und Gemeinden wird die Forderung der nächsten 25 Jahre sein. Bis dahin muß der gegenwärtige Zustand gehalten werden und die Abwasserlast ist so weit zu reduzieren, daß die Selbstreinigung der Flüsse und Bäche ausreicht für die Herstellung des Gleichgewichtes in der Natur.

*Adolf Böhm, 1975 S. 8*

# Der Elbebiber schwimmt wieder in Mulde und Lossa

Wer vor der trüben und übelriechenden Mulde steht, wird sicher nicht vermuten, daß darin eines der seltensten Tiere unserer Heimat lebt, leben kann. Die großen Nager waren schon vor mehr als 150 Jahren an unserer Mulde beheimatet, und sie sollen sogar noch in Colditz beobachtet worden sein. Später zu Beginn unseres Jahrhunderts galt der Biber als ausgestorben in unserem Heimatgebiet. Die erste Meldung von fachkundiger Seite erfolgt 1967 von dem Borsdorfer Ornithologen *Herbert Lindner*, der den Fund und die Fraßstellen im Gebiet des *Bobritzer Dammes* im *Rundblick* veröffentlichte *(1967/ Heft 12)*. Übrigens, der Name *Bobritz* könnte schon von alters her mit dem Vorkommen des Bibers im Zusammenhang gestanden haben, denn Biber heißt in russisch, polnisch und tschechisch *bobr.*

1968 begann im Kreis Wurzen die Betreuung des Bibers, indem alle Funde von Fraßstellen notiert und Baue in spezielle Karten eingezeichnet wurden. Das konzentrierte sich anfangs um das Gebiet des Bobritzer Dammes (auch *Kollauer Wehr*). Das Hochwasser von 1970 überschwemmte die Biberbaue, und die Tiere wanderten ab, kehrten aber in den folgenden Jahren wieder zurück, jetzt bis Schmölen/Oelschütz und nach neuesten Funden sogar bis Trebsen an der Mündung des Mutzschener Wassers..

Wir freuen uns über die Verbreitung, doch es gibt auch Probleme. Infolge der Beweidung der Ufer durch Rinder und Schafe werden zum Teil Gehölze zertreten und abgefressen. Diese sterben ab und nehmen dem Biber die Nahrungsgrundlage. Baue werden durch Rinder durchgetreten. Deshalb garantiert seit 1974 ein Beschluß des Rates des Kreises den Schutz der Ufer und Weidichte.

Mit der Gründung einer Arbeitsgemeinschaft *Biberschutz* im Kreis Wurzen konnten die regelmäßigen Kontrollen verbessert werden. Das führte dazu, daß heute ca. zehn bis zwölf Tiere im Kreisgebiet leben. Wanderer werden ihn tagsüber nur sehr selten zu Gesicht bekommen. Da liegt der Biber in seinem Erdbau, deren Eingänge sich unter Wasser befinden und dann in einem Kessel enden. Erst nach Sonnenuntergang verläßt er seinen Bau, um nach pflanzlicher Nahrung zu suchen.

*Günter Hoffmann, 1975 S. 169*

HEUTE: Der Biberbestand hat sich von 1975 mit ca. 11 Exemplaren im Altkreis Wurzen jetzt auf ca. 200 Tiere im ehem. Muldentalkreis erhöht. Damit werden ca. 80% aller Fließgewässer und Teiche vom Biber bewohnt, was allerdings nicht selten durch Fraßschäden und Wasserstau zu Problemen mit den Anwohnern führt. Trotzdem bleibt das Tier streng geschützt.

## NOTIZEN und PERSONALIEN

**Beiersdorf.** Es ist der einzige Betrieb in der DDR, der **VEB Steinzeugwerk**, der strapazierfähige und säurebeständige Fußbodenplatten, Sohlbänke und Mauerverblender herstellt *(s. Abb.)* Im Durchschnitt stellen die 60 Beschäftigten jährlich zwei Millionen Platten her. Der Rohstoff dazu wird zum großen Teil aus der naheliegenden Tongrube gewonnen. Im Brennofen, ein Koloß mit 700 qm Fläche, der schon 1897 gebaut worden war, werden die Platten durch Brikettfeuerung bei 1200 Grad Hitze gebrannt. Das Werk wurde in den 90er Jahren geschlossen und abgerissen.. *1975 S. 53*

**Laas**: Einen überraschenden Fund machte man in der Kirche, nämlich eine Anhäufung von Skeletten in einem zugemauerten Kellerverließ. Nach der wissenschaftlichen Auswertung lagen in dem **Gebeinkeller** die Reste von bis zu tausend Personen jeglichen Alters. Die beigelegten Münzen ließen eine Datierung der Sammlung zu, nämlich in der Zeit zwischen 1750 und 1820. Es handelte sich dabei um eine Zweitbestattung. Die Skelettreste lassen sich für die Zeit zwischen dem 12. und 19. Jh. eingrenzen. Alle im Gebeinhaus geborgenen Funde werden in Berlin weiter wissenschaftlich bearbeitet und sollen danach wieder unter der Sakristei der Kirche zu Laas ihre würdige Unterkunft finden, für künftige wissenschaftliche Zwecke jedoch zugänglich bleiben. *1975 S. 139*

**Naunhof**: Die **Spinnerei** der Fa. *Wagner & Söhne* entstand 1887 und wird 1953 volkseigen. Wurde in den Anfangsjahren Schafwolle versponnen, folgten später Zellwolle und Baumwolle und ab 1967 Chemiefasern der Marke *Grisuten* und *Wolpryla*. Im Drei-Schicht-Betrieb arbeiten 80 % Frauen, die aus der Stadt und den umliegenden Dörfern kommen *(s. Abb.). 1974 S. 120*

**Mügeln**: In den dicken Mauern vom **Schloß Ruhetal**, die schon 1261 errichtet worden waren, leben jetzt landwirtschaftliche Lehrlinge, denen ein reiches Angebot an kulturellen Tätigkeiten zur Verfügung steht. *1974 S. 53*

**Nitzschka:** Einen unvergleichlich artenreichen Garten pflegt und hegt *Ehrhard Heller*. Zu allen Jahreszeiten findet dort besonders die **Vogelwelt**, ein Hobby des Nitzschkaer Ornithologen und Naturschutzhelfers, in einer regelrechten „Vogelhecke" beste Brutbedingungen. Sogar der Eisvogel fühlt sich in diesem Naturparadies wohl. *1974 S. 73*

**Belgershain**: Mit einem Wertumfang von 3,5 Mill. Mark wurde die neuerbaute **Schule** ihrer Bestimmung übergeben. *1974 S. 143*

**Wurzen:** Zweihundert **Imker** gibt es im Kreis, die insgesamt 2300 Bienenvölker betreuen. Im Jahre 1972 lieferten sie 16 t Honig ab. Einen noch größeren Wert haben jedoch die Bienen für die Bestäubung vieler Pflanzen. Im Kreis werden besonders Winterwicke und Rotklee für die Saatguterzeugung angebaut. *1974 S. 194*

**Oskar Karl,** Dahlen, *1898 †1973. Sohn eines Müllermeisters in Strehla. Besuch des Oschatzer Lehrerseminars, ab 1920 Lehrer in Mügeln, ab 1926 in Dahlen, ab 1953 in Calbitz. Aktive Tätigkeit in der Heimatgeschichte und im Kulturgeschehen besonders bei der Erschließung der Dahlener Heide. *Rundblick*-Mitarbeiter. *1974 S. 25*

## LESERPOST

**Ein Weltenwanderer**
Neulich fiel mir ein kleiner Gedichtband in die Hände. Die Widmung lautete: „Den deutschen Landsleuten in allen Erdteilen, welche meine Wanderfahrten kreuzten, sei diese kleine Auslese neuer, auf dem Weg ums Erdenrund entstandener Gedichte gewidmet. *Edmund Zscheile* aus Wurzen bei Leipzig."
Der gebürtige Leipziger siedelte vor dem Ersten Weltkrieg nach Wurzen und arbeitete als Gürtler in der Bronce. Nach Kriegsteilnahme versuchte er es als Dichter, Schauspieler und Vortragskünstler. 1923 zog er dann los, die Welt zu Fuß und per Schiff zu umrunden. Er soll eine Wegstrecke von 36 000 km zurückgelegt haben. Zurückgezogen und still lebte er nach 1933 im Erzgebirge, wo er 1945 starb.

*H.-A. Graebert, 1975 S. 91*

**Seegruß**
Als ehemaliger Wurzener und langjähriger Leser des *Rundblicks* möchte ich herzliche Grüße von hoher See senden. Ich bin z. Zt. als Schiffsarzt in der Fischereiflotte tätig. Wir befinden uns gegenwärtig an der Ostküste der USA auf Herings- und Makrelenfang. Es war mir eine besondere Freude, als mir Anfang des Jahres ein Exemplar des *Rundblicks* über den Atlantik geschickt wurde. Jede Nachricht von zu Hause wird hier an Bord mit besonderer Aufmerksamkeit verfolgt. So trägt der *Rundblick* über Tausende von Seemeilen auch dazu bei, das Gefühl der Verbundenheit mit der Heimat zu festigen und zu vertiefen.

*Dr. med. Heinz Vater, 1975 S. 195*

| 1976 | 23. Jahrgang |
|---|---|

**Der Rundblick.** Kulturspiegel der Kreise Wurzen-Oschatz-Grimma. zweimal jährlich, 200 Seiten, A4-Format, 3,50 M.

## „Ach, aus Gänse-Nerche?“

Ab und zu hört man noch den Spottnamen *Gänse-Nerche*, wenn man mit Menschen aus den umliegenden Ortschaften zusammenkommt. Und dann wurde noch eine Weisheit angehängt: „Da soll'n doch früher die Gänse vor Hunger das Pflaster gefressen haben?“

Diese Worte sind an sich nicht böse gemeint, sie widerspiegeln aber auch jetzt noch die spießbürgerliche Einstellung der früheren „stolzen“ Bewohner der größeren Städte und der Großbauern der umliegenden Dörfer. Nerchau war in deren Augen nichts anderes als eine „Gänsenest“. Na gut, die Stadt konnte weder Stadtmauern, Zinnen und Türme aufweisen. Sie besaß dafür bis zur Jahrhundertwende eine stattliche Gänseherde. Sie war nicht Eigentum der Stadt, sondern sie gehörte der gesamten Einwohnerschaft. Sie setzte sich aus vielen kleinen Herden der einzelnen Bauern, Häusler und Handwerker zusammen. Zu dem Kleinvieh, das sich die Leute hielten, gehörten die Gänse, die als Festtagsbraten und Bettfederlieferanten äußerst geschätzte Vögel waren. Hinzu kam noch, daß in und um Nerchau viele Teiche und große Wiesenflächen zu Verfügung standen. Mit den Gänsen wurde kein Handel betrieben, sondern die Tiere waren ein wichtiger Bestandteil der Selbstversorgung.

**Der Gänsebrunnen auf dem Markt in Nerchau (2008)**

Ein alter Nerchauer, *Theodor Hessel (Böttcher-Hessel)* erzählte einmal: „Der Gänsehirt zog in aller Herrgottsfrühe pfeifend durch die Straßen und trieb die Gänse aus allen Häusern und Gehöften zusammen. Mit viel Geschnatter und Peitschengeknall watschelte dann die Herde auf die Muldenwiesen. Abwechselnd weideten sie auch in der Obstplantage an der Mulde. Im Gemeindeteich, der beim Bahnbau zugeschüttet wurde, badeten die Gänse. Hier war der Kampfplatz der Gänseriche. Dort, wo Hunderte von Gänsen fraßen, sah man bald kein Grashälmchen mehr stehen. Nur die weißen Sterne der Gänseröschen blieben von ihren hungrigen Schnäbeln verschont. Als Kinder glaubten wir, die Gänse ließen die Blümchen unberührt, weil sie nach ihnen benannt waren.

Gegend Abend wurde heimgetrieben. Der Gänsehirt kümmerte sich dabei nicht um die einzelnen kleinen Herden. Jede fand den Weg zu ihrem Tore und zog mit Hungergeschrei ein, denn vom Grase allein ist noch keine Gans satt und fett geworden.“

Die Zeiten haben sich inzwischen geändert. Aus dem kleinen Ackerbau- und Landstädtchen ist eine Industriekleinstadt geworden, die im Wirtschaftsleben unseres Staates auch ein Wörtchen mitzureden hat. Die Gänse sind von den Straßen und Teichen verschwunden. Man sieht sie aber trotzdem jedes Jahr einmal wieder: Sie liegen dann als wohlverpackte, appetitliche Festtagsbraten in den Läden von HO und Konsum.

*Walther Koch, 1976 S. 31*

HEUTE: Durch Nerchau ziehen schon längst keine Gänse mehr. Doch vom „hoch gelegenen“ Anwesen der Familie *Kurth* gellen im Herbst die Schreie einer riesigen Schar von Martinsvögeln, die von den gen Süden ziehenden wilden Artgenossen erwidert werden. Jedes Jahr werden 500 bis 600 Gänse auf den ausgedehnten Weiden großgezogen, geschlachtet und zwischen Martini und Weihnachten verkauft. Auf dem Markt steht jetzt ein wasserspeiender Gänsebrunnen.

# Heinz Eberhard Strüning – ein Künstler zwischen Malerei und Musik

„Zu Herrn Strüning wollen Sie? Ja, von dem habe ich schon gehört, das ist doch der Maler . Da fahren Sie am besten .“– Wir hatten weniger von ihm gehört, aber von ihm gesehen, nämlich einige seiner Bilder auf der 9. Kunstausstellung des Bezirkes Leipzig vor zwei Jahren. Sie gefielen uns spontan, und wir hatten den Wunsch, diesen Künstler kennenzulernen, der da am Rande des **Macherner** Parkes lebt und arbeitet.

An einem nebligen Novembertag sitzen wir im warmen Musikzimmer des Künstlers. Musik und Malerei? Das ist kein Widerspruch, ist auch nie einer gewesen, und am wenigsten bei HE Strüning. Das Gegenteil! Beide Künste – und hier muß man noch die Kunst des Wortes erwähnen – ergeben im Leben von HE Strüning einen harmonischen Dreiklang. Hier in der Parterre, von wo man mit wenigen Schritten über eine mit wildem Wein umrankte Terrasse den Garten betreten kann, bilden Mensch, Natur und Kunst eine Einheit. Ein großer Flügel, zwei Lauten, eine Geige – an den Wänden Aquarelle.

Er philosophiert mit uns über die Natur und den Menschen. Manchmal ist ein wenig Ironie dabei und immer wieder auch ein bißchen Humor. Er hat die kleinen Schwächen seiner Mitmenschen richtig erkannt, und wohl dosiert hält er ihnen den Spiegel vor.

Zwischendurch setzt er sich an den Flügel. Die Töne erfüllen den Raum – von ihm selbst in Noten gesetzt. Musik, Wort und Malerei – es fällt uns schwer, das eine vom anderen zutrennen. Doch wir besuchen heute den M a l e r Strüning. Auf unser Bitten holt er eine Mappe mit Aquarellen hervor. Blatt für Blatt stellt er auf die Staffelei, und wir lassen uns ganz vom herben Reiz dieser Meisterwerke gefangennehmen. Man merkt den Bildern das Ergriffensein des Künstlers von der Natur an. Die Intensität, mit der HE Strüning Landschaften erlebt, für sie in verhaltenen oder expressiven Farbtönen künstlerische Formulierungen findet, beeindruckt uns tief.

**Heinz-Eberhard Strüning**, Machern, *1896 †1987. 1922 bis 1926 Studium in Dresden und Kassel, seit 1927 tätig als Maler und Schriftsteller in Leipzig, seit 1937 wohnhaft in Machern. 1948 bis 1951 Lehrtätigkeit an der Hochschule für Grafik und Buchkunst Leipzig, seit 1981 zunehmender Verlust des Augenlichtes und 1984 Erblindung.

Es gibt keine Jahreszeit, die ihm nicht eine Fülle unerschöpflicher Naturerlebnisse bieten könnte. Der wolkenverhangene Novembertag ist für ihn nicht weniger reizvoll als ein heiterer Sommerabend, an dem das Licht der Sonne spielerisch durch die Wipfel der Bäume bricht. Er entdeckt die stille Schönheit herbstlicher Gehölze, den Reiz schneeverhüllter Weite oder das große Sehnen, das im Vorfrühling durch die Landschaft zieht. Mit allen Sinnen nimmt er die Herrlichkeiten wahre, die uns die Natur mit verschwenderischer Hand schenkt. Sie rührt ihn an, ergreift ihn und zwingt ihn, sein Erlebnis künstlerisch widerzuspiegeln.
*Ingrid Leps und Manfred Müller, 1976 S. 47 u. 1987 S. 114*

***Worte von HE Strüning:***
*Wie könnten die Menschen jemals Langeweile haben, wenn sie Augen hätten zu sehen.*
*Das Leben ist doch so wundervoll. Wenn wir nur Sinne haben zu erleben, die Fähigkeit, unser Herz weit genug zu öffnen, um all der Herrlichkeiten, die uns die Natur schenkt, immer wieder zu empfangen.*
*Wir Künstler haben nicht die Aufgabe, die Natur abzumalen. Das Erlebnis, die Idee, die ich in einer Landschaft sehe, die muß ich gestalten. Für diese Idee schaffe ich die Form. Das ist meine Tat, die künstlerische Leistung.*

**Floß ahoi! Vorsicht! Der Pfeiler der Kösserner Brücke steht im Wege**

# Mit dem selbstgezimmerten Floß die Mulde abwärts

Die nächste Muldenwanderung führte von **Höfgen** nach **Maaschwitz** und anderntags – fast sensationell – mit einem Floß die gleiche Strecke zurück. Das wurde zu keiner sausenden Schußfahrt auf wilden Gewässern. Dazu ist unser Heimatfluß einfach zu harmlos – bei normalem Wasserstand jedenfalls. Da und dort mußten wir das Floß mit vereinten Kräften wieder flott machen, weil es auf Sand- und Geröllbänken festsaß. Unser 6 m langes Gefährt sollte eigentlich sechs Personen tragen. Doch da ging es unter! Und so marschierten drei von unserer Wandermannschaft brav und geduldig neben dem Fluß, bis sie ausgetauscht wurden und an Bord gehen konnten. Natürlich war es eine derbe Übertreibung, als einer von uns äußerte: „*Thor Heyerdahl* wäre vor Neid erblaßt!“ –

Der nachfolgende Textauszug vom Beitrag „Muldenländisches“ beschränkt sich nur auf die Floßfahrt flußabwärts. Die Wanderung flußaufwärts tags zuvor von Grimma nach Maaschwitz sei in Stichworten angedeutet: Hängebrücke in Grimma – Durch den Stadtwald zum Rabenstein – Bungalow-Siedlung in Kaditzsch – Im Gleisbergschen Park – Wo sich mal eine Schiffsmühle drehte – Bei Hans Ruhmer am Tresen – Die Wassermühle wird ein Museum – Hochzeitszug in Höfgen – Museumsdorf Höfgen? – Freistehender Backofen in Förstgen – Am Thümmlitzsee bei Kössern – Über die Bleichwiesen nach Erlln – Lagerfeuer in Maaschwitz.

Nach einer kurzen Nacht schälen wir uns pünktlich 6 Uhr aus unseren Decken, verschlafen und kraftlos. Das ändert sich nach der Morgentoilette und einem kräftigen Frühstück, und programmgemäß beginnt 7.30 Uhr der Floßbau. Die Hauptlast trägt natürlich unser „Herbergsleiter“ *Martin Weinhold* in **Maaschwitz.** Schon Wochen zuvor hatte er ausrangierte Telefonmasten organisiert, auf Länge geschnitten und am Ufer gestapelt. Wir rollen die Stämme an die Kante der Böschung, umbinden die Stammenden mit dicken Hanfseilen und lassen die Hölzer zu Wasser. Das gelingt nach einigen Mühen, und das Floß nimmt Gestalt an. Endlich liegen alle Stämme dicht nebeneinander im Wasser, sind fest zusammengezurrt und fast seemännisch verknotet. Im Ganzen allerdings ein recht kippeliges Gefährt.

„Besser ist besser!“, meint Martin und wirft uns eine Unmenge von Bauklammern zu, die wir zur noch größeren Sicherheit in die Stämme wuchten. Schließlich schlagen wir dichtgefügte Bretter als Querstreben zur weiteren Sicherung und zugleich als wassergeschützte Insel auf das Floß.

Was konnte nun eigentlich noch passieren? Vorsorglich hatte unser Chef eine amtliche Versicherung in Wurzen gegen Erwerbsunfähigkeit und Todesfall (?) abgeschlossen. Dieser Wunsch brachte zwar die ganze Geschäftsstelle in Aufregung (so was hatten sie ja noch nicht erlebt), uns aber nach einigen Hin und Her (dürft Ihr denn das überhaupt?) die gewünschte Police. Für den einen Tag und für ganze 20 Mark (waren wir nicht mehr wert?).

Nun gibt es noch einige Verschönerungs- und Frachtarbeiten. Am Mast hissen wir das große *Rundblick*-Segel. Wir benutzen es allerdings sehr schnell als Fahne, weil der von vorn wehende Wind die Fahrt hemmt. Zum notwendigen Beiwerk gehört ein Rettungsring und ein vom jungen Schmiedemeister *Rudolf Põge* in Böhlitz kunstvoll gefertigter Anker. Schließlich noch ein riesengroßes Glas mit Gewürzgurken (wegen des nächtlichen Lagerfeuers) und aus Sorgfalt ein Schlauchboot im Schlepp für den Fall eines Schiffbruchs. Und dann noch eine Überraschung: *Hanna*, reizende Tochter des Gastgebers, hatte über Nacht einen roten Wimpel genäht und mit dem Schriftzug *Die Rundblick-6er* versehen. Die Flasche Sekt wird nach der Taufe nicht zertrümmert, sondern ausgetrunken.

**Zwischenstation in Höfgen mit einer Hochzeit und dem Suchen nach dem Geld**

Wir sechs Süßwassermatrosen steigen auf, und dann heißt es endlich: „Leinen los!".

Das Floß rückt nicht von der Stelle, es sackt immer tiefer und sitzt schließlich auf. Wir retten uns auf die Bretterlage. Unser Chef-Kapitän, zwar bar nautischer Kenntnisse, entscheidet sofort: „Die Hälfte muß runter! Wir müssen dann eben die Mannschaft regelmäßig auswechseln." Fortan begleiten drei der Wander-Wasser-Burschen das Gefährt auf der Dammkrone oder am Ufer durch Wiesen und Weiden, Kraut und Rüben.

Jetzt schwimmt das Floß. Aber nicht lange. Schon nach hundert Meter tauchen die ersten Stromschnellen auf. Das Floß verhakt sich, steht quer und unser Museumsmann schießt quer über Bord ins quirlende Muldenwasser. Klitschnaß entert er mit einiger Mühe wieder an Bord. Das Amüsement der Landratten ist verständlicherweise riesengroß. Die Staker bemühen sich tüchtig und bringen mittels des fröhlichen Gesangs aller „Schiebe nach, schiebe nach, schiebe langsam nach!" ihr Floß nach anfänglichem Zick-Zack doch wieder auf klaren Kurs.

Wir triften an **Erlln** vorbei. Plötzlich Gekrache und Geschrei vom Floß – eine Stake ist gebrochen. Von der Familie *Kießling* beschaffen wir Ersatz. Erschrocken kommt eine Dorfbewohnerin angehetzt: „Herrje, ihr macht wohl ne Ihbung?"

Die Flößer kommen gut voran und treiben auf die Vereinigung der beiden Mulden zu. Dort auf der Landzunge nahe **Sermuth** wächst ein großer stattlicher Fliegenpilz als beschaulicher Ruheplatz mit Sitzbänken rund um die Pilzsäule. Ein idyllisches Fleckchen Erde. Hier stand bis 1899 ein einsames, von Bäumen beschattetes Fähr- und Fischerhaus. Der jeweilige Besitzer besorgte das Überfahren über beide Mulden und übte zugleich das Fischereirecht aus. Solange in fast allen Erllnhäusern Garn und Leinwand gebleicht wurde, herrschte äußerst reger Verkehr an dieser Fähre. Kurios ist es, daß das Häuschen den Hochwassern standgehalten hatte und zuletzt ein Opfer der Flammen wurde.

Deutlich sichtbar bemerken wir die unterschiedliche Beschaffenheit der beiden Mulden. Die *Zwickauer Mulde* bringt eine derartige Dreckbrühe mit, daß sogar die

Industrie nichts mehr damit anfangen kann. Deshalb entnimmt das hier gebaute Pumpwerk das Wasser aus der *Freiberger Mulde* und leitet es aufwendig unter der Zwickauer hindurch. Noch weit nach der Vereinigung sind deutlich die Wasser der beiden Flüsse zu unterscheiden, bevor sie sich allmählich vermischen und nun im gemeinsamen Bett etwas gemächlicher der Elbe zufließen.

Was heißt schon gemächlicher? Noch im Strudel des Zusammenflusses wird unser Floß vom vereinten Muldenwasser überspült, bäumt sich plötzlich auf und sitzt nach Überqueren zahlreicher Stromschnellen fest auf Grund. Hier helfen keine lauthalsen Kommandos vom Kapitän, auch das übereifrige Gestake der Steuermänner bleibt ergebnislos. Da steht der polytechnisch gebildete Musikant auch schon im prächtigsten Adamskostüm, schwingt sich entschlossen in die seichte, dreckige Brühe und hebt das Floß von unter her an. Und tatsächlich, er schafft es! Unser Bollwerk bekommt wieder freie Fahrt. Allerdings kippt das Rettungsboot um, und die „so herrlich ausgelatschten Wanderschuhe" unseres Museumsmenschen schwimmen eilig davon. Es gelingt uns nicht, sie aufzufischen, und irgendwo werden sie den unausweichlichen Wassertod sterben.

Natürlich findet unser Floß die Aufmerksamkeit vieler Wanderer. Auf Brücken stockt der Verkehr. Die Insassen steigen aus, winken den mutigen Seeleuten und wünschen eine glückliche Reise. An den Fluren von **Schaddel** machen wir Halt. Wir erklimmen ziemlich mühselig das zwei Meter hohe Steilufer, weil Schlamm und Brennesseln im Wege stehen. Der Anker wird ins Erdreich gestoßen.

Längst sind Mühlrad und Mahlgänge der alten Wassermühle, die bereits 1550 erwähnt wird, verschwunden. Sie haben nun einer keramischen Werkstatt Platz gemacht. Heute lebt hier das 1974 gegründete Kollegium bildender Künstler, in dem sich sieben Kunsthandwerker, alle um die dreißig/vierzig Jahre alt, zusammengefunden haben, um gemeinsam künstlerisch-schöpferisch tätig zu sein.

Unsere Reise soll am Fährhaus in **Höfgen** enden. Doch auf den letzten Metern will es gar nicht mehr vorangehen. Das Wasser steht scheinbar still, und unsere Staken erreichen weder Grund noch Ufer. Das Notpaddel hatten wir unterwegs verloren. Ein einsamer Paddler rettet uns. Wir vertäuen unser Gefährt an seinem schlanken Boot, und mit kräftigen Schlägen zieht er uns in den Zielhafen.

Bei unserem Gastwirt *Hans Ruhmer* sitzen wir erstmals wieder alle beisammen und hauen tüchtig rein. Doch noch einmal muß in die Hände gespuckt werden. Donnerwetter, auch das Abwracken ist nicht leicht! Besondere Mühe bereitet das Hochziehen der schweren, wasserdurchtränkten Stämme. Dann sind die Hölzer gestapelt, Anker, Bauklammern, Seile und sonstiges Kleinzeug im Fährhaus untergebracht. Geschafft! Freunde, es war einmalig!

*Karl-Heinz Laube,*
*Heinz Tümmler 1976 S. 104*

**Hoppla, eine „Stromschnelle" erfordert die ganze Kraft der drei Seeleute.**

# Renate Sturm-Francke *(sf)* – eine Frau mit 70

Wortreich wie immer empfängt sie uns. Die Tabakspfeife qualmt. Trotz der erreichten 70 Jahre ist sie vital wie eh und jeh. Mit vielen Worten machte sie ihrem Herzen Luft und sprudelt drastisch ihren gegenwärtigen innerbetrieblichen Ärger heraus. Das muß einfach sein.

„Ihr wißt doch, daß ich kaum Zeit habe für private Vergnügen. Am besten, wir verbinden die Fahrt gleich mit der Kontrolle einiger Bodenaltertümer. Fahren wir erst mal nach Trebsen." Wer kennt sie nicht, diese nimmermüde, fleißige und ungewöhnliche Frau! Stets ist sie auf Achse – bei jedem Wind und Wetter sah man sie radelnd in den entlegensten Orten der Kreises – um wertvolles heimatkundliches Material zu sammeln. Es sind die verborgenen Schätze profaner Wohn- und Baukultur. So schützt sie alte Handwerkszeichen und Wetterfahnen, untersucht Brunnen und Brücken, Torstürze, Inschriften im Gebälk oder Kratzputzmuster, Fachwerkhäuser, Wind- und Wassermühlen, gewölbte Rinderställe und alte Schmieden.

„Mein Tagesablauf? Um 5 stehe ich auf. Anschließend geht's zum Frühsport in den Park. Danach füttere ich die Amseln und Eichhörnchen. Nun erst koche ich mir eine Tasse starken Kaffee und wasche das Geschirr vom Vorabend ab. Dann frühstücke ich mit meinem Mann und *Nickel,* dem Rauhhaardackel. Nach erneutem Abwasch wird es turbulent: Posteingang, Telefonate, Terminabsprachen, Schreibkram, Führungen von Schulklassen, dazwischen Hauswirtschaft und Einkauf, schließlich Mittagessen (wöchentlich fünfmal Quark). Dann schlafe ich mit Nickel auf der Couch bis etwa eine halbe Stunde vor der ersten Nachmittagsführung und treffe die nötigen Vorbereitungen zu *KKK* (Kultur mit Kaffee und Kuchen). Ich habe zu tun, bis alle Besucher das Göschenhaus bis zum Abend wieder verlassen. Um 21 Uhr gehe ich schlafen. Ich muß ja frühzeitig wieder raus, sonst halte ich das nicht durch. Es bleibt einfach keine Zeit mehr für den Rundblick, aber *‚Müller'* will das ja nicht einsehen."

Trotz Zeitmangel ist sie natürlich dem *Rundblick* treu geblieben.

**sf mit Karl-Heinz Laube und Nickel in Trebsen**

„Wie ich nach Hohnstädt gekommen bin? Ursprünglich hatten wir das Göschenhaus 1934 als ruhigen Landaufenthalt erworben. Meinen Mann reizte der große Park, mich dagegen mehr die Geschichte des Hauses. Unter den zahlreichen Bewerbern war die Wahl der Göschenschen Erben letztlich auf mich gefallen, nachdem sie sich von mir durch das Grimmaer Museum hatten führen lassen. 1950 baute ich im Auftrag der Abteilung Kultur beim Kreisrat Grimma zunächst eine – damals sehr in Mode gekommene – Heimatstube auf, die auch rege besucht wurde. Bis zum Jahre 1954 erfolgte die zielstrebige Umgestaltung zur Göschen-Gedenkstätte. 1967 habe ich, da ich die Arbeit nicht mehr allein schaffen konnte, das Göschenhaus als Gedenkstätte für Schiller, Seume, Vater und Sohn Körner als Stiftung den Nationalen Forschungs- und Gedenkstätten der klassischen deutschen Literatur in Weimar übergeben. Seitdem bin ich dort als Kustos angestellt."

„Was ich tue? Leider zuviel oder besser: zuvielerlei. Und alles auf dem Gebiet der Heimatpflege. Wie ich das ändern könnte? Ich weiß es nicht, denn alles greift ineinander. Wovon ich lebe? Na, z.B. auch vom *Rundblick*. Er ist meine stille Liebe schon gewesen, als er den Kreis Grimma noch nicht mal in sich aufgenommen hatte. Und er nimmt Anteil an allem, was sich in meiner Arbeit niederschlägt. Er behandelt mich immer höflich. Manchmal ärgere ich mich über ihn, aber nur wegen der Druckfehler."

*Das Porträt schrieb Karl-Heinz Laube während einer Autofahrt zu Bodenaltertümern im Grimmaer Muldenland, 1976 S. 73.*

# Der Rabe mit dem goldenen Ring

Seinen Kindern erzählte vor 60 Jahren *Kantor Zeisler* gern folgende Geschichte: Im Jahre 1698 hat der königlich-polnische Oberstallmeister *Hans Gottlieb von Thielen* das Schloß **Lampertswalde** erbauen lassen. Es war ringsum von einem Wassergraben umgeben und nur über zwei Brücken erreichbar. An der Außenpforte hing eine größere Glocke (sie hängt heute noch da), und wer Einlaß forderte, mußte erst läuten. Trotzdem ist es passiert, daß aus dem Schlafzimmer des Schlosses immerzu Schmuck verschwunden war. So wurde ein Diener des Diebstahls verdächtigt und zur Strafe lebendig eingemauert. Einige Zeit später mußte das Dach repariert werden, und zur Überraschung fanden die Handwerker unter einem Vorsprung das Nest eines Rabenvogels, in dem der vermißte Schmuck lag.

Das Fehlurteil konnte nicht rückgängig gemacht werden. *Heinrich Florian von Thielen,* der von 1847 bis 1907 lebte, hat dann zur Warnung und Mahnung für spätere Generationen über seinem Wappen, einem gefällten Baum, der zwei neue Triebe bringt, den Vogel mit einem Ring im Schnabel – in Stein gehauen – anbringen lassen. Auf der Spitze des Altars sah ich ihn dann, den Rabenvogel mit dem goldenen Ring im Schnabel. Ich sah ihn dann noch zweimal: Auf der Gedächtnistafel und dem Monument derer *von Thielen.*

Ich muß ehrlich zugeben, daß ich etwas beklommenen Herzens zu diesen Vögeln emporschaute. Bemerken wir nicht fast täglich, wie schnell unsere Mitbürger andere Menschen „aburteilen“ und wie oft wir uns selbst prüfen müssen, ob eine von uns vertretene Meinung auch wirklich „hieb- und stichfest“ ist? *Renate Baumann, 1976 S. 87*

# Wie unsere Städte entstanden

Das Gebiet östlich der Saale war im Jahre 929 durch den Heereszug König Heinrichs I. unter die militärische Herrschaft des jungen deutschen Reiches gekommen. In den von weiten Waldgebieten eingeschlossenen Offenlandschaften lebten die Sorben als eine reine Agrarbevölkerung unter einer dünnen Oberschicht deutscher Krieger und Priester

**Das Schloß in Trebsen, um 1840**

Die Kleinstadt Mügeln im Döllnitztal um 1840 mit dem Oschatzer Collm in der Ferne

weiter. Aus den eigenen noch schwach entwickelten wirtschaftlichen Kräften des Landes heraus war es in den ersten hundert Jahren der Zugehörigkeit zum Deutschen Reich noch nicht zu einer Entfaltung städtischen Lebens gekommen.

Erst im späteren 11. Jahrhundert läßt sich ein gewisses politisches Eigenleben im östlichen Markengebiet erkennen. Damals gab es hier eine Reihe adliger Gewalten. Deutsche Feudalherren und Dienstmannen kamen in die Mark Meißen und bauten ein immer dichter werdendes Netz von Herrensitzen auf. Es machte sich ein allgemeiner Aufschwung des gesamten gesellschaftlichen Lebens bemerkbar, der sich deutlich an der Entwicklung von Handel und Kaufmannschaft ablesen läßt.

Damit entstand eine nennenswerte Nachfrage nach Waren, die nur durch den Fernhandel beschafft werden konnten, wobei neben den unerläßlichen Gütern des Massenbedarfs wie Salz und Metall schon an höhere Bedürfnisse an Kleidung, Schmuck und Genußmittel zu denken ist.

Eine Fernstraße, eine Burg und eine Kaufmannssiedlung – diese drei Elemente standen am Anfang der meisten Städte des 12. Jh.

Es wäre jedoch nicht zu der großartigen Entfaltung des Städtewesens nach 1150 gekommen, wenn nicht damals die deutsche bäuerliche Kolonisation eingesetzt hätte. Erst die um die Jahrhundertmitte kraftvoll beginnende Kolonisation hat die wirtschaftlichen Kräfte in hohem Maße gesteigert, hat die Bevölkerung des Landes nahezu verzehnfacht und eine erhebliche Steigerung der Produktivkräfte mit sich gebracht.

Der Vorgang der „Stadtgründung" bedeutete einerseits, daß alle im späteren Stadtbereich bereits vorhanden gewesenen Siedlungsteile zu einer topographischen Einheit zusammengefaßt wurden, deren wichtigster Teil die nunmehr angelegte Bürgerstadt war. Dabei konnte die ältere Kaufmannssiedlung mit in die neue Stadt hineingenommen werden (Grimma, Oschatz), oder sie konnte außerhalb der Stadt bleiben (Wurzen). .

Eine Stadt konnte mit Aussicht auf Erfolg nur dort gegründet werden, wo sich Anfänge städtischen Lebens schon entfaltet hatten. *Karlheinz Blaschke, 1976 S. 44*

*Nach einem Einführungstext folgten:*
*Brandis 1979 S. 31, Colditz 1982 S. 136,*
*Dahlen 1978 S. 31, Grimma 1977 S. 59,*
*Mügeln 1984 S. 32, Mutzschen 1981 S. 44,*
*Naunhof 1982 S. 72, Oschatz 1977 S. 138,*
*Trebsen 1978 S. 139,*
*Wurzen 1976 S. 168 und 1987 S. 56.*

# Für die Bonbonkocher gibt es spezielle Handschuhe

**Im Nähsaal der Handschuhfabrik rattern die Nähmaschinen**

Vor hundert Jahren kaufte ein gewisser *August Moritz Händel* im Leipziger Salzgäßchen ein Detailgeschäft mit Lederhandschuhen, dem eine Werkstatt angeschlossen war. Die hervorragende Qualität seiner Ware ließ bald größere Aufträge eingehen, und auf der Weltausstellung 1897 in Sydney bekam er sogar eine Goldmedaille. Nach 1880 verlegte er den Betrieb nach **Grimma** am Oberwerder. Seitdem blieb er in Familienbesitz und erlebte das Auf und Ab der Entwicklung aller Perioden des Zeitgeschehens.

Seit 1959 arbeitet die Fabrik mit halbstaatlicher Beteiligung und ist seit 1972 volkseigen unter dem Namen *VEB Lederhandschuhe Grimma*. Drei Jahre später wurde die Gerberei eingestellt.

Die Frauen bringen nach vorliegenden Mustern dekorative Zutaten an. Es entstehen Stickereien und Aufnähte durch Maschine und Hand, Perforationen mit Lederflechtung und Durchzügen. Die Muster werden von der VVB Leder bestätigt. Mindestens 20 Modelle müssen halbjährlich vorgelegt werden. Bei den Submissionen bestimmen die Einkäufer, in welchem Umfang welche Modelle hergestellt werden, je nachdem, wie die Nachfrage in diesem Modeartikel ist.

Die hohe Qualität der Gestaltung geht auf eine fast 50jährige Erfahrung von *Marianne Händel* zurück. Rund 90 000 Paar Straßenhandschuhe für Damen und Herren stellt der Betrieb mit seinen hundert Beschäftigten jährlich her.

Einen hohen Anteil bei der Herstellung hat die Stepperei, die in Teilarbeit das Ganze mit Spezialmaschinen zusammenfügt. Der Laie mag eine neue Vorstellung von „Fingerspitzengefühl" bekommen, wenn er zusieht, wie die Näherinnen auf zylinderartigen „Füßchen" die einzelne Teile aneinander nähen.

Dann geht der Handschuh in die Dressur, eine Art Bügelei, wobei elektrisch aufgeheizte Eisen in Handschuhform mit bestimmter Temperatur wirksam werden, und dem Leder ein glattes Aussehen geben.

Einfacher ist die Herstellung von Arbeitshandschuhen, gefüttert und ungefüttert, darunter Drei- und Fünf-Finger-Handschuhe für Schweißer, Forstarbeiter, Bau- und Chemiearbeiter. Selbst die Bonbonkocher erhalten ihre speziellen Handschuhe.

*R. Sturm-Francke, 1976 S. 184 sowie 1960 S. 21*

HEUTE: 1990 erfolgte eine Liquidation des Betriebes mit Rückführung in Familienbesitz zur späteren E. & G. Köhler GmbH. Herstellung von Spezialhandschuhen für die Energie- und Forstwirtschaft sowie Ledermanschetten und Artikel aus hochwertigem Gewebe.

## Paul Gerhardt, ein Schüler der Landesschule

„Ein leidenschaftlicher Dichter“ – schrieb (natürlich lateinisch) der Rektor der **Grimmaer** Landesschule unter anderen lobenden Beurteilungen über großen Fleiß, Gehorsam, Ehrlichkeit und gute Begabung auf das Zeugnis des 20jährigen Paulus Gerhardt. Diese Jahre an der Schule waren für seine spätere Entwicklung von großer Bedeutung. Soll er doch nicht nur die Freizeit, sondern auch Unterrichtsstunden zum Versemachen genutzt haben. Dabei hielt er im Gegensatz zu seinem Bruder, der dem harten Drill der Schule entwischte und „wegen Flucht und Frechheit“ vom Moldanum verwiesen wurde, tapfer durch und zwar in der schwersten Zeit, als der 30jährige Krieg Leid und Not in das Schulleben brachte und die Pest in Grimma wütete. Er übernahm die Pflege kranker Kameraden und brachten manchem Sterbenden Linderung. In diesen Jahren mag er die wirklichkeitsnahe Lebensauffassung gewonnen haben, die seinem späteren Weg die Richtung gab.

Gerhardt war kein ausgesprochen kämpferischer Mensch, empfand es aber als Gewissenszwang, daß er auf Grund eines Verbotes des Kurfürsten nicht reden durfte. Er hielt sich nicht daran. Wurde später auch seine Amtsenthebung revidiert, so trat er doch unter solchen Umständen das Amt in Berlin nicht wieder an und ging als Archidiakonus nach Lübben. Dort starb er 1676, nachdem er schon Frau und alle Kinder bis auf einen Sohn verloren hatte. Im Testament hinterließ er seinem Sohn „... an irdischen Gütern wenig, aber einen ehrlichen Namen, dessen er sich sonderlich nicht wird zu schämen haben“.

*Helfried Mengel, 1976 S. 124*

**Paul Gerhardt**, *1607 †1676. Besuchte von 1622 bis 1627 die Grimmaer Landesschule, religiöser Liederdichter, 130 Lieder sind erhalten geblieben, einige finden sich in den heutigen Gesangbüchern.

## Von einer Rettungsaktion der Erdkröten in Waldsteinberg

Der 8. Juni 1976 war für mich ein aufregender Tag. Mein Freund *Reinhard Goepel* verständigte mich, daß in Waldsteinberg am 5. und 6. Juni Erdkröten gepaart hätten. Etwas ungläubig nahm ich diese Meldung entgegen. Erdkröten laichen im März, spätestens im April. Wir besuchten wenig später den Park in Waldsteinberg und waren mehrfach überrascht.

Aus einem Auwaldteil wurde um die Jahrhundertwende dieses kleine Parkgelände gestaltet. Viele fremdländischen Bäume, die sich auf Grund des guten Grundwasserstandes und des hohen Humusgehaltes sehr gut eingewöhnten, sind zu prächtigen Baum- und Strauchgruppen herangewachsen. Eine Sumpfstelle wurde durch Ausbetonieren zu einem flachen Badeteich umgewandelt. Dort hatte der Grundwasserspiegel die gleiche Höhe mit der in ca. 50 m vorbeiführenden *Faulen Parthe*. Durch den Autobahnbau Leipzig-Dresden wurde das Flußbett des Rinnsales abgeriegelt und der Grundwasserspiegel sank von Jahr zu Jahr. Ebenso erging es dem Wasser im Badeteich. Trotzdem reichte es aus, daß hier jahrelang die Erdkröten ablaichen konnten.

Im Jahre 1976 änderte sich das, und durch andauernde Trockenheit hatte der Betontümpel kein Wasser mehr. Erst der starke Niederschlag Anfang Juni ließ das ungewöhnliche Naturschauspiel des späten Ablaichens geschehen. Jedes Weibchen schleppte im Huckepack ein Männchen dem Tümpel zu. Von ca. hundert Weibchen konnten wir die Laichschnüre zählen. Inzwischen hatten die Larven die Eihüllen verlassen und schwammen nun zu Tausenden innerhalb einer Woche frei im Wasser umher. Und da es danach nicht mehr regnete, sank der Wasserspiegel bedrohlich niedrig. „Wir müssen die Larven retten!“. Zehn Schüler meiner *AG Naturschutz* der *Diesterweg-Oberschule Wurzen* übernahmen mit mir am 23. Juni diese Aufgabe. Mit kleinen Netzen fingen wir die Kaulquappen, ca. 400 000 an der Zahl, verfrachteten sie in Foliensäcke und brachten die Ladung in den 6 km entfernten *Schmielteich* bei Ammelshain-Polenz.

Es stellt sich nun die Frage: Was wird in den nächsten Jahren? Die *Faule Parthe* müßte wieder Wasser haben, dann ließe sich der Laichplatz der geschützten Erdkröten erhalten. *Siegfried Bauch, 1976 S. 163*

HEUTE: Eine neue große Erdkrötenpopulation hat sich im Schmielteichgebiet gebildet, und ab 1985 fanden massenhafte Abwanderungen von Jungkröten statt.

## LESERPOST und NOTIZEN

**50 mal Klub zu zweit.** Ende 1975 fand im **Lüptitzer** Kulturhaus die 50. Veranstaltung für Ehepaare statt. Für das Festprogramm waren diesmal Künstler von der Konzert- und Gastspieldirektion verpflichtet worden. Dadurch hatten die gastgebenden Ehepaare mal weniger Anstrengung bei den Vorbereitungen. Von den vielen Gästen gab es Blumen, Geschenke und treffliche Dankesworte. *1976 S. 94*

**Wahrzeichen zerstört.** Mit größtem Bedauern und mit Entrüstung mußte ich neulich bei meinem Besuch in **Zwochau** feststellen, daß das Wahrzeichen des kleinen Walddorfes am Rande der Hohburger Berge, die alte Gerichtslinde, gefällt worden war. Jetzt steht von dem alten Baum nur noch der mächtige Stubben. Mir wurde von Einwohnern gesagt, daß dies auf einen Beschluß des ehem. Kreisnaturschutzbeauftragten erfolgte. Merkwürdig: Der zuständige Revierförster hatte von dieser „Aktion" nichts gewußt.
Sicher, die Linde mag vielleicht nicht mehr die allerbeste Standfestigkeit gehabt haben, und schon vor Jahren wurde sie ausgemauert. Bestimmt hätten die Bürger das jetzt erneuert, und so gesund, wie die drei Teilstämme aussehen, so hätte jeder diesem herrlichen Baum noch lange eine Lebenschance gegeben. *1976 S. 196. – Eine spätere Nachpflanzung in den Stubben hat sich gut entwickelt, so daß jetzt eine neue Linde heranwächst.*

**Die alte Poststraße** zwischen **Sachsendorf** und **Wermsdorf** war lange Zeit für die PKW-Fahrer eine gefürchtete Wegestrecke. Im vergangenen Jahr wurde sie gründlich renoviert, und schnurgerade zieht sich jetzt das schwarze Asphaltband durch den Forst. Warum die Geschwindigkeit allerdings auf 60 km/h beschränkt wurde, ist nicht erklärlich. Zudem besteht von Anfang bis Ende Parkverbot. Der Wald sollte doch zum Verweilen locken, und man hätte doch einige Parkbuchten einbauen sollen.
Erfreulich auch, daß die kleine **Postsäule** an der Straße renoviert wurde *(s. Abb.)*. Schließlich sei noch vermerkt, daß man von dieser Straße aus die Hügelgräber bei Sachsendorf und die

geschichtlichen Anlagen am Kirchenteich erreichen kann. Allerdings findet beide Denkmale nur der Eingeweihte, denn bisher fehlen jegliche Wegweiser. *1976 S. 96*

**Ein weiterer Marderhund**
wurde Mitte März 1976 im Kührener Wald geschossen. Es ist damit der vierte Nachweis dieses Tieres im Bezirk Leipzig. Der Marderhund – dem Waschbären sehr ähnlich – gleicht einer starken Hauskatze, hat ein bräunlich-grauschwarzes Haarkleid, eine schwarz-weiße Gesichtsmaske und eine langhaarige Rute. Das Tier wird ganzjährig gejagt, da es die Tollwut übertragen kann und Enten, Rehkitzen u. a. kleineren Tieren nachstellt. Vorkommen oder Erlegungen sind zwecks einer Dokumentation dem Naturwissenschaftlichen Museum in Leipzig zu melden. *1976 S. 197*

## PERSONALIEN

**Walter Spitzer**, Püchau, *1896 †1976. Lehrer, langjähriger Leiter des Püchauer Volkschores, heimatkundliche Forschungen. *Rundblick-*Mitarbeiter. *1976 S. 89*

**Herbert Döbler**, Großzschepa/Grimma, *1906 †1976. Steinarbeiter, kämpfte für die Rechte der Arbeiter, Mitglied der USPD, nach 1945 der KPD, Gewerkschaftsführer. *1976 S. 89*

| 1977 | 25. Jahrgang |
|---|---|

**Der Rundblick**. Kulturspiegel der Kreise Wurzen-Oschatz-Grimma. 2 Hefte, A4-Format, 200 Seiten, 3,50 M.

# In Großbardau gibt es Theaterluft mit „irrem Duft“

Morgens halb vier Uhr wird es hell. Juni. – In hunderttausend Perlen liegt kristallener Tau auf blühend bunten Wiesen. Dann Motorengeräusche. Gräser und Blumen werden vom Schwadmäher erfaßt. Mit einem Schlage ist die blühende Pracht verschwunden. Was bleibt, ist ein würziger Duft, der betäubende Duft von frischem Heu.

Daran muß ich denken im übervollen Saal des Großbardauer Kulturhauses, wo in wenigen Minuten die einheimische Theatergruppe unter Leitung von *Rudolf Weber* mit *Rudi Strahls* „Ein irrer Duft von frischem Heu“ auftreten wird.

Rückblick auf 1945. Wie war das damals? Heimgekehrt aus dem sinnlosen Krieg versuchte der junge Drogist Rudolf Weber (*1925 in Großbardau) seine musischen Neigungen zum Malen und Schauspielern zu verwirklichen. Spielfreudige Leute gab es im Ort genügend. Ungenügend sah es dagegen auf dem „Rollenmarkt“ aus. Endlich fand sich ein Volksstück, und ein Stempel der sowjetischen Militärbehörde in Leipzig gab dem Vorhaben Legalität.

Dem einen Spiel folgten weitere. Immer mehr Großbardauer beteiligten sich daran, hatten ihre Begeisterung, fanden ihre Freude. Doch kein Auftritt ohne die Mühen der Probe. Rudolf Weber hat als Regisseur die Fäden in der Hand. Jeder muß mitdenken, Vorschläge machen. Wenn er sich einmischt, geschieht es temperamentvoll. Springt er auf die Bühne, so sagt er unverblümt, wie er es meint, spielt vor, ohne daß er wünscht, nachgeahmt zu werden. Keiner nimmt übel, weder der Lehrer, der Bauer, die Sekretärin, noch die Schneiderin oder der Ingenieur. Zu den Proben hat noch keiner gefehlt. Nach Möglichkeit werden beide Ehepartner eingesetzt, aber nicht nur des Hausfriedens wegen. Allein die Bereitschaft, wöchentlich mehr als einen vollen Arbeitstag zusätzlich aufzubringen, ohne einen Pfennig dabei zu verdienen, ist mehr als lobenswert.

Zu dem 25 „Mann“ starken Kollektiv gehören außer zwölf Darstellern noch Bühnenbauer, Beleuchter, Techniker, Souffleuse und Inspizient. Der letztere sorgt dafür, daß sie alle sorglos spielen können, daß die hundert kleinen Dinge vorhanden sind und gefunden werden, wie Streichhölzer, Eier, Marmelade, das Kleid in der Lade.

Dreimal wird jedes Stück aufgeführt. Über tausend Gäste kommen von auswärts. „Wir brauchen mindestens zwei Vorstellungen, um alle Unkosten decken zu können. Und wer da alles Geld haben will. Das, was dann noch übrig bleibt, fließt in die Feuerwehrkasse, die dafür neue Anschaffungen macht. Und so kommt es wieder dem Dorf zugute.“

Wenn Rudolf Weber mit Malen seinen Urlaub verbringt, umgeben von irrem Duft des frischen Grumtes, wird er vielleicht schon an die nächste Großbardauer Premiere denken. *Helfried Mengel, 1977 S. 182.*

*Nach vierzig Jahren Spielzeit, in der vierzig Theaterstücke aufgeführt wurden, erfolgte Anfang der 80er Jahre die letzte Aufführung.*

**Rudolf Weber (links) beim Theaterauftritt**

**Langsam füllt sich die Kiesgrube mit Wasser, viel schneller mit begeisterten FKK-Anhängern**

## Lächeln die Seen, laden sie zum Bade?

Die seen- und waldreiche Landschaft um **Naunhof** und **Brandis** hat hier ein beliebtes Naherholungsgebiet entstehen lassen. Es entspricht geologisch der Naunhofer Talebene, die von der eiszeitlichen Mulde ausgeräumt und zugleich wieder mit Sand und Kies teilweise gefüllt wurde. Unterirdisch fließt hier noch der Urstrom der ehemaligen Mulde, ein ideales Grundwasserreservoir. Der Kies wird seit mehr als 40 Jahren abgebaut, und so entstanden inmitten der Waldgebiete große weite Wasserflächen, rein, klar, smaragdgrün – sie laden zum Baden ein.

Doch da sind Einschränkungen, die bitteren Wermutstropfen im Freudenbecher sozusagen. Einmal wird man ausgiebig noch viele Jahre die wertvollen Ressourcen Kies und Sand nutzen, und zum zweiten gibt es eine ganze Reihe von Wassergewinnungsanlagen, teils, um Städte und Dörfer zu versorgen, teils für die Großstadt Leipzig. Wasser braucht jeder Mensch immer mehr in Hülle und Fülle. So ist es unabdingbar und unveränderlich, daß hier das kostbare Naß seit fast hundert Jahren entnommen und auch weiterhin abgesaugt wird. Nun müssen diese beiden Gegensätze, der Wunsch sich zu erholen, und die Notwendigkeit, Kiese und Sand abzubauen und Wasser zu gewinnen, auf einen Nenner gebracht werden. Das ist sehr kompliziert!

Die drei großen Autobahnseen *Albrechtshain-Beucha, Ammelshain (Moritzsee)* und *Naunhof (Grillensee)* können von den Badefreunden in unterschiedlichem Umfang genutzt werden. Sperrseile und Verbotsschilder orientieren die Besucher. Trotzdem halten sich viele nicht daran. Vernünftige und Einsichtige werden benötigt, die das begreifen. Doch davon gibt es noch nicht viele. Das beweisen die Uneinsichtigen, die an den verbotenen Stellen baden, die die Baggermannschaften und die Transportfahrzeuge an der Arbeit hindern, die ihre Fahrzeuge in verbotenen Zonen abstellen und die ihr eigenes Trinkwasser verschmutzen.

Ich umradelte im Sommer 1976 den See. Monatelang brannte die Sonne erbarmungslos auf die dürstende Erde nieder und trieb die Massen aus weitester Ferne her an eben diesen See. Und das wollte ich mir ansehen. Ich hatte zwar schon davon gehört, aber jetzt sah ich es mit eigenen Augen: Alles nackte Menschen, groß und klein, Frauen und Männer. Sie jauchzten im Naß oder vergnügten sich mit dem Feder- und Volleyball auf dem lockeren Kiesrand. Ein Bild aus der Urzeit. Irgendwer hatte vor Jahren den Anfang gemacht, und nun war FKK dort das ungeschriebene Gesetz.

Inzwischen wurde FFK halboffiziell akzeptiert und ein Kompromiß gefunden. Ein Schild verrät uns: Hier darfst du mit 'ner Hose! Und an der Halde steht ein anderes: FKK. Nun können Sie sich entscheiden. Und schauen Sie mal, wie sich die Leute entschieden haben: Am Textil eine Handvoll Leute, am FFK kein Platz mehr frei!

Meine Exkursion an das Naturbad *Ammelshainer See* (neben der Autobahn) will ich perspektivisch beenden: Bis in die Anfänge der achtziger Jahre ist vorgesehen, Kies abzubauen. Dann soll das gesamte Gebiet, bis auf die Seite am Dreiflügelweg (das ist die Rippe zum Naunhofer See) für die Naherholung genutzt werden. 7000 Erholungssuchende werden sich dann teils nackt, teils angezogen der Sonne und dem Wasser darbieten können und dürfen! Das sind dann 46 ha Wasserfläche. Während schon jetzt ca. 500 PKW zwischen Autobahn und Halde, die den See vor Autolärm schützt, für 2 Mark (ziemlich happig!) parken, werden in den neunziger Jahren mindestens noch einmal so viele Autos anreisen können. Es werden auch sanitäre Anlagen, gastronomische Einrichtungen und fast zwei Kilometer Strand alle Wünsche stillen können. – Alles in allem: Unsere Seen laden zum Bade, wenn auch mit Einschränkungen.

*Heinz Tümmler, 1977 S.170*

HEUTE: Nur noch Reste erinnern an den *VEB Spannbeton-Werk* und die *Leipziger Beton Union.* Die Bagger und Förderbänder sind abgebaut. Grillensee und Moritzsee haben ihre Anziehungskraft nicht verloren. Bei Badewetter herrscht trotz der Warnschilder „Baden auf eigene Gefahr!" Hochbetrieb. Der FKK-Strand ist weiter der Magnet. 2002 ist das Freizeit- und Bildungszentrum *Grillensee* hinzugekommen mit modernen Unterkünften und Sportanlagen. Einzigartig ist das dritte größere Gewässer, der *Albrechtshainer See* mit Hochseilkletterwand, Campingplatz, Bootsverleih und Gastronomie. – Außerdem bietet die Stadt Naunhof in der Wiesenstraße direkt neben der Parthelandhalle das neue Waldbad. Naunhof hat also Wasser genug – nicht nur aus der Leitung.

## Keine Angst vor Kreuzottern!

Das gleich am Anfang: In der DDR ist bisher kein Todesfall durch den Biß einer Kreuzotter registriert worden! Natürlich soll man sich so verhalten, daß es gar nicht dazu kommt, und bei richtigem Verhalten der Menschen läßt sich das auch verhindern. Und trotzdem wird auch heute noch immer dem Tier angedichtet, daß es böse sei und Menschen angreifen würde. Tatsächlich lebt die Schlange verborgen, nimmt jede Bodenerschütterung wahr und verschwindet ungehört und ungesehen in ihrem Schlupfwinkel.

Vor der Jahrhundertwende arteten die Ängste zu einer regelrechten Hysterie aus und es setzte damals geradezu ein Vernichtungsfeldzug ein. Man zahlte z.B. in **Grimma** von 1889 bis 1897 für fast tausend getötete Kreuzottern Fangprämien. Sicherlich waren die meisten dieser Tiere gar keine Kreuzottern. Der bezahlte Vernichtungsfeldzug wurde 1926 gestoppt und das Tier unter Naturschutz gestellt. Der Schutz wurde 1970 erneut festgelegt. Eine Umfrage in den Krankenhäusern und Polikliniken der drei Kreise hat ergeben, daß in den vergangenen dreißig Jahren lediglich vier Personen von Schlangen gebissen wurden, ob in einem Fall durch eine Kreuzotter, ist nicht bewiesen. Alle Patienten konnten geheilt entlassen werden.

Das Gift der Kreuzotter ist nicht für den Angriff gedacht. Es ist primär für die Verdauung der Beute bestimmt, denn es enthält die hierzu nötigen eiweißaufschließenden Fermente und dient also in erster Linie dem Beuteerwerb und der Verdauung. Nur sekundär wird es bei der Abwehr von Feinden verwendet.

Obgleich Form und Zeichnung der Kreuzotter im allgemeinen gut bekannt sind, kommt es doch häufig zu Verwechslungen, besonders mit der Glattnatter, deren Doppelpunktreihe auf dem braunen Rücken vielfach mit dem Zickzackband der Kreuzotter verwechselt wird. Die Kreuzotter wird selten länger als 50 cm, während die Glattnatter erheblich über einen Meter Länge erreichen kann.

Die von den Kreuzottern bevorzugten Lebensräume in unserer engeren Heimat sind moorige Stellen auf Lichtungen bzw. frisch aufgeforstete, nasse Kiefernkahlschläge. Nässe spielt also eine große Rolle.

Mit der Einführung der industriellen Produktion in der Landwirtschaft, mit der Entwicklung des Erholungswesens und des Tourismus hat sich die Situation für unsere Kriechtiere und Lurche im allgemeinen grundlegend verschlechtert. Wollen wir einige Kreuzottervorkommen schützen, muß auch die Melioration von Sumpf- und Feuchtwiesen in diesen Gebieten unterbleiben. *Siegfried Bauch, 1977 S. 38*

**Fundstellen** zwischen 1955 und 1975:
Im Kreis Wurzen: Schildberggebiet, Meltewitz, Planitzwald, Tresenwald;
im Kreis Grimma: Frauenholz, Naunhof, Großbothen, Forst Glasten, Colditzer Forst, Forst Nimbschen, Forstrevier Lindhardt, Buchholz;
im Kreis Oschatz: Wermsdorfer Forst.

## Die Oschatzer „Tintenfische" schwimmen nicht in der Döllnitz

Wenn wir hier erklären: „In Oschatz sitzen hundert Leute in der Tinte!", dann wird der Uneingeweihte sehr bestürzt dreinschauen. Denn diese Redensart drückt erfahrungsgemäß etwas Unangenehmes aus. Doch hier ist es anders. Mit der *Tinte* ist die *Tintenfabrik* gemeint, genauer *VEB Bürochemie Dresden, Werk Oschatz*. Die Werksanlagen liegen im früheren Zschöllau an der Mannschatzer Straße in unmittelbarer Nachbarschaft von Wiesen und Gärten, einer ländlichen Straße, die aus der Stadt herausführt.

Entstanden ist der heutige Betrieb aus der kleinen *Chemischen Fabrik Baumheier KG*, die bis 1946 bestand. Im Volksmund hieß sie nur *die Tinte*, wo Waschpulver, Textilhilfsmittel, Schwimmseife, Bohnerwachs, Farbanstrichmittel, Molkenessig und ein ganz billiger Leim hergestellt wurden. Nach der Enteignung ging die Produktion so weiter, bis 1950 der gesamte Maschinenpark ausgebaut und nach Karl-Marx-Stadt verlagert wurde. Dadurch gingen zunächst 65 Arbeitsplätze verloren.
Doch schon zwei Jahre später begann nach erheblichem Umbau ein Neubeginn mit 70 Beschäftigten, die jetzt hauptsächlich Füllhaltertinte produzierten. Dazu kamen noch einige Spezialtinten (auch Geheimtinte!) sowie Stempelfarben, Büroleim und Ausziehtuschen in 16 verschiedenen Farben. Der Bedarf stieg ständig, so daß schließlich hundert Beschäftigte auch für den Export arbeiten konnten. Erst mit dem Siegeszug des Kugelschreibers änderte sich das Produktionsprogramm etwas, in das nun karbonisierte Additionsrollen mit aufgenommen wurden. Das neueste Erzeugnis schließlich ist das Farbtuch. Es wird bei der Bedienung von Schnelldruckern der elektronischen Datenverarbeitung gebraucht.

Das wäre noch wichtig zu erwähnen: Große Metallbehälter mit der Aufschrift „entionisiertes Wasser" ziehen in der Ansatzabteilung für Tinte unsere Blicke auf sich. Es ist dreifach destilliertes Wasser, sogenanntes „totes" Wasser, in dem selbst die robusteste Mikrobe zugrunde gehen muß. Es wird in den Ionen-Austauschern – einem Röhrensystem – ohne Dampf und Elektrizität nur mit Hilfe von Harzen gewonnen. Das völlig keimfreie Wasser verhindert jegliche Schimmelbildung und dient zur Herstellung von Tinte, Büroleim und Stempelfarbe.

Die *Oschatzer Tintenfische* werden weiter hochproduktiv bleiben! Wenn sie auch nicht mehr so viel Tinte wie früher herstellen, so können wir das im Zeichen des Fortschritts nur begrüßen. Weisheit und Unwissenheit, Lehren und Irrlehren, Wahrheit und Lüge aus Jahrhunderten der menschlichen Entwicklung wurden mühevoll mit kratzender Feder für die Nachwelt aufgezeichnet. Mit welcher Begeisterung hätten wohl unsere tintenverspritzenden Vorfahren eine moderne Schreibmaschine ans Herz gedrückt!

Aber: Liebesbriefe sollten auch heutzutage mit der Hand geschrieben werden. Und dabei sollte der Schreiber weder Zeit noch Mühe scheuen! *Hildegard Gerlach, 1977 S.129*

HEUTE: Der Betrieb überlebte die Wende nicht. Bis 1991 wurde *die Tinte* vollständig abgewickelt, und nach dem Erwerb durch die Stadt Oschatz wurden die Gebäude abgerissen und die Fläche begrünt. Die alte *Baumheier-Villa* sanierte sein Besitzer.

# Wir gehen in die Heidelbeeren!

Frühzeitig ging es los. Wir benutzten den ersten Zug von Wurzen her, um ja beizeiten an Ort und Stelle zu sein. Schon am Bahnhof **Dornreichenbach/Mark Schönstädt** schöpften wir Hoffnung, denn die Schar der Sammler teilte sich. Die einen schlugen den Weg parallel zur Bahnlinie ein, die anderen verkrümelten sich rechts ab in den Wald. Wir stürmten unserm gewohnten „Fleck“ zu. Vorsorglich hatten wir Gummistiefel angezogen, denn die Wege waren noch naß. Im Walde war es angenehm frisch.

Jedes Jahr Anfang Juli gab es die gleiche Frage: „Wie hängen sie denn diesmal? Wird sich's auch lohnen?“ Natürlich fanden wir an unserem Stammfleck, den wir keinem verrieten, prachtvolle große Beeren. Selbstverständlich hegten andere Sammler, oft gar nicht weit von uns entfernt, den gleichen Gedanken.

Das „Wie“ des Pflückens unterschied sich sogar in der eigenen Familie. So kostete unser Vater nicht eher von den kleinen schwarz-blauen Beeren, bevor der Boden seines Kruges bedeckt war. Unsere Mutter hingegen, vielleicht kritisch prüfend, ließ schon von Anfang an ab und dazu eine Beere

zum Munde wandern. Wir Kinder mußten natürlich zuerst mal probieren, und bald schon erkannte man rund um die Lippen herum das verräterische Blau.

Schließlich hörte das Scherzen auf. Stille trat ein, und jedes war bemüht, die meisten Beeren zu sammeln. Nach Stunden meldete sich der Hunger und erinnerte an den mitgenommenen Proviant: harte Eier, eine Butterschnitte, Wurstbrote. In frischer Waldluft schmeckte es herrlich, aber lange durfte das Frühstück nicht dauern, denn unbedingt mußte ja der Krug voll werden. Freilich gab es Sammler, denen die Geduld ausgegangen war. Sie blieben nach dem Frühstück faul im Grase liegen. Andere schauten lieber nach Pilzen, und wir Kinder wären am liebsten nur so auf Entdeckungsreise durch den Wald getobt.

Natürlich waren die Frauen mittleren Alters am fleißigsten. Geduldig hockten sie im Gebüsch, ein Töpfchen um den Bauch gebunden, das sie hin und wieder in ein in der Nähe stationiertes größeres Behältnis leerten. Auch Mückenstiche und das Umherschwirren der lästigen Bremsen nahmen sie ohne weiteres in Kauf, während wir Jahr für Jahr eine neue Mückenabwehr ausfindig zu machen suchten.

Das Sammeln von Heidelbeeren gehörte seit alters her zu den notwendigen Tätigkeiten der Dorfbewohner, wie aus der folgenden Aktennotiz hervorgeht: Die **Hohburger** Gemeindeversammlung faßte einen Beschluß, den sie am 2.6.1894 dem Schulvorstand mitteilte: „Die vierzehntägigen Ernteferien der Schulkinder sind zu verlegen, und zwar in die Zeit der Heidelbeerernte, da die meisten Kinder in der Heidelbeerzeit mehr verdienen als in der Erntezeit“. Eine spätere Notiz vermerkt, daß der Schulvorstand dazu keine Veranlassung sieht, sondern daß an den bisherigen gesetzlichen und ortsüblichen Bräuchen festgehalten wird. *Horst Liebing, 1977 S. 144*

HEUTE: Es wachsen kaum noch Heidelbeeren in unseren Wäldern. Und so sind auch die „Hedelbährweibor“ nur noch ein Episode in der Heimatgeschichte. Heidelbeeren werden jetzt im Garten geerntet oder in den Geschäften gekauft. Aber sie schmecken bei weitem nicht so köstlich wie die selbst geernteten Waldheidelbeeren.

# Im Horstsee schwammen die Karpfen nur drei Sommer

**Das Netz wird eingezogen, die Fische zappeln um ihr Leben**

„O Vati, ist das die Fischsuppe?“ „N-na ja, Katrin“, zögert die Erziehungsberechtigte, „also gewissermaßen auch.“

Katrin starrt offenen Mundes auf die paar Quadratmeter *Horstsee*, durch ein Zugnetz in einen abgetrennten Kessel verwandelt, in dem eine leicht getrübte Brühe brodelt, kocht und spritzt. Zweihundert Meter weiter geschieht ähnliches in richtigen Suppenkesseln, wo die echte *Wermsdorfer Fischsuppe* dampft, die man nur einmal im Jahr schlürfen kann, dann aber auch gleich tausendtellerweise.

Einmal im Jahr – das ist ein Sonnabend und Sonntag im Oktober. Das Fest nennt sich Horstseeabfischen und beweist eindringlich Richtigkeit und Wichtigkeit des Autobahnbaues Leipzig-Dresden. Denn nur so ist es möglich, daß die Fahrzeuge aus ganz Sachsen und darüber hinaus auf schnelle und bequeme Weise die Nähe der Wermsdorfer Binnenfischer suchen können. Am Ende der beiden Tage zählen die Binnenfischer an die fünfzigtausend Leute, die wegen der Fische gekommen sind.

Der Horstsee hat seine Eigenheiten. Dazu gehört vor allem, daß das zwei Kilometer lange Gewässer auf seiner Westhälfte einen Bodenbuckel macht, genau auf der Wasserscheide zwischen Mulde und Elbe. Will man also den See trockenlegen – und beim jährlichen Abfischen will man das immer –, müssen die Schieber auf zwei Seiten geöffnet werden. Der hintere Teil läuft dann über das *Mutzschener Wasser* in die Mulde ab, die größere Ostseite dagegen über die *Döllnitz* zur Elbe. Zurück bleibt eine 67 Hektar große Schlammfläche, auf der sich die bunte Wasserrutschbahn und der Sprungturm des Horstseebades ganz eigentümlich ansehen. Zurück bleibt die Fischgrube am östlichen Ablaß und zurück bleiben vor allem die Fische, die hier ausschließlich Karpfen und Schleie heißen.

Etwa hundert Meter vom Ufer entfernt legt ein Dutzend Fischer das Netz in der Fischgrube aus, verbindet beide Ende mit Stahlseilen, die von Elektrowinden am Ufer eingeholt werden. Dieser zugkräftige Vorgang lockt die Zuschauer scharenweise an. Und dann geht alles sehr schnell. Ein spaltbreites Öffnen des Schiebers, und schon sausen etliche hundert Geschuppte auf ein Förderband: dreisömmrige Spiegelkarpfen vor allem. Die zappelnde Beute platscht auf den Sortiertisch und wird von den Fischern entsprechend Größe und Art in mit Sauerstoff gespeiste Wasserbottiche geschleudert, von wo sie schließlich oben auf der Straße in bassinbestückte Lastwagen des *VEB Binnenfischerei* landen. Tausende schaukeln dem Volksfestplatz zu in die Taschen und Eimer der Besucher oder in die betriebseigenen Hälteranlagen, von wo sie dann im Laufe der Wochen ihren Weg zu den Verkaufsstellen nehmen.

Auch Binnenfischer und Handelsorganisatoren erleben ein Wunder. Ein HO-Experte erklärt mir, daß er in den fünfziger Jahren mit sechs Verkäuferinnen, drei Waschwannen und zehntausend Mark Umsatz in Wermsdorf anfing. Damals noch an einem Wochentag. Vor acht Jahren war dann um ein offizielles Wochenend-Volksfest nicht mehr herumzukommen. „Jetzt“, freut sich der rührige Handelsmann, „muß ich zweihundert Verkäuferinnen heranschleppen, und die haben an diesen beiden Tagen

350 000 Mark kassiert, zumeist für Fisch, aber auch mit Eimern und Wannen und anderen Haushaltwaren, die wir gleich mit anbieten.“ Übrigens, dazu gehörten auch Geflügelscheren. Dabei weiß – bei aller fischwissenschaftlichen Unkenntnis – doch beinah jeder, daß zum Programm der Wermsdorfer Binnenfischer noch niemals fliegende Fische gehört haben. *Rolf Pfeiffer, 1977 S. 16*

## AUFGEZOGEN ...

Jeder zehnte der insgesamt 2000 DDR-Binnenfischer arbeitet beim VEB Binnenfischerei Wermsdorf. Der Betrieb bewirtschaftet in den Bezirken Halle und Leipzig 1000 ha Wasserfläche, darunter auch den Großen Teich Torgau und den Elsterstausee. Die 13 Wermsdorfer Teiche nehmen davon 150 ha ein. Der Horstsee, größter Fischteich im Bezirk Leipzig, weist eine Durchschnittstiefe von 1,5 Meter auf. Im Frühjahr werden hier 150 000 zweisömmrige Karpfen ausgesetzt. Fütterung von Mai bis September mit Weizen, Gerste und Roggen. Für die Ernte von einem Kilo Karpfenfleisch sind zwei Kilo Getreide erforderlich. Das Fangziel von 125 Tonnen konnte mit 10 Tonnen überboten werden.

## ... UND AUFGEGESSEN

Bereits am ersten Tag des diesjährigen Wermsdorfer Fischerfestes (1976) wurden von den Besuchern aufgekauft, nach Hause transportiert bzw. an Ort und Stelle verzehrt:

19 000 lebende Schleien
14 000 lebende Karpfen
25 000 Stück Räucherkarpfen
9 500 Stück gebackene Forelle
6 000 Stück gebackener Karpfen
4 300 Teller Fischsuppe

HEUTE: Der VEB wurde nach der Wende aufgelöst. Nach Bildung einer GmbH und deren späterer Auflösung übernahmen die *Teichwirtschaften Wermsdorf/Torgau* mit 12 Beschäftigten und dem Inhaber *Georg Stähler* die Bewirtschaftung von 49 Teichen, die sich im Eigentum des Landes Sachsen befinden. Jedes Jahr im Oktober findet mit zehntausenden Besuchern das Horstseeabfischen statt. Es hat sich zu einem großen Volksfest entwickelt.

# Die Börlner suchen immer noch ihren unterirdischen Gang

**Im ehemaligen Herrenhaus befindet sich das Altersheim**

Das Dorf liegt am Rande der *Dahlener Heide* inmitten grüner Felder. Die Ortsteile **Bortewitz** und **Schwarzer Kater** wirken durch die lockere Bauweise der Neubauerngehöfte mit den buntbepflanzten Vorgärten schmuck und freundlich. Das Dorf Börln hingegen erscheint dem flüchtigen Betrachter zuerst etwas „zugeknöpft“, was auf die streng abgeschlossenen Vierseithöfe mit der Giebelwand hart am Fußweg und dem hohen Holztor nach der Straßenseite zu hervorgerufen wird. Doch die Bewohner hier sind genau so freundlich und aufgeschlossen wie anderswo auch, wenn man mit ihnen ins Gespräch kommt.

Auch in Börln wird das ländliche Bauen gefördert, und in den letzten Jahren entstanden viele schmucke Einfamilienhäuser. Wie überall, so sind ebenso hier die Bewohner der Bauerngehöfte am Werke, ihre Anwesen zu pflegen und aufzufrischen. An Besonderheiten entdecke ich ein Taubenhaus und zwei Backöfen, die aber schon längst erkaltet sind. Börln hat auch noch eine der alten Schmieden, deren lustiges Hämmern früher jedem Dorf die besondere Atmosphäre verlieh. Die „Plumpen" in den Gehöften sind zur Zeit noch voll in Aktion, bis auch dieser Ort seine Wasserleitung bekommen wird.

Ein markanter Punkt im Dorf ist *der Hügel*, den einige Bäume krönen und der *Eiskeller* genannt wird. Dort wurden früher die zur Kühlung benötigten Eisblöcke gelagert, die man aus dem Dorfteich geholt hatte, und die man zur Kühlung von Bier u.a. brauchte. Der unterirdische Gang vom Eiskeller zum Schlosse ist schon längst wegen Einsturzgefahr gesperrt (oder hat es ihn gar nicht gegeben?).

Nebenan erhebt sich die Kirche, die über der Eingangstür die Jahreszahl 1732 mit dem in Sandstein gehauenen Wappen der einstigen Besitzer des Schlosses trägt. Links von der Tür steht eine verwitterte Sandsteinplatte. Es ist der Grabstein (oder ein Sühne-Tafel) die von einem vor langer Zeit begangenen Mord am *Schwarzen Kater* vermeldet.

Weithin bekannt geworden ist Börln durch seine *LPG Helmut Just* und durch sein *Feierabendheim*. Es wurde im ehemaligen Schloß eingerichtet. Unmittelbar am Heim liegt ein kleiner Park mit wertvollem alten Baumbestand und einem Teich. Im ehemaligen Herrenhaus sind auch die Verwaltung der LPG und der Kindergarten untergebracht. Besonders stolz sind die Börlner auf ihren Sportplatz und das Sportlerheim.

Am Ende meiner Wanderung steuere ich auf die *Gaststätte Kleine* zu. Von außen unscheinbar, ist die gastliche Stätte innen neu vorgerichtet und wirkt sehr anheimelnd. Die schwarzhaarige, ansehnliche Wirtin lacht und scherzt mit den Gästen. Der Widerhall des fröhlichen Gelächters begleitet mich noch auf meiner Rückfahrt ins heimatliche Oschatz. *Margareta Rathmann, 1977 S. 45*

HEUTE: Der Schmiedemeister hat das Rentenalter erreicht und seine Werkstatt geschlossen, ebenso machte die Gaststätte Kleine die Türen zu. In den 80er Jahren erhielt das Dorf eine Wasserleitung. Die Bewohner vom Feierabendheim im ehemaligen Schloß gingen in den 90er Jahren in einen Neubau nach Dahlen, ein neuer Investor riß alle Wände raus, dabei blieb es. Das Herrenhaus bauten die Betreiber des Landgutes, Nachfolger der einstigen LPG, zu einem gesellschaftlichem Zentrum aus für Familienfeiern u.ä. Ein Hotel am Schloßpark beherbergt Gäste, die Landluft schnuppern und Reitsport betreiben wollen. Gleich zwei Reiterhöfe offerieren dafür ihre Angebote. Ein Bäcker sorgt für frische Backwaren. Verwaltungsmäßig gehört der Ort zu Dahlen, ziemlich weit weg von der Stadt.

## Entstandene Ähnlichkeiten sind rein zufällig

Nahezu alle **Colditzer** kennen sie – zumindest dem Namen nach – zuvörderst als langjährige Lehrerin an der hiesigen Sonderschule, die Malerin und Keramikerin *Irmgard Sander* (*1913). Ihr erklärtes Ziel ist es, „Kindern, die unserer Hilfe so dringend bedürfen, zum Selbstbewußtsein zu verhelfen, verborgene Fähigkeiten zu entdecken, sie zu fördern, damit sie später einen festen Platz in unserer Gesellschaft einnehmen." Ein langer, beschwerlicher Weg.

Immer neue Möglichkeiten ersinnt sie, „ihren" Kindern zu Erfolgserlebnissen zu verhelfen. Da werden kleine Ausstellungen organisiert, Klassenzimmer und Treppenhäuser mit Bildern verschönt, da wird ein ungenutztes Schaufenster in der Töpfergasse zum ständigen Ausstellungsort. Die kleinen Werke finden Betrachter, und nicht selten hört man auch: „Da ist doch Frau Sander Lehrerin." Man sagt es mit Achtung.

Die Colditzer kennen und schätzen ihre Persönlichkeit auch in anderen Wirkungsbereichen. Wenn sich Irmgard Sander zu

**Irmgard Sander beim Modellieren**

Wort meldet, tut sie es meist mit der ihr eigenen bescheidenen Zurückhaltung. Doch sie kann sich auch leidenschaftlich für ein Anliegen einsetzen, vor allem dann, wenn Bürokratismus, Engstirnigkeit eine Sache hemmen. So, wenn z.B. die unsachgemäße Behandlung wertvoller, historischer Bauwerke das schöne Stadtbild verschandelt oder wenn Ratschläge vom Museumsbeirat unbeachtet bleiben und Wertvolles, Unersetzliches verfällt. Sie betrachtet sich als Anwalt alles Guten, Schönen und Wertvollen. Es zu hüten, zu pflegen und kommenden Generationen zu bewahren, betrachtet sie als ihre Pflicht. Es ist ihr ein wahres Herzensbedürfnis, mitzuwirken, daß das charakteristische Bild des Muldenstädtchens, das sie so liebt, erhalten bleibt.

Eines Tages kam der Nachbar schnaufend die Treppe herauf, stellte einen Eimer mit Ton in die Küche und brachte auch gleich das Modell mit: ein etwa zehn Tage altes Ziegenböckchen. „So, nun fangen Sie mal an!", und damit begann eine neue Periode ihres künstlerischen Schaffens. Seitdem stehen im Regal ihres Mini-Ateliers reihenweise Kleinplastiken, gefertigt aus Colditzer Schamotte.

In letzter Zeit folgten Darstellungen von Menschen, eigenartige Typen, kuriose Käuze, starke und schwache Charaktere. Sie gelingen ihr prächtig. „So viele Charaktere, so viele Meinungen." Jede ihrer Figuren ist dem Leben abgelauscht. Manche skurril, doch wahrhaftig. In nicht wenigen glaubt man die Züge Colditzer Einwohner zu entdecken. Wenn man Frau Sander direkt danach fragt, lächelt sie weise: „Entstandene Ähnlichkeiten sind rein zufällig."

*Wolfgang Stadler, 1977 S. 18*

## „Wenn der Beiersdorfer nicht muß, rührt er weder Hand noch Fuß"

Beiersdorf wurde vor 700 Jahren (1277) erstmals urkundlich erwähnt. Das nahmen die heutigen Gemeindeväter und -mütter zum Anlaß, mit den sechshundert großen und kleinen Bürgern, den Freunden und Verwandten aus nah und fern, ein Heimatfest zu feiern. Auch der *Rundblick* machte sich auf die Socken, um in der Vergangenheit zu forschen und die Gegenwart kennenzulernen.

**Hier beim Scheren der Schafe geht es allerdings ziemlich flott zu**

Es müssen neidische Nachbarn gewesen sein, die vor Jahrzehnten den Spottvers zusammenzimmerten: „Wenn der Beiersdorfer nicht muß, rührt er weder Hand noch Fuß." Nun denn, prüfen wir diesen Reim.

Bauer *Max Schubert* (58) hatte schon immer einen Drang zur Landwirtschaft. Aber sein Vater besaß weder Grund noch Boden. Also pachtete er sich ein kleines Gut, das er mit der Bodenreform als Eigentum erhielt. Die Arbeit bereitete ihm großen Spaß. Es machte ihm nichts aus, daß er tüchtig ran mußte, denn nach und nach saßen sechs Kinder um den Tisch, und die hatten Hunger. Einer von den Burschen sollte mal den Hof übernehmen. Da kam das Jahr 1960. In Beiersdorf wurde mit zuerst im Kreis Grimma der Schritt zum vollgenossenschaftlichen Dorf gegangen. Max Schubert wollte nicht. Auch von den Agitatoren ließ er sich nicht überzeugen. „Ich glaube, wir müssen dann verhungern. Ja, es stimmt schon, ich zerhackte damals meine Küche, um die 'Überzeuger' loszuwerden. Heute kann ich darüber nur lachen."

Es ist niemand verhungert. Alle Jungen und Mädchen haben einen guten Beruf, haben es zu etwas gebracht. Mit seiner Frau betreut Max Schubert die jungen Färsen der Genossenschaft. Man sagt, daß es im Stall genauso aussieht wie zu Hause, und das Wohnhaus ist zu einem Schmuckstück geworden. Oma und *Opa Schubert* haben längst eine neue Küche gekauft.

Seit kurzem wurden zahlreiche LPG der näheren und weiteren Umgebung zur *KAP (Kooperative Abteilung Pflanzenproduktion)* zusammengeschlossen, eine von sechs im Kreis Grimma. Die Bauern bewirtschaft 5240 Hektar, wobei der Getreideanbau mit 2000 Hektar im Vordergrund steht. Der Maschinenpark umfaßt 94 Traktoren, 11 Mähdrescher, 11 Kartoffelkombines u.a.

Die Milchviehanlage gehört jetzt zur *LPG Ammelshain/Beiersdorf/Klinga*. Neben der Rinder- und Schweinezucht stehen 140.000 Junghühner in den Ställen und auf der Weide schnattern 80.000 Enten. Nebenbei wird auf 25 Hektar noch ein Gemüseanbau betrieben.

Der bekannte Beiersdorfer Betrieb, bis vor kurzem noch unter der Bezeichnung *VEB Steinzeugwerk* bekannt, wurde aus wichtigen Gründen auf neue Produktion umgestellt. Die Fertigung beschränkte sich bisher auf säurefeste Klinkerplatten. Jetzt werden seit Monaten von den sechzig Beschäftigten Betonelemente für Baustellen hergestellt. Die nahe Tongrube war erschöpft. Außerdem ließ sich mit den technisch veralteten Maschinen nicht mehr rentabel arbeiten. Die Rohstoffe liefern jetzt die Kieswerke in Naunhof und die Zementwerke Bernburg.

Längst Geschichte ist der Braunkohlenabbau. Er wurde von 1868 bis 1931 in der Grube *Gottes Segen* betrieben. Die Kumpel hatten oft mit Grundwassereinbrüchen zu kämpfen. Hauptabnehmer waren die *Papierfabrik in Trebsen* und die hiesige Tonwarenfabrik sowie mehrere Rittergutsbrennereien.

Ein tüchtiger Handwerksbetrieb lockt seine Kunden nicht nur mit einem betörenden Duft an, sondern auch mit ordentlich schmeckenden Backwaren. Die *Bäckerei Bahrmann* hat ihren Betrieb mit Ferngas und Dampfbackofen modernisiert und kann so den steigenden Bedarf besser erfüllen. 6.30 Uhr stehen die ersten Kunden an der Tür nach frischen Brötchen. Und der Kundenstrom reißt eigentlich den ganz Tag über nicht ab. Einen gehaltvollen Ausgleich zu seiner nächtlichen Tätigkeit findet *Conrad Bahrmann* mit dem Pferd auf dem Feld in seiner ganz privaten Landwirtschaft. Viel Freude macht ihm auch seine kleine Tochter. Zwei Jungen (hoffentlich ein guter Nachwuchs für die Bäckerei) sind schon da.

Die Freiwillige Feuerwehr wird in zwei Jahren ihr 50jähriges Bestehen feiern. Nicht die Wehr ist die beste, die die meisten Brände bekämpft, sondern die, die die meisten verhindert. Das trifft für die hiesigen 38 Kameraden mit Wehrleiter *Helmut Hentschel* zu: Seit 20 Jahren hat es nicht gebrannt im Dorf! Den letzten hatte *Arthur Preil* verursacht, weil er ein offenes Loch im Ofen mit einem Lappen zugestopft hatte.

Natürlich muß die Schule erwähnt werden, die seit 1929 in einem schmucken Gebäude ihren Sitz hat. Nach dem Krieg bestand zeitweilig ein Schulkombinat mit der Nachbargemeinde Seelingstädt. Das funktionierte ganz gut, vor allem auch dank der

**In der einstigen Fabrikantenvilla tobt seit 1953 der Beiersdorfer Nachwuchs**

langjährigen Lehrerin *Margarete Gergaut* (seit 1946 im Dorf) und musikalischen Schulleiterin. In Beiersdorf werden jetzt nur noch die Klassen 1 bis 4 unterrichtet, die Großen fährt der Bus nach Grimma. Die Schulchronik berichtet von einem reichen Kulturgeschehen im Dorf.

Die Kirche, ein gelber Backsteinbau vom Jahre 1887, paßt zwar nicht so recht ins Dorf, doch wurde er längst von den Einheimischen angenommen. Die damalige Kirchentür kam 1949 ins Grimmaer Museum wegen ihres Alters (vermutlich 700 Jahre) und ihrer bäuerlichen Schönheit: fünf derbe Eichenholzbretter wurden zur Tür zusammengefügt und mit eisernen Symbolen der vier Elemente geschmückt.

Und natürlich soll es einen unterirdischen Gang im Ort geben. Zwischen Pfarrer und politischer Gemeinde gab es deswegen vor einigen Jahrzehnten einen Streit, wer Eigentümer sei. Merkwürdigerweise stritten sie sich um des Kaisers Bart, denn den Gang hat noch nie jemand betreten, weil niemand wußte, wo er sich befand.

Auf keinen Fall suchen sie aber den Lindwurm, der vor vielen, vielen Jahren auf dem Lindberg lebte. Der besaß nämlich eine unangenehme Eigenschaft: Jedes Jahr im Frühjahr verspeiste er eine Beiersdorfer Jungfrau. Als aber eines Jahres der Schmied dafür seine Tochter opfern sollte, machte der sich mit einem großen Hammer auf den Weg und zertrümmerte den Schädel des Untieres. Seitdem leben die Jungfrauen viel ruhiger und warten nicht mehr ängstlich auf den Lindwurm, sondern auf freundliche junge Männer, die ihnen alles Glück für die Zukunft versprechen (und ihr Versprechen auch halten!). *Alfred Klaus, Manfred Müller, Rudolf Priemer, 1977 S. 118*

HEUTE: Die KAP hat sich unter dem Namen *Bauerland* zu einer GmbH umgewandelt. In der Bäckerei Bahrmann hat Vater Conrad die Geschäfte an seine Söhne Jens und Jörg übergeben, und alle drei stehen nach wie vor frühzeitig in der Backstube, um den begehrlichen Kuchen und natürlich Brot und Brötchen auf den Ladentisch zu bringen. – Das Kommando bei der Feuerwehr hat Johann Wächter übernommen. – Die Schule schloß 1992 für immer ihre Pforten, und der unterirdische Gang ist immer noch nicht gefunden.

## NOTIZEN und PERSONALIEN

**Grimma**: Anläßlich der Leipziger Herbstmesse 1976 brachte die Deutsche Post an den Schaltern auch einen 10-Pfennig-Wert, der dem Betrachter auf kräftig-blauem Hintergrund in Türkisfarbe eine **Erdöl-Destillationsanlage** zeigt. Es handelt sich dabei um ein Produkt des *VEB Maschinen- und Apparatebau (MAG) Grimma*. Die Anlage ist mehrfaches Millionenobjekt und wird bereits in Serie gefertigt. Sie ist für eine Verarbeitung von sechs Millionen t pro Jahr spezialisiert. 26 dieser Konstruktionen zur Erdöl-Aufbereitung wurden bisher in die UdSSR geliefert und arbeiten in Westsibirien. *1977 S. 22*

**Wurzen**: Nachdem das Gut im Crostigall Poststation wurde, erfolgte 1734 der Bau des **Posttores**, ein monumentales Bauwerk des sächsischen Barock mit Krone und Wappen des sächs. Königs *(s. Abb)*. Unter der fachlichen Leitung von *Artur Zieger* erfolgte 1975 eine gründliche denkmalgerechte Erneuerung eines der Wahrzeichen von Wurzen. *1977 S. 43*

**Kühren**: Die Kührener haben ihren **Elefanten** wieder, diesmal nicht aus einer aufgeblasenen Stoffhülle, sondern aus Beton. So steht die 1,5 m hohe Tierplastik seit einigen Monaten auf dem Markt. Entworfen und gefertigt hat sie *Friedrich Naumann* mit seinen Kindern, und wenn alles gut geht, soll das Tier sogar Wasser spritzen. Autofahrer, die nun hier Rast machen und gern die Story vom Kührener Elefanten hören wollen, erfahren diese in der gegenüberliegenden Raststätte beim *wilden Richard. 1977 S. 96. – Der Zahn der Zeit hatte das Betontier arg zerschlissen. Es mußte abgerissen werden und seit 2008 steht nun ein Elefant aus Kunststoff für 10000 Euro am gleichen Platz.*

**Cavertitz**: Im Vorjahr bemängelte der *Rundblick* den bedenklichen Zustand der beiden **Steinkreuze** im Ort, „das eine, weil es im Boden fast verschwunden, das andere, weil es mit Gerümpel verstellt ist." Auf Initiative von *Heiner Barth* aus Treptitz wurde das Kreuz an einem Sonntag ausgegraben und auf dem erhöhten Straßenrand aufgestellt *(s. Abb.).*

**Ernst Kretzschmar**, Röcknitz, *1895 †1976. Nach Besuch des Lehrerseminars in Oschatz bis ins hohe Alter Lehrer in seinem Geburtsort, beschäftigte er sich besonders mit der territorialen Frühgeschichte seiner Heimat. *1977 S. 91, 1971 Heft 4/9, 1996 S. 94*

**Oskar Patzelt**, Dr., Wurzen, *1919. Langjähriger Chefarzt der Inneren Abteilung des Kreiskrankenhauses Wurzen, Abgeordneter der Stadtverordnetenversammlung von Wurzen, großes Interesse für Literatur und Musik, spielt Violine im Wurzener Kammerorchester, Vors. des Klubs der Intelligenz beim Kulturbund in Wurzen. *1977 S. 71*

**Erich Vogel,** Oschatz/Limbach, *1895 †1943. Nach Schulzeit Besuch des Oschatzer Lehrerseminars, nach dem Krieg Lehrer in Limbach bei Chemnitz bis 1931, danach Rückkehr nach Oschatz, Schuldienst bis zur Entlassung durch die Nazis 1933 und Inhaftierung in verschiedenen Konzentrationslagern wegen kommunistischer Propaganda. 1940 entlassen, doch als Folge der KZ-Haft Erkrankung und Tod 1943. *1977 S. 77*

**Marianne Händel**, Grimma, *1904 †1991. Modegestalterin im VEB Lederhandschuhe Grimma, in ihrer Freizeit Porzellanmalerin aus Leidenschaft. *1977 S. 140 (Bild rechts)*

**Liane Voigtländer-Warneke**, Klinga/Meinigen, *1940. Opernsängerin am Meininger Theater, aufgewachsen in Klinga, als Jugendliche im Gesangs-Quartett der *Klingaer Schrammeln* bekannt geworden, Fernsehdebüt in *Herzklopfen kostenlos* mit Heinz Quermann. Nach der Ausbildung als Schneiderin erfolgte ein Gesangsstudium in Leipzig, Halle und Weimar. Danach begann sie ihren Theateralltag am Meininger Theater. *1977 S. 30*

## LESERPOST

**Beobachtung**
Wie kommt es, daß heute kaum noch jemand freiwillig singt? Familien laufen schweigend oder mit dudelnden Kofferradios durch den Wald, und Studenten haben ihre traditionellen Lieder verlernt. Nur noch beim Fasching, maskiert, ertönt ein vereinzeltes „Es gibt kein Bier auf Hawai, es gibt kein Bier ." Schlagersänger, die ihr Publikum zum Mitsingen des Refrains auffordern, ernten peinliches Schweigen. Nur Betrunkene und Kleinkinder singen ohne Scham. Liegt die mangelnde Sangesfreude allein an der eingefleischten Konsumentenhaltung gegenüber Funk, Kassettenrekorder und Fernsehen, oder ist es die allgemeine Verklemmtheit, die Angst vor der Selbstdarstellung, die uns die Scheu vor dem Singen einflößt? *J. Berger, 1977 S. 96*

| 1978 | 25. Jahrgang |
|---|---|

**Der Rundblick**. Kulturspiegel der Kreise Wurzen-Oschatz-Grimma. 2 Hefte, A4-Format, 200 Seiten, 3,50 M

Heft 4 der Rundblick-Information
**Wurzen** und die Muldenlandschaften zwischen Dehnitz und Thallwitz. Texte: Autorenkollektiv

## Als in Ragewitz noch das „Eisen“ von Haus zu Haus ging

Der Mensch schaut gern mal zurück in seine Kindheitsjahre. Auch ich tue es immer wieder. Meine Erinnerungen liegen in der Zeit um die Jahrhundertwende. Folgen Sie mir, wenn Sie Lust dazu haben.

Es war die Zeit, als das Auto begann, allmählich die Straßen zu erobern. Fußgänger, Handwagen, Radfahrer, Pferdegeschirre, an den Sonn- und Festtagen Kutschwagen, bildeten den Hauptverkehr. Im Ort besaß nur der Arzt ein Personenauto und ein Fuhrgeschäft seit Anfang 1914 ein Lastauto. Es fuhr auf Eisenrädern und deshalb etwas langsamer. Schnell hatte sich für die Radfahrer eine gefährliche Unsitte eingebürgert. Sie hängten sich hinten an und ließen sich mitziehen. Das führte nicht selten zu gefährlichen Stürzen.

Die Straßen mußten laufend neu beschottert werden, und auf der einen Straßenseite lagen oft schmale, lange Schotterhaufen. Zuweilen wurden auch Bruchsteine angefahren, die von den Straßenarbeitern erst zerschlagen werden mußten. Ihre kurzen Hämmer hatten sie an langen, biegsamen Birkenstöcken befestigt. Wir Jungen haben aufgepaßt, wie sie einen großen Steinbrocken genau betrachteten, ihn hochkant stellten oder auf kleinere Steine hohl legten und wie er beim ersten kräftigen genau gezielten Schlag zersprang. So waren diese von Wind und Wetter gebräunten Männer oft wochenlang beschäftigt. Wie wenig Wertschätzung ihre Arbeit genoß, ist daran zu erkennen, daß unser Lehrer „dummen“ Mitschülern voraussagte, sie könnten nur „Steeneklopper“ werden.

An der Spitze des kleinen Gemeinwesens stand damals als Gemeindevorstand der quicklebendige, etwa sechzigjährige Inhaber des Kolonialwarenladens, der zugleich Standesbeamter und Steuereinnehmer war. Die Bekanntgabe von Informationen an die Einwohner des Ortes erfolgte durch das „Eisen“, ein zu diesem Zwecke hergestelltes Hufeisen mit Handhabe und Anhängevorrichtung für den Umlauf, meist ein Handschreiben des Gemeindevorstandes. Es wurde von Haus zu Haus weitergegeben, bis es beim Absender wieder ankam. Daß dauerte manchmal sehr lange Zeit. Bei eiligen Mitteilungen wurde ein Schuljunge von Haus zu Haus geschickt.

Ragewitz war damals ein Bauerndorf. Die Bauern hatten dem Ort das Gepräge gegeben und sie waren auch die wichtigsten Auftraggeber für die meisten Handwerker. Bei den Bauern dienten die Kinder der „kleinen Leute“ als Knechte und Mägde. Die Rangordnung lautete: Osterjunge, Kleinknecht, Großknecht, Geschirrführer und Ostermädchen, Kleinmagd, Großmagd. Erst wenn sie kräftiger geworden waren, gingen manche der Jungen in eine Handwerkslehre, andere nach ihrem Militärdienst als Arbeiter in die Industrie, die Mädchen als Hausmädchen in die Stadt. Die Söhne

Ansichtskarte der 30er Jahre mit einem Gruß aus Ragewitz

und Töchter der Bauern arbeiteten auf den elterlichen Höfen und blieben durch Heirat oder Einheirat Bauern. Nur wenige wurden Lehrer oder studierten.

Anfang 1914 kam ein Elektromeister aus **Grimma** mit einer Dampflokomobile in den Ort. Er trieb damit einen Dynamo an, erzeugte so elektrischen Strom und setzte einen Elektromotor und über eine Transmission einen Separator und ein Butterfaß in Bewegung. An einer provisorisch verlegten Lichtleitung konnte jeder eine elektrische Glühlampe ein- und ausschalten. Alle im Dorf waren begeistert. Vor allem die Bauersfrauen, sie hatten nun eine Arbeit weniger bei der Butterherstellung und niemand brauchte mehr vorsichtig mit der Petroleumlampe von Zimmer zu Zimmer zu gehen. Die Leute waren überzeugt und ließen sich fast durchweg das „Elektrische" ins Haus legen. Nach wenigen Jahren ließen die letzten Zweifler dann auch die Dreschmaschinen elektrisch antreiben.

Einige von uns Kindern mußten das ganze Jahr über beim Bauern helfen. Das begann im Frühjahr mit dem Rübenverziehen, im Sommer Melde ausjäten und Disteln stechen und im Herbst bei der Kartoffelernte. Die Herbstferien wurden deshalb von den Bauern nach einer Beratung im Gasthof auf diesen Zeitraum gelegt. Die gefüllten „Bähnerte" waren sehr schwer, und wenn es endlich um 11 Uhr Mittag läutete, war das wie eine Erlösung. Jeder war am Ende seiner Kraft, und der Rücken schmerzte. Noch mehr natürlich am Abend, und das Sechsuhrläuten wurden stets sehnlichst herbeigewünscht.

Die selbständigen Handwerker und Geschäftsleute waren in Ragewitz stärker vertreten als in den Nachbardörfern. Ansässig waren Schmied, Stellmacher, Sattler, Klempner, Brunnen- und Pumpenbauer, Maler, Schneider, Bäcker, Fleischer, ein Kolonialwarenhändler, zwei Fuhrgeschäfte, ein Obstpächter und -händler und ein Gastwirt. Der Barbier kam mittwochs und sonnabends aus dem 4 km entfernten **Zschoppach**, rasierte die Bauern, zur Erntezeit gleich auf dem Feld, und brachte als lebendige Dorfzeitung die neuesten Nachrichten aus den umliegenden Dörfern mit. Er zog auch Zähne, allerdings ohne Betäubungsmittel.

Die Frauen brauchten damals keinen Friseur, sie machten alles selbst. Im Bäcker- und Fleischerhandwerk ernährte die hiesige Kundschaft ihren Mann nicht. So fuhr der Bäcker in einem einspännigen Planwagen in die umliegenden Dörfer. Der Fleischer war zugleich Viehhändler, gab aber das Schlachten im Ersten Weltkrieg nach Einführung der Fleischkarten auf. Außerdem schlachteten die meisten Dorfbewohner schon immer selbst.

Der Brunnen- und Pumpenbauer hatte seine Werkstatt im Armenhaus, dem „Spittel“, eingerichtet, da der eingeschossige Neubau als Wohnraum nicht benötigt wurde. Außerdem waren dort ein Raum für den Freibankverkauf und die Haftzelle. Die Werkstatt hieß die Tischlerbude. Heute ist das Haus durch den Umbau nicht wiederzuerkennen und beherbergt den Kindergarten.

Beim Kaufmann konnte man außer fremdländischen Produkten wie Reis, Kakao, Kaffee und den einheimischen Nahrungsmitteln aber auch Heringe, Tabak- und Schreibwaren, Haushaltwaren, Gartengeräte, Farben, Zement, Schrauben und Nägel, außer Textilien eigentlich alles kaufen, was so in Haus und Hof gebraucht wurde. Der Laden war von früh 6 Uhr bis abends 18 Uhr durchgehend geöffnet.

Beim Betreten des Ladens schepperte eine Glocke. Unter den Fenstern stand eine lange Bank und hinter der ebenso langen Ladentafel bedienten der Kaufmann und seine Frau. Die Waren lagen zumeist in den großen und kleinen Kästen und den offenen Fächern des hohen Wandregals. Der Inhalt stand auf einem Emailleschild. Drinnen steckte bei loser Ware noch eine Schaufel, womit nach dem Abwiegen auf der Balkenwaage die Papiertüten gefüllt wurden. Öl und Essig wurden aus großen Flaschen in die mitgebrachten Gefäße der Hausfrauen gefüllt. Auf der Tafel standen die Glasbüchsen mit den Bonbons, den sauren Gurken, und unter einer Glasglocke lag der Stangenkäse. In einer Ecke stand das Petroleumfaß, aus dem mit einer Handpumpe der Meßzylinder gefüllt wurde. Der Bohnenkaffee wurde in einem hohen Blechkasten luftdicht aufbewahrt und mit einer Schaufel aus einer unten befindlichen Klappe entnommen. Wenn der Kaufmann neuen röstete, durchzog ein würziger Duft das Dorf. *Volkmar Dedekind, 1978 S. 140*

HEUTE: Es ist ruhig geworden im Dorf. Alle Handwerker und Geschäftsleute haben ihre Geschäfte geschlossen, die letzten mit dem Ende der DDR.

## 750 Jahre Stadt Dahlen

nahmen die Einwohner, Betriebe und Organisationen zum Anlaß, eine achttägige Jubiläumsfeier zu begehen. Höhepunkt war wie immer bei solchen Ereignissen der Festumzug durch die Stadt, an dem hunderte Dahlener teilnahmen und mit ihren Kostümen die Zeitgeschichte dokumentierten.

Es macht viel Arbeit, historisch detailgetreu kostümiert zu sein, doch mit vielen Ideen ist es den Dahlenern gelungen. 1300 Menschen wirkten bei dem Umzug mit. Dreihundert historische Kostüme entlieh man aus einer Leipziger Firma. Mit dabei war auch eine manierliche Biedermeierhochzeit *(unser Bild)*. Zwei Stunden lang bewegte sich der bunte Zug durch die nachgebauten Stadttore, und die Straßen und Wege waren umsäumt von Schaulustigen. Als er sich an der Molkerei auflöste, sah man den Menschen und Tieren die große Anstrengung an, denn vom Himmel strahlte unbarmherzig eine pralle Sonne herab.

*Renate Baumann, 1978 S. 104*

**Die „Alte Post" in Oschatz um 1840. Davor steht die Postsäule, leider längst abgerissen. Eine Postkutsche bringt eben neue Gäste in die Stadt.**

# Postmeilensäulen – einzigartige Denkmale der Verkehrsgeschichte

Mitte der 60er Jahre gründeten einige postgeschichtliche Philatelisten die *Forschungsgruppe Kursächsische Postmeilensäulen* im Kulturbund. Sie wollten die Geschichte der Poststraßen und der Postsäulen erforschen und die nach dem Zweiten Weltkrieg noch vorhandenen Postsäulen erfassen, erhalten und restaurieren. Daraus erwuchs eine große gesellschaftliche Aufgabe. Im engen Kontakt mit vielen Einwohnern konnte die Arbeit begonnen werden. Oft mußte der Standort gesucht werden, denn die Säulen lagen meist außerhalb der Gemeinden, oft von Sandhaufen verschüttet und von Buschwerk überwachsen, eingemauert und vergessen.

Inzwischen gehören der Forschungsgruppe, die sich über die drei sächsischen Bezirke erstreckt, hundert Mitglieder an. Viele Postsäulen konnten restauriert, wieder aufgestellt und eine beachtliche Anzahl bisher überhaupt unbekannter Säulen und Säulenteile gefunden werden. Diese einstigen Verkehrszeichen sind als Denkmale der Verkehrsgeschichte gesetzlich geschützt.

In den letzten zwei Jahren wurden so die Viertelmeilensteine von **Leisenau** und **Bernbruch** erhalten und restauriert. Beide Steine aus Rochlitzer Porphyr befanden sich in unterschiedlichem Zustand. Obwohl sie sich noch an ihren ursprünglichen Stellen der damaligen Setzung befanden, mußten sie aus Gründen der Gefährdung durch den Verkehr an sichere Standorte versetzt werden, wo sie jetzt zur Zierde und Bereicherung des Ortsbildes beitragen. Es wurde für Leisenau eine geeignete Stelle, ungefähr 130 m vom ursprünglichen Platz entfernt auf einer mit einer Bruchsteinmauer begrenzten Anhöhe gefunden.

Bei der Neuerfassung der Baudenkmale im Jahre 1977 konnten von Kreisdenkmalpfleger *Rudolf Priemer* zwei steinmetzmäßig bearbeitete Teile aus Rochlitzer Porphyr entdeckt werden, die in einer Scheune in **Pomßen** verbaut waren. Nachdem festgestellt wurde, daß es sich um einen durchgebrochenen Viertelmeilenstein handelte, wurde er ausgebaut. Er zeigt gleichfalls die Jahreszahl 1722. Die Restaurierung wurden 1978 abgeschlossen, und er steht jetzt in Pomßen an der alten Poststraße von Grimma nach Leipzig.

Eine größere Aufgabe wird die Wiederherstellung der Distanzsäule **Mügeln** erfordern. Sie muß wegen des Baues eines Busbahnhofes an einen anderen Standort versetzt werden. Es ist übrigens nicht der erste Abbau.

Nach dem Auffinden des Sockelteiles der ehemaligen „Säule vor dem Wenzelsthor“ durch *Artur Zieger* dürfte auch in **Wurzen** einer Wiedererrichtung nichts mehr im Wege stehen. Besonderes Augenmerk muß auch beim geplanten Abriß der mitten auf dem Gerhart-Hauptmann-Platz in Wurzen stehenden Häusergruppe zuteil werden. Auf diesem Platz stand mal die zweite wappengeschmückte Distanzsäule Wurzens, die „Säule vor dem Eilenburger Thor“ mit den nach Norden weisenden Verkehrswegen.

*Artur Zieger, 1978 S. 46*

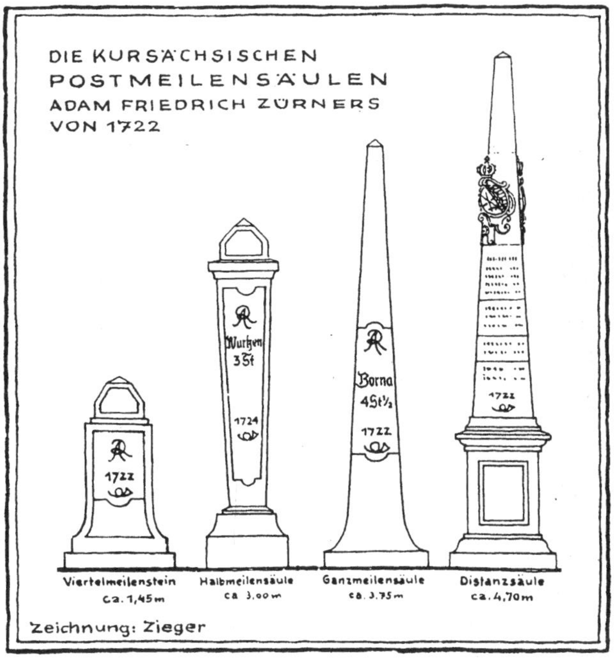


**Die Kursächsischen Postsäulen** mußten auf Befehl *August des Starken* von den Gemeinden um 1725 gesetzt werden. Dies erfolgte in vier Größen (Abb.) nach der Vermessung der Poststraßen und Festlegung der Standorte von *A. F. Zürner*. Von der Gesamtzahl, ca. 1200 Stück, sind heute etwa 125 erhalten. Sie stehen unter Denkmalschutz.

Eine kursächsische Meile, gültig von 1722 bis 1840, entsprach 9,062 km oder 2 Stunden. Diese Stunden sind kein Zeitmaß, sondern ein längst vergessenes Längenmaß.

**Postsäulen im Heimatgebiet:**
Distanzsäulen: Mügeln, Mutzschen, Grimma, Wurzen
Meilensäulen: Ballendorf, Naunhof
Halbmeilensäule: an der Poststraße zwischen Sachsendorf und Wermsdorf
Viertelmeilensteine: Bernbruch, Leisenau, Pomßen

**Die restaurierte Postsäule in Grimma**

# Wenn nichts geschieht, wird wohl Schloß Podelwitz zerfallen

**Die maroden Schloßgebäude mit dem alten Taubenhaus**

Über einer früheren Wasserburg wurde im 16. Jh. ein Renaissanceschloß errichtet, das auf einer Talsohle dicht an der Freiberger Mulde steht. Drei Brücken überspannen den einstigen Burggraben, in dem das Wasser allerdings längst versickert ist. Es ist ein stattlicher Bau, vier Stockwerke hoch, mit vier sich völlig gleichenden Renaissancegiebeln, von menschlichen und tierischen Figuren geziert. Gekrönt wird das Bauwerk durch einen achteckigen, mit Schiefer gedecktem Dachreiter, der zu Beginn des 19. Jh. erneuert wurde. Zwei Wendeltreppen winden sich – die eine im Westturm, die andere im Innern – empor bis zum Dachgeschoß. Ein noch nicht hundert Jahre zählender Anbau an der Nordostseite fügt sich ziemlich stilgerecht der Gesamtanlage an.

Zu beachten sind auch die Wirtschaftsgebäude, die den Charakter ländlicher Bauweise verschiedener Jahrhunderte dokumentieren und wohl eines Tages der immer stärker mechanisierten Landwirtschaft weichen werden. Das mächtige Taubenhaus steht unter Denkmalschutz und wurde vor einigen Jahren wieder instandgesetzt.

Wünschenswert wäre, daß in absehbarer Zeit der Putz des alten Schloßteils erneuert würde, um das Eindringen von Witterungseinflüssen in den z. Z. durch Wohnungen und Kindergarten genutzten Bau zu vermeiden und ihn wieder als Kulturdenkmal ersten Ranges in Erscheinung treten zu lassen.

1978 wird in einem weiteren Beitrag auf das Sorgenkind Podelwitzer Schloß aufmerksam gemacht: Die vielfältige Verwendung des Baus forderte den Einbau sanitärer Anlagen, denen ein beträchtlicher Teil des für ein Bodendenkmal charakteristischen Grabens zum Opfer fiel.

Sehr erhaltenswert ist der Altbau. Doch ist eine Restaurierung mit ungeheuren Kosten verbunden. Die Gemeinde, die im *Mach-mit-Wettbewerb* den anschließenden Park bereits ansprechend instandsetzte, bedarf dazu unbedingt einer beträchtlichen Beihilfe der Denkmalpflegemittel. Teile des Daches und des Dachreiters wurden 1977 mit Ziegeln und Schiefer neu belegt.

*Renate Sturm-Francke 1961 S. 179,1978 S. 84. / Wolfgang Stadler 1998 S. 64*

HEUTE: Das Renaissanceschloß wurde nach 1990 aufwendig restauriert und beherbergt jetzt ein Restaurant und eine Pension. Außerdem hat *Manfred Knochenmuß* dort seine originelle Heimatstube eingerichtet.

**Manfred Knochenmuß in seiner Heimatstube**

## Die Kriegskasse lag neben der Napoleonlinde

Am 23. April 1977 mußte die *Napoleonlinde* in **Frauwalde** gefällt werden, obwohl sie unter Naturschutz stand. Sie wuchs am Eingang zum Gehöft von *Erhart Rothmann* und war mit ihrem vermutlichen Alter von 400 Jahren der älteste Baum des Dorfes. Nach mündlicher Überlieferung soll *Napoleon* vor der Völkerschlacht bei Leipzig unter der Linde Rast gemacht haben.

Für viele Vögel waren die hohlen Äste der Linde eine willkommene Brutstätte, so z.B. für den Großen Waldkauz, Grünspecht, Star. Ab und zu fand auch ein entwischter Bienenschwarm in einem hohlen Ast Unterschlupf. Wegen Einsturzgefahr mußte man sich zum Fällen entschließen. Dafür wurden jetzt einige junge Winterlinden gepflanzt.

Mit der Napoleonlinde ist folgende Geschichte verbunden: Jahre nach der Völkerschlacht tauchte in Frauwalde ein Franzose auf. Dieser hatte Aufzeichnungen mit, nach welchen an einer genau bezeichneten Stelle in bestimmter Entfernung von der Linde eine „Kriegskasse" vergraben sei. Mit dem damaligen Besitzer vereinbarte er, dort graben zu dürfen, und beide wollten sich dann den Inhalt der Kasse teilen. Am Abend stieß man auf Grundwasser und Steine. Es wurde beschlossen, am anderen Tag weiterzugraben. Doch da war der Franzose nicht mehr da. Einige Einwohner behaupteten, der Besitzer und der Franzose hätten in der Nacht weitergegraben und den Fund geteilt. Der Bauer jedoch sagte, der Franzose habe ihn geprellt und sei in der Nacht mitsamt seiner Beute verschwunden.

*Erhart Rothmann, 1978 S. 193*

**Generationenbild im Hof des Bauerngutes von Herbert Miersch (Mitte) in Frauwalde und mit der Fernsehschüssel zum Blick in die weite Welt (1992)**

# Der „Tiergrafiker“ Reiner Zieger

Als wir im Herbst 1977 nach Berlin fuhren, um den „Tiergrafiker“ Reiner Zieger aufzusuchen, war er uns noch relativ wenig bekannt: Das von ihm gemeinsam mit Prof. *Sedlag* gestaltete Buch „Tierwelt der Erde“, seine Illustrationen in einigen Kinderbüchern, natürlich die von ihm mit Tiermotiven gestalteten Briefmarken.

Vom Beruf des Vaters angeregt, wollte er nach dem Besuch der Oberschule in **Wurzen** Grafiker werden. Schon als Grundschüler war er in den Ferien mit Monatskarte, Papier und Stiften in den Leipziger Zoo gefahren und hatte für sein Zeichnen Ansporn und Anregung vom damaligen Zoodirektor *Prof. Schneider* empfangen. Ein Studium in Leipzig kam nicht zustande, jedoch an der Fachschule für angewandte Kunst in Berlin-Schöneweide. Das genügte ihm nicht. Im Abendstudium belegte er an der Hochschule für bildende und angewandte Kunst Kurse in Komposition und Malerei.

Aus seiner Tierliebe erwuchs ihm immer mehr das Bedürfnis, Elefanten, Tiger, Löwen und Bären zu beobachten und natürlich zu zeichnen. Bereitwillig ließen Tierpfleger ihn die Großtiere dort sehen, wo sie dem Beobachter in der Regel verborgen sind. Über Jahre hin war ihm der Tierparkdirektor *Heinrich Dathe* ein strenger Lehrmeister, der es vermochte, Reiner Ziegers Skizzen und Studien mit „morphologischem Blick“ zu korrigieren und ihn dabei auf die typische Eigenart jedes Tieres hinzuweisen.

Nach seiner Tätigkeit im Tierpark machte er sich zu Beginn der 70er Jahre selbständig. Seitdem illustrierte er neben anderen Auftragsarbeiten fast dreißig Tierbücher, immer bemüht, die Individualität eines jeden Tieres zu erfassen. *Rudolf Priemer, 1978 S. 28*

**Reiner Zieger**, Wurzen/Berlin, * 1939 Nach dem Studium Entwicklung zum „Tiergrafiker“, speziell am Berliner Tierpark. Zahlreiche Eigenveröffentlichungen, vor allem Tierbücher für Kinder und Erwachsene, ebenso Briefmarken. Die von ihm illustrierte „Tierwelt der Erde“ wurde 1972 als schönstes Buch des Jahres ausgezeichnet. Ausstellungen, auch in Wurzen und Grimma. Außerdem illustrierte er die Fabeln von Lichtwer in einer Veröffentlichung der *Rundblick*-Redaktion 1982.

**Reiner Zieger illustrierte Lichtwer-Fabeln für eine Rundblick-Veröffentlichung (1982)**

## *Der Esel und die Dohle*

*Ein Esel mochte lüstern sein*
*Und wollt auf öffentlichen Gassen*
*Sein lieblich Stimmchen hören lassen,*
*Er hob abscheulich an zu schrein,*
*Die, so daselbst vorübergingen,*
*Verwünschten, schimpften ihn dafür.*
*Pfui, sagte man, das garstge Tier,*
*Er brüllt, daß uns die Ohren klingen.*

*Nur eine Dohle saß dabei,*
*Die das ertötende Geschrei,*
*Das alle Welt mit Recht verfluchte,*
*Allein bewunderte und nachzumachen suchte.*

*Ein Narr trifft allemal noch einen größern an*
*Der ihn nicht genug bewundern kann.*

# „... dieweil sie mit Geräusch verbunden"

Nicht nur zur Zeit *Wilhelms Buschs* scheint den Menschen übermäßige musikalische Lautstärke ein Ärgernis gewesen zu sein. Wohl zu allen Zeiten versuchte man die Wirkung der Musik durch lautstarke Interpretation zu erhöhen. Und so spiegelt sich das auch heute in unseren Diskotheken wider. Bei Menschen im gesetzten Mittelalter verbinden sich mit dieser Erscheinung oftmals eigenartige Assoziationen: Lärm! Englisch! Finsternis!

In den letzten Jahren schossen Diskos aus der Erde wie Pilze nach einem warmen Regen. Nicht alle erwiesen sich als „genießbar". Doch das neue Medium erfaßte nach und nach sämtliche Altersgruppen, und selbst Pionier- und Rentnerdiskos waren bald nichts Außergewöhnliches mehr.

Immer mehr Menschen fanden Gefallen an diesem neuen Genre, nicht zuletzt deshalb, weil es die Disko-Moderatoren immer besser verstanden sich auf das unterschiedliche Publikum einzustellen. Auch die kategorischsten Gegner begannen allmählich einzusehen: Mit der Disko entwickelt sich eine Gattung der Unterhaltungskunst, die man weder ignorieren noch mit einer Handbewegung abtun kann.

Eine Disko ist billig, sie muß es nicht im doppelten Sinne sein. Längst genügt es nicht mehr, den Regler bis zum „es geht nicht mehr" aufzudrehen und die neuesten Hits feilzubieten wie Birnen nach einer Obstschwemme. Oder: Welches Publikum möchte sich schon stundenlang Sprechern ausgesetzt sehen, die lediglich bekannte Spielmeister nachahmen?

Man stelle sich die Arbeit der Schallplattenunterhalter, Diskjockeys, Diskotheker oder wie sie sonst noch genannt werden, nicht gar so einfach vor. Es sind geschulte Leute, zum großen Teil natürlich Amateure, die „nebenbei" einen soliden Beruf ausüben. Sie sollten aber eine gute Allgemeinbildung haben und ein gerütteltes Maß an Spezialkenntnissen aufweisen. Sprachkultur und Taktgefühl werden vorausgesetzt.

Wir sprachen mit Disko-Sprechern und waren mitunter etwas sprachlos angesichts ihrer unterschiedlichen Auffassungen und Ansprüche an sich selbst und an das Publikum. Doch lassen sich wirkungsvolle Pro-

**Disko nach Mitternacht in Zimmermanns Gasthof in Röcknitz (1995)**

gramme auch mit geringem Aufwand produzieren. Und sichtbar wurde auch, daß eine kostspielige Anlage, gewaltige Lichtorgeln und hohe Phonzahlen herzlich wenig nützen, wenn man sie nicht sinnvoll einzusetzen versteht. Natürlich, das Publikum will tanzen, Musik hören, sich amüsieren und unterhalten. Wenn letzteres unaufdringlich geschieht, die Besucher zum Nachdenken angeregt werden und einige Male über wirklich gute Einlagen herzhaft lachen können, ist schon viel erreicht.

*Wolfgang Stadler, 1978 S. 38*

## EINE GRAFIK ALS PREIS

Sonnabend, 19 Uhr. Vor dem Eingang zum Kulturhaus **Brandis** geht es hoch her. Jeder behauptet hartnäckig seine Position vor der Saaltür, als ginge es um „Sein oder Nichtsein". Schließlich ist es uns gelungen, ins Innere vorzudringen.

Auf der Bühne schafft sich die Gruppe *Akzent* aus Leipzig. Wenn die Jungs mal eine Pause nötig haben, springt Andreas Hartmann mit der Disko *Hallo 73* ein und sorgt weiter für flotte Musik. Das Publikum, junge Leute zwischen 16 und 18, sind größtenteils Stammgäste, die jede Woche zum Tanz ins Kulturhaus kommen. „Weil hier etwas los ist.", hörten wir mehr als einmal.

Und man findet es in Ordnung, daß Kulturhausleiter *Rudi Lindenhain* durchaus nicht nur für flotte Musik sorgt. Zwischen den Tänzen werden schon mal Kurzfilme gezeigt, man erinnert sich an Abende, als ein Zauberkünstler das Publikum verblüffte oder ein Kunstradfahrer seine Kreise zog. Rudi Lindenhain sorgt für Abwechslung. Er will den Jugendlichen etwas bieten. Aber er ist auch dafür bekannt, daß er es versteht durchzugreifen, wenn es angebracht ist. Wenn einer glaubt, unbedingt auf dem Tisch sitzen zu müssen oder beim Tanzen rauchend seine Männlichkeit unter Beweis stellt, macht der schnell mit ihm Bekanntschaft. Wenn dann die Jungs oder Mädchen am Schluß einer Tanzveranstaltung zu ihm kommen und ihm bestätigen, daß es wieder mal ganz prima war, ist das für ihn die schönste Anerkennung.

Als sich *Der Rundblick* eines Sonnabends unter die Leute in der Disko mischte, war auch *Erich Franke*, ein junger Borsdorfer Graphiker, mit von der Partie. Ihn reizte die Turbulenz solcher Abende. Für die Leser der *Jungen Welt* gestaltete er in mehreren Varianten Lithographien zu diesem Thema. Er stiftete drei Arbeiten für diesen Abend. Sie sollten diejenigen bekommen die sich auf der Pop-Szene auskennen. Disk-Jockey *Andreas Hartmann* ließ drei Platten laufen und wollte wissen, welche Gruppe und welcher Interpret vor dem Mikrofon stand. *Frank Lischke* und *Uwe Gommertz* holten sich die Grafiken auf der Bühne ab.

Wir hatten uns dann bald an den Krach gewöhnt, auch daran, daß die Ansage des Disk-Jockeys absolut nicht zu verstehen war. Als sich die *City-Rock-Band* aus Berlin mit ihrem Hit „Am Fenster" vernehmen ließ, schlugen die Wogen der Begeisterung so hoch, daß man im Kreis tanzte und manch einer seinen Freund auf die Schulter nahm. Ein dynamisches Bild auf der Tanzfläche, dem wir uns nicht entziehen konnten.

*Ingrid Leps, 1978 S. 41*

# Wo die Milch in Strömen fließt

Milch, Butter, Käse und Quark – sie gehören zu unseren wichtigsten Grundnahrungsmitteln. Der Mensch braucht sie täglich, Milch könnte er etwas mehr trinken, Butter etwas weniger essen. Diese Produkte müssen ständig in ausreichender Menge und bester Qualität zur Verfügung stehen. So fließt täglich ein „weißer Strom" in die Molkereien. Dort müssen die Kolleginnen und Kollegen immer auf Achse sein, auch zu Ostern und Weihnachten, jeden Tag. In früheren Jahren gab es zahlreiche Molkereien und eine Vielzahl kleiner und kleinster Käsereien in den Dörfern zwischen Collm und Mulde. Jetzt sind es weniger, dafür sind sie hochproduktiv und spezialisiert, denn der Verbrauch ist ständig gestiegen und wird weiter steigen.

Wir waren ein gutes Dutzend Frauen und Männer, die sich in der **Dahlener** Molkerei zur jährlichen *Rundblick-Runde* versammelt hatten. Natürlich durften und mußten wir naschen um zu lernen, was für Geheimnisse hinter dem Käse stecken. So hörten wir, daß der *Altenburger Ziegenkäse* aus **Falkenhain** kommt und nur wenige Tropfen Ziegenmilch, dafür aber Kümmel enthält, doch sein kleiner Bruder mit dem französischen Namen *Camembert* ohne Kümmel, aber aus dem gleichen „Teig" hergestellt wird. Den gekonnten Tricks der Käsemacher also verdankt der Feinschmecker den Genuß als grundverschieden empfundener Nuancen.

Da lagen die verschiedenen Sorten Stangenkäse, auch *Harzer Käse* oder *Leichenfinger* genannt. Die Dahlener Molkerei produziert den Sauermilchquark, der die Grundlage für diesen hierzulande altangestammten Käse bildet und in mehreren kleinen Betrieben zu solchem Käse verarbeitet wird.

Die **Mügelner** glänzten mit einem neuen Produkt, dem *Baby-Edamer* in seiner roten Wachshülle. Er wird nur dort hergestellt im gesamten sozialistischen Lager. Dieser heißbegehrte, knallrote Käse, etwa ein Pfund das Stück, tritt zu zwölf- bis dreizehntausend

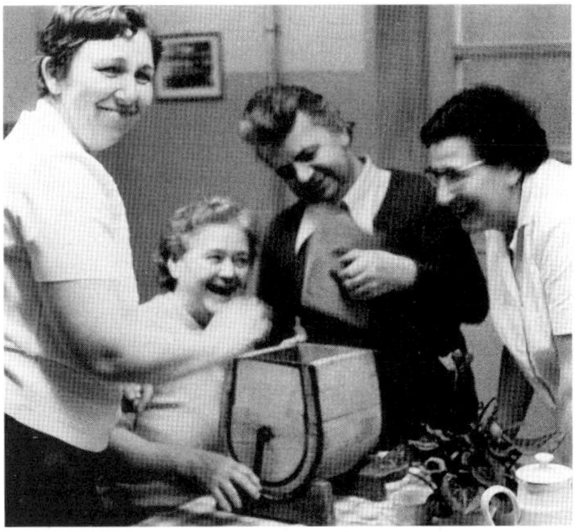

**Vergnügliches Demonstrieren an zwei Geräten, mit denen die Butter bei den Häuslern im Dorf hergestellt wurde. Am Butterfaß mußte mitunter eine halbe Stunde lang „gestampft", an der kleinen „Buttermaschine" nur noch gedreht werden**

Prachtexemplaren pro Tag seinen Weg in die DDR an. Dafür werden täglich 55 000 Liter Milch verarbeitet.

Die Museumsleute hatten Gegenstände mitgebracht, die zur Quarkherstellung in den bäuerlichen Haushalten benutzt worden waren: den tönernen Siebtopf zum Ablaufen des gefüllten Quarksackes, die Quarkschwinge, über deren Leisten ein größerer Quarksack Platz hatte, das Butterfaß, eines zum Stampen, das andere zum Drehen, eine Käsehorde und natürlich jede Menge Holzmodels für die geformten Butterstücke, mit denen der Festtagstisch garniert wurde, das Butterschäfchen auf alle Fälle um die Osterzeit. Na denn, guten Appetit!

*Werner Ballschmieder, 1978 S. 4*

**Pro-Kopf-Verbrauch 1977**
in den 3 Kreisen:
Milch 86 kg
Butter 15 kg
Käse/Quark 10 kg

**Molkereien** zwischen Collm und Mulde
Mügeln seit 1899, Cannewitz seit 1900
Falkenhain seit 1911, Großbardau seit 1924
Wurzen seit 1928, Dahlen seit 1938
Oschatz seit 1938, Grimma seit 1943
Käsereien in Otterwisch (seit 1896) und Machern

HEUTE: Alle Molkereien, außer in Falkenhain, schlossen in den ersten Jahren nach der Wiedervereinigung ihre Pforten.

| 1979 | 26. Jahrgang |
|---|---|

**Der Rundblick**. Kulturspiegel der Kreise Wurzen-Oschatz-Grimma. 2 Hefte, A4-Format, 200 Seiten, 3,50 M.

Heft 5 der Rundblick-Information
**Oschatz** und das Oschatzer Land
Texte: Autorenkollektiv.
Fotos: Wolfgang Albrecht

## Radfahrt entlang der Parthe

Nachdem die *Rundblick*-Wandermannschaft in fünf Abschnitten die Muldenlandschaft von Kollau bis Wechselburg durchwandert und durchflößt hat, begann sie im vergangenen Jahr, die kleineren Flüsse zu erkunden. Ihr erstes Ziel war die Parthe. Mit dem Rad sollte es von der Quelle bei Glasten bis zur Mündung in Leipzig gehen. Wir schafften es nicht, weil uns unterwegs viele Begebenheiten zum längeren Aufenthalt veranlaßten.

Die Quelle ist gut markiert. Eine Orientierungstafel vermerkt dem Wissensdurstigen genügend Angaben zum Gewässer. Wir schlürfen das reine Quellwasser. Beste Qualität! **Glasten** lebt von der Parthe seit seinem Bestehen. Bis zum 18. Jh. leitete man das Wasser in die Königliche Försterei, das heutige Gemeindeamt. Einwohner, die keinen eigenen Brunnen besaßen, holten es von dort mit Kannen. Bis 1930 haben sich die Häusler dann in Eigenleistung eine Wasserleitung gebaut. Der Hochbehälter am Waldrand faßt 70 $m^3$. Von dort läuft es von selbst ins Dorf.

Das Bächlein teilt den Ort und gibt sogar Anlaß zu Straßenbezeichnungen, wie *Kleine Seite* oder *Parthenstraße*. Der Dorfteich belebt das Ortsbild. Das angestaute Wasser ist zum Löschen gedacht. Jedes Grundstück hat eine Klärgrube und darf nur gereinigtes Wasser zurückgeben. Das wird kontrolliert!.

In **Kleinbardau** müssen wir die Parthe zunächst suchen. 1976 erfolgten umfangreiche Regulierungsmaßnahmen, seitdem haben die Bewohner keine Angst mehr vor Hochwasser.

Die Einwohner von **Großbardau** kommen ohne das Parthe-Wasser aus, weil sie seit 1930 an die Grimmaer Wasserversorgung angeschlossen sind. Doch das reicht heute nicht mehr, weil die 1200 Einwohner ihren Wohnkomfort verbessert haben. Fast jede Familie Bad und WC. Der Viehbestand der LPG ist enorm gestiegen, und in Dürrezeiten bewässert die LPG die Felder. Dann tröpfelt es nur noch aus der Leitung. Das stimmt bedenklich, doch die Probleme sind nicht einfach zu lösen.

Bevor die Parthe nach **Grethen** hineinströmt, hat sie das Naturschutzgebiet Alte See, ein 26 ha großes Erlenmoor, durchflossen. Wir fragen einen älteren Anwohner nach dem Fischbesatz. „Früher, da angelten Kinder und Erwachsene mit Haselnußruten, an denen sie Drahtschlingen befestigt hatten, Barsche und Hechte. Auch Krebse ließen sich im Wurzelgewirr der Uferbäume greifen. Nichts mehr davon!".

Der Weg nach **Pomßen** führt uns Radfahrer über die *Hohe Straße*, wie der kaum beachtete Weg genannt wird, der auf einem langgestreckten aus pleistozänen Schmelzwassersanden bestehenden Rücken dahinführt. Er bildete im Mittelalter eine wichtige Handelsstraße.

Nach kurzer Schußfahrt ins Tal stehen wir in Pomßen wieder an der Parthe, die hier zum Mühlteich gestaut wird. Ein land-

**Badefreuden in der Parthe in Pomßen**

schaftlicher Höhepunkt! Langgezogen der Teich, fast als See zu bezeichnen, darinnen eine langgestreckte Insel und Möglichkeiten zum Baden. Das alljährliche Strandfest ist schon Tradition geworden. Am Staudamm stehen dazu die Gebäude, die die Dörfler gemeinsam gebaut haben. Die Besucher kommen von weit her.

Hier steht auch die Mühle. Sie gehörte einst dem Rittergut, und die Urkunde von 1471 berichtet vom Mahlen des Getreides. Seit 43 Jahren ist *Franz Nozinski* der Besitzer. Das Wasserrad hat er vor fünf Jahren abgestellt. Heute treibt Elektrizität das Mahlwerk. Es wird Roggenmehl produziert für einige Bäcker in der Umgebung.

**Lindhardt** erreichen wir auf Schleichwegen. Die dortige Mühle wird seit 90 Jahren nicht mehr betrieben. Die Gebäude waren danach vielbesuchte Ausflugsziele mit Gaststätte und Konzertsälen. Seit 25 Jahren befindet sich hier ein Kinderheim.

In **Naunhof** ist die Parthe eigentlich zu Ende. Vor zehn Jahren schuf man auf einer großen Waldwiese zwei Sickerbecken, wodurch das Grundwasser angereichert werden konnte. Nahe der Stadt holt ein Wasserwerk das Naß aus der Tiefe, womit die Leipziger versorgt werden. Den Parthelauf hat man in einigen Abschnitten verändert. Geändert hat sich auch die Wasserqualität. Der *VEB Leipziger Baumwollspinnerei, Werk Naunhof,* ist der erste Verschmutzer, so daß jetzt keiner mehr etwas vom Flüßchen wissen will. Es fließt beziehungslos als „Abwasserkanal“ am Westrand der Stadt durch die Landschaft und kann nicht mehr genutzt werden. Der *VEB Brühlpelz* und gleich danach die Kläranlage Naunhof entlassen als nächste ihre Abwässer in den Bach. Diese blau-graue Brühe – man darf sie nicht riechen – ist jetzt ein „Fremdlingsfluß“ im Heimatgebiet.

*Heinz Tümmler u. Rudolf Priemer, 1979 S. 8*

**Die Parthe** entwässert als rechter Zufluß der Pleiße eine eiszeitlich geformte Landschaft. Das Quellgebiet im Glastener Forst liegt 208 m über NN und mündet nach 56,7 km im Leipziger Rosenthal in 105 m Höhe in die Weiße Elster. Das Wort Parthe, vom slawischen *pardava* abgeleitet, bedeutet in der Übersetzung „Stinkfluß“.

An der Parthe-Quelle

Am Zusammenfluß von Gossenborn und Parthe in Glasten mit dem Eckhardtshof

In Großbardau verbreitert sich das Bächlein zum Schmiedeteich

# Die Musikschule hat auch nach zwanzig Jahren immer noch den gleichen Schwung

**Nicht ein jeder muß Meistergeiger werden. Es genügt schon eine kleine Hausmusik.**

Unterrichtsalltag an der Musikschule: ein Klavierspieler hämmert eine Etüde; auf der Geige erklingt eine Tonleiter, die immer wieder an derselben Stelle abbricht, um von neuem zu beginnen; eine Trompete müht sich um einen einzigen langgedehnten Ton ... Zwischendurch ein Volkslied auf der Klarinette. Und am Abend dann als geflügeltes Wort: Handwerker müßte man sein, da wäre immer deutlich sichtbar, was man tagsüber gearbeitet hat.

Wenn die Musikschule zu einem Konzert eingeladen hat, dann ist von all der täglichen Kleinarbeit nichts zu hören. Erleben wir doch alle – Konzertbesucher, Schüler und Lehrer – vorrangig die Freude über den augenblicklichen Erfolg.

Grund zur Freude war spürbar in allen zehn Konzerten, zu denen die Musikschule anläßlich ihres zwanzigjährigen Bestehens eingeladen hatte. Besucher kamen zahlreich, unter ihnen viele Gratulanten, und sie bezeugten, welche Wertschätzung unsere Arbeit genießt, und auch, daß die Musik einen festen Platz in unserem gesellschaftlichen Leben einnimmt. Es wurde aber auch sichtbar, wie die Musikschule den Nachwuchs für den Musikerberuf sichert.

Die Eröffnung der Musikschule **Wurzen** im Jahre 1959 hatte ich als Schüler miterlebt. Es war an der Zeit, das dürftig gewordene Netz von Privatlehrern für den Instrumentalunterricht durch eine staatliche Musikschule – damals Volksmusikschule – zu ersetzen. Das festliche Eröffnungskonzert vor nunmehr zwanzig Jahren, die allerersten Unterrichtswochen, das gemeinsame Chorsingen – alles war getragen von dem beflügelnden Schwung, daß etwas Neues begonnen hatte. Von Anfang an erfolgte der Unterricht in einer Vielfalt der instrumentalen Fächer, wie sie zuvor in Wurzen kaum möglich war. Außerdem brachte die Musikschule für die Schüler finanzielle Erleichterungen und auch die Möglichkeit, ein Instrument auszuleihen.

Und das, was ich selbst als Musikschüler an lernfreudiger, begeisternder Unterrichtsatmosphäre erlebte, konnte ich nun als Lehrerin gleichermaßen an Kollegialität wiederfinden. Auch jener Schwung des Anfangs ist noch da, der zuweilen müde wird im Schulalltag, der aber nach allen kleinen und großen Höhepunkten immer wieder wach ist und zu neuen Leistungen beflügelt.

*Renate Ebert, 1979 S. 109*

HEUTE: Die Musikschule schmückt sich jetzt in ihrem Namenszug mit dem Wurzener Musikwissenschaftler *Theodor Uhlig*, hat einen neuen Sitz in der ehemaligen Mittelschule von Wurzen-Nord und nach wie vor großen Zuspruch.

## *Maria & Frieda*: zwei Frauen mit einem Ziel

Sie kamen aus völlig entgegengesetzten Richtungen, kannten sich nicht, hatten aber das gleiche Ziel, und das ist nicht nur geografisch zu verstehen. Aus der Gegend um Teplice (Teplitz-Schönau), einer reizvollen Ecke der Tschechoslowakei, kam Maria. Frieda hatte den ungleich weiteren Weg mit Sack und Pack und Kindern aus dem ehemaligen Ostpreußen bis hierher nach Wurzen.

*Maria Pöche* aus **Birkenhof/Burkartshain** und *Frieda Sternberg* aus **Bennewitz** haben als Vorsitzende zweier LPG von 1952 an von sich reden gemacht. In unserer Gegend spricht jeder nur von Maria und Frieda. Ihre Popularität ist so groß, daß es Leute gibt, welche die Familiennamen der beiden Frauen gar nicht kennen.

In Marias Garten im Birkenhof saßen wir uns gegenüber. Frieda war aus Bennewitz gekommen, um beim Kramen nach Erinnerungen mitzutun. Und wir staunten über die Gedächtnisleistungen der Daten, Namen und Fakten, mit denen sie ihre Rückblenden untermauerten.

Natürlich gab's herzlich zu lachen, wenn vom Wetteifern der beiden Rivalinnen, die trotzdem Freundinnen waren und sind, die Rede war. Mal lag die eine vorn, mal die andere um eine Nasenlänge, mal hatte Maria die anno dazumal recht oft notwendigen „Beziehungen“, mal Frieda den längeren Arm, um an die neuste Technik heranzukommen. So haben sich beide zusammengerauft, im gesunden Wettstreit zum Besten ihrer Genossenschaften, sehr selten aber zum Vorteil ihrer eigenen Familien. Und das ist es, was uns jedesmal, wenn wir mit einer der beiden mutigen Frauen sprachen, so große Hochachtung empfinden ließ. Ihre Meinung: „Wir hatten nichts zu verlieren, wir wollten etwas gewinnen“.

Frieda erinnert sich lachend an die Gründung der ersten Parteigruppe ihrer Genossenschaft. Drei waren sie: Fritz, ihr Mann, wurde Sekretär, und Frieda und ihr Vater waren die Mitglieder. Die Zahl drei hat auch in Marias Erinnerung eine nicht geringe Bedeutung: drei Burkartshainer Bauern hörten ihr zu – Versammlungslokal war Marias Küche –, als sie die Gründung ihrer ersten LPG beschlossen, die den Namen *Thomas Müntzer* tragen sollte.

Beide sind sie „Meisterbauern“, beide bekleiden wichtige Staatsfunktionen, beide wurden gebührend mit hohen und höchsten Auszeichnungen geehrt, beide standen sie am Anfang ihres Weges als einfache Landarbeiterinnen. „Vergeßt nicht, wir waren Frauen und hatten gegen uns fast ausschließlich Männer, noch dazu einige von der alten, unbelehrbaren Sorte!“, so Frieda. Maria meint: „Wir wußten oft nicht, auf welchen Stuhl wir uns zuerst setzten sollten, auf welcher Hochzeit zuerst getanzt werden mußte. Vertreten aber mußten wir alle und alles.“ Und das taten sie gründlich, auch für 350 Mark Monatslohn als Vorsitzende einer Genossenschaft und mit einer Schürze voller Kinder. Und natürlich mit einem Kopf voller Ideen und Ideale, ohne die es auch heute nicht geht. *Werner Ballschmieder, 1979 S. 138*

**Maria (links) und Frieda (rechts), Freundinnen im Leben, Konkurrentinnen in der Arbeit**

**In dem sanierten Gut von Riedels stehen die Pferde der Reitersparte**

# „Fett und Dreck“ und noch mehr in Dürrweitzschen

Heute ist Dürrweitzschen längst zu einem Begriff für Obstanbau geworden. Nur der Ortsname paßt eigentlich gar nicht mehr, denn hier steht ein guter Boden, der reiche Ernte und dicke Brieftaschen bringt. Doch ohne Wissen und hartes Zupacken wären die Erträge nicht herangereift.

Der Ort ist nicht zu verfehlen. Er liegt „auf der Höhe“, und schon von weitem zeigen die kleine Kirche, der Neubaukomplex des Wohnungsviertels und die langgestreckten Aluminiumhallen den Weg. In der Nähe befinden sich die riesigen Obstfelder, mit Maschendraht umzäunt, damit zur Winterszeit die Hasen und Rehe nicht ihre schädliche Mahlzeit halten.

Auch die Bauern in Dürrweitzschen hatten ihre Obstgärten. Dort tummelte sich das Federvieh, grasten Pferde und Rinder. Um die Jahrhundertwende pflanzte der Bauer *Moritz Kunze* auf seinen Feldflächen Obst an. Das waren Hochstämme, darunter Stachelbeeren, Johannisbeeren und dazwischen noch Erdbeeren. In den dreißiger Jahren machten das drei weitere Landwirte mit zusammen 7,5 ha. Nach dem Kriege bildeten sie 1958 eine Gärtnerische Produktionsgenossenschaft (GPG) und damit den Stamm des Baumes, der sich in den folgenden Jahren so prächtig entwickelte. 1960 bewirtschafteten sie hundert Hektar, heute sind es 2700 ha.

Bei den Obstbäumen waren vor Jahren die 8- bis 15sprossigen Leitern unentbehrliches Ernterequisit. Diese sind jetzt ausrangiert. Es wurden systematisch Bäume mit einer Stammhöhe von 2 bis 2,50 m angebaut. Dadurch erhöhte sich natürlich die Pflückleistung und keiner kann mehr von der Leiter fallen. Bei den Pflegemaßnahmen und bei der Schädlingsbekämpfung leistet die Technik heute den überwiegenden Teil der Arbeit. Die Lagerung hat eine große Bedeutung. Deshalb schuf man ein 1000-t-Kühlhaus. Und jetzt folgt ein 18 000-t-Lagerhaus. Viele Geschäfte erhalten das frische Obst, und die Nachfrage ist groß!

*Erich Voigt* ist mit 86 Jahren der älteste Einwohner des Ortes. Er hat jede Menge Erinnerungen: „So richtig schön war es immer zur Kirmes, wenn wir Kuchensingen gingen. Einer spielte die Ziehharmonika, ein anderer trug den Tragekorb für den 'gebettelten' Kuchen, und im Gasthof wurde inzwischen ein riesiger Topf mit Kaffeewasser angesetzt. Später ging es auf die Tenne zum Leiterschaukeln. Dabei lag eine Leiter auf einem Strohballen. Es wurde gesungen, so richtig nach Herzenslust, und die Mädchen wurden damit eingestimmt auf den Tanz bis in den frühen Morgen.

Das Baden im *Däberitz-Teich* war zwar verboten, wo aber sollten wir sonst unseren sommerlichen Wasserspaß haben? Wenn aber der Herr Oberlehrer heranstiefelte, dann nischt wie Sachen unterm Arm und davongerannt.

Meine Arbeit als Bauer hat mir Freude gemacht. Es war ein schönes Leben. Ich habe fünfundzwanzig Fohlen gezüchtet, und mit meinem Rassegeflügel holte ich mir manchen Preis.

Und schließlich saß ich gern an der Orgel. Das mache ich übrigens heute wieder, obwohl ich vor zehn Jahren in den Ruhestand ging, denn auch dort fehlt es an Nachwuchs. Keine Geringerer als Kreuzkantor *Flämig* hat mir die ersten Töne auf diesem Instrument beigebracht. Klavierspielen konnte ich schon vorher, und auf vielen Hochzeiten sorgte ich damit für die gute Stimmung."

Die freiwillige Feuerwehr spielt natürlich auch in Dürrweitzschen eine wichtige Rolle, weil die 55 Männer um ihren Wehrleiter *Eberhard Lorenz*, Melker in der LPG, sich nicht nur bemühen, das Feuer zu verhindern, sondern schon manche gute Tat für das Gemeinwohl vollbracht haben. Es gibt kein Objekt, an dem die Kameraden nicht mitgewirkt haben. Das neue Spritzenhaus ist ein sichtbarer Ausdruck ihres Wirkens.

Das Kulturhaus ist ein solches Beispiel. Auf das sind die Dürrweitzschner besonders stolz. Nach zweijähriger Bauzeit wurde es im November 1975 eröffnet. Von außen sieht der langgestreckte Flachbau (mit hübschen Anlagen davor und einem Brunnen, der allerdings selten Wasser hat) gar nicht so einladend aus. Innen aber ist das Haus eine Perle. Ein riesiger Saal gehört zu den größten im Kreis Grimma, wochentags wird er abgeteilt, da die vordere Hälfte als Gaststätte dient. Hier essen die Genossenschaftsbauern und die vielen Gäste, die es eigentlich immer im Ort gibt. Das sind Einzeltouristen, Delegationen jeder Art oder Tausende von Erntehelfern. Die fabelhaften Gerichte kommen aus einer geräumigen Küche. Und im Keller die Bar! Wer da einmal sitzt, der kommt so schnell nicht wieder hoch. Die Kegelbahn ist jeden Abend besetzt, und dienstags kommt der Landfilm. Ein Kulturhaus, das „lebt"!

Der Volksmund findet seine eigene Sprache. *Saftweitzschen* nennt man heute Dürrweitzschen, weil es gar nicht dürr ist, sondern guten Obstsaft produziert. Neuerdings heißt es auch *Fettweitzschen,* auch *Samthosenweitzschen*, weil es mit der Landwirtschaft und dem Obstbau so gut vorangeht. Dann rufen wieder mal einige *Dreckweitzschen*, weil die ausgedehnten Baumaßnahmen im Umkreis immer eine Menge lehmreichen Schmutz verbreiten. Wie dem auch sei, die Bewohner fühlen sich wohl und haben ihren Anteil am „Fett und Dreck".

*Renate Sturm-Francke, Brigitte Weber, Manfred Müller und der Fotoklub vom Kreiskulturhaus Grimma. 1979 S. 145*

HEUTE: Die Gärtnerische Genossenschaft wurde nach 1990 in eine Sachsenobst AG umgewandelt, in der das Obst teilweise in neuen Anlagen zu Fruchtsäften verarbeitet wird. Das Kulturhaus „lebt" nicht mehr und hat bis auf die Kegelbahn seinen Betrieb eingestellt, zeitweilig nur noch vom Karnevalsklub genutzt.

**Die Wege um Dürrweitzschen führen durch Wiesen und Obstplantagen**

## Aus Cannewitz fließen vor allem Bier und Milch, früher auch noch hochprozentiger Branntwein

**Die Kirche, fein herausgeputzt (2002). Die Kanzel aus Elbsandstein gehört zu ihren bemerkenswerten Ausstattungsstücken**

Cannewitz ist auf BIER und MILCH „gebaut“, denn Brauerei und Molkerei haben den Ort weithin bekannt gemacht. Zur Gemeinde Cannewitz gehören die drei Zwergdörfer, **Serka** und **Löbschütz** oben auf der Höhe und **Thümmlitz** weiter unten. Der fruchtbare Lößboden war schon immer sehr ertragreich. Deshalb stehen wir hier auf altem Siedlungsgelände. Die Orte im Tal, **Wagelwitz, Cannewitz** und **Denkwitz**, sind da schon größer. Hier trieb das Mutzschener Wasser die Mühlen an, hier stand das Rittergut, da waren die Kirche, die Schule und die Handwerker. Später auch die Industrie, und hier dampfte jahrzehntelang das Bähnle.

Das bescheidene *Mutzschener Wasser* hat ein breites und tiefes Tal gegraben. Nebenbäche haben da und dort die Talränder zerschnitten und langgezogene Schluchten ausgeschürft, so den Lindengrund, den Liebesgrund, den Roten Grund u. a. Und glücklicherweise sind Hänge und Täler – außer dort, wo der Mensch glaubte, regulierend eingreifen zu müssen – mit zahlreichen Gehölzen bestanden. Verdammt noch mal, wissen es eigentlich auch die hiesigen Dörfler, wie anmutig ihre engere Heimat ist?

Die 1887 gegründete *Brauerei Cannewitz* ist seit 1972 ein volkseigener Betrieb. Seine 44 Beschäftigten leisten Erstaunliches: Täglich werden 60 bis 70 hl Bier gebraut und in 20 000 Flaschen abgefüllt, in den Sommermonaten die doppelte Menge. Dazu kommt die gleiche Anzahl an Selters, Cola und Fruchtsaftlimonade.

Die *Molkerei* begann am 1.1.1900 und verarbeitete anfangs 5000 Liter Milch täglich.1968 kam sie zur *Molkereigenossenschaft Leisnig*. Heute wird aus 30 000 Litern Frischmilch täglich von 13 Beschäftigten Sauermilchquark hergestellt.

Seit dem 7. Nov. 1949 existiert ein Klampfenchor. Im Gegensatz zu vielen anderen ähnlichen Gruppen ist die Cannewitzer nicht nur noch vorhanden (trotz Beat und Disko), sondern die achtzehn Mitglieder erscheinen jeden Mittwoch zur Übungsstunde. Vor allem

**In der „Honigbar“ gibt es alles, was der Bauer so braucht. Irmgard und Herbert Pötzold sorgen für Nachschub**

mag das auch dem langjährigen Leiter *Hans Buchheim* geschuldet sein, der leider 1978 verstarb. Im Auftritt hat sich heute einiges verändert. Statt Mandoline und Akkordeon verwendet man jetzt Konzertzither und Verstärker.

Die Kameraden der freiwilligen Feuerwehr mußten seit längerem nur selten zu Ernstfällen ausrücken: zweimal brannten Scheunen in Cannewitz und Denkwitz durch Blitzschlag sowie zwei weitere durch Kinderbrandstiftung in Löbschütz und Denkwitz, schließlich einige Gebäude von *Schieferdeckers* in Serka. Sie traten aber auch bei anderen Aufgaben in Erscheinung: beim Bau eines Gerätehauses und des Konsumgebäudes, bei der Verlegung von Wasserleitung, bei der Teichentschlämmung und natürlich bei den Festtagen zum Ortsjubiläum. Seit 19 Jahren leitet umsichtvoll Schmiedemeister *Gerhard Hornauer* die Kameraden.

Die „ländliche" polytechnische Oberschule – ohne die ausgelagerte Unterstufe, die in Fremdiswalde unterrichtet wird – liegt inmitten des Ortes. Ein festgefügtes Lehrerkollektiv von zwölf Lehrern unter Leitung von *Erich Rudolph* sorgt neben dem Unterricht für eine außerschulische Tätigkeit in 14 Arbeitsgemeinschaften, so u.a. Sport (mit Spitzenleistungen im Tischtennis und Schwimmen!), Chor, Blockflöten-Gruppen, Ornithologen, Fotozirkel, Sanitäter, Brandschutz- und Verkehrshelfer.

Wir steigen die Treppe zu *Arthur Ritter* hinauf. Am Giebel hängt ein Schweinenabel. Hier wird noch geschlachtet. „Ja, jedes Jahr ein Schwein". Im Rahmen hängt der Stolz des alten Brennmeisters, nämlich die Bestätigungsurkunde, daß er erfolgreich an einem Meisterlehrgang in Berlin teilgenommen hat. Das war 1937. Aber schon 1923 hatte er als Gehilfe des Brennmeisters auf dem Rittergut zu arbeiten angefangen. Bis 1945 wurden in den Wintermonaten täglich 30 dt Kartoffeln zu rohem Branntwein gebrannt. Die Cannewitzer Brennerei war eine von 26 im Kreis. Sie bestand bis 1953. Und dann holte er die Spindel aus dem Schrank, womit der Prozentgehalt gemessen wurde. Eine Probe mit dem Inhalt einer Flasche zeigte 38% an, es hätten 40% sein müssen. Worin mag die Ursache liegen? Wir forschten nicht weiter, sondern tranken die Flasche ziemlich leer. Wenn wir nicht fluchtartig das gastliche Haus verlassen hätten, dann wäre wohl dieser Beitrag nicht zustande gekommen.

Doch wir kamen vom Regen in die Traufe, zunächst im Gasthof bei *Winfried Lex*, der mit Frau *Gisela* seit mehr als fünf Jahren die Gaststätte als Konsum-Kommissionsobjekt betreut. Die Stammgäste werden im Geburtstagskalender notiert, damit sie nicht vergessen, ihre Runde zu schmeißen.

Einen Steinwurf weiter auf der anderen Straßenseite kann man bei der Konkurrenz ebenfalls ein Bierchen trinken. Zur *Honigbar* (kein Mensch konnte uns sagen, worauf dieser Name zurückzuführen ist) gehört ein klitzekleiner „Tante-Emma-Laden". Oder umgekehrt. Der traditionelle kleine Dorfladen hat eine mehr als hundertjährige Geschichte. *Herbert* und *Irmgard Petzold* leiten in trauter Gemeinschaft ihren leistungsfähigen Kleinbetrieb bestimmt noch fünf Jahre. Auch heute noch gibt es über den Ladentisch fast alles, was man

**Die 600-Jahr-Feier im September 1978 war ein absoluter Höhepunkt in der Dorfgeschichte, vor allem der kilometerlange Festumzug, hier mit einem Ausschnitt aus dem vergangenen Dorfleben**

so täglich brauchen kann. Und das sogar bei individuellen Öffnungszeiten bis Mitternacht.

In **Serka** gibt's auch einen Gasthof. Das wissen nur die Einheimischen, früher auch die „großen Leute". Kein Schild verkündet die gastliche Stätte, aber jeder aus der Umgebung kennt sie, die täglich vormittags und nachmittags bis 21 Uhr geöffnet hat. Eine liebenswerte, kleine Dame wirtschaftet in der blitzsauberen Stube: *Martha Schieferdecker*, mit 72 immer noch wendig und aufmerksam. Das Haus wurde erst 1962 gebaut, weil durch Blitzschlag die *„Conz. Schankwirtschaft von Oskar Schieferdecker"* abgebrannt war. Das Lokal hatte so seine Spezialitäten: Da gab es einen selbstgemachten Käse, und wenn die Jäger (und die anderen!) gar einen Dachs geschossen hatten, dann duftete es meilenweit. Auch Karpfenschmause wurden veranstaltet, und beim jährlichen Preiskegeln konnte man gar ein Zickel gewinnen. Erfreuen wir uns noch an einer herzhaften Mahnung, die ein Sonntagsmaler den Gemeindeboten auf einem Wandbild verkünden läßt: „Ich sall's eich hiermit sahn, daß vun heite ab niemand in die Bach scheiße, da morgen gebraut wärn soll."

*Manfred Müller und Rudolf Priemer, 1979 S. 46*

HEUTE: Brauerei und Molkerei sind seit den Wendejahren geschlossen, ebenso Schule und Gaststätten. In der Kaufhalle vom geschlossenen Konsum hat der Metallbau von Olaf Hornauer sein Lager (Vater Gerhard verstarb 1992).

## In Köhra lagern Kartoffeln tonnenweise

**Nach dem Waschen werden sie maschinell geschält, und quirlige Frauenhände stechen ihnen schließlich die „Augen" aus**

Kartoffeln müssen über Monate hinweg bis zur nächsten Ernte eine gute Qualität behalten. Sie sind deshalb entsprechend aufzubewahren und zu behandeln. Deshalb wurden riesige Kartoffellagerhäuser gebaut, elf insgesamt im Bezirk Leipzig und davon eines in Köhra. Es gehört seit 1969 mit zu den größten Anlagen dieser Art, wo achtzig Frauen und dreißig Männer beschäftigt sind. Viele von ihnen haben ausschließlich technische Geräte und Maschinen zu bedienen.

Zur Kartoffelernte rollen ununterbrochen die Lastwagen an. Über Förderbänder gelangen die Kartoffeln in die Halle und Lagerboxen oder über die Waschanlage zu den Schälmaschinen. Es gehört zu den Hauptaufgaben des Betriebes, geschälte Knollen an den Großhandel und an Betriebe zu liefern. Unter den 200 Abnehmern befinden sich 50 im Kreis Grimma.

Insgesamt hat Köhra Tag für Tag 150 000 Menschen mit Kartoffeln zu versorgen. Die Schälarbeit leisten vier mit umlaufenden Messern versehene Maschinen, deren Leistung in der Stunde 6000 kg beträgt. Weil aber auch unsere hochgezüchteten Kartoffeln noch nicht rund und glatt wie Billardkugeln sind, müssen sie nachgeputzt werden. In einem hohen hellen Raum stehen an den Förderbändern die friedlichen Frauen, obwohl sie mit scharfen und spitzen Messern bewaffnet sind. Sie entfernen die tiefsitzenden „Augen“ und Schalenreste. Der Abfall beträgt im Jahr ca. 6000 Tonnen und findet u.a. im Grethener Schweinemastbetrieb reißenden Absatz.

Die eingelagerten Pflanzkartoffeln der Sorten *Astilla* und *Adretta* werden zur rechten Zeit im Frühjahr ausgeliefert. Und wenn wir zur Mittagszeit einige mittelgroße Kartoffelklöße verzehren, sollten wir daran denken, daß das wichtige Nahrungsmittel Kartoffeln eigentlich immer ausreichend vorhanden und auch ziemlich „billig“ zu haben ist. *Alfred Klaus, 1979 S. 172*

HEUTE: Seit 1994 umgewandelt in eine Kartoffelschäl- und Vertriebsgesellschaft mbH mit 45 Beschäftigten, die vor allem Frischgemüse verarbeiten und damit den Handel und viele Einrichtungen im weiten Umkreis beliefern.

## Ein neuer Werkstoff – Glasseide aus Oschatz

In den 50er Jahren gab es Überlegungen in der DDR-Wirtschaft, die Produktion von Glasseide aufzunehmen. Dafür war der Standort Oschatz vorgesehenen. 1957 erfolgte für das Werk der erste Spatenstich und zwölf Jahre später begann die Großproduktion. Das ging natürlich nicht so reibungslos vor sich, und es mußten zahlreiche „Kinderkrankheiten“ überwunden werden.

Glasseide wird vorwiegend aus heimischen Rohstoffen hergestellt. Ein Gemisch von Sand, Kaolin und Kalk und weiteren Zusatzstoffen wird in einer Wanne unter hohen Temperaturen zum Schmelzen gebracht. In einer anderen Abteilung werden importierte Glaskugeln in einer Platinwanne bei 1300 Grad C geschmolzen, beide Schmelzen gemischt und die glutflüssige Masse durch entsprechende Düsen zu hauchdünnen, kaum sichtbaren Glasfäden gesponnen und aufgespult. Der ganze Prozeß duldet keine Pause, das flüssige Glas fordert ständig seine hohen Temperaturen und der Fluß muß Tag und Nacht in Funktion bleiben.

Und wozu wird das neue Produkt nun verwendet? In entsprechenden Abteilungen werden die Glasfäden mit Textil- und Plasteunterlagen verbunden und in vielen Industriezweigen schließlich weiterverarbeitet: im Fahrzeug- und Bootsbau, in der Textilindustrie für Dekostoffe und Gardinen. Glasseide ist ein Werkstoff mit Zukunft, sie ist unbrennbar, verrottet oder fault nicht, besitzt eine hohe Festigkeit und dehnt sich kaum. Deshalb melden immer mehr Industriezweige ihren Bedarf an.

Der Bau des Glasseidenwerkes hat die Silhouette von Oschatz spürbar verändert. Nicht nur das Betriebsgelände mit seinem weithin sichtbaren Hydroglobus und den Werkhallen, sondern auch das Wohngebiet Oschatz-West veränderten das Stadtbild.

*Gottfried Massanek, 1979 S. 154*

HEUTE: 1990 erfolgte die Umwandlung in eine Kapitalgesellschaft. 1993 Privatisierung, der Betrieb wird von der Firmengruppe des Mindener Kaufmanns Jürgen Preiss-Daimler übernommen und firmiert fortan als *P-D Glasseiden GmbH Oschatz*. Es erfolgt ein weiterer Ausbau und Modernisierung sowie die Übernahme der lettischen Valmiera Glasfaser AG. 440 Beschäftigte stellen verschiedene Glasfaserprodukte her, die zur Verstärkung von Kunststoffen vor allem in der Autoindustrie, aber auch im Bootsbau, in Anlagen für Windenergie, Rohrleitungen, in Sportgeräten und in der Bauindustrie verwendet werden. 50% der Produkte werden in über 30 Länder verkauft.

**Die Werksanlagen mit dem Wasserballon (2008)**

# „... aber der Wagen, der rollt“

*... und nach drei Tagen durch die Fluren zwischen Collm und Mulde über die Pöppelmannbrücke wieder zurück nach Hohnstädt*

Es war eine denkwürdige, aufregende und erlebnisreiche Reise mit zwei historischen Planwagen, vier Pferden und der *Rundblick*-Wandermannschaft im Gepäck. Die 3tägige Rundfahrt kam zustande, weil *Der Rundblick* seinen 25. Geburtstag feierte und seine Leser erkennen sollten, daß auch die Heimat zwischen Collm und Mulde Erlebnisse und Romantik zu bieten hat.

Freitag, der Dreizehnte. Trotzdem fuhren wir kurz vor 9 Uhr am Parkplatz in **Hohnstädt** bei strahlendem Wetter ab. Kein Wind, die Sonne herrlich warm. So blieb es bis zum Schluß – drei heitere Sonnentage in einem kalten Juli. So konnten wir alle das sommerliche Blühen und Reifen und den Duft der Gräser, Ähren und Laubwälder spüren.

Weiter rumpelten wir über die Golzerner Fabrikbrücke und hielten, wie es noch bis 1945 üblich war, am Pförtnerfenster der Papierfabrik, um Brückenzoll zu entrichten. Unser Chef besserte die Kaffeekasse der Pförtnermannschaft etwas auf. Als unser Signalhorn ertönte, öffneten sich da und dort die Fenster. Neugierig erspähten zahlreiche Kolleginnen und Kollegen die Ursache. Zunächst ungläubiges Staunen – dann aber herzliches Winken. Das erlebten wir später noch oft.

Rast am *Alten Schloß* bei **Golzern**. Gegenüber dem Bahnwärterhäuschen erhebt sich eine große Wallanlage aus der Slawenzeit. Immerhin wäre es auch im ausgehenden Mittelalter noch ein idealer Platz für Raubritter gewesen. Wir hoben das Gatter aus und lagerten uns auf der Wiese. Eiserner Dreifuß, Holzfeuer, Blechkessel, Wasser aus der Korbflasche, Kaffee hineingeschüttet. Es war an alles gedacht. Ulrike strich als Marketenderin mit Taschenmesser und Hirschfänger Semmeln und zerschnitt Kuchen, die Pferde grasten und Herbert holte seine Ziehharmonika hervor, *sf* hielt kluge Vorträge zur Vorgeschichte, auf die kaum jemand hörte.

**Wie immer aufmerksam-neugierig verfolgt Renate Sturm-Francke vom Planwagen aus das geschäftige Treiben**

Nach dem mühevollen Erklimmen des **Schmorditzer Berges** hielten wir auf dem Saumarkt in **Nerchau**. Wir hörten, daß hier 1837 der Reiseschriftsteller *Gerstäcker* im ehemaligen *Gambrinus* sein Bier getrunken hatte. Heute gab es das weder noch.

Über **Neichen** erreichten wir auf glatten Straßen unser nächstes Ziel: **Pyrna** mit seinem Aussichtsturm. Ein kleiner, bescheidener Ziegelbau, wo man weder Bier noch Kaffee trinken kann. Darum geht es auch nicht. Es kostet keine Mühe, den ständig zugängigen Turm zu besteigen, denn die Gittertür steht ständig offen. Nach wenigen Stufen steht man oben und ist überrascht: Welch' herrlicher Rundblick: Von den ausgedehnten Forsten im Osten bei Wermsdorf über die Dahlener Heide zu den Hohburger Bergen, den Türmen von Wurzen und Trebsen und bis zu den Hohnstädter Bergen reicht der Blick. Unser Wunsch: Den Turm bald wieder in Ordnung zu bringen, denn das Mauerwerk bröckelt und am Dach fehlen einige Bretter.

Mittagszeit! In **Burkartshain** stehen wir vor verschlossenen Gaststätten. Doch Familie *Schindler* öffnet die Tür, und bald brutzeln in der Küche herrliche Spiegeleier. Erholt ging's weiter nach **Kühren**. Dort empfängt uns auf dem „Markt" der kleine wassersprühende Elefant. Mögen auch die Proportionen nicht ganz stimmen: ein Kührener schuf mit Lust und Liebe eine vergnügliche Figur und damit eben das Symbol für den Ort.

Schließlich hocken wir allesamt in der Raststätte *Zum wilden Richard* am runden Tisch und leeren einige „Stiefel". Beim unerfahrenen Matthias sprudelt das freundliche Helle so lustig vom Hemd abwärts bis auf den Boden, daß wir meinen, er wolle es dem Elefanten draußen gleichtun. Auch „Stiefeltrinken" kann schön sein, wenn die rechten Leute zusammenkommen.

Wir sind noch gar nicht in **Meltewitz**, da sind wir schon da: Am Bahnhof Dornreichenbach nämlich liegt die **Mark Schönstädt**, und die gehört zu Meltewitz. Der Wald, das ist der Dornreichenbacher Berg, aber der aufgelassene Steinbruch ist wieder Eigentum der Meltewitzer. Ein kompliziertes Territorium.

Und daß wir da waren, hören und sehen wir an dem „großen Bahnhof", der uns hier erwartet: drei Pferdegespanne stehen am Straßenrand. Von dem einen dringt gewaltige Blasmusik herüber, auf dem anderen sitzen junge und ältere Bürger, und aus eine Kutsche steigen Bürgermeister *Walter Erbe*, Dorfklubvorsitzender *Rudolf Kricke* und andere Honoratioren des Dorfes. Herzliche Begrüßung, ein Jubel und Trubel!

Und dann, als wir in das Dorf einrollen – wir wollen es nicht glauben – haben die Meltewitzer ihre Gemeinde uns zu Ehren gar geschmückt. Girlanden wehen lustig im Wind, die Straßen sind gekehrt, und aus Fenstern und hinter Zäunen winken die freundlichen Dorfbewohner unserem Troß zu.

Am Abend treffen wir uns mit den Einwohnern im Kulturhaus zum großen *Rundblick*-Ball. Und hier offenbart sich die nächste Sensation: Mitten auf dem Parkett steht eine originale mongolische Jurte, nach dem Ende der feuchtfröhlichen Nacht die Übernachtungsstätte für die *Rundblick*-Leute. Vorher gab's manches Mordsgaudi und gemütliche Stimmung, auch vom Männerchor mit seinen Volksliedern. Ein Abend, der Dorfgeschichte geschrieben hat.

Anderntags ging's beglückt weiter. Vorbei am *Schwarzen Kater*, einst eine beliebte Einkehrstätte mit Herberge und Ausspanne, rollen wir in der Heidestadt **Dahlen** ein. Natürlich machen wir unseren Ulk am Sackhüpferbrunnen. Wir haben es eilig, wollen zur Mittagszeit in **Calbitz** sein. Wieder betrübliche Feststellung: Keine offenen Gaststätten, Urlaub und Ruhetage! Also entwickeln wir Eigeninitiative und greifen zur Selbsthilfe: Papier ist rasch gefunden, Holz schnell zerkleinert, das dreibeinige Gestell mit eisernem Kessel aufgebaut, und schon knistert verheißungsvoll auf dem Marktplatz (!) des Dorfes das Feuer. Rechtzeitig kehren Marketenderin Ulrike und Matthias von ihrem „Beutezug" in die umliegenden Häuser beladen zurück: jede Menge Eier, ein Glas Gemüse und Beutelsuppen haben sie gesammelt. Auch Frau *Eichhorn*, das fürsorgliche „Dorfmädchen für alles" bringt noch Salz zum Würzen, grüne Gurken als Beilage und Kirschen zum Nachtisch und einen Eimer voll Holzmosch zum Nachlegen. Von der Riesenportion Rührei blieb tatsächlich nichts übrig! .

Am Dörfchen **Collm**, idyllisch am Fuße des gleichnamigen Berges gelegen, halten wir. Einige Kleinreparaturen sind nötig. Dann geht es hurtig weiter. Mahlis streifen wir nur am Rande, und dann winken schon die Türme von **Wermsdorf.** Zum Horstseebad geht's, wo wir unser *RUNDBLICk*-Biwak aufschlagen. Wir haben die Einwohner und alle Freunde durch Plakate zu einem gemütlichen Treffen eingeladen, bei Fischsuppe und Lagerfeuer. Und sie kommen in Scharen, an die Tausend mögen es gewesen sein. Die Kassiererinnen haben zu tun, der Bademeister strahlt. Es gibt Originalwürste aus Wurzen und Brot aus Bennewitz. Natürlich gibt es auch Musik: Zunächst blasen mehr als ein Dutzend junge Musiker der Alfred-Frank-Oberschule Hohburg mächtig mit Hörnern, Trompeten und Tuba. Danach spielen die Wermsdorfer Sachsen-Dreier zum Tanz, zwischendurch die Jagdhornbläser aus Wermsdorf. Spät in der Nacht leert sich der Strand, die Musik hat eingepackt. Eine unvergleichliche Ruhe breitet sich aus, wir sitzen noch ein Weilchen am glimmenden Lagerfeuer. Dann kriechen die Fuhrknechte unter die Plane, wir in die Umkleidekabinen. Der ABV macht seine Runde und bewacht die schlummernden Gesellen.

**Mutzschen**! Wer verirrt sich schon in diese Kleinstadt, zumal die Umgehungsstraße vorbeiführt? Wir fahren auf den Markt. Als „Fuhrleute auf Zeit und Spaß" strängen wir die Pferde zwischen der Distanzsäule und der Apotheke aus und geben ihnen frisches Wasser und Heu. Dann ist auch schon „Storchenvater" *Rudolf Berger* zur Stelle. Galant überreicht er der einzigen Dame im Gefolge einige süße Bonbontüten und drückt uns Männern eine Flasche „Harten" in die Hand.

Wir kriechen in einen Keller am Markt und bewundern im gleichen Raume eine richtige „Schwarze Küche". Sie wurde erst vor wenigen Jahren zufällig wieder entdeckt, nachdem die reichlich veraltete Methode des Kochens im fensterlosen Raum über offenem Feuer längst aufgegeben worden war.

Nachdem wir bei *Krätzels*, in einem Stadtbauerngut an der Hauptstraße ein „Schwalbenhochhaus" gewürdigt hatten, in dem viel mehr als drei Dutzend Mehlschwalben nisten, müssen wir auch hier in den Keller. Dort zweigt von einem langen, gewölbten „Kellerhals" nicht nur ein Wirtschaftskeller ab, sondern es sind deren drei, in verschiedenen Höhen. Warum? Wir wissen es auch nicht. Vielleicht dienten sie in Kriegs- und Notzeiten doch als letzte Zuflucht.

Durch die engen Gassen verlassen wir das sonntägliche Mutzschen. Nur das Getrappel unserer Pferde und das Poltern der Planwagen hallt von den Häuserwänden wider. Ein ungewohnter Klang, der zahlreiche Einwohner ans Fenster zum Staunen und frohen Winken lockt.

Vorbei an der Windmühle in **Prösitz** rollen wir über die nahe Autobahnbrücke in **Pöhsig** ein und halten selbstverständlich

**Pferde und Menschen brauchen von Zeit zu Zeit ihre Ruhe, hier auf der Muldewiese am Alten Schloß bei Golzern**

**Da die Calbitzer Raststätten (gerade wieder mal) ihre Ruhetage hatten, bereiteten wir das Mittagsmahl behende überm offenen Feuer auf dem Parkplatz zu. Zaungäste ließen nicht lange auf sich warten.**

am Chausseehaus. Es wurde um 1830 erbaut und der Einnehmer kassierte bis vor hundert Jahren hier einen Wegezoll.

Dann liegt **Grimma** im gleißenden Sonntagnachmittagslicht. Bürger und Stadt halten ihren Mittagsschlaf. Die Muldeüberfahrt verursacht einen kleinen Autostau. Unsere Pferde ziehen müde den Hohnstädter Berg hinauf. Die ungewohnte 3-Tage-Tour hat die Kräfte und alle Fettpolster verbraucht. Wir sind am Ziel und sortieren das Durcheinander. Die Pferde trotten in den Stall und werden sich in den nächsten Tagen auf der Weide wieder voll und rund fressen. Wir haben das nicht nötig. *1979 S. 110–124*

*Die Rundblick-Wandermannschaft und ihre Aufgaben: Die Texte schrieben Renate Sturm-Francke, Karl-Heinz Laube und Rudolf Priemer, Fotos machten Manfred Müller und Gerhard Weber, als Musikant unterhielt Herbert Slotta, Ulrike Große wirkte als Marketenderin und Museumseleve Matthias Müller sorgte für die Verpflegung.*

*Dazu die Pferde – in ihrer Alltagssprache „Alte", „Blinde", „Pasche" und „Prinz" gerufen – von der BSG Einheit Grimma mit Arno Butscher an der Spitze und der LPG Seelingstädt, die Rosselenker Manfred, Rainer, Frank und Gunter, zwei Planwagen vom Centrum-Warenhaus Leipzig und viele Helfer.*

## „Also versuchen wir's beim Wurzener Lehrerchor ...!"

25 Jahre Lehrerchor – seit wann sind wir eigentlich dabei? War es 1965? Ja, seitdem der eigene Trabi in der Garage steht. Wie soll man sonst auch jeden Mittwoch von Brandis zur Probe nach Wurzen kommen?

Während einer Beratung mit *Ewald Mörl* hörten wir von der Wurzener Singegemeinschaft. Das wäre doch was! Das Musizieren in der Gemeinschaft macht doch mehr Spaß. Das war damals. Es folgten Proben, Auftritte. Und nun der heutige Abend.

Noch eine halbe Stunde bis zum Jubiläumskonzert. Ausverkauft? Tatsächlich, der Saal ist bis auf den letzten Platz besetzt. Erwartungsvoll stehen wir hinterm Vorhang. Vor uns unsere verehrte Chefin, *Sabine Uhlmann*. Apropos Chefin. Diese Frau ist ja ein Energiebündel, voller Musikalität, von einer sympathischen, entwaffnenden Offenheit, den Chor bis zum letzten fordernd. Als *Rudi Ploß* im vergangenen Jahr Wurzen verließ, glaubten wir, jetzt geht's nicht weiter. Aber w i e es weitergeht! Ehrlich, ich hätt's anfangs nicht gedacht. Um so schöner, wenn man sich wieder auf jede Chorstunde

freut. Na ja, manchmal kostet es schon ein bißchen Überwindung, trotz Regen und Schnee, nach einem schweren Tag in der Schule, sich noch ins Auto zu setzen. Zumal vielleicht auch noch im Fernsehen eine Fußballsendung läuft.

Der Vorhang hebt sich. Aufmunternde Blicke zwischen Chor und Dirigentin: „Das Land, in dem wir leben“, ist eine gute Eröffnung, die „Alten Weisen“ gestatten noch einmal ein Sammeln. Die Stimmen hallen durchs Haus, wir genießen den Beifall. Dann Pause, ein paar Minuten Entspannung, Zustimmung, Glückwünsche.

Mit „Füllt mit Schalle“ beginnt der zweite Teil. Das intensive Proben hat sich bezahlt gemacht. Das Publikum reagiert begeistert. Fein, ein Ansporn für den attraktiven Satz „Kommt, ihr G'spielen“. Lieber *Melchior Frank*, steh mir bei! Eine Stunde vor dem Konzert habe ich erst den Ostinato-Baß dazu in die Hand gedrückt bekommen, weil der Mathias durch einen Sportunfall ausfiel. Der erste Ton saß, und der letzte kam auch, na und das bißchen dazwischen.

„Gekauft!“ hätten wohl die Leute beim Fernsehen gesagt, als wir zu den Tonaufnahmen für „Alles singt“ in Berlin waren. Übrigens: Wie viele Male haben wir dort die „Lore am Tore“ trällern müssen? Einer zählte, glaube ich, bis sechsundzwanzig. So klappt sie wenigstens jetzt noch. Kontrast zu der beschwingten „Lore“ ist das stimmungsvolle „Der Mond ist aufgegangen“, ein wunderschöner Satz; aber es ist gar nicht so einfach, in diesem Piano die Spannung zu halten. Nun das Finale und für mich der schwerste Brocken. Hoffentlich habe ich noch genügend Stimm- und Spannkraft für das Solo!

Geschafft! Ein herrliches Gefühl! Ich glaube, jeder von uns hat alles gegeben. Und nun spürt man auch das Echo im Saale. Das ist freudige Zustimmung und herzliches Dankeschön!

Also eine Zugabe. Na, was schon? Unseren Schlager über Jahre hinweg *Old black Joe* mit *Lothar Kühn*. Eigentlich schade, daß das Konzert nun schon zu Ende ist. Meinetwegen könnte es noch weiter gehen. Jetzt sind wir fabelhaft in Form und Stimmung – Hochstimmung! So richtig glücklich: Freude an der eigenen Leistung und Freude darüber, anderen eine Freude bereitet zu haben!.

*Karl Schaarschmidt, 1979 S. 130.*

*Nach Rudi Ploß leitete die Lehrerin Sabine Uhlmann den Chor. Mit ihrem Ausscheiden löste er sich 1986 auf.*

**Sabine Uhlmann (Bild oben) und ihr Solist Karl Schaarschmidt (unten)**

# „Sandmännchens" letzte Fahrt von Wurzen nach Eilenburg

Die Reichsbahndienststellen beschlossen den „Verkehrsträgerwechsel", und nach mehrmaligen Anläufen wurde schließlich der 26. Mai 1978 festgelegt. Von der Öffentlichkeit kaum beachtet, stand das kleine, rot-weiße *Sandmännchen* an diesem Tag zum letzten Male auf dem Außenbahnsteig Nr. 3 in Wurzen. Ein Transparent klebte an der Scheibe, geschmückt mit einem Fliederstrauß. 17 Uhr. Nur wenige Leute stiegen ein. Wir durften ganz vorn neben Lokführer *Johannes Geßner* Platz nehmen und hatten so einen prächtigen Ausblick auf die Bahnanlagen und die weite Landschaft.

In **Lüptitz** gibt es einen längeren Aufenthalt. Rb-Amtmann *Teichmann* überreicht dem 67jährigen Reichsbahn-Hauptsekretär *Herbert Röhniß* ein Erinnerungsgeschenk, der 45 Jahre lang seinen Dienst hier geleistet hatte. Vor 51 Jahren war es dessen Vater, der hier die Agentur übernommen hatte. Neben seiner gutgehenden Gastwirtschaft am Teich (er war außerdem noch Fleischbeschauer) hatte er alle Hände voll zu tun, denn damals brachte die Bahn jede Menge an Stückgut. Wenn dann zur Herbstzeit die Bauern ihre Kartoffeln zentnerweise auf die Reise schickten, wußten am Abend die Bahner, was sie geleistet hatten.

In **Zschepa-Hohburg** war eine ganze Mannschaft versammelt, angeführt vom Bahnhofsvorsteher *Paul Wolters*. Jetzt rollen in 16 Stunden (nachts ist Ruhe auf der Strecke) ca. 15 Züge über die Strecke. Sie transportieren vorwiegend Schotter aus den Steinbrüchen, aber auch Kalk, Salze sowie die fertigen Mineralstoffgemische vom *Mischfutterwerk Hohburg* mit ca. 20 Waggons täglich, sowie Düngemittel, Kartoffeln und Zuckerrüben zur Erntezeit, Holz für das *Sägewerk Thammenhain* und verschiedene Baustoffe.

Dann ging's über die Lossabrücke. Am Schotterwerk des Holzberges vorbei rollte das *Sandmännchen* im Bahnhof **Collmen-Böhlitz** ein, nicht ohne vorher noch einmal kräftig zu hupen. Die Straßenüberführung ist hier eine hohe Gefahrenstelle. Traktoren und Autos kollidierten mehrmals mit dem Zug. Einmal wurde das Sandmännchen sogar aus den Schienen gehoben. Der erste Unfall ereignete sich schon sieben Tage nach der Eröffnung 1927. Ein Leipziger Ingenieur rammte mit seinem Auto den Zug. Es war danach nicht mehr brauchbar. Der Pkw-Fahrer blieb wie durch ein Wunder unverletzt.

In **Thallwitz** schien man schon seit langem Abschied vom Personenverkehr genommen zu haben. Das unbesetzte Bahnhofsgebäude sah dementsprechend aus. Nur ein altes Mütterchen wartete auf den Zug. Sicher wußte es gar nicht, daß es die letzte Reise mit der Bahn war.

Erneut ging es durch eine Schlucht. Dann weitete sich nach links der Blick über das Waldgebiet der *Zauche,* während das Bahngelände rechts steil anstieg. Hier kam es 1937 nach starken Regenfällen zu einem Erdrutsch. Schienen und Gleisbett gingen in die Tiefe. Zum Glück hatte der Zug diesen Abschnitt gerade passiert.

*Manfred Müller, 1979 S. 26*

**Die Bahnstrecke** wurde 1926/1927 gebaut mit einer Gesamtlänge von 21,8 km. Einschnitte und aufgeschüttete Dämme sowie 16 Brücken erschwerten den Bau. Der Personenverkehr wurde 1978 eingestellt, 2002 auch der Güterverkehr und Rückbau der Strecke von Wurzen bis Lüptitz. Jetzt dient sie nur noch als Anschlußgleis von Eilenburg aus bis Lüptitz, von den Quarzporphyrwerken genutzt.

**Das „Sandmännchen" im Streckenabschnitt zwischen Lüptitz und Kleinzschepa**

## Die Scheitmacher im Thümmlitzwald

Die Waldarbeiter um 1900 wurden Scheitmacher genannt. Ihr Fahrzeug war der Schiebbock. Sägen, Äxte, Beile und der Holzschlegel waren das Werkzeug, das mit Kleidungsstücken und Proviant gemeinsam auf der Karre lag. Das ihnen zustehende Feierabendholz nahmen die Scheitmacher jeden Abend mit nach Hause und sägten es noch am gleichen Abend. Das Spalten besorgte am folgenden Tag die Frau.

Das geschlagene Holz wurde in Auktionen versteigert. Die großen Stämme kauften die Sägewerke. Dann gab es noch Stangen, Schleifhölzer, Rollmeter, Scheitmeter (gespaltene Rollen), Knüppel, Äste und Reisigmeter. Jedes Raummeter erhielt eine Nummer. Reisig lag in Haufen. Man brauchte es zum Feueranmachen und hackte es zu Hause zu kleinen Bündeln. Heute wird es auf dem „Schlag" in großen Haufen verbrannt.

In der Erntezeit gab es für die Holzarbeiter immer eine Flaute in der Waldarbeit. Da hieß es in den Steinbrüchen des Thümmlitzwaldes Steine zu brechen, womit Straßen und Wege ausgebessert werden konnten. Oder die Arbeiter gingen zu den Bauern in die Ernte. Da es damals noch keine Maschinen auf dem Felde gab, wurde die Sense und die bescheidene Habe auf den Schiebbock geladen und zog so mit der Fuhre bis hinüber „ins Preußische" in die Gegend um Torgau und Belgern. Bei der Heimkehr nach acht Wochen hatten die Männer als Lohn ihre Roggen- und Weizensäcke auf dem Schiebbock liegen, dazu ein bescheidenes Säckchen mit Talern. Es kam freilich auch mal vor, daß einer nicht mehr den Weg zurück fand und für immer bei einer jungen Dorfschönheit hängen blieb.

Von alters her war es geboten, mit dem Holz sparsam umzugehen. So fuhren die Frauen mit Handwagen in den Thümmlitzwald, um Holz zu hacken. Sie benutzten dazu einen eisernen Haken, der an einer 5 bis 6 Meter langen Stange befestigt war. Mit ihm rissen sie dürre Äste von den Bäumen und ergänzten so den häuslichen Holzvorrat.

Auch in dem harten Berufsleben der Scheitmacher gab es Höhepunkte. An einen solchen im Jahre 1902 haben sich viele lange erinnert. In der Abteilung 13 sollte eine riesige Eiche gefällt werden. Dazu mußten 3 und 4 m lange Schrotsägen aus Dresden beschafft werden. Beim Fällen waren alle Scheitmacher aus der Umgebung zugegen sowie hohe Persönlichkeiten von der Forstverwaltung aus Dresden. Es wurde ein richtiges Volksfest.

Daß man „sein" Heidelbeerfleckchen nicht jedem verrät, ist wohl schon immer so gewesen. Der Thümmlitzwald, heute ein geschätztes Erholungsziel, birgt noch manches Geheimnis.

Es bleibt der Forschung vorbehalten, seine Geschichte in Siedlung und Nutzung, in Wall- und Wehranlagen, ja, in Lebensformen fernster Vergangenheit zu erschließen.

*Walter Naumann, 1978 S. 148*

# Ich habe den Eisvogel gesehen!

In einem Brief schreibt 1978 *Helmut Bauer* aus **Luppa**: „Ich möchte Ihnen mitteilen, welches große Glück ich heute hatte. Ich habe in freier Natur einen Eisvogel gesehen. Er saß auf einem Zweig über dem Wasser. Er fiel mir durch ein metallisch blaues Glitzern auf, die Brust war rostbraun, und der lange Schnabel ergänzt das wunderbare Bild. In der *FF DABEI* las ich, daß nur drei von hundert Europäern einen Eisvogel in freier Natur sehen. Ich bin glücklich, einer von den drei zu sein!“

Im *Rundblick* Heft 7/1969 konnten Mitglieder der *Fachgruppe Ornithologie und Herpetologie Falkenhain* von der ersten ihr bekannt gewordenen Brut des Eisvogels berichten. Vor dem strengen Winter 1962/63 gelangen etwa zwanzig Beobachtungen von Einzelvögeln hauptsächlich am Lauf der Lossa. In diesem Winter ist die einheimische Population vermutlich zugrunde gegangen, denn die hungrigen Vögel konnten nirgends mehr an ihre Nahrung, verschiedene Kleinfische, gelangen. 1967 entdeckten wir endlich wieder eine Brut am Stolpenteich bei **Heyda**.

Seit dieser Zeit hat sich der Eisvogelbestand langsam aber deutlich erhöht. Problematisch bleibt in unserem Gebiet der Mangel an geeigneten Brutplätzen. Die Vögel brauchen steile Uferwände für die Anlage ihrer Niströhre. Durch die Meliorationsmaßnahmen an fast allen unser kleinen Fließgewässer sind Steilufer und Mäander weitestgehend beseitigt worden.

*Hartmut Kopsch, 1979 S. 68.*

# NOTIZEN

**Meltewitz:** „Wie schön ist doch die Musik“. Unter diesem Motto fand der 10. Meltewitzer **Konzertwinter** statt. Von den 800 Einwohnern waren 300 erschienen, und im Kulturhaus war kein freier Platz mehr zu finden. Vor zehn Jahren war vom Sender Leipzig die Idee, klassische Musik auch dem ländlichen Publikum nahezubringen, an die Gemeinde herangetragen worden. Das brauchte allerdings seine Zeit, doch inzwischen haben es die Meltewitzer gelernt, Musik zu hören. So sind Gewandhauskapellmeister *Kurt Masur*, Thomaskantor *Hans-Joachim Rotzsch, Elisabeth Breul, Roswitha Trexler* u.a. heute keine Fremden mehr. *1979 S. 93*

**Grimma**: Die Fertigung tönerner **Tabakspfeifen** begann um 1710 mit dem Ton aus Zeunitz und Pöhsig. Von 1793 bis 1797 wurden von vier Grimmaer Handwerksbetrieben, den Tonpfeifenbäckern, 1.415.000 Pfeifen gefertigt. Große Mengen davon gingen nach Amerika und Afrika. Um 1850 wurde die Herstellung ganz eingestellt, weil sich der Gebrauch von Porzellan-Pfeifenköpfen durchsetzte. *1979 S. 169*

**Oschatz**: Die Obst- und Gemüsegroßhandlung von *Gerhard Gasch* hat eine **Bananenreiferei** eingerichtet *(s. Abb.)*. Die Bananen, eine begehrte Frucht, werden im grünen Stadium geerntet, auf eine zwei bis drei Wochen lange Schiffsreise in eigens dafür gebauten „Bananendampfern“ geschickt, um dann hier in speziellen Räumen heranzureifen. Nach einer Woche sind die Früchte bei einer konstanten tropischen Raumtemperatur von 25° C und einer Luftfeuchtigkeit von 95 % und weiteren komplizierten Vorgängen reif, ehe sie nach der Sortierung auf den Ladentisch kommen, wo sie nicht lange verweilen. *1979 S. 60*

| 1980 | 27. Jahrgang |
|---|---|

**Der Rundblick**. Kulturspiegel der Kreise Wurzen-Oschatz-Grimma.
A4-Format, 2 Hefte, 200 Seiten, 3,50 M.

Heft 6 der Rundblick-Information
**Grimma** und das Muldental zwischen Nimbschen und Golzern
Textgestaltung: Renate Sturm-Francke,
Fotos: Gerhard Weber.

Heft 7 der Rundblick-Information
**Machern** und der Park zu Machern
Texte: Autorenkollektiv,
Fotos: Manfred Müller

## Zu beiden Seiten der Dahle

Wir ziehen los, zu Fuß entlang der Dahle von der Quelle bei Schmannewitz bis zur Mündung in die Elbe. Vor uns liegt das kuppige Endmoränengebiet einer Heide, ein eiszeitlich geformtes Gebiet, das mit artenreichen Mischwald bedeckt ist. Es fällt auf, daß eine weitsichtige „Wald-Politik“ betrieben wird, indem an vielen Stellen kleine Horste von Laub- und Nadelbäumen stehen bleiben. Sie sind als Nist- und Brutstätte vieler Tierarten wichtig.

Nahe **Schmannewitz** rauscht die Dahle fast einen Meter breit ockerfarben durch Wald und Wiese. Hier wurde sie 1972 begradigt und baumlos gemacht. Das lebensfähige Wasser verwandelt sich bald zu einer Flüssigkeit, denn die Abwässer der Bewohner sprudeln „lustig“ hinein. Unser Reiseführer *Hellmut Darnstädt* resümiert ganz traurig: „Hier holten wir immer unser Osterwasser!“

Schmannewitz ist Ferienort. Nach unseren Eindrücken können sich Urlauber in der Dahlener Heide recht gut erholen, es kommt nur darauf an, was sich FDGB-Urlauber darunter vorstellen. Hier gibt es keinen Rummel, vielmehr einen Urlaub für Familien mit Kindern oder für Leute, die wirklich ausspannen wollen.

In der Dorfkirche lesen wir, daß es kein Geringerer war als der Dresdener Ratszimmermeister *George Bähr* (1666–1738), der nach Abschluß des Baues der Dresdener Frauenkirche für die Dorfkirche hier die Pläne lieferte. Das sakrale Gebäude wurde 1966 ganz in seinem Sinne im typisch ländlichem Barock restauriert.

Weiter marschieren wir in Richtung **Dahlen.** Urplötzlich stehen wir mitten in Busch und Baum vor einem Gebäudekomplex, der Graumühle, auch Gräfenhainer Mühle genannt nach der gleichnamigen Wüstung. Heute dient sie einem Betrieb als Ferienheim. Leider verweist keine Texttafel darauf, daß hier 1706 die Urgroßmutter von *Richard Wagner* geboren wurde.

**Endmoränenlandschaft in der Dahlener Heide**

In der *Tanne* sind für uns in der hintersten Lokalecke Plätze reserviert. Dort wartet schon ungeduldig *Hans Fuchs*, langjähriger *Rundblick*-Mitarbeiter und Heimatfreund, auf unsere Wandergruppe. Er führt uns zum Sackhupper-Denkmal, das seit 1975 den *Karl-Marx-Platz* verschönt, von der hiesigen LPG gestiftet, mit Springbrunnen und einer mit Fliesen gestalteten Landkarte im Wasserbecken.

Die *Jägereiche* im Volkspark braucht dringend eine Renovierung. Gedanken, von ihr eine Nachbildung anzufertigen und das Original ins Heimatmuseum zu bringen, haben noch keine Verwirklichung gefunden.

Und wie soll es mit dem Schloß weitergehen, das als Brandruine am Rande der Stadt dahindämmert? Wir haben bekümmert durch die Absperrung auf Trümmer und leere Fensterhöhlen geschaut. Im März 1973 ging dieses historische Kleinod voller Kostbarkeiten kurz nach der Restaurierung in Flammen auf. Das Institut für Denkmalpflege in Dresden denkt an einen Wiederaufbau.

Tolles Treiben und fröhliche Stimmung herrschen am Nachmittag auf dem Gasthofvorplatz in **Lampertswalde**, auch Markt genannt, als wir dort eintreffen. Viele, viele Lampertswalder sind der *Rundblick*-Einladung zum Aschkuchen-Essen und zu einem Freibier bei zünftiger Blasmusik gefolgt. Die aufgestellten Stuhlreihen reichen bei weitem nicht aus. Nicht enden wollender Applaus zwingt den Orchesterbegründer und Leiter *Heinrich Heßler* – örtlich nur „Kulturminister" genannt – immer wieder, erneut den Stab zum Dirigieren zu erheben.

Am Brauhaustor mit der Jahreszahl 1911 im Schlußstein prangte bis in die fünfziger Jahre ein Halseisen. Jetzt ist das historische Stück verschwunden. Hoffentlich erhält der Rat der Gemeinde bald ein Päckchen. Der Absender kann anonym bleiben. Wir wandern ins Schloßgelände hinein. Das Brauhaus liefert bis 1884 Bier für Schloßbewohner und Gasthof. Später diente es bei Manövern den Soldaten und Pferden als Unterkunft. Heute sind Schuppen und Wohnungen daraus geworden. Um die Ecke stehen wir am malerischen Gärtnerhaus, leer das Innere, mit schadhaftem Dach. Die beiden Sonnenuhren zeigen Baurisse. Wir haben den Eindruck, daß in Lampertswalde einiges zu tun ist. Historische Zeugen sollten für spätere Generationen erhalten werden.

**Die Jägereiche im Volkspark**

Kaum haben wir das Nachtlager im eigens für uns entleerten Jugend-Klubraum hergerichtet, das heißt, Luftmatratze und Decken eingeräumt, auf dem Hof in Waschschüsseln vom Wanderstaub gereinigt, drängt der *Rundblick*-Chef zur Eile: „Haut hin, wir müssen auf den Saal!" Wir sind nämlich gemeinsam mit dem Lampertswalder Dorfklub Veranstalter des heutigen Sommersonnenwendenachtballs.

Der *Adler*-Saal ist brechend voll. Sofort ist die nötige Stimmung vorhanden. Entsprechend dem Motto dieses geselligen Tanzabends „Das Wandern ist des *Rundblicks* Lust" vereinigen sich alle Gäste ganz schnell, das bekannte Wanderlied unaufhörlich mitsingend, zur unglaublich labyrinthischen Polonaise, die letztlich auf dem Gasthof-Vorplatz endet. Hier wollte natürlich jeder bei der obligatorischen Gruppenaufnahme ins recht Bild kommen.

Und dann geht es weiter Schlag auf Schlag, zwischendurch mit Klängen einer Oschatzer Combo und Tanzrunden angenehm „beruhigt“. Viel Beifall findet *Jürgen Herzog* mit seinem heimatgeschichtlichen Wissenstoto, nicht weniger *Rudolf Priemer*, der aus der Herzogschen Sammlung bäuerliches Gerät vorstellt. Aber auch die Lampertswalder haben einiges mitgebracht: Butterförmchen, Bügeleisen, eine Eierbratpfanne, ein Erbregister von 1631. Langzöllige Nägel mit nur wenigen Schlägen in eine dicke Holzbohle zu treiben, schafft am schnellsten der Schmied. Daß aber hier auch versierte Handwerker versagen, ruft das durchaus nicht bösartige Gelächter der Massen-Jury hervor. Den absoluten Knüller jedoch bietet unser Chef. Mit Erbse und schwarzem Gehrock als Meisterfotograf von anno dazumal zaubert er wahrhaftige Wunderwerke aus seiner überdimensionalen Holzkasten-Kamera. Das Gelächter und Gekreische beim Betrachten der urkomischen Riesen-Aktaufnahmen (auf den nackten Leibern „sitzt“ der Kopf einheimischer Bewohner!!) will nicht verebben.

**Musikalischer Empfang mit Trommeln und Trompeten vorm Adler in Lampertswalde**

Herzlichen Dank der 52jährigen Poststellenverwalterin *Traute Peschel*, die als stellvertretende Dorfklub-Leiterin Enormes zur Vorbereitung dieses amüsanten Dorfabends geleistet hat. Und zum Abschied übergab sie uns noch selbstgehäkelte Eierwärmer, damit wir das Dorf in guter Erinnerung behalten. *Karl-Heinz Laube, Rudolf Priemer, Heinz Thümmler, 1980 S. 105*

*Die Erlebnisse vom zweiten Wandertag von Lampertswalde über Sörnewitz, Cavertitz, Klingenhain, Schirmenitz, Außig und Seydewitz bis zur Mündung der Dahle in die Elbe an der Elbfähre bei Mühlberg findet der interessierte Leser im Heft 1/1981 S. 4.*

**Wanderziel erreicht: Die Mündung der Dahle in die Elbe**

# Wenn die Säfte steigen, dann wird im Colditzer Wald gezapft

Alljährlich im März rauscht durch den Blätterwald der Tagespresse etwa folgende Meldung: „Auch in diesem Jahr wurden im Colditzer Forst wieder ca. 100 000 Liter Birkensaft gewonnen, gefiltert, konserviert und anschließend der kosmetischen Industrie zugeführt."

Wenn der Schnee geschmolzen ist und die Vorfrühlingssonne den Saft in die Zweige der Bäume treibt, ist die hohe Zeit der Birkensaftgewinnung gekommen. Die Prozedur ähnelt einem barbarischen Aderlaß: Die Bäume werden angebohrt, fingerstarke Metallröhren in die Stämme geschlagen – und die Birken scheiden ihren Lebenssaft aus. „Und wenn man nicht aufpaßt, verbluten sie!", sage ich herausfordernd. Doch Oberförster *Gottermeier* aus Colditz antwortet mit der Ruhe eines erfahrenen Chirurgen: „Nein, der Baum gibt nur über eine verhältnismäßig kurze Zeit eine bestimmte Menge Saft ab, dann ist Schluß. Trotzdem verschließen wir die Wunden am Ende der Saison mit vorgefertigten Holzstopfen." Der Waldhüter kann sich dafür verbürgen, daß den 4 000 Birken kein innerer Schaden zugefügt wird. Im übrigen: Auch Birken genießen Jugendschutz. Sie werden erst in einem Alter von etwa 30 Jahren zur Saftspende herangezogen.

Wir hatten Glück und erlebten einen Safttag erster Güte (Bild oben). Das edle Naß, wasserklar, geruch- und geschmacklos, aber dennoch leicht zuckerhaltig, tropft in Glasgefäße. Umsichtige Frauen und Männer entleeren sie. Ein Tankwagen fährt vor, und ab geht die Post.

Der Colditzer Forst darf sich heute mit Fug und Recht als der bedeutendste Birkensaftlieferant unserer Republik bezeichnen. 1956 begann die Produktion. Mit Handwagen und 50-Liter-Glasballons zog man los und erntete ganze 257 Liter. Demgegenüber stehen heute 100 000 Liter Jahresleistung. Dabei könnte diese Menge noch gesteigert werden, doch sie entspricht jetzt bereits dem Bedarf der verarbeitenden kosmetischen Industrie.

Man geht wohl nicht fehl in der Annahme, daß schon unsere Vor-Vorfahren erpicht darauf waren zu erfahren, welche verborgenen Kräfte den Birken innewohnen. Als sie ihren ungewöhnlich starken Saftstrom entdeckten, werden die Kräuterweiblein und Wunden-Wundertäter sicherlich auf mancherlei Art und Weise die Heilkraft erprobt haben, bis wahrscheinlich jemand auf die Idee kam, den blanken Schädel damit einzureiben. Ob der Saft half, ist ungewiß. Aber immerhin konnte wohl eindeutig festgestellt werden, daß er auch keinen Schaden anrichtet.

Und eines ist sicher: Bei der Verwendung von Produkten aus Birkensaft hat man auf alle Fälle die Gewißheit, stets von einem Hauch Colditzer Waldesduftes umgeben zu sein!

*Wolfgang Stadler, 1980 S. 119*

HEUTE: Die Gewinnung von Birkensaft erreichte 1983 mit 142.600 Litern ihren Höhepunkt. Dazu wurden 3200 Birken angebohrt. Die letzte „Ernte" erfolgte 1999 mit 2000 Litern, dann war kein Bedarf mehr vorhanden. Ende der 90er Jahre stellte die Fa. Horn aus Leipzig einen Fruchtschnaps aus Birkensaft her, der jedoch nicht genügend Abnehmer fand.

**Renate Sturm-Francke**, Grimma-Hohnstädt. *1903 †1979. Tochter eines Pfarrers in Störmthal bei Leipzig, 1910 Umzug nach Grimma. 1921 Staatsexamen für Kindergärtnerin, danach fremdsprachliche Stenotypistin. 1927 Heirat des Grimmaer Rechtsanwaltes *Dr. Hans Sturm* und Beginn einer schöpferischen Beschäftigung mit der Heimatkunde. Mitarbeit an den *Grimmaer Nachrichten*. Nach dem Kriege aktive Fortsetzung der heimatkundlichen Arbeit am Museum Grimma, in der Denkmalpflege, beim Schutz der Bodenaltertümer, in der Volkskunde, beim *Rundblick*.

# Renate Sturm-Francke – ein außergewöhnlicher Mensch

## *Sie verstarb im September 1979*

*sf war einer außergewöhnlicher Mensch.* – Ihr Wirken in einem ausgefülltem Leben wird noch nach Jahrzehnten spürbar sein, denn in vielen Bereichen unseres Kulturlebens hat sie ihre Handschrift hinterlassen: als Leiterin des Göschenhauses in Hohnstädt, als Redaktionsmitglied des *Rundblicks*, als Pflegerin für die Bodendenkmale, in der Denkmalpflege und in der Volkskunde.

*sf hatte niemals Zeit.* – Ständig war sie auf der Suche nach den Kulturschätzen unserer Heimat. Sie aufzuspüren, zu pflegen und zu bewahren, war ihr keine Stunde zuviel. Sie erstieg die höchsten Gebäude und suchte in den tiefsten Kellern. Was sie fand, beobachtete und entdeckte, wurde notiert und katalogisiert. Dafür hatte sie Zeit. Keine Zeit hatte sie für unproduktive Sitzungen, für Geburts- und Feiertage, für Ausflüchte, für lange Telefongespräche.

*sf war kritisch und unduldsam.* – Nichts haßte sie mehr als leere Versprechungen, nachlässige Arbeiten, unpünktliche Leute. Drohte eine Angelegenheit im Sande zu verlaufen, dann mahnte und kämpfte sie. Das war für manche Leute unbequem. Mit dem geschriebenen Wort ging sie hart ins Gericht, wenn es am falschen Platze stand, wenn es nicht die richtige Aussage hatte. So prägte sie mit am Profil des *Rundblicks*, und später sagte sie einmal: „Er ist meine stille Liebe ."

*sf war eine herrliche Gastgeberin.* – Wer mit ihr am Kamin im Göschenhaus oder an den weißen Tischen im kleinen Park plaudern konnte, der hatte vergnügliche und lehrreiche Stunden. Ihre heitere Art, ihr Charme und ihr Witz waren für die großen und kleinen Besucher bei *KKK (Kultur mit Kaffee und Kuchen)* ein nachhaltiges Erlebnis. Viele kamen immer wieder. Ihre Worte gingen zu Herzen. Sie öffnete vielen die Augen für die kleinen Schönheiten unserer Welt, für die Heimat zwischen Collm und Mulde. *Manfred Müller, 1980 S. 75*

Unvergeßlich wird mir der Septembertag bleiben und die Führung durch das Göschenhaus. An die *Barlachsche Alte* erinnerte sie mich, als sie erzählte, wie sie mit Hinterwitz und List habe verhindern können, daß aus dem Göschenhaus ein „Museum" werden sollte. Sie habe ganz einfach alles selber gekauft, damit die Besucher auf ihre Einladung hin sich auch auf die Stühle setzen und aus den wunderbaren Tassen trinken könnten. Und besonders die Kinder müßten es erst einmal mit allen Sinnen erfassen, damit sie's auch lieben lernten, das Erbe! Beharrlich und starrköpfig konnte sie den Leuten allerdings auf die Nerven gehen, wenn es galt, immer wieder ein vergessenes Stück Hausrat von irgendwelchen Dachboden zu zerren. Glaubhaft versichert sie, es gäbe im Kreis Grimma keinen Dachboden, den sie nicht auf vergessene Schätze hin inspiziert habe.

Nie habe ich die Augen meines neunjährigen Jungen in einem „Museum" so leuchten sehen wir hier im Göschenhaus. Ich glaube, *Renate Sturm-Francke* hatte wie wenige begriffen, worum es ging: über den ersten „Anstandsbesuch" im Museum hinaus Liebe und Neugier im Umgang mit den uns überlieferten Gegenständen, Zeugnissen und Lebensgewohnheiten unserer Vorfahren zu entfalten. Und so bot sie immer wieder neue Themen an, um die Neugier der Besucher wachzuhalten. Unerschöpflich schienen die Ideen und Pläne.

Vierzehn Tage nach meinem Besuch im Göschenhaus erhielt ich die Nachricht vom Tode der *Renate Sturm-Francke*.

*Gisela Oechelhäuser, 1980 S. 76*

**Am Fuße des Stadtwaldes, in sicherer Höhe vor den Hochwassern der Mulde, verlief die Strecke der Muldentalbahn – heute ein beliebter Wanderweg.**

## Auf den Spuren der „Unteren Bahn" durch den Grimmaer Stadtwald

Ein Herbsttag im November 1978, ein stiller Wanderweg im sanften Schein der Nachmittagssonne, für manche ein letztes Luftholen, bevor der Winter kommt, vielleicht auch ein leises Erinnern.

Hundert Jahre sind es her, daß dieser Teil der Muldentalbahn von Großbothen über Nimbschen und Grimma nach Wurzen dem Verkehr übergeben wurde. Damals ein großes Ereignis für die Grimmaer. Und wer keine größere Fahrt vorhatte, probierte es doch wohl, wenigstens am Bahnwärterhäuschen in Nimbschen einzusteigen und bis zum Unteren Bahnhof durchzufahren. Vielen, die heute nicht mehr am Leben sind, wurde eine Tour mit der „lahmen Pauline" zum Höhepunkt des Schulfestes.

Vor dreißig Jahren büßte der Damm durch die Demontage eines Teilabschnittes der Muldentalbahn seinen Schienenstrang ein. Jahrzehntelang lag der Pfad ungenutzt. Dem Vorschlag, ihn zur Uferpromenade zu gestalten, wurde zunächst heftig widersprochen. Und dann ist es doch gelungen. Kein langweilig schnurgerader Weg ist entstanden. Zwischen Baum und Strauch zwischen Fels und Wasser windet er sich dahin, immer neue Bilder enthüllend.

An der Steintreppe unter der *Margaretenburg* geht es an. Der Damm läßt zur Linken noch das alte *Kuxloch* erkennen. Hier hatten vor sechshundert Jahren die Mönche von St. Augustin einen wenig ergiebigen Steinbruch angelegt. Von Erde und Gestrüpp bedeckt, war er in Vergessenheit geraten, als man ihn bei Bahnbau 1877 neu entdeckte und (natürlich!) in ihm einen „unterirdischen Gang" vermutete.

Über uns muß die *Köhlerhöhe* sein, genau gegenüber dem *Alten Seminar*, seinem Gründer gewidmet. Und einige hundert Meter weiter ragt aus dem Dickicht das *Stolledenkmal* empor, jenseits das *Stolle-Gartenhäuschen*, an dem der Name des mit Grimma so eng verbundenen Demokraten der 48er Revolutionsjahre leicht verblaßt ist.

Neben der breiten Mauerlinde leuchtet – herrlich vorgerichtet – eines der Stadtmauer-Häuschen in Gelb und Braun und mit unendlich fein gegliederten Fensterchen aus dem Laub hervor. Die Mulde spiegelt alles wider: Die mächtigen Mauern der Oberschule, den fast zierlich anmutenden Ostgiebel der Klosterkirche, das Museum, halb von Baumkronen verdeckt, die fußballspielenden Jungen im Schulhof und – es ist Sonnabend – allenthalben Leinen mit fröhlich im Winde wippender Wäsche.

Wir schreiten weiter zwischen gesprengten Felsen hindurch, treffen stille Spazierbummler. Wir spüren echte (!) Tannen auf, dann wieder zarte Robinien, Birken, die auf kargem Untergrund wurzeln und im Winde balancieren. Hoch oben Kiefern, dann ab und zu einen Trampelpfad.

Die alten Tälchen tun sich auf: der Elisabethgrund oberhalb der alten Klosterfähre, der Borngrund, der zwar keinen Springbrunnen mehr speist, über dem aber – sauber hergerichtet – Musikpavillon und Gesundbrunnen (1754 gefaßt!) auftauchen. Wen dort nicht die Erinnerungen packen, der mag sich neue schaffen oder seine Fantasie entfalten.

Hinter der zweiten Felsenenge weitet sich der Blick, und unter hellem Himmel erkennt man den Speicher der Großmühle, die Gattersburg, den von der Strömung abgetragenen Heger und als scharfen Strich über der heute dunkel und ruhig dahinfließenden Mulde das Wehr. Möwen jagen übers Wasser, Schwäne von unwahrscheinlichem Weiß ziehen unter der Hängebrücke entlang, schwarzgraue Wildenten, rund und klein, drehen sich wie Kreisel auf der glatten Fläche.

Der neue Uferweg endet am Bahnwärterhaus, das einen freundlichen Anbau erhalten hat. Viele Male gibt er Gelegenheit zum stillen Verweilen auf Bänken und rundstämmigen Hockern. Er ist zu einem Geschenk geworden für den, der nach des Werktags Hasten Ruhe, Luft und Landschaft sucht, zu einer Überraschung für den, der ihn *so* noch nicht kannte und der nun blättern kann wie in einem Bilderbuch: Entdeckungen von Neuem und Altem, aber alles beglückend!

*Renate Sturm-Francke, 1980, S. 74, ihr letzter Beitrag im Rundblick.*

**Einst Brückenbauwerk für die Muldentalbahn im Stadtwald, jetzt für einen Wanderweg**

# Die Glocke von Schönbach

Es war ein trüber, eiskalter Wintertag, dieser 17. Februar des Kriegsjahres 1942. Seit den frühen Morgenstunden bot sich an der Schönbacher Kirche ein ungewöhnliches Bild: Wehrmachtsangehörige liefen auf dem Vorplatz hin und her, hantierten eifrig mit Stricken, Ketten, Leitern und Kanthölzern. Aus den weitgeöffneten Fenstern des Glokkenturmes ertönten rauhe Kommandos. Wovon man im Dorfe schon lange munkelte, schien schmerzliche Gewißheit zu werden: eine Glocke wird demontiert! Dazu hatte man auch einige Schönbacher Rentner herbeibeordert (die wehrfähigen Männer waren ja eingezogen). Jeder wußte: Die Glocke sollte den Weg in die Schmelzöfen der Rüstungsindustrie antreten.

Die Schönbacher beobachteten den Vorgang aus angemessener Entfernung und mit ernsten Mienen. War ihnen doch das wechselvolle Geschick der kleinen Glocke bekannt. Kantor *Georg Zimmermann* hatte 1928 darüber geschrieben: „Am 26. Juni 1917 mußte die kleine Glocke von 1899 herabsteigen und wurde durch den Gutsbesitzer *Neustadt* nach Colditz gefahren und im Elektrizitätswerk (Sammelstelle) abgeliefert. Doch blieb sie glücklicherweise vor dem Einschmelzen bewahrt. Ende August 1919 traf sie zur Freude aller Einwohner wieder in Schönbach ein".

Nun hegten die Schönbacher natürlich die stille Hoffnung, daß es auch diesmal so sein würde. Aber das Schicksal nahm einen anderen Lauf: Gegen Mittag waren die Vorbereitungen abgeschlossen. Als sich die Militärs anschickten, den Glockenturm zu besteigen, um von oben die Prozedur des Abseilens zu leiten, packte ich schnell meine 6x9-Blechbox aus und fotografierte das Geschehen. Das Herablassen der Glocke begann – gemäß preußischer Akkuratesse – Punkt 12 Uhr und endete – sinnigerweise – fünf nach zwölf.

Die kleine Schönbacher Glocke wurde abtransportiert und überstand den Zweiten Weltkrieg nicht. Sie war eine der 80 000, die die Faschisten in Europa eingeschmolzen oder vernichtet haben. Sie alle konnten den Untergang des Nazireiches nicht verhindern, doch die Dörfer und Städte waren für immer wertvoller kulturhistorischer Schätze beraubt. *Wolfgang Stadler, 1980 S. 126*

HEUTE: Dank der Initiative des 23jährigen Schönbacher Bürgers *Matthias Wenzel* fertigte die *Glockengießerei Grassmaier* in Innsbruck einen Nachguß der Glocke an. Er steht seit 2006 im Kirchenraum. Ein Aufzug konnte wegen des morbiden Glockenstuhles noch nicht erfolgen.

# Zwochau – hinter den sieben Bergen .

. liegt der kleine Ort mit seinen rund zweihundert Bewohnern am Rande der Hohburger Berge. Es mögen drei Dinge gewesen sein, die das Dorf neben seiner idyllischen Lage weit über die Kreisgrenze hinaus bekannt gemacht haben: die Ausflugsgaststätte, die alte Gerichtslinde und die Aktivitäten der Kulturbund-Ortsgruppe.

Nur eine Straße durchquert die Siedlung. Vorwiegend an der einen Seite reihen sich die Häuser, alte und auch ganz neue. An den anderen Straßenrand schieben sich die Waldungen mit hochstämmigen Kiefern, kerzengerade gewachsen, doch vom Wind nach Osten geneigt. Ein kristallklarer Weiher, Wiesen und Gärten und da und dort ein Rinnsal vervollständigen das Bild der Dorf-Wald-Landschaft.

Es ist ruhiger geworden hier, seit der Gastwirt die Pforten seines Hauses für immer geschlossen hat. Die Busse aus Leipzig, die Brigaden, die Hochzeitsgesellschaften und die vielen anderen Wandergruppen mußten neue Ziele suchen. Auch die Gerichtslinde wächst nicht mehr. Holzhacker machten vor Jahren aus ihr Kleinholz.

Geblieben ist jedoch die aktive Kulturarbeit. Schon im Jahre 1957 gründeten Einwohner eine Ortsgruppe des Kulturbundes. Sie wählten den Maurer *Ernst Springer* zu ihrem Vorsitzenden. Er ist es heute noch, seitdem geschah Vieles im Dorf unter den Fittichen der eifrigen Bundesfreunde.

Die Lehrerin *Claudia Jentzsch*, eine Tochter von Ernst Springer, sprach vor kurzem in einer Versammlung: Angefangen hat die Kulturarbeit in Zwochau zu einer Zeit, als ich selbst fast noch in den Windeln lag. Wenn ich heute an meine Kindheit zurückdenke, so kommen mir die vom Kulturbund organisierten herrlichen Kinderfeste in Erinnerung. Das war Anfang der 60er Jahre. Die ältere Generation wird an gemeinsam gebaute Objekte denken, so wurde ein

**Ein Teil der Zwochauer Kultur-Mannschaft**

Teich zum Bad umgebaut, eine Poststelle und eine Bushaltestelle errichtet, ein Konsum geschaffen. Und dann fanden jede Menge Veranstaltungen statt, gemeinsame Theaterfahrten, Wanderungen und fröhliche Feste gefeiert. *Manfred Müller, 1980 S. 103*

HEUTE: Die beliebte Ausflugsgaststätte ist längst geschlossen. Ein Heimatverein setzt die Arbeit des Kulturbundes fort und tritt mit dörflichen Aktivitäten in Erscheinung. Aus dem Wurzelstock der alten Gerichtslinde wächst üppig eine neue Linde.

## Oschatzer Bilderbogen der zwanziger Jahre

Unsere schnellebige Gegenwart, in der sich Ereignisse und Informationen überstürzen, läßt kaum Zeit für Reminiszenzen. Zum Glück vermag das menschliche Gedächtnis vieles Erlebte besonders aus Kindheit und Jugend zu bewahren und jederzeit wie im Kaleidoskop abrollen zu lassen. Für mich war es die Zeit zwischen 1920 und 1930.

Das Verhältnis der Kinder zu den Eltern war anders als heute. Ihr Wort war Gesetz! Heimliches Murren oder gar offenes „Vermaulieren" zogen Zurechtweisung und sogar Züchtigungen nach sich. In vielen Familien hing der „Ochsenziemer", eine Lederpeitsche, nicht zur Zierde hinter der Tür, sondern trat schmerzhaft in Aktion. Die meisten Eltern waren damals reizbar und aufbrausend, weil die chronische Schwindsucht im Portemonnaie des Gemüt niederdrückte.

Das Wort „Taschengeld" war für uns ein unbekannter Begriff. Wir lernten auch ohnedem gut rechnen, und die Not war uns dabei ein unerbittlicher Lehrmeister. Einmal fehlte mir am Restgeld nach dem Einkaufen angeblich ein Pfennig. Die Strafe folgte auf dem Fuße mit Blitz und Donnerschlag! Zu spät merkte die Mutter, daß der Pfennig gar nicht gefehlt hatte.

Nach dem Ersten Weltkrieg arbeitete mein Vater jahrelang als Schlosser in der *Waagenfabrik Kopp & Haberland.* Wir trugen ihm täglich das Mittagessen hin, das gleich am Arbeitsplatz in der Werkhalle verzehrt wurde.

Der Betrieb hatte auf dem „Windhuk" ein Stück Land gepachtet und es seinen Arbeitern parzellenweise zur Nutzung überlassen. Wenn der Vater mir die Deichsel des großen Handwagens, Besen und Schaufel in die Hand

drückte und mir auftrug, Pferdeäpfel für den Garten zu sammeln, zog ich saure Grimassen hinter seinem Rücken. Meine Freundin war meist bereit, mich als Spannemann auf dem dornenvollen Weg zu begleiten und erhielt dafür die Hälfte meines Vesperbrotes. Wir konnten immer reiche Ernte bergen. Die starken Brauereipferde der *Bierhandlung Pietzsch*, die von *Geppert-August* gelenkten kräftigen Vierbeiner der Firma *Kohlen-Wackwitz*, die Kaltblüter von *Kopps* unter ihrem temperamentvollen Kutscher *Max Ruff*, die stämmigen Bauerngäule aus den Dörfern und viele andere hinterließen auf allen Straßen dampfende Haufen als Zeugen ihrer Anwesenheit.

Im ersten Schuljahr widerfuhr mir die erste Ungerechtigkeit in meinem jungen Leben. Meine Nachbarin Lotte und ich waren ins Rangeln geraten, und Oberlehrer *Greß* schritt drohend herzu. In weinerlichem Ton erklang es: „Die Kilian hat mich geknippen!"

und „Die Kickelhayn hat mich gekratzt!" Ich mußte vor die Klasse treten und erhielt eine solche Ohrfeige verabreicht, daß mir

Hören und Sehen verging. Für den Rest der Stunde mußte ich noch in der Ecke stehen und das Gesicht mit den Händen bedecken. Die andere blieb ungeschoren. Ich war tief gedemütigt. Viel später erst verstand ich, warum der Oberlehrer so entschieden hatte: Vater *Kickelhayn* war Bäckermeister, und Brot war damals ein rarer Artikel.

Im 8. Schuljahr bekamen wir den überaus strengen Oberlehrer *Schurig* als Klassenlehrer. Er hieß wegen seines schütteren Haarschmucks auch *Platten-Wolf*. Es war die Blütezeit des Bubikopfes. Der vollbärtige Oberlehrer wetterte unentwegt gegen die „unweibliche" Frisur, und deshalb behielten wir Mädchen noch alle unser langes Haar. Wir trugen es in Zöpfen, als Ohrschnecken oder Haarkranz und schmückten es mit Haarschleifen; denn aus den Kindern wurden allgemach eitle, junge Mädchen. Als erste bot die hübsche, schwarzhaarige Hanni Meyer dem Oberlehrer Trotz. Eines Morgens erschien sie zu unserem Entsetzen mit kessem Kurzhaarschnitt in der Klasse. Der Vollbart des Oberlehrers geriet ins Zittern, die Augen sprühten Blitze, und ein Donnerwetter entlud sich über die Abtrünnige. *De Meyern* hatte es fortan beim Oberlehrer verdorben, nichts konnte sie ihm mehr recht machen.

Neben der Ohrfeige war auch der Rohrstock kräftig im Schwange. Er malträtierte besonders die Jungen. Schläge damit auf die ausgestreckten Finger waren äußerst schmerzhaft.

Obwohl jede von uns häusliche Pflichten zu erfüllen hatte, blieb doch noch etwas Zeit für anspruchslose Spiele. Wir spielten die „Fuffzehn", wobei der Ball in allen möglichen Varianten an die Wand zu schlagen war. Dann gab es das Springespiel „Himmel und Hölle", das „Schnepsen" mit ausrangierten alten Knöpfen in kleine Mulden an den Häuserwänden. Dann trieben wir Reifen und Kreisel übers Pflaster. Unser Rodelparadies war der Kirchberg, wo wir auf „Käsehitschen" bis ins Klostergäßchen hineinsausten. Die Lutherstraße hieß damals „Rennbahn", weil die Seminaristen und die „höheren Töchter" dort flanierten.

Einen völlig anderen Lehrertyp verkörperte der unbeweibte Herr Schwendler, der uns im 5. Schuljahr betreute. Er wußte offenbar gut Bescheid über das karge Leben in den Arbeiterfamilien, wo die Küche zum Wohnen, Waschen, Kochen, Nähen, ja sogar zum Schlafen diente. Allwöchentlich zückte Herr Schwendler seinen Bleistift und schritt die Bankreihen entlang. Wir saßen mit gefalteten Händen da und spürten bald den Bleistift auf unseren Scheiteln stochern: Herr Schwendler fahndete nach Kopfläusen und „Nissen" und prüfte zugleich die Reinlichkeit unserer Fingernägel. Manchem Kind flüsterte er eine geheime Anweisung ins Ohr. In den nächsten drei Tagen fehlte dann die Schülerin beim Unterricht, und wir alle wußten Bescheid. Hin und wieder schenkte er uns ein Stückchen Schokolade, für uns eine seltene Leckerei. Auch deshalb blieb er uns unvergessen.

Auch im Gaststättenwesen herrschte harter Konkurrenzkampf. Manche Cafés richteten kleine Tanzdielen ein, um Gäste anzulocken. Es gab aber junge Mädchen, die stundenlang dasaßen und vergebens auf einen Tänzer warteten. Um die „Mauerblümchen" als Gäste nicht zu verlieren, beschäftigte z. B. das Gasthaus *Zum Stern* (heute *Eisdiele Pinguin*) stundenweise einen „Eintänzer". Es war meist ein junger Arbeitsloser, der sich auf diese Art ein Abendessen verdiente. Er mußte manierlich gekleidet und ein guter Tänzer sein. Seine Aufgabe war es, die „Mauerblümchen" zum Tanz aufzufordern, sie zu „engagieren" und einzutanzen, damit andere junge Männer aufmerksam wurden. Diese fatale Methode durfte natürlich nicht publik werden, sonst hätte sie ihren Zweck verfehlt. *Hildegard Gerlach, 1980 S. 157.*

*Vignetten: Dora Fritsche.*

# Ewald Mörl verstorben – Wir verloren einen Streiter für die Kultur

Wir lernten uns vor 25 Jahren kennen. Wir waren jung und voller Pläne. Der *Rundblick* sollte das Licht der Welt erblicken. Ewald Mörl war einer der eifrigsten Geburtshelfer. Und er blieb dieser Schrift treu.

In unseren Redaktionssitzungen wurde oft heftig debattiert auf der Suche, wie Inhalt und Form noch besser gemacht werden könnten. Gern griff er auch selbst zur Feder. Die Zahl seiner Beiträge war mannigfach, die Thematik vielgestaltig. Am liebsten befaßte er sich mit Fragen der Kultur, oder er berichtete aus dem Schulleben, oder erzählte von den Erlebnissen seines Lehrerchores.

Uns verbanden auch noch andere Interessen, nämlich die im Berufsleben. Allerdings waren hier die Vorzeichen umgekehrt: Er war der Schulrat und ich sein Lehrerkollege. Auch hier bestand ein gutes Verhältnis.

*Manfred Müller*

Das gesellschaftliche Engagement war ihm nicht Pflicht, sondern vitales Bedürfnis. Zwölf Jahre genoß ich es, gemeinsam mit ihm in der Leitung des *Klubs der Intelligenz Joachim Ringelnatz* uns gegenseitig zu fordern, miteinander zu streiten, zu lachen und zu lernen. Ewald Mörl war für mich dabei in besonderer Weise Maßstab, wie man neben einer hohen beruflichen Belastung in einer sich gegenseitig achtenden und schätzenden Gemeinschaft gesellschaftlichen Einsatz, geistige Auseinandersetzung und ästhetische Genüsse als erbaulichen, erholsamen Ausgleich benutzen kann .

*Jürgen Bufe*

Seit wann kannten wir uns eigentlich, der Ewald Mörl und ich? Schwerlich, genau zu sagen. Auf alle Fälle kniete er, der damalige Direktor des Pädagogischen Kreiskabinetts, 1958, mir auf dem Leder, als wir in Brandis einen Versuch der Vorbereitung des Polytechnischen Unterrichtes starteten. Geduldig, freundlich, aber hartnäckig „am Ball“ bleibend. „Du kannst doch deine Erfahrungen nicht für dich behalten .“ Und so kamen wir ins Gespräch, auch ins ganz persönliche .

**Ewald Mörl**, Dr. der Philosophie, Böhlitz/Wurzen. *1924 †1980. Geboren in einem Dorfe nahe der Stadt Teplitz-Schönau, fand er nach der Vertreibung im Wurzener Land eine neue Heimat. In Böhlitz begann er 1946 als Neulehrer den Schuldienst, ab 1956 Direktor des Pädagogischen Kreiskabinettes, von 1965 bis 1979 Kreisschulrat in Wurzen. Mitbegründer und Redaktionsmitglied des *Rundblicks,* langjähriger Vorsitzender des Kulturbundes im Kreis Wurzen, Gründer des Lehrerchores.

Später fand er einen neuen Angelpunkt: „Wir könnten deine Frau und dich im Lehrerchor brauchen!“ Dieser Floh im Ohr brachte einige Familiendiskussionen und dann die Entscheidung: Wir fahren! Und wir haben es nicht bereut. So verdanken wir Ewald Mörl unser liebstes Hobby heute. Wenn wir nun weitermachen im Kulturbund, im Lehrerchor, dann ganz in seinem Sinne und so, als wäre er noch unter uns.

*Karl Schaarschmidt*

Nicht der Wissenschaftler spielte die dominierende Rolle, mit der wir gern Persönlichkeiten seiner Art identifizieren. Nein, das war ein tief verinnerlichter Mensch mit musischen Ambitionen, mit viel Freude am Schönen und Guten in Natur und Gesellschaft. Das war einer an unserer Seite, der sein hohes, sich selbst gestecktes Ziel zwar erreicht hat, der aber niemals den Boden unter seinen Füßen verlor.

*Werner Ballschmieder*

*Alle Texte im Nachruf zum Tode von Ewald Mörl 1980 S. 150*

**Mügeln:** Die **Postdistanzsäule** von 1726 hat nach erfolgter Restaurierung dank der Bemühungen des Wurzener Postmeilenforschers *Artur Zieger* im Stadtinneren einen neuen Platz gefunden. *1980 S. 40*

**Großsteinberg**: An der Südflanke des 207 m hohen Lindberges steht die **Rote Bank**. Es ist nicht bekannt, wer sie vor Jahrzehnten gesetzt hat, vermutlich die Großsteinberger Gutsherrschaft. Sie ist aus rötlichem Rochlitzer Porphyr gemeißelt *(s. Abb.)* und hat nach ihrem Aussehen diesen landläufigen Namen erhalten. *1980 S. 133*

**Wermsdorf**: Seit zehn Jahren wird im volkseigenen Hengstdepot eine **Fohlenschau** durchgeführt, die wie ein Volksfest viele Besucher anlockt. Die „Voraussetzungen" dazu schaffen zwei Hengste, die ebenfalls seit dieser Zeit in den Ställen der Reitschule im alten Jagdschloß in einer Deckstation untergebracht sind. Diese Station betreut fünf größere Zuchtbetriebe und etwa 50 private Züchter. Dabei bekommen die Fohlen ein Brandzeichen ins Fell gebrannt, wodurch weitere Züchtung erfolgen kann. *1980 S. 155*

**„Au, das tut weh!" Das Fohlen erhält den Brandstempel.**

**Mark Schönstädt**: Der aufgelassene **Steinbruch** bietet für die Pflanzen- und Tierwelt gute Lebensbedingungen. In einem kleinen Tümpel laichen Erdkröten, in den Nischen an der Felswand nisten Bachstelzen und Rotschwänzchen, auf einer Insel brütet ein Stockentenweibchen und in ehemaligen Sprengpulverkammern wohnen Fledermäuse. Die Gemeinde hat das ehemalige Betriebsgelände in ein sauberes Freibad verwandelt. Es sind Bemühungen sichtbar, Natur und Naherholung in Einklang zu bringen. *1980 S. 70*

**Göttwitz:** Die älteste Geschichte des Ortes wird durch eine **Kaiserurkunde** aus dem Jahre 1028 sichtbar gemacht. Obwohl archivarische Belege nicht vorhanden sind, läßt sich vermuten, daß der in der Urkunde genannte Ort *Chotiza* damit gemeint ist. Die Funde beim Torfstechen im Göttwitzer See aus der Steinzeit und der Bronzezeit erhärten diese Annahme. *1980 S. 176*

**Der Gedenkstein an Karl Goretzko auf dem Deichdamm bei Bennewitz**

**Carl Goretzko**, Wurzen, *1886 †1933. Kesselschmied und Lebensretter. Gedenkstein am Muldeufer zwischen Bennewitz und Grubnitz. Er erinnert an C. Goretzko, der 33 Menschen vor dem Tode des Ertrinkens rettete. Beim letzten Rettungsversuch ertrank der geübte Schwimmer selbst. *1980 S. 38*

**Gerhard Brotkorb** *(Ide)*, Wurzen, *1909 †1982. Fußballenthusiast, Sportorganisator und Zeitungsberichterstatter. *1980 S. 184*

**Ruth Bodenstein-Hoyme**, Wurzen/Dresden, *1924. Nach Studium und Kriegsende Klavierlehrerin, Kammerkonzerte mit Edeltraut Mazath. Nach 1955 Dozentin an der Musikhochschule in Dresden. Mit eigenen Kompositionen bereicherte sie die städtische Musikkultur. *1984 S. 83*

| 1981 | 28. Jahrgang |
|---|---|

**Der Rundblick.** Kulturspiegel der Kreise Wurzen-Oschatz-Grimma. 2 Hefte, A4-Format, 200 Seiten, 3,50 M.

## Die Kösserner Muldenbrücke

Der Bau der Borsdorf-Meißner Eisenbahn 1868 brachte für Kössern und Förstgen zunächst keine Verbesserung ihrer Verkehrssituation. Erst nach vielen Eingaben wurde 1888 die für die Bevölkerung und das damalige Rittergut immer dringender erforderliche Straßenbrücke über die Mulde für 129 000 Mark erbaut. Davon zahlten die interessierten Gemeinden, insbesondere das Rittergut, das auch das Zugangsland gab, über 34 000 Mark an den Fiskus. Das Rittergut erhielt dafür auf bestimmte Zeit die Konzession, Brückengeld zu erheben, und baute 1889 das noch heute am westlichen Ortsausgang befindliche Brücken-Zollhaus. Laut ausgehängtem Tarifverzeichnis waren u.a. zu entrichten:

Für Kutschen und Schlitten 12 Pf;
Für Pferde, Pferdefuhren, Maultiere mit oder ohne Reiter 8 Pf;
Für Ochsen, Kühe, Esel je 6 Pf;
Für ausländische Schautiere 12 Pf;
Für Radfahrer 5 Pf;
beladene Schubkarren und Handwagen 4 Pf.

Unbeladene Schubkarren, Federvieh in der Herde, Fußgänger, die Mitglieder des Königlichen Hauses, alle Beamten, Militärs und Feuerwehren im Dienst sind frei.

Radfahrer, die ständig zur Arbeitsstätte über die Brücke fahren mußten, versuchten den Brückenzoll zu sparen, indem sie ihr Gefährt trugen; denn so zählten sie ja zu den gebührenfreien Fußgängern. Dies führte 1892 sogar zu einer Gerichtsverhandlung gegen den Maurer *Max Kluge* aus Kössern. In Grimma freigesprochen, wurde er vom Landgericht Leipzig verurteilt, vom Oberlandesgericht in Dresden aber erneut freigesprochen.

Die Brückenzolleinnahme erfolgte bis zum Ersten Weltkrieg. Nach Ende des Zweiten Weltkrieges wurde erneut eine Gebühr für Passierscheine von zunächst einer Mark, später weniger verlangt, bis sie ganz aufgehoben wurde.

Die Kösserner Muldenbrücke blieb als eine der wenigen in den letzten Kriegstagen erhalten, weil der damalige Bürgermeister *Ulbricht* nicht nur die Sprengung unter Einsatz seines Lebens verhinderte, sondern auch den Beschuß des Dorfes durch amerikanische Artillerie abwendete.

Über die Brücke zog vor, während und nach dem Zusammenbruch der Flüchtlingsstrom, denn die Mulde war für einige Wochen die Demarkationslinie zwischen den russischen und amerikanischen Truppen. Später diente sie der Verlegung großer Verbände der Roten Armee nach Westsachsen und Thüringen. *Manfred Berger, 1981 S. 124*

HEUTE: Während des Hochwassers im Jahre 2002 wurde das Bauwerk beschädigt. Die Schäden sind inzwischen beseitigt, und die Brücke wurde mit großem Aufwand hochwassersicher wieder hergestellt.

**Die Muldenbrücke bei Kössern, im Hintergrund der Thümmlitzwald.**

# Mutzschen – über und unter den Dächern einer 900jährigen Stadt

**Markt mit Postsäule und Apotheke**

Immer wieder und unter verschiedenen Voraussetzungen wurden Versuche unternommen, in Mutzschen eine Industrie anzusiedeln. Seit 1888 berührt die Schmalspurbahn die Stadt. Eine Rohstoffbasis in Form von Ton, Wald und Wasser ist durchaus vorhanden. Trotzdem blieb Mutzschen bis heute der Struktur nach ein „Gebilde zwischen Stadt und Dorf".

Aus der ehemaligen Berechtigung vieler Einwohner, Bier zu brauen, ging die Brauerei hervor, die bis 1923 von *Robert Kern* betrieben wurde. Nach einer Zeit des Stillstandes erfolgte die Umwandlung in eine Malzkaffeefabrik. Sie arbeitete bis zu Beginn der 50er Jahre. Geblieben ist der Schornstein als Nestunterlage der Mutzschener Störche, die immer noch Frösche, Mäuse und Regenwürmer in ausreichender Zahl finden.

Gleich vielen ähnlichen Städtchen wird der Stadtkern von den „Ackerbürgerhäusern" an der oberen Hauptstraße geprägt. Zur Straße hin finden sich große rundbogenüberwölbte Tore, durch die einst pferdegespannte Fuhrwerke rollten. Das Rittergut wurde 1946 aufgeteilt, für den kleinbäuerlichen Besitz entstanden in der *Thomas-Müntzer-Siedlung* mehrere Neubauernhöfe. Die ehemaligen Neubauern sind heute Genossenschaftsbauern.

Das „unterirdische Mutzschen" machte sich auch an der Kirche bemerkbar: Im Jahre 1941 stürzte an der Südostseite der Kirche ein Stück Mauerwerk in die Tiefe und riß ein großes Loch in den Chor. Nachdem 1946 etwa 20 $m^3$ Beton in die Einbruchstelle gefüllt worden waren, konnte die Kirchenmauer wieder geschlossen werden.

Eine Uhr gibt es am Kirchturm leider nicht mehr. Nach 1945 erbot sich ein zugewanderter Uhrmacher, das defekte Werk zu reparieren. Er wollte nur Essen für die Zeit während der Arbeit haben. Aber über Nacht war er mit den wichtigsten Teilen der Turmuhr verschwunden und ward nie mehr gesehen.

Auf dem Friedhof liegt die Geschichte wohlhabender Bauernfamilien der Umgebung in steingefaßten Grabmälern. Die Größe der Güter und das Prestige bestimmten die Gestalt und den Umfang der Grabstätten. Bescheiden liegen dagegen die Gräber der meisten Einwohner der Stadt in der Mitte des großen Friedhofes. Er ist ordentlich und gepflegt. Das ist das Verdienst der Familie *Fritzsche*. An der südöstlichen Seite finden wir das Grabmal für die von den Nazis ermordeten KZ-Häftlinge, die am 26. Februar 1945 auf einem Todesmarsch zwischen Göttwitz und Mutzschen umgebracht wurden. Nicht spurlos ging die Zeit auch am scheinbar verträumten Mutzschen vorbei.

Seit 1963 gibt es im Schloß die *Jugendherberge*, die bis zu 24 000 Übernachtungen im Jahr anbieten kann. In der wanderarmen Zeit finden Lehrgänge aller Art statt. Im Jahre

1977 begann die Generalrekonstruktion. Jetzt gibt es nur noch Zimmer mit maximal acht Betten. Nun wird auch die neue Küche fertig, so daß die 14 Mitarbeiter wieder ihre Gäste voll betreuen können. Die Bauarbeiten sind noch nicht abgeschlossen, vor allem an der Außenseite, einigen Nebengebäuden sowie an der Terrassenmauer zum Teich hin. Aber ein „Berufsoptimist" wie *Hans Gollhardt* wird schon die Klippen meistern.

Getragen von der Woge der kulturellen Begeisterung der frühen 50er Jahre, gründete man 1954 auch in der Stadt eine Heimatstube und trug mit Liebe und Initiative viele historische Sachzeugen zusammen. *Familie Barthel* hatte die Idee und zeigte auch später eine glückliche Hand bei der Durchführung. Doch nun steht die Sammlung verpackt da und sucht neue Räume.

Heute unterrichten 26 Lehrerinnen und Lehrer 350 Schülerinnen und Schüler in 18 Klassen an der *Otto-Buchwitz-Oberschule*. Unmögliche Verhältnisse herrschten noch bis 1963, als in sechs verschiedenen Gebäuden in der Stadt unterrichtet wurde. Dann erfolgte der Neubau, in dem heute ein reges Leben herrscht.

Zu den einprägsamen Personen der Stadt zählt *Rudolf Berger (*1917)*. Er kann die Geschichte seiner eingeborenen Familie bis 1609 zurückverfolgen. So gibt es Seifensieder, Steuereinnehmer, Schneider, Hospitalvorsteher, Seiler . in der Generationsfolge der Bergers. Jetzt führt Rudolf Berger mit seiner Frau einen kleinen Laden, ein traditioneller Dorfladen, wo es alles Lebenswichtige gibt. Ist einmal etwas nicht vorhanden, so versucht man, es zu besorgen. Im Verkaufsraum haben gerade mal ein halbes Dutzend Bewohner Platz, wenn sie sich aneinander drängeln. Vor dem Haus steht die „Storchenbank", auf der man die neuesten Neuigkeiten erfahren kann und natürlich auch die von „seinen" Störchen.

Wir hören noch von einer weiteren „Beschäftigung" unseres Gastgebers. Unten, im stillgelegten Chorraum der Kirche, hat er sein kleines „heimliches Reich". Alljährlich versorgt er fünf Rentner mit je zwanzig Kisten Feuerholz, das er eigenhändig ofenfertig zusammenhackt, zusätzlich eine voller Äpfel. Dabei hat Rudolf Berger alle Hände voll zu tun, denn die Anzahl der Einkaufsstätten verringerte sich drastisch: Von acht Bäckern um 1930 blieben zwei, von den fünfzehn Gaststätten gibt es ebenfalls nur noch zwei, von fünf Fleischern ist nur noch eine HO-Verkaufsstelle da. Textilgeschäfte gab es sechs, heute nur noch zwei und die acht Lebensmittelgeschäfte schrumpften auf die Hälfte zusammen.

Ein anderer Mutzschener ist Schmiedemeister *Erich Weber*. Er übernahm 1952 vom Vater die Werkstatt. Monatlich beschlägt er noch ein Dutzend Pferde. Seine Kunden kennt er ganz genau und weiß, wie er die Ackerpferde der Stadt oder die Sportpferde aus Wermsdorf mit neuen Hufeisen versehen muß. Sein Sohn ist Elektromonteur geworden, was mal aus der Schmiede wird, darüber denkt er noch nicht nach.

Wer erwartet schon, daß am *Töpfermarkt* seit neunzig Jahren eine *Druckerei* existiert, die einst das Tageblatt der Stadt druckte? Seit 1964 betreibt *Karl-Heinz Kaiser* mit drei Mitarbeiterinnen die Druckerei und einen Laden für Papier- und Schreibwaren.

**Rudolf Berger in seinem Tante-Emma-Laden**

Bäckermeister *Heinz Schneider* hatte alle Hände voll zu tun, um aus den angelieferten Zutaten der Mutzschener Hausfrauen die Stollen zu backen. Von Mitte November bis Mitte Dezember bäckt er täglich bis zu 200 Stück. Die gleiche Menge wird in dieser Zeit obendrein täglich im Laden verkauft. Jeden Morgen steht er schon um 2 Uhr vor dem kohlebeheizten Ofen mit den drei Herden.

Im oberen Teil der Hauptstraße arbeitet hinter einer hohen, rundbogenüberwölbten Pforte Tischlermeister *Martin Knobloch*. Seit 1889 gibt es diesen Handwerksbetrieb, und der 49jährige ist in der dritten Generation tätig. Sein Meisterstück ist ein Musikschrank, von dem er eine Zeitlang auch noch eine ganze Menge produzierte. Jetzt stellt er vor allem Türen und Fenster her, die Vorbestellungen reichen für drei Jahre. Manchmal fehlt es am passenden Holz. Dann hilft der wenige Häuser weiter tätige Tischlermeister *Werner Döge* aus.

*Max Höhne*, der 72jährige muntere Senior des Mutzschener Hallenradsportes, empfängt uns in heiterer Stimmung. Von seiner Jugend an war er aktiv beim Radrennsport und im Kunstradfahren tätig. Er fuhr auch zwanzig Jahre lang mit dem Fahrrad nach Dahlen auf Arbeit, nachdem das Torfstechen im Göttwitzsee aufgehört hatte. Lang ist die Liste der Medaillengewinner, die er trainierte. Traurig stimmt es ihn, daß der Hallenradsport in den letzten Jahren zurückging.

Ein wahres Kleinod der Stadt Mutzschen verbirgt sich hinter der Jugendherberge: der Schloßpark. Seitdem nicht mehr das Prestige eines Besitzers dahinter steht, wird leider nicht immer genug geschätzt, was uns Natur und Gärtner hinterließen. Mit der Übernahme des ehemaligen privaten Besitzes durch unsere Gesellschaft sind wir die Besitzer und für die Pflege des Parks verantwortlich. Neben den laufenden Pflegearbeiten sind ab und zu Instandsetzungsarbeiten nötig. Es ist notwenig, die Gleichgültigkeit vieler Bürger zu überwinden, um einem weiteren Verfall entgegenzuwirken.

Wir hatten noch mehr Begegnungen in der Stadt, doch wir mußten eine Auswahl treffen. Das Wirtschaftsleben wird noch von den drei großen *PGH Ausbau, Wärmetechnik* und *Brunnenbau* bestimmt, und auch die LPG spielt dabei eine wichtige Rolle. In der verträumten Kleinstadt pulsiert ein reges Leben. *Rudolf Priemer u. a., 1981 S. 47*

HEUTE: Die Mehrzahl der Handwerksmeister stellten in den 80er Jahren ihren Betrieb ein. Auch *Rudolf Berger*, inzwischen zum Ehrenbürger der Stadt ernannt, schloß 1983 seinen Laden, beschäftigt sich trotz seines hohen Alters aber immer noch mit der Geschichte „seiner" Störche, die nach dem Abriß des alten Schornsteins eine neue Niststätte auf einem Elektromast im Gewerbegebiet erhielten. Ebenso geschlossen wurde 1999 die Jugendherberge im Schloßgebäude, das seitdem einen neuen Käufer oder Mieter sucht. Die Schule beherbergt nur noch eine Grundschule der Klassen 1 bis 4 und neben der Heimatstube besteht noch ein kleines Stadtmuseum, die auf Anfrage geöffnet haben. Im Hallenradsport wird noch heute um Medaillen gekämpft.

**Chortreffen über den Dächern der Stadt**

Tochter und Vater Thibault im künstlerischen Wettstreit

## Keramik aus dem Döllnitztal für den täglichen Gebrauch

Das Dörfchen **Schmorkau** – jetzt Ortsteil von Oschatz – liegt idyllisch in der Döllnitzaue. Ein Magnet für die Oschatzer war dort vor vielen Jahren das *Café Schneider*. Man ging damals zu Fuß ins Dorf. Der Weg führte den Wiesenweg an der Döllnitz entlang, bis man auf der kleinen Holzbrücke das Flüßchen überqueren konnte. Das Café gibt es heute nicht mehr. Und wer hätte geglaubt, daß dort in den einstmaligen Gasträumen eine Künstlerfamilie Einzug hält und zu neuer Anziehungskraft verhelfen würde?

Es ist nun drei Jahre her, daß die Diplom-Keramikerin *Gabriele Thibault* mit ihren Eltern in Schmorkau ein künstlerisches Atelier eröffnet hat. Vater *Otto Thibault* ist ebenfalls Keramiker. In dem großen, hellen Arbeitsraum erkenne ich die frühere Gaststube wieder. Im Backraum steht noch das Rührwerk. Es bereitet jetzt den Ton für die beiden Keramiker auf.

In den Adern von *Otto Thibault* fließt ein Teil französischen Blutes. Seine Vorfahren waren Hugenotten und flohen zu Beginn des 18. Jh. aus Frankreich nach Deutschland, wo sich die Nachfahren bis nach Leipzig und Dresden zerstreuten. Er erlernte den Beruf eines Keramikers und besuchte die Kunstgewerbeschule in Leipzig. Von den späteren Arbeits- und Wohnstätten in Kohren-Sahlis, Meißen und Leipzig, setzte er 1977 mit 67 Jahren als freischaffender Keramiker seine Tätigkeit in Schmorkau fort, wo er nun seinen wohl letzten Lebensplatz gefunden hat.

In der Werkstatt arbeiten Vater und Tochter teils gemeinsam und teils auch jeder für sich nach eigenen Vorstellungen. In den Schränken stehen Vasen, Becher, Schalen und Leuchter. Ein „Karpfen blau" ist zum Anbeißen schön! Nicht minder beeindruckend ein Hochzeitsteller mit Adam und Eva (in Wirklichkeit und täuschend ähnlich für *Matthias und Martina Müller* aus Hohburg) und natürlich mit dem Baum der Erkenntnis und der Schlange als Versucherin.

Am augenfälligsten tritt das Vater-Tochter-Team an einem fertig gebrannten Keramik-Relief aus schamottiertem Ton in den Maßen 3,60 m x 1,10 m in Erscheinung. Dieses Auftragswerk für das Eheschließungszimmer im Oschatzer Standesamt wird wohl inzwischen seinen passenden Platz gefunden haben. Eine ähnlich große Keramikwand ist in absehbarer Zeit für das Kulturhaus in Hohburg vorgesehen.

Ein Künstler muß ständig neue Ideen haben und sich durch Originalität auszeichnen. Immer wieder ist die Natur mit ihren Pflanzen und Tieren das große Reservoir, das auch für die beiden Keramiker unerschöpflich ist. Gerade deshalb ist für die *Thibaults* ihr Atelier in der dörflichen Umgebung reizvoll und anregend.

*Hildegard Gerlach, 1981 S. 18*

Otto Thibault verstarb 1991. Tochter Gabi heiratete und arbeitet mit Ehemann Wolfgang in der Keramik-Werkstatt.

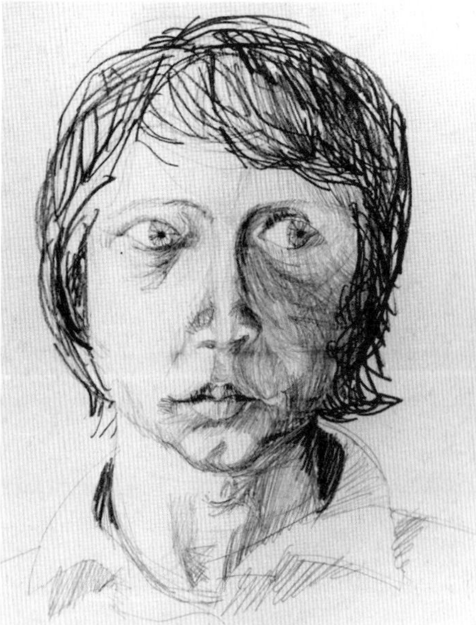

Selbstbildnis des Paul Kothe

## „Man sollte in Stiefeln sterben“

Dieser Ausspruch von Picasso hing vor Jahren am Schrank von *Paul Kothe*. Und lebte sein Leben so intensiv, daß der Tod, wann und wo immer er ihn auch getroffen haben würde, ihn stets mitten aus der Arbeit, Plänen und Projekten gerissen hätte.

*Paul Kothe,* geboren 1957 in Leipzig, lebte in **Nerchau** und **Naunhof**, verstarb mit jungen Jahren 1981 an den Folgen eines tragischen Verkehrsunfalls. Er war nicht nur der talentierte, junge Maler und Grafiker, als der er mit seinen Arbeiten im *Rundblick* bekannt geworden ist. Er war zudem ein ungestümer und ruheloser Mensch, der sich und seinen Mitmenschen ein Höchstmaß an Einsatzbereitschaft abverlangte.

Alles, was er um sich herum als veränderungswert empfand, attackierte er leidenschaftlich. Mit dieser Hartnäckigkeit traf er nicht selten auf Verblüffung und erntete nicht nur Freundschaft.

Paul Kothes Hinwendung zur bildenden Kunst schon in früher Jugend war neben der Freude, künstlerische Mittel zu versuchen und mit ihnen zu arbeiten, von der Absicht getragen, sich seine Umwelt anzueignen und sich ihr gegenüber zu äußern. So sind seine Arbeiten – vor allem die Landschaften – tief in seiner engeren Heimat verwurzelt.

Nach zwölfjährigem Schulbesuch nahm Paul Kothe eine Stellung als Kraftfahrer im BMK auf, um einen Einblick in das Bauwesen zu gewinnen. Er wollte Erfahrungen in der Praxis erwerben und damit sein späteres Architekturstudium produktiver machen.

Seine letzten Jahre waren von unermüdlichem Bestreben geprägt, neben Schule, Armee, Arbeit, junger Familie mit Tochter und Studium sein künstlerisches Wirken zu vervollkommnen. Davon zeugen seine Veröffentlichungen im *Rundblick* und seine Ausstellungen. Möge dieses kurze aber reiche Leben Paul Kothes, auf viele Menschen Wärme und Kraft ausstrahlen.

*Matthias Thalheim, 1981 S. 190. 1984 S. 18*

Die Hubertusburg in Wermsdorf, Linolschnitt von Paul Kothe

# Eine Nacht mit Herrn Maurer in der Wurzener Schulsternwarte

**Die junge Redaktions-Meute mit Wolfgang Maurer (Mitte)**

„Kennen Sie Herrn Maurer?" Diese Frage stellten Mitglieder der Jugendredaktion vom *Rundblick* ahnungslosen Leuten auf der Straße. Es waren nicht wenige, die uns sagen konnten, daß Herr Maurer Astronomielehrer und Leiter der Wurzener Schulsternwarte sei. Nur ein Herr mittleren Alters brachte die Frage in eine andere Beziehung. Er suchte nämlich einen Maurer für seine Datsche.

Eines abends saßen wir Herrn Maurer gegenüber, in seiner Schulsternwarte. Wir waren ja alle selbst Schüler bei ihm gewesen, und wir kannten ihn als einen stets humorvollen Mann, der scheinbar alles im Leben von der fröhlichen Seite sieht.

Dann erzählte er uns vom Bau seiner Sternwarte. Besonders stolz ist er darauf, daß das Gebäude in Selbstinitiative geschaffen wurde, wofür er in drei Jahren weit über zweitausend Stunden seiner Freizeit opferte. Der Bau stand oft still, aber dann halfen wieder mal Schüler, Freunde und andere Leute, und schließlich fand 1966 doch ein Richtfest mit Bockwurst und Brause statt.

Und heute? Manchmal abends, wenn das Wetter gut ist, klingeln Leute bei Maurers und fragen: „Wie wär's denn mal?" Und Herr Maurer zieht sich eine Jacke an, nimmt den Schlüssel von der Sternwerte und zeigt den Interessenten die Wunderwelt des Universums, der er sich verschrieben hat.

Seine wichtigste Aufgabe sieht er natürlich darin, den Schülern der Klasse 10 den Astronomie-Unterricht, der 1959 an den Schulen eingeführt wurde, zu vermitteln. Das ist nicht immer leicht auf den harten Schulbänken und den hohen wissenschaftlichen Anforderungen, den die Astronomie nun mal besitzt. Doch mit seinen vorwiegend selbst gebastelten Instrumenten und Anschauungstafeln gewinnt der Unterricht an Verständlichkeit. Und das sei noch erwähnt: Mit seinem unergründlichem Humor lockerte er die triste Wissenschaft ganz gewaltig auf.

In der Sternwarte befinden sich heute vier Linsenfernrohre, zwei Spiegelteleskope und eine Astrokamera. Das war nicht immer so. Damals, nach der Eröffnung, gab es nur ein Papprohr, dessen Enden mit einem Brillenglas und dem Glase einer Leselupe verschlossen waren. Es war damit immerhin möglich, erste Blicke auf den Sternenhimmel und die Sonnenflecken zu werfen.

Uns gelang es an diesem Abend nicht, die Wolkendecke mit seinen Augen zu durchdringen. Wir lenkten dafür unsere Blicke auf eine stille Straßenecke in der Umgebung und bekamen da auch einiges zu sehen .

In einigen Jahren wird Herr Maurer in den Ruhestand treten. Doch an welcher seiner vielen Uhren wird er wohl die letzten Stunden in der Sternwarte zählen? Und dann zeigte uns die Uhr was sie geschlagen hat, nämlich Mitternacht. Nun aber nach Hause!

*Die Mitglieder der Rundblick-Jugendredaktion Sylvia Dreier, Christiane Lorenz, Grit Stephan, Joanna Tlatlik, Jana Worofka und Gero Weiske, 1981 S. 58.*

HEUTE: *Wolfgang Maurer* (*1923) ging 1986 in den Ruhestand und verzog später aus Wurzen. Den Astronomie-Unterricht übernahm *Bertram Schmerler*, mit dem Bau des Gymnasiums wurde die Sternwarte 1996 geschlossen und die Geräte an die Schulen verteilt. Das Gebäude wird seitdem von den Wurzener Aquarienfreunden genutzt.

**Ansichtskarte aus den 20er Jahren mit der Gärtnerei von Paul Schmidt, in der die immertragende Erdbeersorte „Machern" gezüchtet wurde**

## In Machern hingen sogar mal Kartoffeln am Weihnachtsbaum

Das Dorf ist keine homogene Siedlung, die von 2 500 Menschen bewohnt wird, zu denen an warmen Sommertagen weitere 8 000 „Eintagsfliegen" kommen, die sich dann etwa je zur Hälfte im Ort oder an den Lübschützer Teichen aufhalten und „naherholen". Mit den traditionellen Vorstellungen eines Dorfes der Vergangenheit hat Machern heute kaum noch etwas zu tun. Täglich benutzen Hunderte die Eisenbahn oder andere Fahrzeuge, um zur Arbeitsstelle nach Wurzen, Brandis oder Leipzig auszupendeln. Wohl wenige Orte unserer Kreise haben einen so ausgeprägten Charakter einer seit langem bestehenden Trennung zwischen Wohn- und Arbeitsort wie Machern.

Im Zentrum stehen die ältesten Gebäude rund um die Kirche mit dem anspruchsvollen Turm von 1753. Einzelne Gebäude sind noch als ehemalige Dreiseithöfe zu erkennen. Sie sind dem Verfall oder modernen Umbauten gewichen. Durch spätere Abrisse wurde die Struktur aufgelockert, und so kam viel Grün in das alte Ortsbild hinein. Durchsetzt ist es mit Neubauten: Schule, Kaufhalle, Feuerwehrdepot, Ambulatorium und einer Vielzahl großzügiger, moderner Wohngrundstücke.

Der *Park* ist das wichtigste Wahrzeichen des Ortes. Leider unterlag er nicht einer notwendigen kontinuierlichen Pflege. Nicht immer ist allen Zeitgenossen klar, daß zur Erbepflege auch Mühe und Verständnis gehören. Leider zerstören auch noch allzuoft Unvernunft und Dummheit die Mühen der Parkpfleger. Die Doppelnutzung des Schwemmteiches als Parkteich und durch die Binnenfischerei bringt erhebliche Probleme mit sich.

Die Parkbauten sind immer noch Sorgenkinder, und sie hätten so dringend Pflege nötig, aber auch Schutz durch die Öffentlichkeit. Übrigens sind die Zerstörer nicht immer Jugendliche. Sollte man eigentlich nicht öffentlich mitteilen, wer bei Zerstörungen gestellt wurde und anschließend Arbeiten im Park zu verrichten hatte? Muß sich die Gesellschaft flagrantes Rowdytum gefallen lassen? .

Anfang der 50er Jahre erfolgte der Bau einer Freilichtbühne an der *Ritterburg.* Inzwischen ist wohl ihre Zeit überholt, und sie zerfällt mehr und mehr. Die Macherner

Tanzfeste waren berühmt, und die Volkstanzgruppe von einst übt heute noch im Kulturhaus.

Den „guten Geist" des Parkes, den Ex-Revierförster *Alfred Hönig (*1912 †1987)*, aufzuspüren, ist wahrlich nicht leicht. Obwohl Rentner, ist er stets auf Achse und hat noch alle Hände voll zu tun. Als Mitglied des Kulturbund-Ortsvorstandes und als Naturschutzhelfer widmet er sich vorwiegend dem stark ramponierten Park. Er veranstaltet Parkführungen, geschichtlich und biologisch hochinteressant, hält den Lehrpfad in Ordnung, führt Pflegearbeiten aus, pflanzt Kulturen nach und anderes mehr. „Ein Park ist ein wachsendes Instrument und muß ständig gepflegt werden", ist seine unumstößliche Meinung.

Machern hat gute Traditionen im kulturellen Leben. Das Zentrum ist das Kulturhaus, im ehemaligen *Schloß* eingerichtet. Allerdings, das Gebäude bereitet viel Sorgen, und wann der Turm seine nötige Haube erhalten wird, das kann niemand sagen. Zunächst sollen in den kommenden Monaten die schwungvollen Sandsteinstufen am Eingangsportal neu verlegt werden. Das Foyer im Saal wurde gemalert. Wenn nicht gerade eine kleine Galerie hier die Besucher anlockt, schmücken Macherner Motive die Wand (leider müssen sie bei Jugendtanz kurzfristig eingelagert werden).

Aber sonst ist hier ein Kommen und Gehen: Zu den Übungsstunden treffen sich die Mitglieder vom *Männerchor* und auch die vom *gemischten Chor*. Dienstag kommen einige Dutzend älterer Bürger zum beliebten Veteranentreff. *Tanzgruppe* und *Zirkel für angewandte Kunst* proben neue Schritte und Stiche. Im Jugendklub „unter der Erde" läuft nicht nur die „Discomaschine", und die Ortsgruppe des Kulturbundes hat so manche interessante Veranstaltung parat. „Klub zu zweit" und „Stunde der Musik" können mit mancher Stadt konkurrieren. Die Kulturfesttage bieten alle zwei Jahre ein vielfältiges Programm.

Am Eichenweg besteht seit 32 Jahren das *Kinderheim Erich Zeigner,* und ebensolange ist Frau *Wolf* Heimleiterin. Wer diesen gewiß nicht immer leichten Beruf so lange ausübt hat sicherlich Freude daran und ist Erzieher mit Leib und Seele. 6 bis 18 Jahre alt sind

**Schloßblick im Park**

die 35 jungen Menschen, denen hier alle Liebe und Fürsorge zuteil wird. Hier leben Waisen und milieugeschädigte Kinder und Jugendliche, deren Elternhaus teilweise oder für immer ausgefallen ist.

Die *Schule,* eben erst zwei Jahre alt, ist ein schöner und zweckmäßiger Neubau in geradezu idyllischer Umgebung. Die sechshundert Schüler kommen aus allen Orten der näheren Umgebung.

Den vielen Kleingärtnern ist der Name *„Machern"* ein Begriff, denn eine immertragende Erdbeersorte – als einzige ihrer Art in der Sortenliste der DDR zugelassen – hat das Dorf weithin bekannt gemacht. Kurios ist, daß sie nicht hier gezüchtet wurde, sondern der „Zufallstreffer" eines Leipziger Gartenfreundes ist, dessen Namen niemand mehr kennt. Der hiesige Gärtner *Max Gröbe* hat sie vielmehr als erster nach 1950

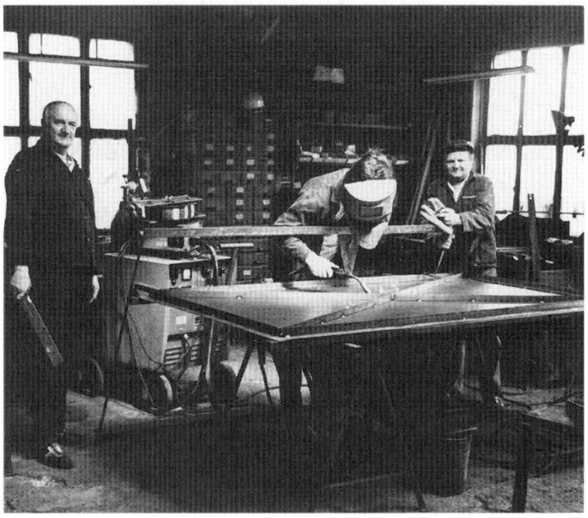

**Beim Schmiedemeister Brautzsch in der Werkstatt**

vermehrt und dann nach seinem Heimatort benannt.

Viel früher bekannt war die *„Rose von Machern“*, nämlich eine Ölrose, die, aus Bulgarien kommend, um 1860 angebaut wurde.

1755 ist in Leipzig zum ersten Male die Rede von einem „Kartoffelbaum“. Damals wurden in Machern und Naunhof die ersten Kartoffeln geerntet. Sie waren wertvoller als Äpfel und Nüsse und dienten, durch Gold und Silber in ihrem Glanze erhöht, als Tannenbaumschmuck. Im Herbst 1840 wurden zum 50jährigen Jubiläum des Kartoffelanbaues in Machern im Gasthof *Zur Eisenbahn* ein Kartoffelfest gefeiert. Es kamen sogar Sonderzüge aus Leipzig. Der Saal war mit Kartoffelscheiben-Girlanden ausgeschmückt, und die Küche lieferte die verschiedensten Kartoffelgerichte.

In den Jahren 1870 bis 1895 gab es viermal im Jahre Kirschfeste. Die aus dem Bahneinschnitt gewonnene Erde war zu beiden Seiten zu kleinen Bergen aufgeschüttet und später mit Kirschbäumen bepflanzt worden. Der Zustrom zu diesen Festen soll so groß gewesen sein, daß den Gastwirten die Lebensmittel ausgingen.

Heute bringen die Folienzelte der LPG-Gärtnerei vorwiegend Gurken und Tomaten zum Wachsen. Zwischendurch züchten die Beschäftigten begehrte Champignons und prachtvolle Rosen. Sie werden jetzt im Spezialladen in Brandis angeboten.

*Werner Ballschmieder, Karl-Heinz Laube, Ingrid Leps, Rudolf Priemer und Manfred Müller, 1981 S. 172.*

HEUTE: Der Park wird in Pacht von einer Landschaftspflege-Firma in Ordnung gehalten, die nach wie vor fast aussichtslos gegen Vandalismus, Diebstahl und Schmierereien angehen muß. Eine Theatergruppe nutzt weiterhin die Naturbühne, und geführte Exkursionen erschließen das historische Parkgelände. Das Schloß erhielt 1988 eine neue Turmhaube und wurde in den 90er Jahren von einer Betriebsgesellschaft gepachtet, die es gastronomisch und kulturell mit Leben erfüllt. Höhepunkt sind die jährlichen internationalen Highland Games, „wenn die Schotten Schloß und Park erobern“. – Männerchor und gemischter Chor lösten sich in den 90er Jahren auf. Jetzt singt noch ein Kammerchor unter Leitung von Kantor Bretschneider. – Das riesige Schulgebäude wird nur noch von den Schülern der Grundschule bevölkert. – Die immertragende Erdbeersorte „Machern“ wächst noch in einigen Kleingärten. Dort, wo einst die LPG-Gärtner Champignons ernteten und Rosen schnitten, steht jetzt ein Autohaus.

**Die Musikgruppe der Schule Machern bringt den Veteranen der Volkssolidarität ein Ständchen. Hier beim Gruppenbild auf der Schloßtreppe**

**Behäbige Tour am Naunhofer Betonwerk**

## Die *Rundblick*-PS-Veteranen-Rallye auf heutigen Straßen

„Das Fahren ist des *Rundblicks* Lust“. Von der *Evergreen-Combo* aus Wurzen waren Worte und Musik eigens für das große Spektakel gedichtet und komponiert worden. – „Es glänzt der Lack, es blitzt das Chrom“. Die Freunde vom *MC Kraftverkehr Grimma* hatten ihre PS-Veteranen auf Hochglanz poliert. Und damit die mitfahrenden *Rundblick*-Wandersleute so recht in die Zeit der 20er Jahre paßten, konnten sie den Kostümfundus des Leipziger Schauspielhauses plündern. Das Programm, monatelang vorbereitet, lautete knapp und sachlich: Heimatkundliche Reise mit sportlichem Charakter und heiterer Note über vier mal zehn Kilometer von **Grimma** bis Deuben bei Wurzen.

Die Häuser um den Grimmaer Markt prangen in frischer Farbe, der Marktbrunnen plätschert, die Fassade des Rathauses strahlt in hellem Glanz. Die Kulisse hätte für diese Fahrt als Auftakt nicht besser gewählt werden können. Bald wimmelt's im weiten Rund. Alle Fahrzeuge sind eingetroffen: 13 Autos und 16 Motorräder, allesamt als Oldtimer bezeichnet. Fahrtleiter *Roland Nürnberger* schickt sie auf eine spannende Reise.

### GRETHENER BABYS

Am Gasthof grüßt das Storchendorf auf seine Weise. In einem riesigen Storchennest sitzen zwei „Storchenkinder“, so zwei bis drei Jahre alt. Daneben kichern drei junge, hübsche Mädchen im weißem Rock, weißer Bluse und in roten Strümpfen, gewissermaßen die Storchenmammis. Beim kurzem Halt drücken sie jedem von uns ein Baby in den Arm, allerdings gebacken und mit Rosinen garniert. Wir bedanken uns artig, und weil die Kreuzung zu verstopfen drohte, zieht die Karawane baldigst weiter.

## POMSSENER ZWERGE

Was für ein Empfang! Wimpelketten sind von Haus zu Haus gespannt, das ganze Dorf scheint auf den Beinen zu sein. Das wird ein Volksfest mit Bockwurst und Bierzelt für eine halbe Stunde. Bürgermeister *Arnold Hiller* hat mit seinen Helfern alles vorbereitet.

Pomßen bietet seine Besonderheiten mit der gespielten Sage der drei goldenen Brötchen als Zwergenhochzeit und den Kurzkrimi von den verschwundenen Kornsäcken. Die Kleinsten vom Kindergarten und aus dem Kinderheim wetteifern beim heiteren Spiel. Dann folgt der erste Dreikampf zwischen Ortsfeuerwehr, PS-Veteranen und *Rundblick*-Leuten. Beim Sackhuppen mit den gestohlenen Rittergutssäcken ging's um große Sprünge. Die ziemlich runden Herren vom *Rundblick* belegen den dritten (und letzten) Platz. Für die Kleinen absoluter Höhepunkt: Die Ehrenrunden mit den Oldtimern auf dem Sportplatz.

## KÖHRAER GEBACKENES

Unser Pseudo-Polizist *Karl Riedel* weist uns den Weg auf die Betonfläche vorm Kartoffellagerhaus Köhra. Der Wettkampf hier zielt ganz auf die Mittagszeit hin: Wer bäckt die herzhaftesten Kartoffelpuffer? Auf drei Tischen stehen alle Zutaten. Natürlich müssen die Kartoffeln erst geschält und gerieben werden. Die Kolleginnen des Kartoffellagerhauses erreichen mühelos die idealen Exemplare. Anscheinend haben sie trainiert. Die Erzeugnisse der *Rundblick*-Leute ähneln eher harten Fliesen.

## NAUNHOFER FKK-DAMEN

Wir ordnen uns auf dem Marktplatz ein. Für die vielen Zuschauer gibt's kein Halten mehr. Jedes Gefährt wird dicht umlagert, bestaunt, begutachtet, kommentiert. An der Rathaustreppe wartet der Männerchor, und mit einem Lied, eigens für das heutige Anliegen entstanden, eröffnet er den spielerischen Reigen. Der Bürgermeister rückt in seiner Begrüßungsrede das Naunhofer Wasser in den Mittelpunkt mit vier Nackedeis vom Badestrand (doch leider nur Schaufensterpuppen, da die Originale ein zu hohes Honorar verlangten). Dann bringen die Handwerker ihre Grüße dar und die beiden „historischen" Marktfrauen, nachgestaltet von *Else Spitzer* und *Frieda Fritzsche*, bieten als ambulante Gemüsehändler ihre Waren feil, darunter auch schmackhafte Schmalzbrezeln, die extra für diesen Tag – leider eben nur für diesen – vom Bäckermeister *Hänel* gebacken worden waren.

**Die Triumph vom Jahre 1931 in sicheren Händen bei Thomas Schäfer**

## BRANDISER SPANFERKEL

Der Parkplatz im Naturbad ist das nächste Ziel. Als ortstypisches Gastgeschenk – ein Viertel der Schweineproduktion des Kreises Wurzen kommt aus Brandis – erhalten die *Rundblick*-Leute ein richtiges süßes, kleines, quiekendes, schleifenverziertes und

**Ruhepause mit Harmonikaklängen von Herbert Slotta und staunenden Kinderaugen**

nuckelndes dreißig Pfund schweres Schweinchen aus einer Kiste. Der Stadtvertreter packt es in *Rundblick-Müllers* Hände mit der Bemerkung, es sei entweder als Glücksschwein, als Spanferkel oder als Mastschein zu verwenden. Es blieb nur die mittlere Variante.

Das Geschehen hat sich inzwischen ans Nichtschwimmerbecken verlagert. Dort stehen erneut die drei Mannschaften bereit, die vom *Rundblick* in einer exklusiven Badebekleidung der 20er Jahre. Mit Badewanne, Baumstamm, Autoreifen, Schwimmkissen und Essigflasche auf einem Brett mußte die 25-m-Bahn schnellstmöglich durchquert werden. Na, wer wurde ehrenhafter Dritter?

## ZWISCHENAKKORD

Am Rande sei wenigstens ein Fahrzeug der Kolonne vorgestellt, das D-Rad von *Armin Locker* aus Grimma. Die Deutschen Industriewerke in Berlin haben dieses Motorrad in den zwanziger Jahren gebaut. Der Motor, der 8 PS erzeugt, liegt sehr tief. Dadurch hat das Rad eine beachtliche Standsicherheit, und man könnte konfliktlos freihändig fahren. Die Handschaltung liegt rechts am Tank, während der Fahrt muß man Öl nachpumpen. Nachts beleuchtet eine Karbidlampe die Straße. Armin Locker möchte das Fahrzeug niemals missen und will es angeblich einstmals mit ins Grab nehmen. Aber bis dahin wird er noch Jahrzehnte die Maschine hegen und pflegen und mit ihr über den Asphalt donnern .

## DEUBENER FINALE

Auf dem Dorfanger erreichen wir die letzte Station. Hier wogt im wahrsten Sinn des Wortes ein bunte Menge. Ein großes Schild läßt aufmerken: „Autos ohne Anmeldung!“ verspricht es zum Preis von 2,50 Mark Bäckermeister *Karlheinz Schwarze* und seine Mannen aus Bennewitz haben aus dem heutigen Anlaß rührig den Teig gerührt. Diesmal liefen mit farbigem Zuckerguß verzierte Oldtimer vom Band. Ein riesiger Präsentkorb mit Früchten von Feld und Stall landet in unserem Sammelauto.

Dann ruft's zum letzten Wettkampf: Eine Art Seifenkistenrennen mit Sackkarre, Handwagen, Kinderkutsche, Mistfuhre und Kinderroller in den jeweiligen Staffeln. In halsbrecherischem Tempo, mit gefährlichen Kurven, ein bißchen Beschiß, einem Sturz: *Ulrike von den Rundblicklern* landet im Graben. Sie mußten ja letzte werden!

Abends dann PS-Veteranen-Ball im Kulturhaus. Der Saal voller stimmungsfroher Leute. Die Sieger der Rallye, sie hatten allerhand Punkte gesammelt, erhalten nun ihren verdienten Lohn. Mit einem heimatkundlichen Quiz testet der *Rundblick* das Wissen. Das Mütterchen mit der wenigsten Punktzahl erhält zur Strafe ein dreijähriges *Rundblick*-Abo. Und dann welch ein Wunder! Zur späten Stunde spannt sich eine Leinwand über die Bühne, und darüber flimmern farbenprächtige Bilder der am Abend beendeten PS-Veteranen-Fahrt. Diese Meisterleistung schaffte *Rundblick*-Mitarbeiter *Horst Liebing.*

**Anstrengender Wettkampf auf dem Deubener Anger**

Der Tag klingt aus. Draußen trommeln Regenschauer auf die Dächer, im Saal ist es wohlig, stimmungsvoll, angenehm. Die *Rundblick*-Leute werden ruhiger. Es hat gut geklappt! Ein Stück Heimatgeschichte blieb lebendig. Altes und Neues wurde sinnvoll ineinander verwoben. Dazu manchen Spaß beim Mitmachen und beim Zusehen. Was will man mehr?

*Heinz Thümmler, Manfred Müller,*
*Rudolf Priemer mit Worten und*
*Gerhard Weber mit Fotos, 1981 S. 104*

# Hinter und vor den Klostermauern von Sornzig

Sornzig – Frühling – Klostermauern – Baumblüte – Obstbau! Sind das nicht ausreichende Motive für einen Spaziergang? An der Haltestelle „Sornzig – Gemeindeamt“ steigen wir aus. Der Weg führt uns talwärts, entlang der Mauer des ehemaligen Zisterzienserinnenklosters entlang. Die rund 450 Jahre, die seit seiner Auflassung vergangen sind, haben nur einige bescheidene Reste für uns übrig gelassen. Schade, daß der *Sonnenbrunnen* kein Wasser mehr spendet.

Das 13. Jahrhundert war die Zeit der Klostergründungen. *Siegfried III. von Mügeln* besaß in Sornzig einen Hof und gründete in diesem 1241 das Nonnenkloster *Marienthal*. Da die Nonnen das Kloster nicht verlassen durften, arbeiteten sie intensiv im Klostergarten, pflanzten Gemüse und Blumen und trieben Obstbau, indem sie die Wildlinge mit Edelreisern pfropften. Als neue Frucht wurde der Apfel eingeführt. An sonnigen Hängen wuchsen Weinreben vom Rheinland. Die Obsterträge im Klostergarten regten in den Dörfern zu einem vermehrten Obstbau an. Mit der Auflösung der Klöster verließen 1538 die letzten Nonnen das hiesige Anwesen, und es wurde ein Klostergut eingerichtet. 1616 legte ein Brand die Klostergebäude

**Schmucker Fachwerkbau (1801) von Manfred Käbisch in Lichteneichen**

in Schutt und Asche, und nur das einstige Schwesternhaus und ein Wirtschaftsgebäude wurden wieder aufgebaut.

1889 erwarb der Leipziger Dr. *Ludolf Colditz* den Oberhof, um den Verfall der Kranichau zu verhindern, und drei Jahre später auch das Klostergut, das er in den folgenden Jahren zu der weithin bekannten Klostergärtnerei ausbauen ließ. Viele Edelobstsorten stammen aus der Klostergärtnerei, und das Sornziger Obst wurde als Qualitätsware überall in Deutschland begehrt.

Nach dem Krieg entstanden aus dem ehemaligen Oberhof Gaudlitz mehrere Neu-

**Feldarbeiten eines Häuslers in welliger Landschaft um Sornzig**

bauernstellen und in der Villa im Park Gaudlitz ein Altersheim.

Eine kleine Steinbrücke führt uns über den Hasenbach nach **Lichteneichen**. Dieses Bächlein trieb einst fünf Wassermühlen. Heute „stinkt" es zeitweise vor sich hin, fest entschlossen, von Altmügeln an seinen Beitrag zur Verunreinigung der Döllnitz zu leisten. Vor zweihundert Jahren entstanden die beiden Gassendorfteile, nachdem die „Eichen gelichtet", also der Wald gerodet worden war. Die nahe *Kranichau* zeigt uns heute noch, wie es damals ausgesehen haben mag.

Ein Feldweg führt hinauf zum Kahlenberg, ein Hügel, auf dessen Gipfel weithin sichtbar vier Linden wachsen. Von hier bietet sich ein zauberhafter Blick über Tausende blühender Apfelbäume hinweg bis hin zum Obstlagerhaus und über das „grüne Thal", wo das *Gasthaus zum grünen Thale* zur Einkehr einlädt, bis zum Collm. Ein stilles Fleckchen Erde, diese Landschaft mit ihren weiten Tälern und sanften Höhen, mit den dunklen Waldungen und weitflächigen Obstkulturen.

*Annemarie Böttcher, 1956 S. 579,*
*Gottfried Massanek 1981 S. 134,*
*Fritz Thomas HK 1966 S. 81*

HEUTE: Der Sonnenbrunnen sprudelt sein Wasser. Das Altersheim wurde nach 1990 geschlossen und an privat verkauft. Der Hasenbach stinkt nicht mehr. Das Gasthaus *Zum grünen Thale* wurde zu einem Wohnhaus umgebaut. Dafür bewirten jetzt die *Klosterschänke* in Sornzig und die *Goldene Höhe* in Neusornzig ihre Gäste. Das Kloster kauften die Erben des *Dr. Colditz* und bauten das Schwesternhaus für Konferenzen, Familienfeiern u. a. aus. Alljährlich findet hier das Blütenfest und der Weihnachtsmarkt statt. Die Obstflächen werden von der *Obstland-AG* Dürrweitzschen bewirtschaftet.

## Die heimatliche Umwelt erkennbar gestaltet

Im *Kunsthaus Grimma* war im Juli 1980 eine Ausstellung des Leipziger Ausstellungsgestalters und Malers *Günter Ketelhut* (*1926) zu sehen. Mit etwa vierzig Aquarellen und Zeichnungen gab er einen Einblick in sein vielseitiges Schaffen der jüngsten Zeit.

Auffallend war, daß Günter Ketelhut – seit zwei Jahren wohnt er in **Bahren** – reife realistische Malkunst vorstellte, die durch subtile Farben und sichere Beherrschung der Details faszinierte. Besonders gefiel jedoch, daß er im Unterschied von vielen anderen Ausstellungen ähnlicher Art durchweg Motive aus seiner unmittelbaren Umwelt gewählt hatte, die Einfühlungsvermögen und Liebe zur Heimat erkennen ließen und dem Betrachter nicht allein hohen ästhetischen Genuß bereiteten, sondern ihm gleichzeitig dazu verhalfen, die Schönheit

**Porträt des Gerhard V., Federzeichnung von Günter Ketelhut**

der Landschaft und die Wesensart ihrer Menschen um Bahren, Golzern und Nerchau zu erkennen oder wiederzuentdecken. Viele Eintragungen im Gästebuch ließen erkennen, daß vornehmlich deshalb die Ausstellung eine außerordentlich positive Resonanz gefunden hat.

Günter Ketelhut wäre es zu wünschen, daß er diesen Weg weitergeht und bald wieder Gelegenheit findet, seine Arbeiten als Landschaftsmaler und Porträtzeichner der Öffentlichkeit zugängig zu machen.

*Georg Haas, 1981 S. 57. 1992 S. 90*

**Hohburg:** Im Oktober 1981 wurden auf dem Burzelberg bei Hohburg archäologische Ausgrabungen abgeschlossen. Seit 1979 wurden hier Teile einer frühgermanischen Befestigung freigelegt, die um 400. v.u.Z. mit der Errichtung einer Pfostenschlitzmauer rund um den Berggipfel begann und später durch den Bau zweier vorgelagerter Steinwälle vervollständigt wurde. Das Bauwerk ist die **älteste Steinarchitektur** von Sachsen. *1980 S. 42*

**So könnte die Pfostenschlitzmauer (nach einem Rekonstruktionsversuch) ausgesehen haben, die im 4. Jh. v. Chr. auf dem Burzelberg bei Hohburg errichtetet worden war. Das Bauwerk umschloß in einer Länge von 1000 Metern eine Fläche von 6,5 Hektar. In dieser Burganlage lebten vielleicht 200 bis 400 Menschen**

**Trebsen:** Bei Renovierungsarbeiten in der Kirche kamen im Fußboden sechs hervorragend erhaltene **Grabsteine** zum Vorschein. Sie gehörten zur Familie *v. d. Schulenburg,* die von 1594 bis 1637 das Schloß in Trebsen bewohnt hat. Die Darstellungen der Personen sind von bemerkenswerter Ausdruckskraft. Die Grabsteine fanden im gotischen Chorraum eine würdige Aufstellung. *1981 S. 132*

**Wurzen**: Mit dem Abriß der *Börse,* einer weithin bekannten **historischen Gaststätte**, mußte aus bau- und verkehrstechnischen Gründen wieder ein Stück vom historischen Wurzen weichen. Der im Jahre 1855 erbaute Fremdenhof Börse stand in der Nähe des Bahnhofes und engte die Kreuzung Beethoven- und Bahnhofsstraße stark ein *(s. Abb.).* Die Familie *Barthel* versorgte hier ein reiches Vereinsleben, und mit der letzten Wirtin Frau *Fikus* verbindet sich manche nette Geschichte. *1981 S. 138*

**Bernd Wagner**, Wurzen/Berlin, *1948. Studium von Deutsch und Kunsterziehung, bis 1976 Lehrer bei Oranienburg, danach freischaffender Schriftsteller, Gedichte und Erzählungen, Kinderbücher u.a. *1981 S. 186*

**Detlef Kästner**, Wurzen, *1958. Boxer. Sohn von *Heinz Kästner,* einer Wurzener Boxlegende, 1959 Gründer einer Box-Sektion bei der Sportgemeinschaft Dynamo Wurzen, Entwicklung zu einer der erfolgreichsten Box-Staffeln im Bezirk Leipzig. Detlef gewann 1980 bei der Olympiade in Moskau die Bronze-Medaille und wurde im gleichen Jahr DDR-Meister. *1981 S. 23*

**Hans Thust**, Bennewitz, *1904 †1981. Gebrauchsgrafiker, nach dem Krieg freischaffender Maler und Grafiker. *1981 S. 190*

**Curt Grottewitz**, Dr., Grottewitz/Berlin, *1866 †1905. Pseudonym des in Grottewitz am Fuße der Deditzer Höhe geborenen Bauernsohnes *Curt Pfütze*. Nach Besuch der Grimmaer Fürstenschule Studium der Literatur und Philosophie, danach Landwirt bei Berlin und schriftstellerische Tätigkeiten mit Themen zur Lebenslage der Arbeiter und der Natur. Natur- und Arbeiterfreund. Gedenktafel am Geburtshaus in Grottewitz. *1978 S. 160*

| 1982 | 29. Jahrgang |
|---|---|

**Der Rundblick.** Kulturspiegel der Kreise Wurzen-Oschatz-Grimma. 2 Hefte, A4-Format, 200 Seiten, 3,50 M

Heft 8 der Rundblick-Information
**Der Thümmlitzwald** und die Muldenvereinigung
Texte: Rudolf Priemer,
Fotos: Gerhard Weber

**Magnus Gottfried Lichtwer**
*„Ihr müßt der kleine Töffel bleiben".*
Achtzehn Fabeln mit Radierungen von Reiner Zieger und einer biographischen Studie von Hans-Jürgen Moltrecht.
Herausgegeben vom Kulturbund und der Redaktion Der Rundblick. 36 S. 1982.

## Alte Wände und ihre Geheimnisse

Am Westrand des Wermsdorfer Forstes schmiegt sich das langgestreckte Waldhufendorf **Fremdiswalde** an die *Launzige*, ein winziges Bächlein. Dieser Typ eines deutschen Kolonisationsdorfes hat sich bis in die heutige Zeit eindrucksvoll erhalten.

Im Mitteldorf liegt die *Dorfkirche*, deren erneuerter Turm auffällig leuchtet. Es ist eine in Mittelsachsen nicht selten anzutreffende Ost-Chorturm-Kirche. Dieser einfache, aus Bruchsteinen gefügte Sakralbau untergliedert sich in Schiff und quadratischen Chor mit halbrunder Apsis. Der alte Turm brannte mitsamt dem Pfarrhaus und den dazugehörenden Scheunen 1766 ab. Sofort begann der Wiederaufbau, doch wegen Geldnot konnte der barocke Turm erst 1780 fertiggestellt werden. Zweihundert Jahre später war er derart baufällig, daß er abgebrochen werden mußte. Der verbliebene romanische Turmrest wurde 1973 erhöht und mit einem einfachen Spitzdach versehen.

Während der Innenrenovierung entdeckten die Bauleute drei romanische Fenster, wodurch die Kirche der Romanik zugeordnet werden kann. Es ist eine Bestätigung dafür, daß Fremdiswalde schon damals ein recht großes Dorf gewesen ist. Denn die Dorfkirche als einziger fester Bau im Ort diente neben den Gottesdiensten auch als Zufluchtsstätte in Notzeiten. Der wehrhafte Turm mit den Schießscharten kündet noch heute davon.

1979 wurde von der Kirchengemeinde die Innenrenovierung in Angriff genommen. Daß diese Arbeit in zehn Monaten geschafft wurde, ist ein wesentliches Verdienst von Pfarrer *Scholz*, Stellmachermeister *Helmut Janke* und Kirchenbaupfleger Dr. *Pasch*.

Die Fachleute stellten im gesamten Kircheninnern eine gotische Ausmalung fest. Am bedeutendsten war zweifellos das Auffinden romanischer Fresken aus der Zeit um 1250. Sie kamen unter den relativ schlecht erhaltenen gotischen Darstellungen in der Apsis zum Vorschein.

Im Langhaus wurde die Figur des heiligen Christophorus gefunden, ähnlich wie in den Kirchen von Kühren und Dahlen. Dieser Heilige wurde in monumentalen Wandbildern dargestellt und sollte vor plötzlichem Tod oder Unheil schützen. Hier hatte er die stattliche Höhe von fünf Metern.

Restauratoren aus Dresden erneuerten einen Teil der Malereien, vor allem die romanischen Fresken. Daß beide Darstellungsarten in einer Kirche vorhanden sind, macht sie so bedeutungsvoll. Und dem knappen Dutzend von Beispielen mittelalterlicher romanischer Freskomalerei in Sachsen kommt somit ein weiteres hinzu – das der Dorfkirche in Fremdiswalde.

*Matthias Müller, 1982, S. 84*

**Die Kirche in Fremdiswalde**

# Calbitz – das Handwerkerdorf am Fuße des Collm

**Die Kleinen vom Kindergarten inspizieren schon mal ihre künftige Schule**

Es ist zu berichten von einem langen, kurvenreichen Straßen- und Gassendorf mit einem Markt, wo heute tausend Seelen ihr Zuhause haben, wo über tausend Schafe Wolle liefern, ebenso viele Rinder Fleisch und Milch bringen und wo fast 17 Millionen Bienen ein- und ausfliegen.

Ein Dorf mit einem Markt, in der Form eines Dreiecks, mit aneinandergebauten Häusern, Bushaltestelle, Parkplatz, Gaststätten, Friseur, Milchladen, Dorfbücherei, das ist selten. Es hatte einstmals eine Stadt werden wollen. Doch das liegt weit zurück. Im 10. Jh. soll hier eine große Burg gestanden haben, von deutschen Einwanderern erbaut. 1350 spricht man gar von einem *oppidum,* das ist eine stadtähnliche Siedlung. 1551 und 1764 wird vom einem Marktflecken berichtet. Das Recht, einen Markt abzuhalten, soll aus welchen Gründen auch immer nach Altmügeln verkauft worden sein und dort als „Altmügelner Stoppelmarkt“ die Leute angezogen haben. Die Altmügelner bestreiten das allerdings.

Calbitz jedenfalls blieb ein Bauerndorf mit seinem Markt. Auch heute noch arbeiten viele Bewohner in der Landwirtschaft, auf den Feldern der LPG, in der Bullenaufzucht, in der Jungrinderaufzucht und im Milchviehstall. Einige stampfen auch Sauerkraut in einer kleinen Fabrikanlage.

Es gibt aber auch die „kleine Landwirtschaft“. Das sind die individuellen Mastochsen, Schweine, Schafe, Hühner, Gänse und Kaninchen in gar nicht so geringen Stückzahlen. Kleingärtner ernten prächtiges Obst, und kleine Feldecken werden mit der

**Blick vom Fuße des Sandberges aufs Dorf**

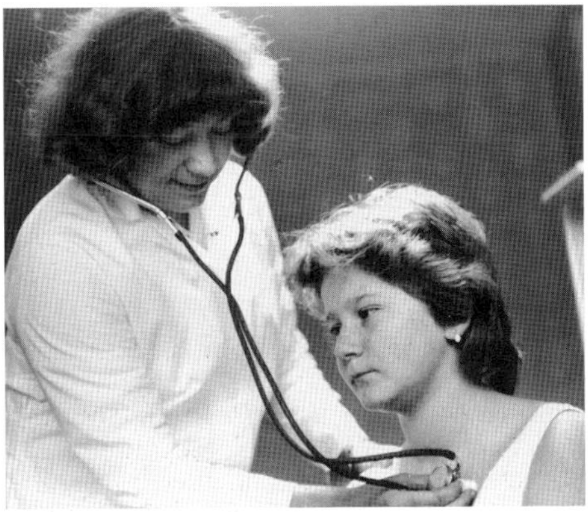

**Annett in der Sprechstunde bei Frau Dr. Roswitha Hofmann**

Hand oder mit Maschinen Marke Eigenbau bestellt, gehegt und abgeerntet. Und was die moderne Technik nicht schafft, bestellen *Helmut Thomas* mit seinem Pferd und die Ponys von *Oskar Busch* und *Werner Schröder*. Darüber verbreitet ein Windhauch den Geruch von Wald und Feld, von Stall und Mist – so richtig Dorf noch, aber doch immer im Kampf mit dem Gestank der Auspuffgase von Benzin und Diesel, der über der F 6 schwebt.

Es gibt noch viele andere Leute, die man erwähnen sollte. 1971 bekam das Dorf seine „Doktorsche". Hatten die Calbitzer Glück mit Frau *Dr. med. Roswitha Hofmann*! Sie nahm sich einen Tierarzt zum Ehemann, bauten hier ein Haus, pflanzten Bäume, bekamen Kinder und wurden richtige Dorfbewohner. Schnell erwarb sich die freundliche und charmante junge Frau Vertrauen. Ihre Wartezimmer, sie mediziniert nämlich auch in Luppa und Großböhla, müßten größer sein.

Handwerk hat noch immer goldenen Boden. Dieser Spruch hat für unser Dorf volle Gültigkeit. Fast alle Betriebe haben eine lange Vergangenheit, werden gebraucht in der Gegenwart und haben viel Zukunft. Daran dachten auch Bäckermeister *Erich Richter* und *Sohn Jürgen*, als sie ihre Bäckerei völlig modernisierten. Tausend Brote in der Woche, 9000 Brötchen allein Sonnabends, dazu Torten, Kuchen und andere Naschereien. Weil alles so gut schmeckt, steht vor dem Laden oft eine friedliche und disziplinierte Wartegemeinschaft.

Nicht Schlange zu stehen braucht man bei den Holzhandwerkern, aber Wartezeiten muß man schon einplanen. *Helmut Busch* produziert mit seiner Frau im Jahr über dreihundert Fenster und Türen. In der Stellmacherei von *Siegfried Thieme* werden zusätzlich Obst- und Gemüsekisten und Paletten produziert. Über Arbeitsmangel kann sich auch der Sattler *Werner Adolph* nicht beklagen. Der immer zu Späßen aufgelegte Meister und sein Geselle *Werner Heidtmann* zaubern aus alten Polstermöbeln wieder neue Modelle. Die flinken Mannen um Meister *Jochen Wittig* aus der Schlosserwerkstatt der PGH Mechanik sind vielseitig und gefragt. *Walter Laure* repariert Fahrräder und elektromechanisches Spielzeug. *Alfred Arnold* malert, *Lieselotte Schweigler* frisiert, blondiert und verschönert so die Haarpracht

**Bäckerspaß in der Backstube mit den beiden Meistern Jürgen und Erich Richter und dem Gesellen Roland Höhemann (v. l. n. r.)**

der Damen. Der Herrenfriseur kommt nur freitags, aber er kommt. Schmiedemeister *Erich Müller* hat leider keinen Nachfolger, wenn er sich nun zur Ruhe setzt. Der Müllermeister darf in dieser Runde nicht fehlen. Die Sandmühle am östlichen Dorfausgang, im Besitz der Familie *Röhrborn* seit 1709, ist heute noch in Betrieb. An einem Seitenarm des Altenhainer Baches stand einstmals die *Hebeymühle*. Im Grundstück von Familie *Riegel* finden sich allerdings nicht mal Reste davon.

Schließlich bleiben noch die Gaststätten. Davon existieren noch drei im Dorf, und das ist außergewöhnlich. Der Gasthof *Drei Lilien* am Markt (die Blumen sind in die Haustür geschnitzt) wird heute vom Konsum bewirtschaftet. Im Gasthof *Grüne Tanne* serviert die Familie *Maluche* Speisen und Getränke und in der kleinen Schenke von *Max Schmidt* am Markt sitzen die Stammtischbrüder. Und wer sonst noch Waren für den täglichen Bedarf braucht, der holt sich diese im *Konsum-Landwarenhaus*.

Calbitz erhielt 1964 nahe der F 6 am westlichen Dorfeingang eine neue Schule. Dort unterrichten und erziehen 28 Lehrer, sechs Erzieherinnen und über ein halbes Dutzend technische Kräfte die Mädchen und Jungen aus dem Ort und umliegenden Dörfern. Von dort bringt sie ein kostenloser Bus hierher. Eine Schulküche mit sechs Angestellten sorgt für ein gutes Mittagessen. Leider existieren seit dem Tod von *Delly Schallschmidt* die Pioniertanzgruppe und die Blaskapelle nicht mehr. So bleiben nur die schönen Erinnerungen.

*Siegfried Heidler, 1982 S. 50*

HEUTE: Von den Gaststätten hat nur noch die *Grüne Tanne* geöffnet. – Die *Sandmühle* schrotet noch und auch *Dr. med. Roswitha Hofmann* sorgt sich um die Gesundheit der Calbitzer. – Die Bäckerei Richter bringt ihre Backwaren nicht nur hier unter die Bevölkerung, sondern mit Verkaufswagen auch in die Dörfer der Umgebung. Drei Imker, längst schon im hohen Rentenalter, bewirtschaften noch 20 Bienenvölker und der Friseur verschönt nach wie vor die Damen und Herren. Zahlreiche Handwerker und Handelseinrichtungen haben aus Alters- und Wirtschaftsgründen ihren Erwerb eingestellt, dafür bemühen sich andere um die Kunden: Maler, Fliesenleger, Steinmetz, Töpfer, Tischler, Holzhandel und auch ein Reitstall. – Krippe, Kindergarten und Grundschule sind modernisiert und betreuen eine hohe Kinderzahl. – Ein Heimatverein sowie ein Reitverein sorgen sich um eine nützliche Freizeit, im ehemaligen Rittergutspark haben verschiedene Künstler ihre Skulpturen zur Schau gestellt.

**Calbitz um 1840**

# Mit acht Kanuten in aufregender Flußtour auf der Döllnitz

**Weiterfahrt nach kultureller Pause in Schmorkau**

Dieses sportliche Abenteuer schrieb Geschichte. Zum ersten und wohl zum letzten Male paddelten acht Kanuten auf dem schmalen und flachen Flüßchen entlang. Immer wieder stellten sich natürliche und von Menschen gemachte Hindernisse in den Weg. Die Sportfreunde aus Brandis und Leipzig sowie die Mitglieder der *Rundblick*-Wandermannschaft vereinten sich in diesen Tagen zu einer verschworenen Gemeinschaft, die alle Hürden dieser aufregenden und einmaligen Flußtour nahm.

Die Boote gingen in **Mahlis** zu Wasser. Die Quelle liegt weiter „oben" in **Querbitzsch**. Dieser Döllnitz-Abschnitt wurde später im Jahr mit einer Fußwanderung erschlossen. Damit jetzt genügend Wasser vorhanden war, hatten tags zuvor die Binnenfischer am Horstsee extra für die *Rundblick*-Leute das Wehr gezogen, damit auf der schmalen „Hochwasser-Welle" ein besseres Fortkommen ermöglicht wurde.

Nach dem ersten Wehr mit Umtragen über steile Brennesselböschungen merken wir sehr schnell, daß diese Wanderung nicht nur zu heimatkundlicher Freude und Entdeckerlust, sondern auch als ernsthafter Sport unternommen wurde. Weiter geht es. Sehr weit freilich nicht, denn kaum einer, der Weg oder Steg über unser Flüßchen baute, mag daran gedacht haben, daß hier mal jemand u n t e r der Brücke Durchlaß begehrt.

Nach **Nebitzschen** verrät ein kräftiger milchigweißer Zufluß vom *Kemmlitzbach,* daß wir in der Kaolingegend sind. Und wieder alarmiert uns das Knirschen an der Bootshaut. Und eine Bootshaut hat's dann auch erwischt, ein Riß unterm Kiel. Also 'raus, ans Ufer und Flickzeug zur Hand. Das geschah später dann noch mehrmals. Wir registrierten es schon nicht mehr.

In **Mügeln** begleiten uns „sachkundige" Kommentare: „Die missn doch bleede sin, in der Briehe zu ditschn!" Und so unrecht haben sie nicht. Statt der Weißfische, Barben, Elritzen und Schleien, die *Fritz Thomas* 1960 in einem Beitrag beschrieb, finden wir eine rostige Waschschüssel, Flaschen, Spraydosen, ja sogar eine ganze Mülltonne. Ungeniert wird überflüssiger Hausmüll in den Bach gekippt. Man sollte solchen Leuten härter auf die Finger klopfen.

Nach **Schweta** gibt's neue Probleme. Das Mühlrad ist längst verrottet. Eisenzäune und ausgediente landwirtschaftliche Geräte versperren unseren Landweg, weil's im Mühlgraben nicht mehr weiterging. Also zur Seite damit! Einem älteren Beobachter verschlägt's die Sprache. Drohend mahnt er schließlich: „Da muß man doch den Bürgermeister holen ." Wir wissen nicht, ob er's getan hat. Sicherheitshalber beeilen wir uns und schwimmen bald wieder im Graben. Doch wir kommen nicht weit. Schier undurchdringliches Dickicht, umgestürzte Bäume, eingerutschte Ufer, Brennesseln, Ratten! Trotz Axt und Säge – es geht nicht weiter! Also raus, zu Fuß mit den Booten auf Radgestellen, „waten" wir über eine

Ergebnis einer mißlichen Melioration: ein trostloser Strich in der Landschaft!

nicht enden wollende Wiese und erreichen schweißgetränkt endlich unseren Bach. Die Döllnitz hat uns wieder.

Es ist spät geworden, zu spät. Altoschatz als Tagesziel lag in weiter Ferne. In **Leuben** finden wir in einem Bachgrundstück eine Unterkunft für die Boote, und in einem Bus geht's bis **Altoschatz.** Die Wirtin *Inge Knorrn* erwartet uns schon lange, hat Platz gemacht für die Nachtruhe auf dem kleinen Saal. Vorher genießen wir bei einem Lagerfeuer auf dem Sportplatz und einem köstlichen Kesselgulasch den lauen Sommerabend.

Auf kurzen Landwegen wandern wir am Morgen ins umliegende Land. Vor allem die kleine Altoschatzer Kirche beeindruckt uns durch die schlichte Innengestaltung. Sie ist zum Erntedank festlich geputzt. Dann schippern wir eingezwängt zwischen hohen Mauern durch die Kreisstadt **Oschatz**, erhalten einen pfiffigen Gruß vom Lokführer des *Wilden Roberts*, grüßen hinauf zu den Oschatzer Bürgern, die uns von den Brücken aus bestaunen, und beenden hinter der Filzfabrik für diesmal unsere Flußreise. Auf der Industriestraße zerlegen wir die Boote in ihre Einzelteile und schleppen die Säcke zum Bahnhof. Vollgesogen von Sonne, Luft, neuen Eindrücken steigen wir in den überfüllten D-Zug. Die Strapazen sind vergessen. Trotzdem müssen wir diesmal vorsichtig warnen: Zur Nachahmung nicht unbedingt empfohlen!

*Viola Heß und Manfred Müller, 1982 S. 104*

*

Den Unterlauf der Döllnitz befuhren die Kanuten ein Jahr später. Die Reise begann in Oschatz, nahm einen reichhaltigen Frühstücksaufenthalt in der Töpferwerkstatt von Familie *Thibault* in **Schmorkau**, wurde gefährlich im Industriegelände von Riesa, wo ein übereifriger Pförtner mit kläglichem Steinewurf die Durchfahrt verhindern wollte, und endete nach flotter Fahrt in der Rolandstadt Belgern.

*1983 S. 76*

Wieder hindert ein Wehr die Weiterfahrt. Durch eine Brennesselwüstenei wird das Ufer erklommen.

Den Oberlauf bis zur Quelle im Keller des Bauerngutes Nr. 1 in **Querbitzsch** bei der Familie *Egon und Brigitte Werner* erkundete die *Rundblick*-Wandermannschaft zu Fuß an einem Januartag und beschriftete mit einer kleinen Holztafel das Haus mit der Döllnitzquelle. *1983 S. 4*

Und noch ein HEUTE-PS: Die Döllnitzbefahrung blieb doch keine Einzelleistung. In den Augusttagen des Jahres 2008 unternahm mit acht Booten eine Mügelner Mannschaft unter der Regie des Museumsleiters *Andreas Lobe* einen erneuten Versuch und paddelte erfolg- und erlebnisreich von Gröppendorf bis Leuben, zwar nur ein kurzes Stück, aber trotzdem beachtenswert.

## In Oschatz wird über sieben Jahrzehnte hinweg Filmgeschichte geschrieben

Am 1. November 1895 zeigten die Brüder *Sladanowsky* in Berlin in einem Varieté einige Bildstreifen. Das war die erste in die Geschichte eingegangene Filmvorführung. Zehn Jahre später gab es bereits in Döbeln, Wurzen und Riesa „Salon-Kinos". Natürlich wollten die Oschatzer den Zug der Zeit nicht verpassen. Am Freitag, dem 30.10.1908 lud ein Direktor *Lehmann* erstmals die Bürger in sein Salonkino am Altmarkt 24 zur Vorführung „lebender Photographien" ein. Für 20, 30 und 50 Pfennige (3., 2. und 1. Platz) erlebten die meist jugendlichen Zuschauer ein aus acht Beiträgen bestehendes Zweistundenprogramm. Immer wieder mußten die Vorführungen wegen Defekten am Vorführapparat unterbrochen werden. Heiterkeitsausbrüche des Publikums bewiesen aber letztlich den Erfolg des meist humorigen Programms. Doch es erhielt auch einen Blick in die weite Welt.

Bereits ein Jahr später stellt Gastwirt *Reich*, der zuvor den *Stern* übernommen hatte, beim Stadtrat den Antrag zur Aufstellung eines Kinematographen. Unter fünfzehn Bedingungen wurde im September 1909 die Genehmigung erteilt. So durften u.a. vom sittenpolizeilichen Standpunkt nur einwandfreie Bilder zur Aufführung gelangen. Der Raum mußte Notlampen mit Rüböl oder Kerzenlicht haben, die während der Vorführung zu brennen hatten.

Doch schon mußte der Stadtrat Beschwerden bearbeiten. Der Hausbesitzer *Richard Meyer* machte 1909 eine Eingabe, daß die am Giebel seines Hauses angebrachten Maschinen bis kurz vor Mitternacht abscheuliche Geräusche von sich gäben und die Nachtruhe empfindlich störten. Auch lautes Gelächter beeinträchtige die am Neumarkt wohnenden Bürger.

Das Kino war in seiner Entwicklung nicht aufzuhalten. Es entstanden immer größere und besser ausgestattete Spielstätten. 1938 bekam das *Union-Theater* (die *UT-Lichtspiele*) nach kostspieligem Umbau 650 Sitzplätze, davon 150 im Rang. Die folgenden Jahre waren trotz Krieg und Leid und zunehmenden wirtschaftlichen Schwierigkeiten eine Hochzeit des Kinos. Kriegs- und Propagandafilme und Klamotten waren Trumpf, Heimatfilme sollten die Besucher vom Kriegsalltag ablenken.

Nach dem Ende des Faschismus war das Kino eine der wenigen Kulturstätten, die noch funktionierten, wenn auch die Vorführungen unter Stromabschaltungen zu leiden hatten. Erste sowjetische Filme mit Untertiteln erschienen auf der Leinwand.

Ab 1958 (und in den Folgejahren) verbesserte sich ständig die technische Ausstattung. Doch trotz Cinemascope, Vielseitigkeit und Internationalität von jährlich 140 neuen Filmen blieben die Einspielergebnisse mäßig. Ist Opas Kino tot? Das Heimkino – der Fernsehapparat – ist die Ursache des Besucherschwundes. Bequemlichkeit siegte über den höheren Kunstgenuß. Es fehlt die „späte Jugend". Vielleicht denken Sie beim nächsten Filmbesuch daran: Unsere Kinos sind so alt wie der Film selbst, sie haben Filmgeschichte geschrieben. Halten wir ihnen die Treue.

*Reiner Scheffler, 1982 S. 152*

HEUTE: Der letzte Filmabend fand am 29. September 1992 statt. Danach schloß das Union-Theater mangels Besuchern die Pforten. Auch eine Privatisierung brachte keine besseren Ergebnisse. Die Gebäude verfielen und wurden 2005 abgerissen.

# Aus Großzschepas Brennerei gibt's keinen Schnaps mehr

Das Dorf liegt am Mittellauf der *Lossa*. Die Besiedlung erfolgte südlich vom Bach. Lediglich ein einziges Haus steht nördlich vom Lauf. Der Taleinschnitt war von jeher hochwassergefährdet.

Großzschepa war ein typisches Bauerndorf mit einem Rittergut. Bauernhöfe prägten lange Zeit das Dorfbild im Umfeld der Kirche. Das Herrenhaus des ehemaligen Rittergutes diente nach der Enteignung zunächst als Wohnraum für Umsiedler und später mehr als 15 Jahre lang als Dorfschule. Das Innere wurde dazu wesentlich umgebaut. Der neu geschaffene Saal eignet sich für die Dorfvergnügen, zumal Mitte der 60er Jahre der *Gasthof Köhler* mit dem Saal seine Pforten schloß. Im Kulturhaus, das seit 1971 mit dem Auszug der Schule diesen Namen trägt, sind zudem der Kindergarten, Küche und Speiseraum, eine Wohnung und Dienststellen der Gemeindeverwaltung untergebracht. Unverständlich ist allerdings, weshalb der für das Gebäude architektonisch wertvolle Balkonanbau an der Westfassade abgebrochen wurde. Auch die ehemalige kleine Parkanlage ist als solche nicht mehr zu erkennen.

Seit zehn Jahren widmet sich der Altbauer *Gerold Aè* mit Fleiß und Akribie der Dorfchronik. Ihr sind viele interessante Nachrichten zu entnehmen, so z. B. daß im Jahre 1855 beim Brand der Schäferei fünfhundert Tiere den Flammen zum Opfer fielen. Wann jedoch das letzte Mal Schnaps in der kleinen Brennerei auf *Aé's Hof* gebrannt worden ist, verrät die Chronik nicht. Obwohl die Innenausstattung der Brennerei gänzlich fehlt, sollte der Bau als Zeugnis ländlicher Produktionsweise erhalten werden. Gleiches gilt für die ehemaligen Landarbeiterkaten im Hintergartenweg.

Die Kirche, ihre Anfänge stammen aus dem 13. Jahrhundert, ist wie vielerorts der älteste Bau. Sie war meist der einzige massive Steinbau und bot den Einwohnern in Notzeiten Schutz. Die strohgedeckten Fachwerkbauten wurden hingegen leicht ein Opfer des Feuers, das im Dorf mehrmals verheerenden Schaden anrichtete.

Nach einem Blitzeinschlag im Jahre 1771 mußte der Turm erneuert werden. Durch spätere bauliche Veränderungen erhielt sie ihre heutige Form. Besonders wertvoll ist die fast 500 Jahre alte, über neun Zentner schwere Glocke. Wohl wegen ihres hohen Alters konnte sie vor dem Einschmelzen in beiden Weltkriegen bewahrt werden.

Nicht minder bedeutungsvoll ist die ab 1927 für Steinbruchsarbeiter angelegte Siedlung außerhalb das Dorfes. Immerhin waren Anfang der 30er Jahre etwa ein Drittel der Dorfbewohner im Steinbruch beschäftigt. Die Siedlungsanlage mit vorwiegend Einfamilien-Doppelhäusern und vier zweistöckigen Mehrfamilienhäusern widerspiegelt auf ihre Weise die Wohnverhältnisse einer sozialen Schicht in einer ganz bestimmten Zeit.

Hier in der Siedlung wurde auch ein trauriges Kapitel Großzschepaer Geschichte geschrieben. Bei einem Bombenabwurf anglo-amerikanischer Flugzeuge im Oktober 1943 fanden drei Menschen den Tod, und zahlreiche Häuser wurden beschädigt.

Gleichfalls außerhalb des Dorfes befindet sich die schon 1920 mit 28 Parzellen gegründete Kleingartenanlage, die heute zu einem Viertel an Auswärtige verpachtet ist. Gern spazieren die Zschepaer hierher, zumal man im gegenüberliegenden Sportlerheim abends und am Wochenende auch etwas Warmes zu essen bekommt. Denn seit Ende vergangenen Jahres können die „Dorfneuigkeiten“ nicht mehr am Stammtisch im *Gasthof Hentschel* ausgewertet werden, da auch hier der Zapfhahn für immer zugedreht wurde.

Auf das Sportlerheim, besonders auf die 1975 angebaute Kegelbahn, sind vor allem die Mitglieder der drei Kegel- und zwei Fußballmannschaften stolz. Die unter der Leitung des Dorfklubvorsitzenden *Rudi Bitterlich* stehende Sportgemeinschaft *Traktor Großzschepa* hat sich diese Anlage in vielen freiwilligen Einsätzen selbst geschaffen. Die Kegelbahn ist sehr gefragt, Gäste müssen sich rechtzeitig anmelden.

Ebenso gefragt und bekannt sind die Farbenhandlung von *Herbert Richter (Richter-Mope)* und die Mopedwerkstatt. Für den Meister des Kfz-Handwerks *Erhard Döbler* gibt es eigentlich nichts, was er am Zweirad nicht reparieren könnte. Sorgen machen ihm lediglich die ständig steigende Kundenzahl und die nicht ausreichenden Ersatzteile.

An traditionellen Handwerksberufen gibt es im Dorf die beiden Schneiderinnen *Irma Arlt* und *Gisela Rüdiger*, die Schmiede von *Lothar Dewoske*, den Tischlermeister *Walter Miersch*, den Stellmacher *Richard Köhler* und den Bäckermeister *Heinz Kresse*, der wegen mancher „Eselei“ mit dem Teig von den Leuten den Spitznamen *Esel* erhalten hat.

Neben dem Selbstbedienungskonsum gibt es im Ort noch einen richtigen „Tante-Emma-Laden“. Vielerlei Dinge des täglichen Bedarfs stapeln sich übereinander, liegen in Bonbongläsern, Kisten und Schubfächern.

**Ehrhard Döbler putzt die Werbetafel für seinen IFA-Service**

Der gemütliche Krämerladen hat kein Schild mit Öffnungszeiten. Auch nach Feierabend oder sonntags kann man bei *Hildegard Zwoch* den vergessenen Kaffee holen. Ebenso gefragt ist für Frauen die unentbehrliche Friseurstube und die Hilfe von *Grethe Armbrust*, die schon manches lästige „Hühnerauge“ beseitigt hat.

In den Ställen der „kleinen Leute“ grunzt, blöckt, gackert und meckert es. Etwa 150 Schweine, über dreißig Rinder und 2000

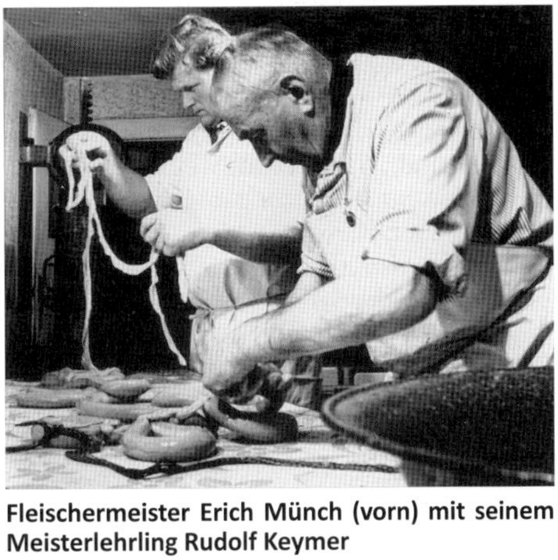

**Fleischermeister Erich Münch (vorn) mit seinem Meisterlehrling Rudolf Keymer**

Stück Federvieh werden dort gehalten. Das erfordert Arbeit, bringt aber auch Gewinn. Manchmal ziemlich guten. Die meisten Schweine verschwinden im hauseigenen Pökelfaß oder in der Wurst. Über fünfzig Jahre lang war dafür Fleischermeister *Erich Münch* zuständig. Mit 80 Jahren ging er das letzte Mal im eigens dafür gebauten Schlachtehaus seinem Handwerk nach. Wer jemals ein Schlachtfest miterlebt hat, mit frischem Wellfleisch, Gewiegtem und dem Schwätzchen beim Wurstsuppe-Holen, kann verstehen, wie ungern der Meister sein scharfes Messer samt Köcher an den Lehrling weitergegeben hat.

*Matthias Müller, 1982 S. 113*

HEUTE: Das Schloß (Kulturhaus) wurde nach 1990 „privatisiert". Eine geplante Sanierung blieb „stecken", jetzt zerfällt das Gebäude zur Ruine. – Gerald Aé hat die Brennerei und eine Scheune zu einem ländlichen Museum ausgebaut und mit vielen landwirtschaftlichen Geräten bestückt. – Alle genannten Handwerkerleistungen und Handelsbetriebe sind längst Geschichte. Lediglich *Frank Döbler*, der Sohn von *Erhard Döbler*, repariert noch Zweiradfahrzeuge. – Die Fußballer halten die Sporttradition aufrecht, ebenfalls die Kegler.

## Töpfe aus der Altstadt

Der Straßenzug *Altstadt* gehört wohl zu den wichtigsten historischen Siedlungskernen von **Wurzen**. Dieser leicht geschwungene Verkehrsweg lag jahrhundertelang als Straßenmarktsiedlung vor den Toren der später gegründeten Rechtsstadt Wurzen. Von einfachen Wohnhäusern gesäumt zieht sie keine historisch interessierten Besucher an.

Hier werkelten in verschiedenen Gebäuden einige Handwerker, so in Nr. 25 ein Töpfermeister. Jahrzehntelang hing über dem Eingang eine barocke Kanne. Am Türsturz war die Jahreszahl 1768 zu lesen. Wir stehen hier vor der bedeutendsten Töpferei in Alt-Wurzen. Hier arbeitete bis 1932 *Hermann Schumann*. In einem Bericht aus dem Jahre 1928 im *Wurzener Erzähler* heißt es dazu:

Links von der Tür des kleinen Hauses baumelt eine große gelbglasierte Pfanne als Wahrzeichen des Gewerbes. Treten wir zur Haustür ein, so führt eine Tür links in das gemütliche Ladenstübchen mit seinen kleinen Fensterchen, in denen Töpfe und Schüsseln, Kalkeier, Tonpfeifen und allerhand Gegenstände ein vergnügliches Stilleben bilden. Da stehen auf dem sauber gefegten Boden und auf Regalen in langen Reihen neben einfachen Blumenuntersetzern glänzende dunkelbraune Töpfe und Krüge aller Größen und Formen.

Solche Töpferwaren bot man Jahrzehnte vordem noch auf den Topfmärkten der Umgebung und zur Leipziger Messe an. Auf Fuhrwerken wurde die Ware, akkurat in Strohlagen verpackt, von der Familie des Töpfermeisters nach Leipzig transportiert. Doch auch in Wurzen, in einem ehemaligen Gewölbe unter der alten Liegenbank vor ihrem Umbau von 1902, bot man Gefäße aller Art dar. Ein letztes Mal zeigten die heutigen Besitzer, die Familie Stock, Teile der Werkstatt im Festzug zur Tausendjahrfeier 1961. Sie hatten die Werkstatt über die Jahrzehnte hinweg nämlich erhalten, obwohl schon seit Mitte der 1930er Jahre nicht mehr gearbeitet wurde.

*Hans-Jürgen Moltrecht und Matthias Müller, 1982 S. 35 und 129*

**Die Nr. 25 in der Altstadt mit der Töpferei**

# Großbuch – kleiner Ort mit großen Problemen

**Historische Ansichtskarte der 30er Jahre**

Etwa je zur Hälfte von Wald und Feld umgeben, abseits der großen Straßen, liegt der Ort. Mitten im Dorf steht eine ehemalige Wehrkirche. Über die Einwohner sind aus der Geschichte keine „Heldentaten" bekannt. Dafür kennt jeder jeden im Dorf, und was man nicht schon weiß, erfährt man im Konsum. Er wurde im einstigen Kirchschulhaus eingerichtet. Im Untergeschoß befand sich der einzige Schulraum, wo die Kinder von vier Schuljahren gleichzeitig unterrichtet wurden. Heute fahren sie mit dem Schulbus zur Zentralschule nach Otterwisch.

Bis auf wenige haben alle Häuser fließendes Wasser durch eine Hauswasserversorgung, aber Konsum und Kindergarten müssen das Naß weither von der Pumpe holen. Früher gab es im Ort Schmied, Bäcker, Glaser, Stellmacher und Pumpenmacher, zwei Schneider, Krämer, eine Fahrradreparatur und eine Gaststätte. Der Gastwirt schloß sie altershalber vor sieben Jahren. Der Betrieb „rentierte" sich nicht. Ja früher, da war schon mehr los, in der Ära ohne Fernsehen, als sich die Menschen noch selbst die Zeit vertreiben mußten. Ein bescheidener Selbstbau dient als Ersatz für das Geselligkeitszentrum, für die Jugend, Exotenzüchter und den Kindergarten.

Der Jugendklub hat sich seit kurzem auf der Kindergartenwiese eine eigene Kegelbahn errichtet. Obenan steht dort das „Girlandewickeln", wenn eine Hochzeit in Aussicht ist. Jugendliche holen sich das Fichtenreisig aus dem Wald, muntere Reden und einige Schnäpschen fördern die Arbeit.

Zahlreiche Ställe, Scheunen oder ganze Gehöfte sind inzwischen zu soliden, mitunter gar supermodernen Wohnstätten umgewandelt worden oder noch im Umbau begriffen. Diese schmuck-sauberen Farbtupfer sind der Anfang für ein hübsches und gepflegtes Gepräge. Dennoch können sie nicht so manche Schmutz- und Trümmerecke übertünchen. Fehlt hier und da dem Zaun des Vorgärtchens oder dem unansehnlichen Toreingang ein bißchen Farbe, ist es dort ein wenig Putz am lädierten Wohnhaus.

Noch immer sorgt eine gewisse „Selbstversorgung" für zusätzliche Arbeit im Dorf.

Die meisten Familien halten ein Schwein, das selbst geschlachtet wird. Kleinvieh wird so viel gehalten, das der VEAB jeden Dienstag kommt, um reiche Ernte abzuholen. Neben vielen gut gepflegten Obstbäumen, instandgehaltenen fischreichen Teichen fallen Fremden die vielen Hunde im Dorf auf.

Ein wahres Kleinod des Dorfes ist die romanische Kirche. Eine letzte äußere und innere Renovierung ist vor kurzem abgeschlossen worden. Das Dach ist neu eingedeckt, und die gesamte Kirche erstrahlt in frischem, weißem Gewand, wobei die rotbraunen Porphyr-Einfassungen dem Gotteshaus ein kontrastreich-malerisches Äußeres verleihen. Bei den Arbeiten hat fast das ganze Dorf zugepackt. Selbst die Jugendlichen waren recht aktiv dabei.

Etwas ganz Neues im Ort ist die „Opiumhöhle", die ungefährlicher als ihr Name ist. Die Jungen der 7. bis 10. Klasse habe sich hinter dem Kuhstall eine „Bude" gebaut mit Tisch, Sofa, Gardinen, Wandteppich. Hier werden Probleme gewälzt, die junge Gemüter oft belasten und aus der Welt geschafft werden sollten. Auch das Rauchen ist ein solch heißes Problem. Und doch ziehen auch junge Leute in das Dorf, und nicht alle wollen weg, die von hier stammen.

Zu Füßen des Kirchturms breitet sich der abendliche Frieden aus. Da die Sense immer noch in Gebrauch ist, gibt es noch ein paar Leute, die sich wie eh und je aufs Dengeln verstehen. Das muntere Hämmern stört allerdings nicht die Stille. Jetzt leben viele ältere Menschen in Großbuch, und den Nachwuchs bilden die „nur" dreizehn (!) Vorschulkinder.

So ganz zufrieden mit den Eindrücken im Dorf konnten wir nicht nach Hause fahren. Was wir jedoch aus unseren Dörfern machen, entscheiden letztlich die Einwohner selbst.

*Karl-Heinz Laube, Rudolf Priemer, 1982 S. 172*

HEUTE: Die Kinder von einst haben eigene Familien gegründet und wohnen zum Teil im Ort. Landwirtschaft wird nicht mehr betrieben, die Felder sind verpachtet. Der Dorf- und Kinderfestverein veranstaltet das jährliche Dorffest und die Heimatgruppe ihren Heimatabend. *Annett Kohsek* gibt jedes Jahr am 23. Dezember ein Benefizkonzert in der renovierten Dorfkirche.

# Engagement für die Tierwelt

## *Die Bemühungen des Hartmut Kopsch für den Schutz der Natur*

Die Lerche singt, der Kuckuck ruft. Diese Vogelstimmen kennt jeder, vielleicht auch noch die eine oder andere. Aber wer hat schon mal bei einem Waldspaziergang an einem Frühjahrsmorgen das Stimmengewirr einer vielstimmigen Vogelschar entflochten? Es gibt wenige, die das können. Einer von ihnen ist *Hartmut Kopsch* (*1933) aus Falkenhain.

Ende Februar hatte sich eine ziemlich große Schar von über hundert Leuten im Falkenhainer Speisehaus versammelt. Sie waren aus der näheren und weiteren Umgebung gekommen, um sich mit neuen Erkenntnissen und dem gegenwärtigen Wissenstand über die heimatliche Vogelwelt, über Lurche und Kriechtiere vertraut zu machen. Der eigentliche Anlaß war der 20jährige Geburtstag der Fachgruppe Ornithologie und Herpetologie Falkenhain.

Neben einzigartigen Bildvorträgen nutzten die Mitglieder das Treffen, den Leuten Dank zu sagen, die mit ihren Aktivitäten dem Anliegen der Gruppe Profil gegeben haben, so *Herbert Lindner, Erhard Heller* und *Walter Münch,* und die jüngeren *Stephan Leischnig,*

**Hartmut Kopsch bei der Nistkastenkontrolle**

*Lothar Heinze, Norbert Schlögel, Siegfried Bauch*. In erster Linie galt natürlich Dank und Anerkennung dem Spiritus rector dieser Gruppe, der an ihrer Wiege stand und sie bis heute geführt, vermehrt und bereichert hat, dem Lehrer Hartmut Kopsch.

Hartmut Kopsch hatte das Glück, in seinem Onkel *Willy Heider* einen Menschen zu haben, der ihn bewußt auf all die kleinen Dinge am Wegesrand aufmerksam machte. Nachdem er 1956 als Fachlehrer für Biologie und Russisch in sein Heimatdorf Falkenhain gekommen war, scharte er interessierte Schüler um sich, mit denen er in Feld und Flur die Vogelwelt belauschte, erforschte und aktiv für deren Schutz eintrat. Folgerichtig entstand daraus die Arbeitsgemeinschaft. Das war nun vor zwanzig Jahren. Und ein bißchen stolz kann er heute schon sein, denn die zwei Jahrzehnte ornithologische Arbeit sind flügge geworden.

Natürlich gehörten dazu viele Stunden Freizeit mit Winterfütterung, Beringung, Bau und Kontrolle von Nistkästen, Aufzeichnungen, Beobachtungen und Zählungen, persönlicher Einsatz im Landschaftsschutz und zahlreiche Publikationen, vor allem im *Rundblick*. Es ist nicht sofort alles meßbar, und es dauert manchmal lange, bis die landeskulturelle Verantwortung, die jeder Bürger haben sollte, sichtbare Folgen bringt. Unvernunft und Unverständnis sind hartnäckig – gepaart mit Unkenntnis vermehren sie die Übel. *M. Müller, 1982 S. 180*

*Notizen aus meinem Tagebuch:*
Natur ist überall vorhanden. Der Mensch nimmt sich von ihr, was er für brauchbar und nutzbringend hält. Daß diese einmalige Natur nur allzusehr und allzuoft übermäßig ausgebeutet wird, merkt er meist erst, wenn es zu spät ist. Die menschliche Intelligenz lernt nur schwer aus Fehlern, wie die Gegenwart beweist.

Der schonende und verantwortungsvolle Umgang mit der Natur ist offenbar vielen Menschen noch immer fremd, sonst könnte nicht so viel Wohlstandsmüll die Straßengräben und Wälder verunstalten, hätten nicht so viele Behörden das Bauen „auf der grünen Wiese“ erlaubt, würden nicht so viele todbringende Rasenmäher ständig surren und würde nicht nach wie vor mit so viel Gift und Mineraldünger das Grundwasser belasten.

**Graureiher am Teichrand**

Und trotzdem: Noch immer finden wir alle, auch die Naturfrevler, draußen im Wald und am Wasser Erholung und Entspannung vom Alltagstreß. So soll und wird es auch noch lange bleiben, aber nur, wenn das momentan kleine, mitunter belächelte Häuflein der Naturschützer endlich spürbare Verstärkung erhält.

Die Natur braucht unsere Hilfe. Auf allen Exkursionen hält sie interessante Beobachtungen und Erlebnisse bereit, die uns erfreuen und in guter Erinnerung bleiben. Je nach Naturverständnis erlebe ich immer wieder Situationen, die moralisch verpflichten und entweder zu sofortigem Handeln oder zu kontinuierlicher Hilfe auffordern. *Hartmut Kopsch, 1999 S. 118*

HEUTE: Die AG Ornithologie Falkenhain besteht noch und erfüllt nach wie vor ihre Aufgaben. Hartmut Kopsch hat nach Jahrzehnten die Leitung der Gruppe an Sven Möhring in Thallwitz übergeben.

Illustration Reiner Zieger

## *Die Katzen und der Hausherr*

Fabel von Magnus Gottfried Lichtwer

*Tier und Menschen schliefen feste,*
*Selbst der Hausprophete schwieg,*
*Als ein Schwarm geschwänzter Gäste*
*Von den nächsten Dächern stieg.*

*In dem Vorsaal eines Reichen*
*Stimmten sie ihr Liedchen an,*
*So ein Lied, das Stein erweichen,*
*Menschen rasend machen kann.*

*Endlich tanzten alle Katzen,*
*Poltern, lärmen, daß es kracht,*
*Zischen, heulen, sprudeln, kratzen,*
*Bis der Herr im Haus erwacht.*

*Dieser springt mit einem Prügel*
*In dem finstern Saal herum,*
*Schlägt um sich, zerstößt den Spiegel,*
*Wirft ein Dutzend Schalen um.*

*Stolpert über einge Späne,*
*Stürzt im Fallen auf die Uhr*
*Und zerbricht zwo Reihen Zähne:*
*Blinder Eifer schadet nur.*

# Ein Wurzener Fabeldichter

*Magnus Gottfried Lichtwer* wurde in Wurzen am 30. Januar 1719 als Sohn eines Stiftsrates und des Direktors der hiesigen Lateinschule am Domplatz geboren. Vater und Mutter starben früh. Sein Vormund schickte ihn 1737 nach Leipzig zur Universität, um ihn dort Rechtswissenschaft studieren zu lassen. Später lebte er als Regierungsrat in der Landesregierung in Quedlinburg und Halberstadt, wo sich nach schlimmen Krankheiten 1783 sein Leben vollendete.

Lichtwers Eifer beschäftigte sich mit dem Sammeln und Schreiben von Fabeln. Der Dichter *Gottsched* vermerkte in einer kritischen Darstellung, „daß sie zu den schönsten zu zählen sind, die unser Deutschland aufzuweisen hat". Verschiedene Sammlungen wurde sogar in Französisch und andere Sprachen übersetzt. Einige seiner Worte erreichten eine hohe Popularität und Volkstümlichkeit und sind heute noch nicht vergessen. Bestes Beispiel ist die Fabel von den Katzen und dem Hausherrn. *Elisabeth Krämer, Wurzen 961-1961 S. 68. Hans-Jürgen Moltrecht. Im Sonderdruck Lichtwer. 1983 S. 31*

# Soll es ein „Magenausräumer" sein?

Der Anbau von Wein in unseren drei Kreisen ist sehr früh bezeugt. Es gibt viele urkundlich belegte Orte, in denen auf Weinbergen nachweislich Wein angebaut wurde, so im Kreis Grimma 28, im Kreis Wurzen 12, im Kreis Oschatz 30. Lange erhalten geblieben ist vor allem der Flurname „Weinberg", erstmals im Jahre 1452 mit *wyngarten* am Burgberg bei Grimma erwähnt.

In unseren drei Kreisen fällt auf, daß der Weinanbau vor allem in den Gemarkungen der Städte, der feudalen Großgüter und der Klöster betrieben wurde. Die jetzt so seltenen Weinstöcke an den Häuserwänden auf der Südseite sind also nur ein kläglicher Überrest eines einst bei uns lebhaft betriebenen Wirtschaftszweiges.

Der Rückgang des Weinanbaues in hiesigen Gebieten hat mehrere Gründe. Die arbeitsaufwendige Be- und Verarbeitung des Weins war als Hauptberuf zugleich mit einem großen Risiko verbunden: ungünstiges Wetter, Pflanzenschädlinge und -krankheiten, Überalterung der Pflanzenbestände, Plünderungen und Zerstörungen in Kriegszeiten, ständige Erhöhung der Abgaben ließen dem Weinanbau nur noch dort eine Chance des Überlebens, wo sehr günstige natürliche Bedingungen (Klima, Boden) Gewinn versprachen – und wo er in ältesten Zeiten bereits angebaut worden war: an den Rändern bedeutender Flußtäler von Elbe, Saale, Unstrut, Rhein, Mosel und Saar. Der Weinanbau ist von den deutschen Siedlern während des Hochmittelalters im Zuge der bäuerlichen deutschen Ostsiedlung aus ihrer westlich der Saale gelegenen Heimat mitgebracht worden. Die Germanen an Rhein und Mosel lernten ihn von den Römern kennen.

Daneben lernten unsere Vorfahren auch die Mostherstellung. Most bildet als abgepreßter Traubensaft einerseits die Grundlage für den Gärungsprozeß des Weines, wird andererseits aber auch unvergoren als Fruchtsaft getrunken.

In den Nachkriegsjahren, als es keine Traubenweine gab, wurde Wein auch aus anderen Früchten hergestellt. Als „Obstwein" kam dann der Selbstgebraute auf den Tisch: Äpfel, Kirschen, Beeren, ja selbst Rhabarber wurden dafür verwendet.

Man kann zwischen weißen und roten, leichten und schweren, herben und süßen, alten und jungen Weinen wählen. Im Volksmund gibt es noch den *Rachenreißer*, den *Magenausräumer,* den *Gallenkitzler,* den *Darmjucker* und den *Arschputzer*. Der Wein hat seine Blume, sein Bukett, obgleich er im Glas nicht mehr blühen soll. Und man kann jemanden reinen Wein einschenken, ohne daß er etwas zu trinken bekommt. Viele predigen Wasser, trinken aber heimlich Wein, oft ohne tatsächlich einen Tropfen zu sich zu nehmen. Der Wein hat also auch in die Sprichwörter und Redensarten Eingang gefunden. *Horst Naumann, 1982 S. 8*

## 1983 30. Jahrgang

**Der Rundblick**. Kulturspiegel der Kreise Wurzen-Oschatz-Grimma. 2 Hefte, A4-Format, 136 Seiten. 3.50 M. Dieses und zwei weitere Hefte haben ausnahmsweise farbige Titelbilder und Rückseiten. Der Umfang der Hefte mußte wegen Papiermangel fortan gekürzt werden.

Heft 9 der Rundblick-Information
Das Naherholungsgebiet **Naunhof-Brandiser Forst**
Texte: Heinz Thümmler, Fotos: Manfred Müller

**Die Redaktion** ist umgezogen, vom Brauereigebäude am Markt 6 ins Geburtshaus von Joachim Ringelnatz am Crostigall 14. Fortan sprach man vom *Ringelnatzhaus*. Dort fand sie im Dachgeschoß nach gründlicher Sanierung des ganzen Hauses ihre neuen, großzügigen Geschäftsräume. Im Obergeschoß erhielt der Klub der Intelligenz vom Kulturbund Wurzen neue Räume, und im Erdgeschoß richtete das Museum eine Gedenkausstellung an Wurzens großen Sohn ein.

# „Papier zu machen ist ei'n Kunst"

Das behaupten jedenfalls die Papiermacher in **Golzern**. In einer *Rundblick*-Runde wird diese Behauptung erörtert. Doch vorab ein bißchen Betriebsgeschichte:

Die Produktion von Papier beginnt im Juli 1862 mit einer Papiermaschine. Hergestellt wurde anfangs ausschließlich 100%iges Hadernpapier aus Lumpen. Die Dampfkessel der Kraftanlage wurden in den ersten zehn Jahren mit Braunkohle aus dem Golzerner Revier beschickt. Während des Ersten Weltkrieges waren mehr als 2500 Kriegsgefangene untergebracht. Die Produktion konnte trotz Zerstörung durch amerikanischen Beschuß schon im November 1945 wieder anlaufen und drei Jahre später liefen drei Papiermaschinen. 1946 war der Betrieb volkseigen geworden.

Heute produzieren 450 Betriebsangehörige jährlich 19 000 Tonnen Papier, seit 1960 in rollender Woche. Hergestellt werden Schreib- und Druckpapier, Packpapier und Vulkanfiber, das außer für Koffer auch für Zahnräder und Dichtungen verwendet wird. Hauptrohstoff dafür ist Zellstoff, der hier im Werk aus Holz gewonnen wird. In ellenlangen Papiermaschinen wird dann das Papier hergestellt. Die PM 1 wickelt in jeder Minute 108 Meter Papier auf die Rolle.

Die Golzerner haben ein „MEGA-Papier" entwickelt: 1971 bekamen sie dazu den Auftrag: Es sollte hochalterungsbeständig sein, nicht gilben, also reinweiß bleiben und nicht spröde werden. Es soll bis zum Jahre 2000 produziert werden, und dafür müssen die getesteten Rohstoffe immer verfügbar sein. Ein ganzes Forschungskollektiv widmete sich jahrelang dieser Aufgabe, und 1981 erhielten die Golzerner das Gütezeichen Q, also für höchste Qualität.

Und wozu nun dieses Spezialpapier? Darauf wird eine 100bändige Gesamtausgabe der Werke von *Marx* und *Engels* gedruckt (*MEGA* – Marx-Engels-Gesamt-Ausgabe). Zweihundert sowjetische und DDR-Wissenschaftler arbeiten an deren Herstellung. „Es soll ein Werk entstehen, das den Wissenschaftlern aller Länder als Urquelle, als 'Eichmaß' dient." Und wann wird die Arbeit beendet sein? Einer der anwesenden Wissenschaftler antwortet: „Bis zur Rente haben wir alle vollkommen zu tun, und dann werden die nächsten den Stab aufnehmen. Zu Beginn des nächsten Jahrtausends sollen die hundert Bände fertig werden, das ist eine extrem kurze Zeit." *Viola Heß, 1983 S. 81*

HEUTE: Von den geplanten 100 Bänden sind etwa 50 erschienen. Dann kam die Einheit und 1992 das Aus für die Papierproduktion.

1993 erfolgte unter der Firmenbezeichnung *Papierfabrik Golzern GmbH* eine Privatisierung. Sechzig Mitarbeiter verblieben im Werk und schneiden als ein führendes Serviceunternehmen das Papier in alle gewünschten Größen.

**Die Papierfabrik Golzern im Muldestrom, Ansichtskarte der 20er Jahre**

## In Bröhsen gibt's bei Haferkorns alles für den Tag

Die Siedlungsform weist auf eine slawische Ortsanlage hin, ebenso die Namensdeutung als *Birkenort*. Birken? Davon war allerdings wenig zu sehen, abgesehen von einem kleinen Hain unweit des ehemaligen Feuerlöschteiches.

Bröhsen ist auf Braunkohle gebaut. Bis etwa 1930 wurde in der Grube *Hahn und Julius* Braunkohle abgebaut. Die Gebäude im *Loch* vor dem Ort sind stumme Zeugen aus jener Zeit. Unmittelbar neben dem Weg nach *Samoa* lag die Grube *Busch*. Sie wurde schon 1908 stillgelegt, doch selbst heute wirft der Maulwurf dort noch Braunkohlenerde auf.

Nach Samoa hin zeigt sich Bröhsen überhaupt von seiner schöneren Seite. Dem Geländerelief gut angepaßt fügen sich die Häuser harmonisch in das Landschaftsbild ein. Weniger schön ist die Straße nach Golzern. Sicherlich wird sie in Ordnung gebracht, wenn sich die durch den Wasserleitungsbau bewegten Erdmassen gründlich gesetzt haben.

In Richtung Grechwitzer Flur arbeitet die *Beringergemeinschaft Grimma*. Seit 1978 besteht sie und sieht ihre Aufgabe vornehmlich darin, die Eigenarten des Vogelzuges aufklären zu helfen. Großflächige Netzwände sind aufgespannt, in denen alljährlich ca. 1500 Vögel gefangen werden. Freilich läßt man sie wieder frei, doch vorher werden sie gemessen, gewogen und beringt.

Am Vierseithof *Barth* kann man nicht vorübergehen. Hier wohnt eine aufgeschlossene Familie, die viel für heimatkundliche Traditionen übrig hat. Scheunen- und Schuppentore wurden geöffnet, alte und neue landwirtschaftliche Geräte im Hof ausgestellt.

Eine schwarze Katze kreuzte unseren Weg. Unbeirrt setzten wir ihn fort in Richtung Gasthof. Im Fenster ein Schild: „Samstag und Sonntag geschlossen!" Trotzdem klopfen wir an. „Ach vom *Rundblick* kommt ihr?"

**Schlachtfest bei Barths auf der Tenne mit Wellfleischschneiden für die Blutwurst**

Sofort wird uns aufgetan. Der Gastwirt *Horst Haferkorn* unterbrach seine Schreibarbeit. Der Gasthof ist zentraler Kommunikationspunkt des Ortes: Post, Eierannahme, Propangasflaschenumtausch, Konsumverkaufsstelle und natürlich Gaststätte.

Das kleine Bröhsen unterscheidet sich in seiner jüngsten Entwicklung nicht von anderen Dörfern. Zwar zeigen noch viele Gehöfte äußerlich den Charakter der traditionellen Wirtschaftsform, doch innerhalb der Gebäudekomplexe wurde vieles verändert. Aus Scheunen wurden Wohngebäude, aus Schuppen Garagen. Am Rande des Dorfes wuchsen schmucke Eigenheime; vier sind bereits fertig, drei befinden sich im Bau. Das ist nicht wenig für ein solch kleines Dorf.

Die meisten Einwohner arbeiten heute in der LPG Ragewitz – entweder „im Hopfen", „im Gras", „in den Zuckerrüben" oder in der „Läuferproduktion". Neumod'sche Berufe sind entstanden, doch könnte man heute bereits alle Beschäftigten getrost „landwirtschaftliche Industriearbeiter" nennen.

Seitdem die Hauptstraße verlegt wurde und außerhalb der Ortschaft vorbeiführt, ist es hier zwar etwas ruhiger geworden, aber es ist trotzdem ein reges und lebendiges Dorf geblieben. *Wolfgang Stadler, 1983 S. 21*

HEUTE: Die kleine und historisch eingerichtete Gaststube wird nach wie vor von *Hans Haferkorn* betreut, der nebenbei noch in seinem Tante-Emma-Laden das anbietet, was die Bröhsener täglich so verbrauchen.

# Ein langes Leben in Nemt

*Max Richter* wurde am 29. Juli 1983 95 Jahre alt. Wir besuchten ihn in seiner Wohnung in Nemt:

Natürlich bin ich alt geworden. Wie ich das gemacht habe? Das weiß ich selbst nicht. Vielleicht, weil ich immerzu gearbeitet habe, auch heute noch.

Eigentlich sollte ich schon längst tot sein. Im ersten Weltkrieg hatte ich aus den Karpaten eine schlimme Krankheit mit nach Hause gebracht. Die Füße und der Bauch waren aufgedunsen, und ich konnte nicht mehr laufen. Man schleppte mich von Arzt zu Arzt. Im Hörsaal der Leipziger Uni-Klink marschierten einige hundert Studenten an mir vorbei und bestaunten meinen Zustand. Der Professor war sehr offenherzig: Machen Sie Ihr Testament! Komisch, ich war nicht mal aufgeregt. Ein Leipziger Apotheker – ich kenne seinen Namen nicht mehr – gab mir mit wenig Hoffnung wohl ein letztes Heilmittel. Ich schlief danach zwei Tage lang. Als ich die Augen öffnete, stand die ganze Verwandtschaft weinend am Bett. Ich weiß nicht mehr, wer mehr erschrocken war. Es dauerte zwar noch zwei Jahre, aber dann war ich wieder völlig auf dem Posten.

Natürlich weiß ich, was in der Welt und im Dorf so los ist. Ich lese die Zeitung, doch den Fernseher habe ich verschenkt. Ich habe genug zu tun. Fünfzehn Hühner haben

**Der Dorfteich am Rande der Siedlung**

jeden Tag Hunger. Die Kohlen schleppe ich aus dem Schuppen. Und dann bin ich noch „Aufsichtsbeamter" für die Wäschemangel. Am Abend schmeckt eine gute Zigarre ganz vortrefflich.

Wir waren sieben Bauernkinder auf dem Hof, und dort gab's immer was zu tun. Der Mühlbach gehörte zum beliebtesten Spielplatz. Schuhe hatten wir sowieso nicht. Dafür gab's Aale und Krebse. Die obere Brücke war fest aus Bruchsteinen gemauert. Was wir da mit den Händen aus den Löchern gefischt haben! Den wahrscheinlich letzten Krebs habe ich erst vor reichlich zehn Jahren am Bach gefunden. Ich nahm ihn seinerzeit mit in den Kindergarten. Da gab's vielleicht eine Aufregung.

Unser Gänseteich und die Gänsegärten hatten ihre Namen nicht umsonst. Noch um 1900 waren zwei Gänsehirten im Dorf, und jeder beaufsichtigte so an die zweihundert Tiere. Früh am Morgen zog der eine langsam durchs Dorf, und vor jedem Gut machte er sich mit der Trillerpfeife bemerkbar. Das Tor ging auf, und die Gänse reihten sich schnatternd in den Zug ein. Im Gänsegarten schwärmten sie aus und fraßen sich voll. Die Aufsicht schlief inzwischen in einer Strohhütte. Abends ging's ins Dorf zurück, und jede Gans wußte, wo ihr Stall war.

Unser Dorf war sogar mal mit der „großen Welt“ verbunden, als nach 1750 die Poststraße sechs Jahrzehnte lang zwischen Leipzig und Dresden über Nemt ging. Das Postgut bestand noch längere Zeit. Dort erholten sich die „pflastermüden“ Pferde der Wurzener Poststation.

Sorgen hatten wir mit den Wiesen am Mühlbach. Er floß in vielen Windungen durch die versumpfte Niederung. Oft konnte nur mit der Sense das Gras gemäht werden, weil die Maschinen versanken. Und dann hatten wir noch mit dem Mühlbacher Müller Ärger. Ausgerechnet in der Heu- und Grumternte zog er sein Wehr, und wir mußten höllisch aufpassen, daß uns das Heu nicht davonschwamm.

Wir gründeten um 1925 eine Meliorationsgemeinschaft. Die Sächsische Landesregierung hatte uns auch 3000 Mark versprochen, aber es kam nichts an. Also rückten wir zu dritt nach Dresden. Nachdem man uns von Tür zu Tür gewiesen hatte, waren wir endlich am Ziel. Ob's die Beamten überlesen hatten, jedenfalls hing ich an die Zahl eine Null dran, als sie nach der Höhe des Geldes fragten. Und so flossen uns tatsächlich wenig später 30 000 Mark aufs Gemeindekonto, und 1929 war der Mühlbach melioriert.

Ich hatte 1940 das Gut meinem Sohn übergeben. Er kehrte aus dem Zweiten Weltkrieg nicht zurück. Ich ging in die Industrie. Im Materiallager und als Heizer sorgte ich bis zum meinem 80. Geburtstag in der Roitzscher Luftfiltertechnik für Ordnung und Wärme. Eigentlich wollte ich Tierarzt werden, aber Vater hatte kein Geld auf dem Konto.

Mit meinem Leben bin ich zufrieden gewesen. Ob ich die Hundert schaffe? Nun, das Haus ist morsch geworden und die Knochen weich. Ich will's versuchen. An mir soll's nicht liegen. *Manfred Müller, 1983 S. 57. Max Richter verstarb 1985.*

**Dorbild von Nemt um 1840**

# In Burkartshain gehört der Storch zu den Bewohnern

**Dorfstraße zwischen Gasthof und Kirche, um 1930**

Meine Fahrradtour geht Richtung Burkartshain. Am Mühlteich begrüßt mich ein über die Ortsgrenzen hinaus bekannter Einwohner: *Meister Adebar*.

Ich schaue mich erst mal flüchtig um. Da und dort drehen sich die Betonmischer, wie in anderen Dörfern auch. Zwei größere Neubaublöcke ragen aus dem Häusermeer. Eigentlich passen sie ja nicht so richtig ins Dorfbild, doch hier empfinde ich sie nicht so störend, weil sie am Dorfrand plaziert sind und dadurch das Bild des historischen Dorfkerns weniger beeinträchtigen.

Bürgermeister *Siegfried Höhne* will sich eben aufs Dienstrad schwingen. Das wundert mich etwas, denn zu seinem Territorium gehören zahlreiche Orte, so kommt ein gewaltiges Gebiet zusammen. Das bereitet ihm natürlich nicht unerhebliche Probleme. Jetzt balanciert er einen mächtigen Blumenstrauß. „Ich bin bald zurück!" Später erfahre ich, daß er der Frau *Ella Jacobi* zum 80. Geburtstag seine Verehrung und die Wünsche der Burkartshainer überbracht hat.

Dann sitzen wir am Konferenztisch. Aus einer grünen Mappe quellen Pläne, Bilder und Beschreibungen über den Ort. „So könnte unser Dorf im Jahre 2000 mal aussehen", meinte er lächelnd. „Es ist unsere Ortsgestaltungskonzeption. Natürlich sind wir Realisten, doch warum sollen wir nicht auch ein wenig in die Zukunft träumen? An unserem Freibad haben wir jedenfalls schon mit der Realisierung begonnen."

Dieses Bad liegt am *Krebsbach*, der allerdings jetzt ausgetrocknet ist, am Ortsausgang nach Körlitz. Schon vor Jahren wurde es ausgehoben. Dann ergaben sich Probleme mit dem Wasser, doch eine Lösung fand sich in den Brunnen vom *Birkenhof*, womit das Bad mit frischem und sauberen Wasser gefüllt werden kann. Deshalb fanden auch keine Strandfeste mehr statt, dafür „Sommerfeste am Bad", jedoch immer mit dem Risiko des schlechten Wetters.

Gegenüber auf der Höhe am alten Wasserturm haben hundert Burkartshainer und einige Auswärtige ihr Gärtchen. Manche Bretterbude hat sich zu einem schmucken Bungalow gemausert. Die Leute haben sich in der Kleingartenanlage *Sonnenblick* organisiert. Aber sie schmoren nicht nur in der Sonne, sondern bringen manche Tonne Obst und Gemüse auf den Markt.

„Der Aussichtsturm in Pyrna? Ich weiß, daß der *Rundblick* sich dafür interessiert. Nein, der soll nicht zusammenfallen. Ich denke, daß wir mit Pyrnaer Bürgern dieses Bauwerk jetzt erst mal sichern und bestimmt in einiger Zeit so herrichten, daß von dort oben der Wanderer ungefährdet wieder einen weiten Rundblick über das Wurzener Land halten kann."

Durch ein kleines Tor gelange ich auf den Friedhof. Im Schatten der Bäume steht die *Kirche*, deren einzelne Teile aus verschiedenen Jahrhunderten stammen, das Rippengewölbe gar aus dem 13. Jh. Das Innere besticht durch beachtliche Schnitzereien und Malereien.

Die *Erich-Weinert-Oberschule*, ein Schulneubau, ist von Bäumen und gepflegten Anlagen umgeben. Ein Wandbild ziert die Längsseite der Turnhalle. 268 Schüler lernen hier. Wie mir Schuldirektor *Georg Budnik* versichert, sind die Jungen und Mädchen recht aufgeschlossen und aktiv. In zehn Arbeitsgemeinschaften und einem Schulchor verbringen sie einige Stunden ihrer freien Zeit.

Im Ort steht ein Kulturhaus. Es ist der alte Gasthof. Seit Jahrzehnten wird es von *Brigitte Thiele* geleitet. Obwohl sie altersmäßig in den Ruhestand treten könnte, ist sie noch dabei, weil sie mit der Jugend jung geblieben ist. Ihr Wunsch: Mehr Aktivitäten der Burkartshainer auf volkskünstlerischem Gebiet. Lediglich einige Männer kommen regelmäßig im *Männerchor* in den Chorstunden zusammen und treten auch des öfteren in der Öffentlichkeit auf.

An der großen Straßenkreuzung in der Nähe des Gemeindeamtes treffe ich i h n wieder. Er thront oben auf dem Leitungsmast in seinem sperrigen Horst: Meister Adebar. Das geschäftige Treiben zu seinen Füßen stört ihn nicht. Die vielen kleine Hohlräume, die das Geäst des Storchennestes bilden, nutzen schlaue Spatzen als Kinderstube. Die Störche sind die Lieblinge des Dorfes, besonders seit Hansi über die Straßen humpelt. Er konnte im vergangenen Herbst wegen einer Flügelverletzung nicht die lange Reise in den Süden antreten und überwinterte deshalb im Tiergehege von Eilenburg. Frau *Metel Heller*, die Storchenmutter, hegte und pflegte ihn. Der Schmiedemeister *Walter Polster* hat sich besonders um den Erhalt des Nestes verdient gemacht. Nachdem es einmal heruntergefallen war, fertigte er aus Stahlrohr eine neue Konstruktion.

Im nächsten Jahr ist es 700 Jahre her, daß der Ort zum ersten Male urkundlich erwähnt wurde. Ein großes Fest steht nicht ins Haus, sondern die alljährlich wiederkehrenden Höhepunkte sollen aufgewertet werden: zu Pfingsten das Reiterfest in Nitzschka, acht Tage später das Sommerfest am Bad und dann noch der Tag der Bauarbeiter. Vorwiegend örtliche Gruppen sollen den kulturellen Teil gestalten. Das ist lobenswert. Ich könnte mir aber denken, daß die Bürger noch mehr auf die Beine bringen. Bestimmt werden sie aber ihrem Dorf ein noch schöneres Aussehen geben.

Das fiel mir besonders auf: Die Burkartshainer sind freundliche Leute! Für mich als Großstädter war es immerhin ungewöhnlich, daß mir fremde Menschen einen „guten Tag!" wünschten. *Wolfgang Beuthner, 1983 S. 94*

HEUTE: Seit 2006 gehört das Dorf zur Stadtgemeinde Wurzen. – Das Freibad wurde Anfang der 90er Jahre mit einer Edelstahlwanne zu einer modernen Freizeitstätte umgewandelt. – Die Schule wurde geschlossen und nach einem aufwendigen Umbau im Jahre 2003 die Schule für Lernförderung aus Zschorna hierher verlegt. Die Schüler kommen jetzt aus einem weiten Umkreis. – Das Kulturhaus und damit der Gasthof sind längst geschlossen. Im Ort gibt es keine Gaststätte mehr. Das kulturelle Leben wird vom Männerchor, einem Sport- und einem Schützenverein und vom Karneval-Klub beflügelt. – Die Störche sind dem Ort treu geblieben und nisten nach wie auf dem Elektromast vor der Schmiede, die jetzt von *Matthias Polster* betrieben wird, wo aber immer noch Vater *Walter* bei Bedarf das glühende Eisen auf dem Amboß bearbeitet. – Die Kirche erhielt nach einer 16 Jahre dauernden Restaurierung ihre einstige Pracht zurück und macht sie damit in ihrer bäuerlich-barocken Ausgestaltung im Innern zu einem besonderen Juwel im ganzen Sachsenlande.

**Schmiedemeister Walter Polster an der Bohrmaschine**

# Riskante Landung in Körlitz

Für die Bewohner von Körlitz war es sicher ein erregendes Ereignis, als am 12. Juni 1892 ein Ballon niederging. Die Leipziger Luftschiffer *Richard Feller* und sein Passagier *Carl Schmidt* hatten das Unternehmen von Leipzig aus gestartet. Anderntags war im *Wurzener Tageblatt* zu lesen:

„Der Luftballon, der am Sonntagabend gegen ½ 7 Uhr in beträchtlicher Höhe unsere Stadt passierte, ist, wie uns mitgeteilt wird, abends gegen 7 Uhr in Körlitz glücklich gelandet und zwar kam er auf dem Dach der Kleinschänke zum Festsitzen. Hilfsbereite Hände waren gleich zur Stelle. Der Mitfahrer, über die gelungene Landung erfreut, stiftete den hilfsbereiten Körlitzern 180 Flaschen Bier."

Sicher hatte die Lokalpresse die Nachricht mit der Dachlandung arg übertrieben, denn auf der Bildrückseite ist lediglich vermerkt, daß der im Gehöft von *Liebaus Restauration* landete. Dem aufmerksamen Bildbetrachter wird es nicht entgehen, daß der Fotograf gemogelt hat, denn das Bild ist eine gelungene Fotomontage. Und außerdem wurde das Erinnerungsfoto erst später gemacht, da ja der Landungsort ungewiß war und wohl kaum zufälligerweise ein Fotograf zur Stelle hätte sein können.

Den Gasthof Körlitz gibt es noch, die Kleinschänke im Bauerngut ist jedoch längst geschlossen. In den vergangenen neunzig Jahren wechselte mehrmals der Besitzer. Nach *Julius Liebau* gehörte *Max Schüttig*, dessen Frau eine geborene *Liebau* war, die Restauration. Danach war *Arno Karnahl* Eigentümer. Bevor Sohn *Hans* das Gut übernahm, führte *Martin Ehrlich* bis zur Schließung im Jahre 1958 die Gaststube. Jetzt ist sie zu Wohnzwecken umgebaut worden.

Sicher haben zum Erhalt der Aufnahme die durch Gemeindestempel beglaubigten Worte auf der Rückseite beigetragen: „Dieses Bild ist Eigentum des Grundstücks und darf bei Besitzerwechsel nicht mitgenommen werden." Nun befindet es sich im Archiv vom Wurzener Museum.

*Matthias Müller, 1983 S. 107*

# Federnschließen im Steinarbeiterhaus

Der gußeiserne Ofen wirft behagliche Wärme. Um den Tisch in der „guten Stube" sitzt eine Frauenrunde. Vor ihr liegt ein aufgebauschter Federberg. Die Pendellampe wird etwas heruntergezogen, denn ausreichend Licht ist notwendig für die Arbeit, die noch bis vor wenigen Jahren an den Winterabenden in den Dörfern üblich war – das Federnschließen.

Flink zerlegen die Frauen die Federn, reißen sie die weichen Fähnchen vom Federkiel ab. Im Lichtkegel schweben winzige Daunen. Für die älteren Dorfbewohner ist das Federnschließen eine vertraute Sache. Damit die Arbeit schneller von der Hand ging, wurden Frauen aus der Nachbarschaft und Bekannte eingeladen. Die Frauen trafen sich nach des Tages Arbeit abends in der achten Stunde. Bis Mitternacht saßen sie dann beieinander. Kaffee und Kuchen, auch Pfannkuchen, Plinsen oder Kräppelchen, wurden zu vorgerückter Stunde als Lohn serviert.

Natürlich fehlte es beim Federnschließen nicht an Unterhaltung und Späßen. Da wurden Dorfneuigkeiten ausgetauscht, Erinnerungen aufgefrischt und natürlich über die Männer hergezogen. Manch einer mußte da „Federn lassen", und nicht selten entstand in solche Runde der Dorfklatsch.

Nicht anders ist es an diesem Abend. Fast jede der Frauen wartet mit einem amüsanten Erlebnis auf. Mittlerweile füllen sich die Eimer mit dem weichen Flausch. Die Männer skaten derweil im Nebenzimmer. Früher waren sie in die Kneipe gezogen, denn sie hatten in der Frauenrunde nichts zu suchen.

Die Gastgeberin *Traudel Möbius* tafelt frischen Aschkuchen auf. Der Kaffee aus der *„dicken Berta"*, wie man die dickbauchige Steingutkanne nannte, scheint besonders gut zu schmecken. Dann zupfen die Frauen fleißig weiter. Zur Abwechslung werden Volkslieder gesungen, wie damals, als es noch kein Radio gab.

Der Uneingeweihte staunte anfangs über die kleine Tüte mit den zu schließenden Federn. Sie enthielt 1 kg. Die Frauen haben es nicht geschafft! Im Volksmund hieß es, der auf den Tisch geschüttete Haufen muß aufgebraucht werden, sonst hat man kein Glück mehr mit dem Federvieh. Unsere Runde ist nicht abergläubisch.

Obwohl schon durch den Kuchen einigermaßen gesättigt, langen alle nochmals tüchtig zu, als zum Ausklang frisches Brot und Hausmacherwurst hereingebracht werden. Jetzt sitzen alle um den großen Tisch beisammen. So wird es wohl auch einst gewesen sein, wenn am späten Abend die Männer, aus dem Gasthaus kommend, ihre Frauen abholten.

Durch die „Federnschließstimmung" und das Fludium im historisch eingerichteten Raum können wir uns schon in die Zeit zurückversetzt vorkommen, als diese bescheiden-ländliche Geselligkeit noch intakt und beliebt war.

*Matthias Müller, 1983 S. 87*

HEUTE: Nach dem Duden heißt es Federnschl*ei*ßen, aber kein hiesiger Sachse verwendete jemals dieses Wort. Die nachbarschaftsfreundliche Tätigkeit stirbt leider aus, denn wer schließt (schl*ei*ßt) heute schon noch Federn?

# 25 Jahre Colditz-Porzellan

Erregung! Dispute! Verständnisloses Kopfschütteln der Colditzer Steingutkumpel: Wir sollen Porzellan herstellen? Ein Unding! Nicht mal die Steingutproduktion haben wir 100%ig im Griff, und noch dazu jetzt mitten in der Rekonstruktion? Unmöglich!

In der Tat eine komplizierte Situation. Das gesamte Werksgelände glich Mitte der 50er Jahre einem großen Bauplatz. Die dunklen, niedrigen Arbeitsräume wurden abgerissen. Preßlufthämmer dröhnten, Mauern fielen. Staub! Staub! –

Die alten Rundöfen wurden von Baggern verschlungen, dieweil sich der erste Tunnelofen noch in der Erprobungsphase befand. Der Wind blies in die Abteilungen. Notdürftig angeheftete Pappen und Planen vermochten weder Staub noch Kälte abzuhalten. Bisweilen mußte das Steingutgeschirr unter freiem Himmel gedreht, glasiert und verpackt werden. Nach Schichtschluß griff die Belegschaft zu Hacke, Schaufel und Spaten. Sondereinsätze: Kabelziehen, Ware umsetzen, entstauben, Abbruch- und Erdarbeiten. Einige Steingutkumpel resignierten, machten sich im wahrsten Sinne des Wortes aus dem Staube.

Dann tatsächlich die offizielle Information: Das Werk wird in den nächsten Jahren von der Steingut- auf Porzellanproduktion umgestellt. Unser Land besaß genügend keramische Rohstoffe, genügend Steingutfabriken, aber zu wenige Porzellanwerke.

„Das schaffen die nie!“, orakelten ausländische Experten. Aber eigenartig: Die Zahl der Skeptiker wurde immer weniger. Porzellan herstellen, ein verlockendes Ziel! Geliebäugelt hatte man in Colditz schon lange damit. Die beiden Ortsrivalen *Thomsberger und Hermann* und *Steingut-AG Colditz* experimentierten vor fünf Jahrzehnten heimlich und unabhängig voneinander am sogenannten „Semi-Porzellan“. Es wurde aber weder etwas Halbes noch etwas Ganzes.

Bevor es mit den ersten Porzellanversuchen klappte, klappten im Verwaltungsgebäude kräftig die Türen. Besprechungen,

**Luftaufnahme der Werksanlagen mit Blick über die Stadt Colditz**

Beratungen, Beschlüsse. Dann die große Belegschaftsversammlung. Der Werkleiter hielt eine zündende Rede, warf kühne Gedanken und neue Begriffe in die Massen: Betriebsakademie, Meisterschule, Studium. Fast die gesamte Belegschaft setzte sich noch einmal auf die Schulbank, lernte das Porzelliner-ABC.

Der Erfolg in der Praxis ließ auf sich warten. Die ersten 'gewichtigen' Teller ähnelten Hutkrempen. In den neuen Tunnelöfen verschmolz allzuoft die Ware zu einer schier unentwirrbar glühenden Masse. Ofenarbeiter, aber auch Verwaltungsangestellte, allen voran der damalige Werkeiter *Günter Gottlebe*, hantierten in Asbestanzügen buchstäblich bis zum Umfallen.

Es floß noch viel Wasser die Mulde hinunter, ehe die Kunst der Porzellanherstellung beherrscht wurde. Doch im August 1958 war es soweit: 250 Jahre nach der Erfindung des europäischen Porzellans war es endlich den Colditzern vergönnt, selbst das begehrte „Weiße Gold“ herzustellen. Und als das neue Werk aus Stahl und Beton fertiggestellt, der Bauschutt beseitigt und die Produktion mit der Form *Feston* angelaufen war, kamen auch viele der Entlaufenen wieder, setzten sich an ihre neuen Arbeitsplätze und freuten sich.

Haushalt- und Hotelporzellan aus dem *VEB Vereinigte Porzellanwerke Colditz* wurde zum Begriff für Kunden in über dreißig Ländern. Messegold „en masse“ für gute Formen und Dekors, hohe Auszeichnungen für das Werk, viele Kollektive und Personen. Die Geburtswehen des Colditz-Porzellan sind Geschichte. Unlängst wurde der erste Roboter des Industriezweiges Glas/Keramik der DDR eingesetzt. Na, wo schon?!

*Wolfgang Stadler, 1983 S. 133*

HEUTE: 1990 verkaufte die Treuhand-Gesellschaft das Werk in Privathand. Nach mehrfachem Besitzerwechsel mit stark reduzierter Belegschaft (ehemals ca. 1400 Beschäftigte) und trotz eingeschränkter Produktionspalette und modernisierter Fertigungsabläufe wurde die Produktion 1996 eingestellt und das gesamte Werk bis 2006 total abgerissen.

**Abschlußball mit großer Polonaise im Speisesaal des Porzellanwerkes**

# Zwischen Spielberg und Holzberg liegt Böhlitz, wo die „Collmschen“ wohnen

Ein „Gruß aus Böhlitz“ liegt auf dem Redaktionstisch. Allerdings ist die Karte schon 80 Jahre alt, aber sie machte uns neugierig. Also machten wir uns auf den Weg ins Dorf, wo aber auch die Collmschen wohnen. Seit 1936 lautet die amtliche Bezeichnung Böhlitz für beide Dörfer auf der Höhe zwischen Holzberg und Spielberg. In salomonischer Eintracht haben die Bahnleute den dortigen Bahnhof 1927 Collmen-Böhlitz getauft. Und so wird er bestimmt auch noch lange heißen, denn was die Bahn einmal registriert, das hat für immer Bestand.

Zwischen beiden Dörfern gab es früher eine gerechte Teilung. Die Collmener hatten das Rittergut, die Böhlitzer die Kirche und die Schule. (Seit 1980 fahren alle Schüler nach Röcknitz). Gasthöfe gab's in beiden Orten, „unten“ in Böhlitz stand der Gasthof *Zur Königslinde*, „oben“ in Collmen gab es den *Heiteren Blick*. Die *Königslinde* ist inzwischen „gerodet“. Nach mehrmaligem Besitzerwechsel übernahm der *Konsum* das Haus, das in den Jahren von 1975 bis 1978 von einer Brigade der Freiwilligen Feuerwehr total umgekrempelt wurde. Es präsentiert sich heute als *Klubgaststätte*, modern und sauber. Eine Kegelbahn wurde gleich mitgebaut. Freie Termine gibt es da nicht.

Am *Heiteren Blick* bröckelt der Putz. Saal und Gaststube sind schon lange geschlossen. Der Konsum richtete „zweckentfremdet“ eine Verkaufsstelle ein, wo man getrost in den 1000 Dingen wühlen kann. Und man findet immer etwas, auch wenn man es nicht unbedingt braucht.

In die Berge hat man sich ebenfalls brüderlich geteilt. Die Böhlitzer standen auf dem Holzberg 208 m über Normal Null, die Collmener acht Meter niedriger auf dem Spielberg. Heute haben die Hügel allerdings ihre Kuppen durch den Steinbruchsbetrieb längst verloren. Wie hohle Backzähne stehen sie jetzt in der Landschaft. Die Natur sorgt in bescheidener Weise für etwas Kosmetik: Sträucher und Bäume suchen am steilen Felsen ein bißchen Halt, und unten auf der einstigen Steinbruchsohle schimmert klares Wasser. Besonders der Spielberg lockt (verbotenerweise) die Badefreunde an. Leider auch die Müllkipper!

In Gesamt-Böhlitz leben heute 1100 Einwohner. 1900 waren es 390 in Böhlitz und 292 in Collmen, „worunter sich allerdings einige 30 polnische Arbeiter befanden“. Heute sind es etliche Mecklenburger, die hier Fuß und Frau gefaßt haben.

Im Jahre 1880 baute der Rittergutsbesitzer am Nordhang des Spielberges im schweizerischen Stil die *Villa Mariahof* und ließ das gesamte Gelände mit einer festen Mauer umzäunen. Den Villagarten nahm die Jugend nach 1945 in Besitz. Oktoberfeste und andere Veranstaltungen machten den Ort weithin bekannt, und mancher Neugierige aus den umliegenden Ortschaften kehrt von hier mit einer Frau zurück (auch der Autor holte sich hier seine Ehepartnerin). Jetzt rumort es wieder im Gelände. Die Kameraden der FFW erneuern und erweitern Tanzdiele, Musikhalle und andere Räumlichkeiten zum kulturellen Zentrum des Dorfes.

Das Jahr 1888 bracht Unruhe ins Dorf. Der Abbau der Gesteins in den Steinbrüchen nahm größeren Umfang an. Ein erneuter Aufschwung erfolgte um 1925 mit dem Bau der Eisenbahnstrecke Wurzen-Eilenburg. Am Holzberg entstand ein neuer Bruch mit einem mächtigen Schotterwerk, und das Gesteinsmaterial von Spielberg wurde mit einer Seilbahn zur Bahnlinie befördert. Beide Brüche sind seit Jahren stillgelegt.

In den vergangenen Jahrhunderten äscherten mehre Brände die strohgedeckten Hütten ein. Kein Wunder, denn erst 1933 wurde die Freiwillige Feuerwehr gegründet. Heute hat sich die Einheit zu einer schlagkräftigen Truppe entwickelt. In ihrer freien Zeit werden die Kameraden im allgemeinen Dorfgeschehen aktiv: Baderneuerung, Kulturhaussanierung, Kindergartenumbau aus der alten Schule, Beschleusung, Dorfteich und Blumenrabatten gehen auf ihr Konto. Und daß die Mannschaft dann immer noch bei bester Stimmung ist, beweisen die heiteren Abende und lustigen Streiche. Sogar mit Pfeifen und Trommeln wird in einem Spielmannszug den Einwohnern auch in den umliegenden Dörfer ganz gehörig der Marsch geblasen. Es ist ein arbeitsames und duftes Volk, diese Feuerwehrtruppe aus Böhlitz.

*Manfred Müller, 1983 S. 10*

HEUTE: Der Villagarten wurde nach 1990 privatisiert, die Kameraden der FFW verlagerten das Festgelände in den Bereich ihres Gerätehauses und der alten Schule. – Ebenso in Privathand ging das gesamte Gelände vom *Spielberg* und wird zeitweilig von Bergsteigern genutzt. – Im Bahnhof halten keine Züge mehr. – Die *Königslinde* erblühte aufs Neue, nachdem sie wieder in Privathand übergegangen war. – Der Konsum verließ den *Heiteren Blick* für immer. Das Gebäude wurde von neuen Besitzern aufwendig saniert und kann für Familienfeiern gemietet werden.

**Die Drescherhäuser (links) und das Eingangsgebäude ins Rittergut, das Tor über der Wasserscheide. Linolschnitt von Pfarrer Jochen Müller, 1991**

## Überall ist Wunderland, überall ist Leben ...

**Der Ringelnatzbrunnen auf dem Wurzener Markt (2008)**

So beginnt ein Gedicht von *Joachim Ringelnatz*. Es war auch seine Lebensphilosophie. Wer diesen Hinweis aufgreift, der ist gut beraten. Die Tagesmühen erscheinen in einem ganz anderen Licht.

So steht es nun auch in Stein gemeißelt am Ringelnatzbrunnen auf dem Wurzener Markt. Aber auch Zeitungs- und Theaterleute, Fernsehmoderatoren, Filmemacher, Literaten und viele, viele andere griffen die Ringelnatzsche Weisheit auf.

*„Unser" Joachim Ringelnatz hatte Geburtstag, seinen hundertsten.*

Der Schelm aus **Wurzen** wurde neu entdeckt, vielleicht nicht zum ersten Male (?) und man mühte sich landauf und landab, sein Leben, seine Worte und seine Malereien neu zu interpretieren. Das macht uns froh. Trotzdem wollen wir mit einem gewissen Stolz festhalten: *Der Rundblick* bemühte sich schon seit Jahrzehnten darum!

In Wurzen gab es erfreuliche Aktivitäten: Auf dem Markt wurde ein Brunnen gesetzt, das Geburtshaus auf dem Crostigall verschönten Bauleute innen und außen und richteten es aufs trefflichste ein; Souvenirs (gute und weniger gute) lagen auf dem Ladentisch, und bei heiteren und nachdenklichen Veranstaltungen lernten die Besucher den Wurzener Sohn noch besser kennen.

*

Für eine treffliche Einschätzung sorgte *Peter Neumann* in der *Jungen Welt*:

Das Frappierende ist: So richtig einordnen, wie es die Wissenschaft gern hat, läßt sich der Kerl offenbar nicht. Anfangs wollte man seine Gedichte in die Nähe *Christian Morgensterns* rücken. Aber das lief nicht. Joachim Ringelnatz ist irdischer. Seine dichterische Kraft verleiht selbst banalsten Dingen poetischen Glanz. Er bedichtete eine Pellkartoffel, seinen Kaktus, die Borsten einer Bürste und war per Reim erbötig, als Beweis seiner Liebe eine Kachel aus seinem Ofen zu verschenken. Er verband Worte, die vorher nie zusammenstanden – und sie paßten. Er fand Verse, die es eigentlich gar nicht geben durfte.

Was ihm auch unter die Augen und aufs Papier kam, es atmet unverbesserlichen Frohsinn, eine von ganz tief innen kommende Menschlichkeit. Da war abzusehen, daß er mit reaktionärem Bürgertum kollidierte; seine Satiren gegen deutschnationale Körperertüchtigung und die dahintersteckende Borniertheit beispielsweise brachten ihm neue Freunde – und neue Feinde .

Unser Kulturerbe ist mehr als nur *Goethe* und *Brecht*. Ein Stückchen davon trägt auch den Namen Ringelnatz. So übrigens nannten die alten Schifferleute die Seepferdchen. Sie sollen Glück bringen.

In einer der zahlreichen Veranstaltungen trat der Berliner *Hans Krause* auf. Bei der Einweihung des Ringelnatzbrunnens rezitierte er ein eigenes Gedicht. Die Gäste hörten es mit Freude, es liest sich auch heute noch genauso amüsant wie damals:

*Wie Daddeldu so durch die Welten schifft,*
*Geschieht es wohl, daß er hier und da*
*Eines oder das andere von seinen Kindern trifft.*
*Die begrüßen dann ihren Kuttelpapa*
*Ohne jede Verlegenheit*
*Mit Schallali Schallala*
*Und: Immer bereit!*
*Kuttel dankt gerührt.*
*Sagt: Hallo Fans!*
*Zitiert Egon Krenz,*
*Karl Marx oder May*
*Und schenkt ihnen, was er so bei sich führt,*
*Kaugummi, Priem, Papagei*
*Und die letzten LPies*
*Von Rainer Süß,*
*Karel Gott und Dalida*
*Und verschwindet dann wieder.*
*Doch in Wurzen macht er 'ne längere Pause,*
*Denn hier isser zu Hause.*
*Das heißt: Hier machte der Hosenmatz Ringelnatz*
*Im väterlichen Gemäuerchen*
*Sein erstes skurriles Bäuerchen.*
*Hier stand seine Wiege, hier stand sein Töpfchen.*
*Hier hat sein Köpfchen*
*Die ersten verrückten Gedanken empfangen.*
*Hier hat er mit der Nase, der langen,*
*Dankbar, genüßlich und tiefergeben*
*Hineingerochen ins Wunderland Leben.*
*Und weil man hier seine Phantasie*
*So gern sprudeln hört,*
*Hat man ihm und seinem Dichtergenie*
*Einen Brunnen verehrt.*
*Und das freut Kutteln sehr.*
*Doch wo gemeißelt wird, fallen auch Späne.*
*Das einzige, was zu bemängeln wär' –*
*Er hat keine Spirituosen-Fontäne*
*Mit Knöpfchen für Wodka, Rum oder Gin.*
*Und das ist nicht ganz im Kuttelschen Sinn.*
*Aber auch ohne den Alkohol*
*Ist der Brunnen ein schönes Symbol,*
*Ein Hort der Einkehr und Rast,*
*Der wunderbar in das Stadtbild paßt,*
*Erinnerungen an Ringelnatz weckt*
*Applaus verdient – und auch Respekt.*
*Und wenn Kuttelnatz sehen könnte,*
*Mit welchem Monumente*
*Man hier sein Erbe hegt,*
*Behütet und pflegt,*
*Ich wette, er ließe die Dampfer tuten,*
*Pfiff auf Antillen und Aleuten,*
*Schiffte nicht nach Kap Horn*
*Oder Kühlungsborn –*
*Sondern blieb.*
*Und würde euch ohne Bedenken*
*Eine Kachel aus seinem Ofen schenken*
*Mit der Aufschrift: Wurz'ner, ich hab euch so lieb!!!*

*

Und diese **Ringelnatz-Kachel** hat es damals wirklich gegeben, ein einzigartiges Souvenir. Die *Rundblick*-Redaktion hat es tatsächlich fertig gebracht, die *Mügelner Keramikwerke* zu überzeugen, eine entsprechende Kachel herzustellen. Der Werkleitung wurde dafür eine ausführliche Betriebsreportage versprochen und auch gehalten *(s. nachfolgenden Text).* Nach einer blendenden Idee des *Rundblick*-Chefs und einem Modell von *Irmgard Sander* aus Colditz gossen die Mügelner das Ringelnatzsche Porträt in ein Kachelviereck, das inzwischen zu einer wertvollen Rarität geworden ist.

**Die Ringelnatz-Kachel, ein seltenes Souvenir**

# In Mügeln macht der Ton die Kachel

Ich bin schon oft in Mügeln gewesen, der Wurzener Schalk *Joachim Ringelnatz* sicherlich noch nie. Trotzdem suchte ich diesmal in der 1000jährigen Stadt an der Döllnitz seine Spuren, wenn auch nur indirekt. Unterm Arm klemmte nämlich eine Ringelnatz-Kachel. Diese hatten die *Keramik- und Ziegelwerke Mügeln* in Mügeln produziert, getreu nach den Ringelnatzschen Worten:

*„Ich habe dich so lieb! Ich würde dir ohne Bedenken eine Kachel aus meinem Ofen schenken!"*

Zunächst ein bißchen Geschichte, die der Museumsleiter *Fritz Thomas* beisteuerte. Der Betrieb wurde 1894 als *Ofen-, Porzellan- und Tonwarenfabrik Mügeln GmbH* gegründet und produzierte ein Jahr später Ofenkacheln, Porzellane überhaupt nicht und Öfen nur in den Nachkriegsjahren. Kurioserweise sprach der Volksmund früher von der *Porzelline*, später gar von der *Ofenbude*, wie sie auch heute noch genannt wird, was aber keinesfalls abwertend gemeint ist.

Ungefähr 150 Beschäftigte sorgen heute in Mügeln dafür, daß die Bewohner eines neuen Hauses eine warme „gute Stube" haben. Im Verein mit zwei weiteren Betrieben in der DDR können sie den Bedarf kaum schaffen.

Schauen wir uns im Betrieb um. Der Ton macht nicht nur die Musik, er ist hier wichtiger Bestandteil der Kachelmasse. Er wird aus den Deckgebirgen der Braunkohletagebaue gewonnen und bildet die sogenannte Fettsubstanz. Schamotte aus Bad Lausick, Töpferschamotte aus Großbothen und Kapselscherben aus Brandis werden als Magerungsmittel beigemischt. Zwei Verfahren, Gießen oder Pressen, bestimmen die Technologie. Bis zur Trocknung gehen sie verschiedene Wege. Soviel sei erwähnt: Beim Gießverfahren wird die Tonbrühe in Gipsformen gegossen. Das geschah mit der Ringelnatzkachel wie überhaupt für alle Kacheln mit einer besonderen Oberflächenstruktur.

Nachdem die Kacheln von 19 % auf 1 % Feuchtigkeit heruntergetrocknet worden sind, begießen geschickte Frauenhände den Rohling mit einer flüssigen Glasurmasse. Zwölf bis vierzehn Tonnen gehen so pro Tag durch ihre Hände. Doch das soll sich bald ändern. Ein Spritzroboter hat seine erste Bewährungsprobe bestanden und wird die schwere körperliche Arbeit übernehmen. Übrigens, die Glasur ist nur eine Reverenz für unsere Augen: der farbige Glanz soll auch unsere Sinnesorgane erwärmen.

Nun erfolgt noch der Brennprozeß im elektrisch beheizten, 60 m langen Brennofen bei einer Temperatur von 1040 Grad. Alle 45 Minuten verläßt ein Wagen mit noch 240

**Aus Ton und anderem „Dreck", der mit der Schaufel geladen wird .**

**. geben die Meisterhände von Walter Jungfer der Ringelnatz-Kachel ihren letzten Schliff**

Grad heißen Kacheln den Ofen. Es erfolgt noch eine Endkontrolle, und der Versand kann erfolgen.

*„Schenke groß oder klein, aber immer gediegen. Wenn die Bedachten die Gaben wiegen, sei dein Gewissen rein!“.*

Mit einem Souvenir aus der Mügelner Produktion wird man dieser Ringelnatz'schen Lehre wohl immer gerecht. Wie sonst ist es zu erklären, daß die dekorierten Bierkrüge der Mügelner Keramiker weggehen wie warme Semmeln? Zwanzigtausend werden im Jahr für die unterschiedlichsten Anlässe bei Heimatfesten, Betriebsjubiläen u. a. m. gefertigt. Eigentlich sollte ich das hier nicht schreiben, denn die Nachfrage übersteigt bei weitem die Möglichkeiten. Vergessen wir's also!

Was wäre aber die Mügelner Keramikproduktion (also Ofenkacheln und „nebenbei“ Bierkrüge) ohne die Modellierwerkstatt mit ihrem Modelleur *Walter Jungfer*. Der gelernte Kachelformer zeichnet für das Aussehen des gesamten Kachelsortiments (z. Zt. gibt es sieben unterschiedliche Oberflächendekors) verantwortlich. Seiner Kunst war es auch zu verdanken, daß die Ringelnatz-Kachel in der jetzt vorliegenden Ausführung die Ringelnatz'sche Selbstbeschreibung *„Ein Mann mit einer Ringelnatzmiene. Es gibt doch wahrhaftig nicht viele solcher Nasen!“* plastisch verdeutlicht! Für die Modellherstellung (eine Form läßt sich etwa 100mal verwenden), verbrauchten die Formgießer jährlich etwa 200 Tonnen Gips.

Ich habe nun den Werdegang einer Ofenkachel kennengelernt und weiß jetzt, wieviel Mühe und Schweiß in solch einer einzigen Kachel steckt. Ich hätte, im Gegensatz zu Ringelnatz, nicht nur Bedenken, sondern sogar Gewissensbisse, eine Kachel aus meinem Ofen zu reißen. Doch .

*„Denkt nach, dann könnt ihr zwischen Zeilen auch mit geschlossenen Augen lesen, daß Onkel Ringelnatz bisweilen ein herzbetrunkenes Kind gewesen!“*

*Reinhard Rädler, 1983 S. 104*

HEUTE: Die 1894 gegründete Ofen-, Porzellan- und Tonwarenfabrik wurde nach dem Kriege verstaatlicht. 170 Beschäftigte produzierten in dieser Zeit Kachelware für 18 000 Öfen. Nach der Wende konnte die „Ofenbude“ ihren 100sten Gründungstag feiern, und unter dem Namen RUKA Ofenkeramik und Zubehör GmbH fertigen jetzt 70 Mitarbeiter erfolgreich Kacheln für Öfen und Kamine.

**Ansichtskarte mit einem Vers von Ringelnatz, gestaltet von Lotte Schumann, herausgegeben von der *Rundblick*-Redaktion**

# Der Wachtelberg und seine Osterblume

Welcher **Wurzener** kennt sie nicht, dieses Zweigespann. Vom Hören sagen jedenfalls, vom persönlichen Augenschein vielleicht weniger. Eigentlich gehört noch der Turm dazu und schließlich der „Naturschutzpolizist" *Klaus Zeibig*. Also ein Vierergespann.

Weit ins Wurzener Land hinein schweift der Blick vom 148,5 m hohen Wachtelberg. Allerdings muß man die Höhe wieder einschränken, denn von der Mulde aus sind es gerade mal 33 Meter. So relativiert sich die Kuppe aus Granitporphyr. Schließlich lassen sich wieder 21 m zufügen, denn so hoch muß man steigen bis zur Plattform. Schon frühzeitig brachen die **Dehnitzer** am Westhang die Steine für ihre Häuser und Mauern. Eine Überlieferung vom Pestjahr 1607 besagt, daß dreizehn der Pest verdächtige Bürger der Stadt Wurzen im verlassenen Steinbruch ein ungestörtes Asyl erhofften.

Im Jahre 1908 wurde vom Erlös einer Lotterie und von Spenden ein *Bismarckturm* errichtet. Überall in den deutschen Landen wuchsen solche Bauwerke in die Höhe zur Verehrung an den Wiederbegründer des Deutschen Reiches. Und Wurzen wollte hier nicht nachstehen, und der Turm wurde zu einem beliebten Ausflugsziel.

In den letzten Kriegstagen führten einige amerikanische Panzergranaten, die vom jenseitigen Muldenufer abgeschossen worden waren, zu inneren und äußeren Beschädigungen. Etwa 1950 wurde der Turm notdürftig instandgesetzt. Inzwischen hatte man ihn in *Wachtelbergturm* umbenannt.

Am Fuße des Turmes, im ehemaligen Steinbruch, entstand Anfang der 50er Jahre eine *Naturbühne*, auf der zahlreiche Chorkonzerte und Theateraufführungen tausende Besucher anlockten. Doch schon

**Regnerisches Theater auf der Freilichtbühne am Wachtelberg**

zehn Jahre später schwand das Interesse, beeinflußt durch schlechtes Wetter und vom aufkommenden Fernsehen. In den 70er Jahren erfolgte der Rückbau der Naturbühne und es entstand erneut ein Biotop für Lurche und anderes Getier.

Ende der siebziger Jahre erfolgte eine weitere Sicherung der Außenhülle und ein Ausbau im Innern mit einer Erneuerung der Treppe zum Ausblick und mit Anschauungstafeln zum Naturschutz im Muldengebiet.

Auf der Kuppe des Wachtelberges wächst ein botanisches Kleinod, die *Osterblume (Echte Kuhschelle)*. Diese Rarität in der freien Natur veranlaßte schon 1911 die Behörden, das Gebiet des Wachtelberges unter Naturschutz zu stellen. Damit gehört es zu den ältesten Naturschutzgebieten Sachsens. Während des Krieges und danach ging der Bestand beängstigend zurück. Besonders der Wurzener Naturfreund *Walter Große* setzte sich für den Schutz und die Vermehrung dieser Blume ein. Nach seinem Tode übernahm Mitte der sechziger Jahre Klaus Zeibig diese Aufgabe, die er zielstrebig und mit Erfolg fortsetzte.

*Nach Beiträgen von Klaus Zeibig 1982 S. 63, Werner Ballschmieder 1985 S. 40 und Richard Klinkhardt 1991 S. 5*

HEUTE: Mehrmals erfolgten am Turm weitere Restaurierungen, die letzte im größeren Umfang 2008. Die Ausstellung im Turm kann nun wieder besucht und der Turm zu einem umfassenden Rundblick übers Wurzener Land erstiegen werden.

# In Kemmlitz wird kostbare Erde ausgegraben

**Kaolin-Tagebau Gröppendorf**

Wenn auch nicht das große „Berggeschrey“ anhob, so war es doch von Bedeutung, als man in den Fluren um Kemmlitz ab 1883 mit Kaolin fündig wurde und sich nach und nach mehrere kleine Firmen, anfangs als Familienbetriebe herausbildeten. Der Abbau erfolgte ausschließlich im Tiefbau. Heute zeigen sogenannte Bruchfelder an der Oberfläche noch an, wo einst die Bergleute mit Hacke und Schaufel tätig waren. Als dann 1928 im heutigen Werk III der Tagebaubetrieb aufgenommen wurde, blieb der Tiefbau immer noch bis 1974 dominierend. Erst dann rollte der letzte Zug aus der Grube *Glück auf* und beendete eine lange Bergbautradition.

Das Rohkaolin, eine weiße Tonerde als Verwitterungsprodukt aus Quarzporphyr entstanden, muß von den Quarzkörnern „befreit“ werden. Das geschieht in der Schlämmerei mit viel Wasser, ehe es sich in Bassins absetzt, in Filterpressen zu Stücken gepreßt und schießlich noch getrocknet wird. Als Kaolinmehl oder in Stücken verläßt es dann das Werk.

Die Sande gelangen auf Halden, die als „weiße Berge“ seit Jahrzehnten ein weithin sichtbares Wahrzeichen von Kemmlitz darstellen. Einige konnten in letzter Zeit aufgeforstet werden.

Abnehmer der Kemmlitzer Kaoline sind vor allem die keramische Industrie und das Oschatzer Glasseidenwerk. Es wird aber noch in anderen Betrieb gebraucht zur Papierherstellung, in der Gummiindustrie und in der chemischen Industrie als neutraler Füllstoff (Tabletten, Zahnpasta, Farben, Seifen, Puder, Cremes, Lippenstifte u. a.). Somit ist Kaolin ein wertvoller Rohstoff, der auch in zahlreiche Länder exportiert wird.

1972 nahm das Kombinat einen neuen Tagebau bei **Gröppendorf** in Betrieb. Die milchige Kaolinbrühe wird nach Herauslösung der groben Bestandteile durch eine Leitung ins 2,7 km entfernte Stammwerk gedrückt. Zwei Rohrleitungen mit je 20 cm Durchmesser liegen in 1,5 m Tiefe, die eine Pipeline für den Kaolintransport, in der anderen fließt das Wasser zur erneuten Verwendung zurück.

Ein weiteres wichtiges Vorkommen befand sich in **Hohburg,** wo im Tagebau von 1905 bis 1965 Kaolin gefördert wurde. Die Grube ist heute ein bekannter Badesee.

*Gottfried Massanek, 1983 S. 12, 1974 S. 114.*
*Karl-Heinz Saumsiegel, 1960 S. 552.*

HEUTE: Die Vereinigten Kemmlitzer Kaolinwerke wurden nach der Wende reprivatisiert, kamen in die Hände der Amberger Kaolinwerke und sind seit 1999 eine Zweigniederlassung der Caminauer Kaolinwerk GmbH. Kaolinabbau erfolgt mit 86 Mitarbeitern jetzt in den Tagebau Schleben/Crellenhain (seit 2004) und in den älteren Anlagen von Gröppendorf (dort steht auch die Schlämmerei) und Glückauf. 115 ha der ehemals devastierten Flächen wurden für die Land- und Forstwirtschaft wieder nutzbar gemacht, der Tagebau „Frieden“ soll künftig als Badegewässer dienen.

# Das älteste steinerne Mädchen von Sachsen

Der 8. September 1981 wurde ein weiterer Markstein in der Geschichte der **Trebsener** Kirche. Bei Schachtungsarbeiten im Schiff stieß der Maurer *Matthias Böhme* ein weiteres Mal auf einen Grabstein *(s. Abb.),* der sich schon vor dem flüchtigen Blick als romanisch erwies. Er lag dicht unter der Oberfläche, und es ist erstaunlich, daß ihn niemals jemand beachtet und erwähnt hatte. Da liegt in Stein gemeißelt ein junges Mädchen mit abstehenden Zöpfen. Die weit aufgerissenen mandelförmigen Augen sind das Einzige, was vom Gesicht noch erkennbar ist. Nach Tagen merkten wir, daß in dem aufgeschlagenen Buch auf ihrer Brust – von der Erde unkenntlich gemacht – Buchstaben eingraviert sind. Erst die eingehende kunstgeschichtliche Untersuchung durch den Hauptkonservator des Instituts für Denkmalpflege in Dresden, *Dr. Heinrich Magirius* und *Manfred Kobuch* vom Staatsarchiv, brachten uns Gewißheit, um wen es sich handelt.

In einer der ersten Auswertungen heisst es: „Die bedeutende Stellung der Familie *(von Trebissen)* in der Stauferzeit erklärt recht gut die höchst seltene kunstgeschichtliche Darstellung einer weltlichen Person weiblichen Geschlechts mit Namen *Judith* auf einem Grabstein in der Zeit um 1160/90. Mithin gehört der Grabstein nicht nur zu den ältesten östlich der Saale überhaupt.“

*Walter Schormann, 1983 S. 46*

# Die Urbachs aus Grimma

Nach dem Ersten Weltkrieg kam das junge jüdische Ehepaar *Lipmann* und *Siesel Urbach* aus Lodz nach Grimma und betrieb ein Textilgeschäft in der Brückenstraße. Von Anfang an verband sie mit den hiesigen Arbeiterfamilien *Strauß* und *Schulze* eine herzliche Freundschaft.

1925 wurde ihr Sohn Philip geboren. Er kam 1931 in die Volksschule am Wallgraben und empfing mit Stolz seine Zuckertüte wie alle anderen Grimmaer Kinder auch. Im gleichen Jahr kam sein Bruder Erhard zur Welt. Die von Schulze-Emil aufbewahrten Fotos zeigen eine glückliche Familie.

1933 boykottierten die Nazis auch in Grimma die jüdischen Geschäfte: „Wer beim Juden kauft ist ein Volksverräter.“ 1935 erließen sie die berüchtigten Nürnberger Rassengesetze: „Kein Jude kann Staatsbürger sein!“

Auch Erhard besuchte noch die Grimmaer Schule  ab 1937. Im November des folgenden Jahres brannten in der „Kristallnacht“ die Synagogen und Geschäfte, wurden in Deutschland 20 000 Juden in Konzentrationslager verschleppt. Zu ihnen gehörte auch der Familienvater Lipmann Urbach. Sein Geschäft wurde beschlagnahmt. Der 13jährige Philip konnte in letzter Stunde 1939 nach England in Sicherheit gebracht werden. Mutter Siesel und ihr 11jähriger Erhard wurden als letzte Grimmaer Juden im Jahre 1942 von Leipzig aus nach Auschwitz deportiert, wo sie „verschollen“ sind. Hier „verstarb“ – getrennt von ihnen – nach den

**Philip und Erhard Urbach, 1937**

Ermittlungen eines Londoner Rechtsanwalts Anfang 1943 auch ihr Vater.

Schulzes verwahrten einige persönliche Habseligkeiten der Urbachs über die Kriegsjahre hinweg. *Anna Schulze* brachte den beiden Unglücklichen zuletzt noch ein paar Kleidungsstücke und Lebensmittel ins Leipziger Sammellager.

1947 schrieb ihnen Philip, nunmehr Lehrer in London, in einem Brief: „Liebe Tante Anna und Emil Schulze! Ich weiß, welche gute Freundschaft Euch mit meinen Eltern bis zum Tode verband, und ich kann Euch nie genug danken für die Opfer, die Ihr gebracht habt.“

*Gerhardt Gimpel, 1983 S. 88*

HEUTE: *Gerhardt Gimpel* veröffentlichte 2005 im Sax-Verlag Beucha unter dem Titel „Juden in einer kleinen Stadt“ die Ergebnisse seiner über zwei Jahrzehnte fortgeführten Nachforschungen zu den Schicksalen jüdischer Bürger der Stadt Grimma

**Leipziger Straße um 1930 in Grimma**

# Gelungenes Wa(a)gnis im Oschatzer Waagenmuseum

In diesem Museum in der Oschatzer Ratsfronfeste streckt der Oschatzer Löwe den Besuchern die Zunge heraus, genauer gesagt sein Zünglein. Fein stilisiert erinnert er so an die Handwerkskunst der Waagenbauer, die Schnäbel und Zünglein von Vögeln, Drachen und allerlei Getier zum Vorbild des sprichwörtlich gewordenen „Züngleins an der Waage“ nahmen. Werten wir es also als freundliche Einladung, uns in der Oschatzer Ratsfronfeste genauer umzusehen, die seit dem 18. Mai 1982 als spezielle Abteilung ein Waagenmuseum beherbergt.

Waagen – nun ja, man braucht sie von der Wiege an, für Babys und Backzutaten, für Briefe, Pakete, Wurst und Käse und schließlich – quasi von Mahl zu Mahl – auch fürs eigene Wohlbefinden. Aber ein Waagenmuseum? In den fünf nicht gerade großen aber klug für die Schau genutzten Räumen, erfährt man, wie der Mensch zur Waage kam, wie die Oschatzer Waagenfabrik entstand, was Waagen und Stadtrecht miteinander zu tun haben, und was ein Waagenbauer alles können mußte. Vor manchem Stück steht man mit Staunen – so vor der Oschatzer Ratsherrenwaage, einem hölzernen Stuhl mit Waagschale, den der *Waagenbaumeister Pfitzer* dem Rat der Stadt 1862 als Unikat verehrte und auf dem alljährlich die Gewichtigkeit der Herren Räte festgestellt wurde.

Bereits 1845 wurde der Waagenbau in Oschatz begründet, hervorgegangen aus der Schlosserei von Pfitzer. Schon damals umfaßte das Sortiment ziemlich alles von der 50-Gramm-Goldwaage bis zur 1000-Zentner-Brückenwaage. Der Mann muß ein leidenschaftlicher Techniker gewesen sein, denn das Patentamt gibt Auskunft, daß Pfitzersche Patente teilweise heute noch unübertroffen sind.

Indes, vor der Fabrik entstand das Handwerk, bei Waagenbauern geradezu eine Kunst. Hier im Museum blickt man in eine original nachgebaute Werkstatt, und es hat den Anschein, daß sie eben vom Meister verlassen wurde.

Im nächsten Raum geht es noch ein

**Die historische Ratsherren-Waage**

Stück weiter zurück in die Geschichte der Waage. Strecken Sie einmal Ihre Arme weit nach der Seite aus und hängen Sie sich an jeden Arm ein Gewicht – so ungefähr hat der Mensch die gleicharmige Balkenwaage ersonnen, und findige Köpfe taten das ihrige hinzu. Man erfand die Brückenwaage, die Neigungswaage, die Dezimalwaage. Alle, nein fast alle kann man in den Vitrinen bestaunen. Auch sind die Gewichte im Wandel der Zeiten zu bewundern – aus Stein, Guß, Messing, Zink, Porzellan, Glas.

Als Oschatz 1858 ein Eichamt bekam, mußten sämtliche Waagen zum Zeichen ihrer Genauigkeit das Eichsiegel tragen. Wer keine eigene Waage besaß, durfte die Oschatzer Stadtwaage benutzen, die im alten Eichamt am Kirchplatz 10 hing. Sie kam ins Museum. Dafür erhielt das Eichamt eine Kopie. Sie wiegt genauer als das Original!

Die beiden letzten Räume erzählen von der Entwicklung des Waagenbaues in der DDR nach 1945, von der internationalen Arbeitsteilung im RGW, von der industriellen Anwendung der Wägetechnik. Hier sind Laborwagen zu sehen, mit denen man ein tausendstel Gramm mühelos wiegen kann. Als ich im letzten Raum von der elektronischen Personenwaage steige, bin ich vielleicht nicht die „Gewiegteste“ von allen, was die Geschichte der Waage und des Waagenbaues anbetrifft. Aber ein bißchen klüger bin ich doch geworden und zwar auf sehr kurzweilige Weise. Und das fällt schließlich ins Gewicht, nicht nur bei einem Waagenmuseum. *Viola Heß, 1983 S. 52*

HEUTE: Das Stadt- und Waagenmuseum wurde seit 1990 mehrfach neu gestaltet und zeigt jetzt die Oschatzer Stadtgeschichte in der Ratsfronfeste, Wohnkultur und Oschatzer Handwerk in der Amtsfronfeste und das einzigartige Waagenmuseum. Im Zwingergarten stehen steinerne Geschichtszeugen, und der Stadtwachturm von 1377 kann bestiegen werden. Seit 2002 leitet die Oschatzer Lehrerin *Dana Bach (*1971)* das Museum.

## Zwanzigmal AHOI in Kühnitzsch

Der Beruf ist sicher nicht ausschlaggebend für ein Hobby. So hat der Kühnitzscher Busfahrer *Adolf Trepte* (50) vor zwanzig Jahren die verrückte Idee gehabt, im Ort einen zünftigen Fasching zu feiern. Er fand dazu auch Mitmacher, und es wurde ein richtiger Karneval mit Elferrat, Prinzen und Prinzessin und all den anderen Spaßvögeln, die noch dazugehören. Zwei Jahrzehnte haben die Leute das durchgehalten.

Das scheint uns beachtenswert: Karnevalsansätze und -absichten hat es in unseren Kreisen vor Jahren und Jahrzehnten mehrmals gegeben. Aber nur noch Geschichten erinnern daran. Nun stand also der 20. Geburtstag ins Haus. Am kalten und verschneiten Faschingsfebruar 1983 gab es einen Karnevalsumzug mit den Bläsern und Trommlern der *FFW Böhlitz*, einer bonbonspeienden Kanone und einer Kinderkrippen-Kutsche mit der optimistischen Aufschrift: „Der künftige Elferrat!".

Am gefrorenen Freibad gab's großes Hallo: *Hans-Wolf* vom Elferrat ging im nackten Eisbader-Kostüm tatsächlich baden. Die anderen wärmten sich inzwischen den Bauch mit heißen Getränken.

Ein Wermutstropfen mischte sich ins Glas: Es fehlten die Kühnitzscher! So amüsierten sich die auswärtigen Gäste um so mehr. Das beginnt jedes Jahr am 11.11. um 11.11 Uhr, und abends geht's natürlich weiter. Es endet dann mit drei tollen Tagen in der Faschingszeit. Da gibt es Tanz, Klamauk, Büttenreden, Bonbons, Kußfreiheit und noch mehr für Paare, für die Jugend, für Rentner und Kinder. Das Prinzenpaar, in geheimer Wahl auf den Thron gesetzt, hat's gar nicht so gut: Es darf wohl die Kußfreiheit eröffnen, hat aber dann den ganzen Abend über würdevoll zu gucken, während sich alle anderen amüsieren. Die Büttenredner nehmen kleine dörfliche Schwächen aufs Korn, und der Elferrat bringt seine Gesetze auch recht würdevoll an den Mann (und die Frauen). Die Saalpolizei hält auf Ordnung, und der Wirt schaut ängstlich auf die Balken und hofft inständig, daß das Gasthaus am anderen Tag noch fest auf den Mauern steht. Und groß ist der Saal weiß Gott nicht. Aber das macht der Stimmung keinen Abbruch. Im Gegenteil! Ein bißchen nähergerückt, und alles geht noch besser.

*Manfred Müller, 1983 S. 114*

HEUTE: Die Karneval-Hochburg Kühnitzsch erheitert mit ihren Auftritten nach wie vor die Menschen im Dorf und in der Umgebung. Adolf Trepte hat inzwischen das Zepter an *Klaus Mühlner* weitergereicht.

# Das Altmügelner Bauerndenkmal, ein einzigartiges Kunstwerk aus dem 16. Jahrhundert

Unser Heimatgebiet besitzt ein einzigartiges Kunstwerk aus dem 16. Jh., wie es in dieser Art wohl kaum irgendwo in deutschen Landen zu finden sein dürfte: das Denkmal des Bauern *Paul Wagner* aus **Schlanzschwitz** bei Mügeln und seiner Ehefrau in der Kirche zu Altmügeln *(s. Abb.)*.

Die Inschrift gibt Auskunft über den Anlaß der Aufstellung. Sie lautet in neuhochdeutscher Übersetzung: „Nach Christi Geburt im 1536. Jahre am Freitag vor Pfingsten ist vom Gewitter angezündet und verbrannt dieses Gotteshaus; zu dessen Wiederaufbau hat Paul Wagner zu Schlanzschwitz hundert dicke Groschen gegeben. Gott wolle ihm gnädig sein."

Wer war dieser Paul Wagner? Im Landsteuerregister von 1529 ist er als Bauer mit einem steuerpflichtigen Vermögen von 120

Schock Groschen verzeichnet. Sein Gut muß demnach etwa fünf Hufen oder rund 60 ha Land umfaßt haben, er beschäftigte drei Knechte und zwei Mägde. Er gehörte damit zu den reichsten Bauern, die es damals in Sachsen gab.

Der Beitrag eines Bauern zum Wiederaufbau einer abgebrannten Kirche war an sich nichts Außergewöhnliches. Das Besondere an dem Fall ist aber, daß es Paul Wagner für angebracht hielt, diese Tatsache in einem Gedenkstein für die Nachwelt festzuhalten. In Oschatz war zu jener Zeit gerade der bedeutendste Bildhauer der Residenzstadt Dresden, *Christoph Walther*, beim Rathausbau beschäftigt. Ihm gab der Schlanzschwitzer Bauer den Auftrag, der von dem Künstler mit einem meisterhaften Einfühlungsvermögen in das bäuerliche Leben und Denken ausgeführt worden ist.

Der Bauer ist kniend dargestellt, aber der ganze Körper ist selbstbewußt aufgerichtet, das Gesicht blickt kraftvoll verhalten geradeaus, die Hände halten den Hut, unter dem die am Gürtel hängende, prall gefüllte Geldkatze hervorschaut. Das lange Haar fällt leicht gewellt vom Scheitel herab. Unter der Gestalt stehen zwei Wappenschilde mit der Sichel und der Pflugschar, den wichtigsten Geräten des Bauern. Die Zeichen bäuerlicher Arbeit sind damit bewußt in eine Form gebracht, die dem adligen Ritter gegenüber den Anspruch der Ebenbürtigkeit ausdrückt.

Hinter dem Bauern kniet seine Frau mit betenden Händen. Ihr Kopf ist durch das Kopftuch und den hohen Kragen bis auf einen kleinen Gesichtsausschnitt fast ganz verhüllt. Die damalige Rolle der Frau, die gewiß ihren vollen Anteil an der Arbeit in Haus, Hof und Feld bewältigt hat, wird vom Bildhauer sehr treffend dargestellt.

So kniet hier ein bäuerliches Ehepaar in der äußeren Erscheinung und der inneren Haltung vor uns, wie wir es uns für die Zeit vor 500 Jahren in den Dörfern unseres Heimatgebietes vorzustellen haben. Der Gedenkstein in der Kirche zu Altmügeln ist ein Zeugnis für den Wohlstand, das Selbstbewußtsein und die Kultur, die elf Jahre nach dem Bauernkrieg in der obersten Schicht des sächsischen Bauerntums anzutreffen waren.

*Karlheinz Blaschke, 1983 S. 30*

# Die wehrhafte Dorfkirche in Wasewitz

Das kleine Bauwerk am Terrassenrand des Ortes ist in mehrfacher Hinsicht bedeutungsvoll, zumal in ihm eine der umfangreichsten mittelalterlichen Ausmalungen unter den Dorfkirchen Sachsens erhalten geblieben ist.

Die fast winzige einschiffige Kirche hat eine halbrunde Apsis, über der sich ein Rundturm mit geschwungener Haube erhebt. Obwohl dieser Turm erst 1851 errichtet wurde, ist anzunehmen, daß er der ursprünglichen romanischen Form entspricht, denn das Mauerwerk besteht bis über den unteren Turmring aus dem ursprünglichen Gefüge. Dort befindet sich auch das einzige romanische Rundbogenfenster.

In den 60er Jahren machte sich eine weitere Restaurierung erforderlich. Dabei stieß man auf Spuren mittelalterlicher Wandmalereien an allen Wänden und sogar auf die gut erhaltene Jahreszahl 1496. Die gesamte Nordwand enthält ein einheitlich konzipiertes und durchgestaltetes Bildprogramm. Im oberen Teil ist mit acht Bildern die Passion (Leidensgeschichte) Christi dargestellt, danach folgen drei Szenen der Auferstehung. Im unteren Teil ist wahrscheinlich eine Heiligenlegende bildhaft umgesetzt. Alle erwähnten Wandmalereien wurden nach der Freilegung konserviert, das Institut für Denkmalpflege stellte dafür 13000 Mark zur Verfügung.

Durch derartige Bildfolgen macht man dem einfachen Volk die biblische Geschichte anschaulich. Vergessen wir nicht, daß damals nur Gelehrte und Geistliche schreiben und lesen konnten. Die ursprüngliche Ausmalung der Kirche war daher weniger Schmuckelement als vielmehr Verkündigung christlicher Glaubenslehre.

Bemerkenswert von den Ausstattungsstücken der Kirche ist die Kanzel von 1548, eine der ältesten evangelischen Kanzeln überhaupt. Und noch eine kleine Besonderheit sei erwähnt. Unmittelbar hinter der Eingangstür ist ein Loch in der mächtigen Bruchsteinwand. Darin lagerte ein starker Verriegelungsbalken, der in Notzeiten herausgezogen und verkeilt wurde. Die Wehrkirche war somit für die wenigen Dorfbewohner ein relativ sicherer Zufluchtsort.

*Matthias Müller, 1983 S. 65*

# In der Paul-Gerhardt-Straße in Grimma

Die ungewöhnlich breite Straße erstreckt sich zwischen dem Baderplan und der weit vorspringenden Klosterkirche. Einige anliegende Häuser sind als „Freihäuser“ nachweisbar, also frei von Abgaben. Sie dienten den adeligen Grundbesitzern der Umgebung als Stadtwohnungen. Auch das Heimatmuseum befindet sich in einem solchen Grundstück. Um 1530 wurde dort ein „ziemlich großes hölzernes Haus“ abgerissen, um ein neues bauen zu können, das als Neubau zur Mädchenschule diente.

Die meisten Grundstücke sind zur Straße hin zugebaut. Die Gebäude zeigen wenig gute Bausubstanz. Zwischen ihnen und den kleineren Wirtschaftgebäuden liegen, von der Straße nicht einsehbar, kleine Höfe mit Beeten, Büschen und einzelnen Bäumen. Zur Mulde hin sind winzige Hausgärten mit Lauben auf der Stadtmauer von sehr individueller Prägung angelegt.

Im Schlußstein über der Haustür vom Haus Nr. 29 mit einem Sitznischenportal erkennt man mit Kelch, Kette und Krone die Zeichen eines Goldschmiedes.

Daneben die Nr. 25: Im Flur ein Schwalbennest. Die Obergeschoßlaube des Hofes rechts erinnert uns an kaum noch vorstellbare Wohnverhältnisse – da oben waren früher „Wohnungen“, zumindest „Unterkünfte“. Heute wird dort nur noch Wäsche getrocknet. Im Haus steht wie eh und je die funktionstüchtige Handmangel für den eigenen Gebrauch mit dem unübersehbaren Hinweis „Langsam drehen!“ Hier gibt es auch eine kleine Pforte durch die Stadtmauer mit dem Gartenhäuschen.

*Rudolf Priemer, 1983 S. 42*

**Vor dem Haus Nr. 25 erhielt der Fußweg mit Mosaiksteinen eine markante Ausschmückung**

# Es macht mir einfach Spaß!

*Der Chorleiter Rainer Naake und sein Chor Großbothen/Kössern*

Es ist schon lange her, seit sich der Gemischte Chor Großbothen nach kurzem Bestehen mit dem Chor Kössern vereinigt hat. Man schrieb den 6. April 1965: 27 sangesfreudige Großbothener und Kösserner Bürger legten den Grundstein. Heute ist dieser Chor, der schon damals unter der Leitung des Großbothener Musiklehrers Rainer Naake (*1940) stand, ein geachtetes Volkskunstkollektiv im Gemeindeverband Thümmlitzwald.

Damals schrieb eine Chorsängerin: Wenn ich den ganzen Tag an der Nähmaschine sitze, brauche ich abends ein wenig Entspannung. Nur passiver Zuschauer möchte ich auch nicht sein. Deshalb bin ich in unseren Chor eingetreten. Es macht mir ganz einfach Spaß. Natürlich ist es nicht nur Selbstzweck. Wir meinen, mit unserem Gesang schon vielen Menschen einige angenehme Stunden bereitet zu haben.

Auch heute ist das Bedürfnis, anderen eine kleine Freude bereiten zu können und gleichzeitig eigene Geselligkeit zu pflegen, Hauptmotiv für die Arbeit der Chormitglieder. So nahmen alle bereitwillig an den erforderlichen Proben teil. Auch die Tücken winterlich verschneiter Straßen nach Kössern stellten bisher kein Hindernis dar. Über „Sangesflauten" und andere Tiefs half der Chorleiter mit Verständnis, Geduld und dem ihm eigenen Humor hinweg. Kunst ist harte Arbeit und kostet Kraft und Zuversicht. Es erfordert Einfühlungsvermögen in die Probleme anderer. Rainer Naake ist an seiner Leitertätigkeit gewachsen und mit ihm sein Chor.

In jedem Jahr gab es da so einige Besonderheiten, welche die Herzen der Chormitglieder erfreuten. Vorweihnachtliche Zusammenkünfte, gemeinsame Faschingsfeiern, Kremserfahrten, Busfahrten in die nähere Umgebung, ein Besuch im Gewandhaus. Auch Hausbesuche bei erkrankten Chormitgliedern festigten das Kollektiv.

Wo liegt eigentlich das Geheimnis von fast 20jähriger volkskünstlerischer Arbeit? Der Chorleiter nimmt sich Zeit für seinen Chor und teilt mit ihm Freud' und Leid. Es gibt auch einen Chorvorstand unter der umsichtigen Leitung von *Wolfgang Meyer* und für jedes Jahr feste Programme. Im Monat einen Auftritt, dazu die notwendigen Proben, fordern die Einsatzbereitschaft aller.

Der Chor erhielt zahlreiche Auszeichnungen, und in den Seiten der Chronik ist immer wieder davon zu lesen. Das Repertoire zum 20jährigen Bestehen liegt schon fest. Erneut bietet er ein weites Spektrum mit Volks- und Kunstliedern, mit historischen und zeitgenössischen Gesängen.

*Jens Schröder, 1983 S. 29.*

*Der Chor singt noch heute, des öfteren in Gemeinschaft mit dem Döllnitztalchor Mügeln. Die Leitung hat jetzt Dr. Michael Reuter.*

## Labsal an der Döllnitz-Quelle

In **Göttwitz** an der *Pappelschenke* trifft sich die *Rundblick*-Wandermannschaft. Was mit dem Kanu unmöglich war, soll nun zu Fuß erreicht werden – die Quelle der Döllnitz.

Der Treffpunkt entpuppt sich als idyllisch am Göttwitzsee gelegenes Kinderheim. Die ersten Hemdenmätze drücken verschlafen ihre Nasen ans Fenster. Aus der Küche Geklapper von Frühstücksgeschirr. Im Heimgarten bunte Figuren aus der Kinderwelt. Der Ort liegt noch verschlafen da. Schweine grunzen zufrieden über ihrer Morgenportion. Fünf Straßen treffen sich an einer Kreuzung, aber kein Mensch.

Hinter Göttwitz geht es runter von der Straße in die Döllnitzwiesen. Was als eiszeitliche Schmelzrinne angekündigt ist, zeigt sich als sanftes Tal mit weich geschwungenen Hügeln.

Von **Grauschwitz** nach **Ablaß** ist es nur ein Katzensprung. Die Döllnitz fließt fast schnurgerade – vorbei am Schwarzen Teich. Heute blüht hier der Obstbau. Die neuen Obstbauern wohnen in Neubaublocks. Trotzdem ist es ein Dorf, ein schönes sogar. Auch jetzt im Januar. Mit einem großen Dorfteich, hoch darüber hangauf die Kirche.

Die Döllnitz ist nun ganz schmal, und unser Ziel rückt merklich näher. Weiter oben in einer flachen Senke stehen die mächtigen Gutsanlagen von Querbitzsch. Der Ort ist winzig klein. Trotzdem gab's mal ein **Groß-** und ein **Kleinquerbitzsch**. Die Döllnitz gabelt sich in zwei Quellflüsse. Der eine kommt aus Richtung Kemmlitz und ist verrohrt. Daraus schäumt milchiges Wasser aus der nahegelegenen Kaolingrube.

**Am Dorfteich in Ablaß.**

Wir folgen dem anderen Lauf. Andächtig stehen wir im Ort auf der allerersten Brücke über die Döllnitz. Noch ein paar Schritte durch ein kleines Sumpfloch, und sonntäglich empfängt uns der Besitzer des ehem. Bauerngutes, Haus Nr. 1 in Kleinquerbitzsch. Denn hier, im gewölbten Keller, entspringt die Döllnitz. Nicht nur, weil's die Legende schon immer so erzählt, sondern weil auch das Meßtischblatt nichts anderes aussagt. *Egon Werner* lädt uns in die gute Stube – wo, welch Labsal, für uns hungrige Schar eine große Tafel gedeckt ist. Hier, fast genau über der Quelle, 215 m NN, tun wir uns gütlich am guten Essen von *Brigitte Werner* und den Geschichten von Vater Egon.

Gutes Land hat diese Gegend, achtziger Bodenwertzahlen, satt und fruchtbar. Das mag seinen Vater bewogen haben, 1932 diesen Hof zu kaufen mitsamt der Wirtschafterin des Vorgängers. Auszug nannte man das. Da war genau festgelegt, wieviel Butter, Weizen, Geschlachtetes, Milch usw. sie zu bekommen hatte. 28 Hektar gehörten zum Hof. Da war man nach 1945 schon Großbauer!

1952 wurde die LPG gegründet. Egon Werner ist heute Schweizer in der Genossenschaft. Das ist ein anderes Leben. Es veränderte auch sein Haus. Aus der alten Backstube wurde ein gekacheltes Bad. Obwohl damit auch ein Stück Kindheitserinnerung gegangen ist, tut es ihm nicht leid. Backen und Kirmes gehörten damals zusammen. Zehn große Bleche auf einmal in den Ofen. Und das wurde an die Leute verteilt, wenn das letzte Fuder mit dem Erntekranz eingefahren war.

Geselligkeit in größerem Rahmen ist heute rar im Ort. Nur zur Obsternte ist der ehemalige Gasthof von Jugend bevölkert – Lager für Arbeit und Erholung. Sie pflücken die weißen Johannisbeeren für den Sekt und die roten und die Erdbeeren. Seit einigen Jahren wird ein Blütenfest gefeiert, mit Reitturnier und Reitschule, mit Apfelverkauf und Hundedressur, mit Fußball und Kinderdisko.

Wir sind übrigens nicht die ersten, die hier zur Quelle pilgern. Auch früher schon

Hier im Keller entspringt die Döllnitz. Ein Schild am Giebel markiert jetzt die Quelle.

klopften Schulklassen an Werners Tür. Ein solches Spektakel wie heute aber hat die Quelle noch nicht erlebt. Da wird eigens Licht in den Keller gelegt, um den historischen Augenblick einzufangen. Wir gucken alle andächtig in das von Steinen eingefaßte Loch, wo es ein bißchen gluckert, und lassen die Brünnlein fließen. Dann ertönen Hammerschläge. Am Haus wird eine vom *Rundblick* gespendete Tafel angebracht, die den geographischen Punkt markiert, wo die Döllnitz entspringt. Noch ein Foto fürs Familienalbum, ein Abschiedsständchen unseren Wirtsleuten im „Quellrestaurant". Der Nachmittag ist lange angerissen, und wir müssen noch zurück nach Göttwitz.

Vorbei an der 100jährigen Windmühle geht's zurück zur „Pappelschenke".

Wir wählen den kürzeren Weg über Remsa. Auf halbem Weg dorthin, am höchsten Punkt unseres Wanderweges (223 m ü. NN), treibt uns die Neugier noch in eine Windmühle mit vier arg gerupften Flügeln.

*Viola Heß, 1983 S. 4*

HEUTE: Das Dorf Ablaß ist noch schöner geworden. Die Straßen, Wege, Anlagen und die schmucken alten und neuen Wohnhäuser vermitteln einen gepflegten Eindruck. Der Dorfteich *(s. Abb.)* wird von Anglern bewirtschaftet, und auf den umliegenden Feldflächen wachsen nach wie vor abertausende Obstbäume.

Die Döllnitz-Quelle blubbert immer noch im Keller des kleinen, jetzt äußerlich modernisierten Anbaues (1824 errichtet) vom Haus Nr. 1 in Querbitzsch. Die fünf Kinder der Familie Werner sind alle verheiratet und haben in der näheren und weiteren Umgebung des Geburtshauses eine neue Wohnung gefunden. Die kleine Tafel mit dem Hinweis auf die Quelle hat die Zeiten allerdings nicht überdauert. Eine neue ist in Aussicht gestellt.

Die alte Mühle hat neue Flügel und wird als Wochenendgrundstück genutzt. In Konkurrenz dazu drehen sich seit einigen Jahren auf den flachen Hügeln der Umgebung einige Dutzend Windräder, die elektrischen Strom erzeugen.

# Im Planitzwald tanzen in der Abenddämmerung die Nashornkäfer

Wanderhütte an der Kreuzung der 6 Wege

Der Planitz ist ein wenig bekanntes Waldgebiet vor den Toren der Stadt **Wurzen**. Er grenzt im Osten an das Muldental, im Westen geht er flachwellig in die Fluren um Ammelshain und Polenz über. Trebsen, Seelingstädt und Altenhain im Süden sowie Altenbach und Bennewitz im Norden bilden die weitere Begrenzung. Damit hat er eine Ausdehnung von 18 x 6 km und ist in Schneisen und Jagen eingeteilt. Sie sind die Folgen der verschiedenen Eigentumsformen in der Vergangenheit, wie Rittergutswald, Bauernwald und Staatsforsten.

Im Mittelalter war fast undurchdringlicher Naturwald anzutreffen, der sich bis heute stark verändert hat, vor allem durch den Anbau von Fichten. Ab 1920 waren wieder Laubhölzer vorherrschend. Jetzt steht uns ein abwechslungsreicher Mischwald zur Verfügung.

Infolge seiner langgestreckten Form ergeben sich lange Waldränder, die ideale Kontaktzonen zwischen Wald und Feldflur sind. In dieser Übergangszone ließ sich besonders in jüngster Zeit eine vielgestaltige Tierwelt nachweisen.

Die Schlagführung, die der Revierförster bestimmt, ließ eine stattliche Zahl von bis zu 200jährigen Eichen verstreut als Einzelbäume stehen. Schwarzspecht und Hohltaube finden so Nistmöglichkeiten. Jagdbare Tiere lockten schon im Mittelalter die Jäger an. Heute sind Wildschwein (stark zugenommen), Reh, Feldhase, Stein- und Baummarder, Fuchs und Dachs die hauptsächlichsten Vertreter der jagdlichen Interessen.

Zehnjährige Nistkastenauswertungen aus dem Planitzwaldgebiet geben ein sicheres Bild vom Brutgeschehen bei unseren Höhlenbrütern. Ein Vielzahl dieser und anderer Arten belebt die Waldfläche. Auch der Waldkauz hat mit drei Brutpaaren die ihm gereichten großen Nistkästen angenommen.

Besonders bemerkenswert ist das Vorkommen aller drei Braunfroscharten (Moor-, Gras- und Springfrosch). Alte Ton-, Kohle- und Quarzitsteingruben sind ihre Laichgewässer. Auch andere Froscharten und Kröten bevölkern die Randzonen des Waldgebietes. In einem schon seit Jahren liegendem Strohhaufen fanden gar die Nashornkäfer beste Lebensbedingungen. Die Paarungsflüge von ca. 300 bis 500 Käfern, die im Mai/Juni in warmer Abenddämmerung über den Strohhaufen erfolgen, sind ein einzigartiges Schauspiel. Auch das Vorkommen von verschiedenen Libellen zeigt uns intakte Lebensräume an. *Siegfried Bauch, 1983 S. 32*

Bizarre Baumreste im Schmielteich

| 1984 | 31. Jahrgang |
|---|---|

**Der Rundblick**. Kulturspiegel der Kreise Wurzen-Oschatz-Grimma. 2 Hefte A 4 mit 136 Seiten, 3,50 M

Heft 10 der Rundblick-Information
**Mügeln** und das Mügelner Land
Texte: Gottfried Massanek, Fritz Thomas u. a., Fotos: Gottfried Münch

## Das Schreiben ist doch eine „verteufelte" Sache .

Der **Fremdiswalder** Genossenschaftsbauer *Martin Heller* (*1926 †1989) war Gast im Wurzener Ringelnatzhaus zu einem Diskussionsabend über sein Buch *„Freibier am 27.".* Um es vorwegzunehmen: Dieser Autorenabend war weitaus vergnüglicher, als man es als ausgesprochener Außenseiter in Sachen Landwirtschaft vermuten konnte.

Martin Heller ist einer, der ohne Koketterie feststellen kann, daß er zu lange geredet hat. Was allgemein bestritten wird. Wie kommt man nun als ehemaliger Einzelbauer und erfahrener LPG-Vorsitzender auf die Idee, ein Buch über die Landwirtschaft zu schreiben? Ganz einfach: Spontan! Da blättert man zu nachtschlafener Zeit im Telefonbuch und ruft aus dem Stand einen Verlagschef an, der den Einfall ganz annehmbar findet. Bis das Werk von 600 Seiten, auf 373 gekürzt, schließlich nach sieben Jahren unter die Leute kommt, ist man inzwischen an den Mitteldeutschen Verlag geraten, hat ins Metier hineingerochen und nicht nur gelernt, wie man dieses oder jenes salonfähig zu Papier bringt.

Martin Heller macht sich nichts vor: „Ich hatte Glück. Mit een simplen Liebesroman hättn se mich rausgehievt." Er erzählt auch von dem namhaften Leipziger Schriftsteller, der eines Tages im Dorf auftauchte, um sich anzuhören, wie das so war in den 60er Jahren auf dem Lande. „Wie du mir das erzählst, läuft alles so glatt, die Literatur lebt aber von Widersprüchen", wandte dieser ein.

Nun ist die Schreiberei sowieso eine „verteufelte Angelegenheit". Und bei einer authentischen Schilderung erst recht. Da muß man Vorsorge treffen, daß sich keine der erwähnten Personen auf den Schlips getreten fühlt und etwa zum Gericht rennt. Martin Heller jedenfalls schilderte seinen schriftstellerischen Ausflug mit ungeschminkter Ehrlichkeit und einer Rückhaltlosigkeit, die einen manchmal nur verblüffen konnte.

Das „Freibier" ist in zweiter Auflage für das dritte Quartal dieses Jahres angekündigt *(Anm. Es durfte aus politischen Gründen nicht erscheinen).*

Das große Echo auf sein Buch war für Martin Heller Ansporn, sich erneut auf ein literarisches Wagnis einzulassen. „Ich wünschte aber, ich könnte die Sache so naiv wie 1974 anfangen. Da hab' ich erst mal dreihundert Seiten runtergeschrieben, die wohl für jeden Diplomgermanisten Schnee waren", bekennt er freimütig. Ob es der heutige Melker packt, sachlich und mit leichtem Augenzwinkern auch über die 70er Jahre in seinem Dorf zu schreiben, wird die Zukunft zeigen.

*Ingrid Leps, 1984 S. 132*

**Martin Heller, schreibender Bauer, im Kuhstall bei notwendigen Mistarbeiten**

**Der Postkutschen-Troß mit seinen Begleitwagen im Döllnitztal zwischen Mahlis und Gröppendorf**

## *Zum 30. Rundblick-Geburtstag:* Meilenweit im Postkutschkasten auf historischer Postroute

Selbstverständlich ging uns das kulturelle Erbe leicht über die Lippen: „Hoch auf dem gelben Wahagen ." Zu meinem Glück saß ich aber nicht beim Schwager vorn. Denn kaum, daß die hochglanzgeputzten und gestriegelten Pferde der BSG Traktor Naundorf auf dem LPG-Hof in **Hohenwussen** eingeschirrt waren und sich der Troß Richtung Mügeln in Bewegung setzte, begann der Himmel wolkenbruchstückweise auf uns herabzufallen. Die prächtig uniformierten kursächsischen Postillione hüllten sich anachronistisch in Lederol und Plastfolie, doch lief ihnen bald das Wasser zu den Stiefeln heraus. Unser Troß – das waren zwei etwa hundertfünfzig Jahre alte Postkutschen, drei Reise- und Verkaufswagen sowie ein offener Jagdwagen mit vier zugegebenerweise außerordentlich hübschen Biedermeierdamen, die aber schon nach wenigen Minuten in einer Art Fußbadewanne kauerten. Und natürlich den zwölf Pferden, die den Wagenzug über die Lande zogen.

So ging's denn auf Jubiläumstour. Ich wunderte mich, daß man unsere Ankunft in den verschiedenen Orten feierte ohne einen triftigen historischen Grund nachweisen zu können. Aber den lieferte *Manfred Müller*: „Sein" *Rundblick* steht, wie es immer so schön heißt, „am Vorabend" des Dreißigsten. Und das scheinen die Leser allerorts zu schätzen, auch wenn sie sich nach jedem Exemplar die Beine ausreißen müssen.

So wurde denn die Jubiläums- auch noch zur Jubeltour. Denn die Leute waren gleichermaßen aus den Häusern und aus dem Häuschen, und ich kann mir nicht vorstellen, daß jemals Postkutschen im Reiche des starken August so enthusiastisch empfangen wurden wie die unseren. Dem Kurfürsten wird dazu der *Rundblick* gefehlt haben.

Der Teufel mag wissen, wie Manfred Müller die beiden Postkutschen aufgetrieben hatte. Die eine mußte umständlich auf einem Tieflader aus einem Ort hinter Bischofswerda antransportiert werden, die andere kam aus Leipzig. Und weil alles die rechte historische Patina erhalten sollte, hatte ein messestädtischer Kostümverleih die Reisenden auf gut biedermeierisch ausstaffiert.

Trotz Sturm und Regen, die Wagen rollten in **Mügeln** ein. Das Bild vergißt man nie: Der Marktplatz der alten Stadt wurde von schätzungsweise fünfhundert Regenschirmen überdacht. Gemessen an der Länge der Begrüßungsrede sind die Mügelner an einen standhaften und wetterfesten jungen Bürgermeister geraten.

Mügeln bot alles auf, was mit K beginnt: Keramik, Käsekugeln und eine Kaolin-Kapelle. Eine Kleingartensparte namens *„Bergfrieden“* lockte mit einem Korb Kern- und Steinobst zu einer *Rundblick*-Runde, und *Bäckermeister Richter* aus **Lampersdorf** bot gebackene Posthörner an. Die gingen noch besser weg als sonst seine warmen Semmeln. Ein kleines Stadtfest besonderer Art. Petrus hatte nun endlich ein Einsehen und verscheuchte die Regenwolken. Die Fahrt konnte weitererrollen.

Die leicht eingesumpften Festwiesen von Glossen und Mahlis trugen eine bunte Menge Neugieriger. Während wir in **Glossen** die LPG-Bauern in einem Kegelwettbewerb ausstechen konnten, gelang uns beim Armbrustschießen gegen die Freiwillige Feuerwehr nur ein Unentschieden.

Die **Mahliser** bedachten uns mit ihren republikbekannten Backschüsseln für die Brotbäckerei sowie mit einem gewichtigen Produkt ihrer Ziegelsteinindustrie, die Oberschüler des Ortes hingegen mit einer Spielszene aus dem Leben eines bekannten Sohnes des Ortes, dem Schornsteinfeger *Sebastian Abratzky*, der 1848 in einem dreistündigen Alleingang die Festung Königstein eroberte *(s. S. 164)*. In Mahlis kam es übrigens auch zu einem Fußballspiel, das die Troßfahrer mit zwei zu eins für sich entschieden, wobei sie alle drei Tore schossen.

Wir rollten durchs *Laubental*. Urplötzlich Geschrei und Geknall. Aus dem Buschwald fallen maskierte Banditen unseren Pferden in die Zügel. Doch noch ehe die wüste Bande zu irgendwelchen Untaten schreiten konnte, rettete unser unerschrockener Reiseleiter die Situation, indem er freiwillig einen Beutel voller echter Münzen übergab. Hei, wie sich da die Räuber freuten. Sie stellten sogar ein Zertifikat aus, das uns freie Fahrt garantierte und zudem alle ihnen eventuell noch folgenden Berufskollegen mit der blutigen Rache der „Laubentalbande“ bedrohte. Für die mitreisenden Fernsehleute aus Dresden

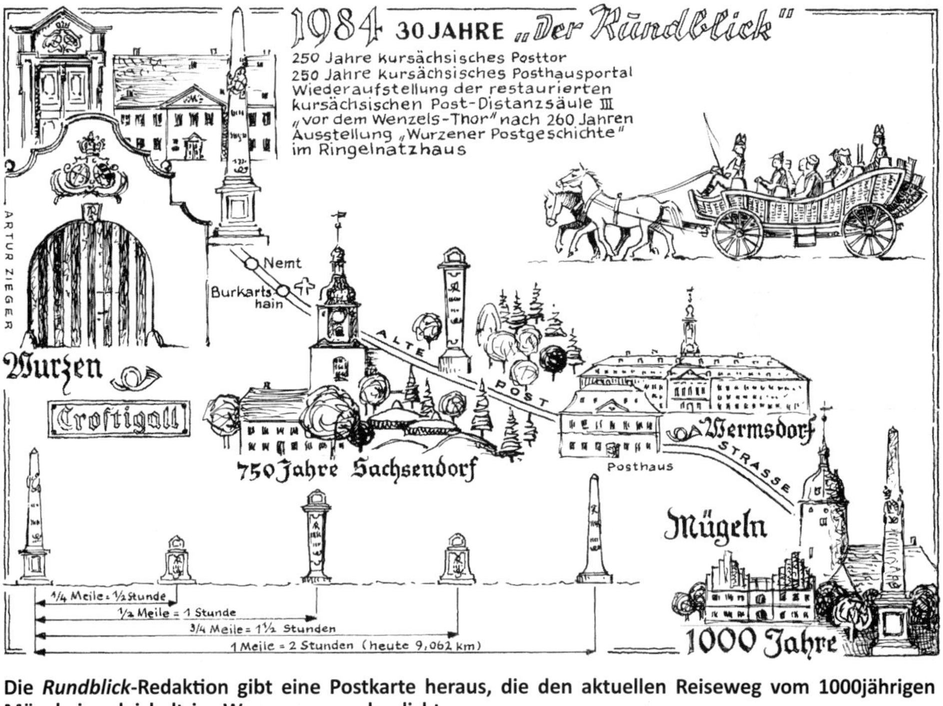


**Die *Rundblick*-Redaktion gibt eine Postkarte heraus, die den aktuellen Reiseweg vom 1000jährigen Mügeln ins gleichaltrige Wurzen veranschaulicht**

Empfang in Mügeln auf dem Markt voller Regenschirme

hätte diese Aktion mehrmals wiederholt werden können, bis sie diese im Kasten hatten.
Der **Wermsdorfer** Schloßhof präsentierte Sonne, die Bürgermeisterin eine ausführliche Rede. Wer kann es ihr verdenken, daß sie uns Reisende aus der Vorzeit ausgiebig mit der sozialistischen Entwicklung im allgemeinen und der ihres Gemeinwesens im besonderen vertraut machte? Die anderen Bürgermeister hatten es ihr ja vorgemacht!

Greifbarer schon die ortsansässige Wirtschaft. Die Binnenfischer bedachten uns mit geräucherten Forellen und einem Eimerchen Deli-Heringen (?), das hier beheimatete philatelistische Großunternehmen mit zwei Briefmarkenpaketen und der Forstwirtschaftsbetrieb mit einer eingetopften Fichte nebst Rehgehörn. Wir revanchierten uns, auch wie allerorts, mit dem Verkauf Colditzer Porzellans, sondergedruckter Postposter, Wander- und Postkarten. Den mitgeführten hundertjährigen preußischblauen Briefkasten leerten wir ein ums andere Mal, und ich konnte später in Wurzen erleben, wie sich zwei Philatelisten opferten, die etwa zehntausend (!) Sendungen mit dem Sonderstempel abzustempeln.

Ein Eindruck der bronzezeitlichen Hügelgräber im „Mambachschen" auf **Sachsendorfer** Flur blieb mir versagt. Ich sah die Hügel vor lauter Menschen nicht! Und die erwarteten uns schon vor ihrem 700jährigem Dorf, und dieses Ereignis wollten sie gleich mit uns feiern. Wohl an die Dreitausend säumten den Dorfrand und die Straße, auf der wir ins geschmückte Dorf rollten. Außer diesem Kunststück brachten sie noch ein weiteres zuwege: Unmittelbar vor unserem triumphalen Einzug erneuerten sie die gesamte Festdekoration. Die ursprüngliche war von dem gestrigen Orkan hinweggefegt worden.

Der Burkartshainer Männerchor sorgt mit lustigen Liedern und vollen Gläsern für geistige und körperliche Erfrischung

Der Abend auf der Festwiese vereinte Sachsendorfer, ihre Gäste und uns zu einem stimmungsvollen Sommernachtsball. Wieder gab es einen Wettkampf gegen eine Handwerkermannschaft. Unsere Chancen waren vergleichsweise miserabel. Immerhin: einen Baumstamm hatten wir durchgesägt, ehe die gelernten Holzfäller überhaupt ihr Werkzeug richtig in den Händen hielten, und mit den Dreschflegeln erdroschen wir uns im 100er Takt einen respektablen Sieg. Dafür beherrschten wir die Masche des Strickens zuwenig ebenso das Füllen von Damenstrümpfen mit Sägespänen zu einer speziellen Blutwurst.

Allmählich gingen die Lichter aus. Wir schlichen ins Nachquartier auf dem Saal im Gasthof *Zum Krebs,* das an diesem Tage auf seinen neuen Namen getauft worden war. Dort hatten die Festgastgeber das nötige Bettzeug aus der ganzen Gemeinde für uns zusammengetragen.

Ein neuer Tag, Sonntag – aber der Wagen, der rollte. In **Burkartshain** schließlich geschah es, genau zwischen Schmiede und Storchennest, dort, wo sich sämtliche Dorfstraßen kreuzen, direkt vor Empfangskomitee und Männerchor, verlor eines der Pferde sein Hufeisen und die Postkutsche um ein Haar ein Rad. Der Dorfschmied *Walter Polster* bewies, daß man auch heutzutage Pferd und Wagen schneller in Ordnung bringen kann als Wartburg und Trabant.

Nach kurzem Zwischenaufenthalt in **Nemt**, wo uns wiederum ein erfrischender Männerchor herzlich begrüßte, erfolgt die spektakuläre Einfahrt in **Wurzen**, dem Endziel der Reise. Nun also Trara vorm gedachten „Wenzels-Thore“. Bürgermeister *Kurt Hesse* und seine Stadtväter empfingen uns mit solchen Ehren, als seien wir postfrisch vom Dresdner Hofe zugereist. Mit der *Manfred Müller* überreichten Torte hätten wir ohne weiteres einige Dutzend halbverhungerte *Rundblick*-Mannschaften durchfüttern können. Der 73jährige *Artur Zieger* aber, der die Wurzener Postsäule wieder instandsetzen ließ wie auch zwanzig verschiedene andere im sächsischen Raume, wurde vom Rat der Stadt verdientermaßen als Aktivist geehrt.

Nun der Epilog auf Wurzens Crostigall und im Ringelnatzhaus, wo die *Rundblick*-Redaktion ihren Sitz und wo das Museum eine postgeschichtliche Sonderausstellung aufgebaut hat und wo das dort zeitweise stationierte Sonderpostamt des philatelistischen Ansturms halber eigentlich den Notstand hätte ausrufen müssen. Jetzt fielen die glücklichen *Rundblick*-Frauen und -Männer erschöpft in die Sessel. Erneut zufrieden, wieder einmal ein herrliches heimatverbundenes Spektakel hinter sich gebracht zu haben.

*Ich wäre ja so gerne noch geblieben,* doch lassen wir's, und ich sage *Ade nun, ihre Lieben.* *Rolf Pfeiffer, 1984 S. 72*

**An der neugesetzten Wurzener Postsäule zwischen Dresdener Straße und Wenceslaigasse wird der Postkutschentroß mit Blasmusik und Hunderten von Willkommensgrüßen herzlich empfangen.**

# Wenn in Trebsen die „fromme Helene“ losballert . . .

Über eine schaukelnde, schrecklich rasselnde Kettenbrücke, die erste von vielen Faschingsüberraschungen, gelangen wir mitten hinein in den Trubel der 10. *Trebsener Sackfete*. So nennt der rührige Elferrat seine alljährlichen und seit zehn Jahren bei alt und jung beliebten Karnevalsfeten, deren eigenartige Bezeichnung darauf zurückzuführen ist, daß es „. in Trebsen die meisten Säcke im ganzen Land .“ geben soll. Tatsächlich verlassen an die 500 000 Stück davon jeden Tag die Zellstoff- und Papierfabrik.

Ein Kinderfasching war vor zehn Jahren die Geburtsstunde des *Trebsener Carnevalsclubs TCC*, und noch heute hat Präsident *Joachim Burchert* (40) die Fäden in der Hand, mit all seinen Freuden und Sorgen. „Gar zu gerne würden wir mal den Bürgermeister begrüßen und ihm unsere Pläne erzählen, aber so müssen wir sehen, wie wir zurechtkommen .“

Von all den Sorgen der Veranstalter ist an diesem Abend – außer der seit sieben Jahren nicht heizbaren und daher im Februar eiskalten Sporthalle – nichts zu spüren. Man lachte, scherzte und küßte sich warm. Das umrahmende Programm entsprang dem Ideenreichtum und der Freude am Spaß. Da war jede Nummer ein Knüller, so die lustige Entenparade, die erste Kopftransplantation der Welt, die Krönung des Prinzenpaares oder die Einlagen der Büttel des Elferrates.

Dazu paßte die Kostümierung der Gäste, voller Vielfalt und Phantasie.

Und dann die Erfindung der Trebsener, die „fromme Helene“. Das ist eine Kanone friedlichsten Charakters, denn kiloweise Konfetti ist die Munition, Preßluft die Triebkraft *(Abb. unten)*. Sie verstreut ihre

Ladung bis weit in den Saal hinein und hörbar ist sie auch, denn jede Salve wird mit viel Gekreische erwartet und dann quittiert.

Es war spät geworden an diesem herrlichen Abend. Die ersten Engelsflügel hingen zerknautscht an ihren auch nicht mehr taufrischen Trägerinnen, das Standesamt hatte schon lange Schluß gemacht. Und so kündete sich die nahende Ebbe an und die Zeit für uns, das Fest zu verlassen. Es war ein Erlebnis, und wir kommen gern mal wieder.

*Werner Ballschmieder, 1984 S. 108*

HEUTE: Die Trebsener Narren blieben über alle Zeiten hinweg aktiv, und am 11.11.2008 wurde unter dem jetzigen Vorsitzenden *Andreas Julius* die 35. Sackfetensaison eröffnet.

## Quirliges Treiben im ehemaligen Schloß von Zschorna

Auf den ersten Blick erinnert das einstige Rittergut *Jacob* in **Zschorna** mit seiner Aussicht auf weitläufige Wiesen, mit Turm und aufschwingenden Giebeln in unmittelbarer Nachbarschaft von Dorfkirche und Friedhofsmauer nicht so recht an eine Schule. Mehrmals am Tag geht es unter den alten Bäumen allerdings turbulent zu. Die 76 Jungen und Mädchen, die hier das Pausenklingeln ins Freie entläßt, unterscheiden sich in ihrer Lebhaftigkeit keineswegs von ihren Altersgenossen in den sonstigen Schulen .

Seit 25 Jahren werden die an Auffassungsgabe und Konzentrationsvermögen hirngeschädigten Kinder in dieser Sonderschule darauf vorbereitet, im Leben ihren Mann zu stehen. Der Hauswirtschaftsunterricht ist so gegliedert, daß Saubermachen und Wäschepflege, Kochen und Backen gar nicht erst zur Hürde werden. Auch Werken und Nadelarbeiten gelten hier keineswegs als „Nebenfächer“.

Über einen breiten Aufgang geraten wir ins Internat. In den gemütlichen Schlaf- und Aufenthaltsräumen lassen Basteleien, Spielzeug und farbenfrohe Zeichnungen keine Fremdheit aufkommen. Etwa die Hälfte werden im Internat untergebracht, die andere Hälfte holt der Bus zusammen. Nach Schulstunden und Mittagsruhe verlocken Wiesen und Wälder zum Spaziergang. Im Sommer stehen Sportplatz und Schwimmbecken hoch im Kurs. Auf das Bassin ist das Lehrerkollektiv besonders stolz, denn in den 60er Jahren griff jeder selbst mit zu Hacke und Schaufel.

Wer in Zschorna nur mechanisch seine Stunden hält, hat es als Lehrer schwer. Ein liebes persönliches Wort ist für die Kinder wichtig und wird dankbar angenommen. Maximal acht Jahre sind die Jungen und Mädchen hier in guter Obhut. Dann erfolgt der einjährige Berufsschulbesuch, der sie auf eine Anlerntätigkeit vorbereitet, z. B. im Küchenbereich oder bei der Raumpflege. Auch als Teilfacharbeiter für Backwaren oder Teppiche oder als Schlosser. Immer wieder hört man aus den Betrieben: „Eure Abgänger arbeiten manchmal sogar besser als diejenigen, die ein Zeugnis der 7. oder 8. Klasse der POS in der Tasche haben.“

*Ingrid Leps, 1984 S. 26*

HEUTE: Im Jahre 2003 wurde die Schule wegen steigender Zahl der Zöglinge aufgelöst und nach Um- und Ausbau der neuwertigen Mittelschule in Burkartshain dorthin verlegt. Das Zschornaer Schloß steht seitdem leer und wartet auf einen Investor zur anderweitigen Nutzung.

**Am Rande des Dorfes liegt das Schloßgebäude.**

**Die Fußballer der siegreichen Elf von vor 32 Jahren (v.l.n.r.): Werner Kupzok, Karl-Heinz Maschke, Werner Keil, Claus Respontek, Rolf Keil, Walter Hinneburg, Rolf Bühler, Hans Studener, Rolf Klamt, Erich Kurth, Alfred Kötting, Kurt Kotte, Werner Keller, Fritz Kurth, Alfred Saupe.**

## Die Wurzener Fußballer werden 1952 Sachsenmeister

Sie sind alle gekommen, „die alten Herren", der jüngste von ihnen ist 54, der älteste 70 Jahre alt. Ihre Haare glänzen fast durchweg silbern, aber ihre Aufgeschlossenheit und ihren Humor haben sie sich erhalten, die fünfzehn ehemaligen Fußballer des einstigen Sachsenmeisters *Empor Wurzen-West* von 1952. Nur zwei fehlen: *Walter Hinneburg* und *Alfred Kötting*. Sie sind vor Jahren verstorben.

Nun sitzen sie in einer *Rundblick*-Runde im Ringelnatzhaus. Die Frauen haben sich für diese Zeit ins Tagescafé verdrückt. Sie wollen wohl ihren Fußballidolen nicht den Spaß verderben. Die Gespräche fliegen hin und her. „Weißt du noch .?" Dann entzündete sich die Diskussion an der Frage, wie es möglich war, daß sich damals Wurzen zu jener „Fußball-Hochburg" entwickeln konnte, daß die Wurzener Fußballer „gefürchtet" waren und warum diese Blütezeit nie wieder erreicht wurde. Der Gründe hat es wohl viele gegeben. Einige seien genannt:

Die Mannschaft war eine verschworene Gemeinschaft mit einer ausgezeichneten Harmonie. Alle zogen mit, und das Wort von *Hans Studener,* dem damaligen Spielertrainer, galt und spornte zu Leistungen an.

Zweitens: Die Mannschaft hatte eine gute Alterszusammensetzung. Die „Alten" bildeten den Kern, die vier „Jungen" fügten sich gut und schnell ein. Für sie war es eine Ehre, wenn sie spielen konnten. Dann war drittens das Zusammengehörigkeitsgefühl, nicht nur zwischen Spielern und der Leitung, auch und besonders mit den Zuschauern. Zu jedem Spiel kamen über 4000 Besucher, einmal sogar 14 000. Das sind für die heutige Mannschaft Traumzahlen.

Natürlich: Wurzen hatte schon immer gute Traditionen im Fußball. Und auch nach dem Krieg konnte sofort weitergespielt werden. Schon im Dezember 1945 fand das erste Punktspiel einer Wurzener Mannschaft gegen Grimma statt. In den Kleinstädten und Dörfern faßten die Fußballmannschaften damals schneller Fuß, weil dort einige bessere materielle Möglichkeiten gegeben waren (Eigenernährung!). Schon zu Beginn der 50er Jahre spielten sechs Landesstaffeln auf dem Gebiet der DDR, und in der Sachsenstaffel mischten die Wurzener kräftig mit. Gegen renommierte Mannschaften aus Dresden, Leipzig, Chemnitz, Zwickau, Zittau und Riesa wurde ein vorzüglicher Fußball gespielt, und viele der Favoriten bekamen mehr und mehr Respekt vor den Spielern aus der „Keksstadt".

Haben wir früher besser gespielt? Vielleicht, vielleicht auch nicht. Eher waren es wohl ganz einfache Ursachen und „Bescheidenheiten". Damals gab es noch keine Trainingsanzüge. Also wurden die 10 000 m im Schlafanzug gelaufen. Oder: Das Gras auf dem Sportplatz schien zu vertrocknen. Also wurde gewässert, auch nachts, und alle zwei Stunden lösten wir uns einander ab. Schnee: Das Spiel hätte abgesagt werden müssen. Doch da kamen am Sonnabendnachmittag Spieler und Zuschauer und fegten den Rasen leer, nur mit Schaufel und Schneeschieber. Training. Da fehlte nie einer, es sei denn, er lag mit Fieber im Bett. Alkohol: Der war verpönt! Und wenn ein Junger doch mal ausflippte, dann nahm sich einer der älteren Spieler „liebevoll" des Jungen an. Rauchen: Fast alle waren Nichtraucher!

Natürlich: Vor dreißig Jahren waren eben die Zeiten anders, und mit Vergleichen ist das so eine Sache. Deshalb wollen wir es auch nicht tun, sondern bloß mal daran erinnern. Und die Geschichte ist ja schließlich auch dazu da, daß man aus ihr einiges lernen kann (oder sollte). Der Fußball wird auf alle Fälle das bleiben, was er schon über Jahrzehnte hinweg gewesen ist: eine der schönsten Nebensachen der Welt! *M. Müller, 1984 S. 87*

HEUTE: Hunderte Fußballer haben seitdem sich immer wieder bemüht, an die glanzvollen Fußballerfolge anzuknüpfen. Das ist mehr oder weniger (meist) nicht gelungen. Jetzt pendelt die Mannschaft zwischen Bezirksliga und Bezirksklasse.

## Ein Colditzer Gelehrter

„Die Verdienste des hochberühmten Herrn Prof. Köhler sind viel zu groß, und die Vorzüge seiner Gelehrsamkeit über dasjenige, was gemeint ist, viel zu erhaben, als das nicht sein Andenken von allen und jeden teuer geachtet werden sollte." Dieser Satz von J. Ch. Gatterer drückt aus, was gerade im Jahr des 300. Geburtstages von *Johann David Köhler* nicht besser und schöner gesagt werden kann.

Als Sohn des Diakons *M. Joh. Christoph Köhler* in **Colditz** geboren, gelangte er nur unter schwierigen Verhältnissen zu reichem Wissen, umfassender Gelehrsamkeit. In der Colditzer Stadtschule und durch den Vater selbst erhielt er Unterricht. Mit elf Jahren verlor er seine Eltern, Verwandte nahmen den Jungen auf und erwirkten für ihn eine Freistelle an der Fürstenschule St. Afra in Meißen. Mit dieser guten Ausbildung wurde der Gelehrte bald Professor und Bibliothekar.

Im Jahre 1729 begann J. D. Köhler mit der Herausgabe seiner „Wöchentlichen Historischen Müntz-Belustigung". Obgleich der Titel etwas spaßig klingt, war er doch von seinem Verfasser durchaus ernst gemeint. In dem bis heute vielzitierten Werk beschreibt er seltene Münzen und ausgewählte Medaillen. Seine Arbeiten auf dem Gebiete der Münzkunde machten ihn bald weithin bekannt und werden heute noch von den Fachleuten benutzt. *A. Peter Bräuer, 1984 S. 101*

**Johann David Köhler**, Colditz, *1684 †1755. Gelehrter, Bibliothekar, Professor für Geschichte. Besondere Verdienste um die Münzkunde mit zahlreichen Veröffentlichungen. Seine Geburtsstadt ehrte ihn 1984 mit der Herausgabe eine Gedenkmedaille aus Meißner Porzellan. Sie zeigt das Reliefbild von Köhler *(Abb.)* und auf der Rückseite Köhlers Geburtshaus, das auch seinen Namen trägt. *1984 S. 101*

# Die *Faule Parthe* hat ihren Namen zu recht

**Zwischen dem Altenhainer Frauenberg mit seinem einstigen Steinbruch voller Wasser und dem Schmielteich entspringt, allerdings nicht lokalisierbar, die Faule Parthe**

Eigentlich wollten wir entlang der Faulen Parthe wandern, nun ist's eine Ortsbesichtigung von drei Dörfern geworden. Wo ist das Flüßchen? In Altenhain finden wir es jedenfalls nicht. Am Bahnhof weitet sich der Blick nach Nordwesten: über Felder hinweg bis zum Waldgebiet vom Planitz. Eine kleine Erhebung, die man den Frauenberg (186 m) nennt, ragt heraus. Wegen des Steinbruchs hat er einst seine Größe hergeben müssen. Im Planitz liegt auch der Schmielteich, fast drei Kilometer von uns entfernt. Hier müßten wir das Quellgebiet der Faulen Parthe suchen, so sagen es uns jedenfalls die Altenhainer. Eine echte Quelle gibt es nicht.

Nahe Albrechtshain unterqueren wir die Autobahnbrücke. Sie ist ziemlich breit konstruiert. Die eine Seite gehört dem Fahrverkehr, die andere wird der Faulen Parthe vorbehalten, falls sie doch mal Wasser haben sollte. Ein Anwohner weiß Bescheid: Nur bei langen Regenfällen und im Frühjahr nach der Schneeschmelze, aber da muß schon die Schneedecke eine beträchtliche Höhe erreicht haben, füllt sich das sonst trockene Bächlein mit Wasser. Der heutige Anblick ist als nichts Ungewöhnliches.

Dann stehen wir am Ort auf einer breiten Betonbrücke, die erst vor kurzem rekonstruiert worden ist. Sie überquert die Parthe! Also sind wir am Ziel, denn hier soll ja die Faule einmünden, wenn sie Wasser hat. Etwas seitwärts hat sie sich in die Wiesen verkrochen. Etwa 12 Kilometer sind wir gewandert. Das dürfte auch die Länge unseres „faulen" Rinnsals vom Quellgebiet nördlich Altenhain bis zur Mündung hier in Albrechtshain sein.

Es ist ein reiner Zufall auf namenkundlichem Gebiet, daß die drei Orte mit *A* beginnen und mit *-hain* enden und alle auf einer Linie von Ost nach West liegen. Kein Zufall ist es, daß es in unserem Heimatgebiet eine Vielzahl von *-hain*-Orten gibt. Ihre Entstehung hängt damit zusammen, daß bei der bäuerlichen deutschen Besiedlung unseres Gebietes im 11. und 12. Jahrhundert die Mehrzahl der neugegründeten Orte auf ursprünglich bewaldetem Boden angelegt wurde (*Hain* = Waldgebiet).

Der Name der *Parthe* ist schon 1021 überliefert, und 1168 wird ein Nebenfluß als *trockene Parthe* genannt *(Drukkene Parde).* Andere Einzelläufe versumpften und wurden dann mit dem Namen *faul* benannt, wie 1547 die *faule Parde*. Und dieser Name hat sich bis heute erhalten.

*Heinz Thümmler/Horst Naumann, 1984 S. 6*

# Taubenhäuser zierten auf der Hofmitte das gesamte Bauerngut

**Relativ gut erhalten ist das Taubenhaus in Glasten, das aus einem gemauerten Turmunterbau und einem etwa gleichhohen Fachwerkteil besteht.**

Nicht immer sind es auffällige Bauwerke, die von der handwerklichen Kunst unserer Vorfahren erzählen. Häufig finden sich gerade in der Volksbauweise erhaltenswürdige Kleinbauten oder auch nur Details von schlichter Schönheit. Besonders reizvoll darunter sind freistehende Taubenhäuser, die meist auf der Mitte des Bauernhofes mehr zierendes Element waren, als sie wirtschaftlichen Belangen dienten. Taubenfleisch ergänzte gewöhnlich selten die Mahlzeit, und oft erhielten nur Wöchnerinnen oder Genesende eine kräftigende Täubchensuppe.

Was wäre aber ein Bauernhof ohne Tauben? Und doch war die Tauben- und Hühnerzucht früher gewissen Einschränkungen unterworfen. In Sachsen durften je Hufe nur zehn Paare gehalten werden. Zu jener Zeit befanden sich die Taubenschläge entweder im Giebeldreieck des Oberbodens oder in einem Verschlag unter dem Dachvorsprung. Erst zu Beginn des 19. Jh. wurde die Beschränkung aufgehoben, und jetzt entstanden die freistehenden Taubenhäuser.

In der Bauweise unterscheiden Taubenhäuser sich hauptsächlich in der Art ihres Sockels, der entweder turmartig gemauert ist oder aus einer Stein- bzw. Holzsäule besteht. Zumindest der isolierte Standort erinnert an einstige Speicheranlagen. Sie befanden sich gleichfalls auf der Gehöftmitte und boten vor Feuer eine gewisse Sicherheit.

Die Nutzung der Taubenhäuser ist heute stark zurückgegangen. Häufig werden sie ohnehin „wild“ bevölkert und nicht mehr instand gehalten. Einige wurden auch abgebrochen, weil man keine Verwendung mehr hatte und die Materialien für die Instandsetzung fehlten. Damit verschwand leider auch ein Rest dörflicher Romantik.

*Matthias Müller, 1984 S. 66*

**Das Taubenhaus in Großsteinberg steht auf einer anderthalb Meter starken Säule, die sich in der Höhe verjüngt.**

# Fähre und Brücke bei Grubnitz

Jahrhundertelang mußten die Grubnitzer Bauern ihre Kühe und Schafe durch eine Furt der Mulde treiben, um die jenseits des Flusses gelegenen Wiesen abhüten zu können. Weil das bei hohem Wasserstand nicht möglich war, wurde ihnen bereits im Lehnbrief von 1554 eine „Haushaltfähre" zugebilligt. Weil sie aber „zum Nachteil der Wurzener Fähreinkünfte" auch von fremden Personen benutzt wurde, kam es zwischen dem Wurzener Rat und den Grubnitzern zu „Irrungen" (also Streitigkeiten).

Im Frühjahr 1822 ließ sich die Gemeinde eine Bockbrücke bauen (Abb. unten) und stellte einen Aufseher an, der je Person drei Pfennig Brückengeld erhob. Der Wurzener Stadtrat ließ auch das verbieten. Die Brücke mußte beidseitig mit Türen versehen werden und durfte nur dem Viehaustrieb dienen. Doch der „Sommersteg" wurde vom Hochwasser oftmals weggeschwemmt.

1884 bot sich die Anschaffung einer großen Prahmfähre an *(Abb. oben)*, die in Trebsen ihren Dienst verrichtet hatte, dort aber wegen des Brückenbaues nicht mehr gebraucht wurde. Da sie dauernd Kosten verursachte, gelang 1912 der Bau einer 5 m breiten Betonbrücke mit zwei Brückenbogen. In den letzten Kriegstagen von 1945 wurde auch sie wie viele andere Muldenbrücken zerstört, doch schon 1956 konnte eine neue Stahlbetonbrücke, allerdings nur mit 3,20 m einspuriger Fahrbahnbreite, eingeweiht werden. Sie wird jetzt von landwirtschaftlichen Fahrzeugen und als „Schleichweg" benutzt, wenn die Wurzener Muldenbrücke gesperrt ist.

*Matthias Müller, 1984 S. 114*

**Manchen Spaziergänger verließ der Mut beim Übergang über den wackligen Steg. Deshalb ging's auf allen Vieren weiter.**

# Die „Milchbude" an der F 6 im Wermsdorfer Wald

**Die Gaststätte Waldhof liegt auf Meltewitzer Flur**

Zwar sind die Besitzer der *Milchbude* nicht einverstanden mit dieser jargonhaften Bezeichnung ihrer Gaststätte, des *Waldhofes*. Doch der volkstümliche Name deutet auf den Ursprung der Wirtschaft hin.

Im Jahre 1930, als das Arbeitslosenheer immer größer wurde, begann eine Unzahl von Radfahrern die Straßen Deutschlands zu bevölkern. Sie versuchten irgendwo im Lande Arbeit zu finden. Auch auf der Straße von Kühren in Richtung Dresden sah man sie fahren und dort verschnaufen, wo der Wald beginnt. Sie saßen zuhauf rechts und links der Straße bei ihren Rädern und aßen von der Wegzehrung. Der hier ansässige Windmüller, Großvater Bleeg, kam oft mit ihnen ins Gespräch. Dabei erkannte er, daß es ein rentables Unternehmen sein könnte, den Rastenden an Ort und Stelle für wenig Geld etwas Erfrischendes anzubieten. Dazu gehörte auch Milch aus der Kührener Molkerei.

Zuerst geschah das nur mit einem Tisch und einer Bank. Im Laufe der Zeit kam ein primitives Dach dazu, und die Raststätte war fertig. In einer provisorischen Küche wurden Kaffee und Kakao gekocht. Alkohol war nicht im Angebot. Wenige Jahre später entstand aus dieser Urform 1936 ein Holzblockhaus mit Wohnung. Der „Waldhof" war jetzt fest etabliert. Doch die Kriegsjahre führten zur Schließung und zum allmählichen Verfall. In den 50er Jahren begann die Neueinrichtung, und nach Um- und Ausbauten und einer wechselvollen Entwicklung blieb die Gaststätte schließlich eine beliebte Ausflugslokal. *Johanna Hanspach, 1984 S. 118*

*Heute ist der Waldhof nach wie vor eine begehrte Einkehrstätte für die Ausflügler im Wermsdorfer Wald.*

# Hochwasser in Trebsen

Es war 1954 im Ferienmonat Juli, Hochsommer. Im Erzgebirge schüttete es aus Kannen, hier im Tiefland nicht minder. Die Mulde trat über die Ufer, überall und weithin. In Trebsen stand es 5,34 m über dem normalen Pegelstand. Die tiefste Stelle des Ortes am *Gasthof Manngatter* (unterhalb der Post) war zu Fuß nicht mehr zu überqueren. Die Kameraden der Feuerwehr waren ununterbrochen im Einsatz. Vor allem galt es, den Muldendamm zu sichern. Bis zum Sonntagmorgen waren Kampfgruppen, Sowjetarmee und viele Helfer damit beschäftigt, Sandsäcke zu füllen und auf dem Damm zu verteilen – und das in der Nacht bei notdürftigem Fackelschein, naß bis auf die Haut, denn es regnete ununterbrochen.

Im der Stadt war von der *Tischlerei Otto Wolf* bis zur *Fleischerei Grundmann* alles überschwemmt. Im Gasthof Manngatter stand das Wasser bis zur Tischkante. Am Mittwoch drauf war alles vorüber. Um der drohenden Seuchengefahr vorzubeugen, mußten die Straßen gesäubert und die Keller ausgepumpt werden.

Trebsen hatte in den vergangenen Jahrhunderten immer wieder mal unter Hochwasser zu leiden. Inzwischen ist der Lauf des Kranichbaches reguliert und die Uferbefestigung der Mulde in unserem Gebiet abgeschlossen. Wenn künftig die Talsperren im Oberlauf die Wassermassen besser verteilen und beizeiten abfließen lassen, dürfte es Hochwasserstände von 4 m und mehr kaum noch geben.

*Dora Lange, 1969 S. 445*

## NOTIZEN und PERSONALIEN

**Zschorna**: Am 7. Februar 1894 war in der *Neuen Wurzener Zeitung* folgendes zu lesen: Ein **Prügelmeister** ist in Zschorna auf Beschluß des Schulvorstandes ernannt worden. Er hat die Aufgabe, Schulkinder, die sich außerhalb der Schule Ungehörigkeiten zuschulden kommen lassen, durchzuhauen. Der schon bejahrte Nachtwächter *Schöne* ist zu dem Amte auserkoren worden. Doch will er es nicht annehmen, das sei zu seinem Ruhme gesagt. Die Erregung unter den Einwohnern über den Beschluß ist groß.
In **Hohburg** hat sich der Schuhmacher *Schlegel* zum Prügelmeister hergegeben und in **Lüptitz** der Gemeindediener *Krauße*. Hier in Zschorna wollen mehrere Familienväter ihren Austritt aus der Landeskirche erklären, wenn die Prügelmeisterei nicht abgestellt wird. *1984 S. 91*

**Nachdenkliche Produktionsrunde in der Bronze.**

**Wurzen**: Der **VEB Spezialleuchtenbau** (im Volksmund nach wie vor *Bronze* genannt) hat für die Dresdener Semperoper einen wichtigen Auftrag erfüllt, nämlich die Herstellung einer Leuchte nach historischen Dokumenten, die mit 258 Brennstellen und einem Gewicht von 20 Doppelzentnern den Zuschauerraum erhellen wird. Damit setzt sich die gute Arbeit fort, denn auch in anderen bekannten kulturellen Bauwerken strahlen schon tonnenschwere Leuchten. Diese Sonderanfertigungen haben das Ansehen von Wurzen weithin bekannt gemacht. Dazu kommen die zahllosen Schiffsleuchten, wichtigste und alleinige Produktion des Werkes, die auf allen sieben Weltmeeren ihren Dienst verrichten. *Rundblick-Runde mit Werner Ballschmieder, 1984 S. 4*

**Fritz Geißler**, Wurzen/Leipzig, *1921 †1984. Musikwissenschaftler und Komponist. Tätigkeit an den Musikhochschulen in Leipzig und Dresden, hielt Vorlesungen und schrieb zehn Sinfonien. Die erste widmete er seiner Heimatstadt Wurzen. Sie wurde anläßlich der 1000-Jahr-Feier der Stadt 1961 uraufgeführt. *1984 S. 54*

**Walter Naumann**, Böhlen, *1904 †1991. Gelegenheitsarbeiter und Werkzeugmacher. Musikant mit der Harmonika. Leidenschaftlicher Archäologe und Laienhistoriker, besonders im Thümmlitzwald. Der Wald war sein zweites Zuhause. Dort erinnert seit 1994 ein Gedenkstein an den Heimatfreund. *1984 S. 50*

**Hans Günther,** Grimma, *1899 †1984. Er wuchs in einer Pflegefamilie auf, die ihn in der musischen Ausbildung förderte. Nach einer Lehre als Lithograph in der Grimmaer Papierwarenfabrik wurde er später Leiter der Entwurfsabteilung. In seiner freien Arbeit entstanden wertvolle Aquarelle von Landschaften im Muldenland und malerischen Winkeln der Grimmaer Altstadt. *1984 S. 92*

**Volker Engelhardt**, Wurzen, *1910 †1983. Maler und Grafiker, vor allem Aquarelle aus der Wurzener Altstadt und von der Muldenaue waren seine liebsten Motive. Er schuf grafische Arbeiten für die Werbebranche. Auch sonst zeigte er kulturelle und heimatgeschichtliche Aktivitäten. Illustrationen für den Rundblick. *1984 S. 55*

**Vignette: Volker Engelhardt**

| 1985 | 32. Jahrgang |
|---|---|

**Der Rundblick**. Kulturspiegel der Kreise Wurzen-Oschatz-Grimma. 2 Hefte, A4-Format, 136 Seiten, 3,50 M

## Wasser aus der Elbaue

In den Ballungsgebieten ist der Wasserbedarf besonders hoch. Deshalb muß in zunehmendem Maße Wasser aus Überschußgebieten in Fernwasserversorgungssytemen in diese Gebiete transportiert werden. Ein derartiges Überschußgebiet in unserer Region ist die Elbaue bei Torgau. Dort stehen im Lockergestein eines Urstromtales größere Grundwassermengen günstig gewinnbar zur Verfügung.

1960 wurden die Kreise Eilenburg und Wurzen an dieses Versorgungssystem durch den Bau einer 1200 mm starken Fernwasserleitung von Kossa über Eilenburg nach Canitz angeschlossen. So war es möglich, zusätzlich von den Wasserwerken Thallwitz und Canitz aus Wasser nach Leipzig zu transportieren. Dadurch konnten die Gemeinden Machern und Gerichshain angeschlossen werden, und 1966 auch die Stadt Wurzen. Nach 1970 folgten die Gemeinden Lossa, Böhlitz, Großzschepa und Nischwitz.

Doch der Bedarf steigt weiter. Dazu wird gegenwärtig ein weiteres Wasserversorgungssystem errichtet. Von dem neuen Großwasserwerk bei Loßwig werden zwei weitere Leitungen nach Leipzig gebaut, so daß der Wasserbedarf bis ins Jahr 2000 gedeckt sein wird. Für diese neue Trasse wurde der *Burzelberg* bei Hohburg als Standort für einen Wasserbehälter mit 2 x 20000 Kubikmeter Inhalt gewählt. Von hier läuft dann das Wasser bis nach Leipzig und später bis nach Halle. Zwei Betonkammern mit je 100 m Länge, 40 m Breite und 7 m Höhe werden künftig die riesigen Wassermengen fassen. Nach ihrer Fertigstellung werden sie mit Erde bedeckt und begrünt. So wird sich das Bauwerk weitgehend der Umgebung anpassen und in das Landschaftsbild der Hohburger Berge einfügen.

*Adolf Böhm, 1985 S. 19*

HEUTE: Das System der Wasserversorgung funktioniert, allerdings ist der Trinkwasserverbrauch stark zurückgegangen. Fast alle Gemeinden des Wurzener Landes sind diesem Trinkwassernetz angeschlossen.

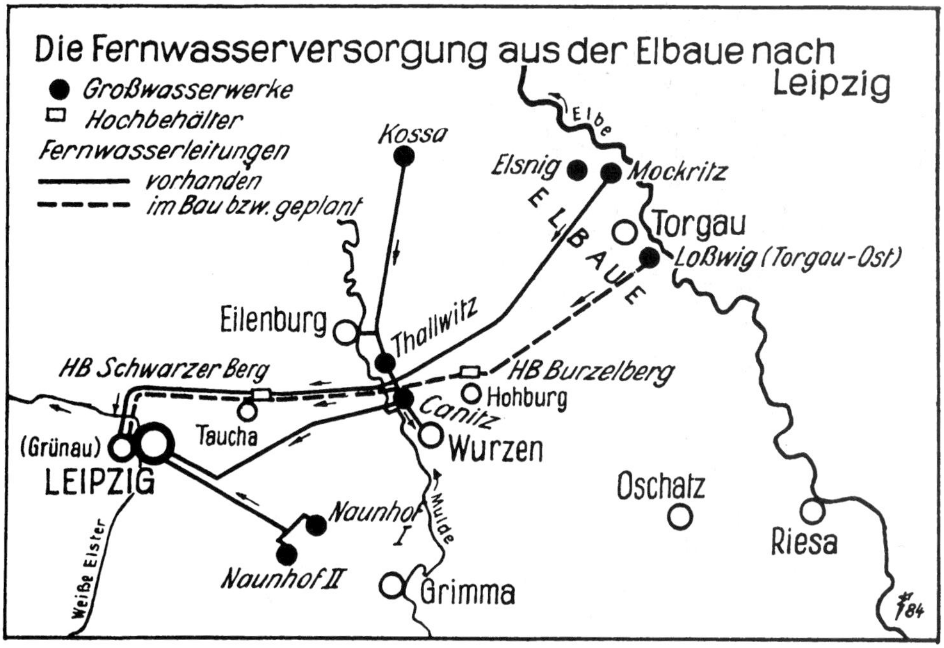

# Wie lange hat man diesen Tag herbeigesehnt .

*Aus dem Tagebuch der 19jährigen Friedel Meister aus Böhlitz, aufgeschrieben zwischen dem 15. April und dem 26. August 1945.*

**Der Freund von Friedel Meister kehrte aus dem Krieg zurück, und schon 1946 stand sie mit Günter Piepkorn vor dem Traualtar.**

16.4. – Ich war wieder auf Arbeit. In Wurzen war vormittags Panzeralarm, die Flieger sind ganz toll, das Schießen kommt jeden Tag näher.
19.4. – Bei Kindels im Gasthof gab's Zigarren, drei Kisten. Herrliches Wetter, die Bäume blühen wunderbar.

**Böhlitzer Motiv am Mieths Berg**

25.4. – Um Mitternacht begann wieder die Beschießung von Eilenburg, bis gegen 8 Uhr. Es qualmte furchtbar. Der große Flüchtlingsstrom hat sich in Bewegung gesetzt. Es ist ein heilloses Durcheinander. Ob wir auch noch auf die Straße müssen? Und nun fragt man sich, wie lange wird dieses Elend noch dauern? Man weiß, daß keine Post kommt, und doch wartet man auf irgendeine Nachricht.
Eilenburg hat mittags den Kampf eingestellt. Jetzt ist alles ruhig. Die Ruhe kommt einem etwas unheimlich vor, denn der Krieg ist ja noch nicht vorbei. Ich bin ganz durcheinander, ich komme mir richtig verlassen vor. Wann werde ich meinen Liebling endlich wiedersehen?
26.4. – Heute war alles ziemlich ruhig. Man lebt wie auf dem Monde: Keine Zeitungen und kein Radio. Ich glaube doch, daß ich heute meine Ruhe wiedergefunden habe. War nachmittags mit im Walde Holz holen.

30.4. – Die Tage vergehen ziemlich ruhig, es kommen öfters Autos mit Amerikanern durch. Die ersten Schwarzen gesehen. Heute war es wieder sehr kalt, die Apfelbäume blühen ganz wunderbar. Wir haben uns heute einen kleinen Ziegenbock bei Tante Ella geholt, na mal sehen, wie die Zeiten sind, wenn wir den schlachten werden.
4.5. – Zum Abend kamen die ersten russischen Soldaten hier vorbei, alle mit Pferd und Wagen. Es haben auch viele im Dorfe geschlafen.
5.5. – Mittags kam ein Offizier. Unsere gute Stube wurde als Nähstube eingerichtet, und wir haben Hemden genäht.
8.5. – In den gestrigen Abendstunden war es nun wirklich wahr geworden: Es ist Waffenstillstand. Es kam einem erst vor wie eine Parole, man wollte es gar nicht recht glauben, und doch ist es nun wirklich so . Heute ist das Wetter endlich frühlingsmäßig, und ich habe auch den Kuckuck gehört. Nun, endlich muß es doch auch warm werden, so wie es nun auch Frieden geworden ist. Wenn man da richtig daran denkt, daß der Krieg nun endlich vorbei sein soll, nein, das kann man noch gar nicht fassen. Warum mußten so viele unnötig leiden? Warum kann der Vatel da nicht wiederkommen? Wer mußte wohl in diesen letzten Stunden noch sein Leben lassen?
10.5. – Im Radio werden die Freudenkundgebungen durchgegeben vom Sieg und Frieden . Wie lange hat man diesen Tag herbeigesehnt? Es ist alles wie im Märchen und wie ein Traum .
16.5. – Heute früh waren sehr viele in Wurzen einkaufen mit Seiferts Ochsenwagen. Erbsen wurden zentnerweise und Sauerkraut und Gurken gleich in Fässern gekauft.
23.5. – Heute war ich wieder auf Arbeit in Röcknitz bei den Vasenol-Werken. Halbe Tage, da macht man schon mit.
24.5. – Heute gab es die erste Zeitung. Ich gehe jetzt mit Rübenverziehen. Auf dem Feld kommt man mal auf andere Gedanken.
13.7. – Die Freude war groß, als ich mittags nach Hause kam und Onkel Bruno war da.
20.7. – Die Tage vergehen sehr schnell, die Ernte ist im vollem Gange.
28.7. – Zu meinem Geburtstag will ich doch wieder mal an mein Tagebuch denken. Ich bin heute ganz glücklich über die vielen Blumen, man hat ja sonst nichts weiter. Seit gestern sind die Muldenbrücken tagsüber geöffnet, dadurch ist vielen geholfen, und die Flüchtlinge kommen ihrer Heimat näher.
26.8. – Endlich ist das Wetter wieder mal schöner, und heute ist ja auch Erntefest und vor allem: Auf beiden Sälen Tanz. Wir hatten Kränze aus Heidekraut gebunden .

*Friedel Meister, 1985 S. 10*

**Blick vom Friedhof in Böhlitz zu den Gebäuden am Dorfteich (2004)**

# Die Neubauernsiedlung am Rande von Lossa

In dem Befehl Nr. 209 der *SAMD (Sowjetische Militär-Administration)* vom 9. Sept. 1947 wurde festgelegt, mit Hilfe eines Neubauern-Bauprogramms Wohn- und Wirtschaftsgebäude für die besitzlosen Neubauern zu errichten. Die Beschaffung der Baustoffe, oft aus Abbruchmaterial, bereitete große Schwierigkeiten. Trotzdem gelang es in der damaligen sowjetischen Besatzungszone 95 000 Wohnhäuser, 104 000 Stallungen und 38 000 Scheunen zu errichten. Meist entstanden in den Orten ganze Siedlungen nach vorgegebenen Typen, so wie in Lossa, wo am südlichen Dorfrand achtzehn Neubauernstellen von drei verschiedenen Typen errichtet wurden. Dabei erfolgte die Anordnung der Grundstücke so, daß im Zentrum der Siedlung analog der historischen Dorfanger ein großer Platz frei blieb.

Das Dörfchen **Lossa** war bis dahin eine ausgeprägte Gutssiedlung und zählte vor dem Krieg nur 95 Einwohner. Neben den Gebäuden des Rittergutes existierten nur wenige Bauernhöfe und Landarbeiterkaten. Entscheidend für den Ort war, daß im Zuge der Bodenreform der ehemalige Herrensitz zur Maschinen-Ausleih-Station (MAS) umfunktioniert wurde. Sie unterstützte die Neubauern des Ortes und der näheren Umgebung besonders durch tariflich günstige Arbeiten mit Landmaschinen.

In Anlehnung an die traditionelle Volksbauweise in Form sogenannter Wohn-Stall-Häuser wurden die Neubauernwirtschaften errichtet. Wohnung und Stall befanden sich unter einem Dach. Von der Wohnküche gelangte man über einen Flur zur Futterküche und von dort direkt in den Stall. Darin wurden meist ein Pferd als Zugtier, drei bis vier Kühe und etwa zwölf Schweine gehalten. Unmittelbar vor dem Stall befand sich eine kleine Vorlaube, die den Häusern ihr charakteristisches Gepräge gab. Die Scheunen der ersten Wirtschaften standen separat auf dem Hof, bei den ab 1949 gebauten Grundstücken wurden sie in Verlängerung des Hauses errichtet.

Die Neubauernsiedlung wiederspiegelt in anschaulicher Weise die gesellschaftlichen Verhältnisse auf dem Lande, wenn es auch nur eine kurze Etappe in der Zeit von 1947 bis Anfang der 50er Jahre gewesen ist. Deshalb wurden die Gebäude unter Denkmalschutz gestellt. *Matthias Müller, 1985 S. 71*

HEUTE: Die einstigen Neubauernhäuser haben längst ihre ursprüngliche Funktion verloren. Sie wurden zu modernen Wohnhäusern um- und ausgebaut.

**Haus eines Neubauern mit angebautem Eingangsbereich und offener Scheune**

**Im Zeititzer Kurheim sind jetzt Wohnungen eingerichtet (2002)**

# In diesem Haus sind Ehemänner unerwünscht

Wechselvoll verlief das Innenleben des einstigen Jagdschlosses, das 1892 *Wolf von Arnim* in einem Waldstück nahe **Zeititz** erbaut hat. Sein Sohn, ehemaliger Besitzer der hiesigen Tonwerke, mußte es 1933 verkaufen. Aber die neuen Eigentümer des Leipziger Verlagshauses *Köhler & Volckmar* hatten auch nur wenig Freude dran, nistete sich doch in ihm bis Kriegsende ein SS-Nachtjagdgeschwader ein.

Da als Folge des Krieges und der Entbehrungen der Nachkriegszeit die Zahl der Tuberkulose-Erkrankungen erschrekkend angestiegen war, wurden der ehemalige Herrensitz und alle seine Nebengebäude 1948 zum *Tbk-Kurheim* ausgebaut. Daraus entwickelte sich ein Krankenhaus und etwas später eine moderne Tbk-Heilstätte. Diese heimtückische Krankheit konnte in den folgenden Jahren immer mehr zurückgedrängt und 1967 auch die Zeititzer Heilstätte geschlossen werden. Und wieder ging's ans Umbauen. Noch im gleichen Jahr wurde es Schwangeren als Erholungsheim übergeben.

Die Frauen kommen heute als Erholungssuchende hierher, müssen also gesund sein. Natürlich werden sie medizinisch betreut. Die 65 Plätze in freundlichen Zwei- und Fünfbettzimmern sind immer belegt. Bei insgesamt 17 Belegungen von je 18tägiger Dauer werden jährlich 1100 Frauen betreut.

Und was treiben die Frauen so den lieben, langen Tag? Neben der Gymnastik und der ausgiebigen Mittagsruhe sorgen wir für viel Freizeit, die vorrangig für Spaziergänge und Handarbeiten jeglicher Art genutzt wird. Natürlich gibt es Fernseher und Bibliothek. Es kommen Friseuse und Kosmetikerin, und Schulklassen bringen schon mal ein kleines Programm. Für Abwechslung sorgt auch mal eine Schwangeren-Modenschau. Es ist also immer was los für den, der es nutzen will. Nur Besucher sind unerwünscht! Das gilt auch für die besorgten Ehemänner.

*Karl-Heinz Laube, 1985 S. 96.*

HEUTE: Die letzten angehenden Mütter verließen 1992 das Heim. Dann stand es leer und wurde ab dem Jahre 2000 mit Wohnungen ausgebaut.

**Die Gruppe *Vergißmeinnicht* aus Wurzen bereichert mit einem bunten Programm den Eröffnungstag**

## Im Steinarbeiterhaus liegen Fäustel und Butterfaß unter einem Dach

18. Mai 1985, Weltmuseumstag. Auf dem Dach eines fast 200jährigen Wohn-Stall-Hauses in **Hohburg** unmittelbar neben der Kirche enthüllt *Harro Diener* seine gebaute funkelnagelneue Wetterfahne. Symbolhaft zeigt sie eine vollgeladene Lore mit Steinen und einen Steinbossierer bei der Arbeit. Der Wurzener Heimatfreund *Artur Zieger* hat sie entworfen. Ein großer Tag für die Gemeinde. Er gibt mit dieser Geste offiziell das *Steinarbeiterhaus* frei, das man in jenem Augenblick als das jüngste Museum unseres Landes bezeichnen kann.

Aus einem verfallsverdächtigen Haus, das vor 180 Jahren aus Bruchsteinen, Lehm und Holz gebaut worden war, erneuerten unter der Leitung des Lehrers der hiesigen Schule *Manfred Müller* (zugleich *Rundblick*-Chef) in 5jähriger Rekonstruktion Kollegen des Splittwerkes Röcknitz, der Gebäudewirtschaft Hohburg, des Treppenbauers *Siegmar Hankel* aus Falkenhain, Schülern der *Alfred-Frank-Oberschule* Hohburg und weiteren Helfern das Haus von Grund auf, wobei die alte Bauweise natürlich erhalten blieb. Zwischenzeitlich sammelte der junge *Matthias Müller* Dokumente und Sachzeugen der Steinindustrie und von der Lebensweise der Steinarbeiter.

Das Haus neben dem Kirchturm steht nicht nur auf historischem Boden des Dorfes, sondern hat auch eine besonders angenehme Lage. Man blickt von einem Hügel, der bereits im Mittelalter bebaut war, in viel Grün, auf Hänge, über Dächer, Wiesen, Gärten und Felder bis zum Waldrand der Hohburger Berge.

Dann erleben wir den Brecher in Aktion. Ein findiger Splittwerker entdeckte während seines Urlaubes in Thüringen diese schrottreife Brecheranlage. Bald stand sie, entrostet und geölt in Hohburg am Fuße des Steinarbeiterhauses. Zimmerleute vom Splittwerk haben für dieses Prachtstück auch noch ein stabiles Holzdach hingezaubert, als gehörte es schon immer hierher. Heute soll der Brecher zum ersten Male wieder öffentlich in Funktion treten. *Karl-Heinz Hendlmeiers* großer Auftritt beginnt. Eine bewegliche Stahlplatte drückt mit hoher Gewalt gegen eine andere und zermalmt dabei unter furchtbarem Getöse die Steinbrocken zu Splitt und Schotter unterschiedlicher Größe, die dann in einer rotierenden Siebtrommel getrennt werden. Eine Staubfahne steht im Wind.

Jetzt betrete ich das Haus. In der Wohnstube, einst die „gute Stube" der Landbevölkerung, stehen das Sofa, der eiserne Ofen, die vollgefüllte Kommode. Daneben liegt das schmale Schlafzimmer der Eltern, die recht kurzen Betten hintereinander, mit Stroheinlage, Nachttopf und kupferner Wärmflasche. Selbst die Hausapotheke hängt an der Wand. Die Küche im Stile der Jahrhundertwende, eng, finster und unbequem. Den Backofen betrachte ich wohlwollend, weil ich für frisches Bäckerbrot schwärme. Ob man heute noch darin backen kann?

In der ehemaligen Stallanlage stehen auf der Tenne die Geräte, die der Häusler zu seiner Selbstversorgung brauchte: Sense, Körbe, Butterfaß, Rattenfalle, Krauthobel, Schleifstein. Im hinteren Teil, wo Schwein und Ziege gefüttert wurden, läßt sich an einer Dokumentation das Hausschlachten studieren. Geräte und Fotos bringen das Gewerbe wieder in Erinnerung. Eigens dafür wurde im Wintermonat ein Schlachtfest vollzogen.

In den oberen Räumen wird der Steinarbeiter gewürdigt, von der schweren Handarbeit, Steine zu brechen mit Fäustel und Finnhammer, von seinem kargen Lebensstandard. Und wie heißt es in einem Lied von den Steinarbeiterinnen, das auch an diesem Nachmittag vorgetragen wurde? „... Und klopfen mit krachendem Hammerschlag das harte Gestein so Tag um Tag ..."

Hier sind in der Ausstellung Dokumente zu sehen, die der Steinarbeiter Leo Zimmermann 1933 vor den faschistischen Häschern unter den Dielen des Hauses versteckte. Sie kamen bei der Rekonstruktion des Hauses ans Tageslicht. Erschütternd zu lesen, wie wenig Geld man heimbrachte und wie viel man dafür arbeiten mußte.

Alles in allem ein glücklicher Tag für die Einwohner von Hohburg, der in einem unbeschwerten Volksfest mit Liedern der *Gruppe Vergißmeinnicht*, mit Erläuterungen zu musealen Gegenständen, mit Bierzelt und Rostbratwurst ausklingt. Das Dorf ist um eine attraktive Bildungsstätte reicher geworden. *Heinz Thümmler, 1985 S. 121*

HEUTE: Das Museum Steinarbeiterhaus hat sich unter der tatkräftigen Führung des Museumsleiters *Matthias Müller* mit Unterstützung eines Fördervereins, der Gemeinde, der Natursteinindustrie Deutschlands und dem Kulturraum Leipziger Land zu einer vielbesuchten Kulturstätte entwickelt. Zu seinem Markenzeichen gehören jährliche Sonderausstellungen und Konzerte von Country- und Dixilandgruppen sowie Folkmusikern (mit frischem Kuchen aus dem hauseigenen Backofen).

**Steinarbeiter demonstrieren bei einem Treffen am Museum das Zerteilen von Gesteinsbrocken (1983)**

**Schautöpfern am Museum. Museumsleiter Matthias Müller bedankt sich bei Ursula Böstel (1988)**

**Dorfstraße in Lüptitz mit Bauerngütern**

# Lüptitz – Dorf zwischen drei Porphyrbergen

Seit Mittte Juni 1985 kündet im Dorfe ein Gedenkstein davon, daß der Ort sein 800jähriges Jubiläum feierte. Höhepunkt der Festwoche war natürlich der historische Festumzug, in dem sich die Geschichte mit mehreren Episoden widerspiegelte.

Die im Jahre 1873 von *Zachmann* erworbenen Steinbrüche am *Wein-* und *Breiten Berg* standen zur Jahrhundertwende mit 500 Arbeitern nicht nur in der Wurzener Pflege, sondern auch in der Pflastersteinproduktion Sachsens an erster Stelle. Das Unternehmen verfügte schon damals über komplizierte Wasserpumpen, dampfbetriebene Steinaufzüge und Gesteinsbohrmaschinen. Mit dem Bau einer Drahtseilbahn zum Wurzener Bahnhof im Jahre 1906 konnte der Absatz erhöht werden. Ab 1927 erfolgte dann der Steintransport durch die Wurzen-Eilenburger Bahnlinie.

Lüptitzer Gestein ist im In- und Ausland für den Straßen- und Eisenbahnbau sehr gefragt. Das fordert seinen Tribut. Durch die zwangsläufige Brucherweiterung mußte im vergangenen Jahr die Straße nach Wurzen (im Volksmund als „Gänseweede" bekannt) gesperrt werden. Die ursprüngliche Straße über den Breiten Berg hatte bereits 1963 weichen müssen.

Die ehemaligen Steinbrüche am *Wolfsberg* und am *Spitzberg* sind seit längerem stillgelegt. Freilich verändert der Steinabbau das Landschaftsbild: Berge verschwinden, Aufschlüsse und Restlöcher entstehen. Dafür prägen Abraum- und Steinsandhalden das Bild. Erstaunlich schnell füllen sich die aufgelassenen Brüche mit Wasser und Vegetation siedelt sich an. Selbst in den kleinsten Felsspalten wachsen Birken. Der ehemalige Steinbruch auf dem Wolfsberg ist wegen seines glasklaren Wassers und der herrlichen Umgebung zu einem regelrechten Badeeldorado (auf eigene Gefahr!) geworden.

Zum Wahrzeichen des Ortes gehörte die Windmühle auf dem Wolfsberg. 1933 setzte sie ein Blitz in Flammen, und noch Jahrzehnte ragte der ausgebrannte Turm in

**Sommerwetter über Lüptitz, im Hintergrund die Höhenzüge vom Kleinen und Großen Berg bei Hohburg**

den Himmel, ehe er 1971 abgetragen wurde.

Lüptitz war ein Bauerndorf. Die Gehöfte gruppieren sich rund um den Dorfplatz. Er war der Anger, auf dem die Kirche steht. Auch an den Straßen liegen mehrere Bauernhöfe. Sie alle besaßen relativ große Feldflächen, da es hier kein Rittergut gab. Heute werden einige Ställe und Scheunen von der *LPG Albert Kuntz* genutzt, manche wurden ausgebaut und neue kamen hinzu.

Handel und Wandel sorgten seit langem für die Dorfbevölkerung. Um 1800 verkaufte der Lehrer das Salz. 1923 begann *Paul Fröhlich* im ehemaligen Schulgebäude mit dem „Kolonialwarenhandel". Später schlachtete er regelmäßig Schweine und schaffte sich zudem eine Käsemaschine an. Schließlich stellte er in seinem Grundstück eine elektrische Wäschemangel auf, die jetzt noch funktionsfähig ist.

Und wie sieht es heute aus? Schneidermeister *Karl Naumann* zieht vor allem die Männer an, in der Schmiede schlagen im Takt auf den Amboß *Helmut Kaul und Werner Starke, Werner Krause* züchtet in seiner Gärtnerei Blumen und Gemüse, *Rudi Strauch* sorgt dafür, daß die Fahrräder ordnungsgemäß benutzt werden können, *Franz Knappek* mahlt das Getreide und im Kulturhaus, der Konsumgaststätte, läßt es sich bei *Margot Müller* gut einkehren.

*Matthias Müller, 1985 S. 102*

HEUTE: Am Steinbruch Breiter Berg wurde 1994 eine moderne Brecheranlage gebaut, die heute noch als Betriebsteil der Sächsischen Quarzporphyrwerke arbeitet. – Die LPG wurde privatisiert und bewirtschaftet als Agrargenossenschaft die Felder und betreibt in den Gebäuden Rinder- und Milchviehhaltung. – Die Gärtnerei von *Werner Krause* hat sein Sohn Hartmut übernommen. – Im Grundstück der Fam. *Fröhlich* steht noch die Wäschemangel und *Bernhard Strauch* repariert nach wie vor in der Werkstatt seines Vaters die Fahrräder.

**Viele Jahrzehnte lang war die Ruine der Windmühle auf dem Wolfsberg ein Wahrzeichen von Lüptitz**

# Die Leute von Erlln und ihr Fotograf

**Die Wirtin Ilse Aleschewski vom Dorfe Erlln in ihrer Kneipe**

Da ist dieses kleine Dorf an der Mulde. Vierzig Häuser zählt man, an die hundert Seelen. Keine Attraktionen, Besonderheiten. Ein kleines Kriegerdenkmal, ein Konsum, eine Kneipe. Ein Kunstmaler. Die Straße, so lang wie ein Stadthäuserzug höchstens, endet hinterm Dorf.

Hinter den Gehöften liegen Bahnschienen für Züge, die hier nie halten. Linkerhand der Straße nahe den Höfen die Mulde, behäbig dahinfließend in sächsischer Landschaft. Die Höfe haben ihre Ordnung, die Vorgärten ihre Sauberkeit. Das Tagwerk in den Ställen beginnt in aller Hergottsfrühe, am frühen Abend wird es still.

Das Ungewöhnliche ereignet sich an einem Samstag im Mai 1985 mit viel Blau im Himmel. Das Dorf wird zum Wallfahrtsort. Autos, mehr als Gehöfte, säuberlich eingereiht vor dem Ortsschild. Festtäglich hergerichtete Gemeindenachbarn und selbst Leute aus der Stadt, denen der Weg ausführlich erklärt werden mußte, pilgern in Scharen herbei. Eine Ponykutsche mit aufgeregten Kindern, ein Männerchor mit volkstümlichen Weisen, ein Bierzelt, ein Trödelmarkt.

Die Straße entlang Kisten, auf denen Bretter liegen, auf ihnen Decken, auf den Decken die Dorfbewohner. Auch im Sonntagsstaat. Sie schauen neugierig, verwundert auf die vielen Leute, die gekommen sind, um neugierig, verwundert auf sie zu sehen. Sie sind zur Ausstellung geworden. Ihr Wohnen, ihr Alltag, ihre Küchen, ihre Festlichkeiten, ihr Leben ist in Bilder gebracht. Und die Fotografien im Großformat hängen jetzt an ihren Häuserwänden. Leben in der Familie, im Dorf, Hochzeit, Beerdigung, Sommerfest.

Der Colditzer Fotograf *Gerhard Weber* hat alles fotografiert, zwei Jahre lang. Das Thema hat er sich selbst gestellt. Als einer, den die Leute kennen und der die Leute kennt. Genau sachlich, mit viel Nähe und Vertrautheit.

**Die Meute vom Fotoklub Grimma in einem Ausstellungshof in Erlln**

Es ist eine merkwürdige Sache, durch ein kleines ruhiges Dorf zu gehen und an beinahe jeder Hauswand Fotografien von jenen zu sehen, da dahinter oder daneben oder darüber wohnen. Als ginge man an geöffneten Türen und Fenstern vorbei.

An jenem Samstag waren auch die Dörfler Publikum in ihrer Ausstellung. Sie guckten sehr genau und immer wieder. Bestaunten die Bilder der Nachbarn und ihre eigenen. Freuten sich, Bekanntes zu entdecken. Und sie feierten ihre Ausstellung in allen Ehren.

*Petra Göllnitz, 1985 S. 90*

# Zuckerrübenkampagne und Mügelner Schmalspurbahn

Seit über hundert Jahren zählt die Lommatzscher Pflege, die sich bis ins *Mügelner Ländchen* erstreckt, zu den bevorzugten Anbaugebieten der Zuckerrübe. 1883 nahm in Döbeln die erste Zuckerfabrik ihre Produktion auf. Bis zu 40 % ihrer Felder bestellten von nun an die Rittergüter mit dem „weißen Gold".

Doch jeder Rübenpfennig mußte ziemlich hart erarbeitet werden. Waren schon Pflege und Ernte ein aufwendiger Prozeß, so verlangte der Transport vom Feld zur Fabrik auf den holprigen und im Winter eisglatten Landstraßen viel Kraft von Mensch und Tier. Zu jener Zeit brauchte ein Bauer aus Nebitzschen einen ganzen Tag, um seine Ladung in Döbeln abzuliefern und mit den ausgelaugten Schnitzeln zurückzukehren.

Deshalb nutzten die Gutsherren ihren Einfluß im Landtag, damit der Bau schmalspuriger Eisenbahnen vorangetrieben wird.

Bis 1885 geschah das auch mit dem Aufbau eines Streckennetzes von Mügeln nach Döbeln und Oschatz. Durch den Bau der *Oschatzer Zuckerfabrik* im Jahre 1894 wurde dieser Vorgang gefördert, und ab 1903 standen dem Netz mit 73 km Streckenlänge dreißig Rübenladestellen zur Verfügung. Nun entfielen der lange Transportweg mit den Pferdegeschirren und die Wartezeiten in den Fabriken.

Die Güterwagen, in denen Rüben befördert wurden, waren zweiachsige Fünftonner. In hoher Stückzahl beschafft, dienten sie später nahezu als reine Rübenwagen. Nach der Saison standen sie auf langen Abstellgleisen in Ruhestellung, ehe sie nach und nach von den aufgebockten Regelfahrzeugen abgelöst wurden.

In den 1950er Jahren nahm der Anbau der Zuckerrüben nochmals bedeutend zu. Noch 1960 wurden der Oschatzer Zuckerfabrik täglich 500 t Rüben per Schmalspurbahn zugeführt. Doch wenige Jahre später wurde der Zuckerrübenanbau auf Ministerratsbeschluß um 20% reduziert. Nun dominierte die moderne Landtechnik, und mit LKW fuhren die LPG ihre Lasten direkt vom Feld in die Fabrik. Nahezu schlagartig ging der Verladebetrieb mit der Schmalspur zurück. Am 1.10.1968 wurde ein letzter Rübenzug in die Döbelner Fabrikgleise geschoben, und zwei Jahre später war auch in Oschatz damit Schluß. Für alle Strecken im Mügelner Netz hatte die Rübensaison ihre Bedeutung und somit einen historischen Platz in der Geschichte der Bahn erhalten. Mit ihr wurde die Leistungsgrenze der Schmalspur erreicht.

*Reiner Scheffler, 1985 S. 85*

**Fünftonner Eisenbahnwagen der Mügelner Kleinbahn, beladen mit Zuckerrüben**

**Blick auf Grimma mit Brücke, Schloß und anderen Bauwerken vom rechten Muldeufer aus vor 300 Jahren**

# Menschenhände zerstörten viermal die Grimmaer Brücke

Die erste Brücke, eine Jochbrücke, bestand – abgesehen von häufigen Schadensfällen durch Hochwasser und Eisgang – bis zum Jahre 1547. Das waren immerhin rund 300 Jahre seit ihrer Erbauung. In diesem Jahr wurde sie erstmalig von Menschenhand vernichtet. *Herzog Moritz* zog sich beim Herannahen des Kurfürsten von Leipzig zurück und befahl die Zerstörung.

Bereits ein Jahr später ordnete er den Wiederaufbau an. Hundert Jahre später setzten 1637 die Schweden die Brücke in Brand. Trotz mehrfacher Aufforderung durch den Kurfürsten war ein Wiederaufbau auf Kosten der Stadt wegen völliger Verarmung unmöglich. Deshalb nahm der Kurfürst den Brückenbau selbst in die Hand und beauftragte damit den *Oberlandesbaumeister Pöppelmann*. 1719 erfolgte die Einweihung, und fünf Jahre später die Aufstellung des Brückensteins mit dem königlich-polnischen und den kurfürstlich-sächsischem Wappen.

Bis zum Jahr 1813 hielt die Brücke allen Unbilden stand. Als sich dann *Napoleon* mit einem starken französischem Heer der Stadt näherte, steckten die verbündeten Truppen den hölzernen Mittelteil in Brand. Nach zwei Stunden stürzte er in den Fluß. Wenige Jahre danach erhielt das Bauwerk ein neues überdachtes Mittelteil, und bis 1838 mußten die Fußgänger ihren Dreier beim Übergang entrichten. Fuhrwerke zahlten mehr.

**Nach gründlicher Restaurierung wurde der Wappenstein auf der Pöppelmannbrücke wieder auf seinem alten Standort aufgestellt. Er war 1724 mit Wappen, Inschrift und Krone zum Ruhme des Kurfürsten und König August II. errichtet worden. Die Anfertigung einer Kopie wurde nötig, weil der Sandstein durch Wind und Wetter arg verschlissen war.**

1894 ersetzten nach Abbruch des Mittelteiles Stahlträger mit seitlichen Spannbögen den Holzbau. Diese Brücke stünde heute noch, wenn sie nicht am Ende des Zweiten Weltkrieges sinnlos auf Befehl faschistischer Offiziere zerstört worden wäre. Zum vierten Male hatte ein Krieg das Bauwerk vernichtet.

Amerikanische Truppen errichteten auf den Außenpfeilern eine kleine Hängebrücke für Fußgänger. Truppen der Roten Armee und Arbeitskräfte aus Grimma bauten dann im gleichen Jahre eine Holzbrücke ungefähr hundert Meter flußabwärts.

An der alten Brücke wurde fleißig gebaut. Neue Eisenträger erhielten eine provisorische Holzdecke, die schon zweimal erneuert werden mußte. Am 4. Juli 1972 rollte das neue, stählerne Mittelteil ein und wenige Wochen später konnte das Bauwerk dem Verkehr übergeben werden.

*Hans Pippig, 1985 S. 46*

HEUTE: Nach den Schäden durch das Hochwasser im Jahre 2002, durch die der Mittelpfeiler beschädigt und abgerissen wurde, soll ab 2009 für über 6 Mill. Euro ein Neuaufbau erfolgen. Die Flußmitte wird mit einem weit gespannten stählernen Sprengwerksbogen ohne Mittelpfeiler gebaut. Die Rudimente des Originalbauwerkes bleiben an den Ufern erhalten.

# Die Liegenbank in Wurzen

ist ein seltener Straßenzug, der am Markt beginnt und in der Domgasse mündet. Vermutlich fanden dort im ausgehenden Mittelalter Gerichtsversammlungen unter freiem Himmel statt, worauf der Name zurückzuführen ist. 1902 erfolgte ein Umbau, wodurch die Verkaufsbuchten und Keller *(s. Abb.)* verschwanden und die Front mit Sandsteinen neu verkleidet wurde. Anfang der 80er Jahre erfolgte dank der Bemühungen des Denkmalpflegers *Artur Zieger* eine gelungene Restaurierung der Gebäude auf der Liegenbank, wobei das interessanteste und älteste Haus die Nr. 1 ist. Hier lebte bis zur seiner Flucht nach Amerika der Revolutionär von 1848 und Abgeordnete in der Paulskirche, der Bürgermeister Julius Theodor Schmidt. Es könnte das einzige sein, das die Feuersbrunst vom Jahre 1631 überstanden hat. Da es sich bestätigte, daß es ursprünglich ein Fachwerkhaus war, wurde dieses freigelegt. *Artur Zieger, 1985 S. 24*

# Herkules aus Wurzen

„Unser *Liftket* kann alles! Oder, sagen wir mal: fast alles! Er ist so'ne Art Herkules unter den Hebezeugen, nur eben viel kleiner."

Daran erkennt man bereits, wie die klassischsten Vergleiche hinken können. Ein kleiner Herkules, man bedenke! Vor meinem Innern steht der antike Muskelmann, gerade den Löwen von Nemea erwürgend.

Nun ist es an der Zeit, zu erklären, wer oder was unter einem Liftket überhaupt verstanden werden soll. Kurz gefaßt: ein Kettenaufzug, dem man einfach etwas anhängen kann, womit es dann aufwärts geht, freilich auch abwärts, wenn man es will. Und diese Hebezeuge werden im *VEB Fördertechnik* in Wurzen hergestellt.

Laienhaft ausgedrückt bauen etwa einhundert Arbeiter und Techniker in Wurzen einen elektrisch betriebenen Flaschenzug. Diesen aber nach dem Baukastensystem in mindestens neun Grundformen, die ihrerseits wiederum Dutzende spezielle Varianten hergeben. Und so sieht der Grundkörper aus: Höhe 10 cm, Breite 18 cm und Länge 26 cm, und das steckt in ihm: ein Hubmotor samt Kupplung, Bremse, Getriebe und eine patentierte Kettenführung mit Kettenentknoter. Das ganze wiegt knapp 14 kg und kann Lasten bis zum 18fachen heben oder senken, bei größerer Ausführung bis zu 2 t.

Begonnen hatte das förderliche Unternehmen direkt an Wurzens Stadtgrenze als kleiner Privatbetrieb von Hoffmann. Dort wurden seit 1951 elektrische Emporwinden, oder schlicht Sackaufzüge genannt, für die Landwirtschaft gebaut. Später kam dann die große Zeit der kleinen Liftkets. „Eine Besonderheit", sagt Meister *Siegfried Scheibe*, „soll einmal der Patienten-Liftket

**Charmante Last am Winzling-Hebezeug, hier nur mal für den Fotografen**

werden. An einem schwenkbaren Träger angebracht, lassen sich damit schwer Körperbehinderte mit einem extra konstruierten Sitz in Badewannen oder Schwimmbecken transportieren." Einige Testgeräte wurden probeweise im Pflegeheim Nischwitz installiert, wo sie noch immer die Arbeit der Schwestern erleichtern.

„Machen Sie nur nicht soviel Reklame", versucht Siegfried Scheibe meinen Kugelschreiber zu stoppen. „Die Leute rennen uns sonst die Bude ein. Wenn ich alleine an die Eigenheimbauer oder Garagengemeinschaften hierzulande denke! Oder an die Gartensparten. Mit unserem Liftket lassen sich doch wunderbar Bierfässer transportieren!" *Rolf Pfeiffer, 1985 S. 22*

HEUTE: 1990 erfolgte die Reprivatisierung des Betriebes zur *Hoffmann Fördertechnik Wurzen GmbH*, die Geschäftsführung übernahm *Mattias Hühn*. Ca. 150 Mitarbeiter stellen nach wie vor Elektrokettenzüge her, die in alle Welt gehen.

**Die Werksanlagen von Hoffmann Fördertechnik beidseitig der Dresdener Straße (2008)**

## Ein zweistündiges Festspiel

war der Höhepunkt von 50 Veranstaltungen im Jahr der 800-Jahr-Feier von **Hohburg,** das vor einigen tausend Zuschauern auf dem Gelände am Schulsportplatz aufgeführt wurde. Eingebunden in die allgemeinen Geschichtsabläufe spannte sich der Bogen von der germanischen Besiedlung bis in die Gegenwart, wobei sogar ein Flugzeug seine Bahnen zog und anstelle von Dünger Bonbons abwarf. Neben vielen historischen Personen, darunter Schulmeister Martin Wagner, ein Vorfahre von Richard Wagner, die Birkenbuschin u. a. hatte auch Hoffnarr Joseph Frölich seinen Auftritt, hier im Kostüm mit Lothar Bachstein *(Abb.)*.

Ein Besucher schrieb später an das Festkomitee: „Unsere Familie hat das Festspiel besucht. Es hatte nicht nur einen hohen Schauwert, sondern sprach die innersten Gefühle der Zuschauer an. Man fühlte sich bei jeder Szene in die entsprechende Zeitepoche zurückversetzt. Besonders berührten mich die Bilder vom Kriegsende. Ich und viele Zuschauer griffen zum Taschentuch. Sie haben die Herzen der Menschen mit Ihrem Spiel bewegt ." *1985 S. 76*

## Feldmark Sellnitz, ein verschwundenes Dorf

Eine Hügelkuppe östlich von Dehnitz nahe der Mulde trägt noch die Restgemäuer der von alters her bekannten Wüsten Kirche. Still, völlig abgeschieden vom Verkehr der Welt, liegt die gesamte Flur, die sich in ihrer Siedlungsleere bis zur Sonnenmühle hin erstreckt. Und doch hat sich hier vorzeiten eine Ortschaft befunden, worauf sich eine Nachricht aus dem Jahre 1720 „die wüst Marck Seltz, allwo sonst ein Dorff gestanden" bezieht. Schon 1542 wird die Siedlung als „Selniczer wüsteney" bezeichnet, so daß sich der Wüstungsvorgang schon im 15. Jh. vollzogen hat.

Wir kennen nicht die Gründe, welche zu allmählichen Verlassen und zur endgültigen Aufgabe der Siedlung führten. Man hat in dieser Hinsicht die Hussitenkriege und sogar die große Pest von 1350 angeführt, doch sind dergleichen Mutmaßungen immer nur mit Vorsicht aufzunehmen. Auf keinen Fall ist aber Futtermangel oder schlechtes Weideland, was für die Aufgabe von bäuerlichen Siedlungen oft entscheidend war, die Ursache gewesen, da – wie Schöttgens Chronik sagt – „allda gutes Gras wächst". Hieran schien auch die Flurbezeichnung Sahnsack, die vor hundert Jahren noch im Brauch war, zu erinnern. Hier befand sich slawisches Altland vom Gau Neletici, dessen Grenze bei der Sonnenmühle an die Mulde traf, wie reiche Scherbenfunde beweisen.

Verschwunden ist das Dorf, dessen letzter Rest die Grundmauern seiner bescheidenen Kirche sind. Kapellenartig war ihr schlichter Bau, von dem um 1880 noch die Umfassungsmauern mit der Höhlung zweier Kirchenfenster vorhanden waren.

*Walter Koch, 1960 S. 579*

## NOTIZEN und PERSONALIEN

**Dahlen**: Eine *Rundblick*-Runde traf sich in der 100jährigen **Löwenbrauerei**. Im Jahre 1884 gründete der **Luppaer** Bauernsohn *Hermann Hiersemann* in der Stadt eine kleine Brauerei, die nach und nach erweitert wurde und bis 1945 im Familienbesitz blieb. Dann ging sie in Volkseigentum über. Die Runde hörte einen

Exkurs in die Geschichte des Brauwesens, die im Mittelalter mit der Entwicklung der Städte bereits einen gewissen Höhepunkte erreichte. Auch die Rittergüter brauten ihr eigenes Bier. Den größten Anteil bei der Bierherstellung hat das Wasser, das hier in Dahlen aus einer Tiefe von 65 Metern geholt wird. Urteil der hiesigen Leute: Unser Bier ist wieder besser geworden. *1985 S. 30.*
*Mit der Privatisierung 1991 endete das Dahlener Gebräu, die Einrichtung wurde ausgeschlachtet, die Gebäude zerfallen allmählich zur Ruine.*

**Trebsen**: Die Restaurierung des wieder freigelegten **Deckengemäldes** von 1701 in der Kirche konnte teilweise beendet werden. Die Decke scheint sich wie eine räumliche Kuppel aufwärts zu schwingen, um in der Mitte den Blick in den offenen Himmel freizugeben *(s. Abb.). 1985 S. 61*

**Bucha:** Vor 90 Jahren, 1894, kaufte Clemens Lange, der Urgroßvater des heutigen Bäckermeisters *Manfred Rentzsch*, das alte Schulgebäude und baute es zur **Bäckerei** um. Damals wurde das Brot noch mit dem Pferdewagen, später mit dem Auto, über Land gefahren. Bis 1978 war ein Altdeutscher Backofen in Betrieb. Dann erfolgte eine Rekonstruktion, womit der Produktion gesteigert werden konnte: An einem Tag werden jetzt über 800 Brote und 15 000 Brötchen gebacken. Der Junge Meister *Uwe Rentzsch* bereitet sich auf die Übernahme der Bäckerei vor *(was inzwischen geschehen ist). 1985 S. 61*

## LESERPOST

**Ringelnatziges**
Nach einem Besuch im Wurzener Ringelnatzhaus erinnerte ich mich wieder an ein persönliches Treffen mit *Joachim Ringelnatz*. Es war 1920, und ich besuchte damals ein Kabarett in Leipzig. Auf der Bühne stand lediglich ein Stuhl. Ringelnatz kam als Matrose verkleidet mit einem Glas Grog in der Hand, trank es aus und stellte das leere Glase auf den Stuhl. Dann leerte er seine Hosentaschen. Zum Vorschein kamen Geldbörse, Taschenmesser, Tabakspfeife, Pfeifenstopfer und eine Streichholzschachtel. Auch das kam auf den Stuhl.
In einfacher, unauffälliger Weise trug er seine Gedichte vor. Aber gerade, weil er so wenig Aufsehen macht, kam deren Inhalt sehr gut an. Der Beifall war nach jedem Gedicht sehr, sehr stark. Später, 1931, erlebte ich noch die Uraufführung seines einzigen Theaterstücks *Die Flasche.* Man hatte die *Comedien Harmonists* in das Stück eingefügt. Sie belebten es wesentlich. Ich sehe sie heute noch vor mir: Sie trugen eine Schnapsleiche aus dem Lokal und sangen dazu das Lied der „Wolgaschiffer".

*Paul Sittner, 1985 S. 66.*

**Die Guste kommt geritten .**
Ich erinnerte mich an eine Dorfgeschichte, die vor über 70 Jahren in **Bröhsen** passierte. Ein Bauer hatte tagsüber seine Schweine in einem Pferch untergebracht. Sollte ihm mal eines entlaufen, hatte er, um zu beweisen, daß das Schwein sein Eigentum ist, Zeichen am Schwanz und Ohr eingebrannt. Und so fehlte auch eines Tages eine Sau. Er fand das Tier bei einer Frau mit Vornamen *Auguste.* Allerdings hatte das Schwein keine Brandzeichen mehr, denn Ohr und Schwanz waren abgeschnitten. Die Bröhsener Jugend dichtete daraufhin auf die Melodie von *Puppchen du bis mein Augenstern*, einen neuen Text:
*„Die Guste kommt geritten*
*Auf dem gemausten Schwein.*
*Die Ohren sind verschnitten,*
*Der Schwanz ist viel zu klein.*
*Guste, du bist mein Augenstern ."*
Das gab natürlich ein Riesengaudium.

*Ehrhard Beier, 1985 S. 131*

| 1986 | 33. Jahrgang |
|---|---|

**Der Rundblick.** Kulturspiegel der Kreise Wurzen-Oschatz-Grimma. 2 Hefte A 4 mit 136 Seiten, 3,50 M

**Hohburg.**
Beiträge zur Geschichte und Natur des Dorfes. Eine Festschrift zur 800-Jahr-Feier des Dorfes. 96 S.

## Sokrates und seine Schüler

Natürlich nicht in der Wirklichkeit, sondern auf einem großformatigen Wandbild in der Berufsschule. Und das kam daher, weil der Rektor des Wurzener Gymnasiums von 1905 bis 1910, der Historiker *Otto Eduard Schmidt,* dazu die Idee hatte. Aus Anlaß des 25jährigen Jubiläums der Schule im Jahre 1908 sollte die Aula neu gestaltet werden. Die Herstellung der geplanten Wandbilder und die künstlerische Leitung der dazu nötigen Umbauten wurde dem Leipziger Professor *Max Seliger* übertragen. Nach zweijähriger Arbeit erfolgte 1910 die Einweihung der gesamten Aula, die im Stile einer antiken Halle gestaltet worden war.

Im Mittelpunkt standen die beiden Wandbilder. Das linke zeigt den griechischen Philosophen *Sokrates* (470–399 v. Chr.) im Kreise seiner Schüler, von denen einer auf die Wanderschaft verabschiedet wird und die letzten Lehren seines Meisters empfängt *(s. Abb.).* Wird hier die geistige Ausbildung dargestellt, so ist das rechte Bild der Körperertüchtigung gewidmet. Vor dem Hintergrund des wogenden Meeres und einer Steilküste, Sturmvögeln am Himmel, betreiben nackte Jünglinge verschiedene Sportarten. Im Mittelpunkt steht gravitätisch der auch für den Sport „zuständige" Kriegsgott, bei den Griechen *Ares* genannt, bei den Römern *Mars.*

Durch Wassereinwirkung und andere mechanische Beeinträchtigungen waren im Laufe der Jahrzehnte Schäden entstanden. Um deren Beseitigung mühten sich besonders nach dem Zweiten Weltkrieg *Kurt Bergt, Volker Engelhardt* und *Renate Sturm-Francke.* Von 1982 bis 1985 erfolgten aufwendige Restaurierungen durch das Institut für Denkmalpflege und Absolventen der Hochschule für bildende Kunst mit dem Ziel, auf beiden Gemälden so viel an ursprünglicher Malerei wie nur möglich zu erhalten. Das gelang auch, und am 4. Oktober 1986 wurde im Rahmen der 1025-Jahr-Feier der Stadt mit einem festlichen Kammerkonzert die restaurierte Aula eingeweiht.

*Richard Klinkhardt, 1986 S. 87*

# Kollau, das Dorf in der weiten Muldenaue am Ende der Straße

**Gemächliche Fahrt über den Deichdamm bei Kollau hinaus aufs Feld**

Wo liegt eigentlich Kollau? Kein Wunder, daß der Ort nicht gerade bekannt ist, denn nur 76 Einwohner wohnen in dreizehn Bauerngütern und vier Einfamilienhäusern. Es ist ein Rundling, ziemlich unverfälscht: Ein Dorfteich, in dem Frösche quaken und Unken rufen, dann der Gänseanger, den man allerdings heute nicht mehr sieht, weil sich Einheimische und Ortsfremde mit neun Bungalows darauf niedergelassen haben. Gänse schnattern im Dorf. Straße und Weg umrunden den Teich, Weiden säumen die Ufer. Ist man ihnen nachgelaufen, steht man wieder am Anfang seines Weges. Hier ist keine Durchfahrt, sondern „die Welt zu Ende".

Das Ende setzt die Mulde, die nach Westen hin den Ort begrenzt. Den Hochdamm kann man betreten, und dahinter fließt sie in sanften Krümmungen gemächlich dahin, vorbei an ausgewachsenen Weidenbäumen und mächtigen Eichen, durch weite Wiesen. Das typische Bild einer Auenlandschaft.

Die Zu- und Abfahrt nach Kollau ist nur über **Thallwitz** möglich, wenn man vom Feldweg absieht, der in Richtung Eilenburg führt. Früher, als der Gasthof *Zur Muldenaue* noch zum Kaffee einlud, wurde dieser anmutig gelegene Ort häufig Ziel eines sonntäglichen Spazierganges. Ganz zu schweigen von den Paddlern, die sich dieser Idylle von Eilenburg her näherten. Hier konnten sie zelten, übernachten und wurden dabei zufriedenstellend versorgt. Attraktion war hierbei die „Eierfahrt". Die Wirtin *Erika Grätz* spendierte dem ersten Paddler eines neuen Jahres, der zunftgemäß durch die Gaststubentür trat, eine beträchtliche Menge Eier. Sein Name stand dann lange Zeit am Ofenrohr.

Die *Rundblick*-Wandermannschaft konnte 1974 noch am Ufer der Gaststätte sitzen und Kaffee trinken. Kurz danach wurde das Gasthaus zu Wohnraum umgebaut. Die Ausflügler bedauerten das außerordentlich.

Etwas weiter zurück bis Anfang der 60er Jahre liegt die Zeit, als hier noch eine Fähre den Flußübergang ermöglichte. Die war vor allem für die Bauern wichtig, denn sie hatten auf der anderen Muldeseite ihre Wiesen liegen. Die Lastenfähre war so groß ausgelegt, daß sie zwei vollbeladene Heuwagen mit Pferden aufnehmen konnte. Hochwasserfluten, sie gehörten für die Kollauer zum Lebensalltag, trieben eines Tages die Fähre kilometerweit davon, und neue Besitzverhältnisse nach Bodenreform und LPG-Bildung machten den Weg über die Mulde überflüssig. *Ralf Krüger* erläutert bei einer Wanderung den Charakter der Mulde: Mehrmals schon haben in der Vergangenheit die Hochwasser den Flußlauf verändert. In schlimmster Erinnerung ist das vom Sommer 1954, das letzte übrigens. Viele Menschen, Feuerwehr, freiwillige Helfer, auch sowjetische Soldaten, konnten drohende Überschwemmungen verhindern. Ich stand damals des Nachts Wache auf dem Damm, als der sonst so schmale Fluß zum See wurde, der sich unheimlich im Dunkel verlor und über den gespenstisch Scheinwerfer huschten. Nur wenige Zentimeter unter uns strömte das Wasser.

Der Name Kollau kommt aus dem Slawischen und heißt sinngemäß „Rundling". Damals im 7. Jh. entstanden weitere Siedlungen, von denen aber einige nicht mehr existieren. Dazu gehörte auch *Boberwitz*, heute längst eine Wüste Mark, doch der Name blieb noch lange im *Bobritzer Damm* erhalten. Dieser Steinschüttdamm, der vermutlich schon im Mittelalter errichtet worden ist, und der die Mulde abriegelte, damit ihr Wasser über einen Mühlgraben die Mühlen in Eilenburg antreiben konnte, heißt heute *Kollauer Wehr*.

1284, das ist die erste urkundliche Erwähnung, wurde die Siedlung zum Grenzdorf. Sie gehörte damals zum Bistum Merseburg, und auf der anderen Seite lag das Bistum Meißen. Bis 1945 blieb der Ort preußisch. Und bis 1933 wurde der Ort von den Fleischern als „Schlachtort" genutzt, weil im Preußischen das Schlachten steuerfrei war. Bis zu vierzig Schweine sollen hier täglich geschlachtet worden sein! Verarbeitet wurden sie dann in den heimatlichen sächsischen Fleischereien. Wieder mal widerlegte Bauernschläue die Meinung vom „dummen Bauern".

*Heinz Thümmler, 1986 S. 108*

HEUTE: 1954 war nicht das letzte Hochwasser. Die Fluten von 2002 stiegen viel höher und setzten das ganze Dorf unter Wasser. Zurück blieben immense Schäden, die inzwischen behoben sind.

**Das Kollauer Wehr zur damaligen Zeit, Anfang 2000 instandgesetzt und ausgebaut.**

## Im Bahnhof saßen die Reisenden 1. und 4. Klasse

Als am 3. Nov. 1838, von Dahlen kommend, der erste Dampfwagenzug das 4000 Einwohner zählende **Oschatz** erreichte, war nicht nur ein weiterer Streckenteil der Leipzig-Dresdener Eisenbahn eingeweiht, auch die Station Oschatz wurde feierlich eröffnet. Die für Sparsamkeit bekannte Eisenbahn-Compagnie hatte einen schlichten Bau im Stile „früher Sachlichkeit" in Eile geschaffen. Doch bereits nach wenigen Jahren erkannte man, daß das Gebäude den immer größer werdenden Reisestrom nicht mehr gewachsen war. Es dauerte schließlich vierzig Jahre – in der aufblühenden Stadt lebten inzwischen über 7000 Einwohner – bis 1878 der Umbau des Bahnhofes begann. Im Mittelpunkt stand ein neues Stationsgebäude, das von nun an nicht nur Dienst-, sondern auch Empfangsgebäude für die Reisenden sein sollte. Schon zwei Jahre später eröffnete man nahezu ohne jegliche Feierlichkeit den Neubau, wie er heute noch steht, in „akademischer" Bahnhofsarchitektur.

Die Bediensteten des Bahnhofs II. Klasse konnten Büros, ein Telegrafenzimmer, zwei Fahrkartenschalter, eine Gepäck-Expedition sowie Räumlichkeiten für den Schirrmeister, den Portier und einen Polizisten in Besitz nehmen. Lediglich eine Poststelle fand trotz mehrfachen Antrags keine Genehmigung. In den oberen Stockwerken erhielten der Bahninspektor, ein Restaurateur, ein Schirrmeister und ein weiterer Beamter private Wohnungen. Die Reisenden konnten sich jetzt in einer geräumigen Bahnhofshalle mit Wartesälen 1. und 4. Klasse aufhalten. Der Unterschied bestand in der Heizung und der Beleuchtung. Besonders das neue Restaurant wurde gelobt. Auch hier gab es Räumlichkeiten nach Klassen, wobei der Begriff „Erste Klasse" bis in die siebziger Jahre des 20. Jh. aktuell blieb. Damit war das spätere *Mitropa*-Salonzimmer gemeint.

Im Laufe der Jahre erfolgten am und im Gebäude Veränderungen, und 1988 wird der Bahnhof sein 150jähriges Bestehen feiern. Eine äußere Aufarbeitung, die völlige Rekonstruktion seiner sanitären Anlagen und die Bahnsteigunterführungen sollten bis dahin dem Stationsgebäude ein würdigeres Aussehen geben, als es seit einigen Jahren der Fall ist. Auf dem Bahnhof halten jetzt täglich 46 Reisezüge. Bis zu 3000 Personen benutzen das Gebäude. Ein Bahnhofsbau und sein Umfeld sind auch ein Aushängeschild für eine Stadt.

*Reiner Scheffler, 1986 S. 36*

HEUTE: Zwischen 1993 und 1997 erfolgte ein Ausbau des Schienennetzes mit zwei bis zu 200 km/h schnellen Durchfahrgleisen mit modernsten Signaleinrichtungen, zugleich ein Rückbau des übrigen Gleisbereiches. Das Empfangsgebäude blieb ein „verlassenes Objekt", in dem nur noch stundenweise die Fahrkarten ausgegeben werden und mit einer Wohnung im Obergeschoß. 2004 erfolgte eine Aufwertung des Bahnhofsvorfeldes mit Park- und Busplätzen. Jetzt halten täglich bis zu 42 regionale Reisezüge, Fernzüge fahren durch.

**Blick auf Oschatz vom Wachhübel aus um 1850 mit dem Viadukt der Eisenbahnstrecke, der Saxonia mit offenen Personenwagen und den Bahnhofsgebäuden (am rechten Bildrand)**

# Dr. Alexander Pfeiffer, jahrzehntelang Landarzt in Großbothen

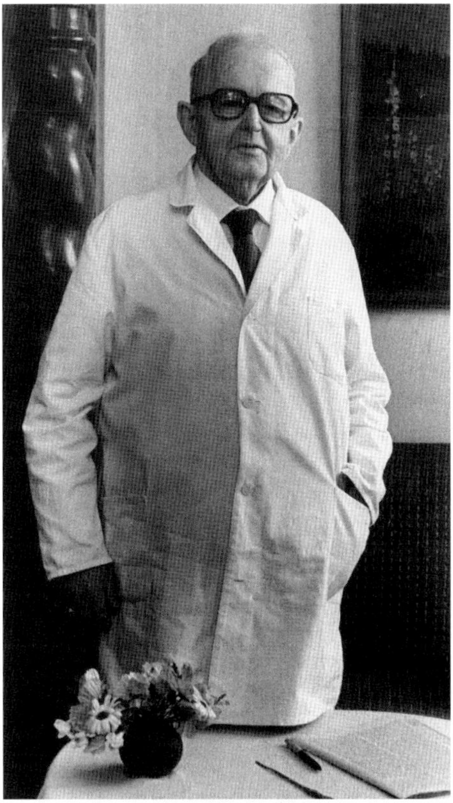

Am 11. April 1926 erhielt das Gemeindeamt Großbothen folgende Mitteilung: *„Nach langjähriger Assistentenzeit in Lübben erlaube ich mir hierdurch mitzuteilen, daß ich mich am 12. April 1926 in Großbothen als praktischer Arzt, Geburtshelfer und Wundarzt niedergelassen habe. Hochachtend Alexander Pfeiffer, Dr. med.“*

Die rund 2800 Bürger von Großbothen und der umliegenden Orte brauchten wieder einen ortsansässigen Arzt, denn seit dem Weggang des bisher zuständigen Mediziners waren schon Monate vergangen. *Dr. Pfeiffer* wurde „in Pflicht genommen“ – so lautete die Eintragung im Aktenstück .

Nach und nach wurde der Doktor von den Patienten aus Großbothen und den Nachbarorten bis weit über den Thümmlitzwald hinaus aufgesucht und zu jeder Tages- und Nachtzeit gerufen. Brachte ihn anfangs das Fahrrad zu den Kranken, war es ab 1928 ein Opel P 4. Und mit den Erfolgen des Arztes wuchs das Vertrauen der Bevölkerung.

Sein besonderes Interesse galt der Gynäkologie. Kaum einen Monat nach seinem Start half er am 18.5.1926 dem ersten Baby in seiner Landarztpraxis auf die Welt – es war *Werner Müller* in Kössern. Nähme man heute *„Dr. Pfeiffers Kinder“* zusammen, würden sie ein ganzes Dorf füllen. Zwar gab es in einigen Orten eine Hebamme, doch seine geschickten Hände und seine aufmunternden Worte zur rechten Zeit schufen Vertrauen. Und oft galt es, nicht nur Unwissenheit und Angst der jungen Mütter zu beseitigen, sondern auch in den Köpfen einiger Großmütter Verschiedenes klarzustellen, denn trotz Aufklärung hielt sich noch immer Aberglaube rund um den Geburtsvorgang.

Im Krieg sah man Dr. Pfeiffer mit Hebammenkoffer und Rucksack auf dem Kleinst-Motorrad *Fichtel & Sachs* über die Dörfer zuckeln. Dafür wurden ihm pro Monat fünf Liter Benzin zugeteilt! Bei Benzinmangel tat es im Notfall auch der von Schimmeln gezogene Milchwagen des Bauern *Steudte*.

Nach dem Zweiten Weltkrieg wurden Entbindungen im Krankenhaus üblicher. Doch der Mangel an Fahrzeugen, Bettwäsche und vielen anderen Dingen verursachte manche Schwierigkeiten. Deshalb wandten sich junge Frauen weiter vertrauensvoll an „ihren“ Doktor, der in vielen Fällen schon ihren eigenen Müttern beigestanden hatte. Bis in die Gegenwart nimmt Dr. Pfeiffer regen Anteil an der weiteren Entwicklung der geborenen Kinder und ihrer Mütter. Verschlungen sind die Fäden, fest sind die Knoten, die ihn schon sechzig Jahre lang mit den Leuten seines Praxisbereiches verbinden.

„Ich habe meine Pflicht getan!“, so sieht Dr. Pfeiffer die Quintessenz seines Lebens. Deshalb will er auch keinerlei Aufhebens um seine Person. Aber heute muß er sich aus besonderem Grund eine Ausnahme gefallen lassen: Sanitätsrat Dr. Pfeiffer, der in Großbothen und Umgebung mehr als sechs Jahrzehnte Menschengeschichte mitgeschrieben hat, beging am 19. März 1986 seinen 90. Geburtstag.

*Gretel Brauer und Beate Bahnert, 1986 S. 96*

HEUTE: Dr. Alexander Pfeiffer verstarb 1993 im Alter von 97 Jahren. Seine Arztpraxis wurde nicht weiter geführt, doch die ärztliche Tätigkeit übernahm in einer neuen Praxis Dr. Matthias Lange.

## Kalter Ofen bäckt keinen Stollen!

An einem späten Herbsttag 1984 trafen wir gegen 7.30 Uhr bei der Familie Weiske in **Threna** ein. Wir waren zum Stollenbacken gekommen. Um 5 Uhr hatte *Brigitte Weiske* (47) mit der Vorbereitung begonnen. Zuvor war schon die Stallarbeit erledigt worden, 28 Milchkühe betreut sie mit ihrem Mann.

Der große Kachelofen in der Stube gab viel Wärme auch an den Backtrog ab, in dem das „Hefestück" lag. Dazu hatte die Hausfrau 20 Pfund Weizenmehl genommen und die in warmer Milch aufgelöste Hefe zugefügt. In rund 2 ½ Stunden war das Hefestück aufgegangen, und nun wurden die Zutaten zugemischt. Dazu kamen 8 Pfund Fette (Butter, Gänse- und Wellfett), Zucker, süße und bittere Mandeln, Zitronat, Aromat von Apfelsinen, eine Prise Salz, Milch und letztlich jede Menge Rosinen. Das Wirken im Backtrog war eine schweißtreibende Arbeit, bis schließlich nach einer halben Stunde der fertige Teig dalag. Nun blieb er liegen, damit er in Ruhe „gehen" konnte.

Schon am Vortag hatte der Altbauer *Hellmuth Müller* (78) den Ofen im Backhaus tüchtig geheizt. Die Feuerung setzte er seit dem frühen Morgen fort. Immer wieder hatte er Reisholz nachgelegt und durfte seinen Platz für Stunden nicht verlassen. Die Teigstücke waren inzwischen zwei Stunden lang „gegangen" und hatten ihr Volumen mächtig vergrößert. Mit der Küchenwaage wurden 4-Pfund-Teigklumpen abgewogen und zu Stollen geformt.

Nun konnte das Backen beginnen. Vater Müller hatte den 1895 erbauten Ofen von Glut und Asche gesäubert und mit einem feuchten Bund Roggenstroh ausgewischt.

Zunächst entstanden bei Weiskes aus dem Stollenteig noch Streusel-, Kartoffel- und Pflaumenkuchen. Sie waren schon nach zehn Minuten „gut" und schmeckten mit dem Kaffee einfach köstlich.

Der Ofen strahlte die richtige Hitze ab, die Stollen konnten in den heißen Schlund eingeschoben werden. Nach einer halben Stunde erste Probe mit einem Holzstäbchen, ob sie durchgebacken waren. Besser ein bißchen dunkler, aber „durch" mußten sie sein. Und das waren sie noch nicht, also blieben sie noch drin. Zwischendurch wurden sie „umgesetzt", was vorn war, kam nach hinten, und umgekehrt. Nach weiteren 15 Minuten konnte das Backen beendet werden, und schon nach 12 Uhr lagen die ersten fertigen Stollen auf den Kuchendeckeln und dufteten verführerisch. Aber sie werden erst zu Weihnachten angeschnitten. In einer Lade, eingewickelt in Bettücher, sollen sie noch richtig „durchziehen". Langsam legt sich die Spannung. Der Jahreslauf rundet sich.

*Rudolf Priemer, 1986 S. 104*

HEUTE: Bei Weiskes wurden Ende der 90er Jahre zum letzten Male die Stollen in den Ofen geschoben. Seitdem werden nach alten Rezepten nur noch wenige im Elektroherd gebacken.

**Dorfbild mit Kirche in Threna**

**Die Klamaukbrüder von der Himbeerband in ihrem Element**

# Viel Blech war aus Grimma zu hören

Die *Himbeerband* hatte zur Geburtstagsparty geladen, zum 10jährigen. Wer sind die Leute, die sich zu einem Klamaukorchester gefunden haben?

*„Herbert Saite“* heißt eigentlich *Frank Möbius,* ist die *Himbeere* Nummer eins in der Truppe, sozusagen der Chef. Er spielt Gitarre, was der Künstlername schon ahnen läßt, macht alle Texte und die Ansagen, arbeitet tagsüber im BMK Süd in Grimma als Schlosser und bewohnt den Geburtstagsbauernhof in Grechwitz.

Weil er hervorragend Baß oder auch die Badewanne spielen kann, wird *Frank Richter „Bodo Stahlfinger“* genannt. Er ist auch von Anfang an dabei und wohnt in Grechwitz. Sein Brot verdient er als Klimawart im Grimmaer Chemieanlagenbaukombinat.

*Stephan Kreisel* mag wohl gerne süße Sachen, weshalb ihn seine Jungen *„Henry Drops“* tauften. Er ist heute als Techniker und Organisator unentbehrlich. Wohnt in Großbothen und arbeitet als Kranschlosser in Vaters Firma.

*„Felix Blase“* pustet nicht nur mehr oder weniger klangvoll in kuriose Instrumente. Übrigens vermag er als einziger, Noten zu lesen. Richtig heißt er *Lothar Eckhardt,* ist im BMK Süd als Elektronikmeister tätig und wohnt in Walzig.

Ebenso scherzhaft wie für die anderen ist die Bezeichnung *„Klaus-Inge Taktlos“* für *Volkmar Pohle*. Daß er auf seinem Schlagzeug richtigen Takt – und was für einen – schlagen kann, beweist er bei jedem Auftritt. Beruflich ist er Hausmeister in der GHG Lederwaren.

Obwohl er zuletzt zur Band stieß, hatte *Andreas Preisler* schnell seinen Namen weg: *„Karl-Heinz Bratpfanne“*. Er bringt Gitarren und Geigen zum Klingen und arbeitet tagsüber als Entwicklungsingenieur im VEB Druck- und Spezialpapiere Golzern.

Eigens für die Grechwitzer Geburtstagsfeier von der Armee freigestellt wurde *Axel Geißler*, der vierte Grechwitzer. Er rückte bei den Auftritten der Band alles ins rechte Licht.

Ich stelle sehr schnell fest: Die „Klamaukbrüder“ sind doch ganz normale Mitbürger! Die Truppe macht so rund 120 Auftritte im Jahr, vom Kap Arkona bis zum Fichtelberg.

Aber komischerweise kommen so gut wie keine Einladungen aus dem eigenen Kreis Grimma. Offenbar wird hier Kultur so ernst genommen, daß man das beliebte Klamaukorchester lieber aus dem Spiel läßt.

Nun wird also gefeiert: *„10 Jahre Himbeerband – live vom Schrottplatz“*. Das trifft den Kern, denn das ist ihr Image: ungewöhnliche Instrumente aus ungewöhnlichem Material: Da gibt es den Baß, der einst eine Badewanne war, die Klapper aus *delicat*-Kaffeebüchsen, das Möbophon, das Eckophon, die Himbeerposaune aus Hydraulikrohr, den 125er Maulschlüssel als Baßgitarre, da entlockt man Ofenrohren Töne, da bestimmt der Schlagzeuger den Rhythmus auf alten Baulampen, Dieselfässern oder Ventilatoren und plaziert sich auf einem Kinderfahrrad. Da hängen Wasserkessel, Waschbrett, Mopedauspuff und andere aufgemotzte Schrotteile herum.

Der Beifall für das Geburtstagsprogramm ist so groß und die Stimmung so prächtig, daß alle zweihundert Gäste lautstark mitsingen „Marmor, Stein und Eisen bricht . . “ in der Hoffnung, man erfährt und hört dadurch in Grimma, daß es hier die Himbeerband gibt.

*Silke Hoffmann, 1986 S. 114*

HEUTE: Die Himbeerband gab schon mehrmals ein Abschiedskonzert, aber sie lebt und spielt noch. Und das ist gut so!

## In Klinga basteln Frauenhände auch Kinderspielzeug

**Typischer Dreiseithof in Klinga mit säulengeschmückter Toreinfahrt**

Wir gehen durch die Dorfstraße. Die Dreiseithöfe stehen wie eh und je, beinah wie Studienobjekte für den Dorfarchitekten. Da das Haupthaus, gegenüber das Auszugshaus, dann attraktives Tor mit Säulen, und dahinter, vom stattlichen Hausbaum verdeckt, die Scheune, quergestellt. Der Bauerngarten, oft beiderseits der Einfahrt, trennt den Gebäudekomplex von der Straße ab. Überall, wohin wir gehen, entdecken wir diesen Typ, hier mit Weinlauf an der Haustür, dort ein Bogen als Eingang, da eine besonders breite Linde: ein Bild aus alten Bauerntagen, organisch gewachsen. Doch die Zeit bleibt nicht stehen. Wir sehen auch Häuser mit breiten Fenstern, davor der englische Rasen mit den „vornehmen“ Koniferen, ein durchbrochener Betonzaun umschließt die neue Zeit.

Klinga hat gegenwärtig nur einen Handwerksbetrieb. Als Magdeborn bei Leipzig Mitte der siebziger Jahre der Braunkohle zu weichen hatte, mußte dort die Tischlerei Richter, ein alter Familienbetrieb, aufgegeben werden. Sohn *Manfred Richter* (47) erwarb hier das ehemalige Grundstück des Baugeschäftes *Walter Krause* und richtete eine Tischlerei ein. Türen, Fenster, im Winter Möbel, sogar gedrechselt, entstehen für die Bewohner ringsum. Die Bestelliste ist für Jahre abgeschlossen.

In einem Nebenraum stehe ich in einem Spielzeugland. An Tischen sitzen zwei Frauen, Ehefrau Lieselotte und Schwiegertochter Ines, umrahmt von bunten Holzteilen. Beide bemalen die rohen Stücke und fügen sie zusammen. Das Ergebnis? Ein wunderschöner Holzzug, so recht für den Weihnachtstisch geschaffen. Ich greife zum meinem Portemonnaie. „Das geht leider nicht!“ Hier ist Konsumgüter-

Produktion für das Kraftwerk Thierbach. Der Energieriese liefert Rohholzabfälle nach Klinga und erhält dafür in Kisten verpackt und sorgfältig abgezählt, kleine hölzerne Kunstwerke aus Frauenhand.

Mit *Kurt Schumann* treffen wir einen der ältesten Einwohner des Ortes. Der 87jährige sitzt bei Pfannkuchen und Milch, als wir ihn zur Vesperzeit in der blitzsauberen Küche überfallen. Ein alter Bauer, der das stattliche Gut seinerzeit von seinem Vater übernommen hat. Bis zum 82. Lebensjahr machte er sich nützlich, zuletzt im LPG-Stall. Nun genießt er den wohlverdienten Feierabend.

Am Gasthof *Schwarzes Roß* sollte man nicht vorbeigehen. Frischer Putz, neue Fenster, eine stabile Haustür *(Fa. Richter)* wirken einladend. Der Wirt, *Werner Kneppe*, hält seine Gäste zusammen und weiß sie gut zu bedienen. Sein Mittagstisch ist weithin bekannt. Da tritt er in die Fußstapfen seines leider viel zu früh verstorbenen Vaters (Gasthof *Weißes Roß* in Ammelshain). Cola und Bier gibt's in historischen Räumen. Bei der Renovierung achteten die Denkmalpfleger genau darauf, daß der bauliche Zustand aus dem 18. Jh. erhalten blieb. So kann man heute noch den gewaltigen Balken betrachten, der die ganze Decke des Erdgeschosses trägt. Ein Eichenstamm, aus einem Stück mit der Hand behauen. Solide Handwerkskunst!

Jeden Donnerstag finden bis zu dreißig aktive Klingaer ihren Weg ins Kulturzentrum. Hier steht für die Sängerinnen und Sänger des *Volkschores* ein Konzertflügel. Der Chor wurde von *Werner Fritze* im Jahre 1948 gegründet und besteht heute noch. Nach dem Tode seines Leiters übernahm ihn *Lothar Krause* und dann 1983

**Tischlermeister Manfred Richter mit einem Teil seiner kuriosen Naturholz-Sammlung, bei einer Ausstellung in der Kirche (1996)**

*Gerhard Metz*. Der Chor macht seit langem von sich reden, ist zweimal ausgezeichnet worden, singt vor Rentnern, bei Konzerten und anderen Auftritten. Seine Klangfülle begeistert. Zum Abschied beim heutigen Probeabend bringen sie dem Autor ein ganz persönliches Abschiedslied, nämlich das Heimatlied „Oh Klinga mein, oh Heimat mein, wie bist du mir so wert – und alle, die da kehrten ein, haben dich stets verehrt ." Ich kann dem nichts hinzufügen.

*Heinz Thümmler, 1986 S. 16*

HEUTE: Die Tischlerei von Manfred Richter führt sein Sohn fort. – Werner Kneppe begrüßt nach wie vor seine Gäste im Gasthof, und im Kulturzentrum herrscht ein reges Leben. Vor allem Familien treffen sich dort zu ihren Feiern. Im Volkschor wird weiter gesungen mit *Dietrich Wiesemann* als Dirigent und dem Leiter *Volker Michael*.

**Die Kirche in Klinga**

**Blick über Sermuth mit dem Pumpspeicherwerk (links) hinauf auf die Höhen von Collmen**

# Sermuth – die große und die kleine Siedlung an der Muldenvereinigung

Mutter Natur hatte es uns Kindern leicht gemacht, die Orte der näheren Umgebung auf der großen Schul-Wandkarte zu finden. Wir brauchten nur beide Mulden zu suchen, die wie dicke Regenwürmer aussahen. Und dort, wo sie zusammenzuwachsen schienen, lag Sermuth. Alles andere ergab sich beinahe von selbst.

Wir **Schönbacher** hatten zu den Sermuther Gleichaltrigen ein leicht gestörtes Verhältnis, das durch die Konfrontation im gemeinsamen Konfirmationsunterricht entstanden war. Daß wir das Wasserdorf mit dem großspurigen Namen Groß-Sermuth von oben herab betrachteten, war geographisch bedingt. Uns belustigte, daß die Kötteritzscher und Groß-Sermuther Kinder bis 1780 in die Schönbacher Kirchschule pilgern mußten und erst danach in gemieteten Räumen Unterricht erhielten. Die Klein-Sermuther besaßen eine eigene Schule im Seitengebäude eines Bauerngutes, später im Haus des Glasermeisters *Rudolph*. Seit 1850 gab es sie nicht mehr, und fortan tippelten die Steppkes hinauf nach Collmen. Erst 1923, nachdem die Gaststätte *Muldental* zum Schulgebäude umfunktioniert worden war, drückten die Kinder der drei Ortsteile dort gemeinsam die Schulbänke. Nur gut, daß unsere Kontrahenden nicht wußten, daß ab 1950 die Schönbacher Schulpflichtigen dort ebenfalls Unterricht erhalten würden.

Nein, wir konnten an dem langgestreckten Zeilendorf nichts Überragendes entdecken. Es gab nicht mal eine Kirche. Unsere Widersacher versuchten mit dem 1882 erbauten Rittergutsschloß zu renommieren. Eine Anmaßung, denn es gehörte zu Kötteritzsch, und mit diesem Nachbardorf oben auf der Höhe wollten die Sermuther bei anderen Gelegenheiten auch nichts zu schaffen haben. Überhaupt fanden wir, daß sich die Sermuther selbst nicht einig waren, trennten sie doch bewußt ihr Dorf in *Groß, Klein* und *Kötteritzsch*.

Aus dem Pumpwerk auf dem Landdreieck an der Muldenvereinigung wird seit 1962 Wasser hinauf nach Schönbach in den Speicher gepumpt, von wo aus es dann selbständig in das Bornaer Industrierevier fließt. Die ehemalige Wohnbaracke der Bauarbeiter beherbergt jetzt Kinderkrippe, Ambulanzräume, Gemeindebücherei, Schulhort und Schulküche. Auf dem gegenüberliegenden Muldeufer befindet sich sie Sportanlage der *BSG Traktor* mit dem Sportlerheim. Die Sportler brauchen sich mit ihren Leistungen nicht zu verstecken. Allen voran die I. Fußballmannschaft, die es wieder einmal schaffte, in die Bezirksklasse aufzusteigen. In Ermangelung einer ordentlichen Gaststätte trinken viele Sermuther ihr Bierchen im Sportlerheim oder feiern dort Familienfeste. So ist es fast zum gesellschaftlichen Zentrum geworden.

Vetters dufte Bäcker-Truppe mit den köstlichen Angeboten ihrer Konditor-Hände

Sermuth ist stets ein stilles, bescheidenes Dorf gewesen, das eigentlich nur bei Hochwasser auf sich aufmerksam machte. Oft überschwemmten beide Mulden das Dorf, und zu allem Überfluß kam auch noch das Wasser des Bachs von der Gegenseite dazu. Übrig blieben verwüstete Felder und Wohnstätten. Bis fast in die jüngste Zeit, vor allem 1954, geriet das Dorf in äußerst bedrohliche Situationen. Jetzt dürften nach dem Neubau neuer Talsperren sowie anderer Sicherheitsmaßnahmen die schlimmsten Hochwassergefahren gebannt sein.

Daß sich schon in der Vorzeit hier Menschen ansiedelten, ist verständlich. Wasser war stets das wichtigste, und davon gab's wahrlich genug, wenngleich beide Flüsse auch Hindernisse bildeten. Jahrhundertelang konnte man sie nur durch Furt, Kahn oder Fähre überwinden. Viele Unglücksfälle waren die Folge. Erst 1920 konnte ein Brückenbau über die Zwickauer Mulde durchgesetzt werden. Die *Firma Richter* aus Sermuth übernahm die Erd- und Straßenarbeiten. 1933 entstand in Rekordzeit von drei Monaten der Übergang über die Freiberger Mulde, die „Ost-Brücke". Leute vom Bau warnten, und es überraschte keineswegs, daß der dürftige Unterbau des Landpfeilers nach den Hochwassern bald keinen Grund mehr besaß, so daß es vor einigen Jahren zu einer Verschiebung am Gelenk kam. Verschoben wurde allerdings auch mehrfach die überfällige Instandsetzung. *Wolfgang Stadler, 1986 S. 72*

HEUTE: Die Hoffnung, daß der Ort vor Hochwasser geschützt bleibt, bestätigte sich nicht. Das Jahrhunderthochwasser vom Jahre 2002 überschwemmte das Dorf und die Fluren und verursachte erheblichen Schaden. Jetzt werden Baumaßnahmen eingeleitet, die künftig einen sicheren Schutz bieten sollen. Kindergarten und Krippe werden neu gebaut, und die Sportanlagen gegenüber vom Dorf wurden ebenfalls völlig neu errichtet.

Die fröhlich-verführerische Frauenriege vom Sportverein bei ihrem Marsch im Festumzug zur 700-Jahr-Feier

**Vor hundert Jahren war Bucha eine verträumte Siedlung mit der beherrschenden Dorfkirche auf der Höhe**

# Bucha ist jetzt ein richtiges Feriendorf

Der spitze Turm der renovierten Kirche ragt weit hinein in den Himmel. Er steht auf einem Berg, der ziemlich steil abfällt. In früheren Zeiten war hier vermutlich eine Kultstätte der Sorben. Die Kirche ist innen weiß getüncht. An der Altarwand hängen drei Figuren aus Holz. Die Schnitzwerke sind mindestens 500 Jahre alt. Erst 1898 wurden sie unter Gerümpel auf dem Kirchboden entdeckt und vom *Hofbildhauer Roch* in Dresden restauriert. 1868 brannte die Kirche durch Blitzschlag vollkommen aus und wurde ein Jahr später neu erbaut. Die Häuser der Siedlung stehen heute meist

**Bucha heute am Naturbad: Solch ein Gewimmel möchte ich sehn . . .**

im Tale, und hinter den Gehöften ziehen sich die Flurstücke in langen Streifen zur Höhe wie bei einer Hufeneinteilung. Bucha war früher nie ein wohlhabendes Dorf. Es gab lediglich drei größere Bauernhöfe und ein paar kleinere. Im allgemeinen waren die Häusler in Industrie, Wald und Landwirtschaft beschäftigt. Im ehemaligen Bauerngut von *Gustav Graf* trafen sich in den 30er Jahren junge Leipziger Arbeiter zu ihren Heidewanderungen. Unter ihnen war auch der Maler *Alfred Frank*, den die Faschisten 1945 nach jahrelanger Kerkerhaft ermordeten.

Unterhalb des Kirchberges liegt ein großes Gebäude, das früher die Schule beherbergte. Jetzt befinden sich darin die

Was aber wäre das schönste Dorf ohne ein Gasthaus? Ein Lob gebührt dem Ehepaar *Jakob*. Die *LPG Niedergoseln* hat das alte Mühlengebäude in ein Kinderferienlager ausgebaut und nun das ganz neue Gasthaus *Zur Mühle* in Pacht gegeben. In einer mit rustikalen Bauernmöbeln ausgestatteten Gaststube fühlt man sich sehr wohl. Und für den eiligen Gast ist da noch die *Heidegaststätte* von *Herbert und Gisela Kruscha*, wo man gleich vom Feld her am Stammtisch Platz nehmen kann. Und schließlich sollte noch das Naturbad am Dorfeingang erwähnt werden, das vor allem für Familien ein herrliches Ferienparadies ist. *Renate Baumann, 1986 S. 23*

**Der Ort ist ein beliebter Ausgangspunkt in die Dahlener Heide**

Gemeindeverwaltung, der Kindergarten, die Mütterberatung und Versammlungsräume. Seit 1960 fahren die Buchaer Kinder nach Dahlen in die Schule.

Bucha ist jetzt ein richtiges Feriendorf geworden. Der *VEB Wollkämmerei* Leipzig hat schon vor langer Zeit hier ein Kinderferienlager gebaut, es folgten der *VEB Kühlanlagenbau* Dresden, der *VEB Kraftverkehr* Waldheim und noch viele andere. Weiterhin stehen über hundert private Bungalows verstreut in der Umgebung.

HEUTE: Landfleischerei *Streul* und Bäckermeister *Uwe Rentsch* versorgen nicht nur im Ort, sondern mit Verkaufswagen auch Kunden in anderen Dörfern und Städten mit den begehrten Nahrungsmitteln. Die Kinderferienlager sind geschlossen, das Gasthaus *Zur Mühle* zu einem Hotel mit stilvollem Restaurant ausgebaut. Das Naturbad lockt nach wie vor die Badegäste an, die zudem in einer Minigolfanlage einen sportlichen Ausgleich finden mit rustikaler Gastronomie.

**Luftbild von Bennewitz mit den Baustellen im neuen Gewerbegebiet und des neuen Rathauses. Im Hintergrund das Häusermeer von Wurzen (um 1994)**

# In Bennewitz gab es mal vier Tankstellen

Es ist mein Heimatdorf, über das zu schreiben ich den Auftrag erhielt. Was gibt's da wohl Neues zu entdecken? Mein Rundgang beginnt im „Dorf". Damit sind seit eh und je die wenigen Wohn- und Bauernhäuser gemeint, die das ursprüngliche Bennewitz, ein in seiner Anlage fast vollständig erhaltenes Sackgassendorf, ausmachen. Eingangs steht das wuchtige Hauptgebäude des ehemaligen *Lichtensteinschen* Gutes, von einer mächtigen Linde flankiert. Bereits 1610 fungierte es nebenbei als Gasthof und Ausspanne. Heute beherbergt es die Verwaltungsräume der *LPG Ernst Thälmann*. Nur wenige Schritte sind es von hier bis zum Dorfplatz, den eine ebenfalls schon recht betagte Eiche sowie einige Linden zieren. Diese Baumgruppe und das unmittelbar dahinter gelegene Gebäude der *Alten Schule* stehen auf den ausgefüllten Dorfteichen. Hier zog die Bevölkerung ihre Kirmeskarpfen heran. Und hier steht auch inmitten des Alten Friedhofes, umgeben von einer nicht mehr sehr hohen Bruchsteinmauer, die romanische Kirche aus dem 13. Jh. Efeuumrankte Grabstellen mit kunstvollen Gittereinfriedungen, halbverfallene Grabmäler auf längst eingesunkenen Ruhestätten, mächtige Linden und das herbstliche Schweigen ringsum vermitteln die Atmosphäre, die es eben nur auf alten Friedhöfen gibt.

Dann stehen wir vor dem neuen Kulturhaus *Walter Neuber*. Er war der erste kommunistische Bürgermeister von Bennewitz nach dem Zweiten Weltkriege. 1875 als Gasthof *Zum schwarzen Mann* erbaut mit einem großen Saal und einer hervorragenden Akustik. Hier haben viele tausend Menschen begeisternd unvergeßliche Konzerte erlebt. Sehr oft zeichnete der Bennewitzer Volkschor mit über einhundert Sängerinnen und Sängern und ihrem einmaligen Dirigenten *Albrecht Wagner* dafür verantwortlich. Hier haben Leipziger Gewandhausmusiker gewirkt, haben namhafte Tanzkapellen gespielt.

Nicht allzu weit entfernt lag an der Straße die Schmiede mit der Schmiedebrücke davor, die einst einen alten Muldenlauf überspannte. Jetzt umfließt die Mulde das Dorf in sanftem Bogen. Übriggeblieben ist ein

Restloch in *Gödickes* Koppel von Kopfweiden verziert sowie einige kleine Teiche nach Schmölen hin. Alle paar Jahre findet sich dort hochsteigendes Grundwasser im alten Kiesbett und in manchen Kellern.

Bennewitz war früher mal ein reges Handwerker- und Händlerdorf. An die achtzig Leute kommen da zusammen, darunter Bauchladenverkäufer, Werkstätten jeglicher Art, Tankstellen und Gaststätten, Wäscherollen, Scharwerker und Speiseeishersteller, Bäcker und Fleischer natürlich. Auch meine Großmutter war dabei, die als Verkäuferin von erzgebirgischen Spielwaren nach Katalog einen winzigen Nebenverdienst hatte und die ich treppauf, treppab begleiten durfte. Man bedenke, zu einer Zeit, da die Automobile, welche an einem Tag durch Bennewitz brausten, an einer Hand abzuzählen waren, gab es auf einer Strecke von etwa 500 Metern vier Tankstellen. Die Bennewitzer brauchten die Stadt eigentlich nicht.

Nebenbei sei noch eine Kuriosität erwähnt. Man geht von der Schule aus die etwa zweihundert Meter bis zur F6. Dort, wo sie einen scharfen rechten Winkel bildet, standen die Häuser von **Neudeuben**. Wir Kinder konnten damals nicht begreifen, daß die von der Straßenseite gegenüber, obwohl sie die Bennewitzer Schule zum Greifen nahe hatte, fast zwei Kilometer nach **Deuben** gehen mußten. Sie wohnten eben in Neudeuben, nicht in Bennewitz!

Das heutige schmucke Gemeindeamt war früher das *Gasthaus Zur Linde* in Neudeuben. Hier laufen die Fäden aus zehn ehemals selbständigen Gemeinden zusammen, was Wunder also, daß meine Bemühungen, mit dem Bürgermeister ins Gespräch zu kommen, zu keinem Erfolg führten. Außerdem ist es typisch für *Werner Moser,* den Bürgermeister, daß er die Gemeindegeschicke nicht vom Schreibtisch aus lenkt, sondern eher vom Fahrersitz eines Kranes oder Dumpers.

Unvollständig wäre die Stippvisite im Ort natürlich ohne einen Blick über den Zaun der LPG mit deren langjähriger Vorsitzenden *Frieda Sternberg,* zu werfen. Während noch vor wenigen Jahren der Schwerpunkt auf Halm- und Hackfrüchten lag, dreht sich jetzt alles um Fleisch, Milch und Eier. Das alles aber ist weit verstreut in der Umgebung zu suchen, in den Außenbezirken gewissermaßen: 2745 Rinder in Grubnitz und Bach, 3550 Schweine in Zeititz, Pausitz und Grubnitz und 140 000 Hennen in Altenbach. Dazu zählen noch 10 000 Broiler im Jahr.

Tierproduktion – das sind 365 Tage im Jahr für jeden Mitarbeiter, den Urlaub abgerechnet, an denen der Blick zur Uhr faktisch gar nicht erlaubt ist. Das sind aber auch erhebliche Umweltprobleme, besonders im Hinblick auf die Bodenfruchtbarkeit. Deshalb eine ernste aber notwendige Forderung: Zurück zum Stroh!

Auch das ist beachtenswert: Fünfzehn Pferde besitzt die LPG jetzt wieder, dreizehn der hellblonden Haflinger und zwei Warmblüter als Reitpferde. *Arno Schmidt,* in dessen Obhut die schönen Tiere bestens gedeihen, unternimmt auf Wunsch lustige Kremserfahrten in die Umgebung und kann über mangelnde Aufträge gewiß nicht klagen. Ein Stück echtes dörfliches Milieu ist somit zurückgewonnen.

*Werner Ballschmieder, 1986 S. 4*

HEUTE: Die LPG wurde zur Landwirtschafts GmbH Machern umgebildet, die Geflügelhöfe ebenfalls privatisiert. Auf dem Gelände des Verwaltungsgebäudes entstand der Neubau eines Jugend- und Freizeittreffs „Werner Moser“, benannt nach *Werner Moser* (*1938 †2007), der von 1974 bis 2006 als beliebter und anerkannter Bürgermeister die Geschicke der Gemeinde leitete. Ein neues Rathaus wurde 1994 gebaut. – Das Kulturhaus, in Eigentum der Gemeinde, wurde privat verpachtet.

**Die Kirche in Bennewitz**

## NOTIZEN

**Wurzen**: Vom späten Mittelalter bis um 1875 sorgte der **Tonneborn**, eine Quellfassung nahe des Obstbaulehrgartens *(s. Abb.)*, für die Trinkwasserversorgung der Wurzener Bürger. Von hier lief das Wasser in Holzröhren in einen Steintrog in der unteren Badergasse. Mitglieder der Fachgruppe Höhlen- und Karstforschung setzten das denkmalgeschützte Gemäuer und das Umfeld instand. Noch heute steht das Wasser vom ehemaligen Braunkohleschacht niveaugleich im Gemäuer. Eine eiserne Gittertür schützt vor unbefugtem Betreten, gestattet aber zugleich einen Einblick ins Innere. *1986 S. 47*

## LESERPOST

**„Paragraph 11"**
Im Rundblick 1/1985 schreibt der Autor, der über die Rundblick-Runde in der Löwenbrauerei Dahlen berichtet: „Auf alten Fotos von zechenden Gruppen wird oft ein § 11 mit Kreide aufgeschrieben. Was bedeutet das?"
Antwort darauf finden wir in dem im Jahre 1872 erschienenen Buch „Bierstudien. Ernst und Scherz" von Johann G. Th. Gräße (1814–1885).
Der in Grimma geborene Autor ist gleichfalls der Verfasser von „Der Sagenschatz des Königreichs Sachsen".
In dem Bierbuch bringt Gräße auch die im Jahre 1685 zu Papier gebrachten dreißig Paragraphen des Bier-Comments, „Der hochlöblichen Bier-Brüderschaft Sauf- und Zechrecht", zum Abdruck. Der bewußte § 11 lautet: „Wird in eines Gegenwart auf seine Gesundheit getrunken, soll er darwieder in optima juris froma protestieren, und wenn solches herumgetrunken, als bald jenes seine wieder anfahen (anfangen)."
Allerdings durfte keiner zum Trinken gezwungen werden. Das war festgehalten im § 8: „Soll keiner zum Trunk mit Gewalt gezwungen werden, damit er nicht dadurch zum Mörder an seinem eigenen Leibe werde."
Mancherorts schufen insbesondere Studenten ihre eigenen Trinker-Paragraphen, jedoch dabei stets die alten von 1685 zugrunde legend. Zu Lebzeiten von Gräße hatten Leipziger Studenten den § 11 vereinfacht. Er lautete nun: Es wird weiter gesoffen! *Siegfried Fiedler, 1986 S. 64*

## PERSONALIEN

**Herbert Petzold**, Wurzen, *1910 †1997. Nach landwirtschaftlicher und obstbaulicher Ausbildung zunächst als Rezitator schöngeistiger Themen tätig. Nach dem Krieg Leiter des Wurzener Obstbaulehrgartens, rege Vortragstätigkeit sowie publizistische Arbeiten, darunter die in mehreren Auflagen bekanntesten Obstbücher *Apfelsorten* und *Birnensorten*. Er war ein anerkannter Wegbereiter der Pomologie (Obstsortenkunde). *1986, S. 46*

**Walter Rinkefeil**, Dr., Dresden/Trebsen/Radeberg, *1886 †1986 (100 Jahre!). Jugendzeit in Trebsen, bis 1945 Lehrer an höheren Schulen in Dresden. Historiker und intensive heimatgeschichtliche Forschungen zur Stadtgeschichte von Trebsen, zahlreiche Veröffentlichungen im *Rundblick. 1986 S. 126*

**Hermann Gleisberg**, Dr., Grimma, *1908 †1986. Besitzer der Großmühle in Grimma, promoviert als Jurist, gründliche Erforschung der allgemeinen Mühlengeschichte mit Aufbau eines Mühlenmuseums, heute in Bernburg. Das *Kleine Mühlenbuch* erschien 1956. *1986 S. 126*

**Günter Sämisch**, Albrechtshain, *1929 †1997. Landwirt, Agronom, Tätigkeit in der Wasserwirtschaft und Leiter der Lysimetrischen Station in Brandis. Wetterbeobachter und heimatkundliche Forschungen. *1986 S. 129, 1998 S. 38*

**Maria Köhler,** Grimma, *1934. Gerbereitechniker im väterlichen Betrieb bis 1956, später im VEB Lederhandschuhe. Ab 1978 freie Mitarbeit im Kollegium bildender Künstler Schaddelmühle mit Textilarbeiten und Malerei. *1985 S. 86*

| 1987 | 34. Jahrgang |
|---|---|

**Der Rundblick**. Kulturspiegel der Kreise Wurzen-Oschatz-Grimma. 2 Hefte A 4 mit 136 Seiten, 3,50 M.

Heft 11 der Rundblick-Information
**Nerchau und Trebsen**
Texte: Rudolf Priemer, Horst Weber u. a., Fotos: Horst Liebing

## Seit 100 Jahren Trinkwasser für Leipzig aus Naunhofs Untergrund

1887 wurde das Wasserwerk Naunhof I für die Versorgung der Messestadt in Betrieb genommen. Es war damals das größte Grundwasserwerk Europas mit einer täglichen Förderleistung von 30.000 Kubikmeter Wasser.

Vorausgegangen waren Untersuchungen, die festgestellt hatten, daß ein eiszeitlicher Lauf der Mulde von Naunhof nach Leipzig erfolgt sei und daß sich in diesen Schotterablagerungen ein unterirdischer Wasserstrom bewege. Er beaß eine vorzügliche Qualität und eine Versiegung sei ausgeschlossen. Das hat sich bis heute bewahrheitet.

Beim dem Wasserwerksbau beschritten die Fachleute völlig neue Wege. So wurde an Stelle der bisher üblichen Schachtbrunnen eine Vielzahl Rohrbrunnen von nur 153 mm Durchmesser angelegt, die über eine 1700 m lange Heberleitung entlang der Straße nach Ammelshain miteinander verbunden waren. Drei durch Dampf angetriebene Kolbenpumpen mit je 100 PS Leistung förderten das Wasser. Sie drückten es in einen 32 m höher gelegenen Betonbehälter bei Fuchshain. Von dort floß es im eigenen Gefälle nach Leipzig-Probstheida in die Erdbehälter.

Anfang der 60er Jahre erfolgte die Umstellung von Dampf auf Strom, und die Gleisanlage für die Kohlezüge konnte stillgelegt werden. Neue Brunnen wurden mit Unterwasserpumpen bestückt und die Wasseraufbereitungsanlage (wegen des hohen Eisengehaltes) erneuert. Das Werk hat hundert Jahre erfolgreich funktioniert und Naunhof und Leipzig zuverlässig mit Wasser versorgt. *G. Grebenstein, 1987 S. 28*

**Mit dem Abbau der einstigen Muldeschotter entstanden bei Naunhof riesige Tagebaue, die sich bald mit Wasser füllten, gespeist vom unterirdischen Wasserstrom und Niederschlagswasser.**

# Drachenfliegen am Schönbacher Drachenberg

**Kleine Drachen-Parade vor dem Start**

Ein ungewöhnliches Plakat machte auf eine ungewöhnliche Veranstaltung aufmerksam: „Drachenfliegen in Schönbach“.

*Klaus Thalmann* (37), selbständiger Obstbauer im Ortsteil **Zschetzsch**, besaß schon immer eine heimliche Liebe zu Volksfesten. Er hatte bereits mehrere erfolgreich organisiert und überlegte, wie man alt und jung erneut begeistern könnte. Vor etwa vier Jahren kam er auf die Idee, Drachen steigen zu lassen. Sie ließ ihn nicht mehr los. Den Zschetzscher Recken konnte nicht schrecken, daß ähnliche Bemühungen in anderen Orten keinen recht Aufwind erhalten hatten. Er machte hochfliegende Pläne. Der Einfall, den Schönbacher Montagskeglern vorgetragen, erntete spontanen Beifall: „Wir machen mit, es muß ein richtiges Volksfest werden!“

Nun besitzt Schönbach sogar einen Drachenberg. Der Name ist selten, zumindest in den drei *Rundblick*-Kreisen. Kein Schönbacher vermag zu sagen, weshalb der steile Anstieg so heißt.

Dann war es soweit. Hunderte Besucher kamen, viele mit Kasten-, Plast- und Papierdrachen, Fallschirmspringern, Vögeln, fantasievollen Fluggebilden. Am Flugleitzentrum (eine LKW-Plattform) wurde jeder, der an der Wertung teilnehmen wollte, in das Starterbuch eingetragen, bekam eine zünftige Mütze, eine Rückennummer und los ging's. Einige mußten nach kurzem Höhenflug notlanden oder zerschellten. Es gab Gelächter, aber auch Tränen. Hier und da verhedderten sich Leinen. Für manche Teilnehmer schien der Flugtag zum Fluchtag zu werden. Allmählich ordnete sich das kleine Durcheinander. Nach einer Stunde standen vierzig Flugobjekte am Himmel. Manche hingen fast unbeweglich an einer hundert Meter langen Leine. Wohl alle hatten ihre Freude, Teilnehmer wie Offizielle, und natürlich die Schaulustigen. Am Flugfeld-Büfett, Glücksrad und Bratwurststand herrschte Hochbetrieb. Ein Volksfest im besten Sinne.

Nach zwei Stunden erfolgte die Auswertung des „Luft-Wettkampfes“. Man unterschied zwischen selbstgebauten und gekauften Modellen. Der Vorrang gebührte der ersten Gruppe. Bescheidene Auszeichnungen gewährleisteten, daß auch künftig alles im dörflichen Rahmen bleibt.

Abonnementsieger wird es kaum geben. Das neue Reglement sieht vor, daß Drachen, die einen Preis erhalten haben, bei weiteren Wettbewerben nicht wieder in die Wertung gelangen. Deshalb müssen sich selbst die erfahrenen Konstrukteure flugs etwas Neues einfallen lassen.

Jedes Jahr am 7. Oktober sollen weitere Starts folgen. Bereits das dritte Jahr trafen sich hier die Freunde des schönen Herbstbrauches. Das Schönbacher Drachenwettfliegen ist auf dem besten Wege, eine traditionelle Veranstaltung zu werden.

*Wolfgang Stadler, 1987 S. 20*

HEUTE: 2007 feierten die Schönbacher zum 25. Male ihr Drachenfest, das sich inzwischen zu einem Dorffest mit vielen Teilnehmern entwickelt hat. Die Gesamtleitung liegt nach wie vor in den Händen von *Klaus Thalmann*.

# Wie sich ein Zahnarzt um gute Musik in Kössern kümmert

Es gibt Musik, die mir Kopfweh bereitet. Doch daß mir heute abend der Weisheitszahn ziepte, lag mitnichten an *Mozart* oder *Offenbach*, vielmehr am Anblick meines Zahnarztes *Dr. Fred Ducke*, der da vorn im Kösserner Konzertsaal in der ersten Reihe saß.

Später kam ich mit ihm ins Gespräch. Wie das anfing vor zwanzig Jahren, wollen sie wissen? Na ja, das Jagdhaus, das doch allerhand Tradition hat, wurde damals restauriert. Da ich zu der Zeit auch als Jugendzahnarzt in Tanndorf tätig war, führte mich mein Weg hier vorbei. Oft hielt ich an, weil mich die Neugestaltung sehr interessierte. Daß der Saal im barockenen Schloß nicht nur optisch stilgerecht wiederhergestellt wurde, sondern auch eine hervorragende Akustik besaß, merkte Bürgermeister *Werner Kötz* sehr bald: „Nun ist das Jagdhaus fertig, jetzt muß das Fernsehen her!". Das kam nicht, dafür der Funk mit der Sendereihe „Konzert auf dem Lande". Es gab ein zweites und ein drittes Konzert. Meine Frau und ich wurden regelmäßige Zuhörer. Doch welche Enttäuschung: Beim dritten Mal waren außer uns nur noch „zwei Hände" voll da. Es war jammerschade! .

Ich überlegte mit den restlichen Standhaften, was zu tun sei. Ich ging in verschiedene Betriebe und LPG, um dort Kultur schmackhaft zu machen. Ich habe allerhand geredet, klar, aber das bin ich ja in der Praxis gewöhnt. Und auch Bürgermeister Werner Kötz mühte sich ab. Er hatte eigentlich für „schwere" Musik nichts übrig. Er riß sich aber zusammen und ging sozusagen als Ortsoberhaupt mit gutem Beispiel voran, war immer dabei. Bis er sich dann richtig hineingehört hatte, durch die Erläuterung der Musiker zu ihren Stücken manches besser verstand und sich schließlich selbst zu den Liebhabern guter Musik zählte. Dann hatten wir 65 Anrechte zusammen. Es konnte weitergehen! .

Jetzt ist es so, daß von den 120 Plätzen im wunderschönen Barocksaal bei den Anrechten keiner frei bleibt. Und weil so viele kommen möchten, gibt es seit 1985 zwei Anrechtsreihen. Sechzehn Konzerte im Jahre, und alle ausverkauft. Da soll noch jemand was gegen Kultur auf dem Lande sagen. Und nun, nach zwanzig Jahren bin ich überzeugt, daß nach weiteren zwanzig Jahren immer noch alle Konzert-Stühle besetzt sein werden.

*Silke Hoffmann, 1987 S. 77*

HEUTE: Im Kulturhaus klingt und singt es nach wie vor. Es vergeht kein Monat, in dem nicht der rührige Kulturverein von Kössern „große und kleine Kunst" organisiert.

**Aufmerksame Zuhörer im prachtvollen Saal des barocken Schlosses**

# Ein Fremder in Oschatz

„O Schatz, wie herrlich Du gelegen!" – dieser nie dokumentierte und doch hartnäckig immer aufs neue genannte Ausspruch eines frühen Feudalherren, er beweist sich dem Ankömmling wider besseres Wissen. Längst hat die Forschung ergeben, daß der Name gänzlich anderen Ursprungs sei, doch was vermag schon alle Gelehrtheit gegen die Kraft der schönsten Wunschvorstellungen? Ein wenig Romantik muß uns immer erhalten bleiben und niemand kann am Ende sagen, ob das Zitat – wahr oder nicht – neben der Stadt gar eine Vertreterin ihres schönen Geschlechts meinte.

Da steht der Fremde noch etwas unschlüssig herum, und zwar am Markt. Am Pranger trifft er beispielsweise einen waschechten Bergmann. „Das war in Espenhain", sagt derselbe und schmunzelt. „Dort bin ich nach dem Krieg hingegangen. Und weißt Du warum?" Wir erwarten jetzt etwas von der Arbeitsmoral, aber unser Gegenüber antwortet trocken: „Wegen der Esserei. Wir kriegten das meiste." So viel Ehrlichkeit verblüfft und erfreut zugleich, denn sie beschönigt nichts von dem, was war.

Mittag ist vorüber und dem Besucher läuft die Zeit davon. Mancher Leser wird sich schon fragen, ob denn der Fremdling nichts weiß von den Oschatzer Betrieben, von Glasseide und Filzen, von Durchlauferhitzern, Leuchten und Erstlingskleidern. Kennt er als Schreiber nicht wenigstens Tinte und Tusche? Gemach – er weiß und er kennt. Deshalb wird er sich schleunigst nach oben begeben, um in den Genuß repräsentativer Gesamtansichten zu gelangen.

Ganz ohne Mühe geht es allerdings nicht; kein Vergnügen dieser Welt ist auf Dauer ohne Anstrengung zu haben. Erst einmal will also der Kirchenschlüssel von St. Aegidien herbeigeschafft sein. Pfarramtliche Hilfe führt schließlich zum Erfolg, der Aufstieg kann beginnen. Es handelt sich – soviel für den Statistiker – um 199 Stufen. Schwer knarrt ihr Holz unter unseren Schritten und bald schlägt das Herz mit warnender Heftigkeit bis in die Schläfen. Jenseits der Mauern gurren müde Tauben

**Vom Turm der St. Ägidienkirche kann man weit blicken, noch weiter mit dem Antennengewirr auf den Dächern der Stadt**

im luftigen Nest. Als wir den Glockenboden erreichen, hat die Treppenspirale dem Fremden vorübergehend jegliche Sprache verschlagen. Nur Frau *Thiele*, die emsige Begleiterin, scheint von der Kletterei völlig unbeeindruckt. In der Höhe harrt die ehemalige Wohnung des Türmers *Quietzsch* der Besichtigung. Frau Thiele erzählt von den zwölf Kindern der Familie und davon, wie Frau Quietzsch abends die Wäsche wusch, um bei der Feuerwache nicht einzuschlafen.

Weiter windet sich die Stiege hinauf. An der Wand sind Denkwürdigkeiten des

**Hoppla, jetzt kommen wir, und die Straße gehört uns!**

**Kleine Flaniermeile zum Markt mit Geschäftsauslegern**

modernen Tourismus festgehalten. Wir sehen beeindruckt, daß Herr Haase aus Leipzig schon vor uns hier weilte und nicht umhinkonnte, dieses bedeutungsschwere Ereignis seiner Nachwelt durch umfängliche Steingravierungen kundzutun. Ferner erfährt man, daß Willi aus Zwönitz in eine gewisse Gerda verliebt ist. Bis hinaus auf die obere Galerie besteht kein Mangel an Lesestoff. Plötzlich aber springt uns der Wind an, die Hand greift von selbst zum steinernen Geländer und es eröffnet sich, was einer gewissen Zeitschrift den Namen geliehen haben mag: *der Rundblick*.

**Ein- und Ausblicke im angenehmen Pinguin-Eiscafè am Markt**

Unten wird die Ringform des alten Ortskerns erkennbar. Muster und Farben der Dachziegel verschmelzen zum rötlichbraunen Teppich. Eng schachteln sich die Gebäude ineinander, ohne dabei allerletzte Zwischenräume aufzugeben. In grüne Höfe mit verschwiegenen Sitzplätzen sehen wir von oben hinein, Blumen leuchten, Wäsche flattert. Jetzt erst läßt sich der Beiname dieser Stadt so recht verstehen. Wo immer die Verhältnisse es zuließen, hat sie Gärten hervorgebracht. Kein Winkel war ihr zu klein, kein Boden zu karg für solch besonderen Schmuck. Jawohl, Oschatz, Du bist herrlich gelegen im blühenden Bett.

Wieder unten auf dem Boden. Neben der Aegidienkirche ist es still. Auf ihrer Nordseite interessiert uns besonders das Haus Nummer neun, darin befand sich nämlich die Jungfrauenschule. Das Wort ist von vielversprechender Mehrdeutigkeit, allerdings stellt sich schnell heraus, daß hier nie eine Absolventin gelernt hat, wie sie Jungfrau werden kann.

Von der Bahnstrecke trägt es den klagenden Pfiff einer Lokomotive herüber, dem anhaltendes Bimmeln folgt. Das unsichtbare Läutewerk klingt wie ein Wekker des Fernwehs, selbst wenn jeder weiß, daß die Bahn nur auf schmaler Schiene fährt und seit Jahren keine Leute mehr befördert. Dereinst gehörte ihr Streckennetz zu den bedeutendsten in Europa und man muß kein Vergangenheitsfanatiker sein, um dies noch immer erwähnenswert zu finden.

Über den Thälmannplatz gehen nachmittägliche Gespräche. Eine Sonnenuhr steht da und suggeriert jedermann, daß für weitere Plaudereien noch genügend Zeit verfügbar sei, denn sie geht eine Stunde nach. Ringsum findet das Auge des Flaneurs jene vielfältigen Kleinigkeiten, die gemeinhin gern unterschätzt werden, obgleich auch sie typisch sind. Oschatz hat noch immer die schönen alten Hausnummern aus emailliertem Blech. Heute ist die Kunst ihrer Herstellung mit dem Plastikzeitalter in Vergessenheit geraten. Das Zunftzeichen dagegen scheint endgültig wiedergeboren: Stilisierte Tintenfässer, Scheren und Brezeln wetteifern um die Kundschaft, und am gleichnamigen Gasthaus lädt ein metallener Schwan zur Einkehr. Manches Schaufenster verblüfft durch die Eigenwilligkeit seiner Offerten: In der Ritterstraße werden Fotos von wohlbeleibten Herren ausgestellt. Die Abgebildeten sind sehr verkleidet und sehr fröhlich, worin auch ihre Aufgabe besteht, denn es handelt sich um den *Oschatzer Carnevalslclub OCC*. Bis 1988 hat man die Termine der vereinigten Heiterkeit hier schon festgelegt, auf daß sich keiner ungeplant kostümiere.

Eine Sehenswürdigkeit die der Stadtführer übersehen hat, liegt in der Strehlaer Straße Nr. 5. Nein, wir meinen nicht die exotische Verkaufseinrichtung, deren Name mit *„Inter..."* anfängt, sondern das Haus selbst. Es zeigt sich in schönstem Jugendstil mit geschwungenen Fenstern und filigranem Fassadenschmuck – ganz zweifellos eine Perle unter den Bauten der Stadt.

Mehr ums leibliche Wohl geht es beim Fleischer in der Bebelstraße. Am Schaufenster verkündet eine Plakette, daß selbiger die große Goldmedaille des Deutschen Schinkenwettbewerbes von Berlin gewonnen hat. Das war im Jahre 1905. Auf dem Hof lächeln die Mädchen durchs Fenster, als sie der Fremde beim Wurstschneiden beobachtet, aber es bleibt keine Zeit mehr, die Spur des einstmals siegreichen Schinkens zu verfolgen.

Da ist noch einmal die Raststätte des guten *Goethe*, in der man eben *Radeberger* Bier serviert. Nahebei liegt still der *Sachsenspiegel* im Gewölbe und so ruhig wie die Döllnitz fließt, geht auch der Tag unmerklich dahin.

Schon im Fahren wenden sich die Gedanken zurück mit der Überlegung, was denn nun am schönsten war. Die Gärtchen und Gassen? Der Ausblick? Dieses „herrlich gelegen?" Es wird von allem ein Stück gewesen sein. Aber jedes hat uns ein wenig reicher gemacht. *Ulrich Rhein, 1987 S. 78*

HEUTE: Die Sonnenuhr am Thälmannplatz (jetzt wieder Altmarkt) wurde abgebaut. Dort gibt es genügend Platz zum Parken. – Der OCC belustigt mit *Jürgen Lohschmidt* an der Spitze nach wie vor die Oschatzer Narren. – Der Fleischer in der Bebelstraße (heute wieder Hospitalstraße) hat sein Geschäft geschlossen. – Geöffnet, aber nur einmal im Jahr zum Tag des offenen Denkmals, hat das Archiv im Rathaus, wo man dann den wohlverwahrten Sachsenspiegel im Original sehen darf.

**Romantisches Feuer zum Turmfest nach Johannis**

## Der kleine Turm auf Johannas Höh' in Pyrna

Sie ist eigentlich gar nicht da, diese Höhe mit 157 m über Normal null. Von welcher Seite man auch kommt, man nimmt sie kaum wahr. Der Kundige jedoch weiß Bescheid. Er fährt bis in den Ort, biegt dort in Richtung Gornewitz auf einen Feldweg ein und ist dann schon „oben". Und dort hält er überrascht inne. Er steht vor einem kleinen Aussichtsturm, und was sich da an Rundblick offenbart, das hat er nicht erwartet: Weit hinein in die drei *Rundblick*-Kreise geht der Blick über sanfte Täler und flache Felder, über Schwellen mit Feldgehölzen und ferne Wälder bis hin zum Horizont. Die Straßen mit den Bäumen verbinden die Orte wie Perlenschnüre. Die Kirchturmspitzen in den Dörfern und Städten, die Siloanlagen, Schornsteine und andere Industriebauten geben unverwechselbare Erkennungsmerkmale.

Allerdings: Es verirrt sich wohl selten ein Wanderer hierher. Vor 76 Jahren jedoch konnte der „Berg" die Besucher kaum fassen. Das war im Mai 1911. Damals waren Tausende gekommen, um bei der Weihe eines neuen Aussichtsturmes dabei zu sein. *C.W. Wießner*, vermögender Rittergutsbesitzer in Burkartshain und „Kulturtechniker" hatte einen 12 m hohen Turm bauen lassen. Aus Bruchsteinen und Ziegelsteinen gemauert und mit Schießscharten versehen wirkte dieser Lug-ins-Land wie der Wehrturm einer Spielzeugfestung. Zudem hatte der Bauherr am Fuße des Turmes einen öffentlichen Turnplatz einrichten lassen. Die Turner aus dem Umland zeigten an diesem Tage mit Freiübungen und Riegenturnen an den Geräten ihr Können.

„Mancher Schulausflug ging hierher, und wir erhielten die beste Anschauung in Heimatkunde." So erinnert sich am 23. Mai 1987 die 87jährige *Elsa Thiele,* die mit über zweihundert anderen Besuchern erneut *Johannas Höh'* erstiegen hatte, um die Wiedergeburt des Aussichtsturmes zu feiern. „Ich bin so glücklich, diesen heutigen Tag noch erleben zu können. Und da sind ja auch noch vier andere Mitschüler gekommen, die mit mir einst hier herumtollten. Wir sind der Rest der Klasse, und es ist wohl unser letztes Treffen".

Die *Feuerwehrkapelle* von Wermsdorf und der *Männerchor* aus Burkartshain sorgten für den kulturellen Teil, Bratwurststand und Bierzelt für den stofflichen. Der Chefredakteur des *Rundblicks* durchschnitt das Band und durfte als erster die Plattform besteigen und „neuen" Rundblick halten. Der Bürgermeister dankte allen Helfern für den Aufbau. Er dauerte seine Zeit, weil der Verfall durch Wind und Wetter stetig voranschritt. Heimliche Abrißarbeiten zur Baustoffgewinnung beschleunigten den Niedergang. Besorgte Briefe und mehrere Hinweise im *Rundblick* mahnten den Gemeinderat, doch es fehlten Kraft und Geld, den Zustand zu ändern. Schließlich gelang es doch, und im vergangenen Jahr legten sie los, die Rentner-Maurer *Alwin Haugk* und *Heinz Reichardt. Bernd Fleischer* gab jederzeit technische Hilfe und Bürgermeister *Frank Gottschlich* organisierte das, was fehlte. *Helmut Janke* zimmerte das Dach und *Horst Koch* machte die Klempnerarbeiten.

Nun hat das Dörflein seinen Turm wieder. Es hat ja sonst weiter nichts, weder Kirche noch Schule, weder Gaststätte noch Geschäft. Da steht lediglich eine Handvoll geräumiger Bauerngüter, einige arg verwittert, andere mit viel Mühe aufgefrischt. Und eben der kleine Aussichtsturm, der immer mal wieder das Ziel einer Familienfahrt sein sollte.

*Manfred Müller, 1987 S. 124*

HEUTE: Der Aussichtsturm kann jederzeit betreten werden. Am Freitag nach Johannis (Ende Juli) findet jedes Jahr ein beliebtes Turmfest statt, veranstaltet vom Männerchor Burkartshain.

**Der kleine Turm auf Johannas Höh' am Rande von Pyrna**

**In der fruchtbaren Talaue mit ihren sanften Hängen liegen saftige Wiesen und ertragreiche Äcker**

# Wie wir das Mutzschener Wasser „bezwangen"

*Mit der Rundblick-Wandermannschaft in **zwei** Tagen von Nauberg bis Trebsen, weil die Cannewitzer ihre 100jährige Biertradition feierten*

Treffpunkt war der Zählstein in **Nauberg**. Sicher gehen die 120 Nauberger an ihrem historisch bemerkenswerten Zählstein ebenso achtlos vorüber wie die Grimmaer am Wappenstein auf der Steinbrücke oder die Wurzener an ihrer neuen Postsäule. Wir taten es nicht!

*Herbert Schneider*, ein fast 80jähriger Bauer, blickte uns mit dem gemütlich-neugierigen Blick der sächsischen Dörfler entgegen. Er wußte um die Nauberger Bauerntradition, reicht doch seine Ahnentafel runde fünfhundert Jahre zurück. Er lobte das gute Land, das mit einer Bodenwertzahl um die 90 für „gefüllte Scheuer und Faß" sorgt.

Die Zu- und Abflüsse vom Dorfteich sind das „Urquell" des Mutzschener Wassers. Verrohrt kommt es aus den Fluren und plätschert auch von hier aus unterirdisch weiter. Wir stiefelten auf der Straße nach **Köllmichen**. Endlich erblickten wir unser Bächlein im offenen Graben. Eine Herde Jungrinder auf der nahen Weide machte einen sehr gepflegten Eindruck. Im Ort erblickten wir das Trafohäuschen aus den 20er Jahren, als die Orte elektrifiziert wurden. An Historie erinnert auch das Häuslein daneben, der einstige „Spittel". Anfang des 19. Jh. war die Gemeinde verantwortlich für ihre Armen, errichtete einen bescheidenen Bau und versorgte die Bedürftigen.

Dann stiegen wir zur Krone des slawischen Walles aus dem 6. Jh. v. d. Ztr. hinauf. Ein nicht vermuteter Rundblick entschädigte die kleine Mühe. Damals hatte diese Anlage den Charakter einer Volksburg. Ganze Familienverbände verschanzten sich bei Gefahren hier oben.

In **Wetteritz** machten wir Einkehr ins gepflegte Fachwerkhaus der Familie *Willy* und *Ilse Rennert*. Die einstige Mühle war bis

1918 in Betrieb, dann nur noch Bauernhof. Wir bewunderten die Gewölbe und Säulen in der großen Bauernküche und genossen einen kräftigen Wanderkaffee und Brote mit herzhafter Leberwurst. Am liebsten wären wir in der guten Stube auf dem weichen „Oma-Sofa“ sitzengeblieben.

Nach einem kräftigen Mittagessen in der **Mutzschner** Jugendherberge trafen wir in der Mühlgasse wieder auf unser Bächlein. *Manfred König* werkelte gegenüber und weckte unser Interesse. Die Sensenbäume, die in seinen Händen entstehen, sind sehr solide gebaut. Und dann war da noch ein Korb voller Steine, in den wir alle greifen durften. Er enthielt *Mutschener Diamanten*, also wirkliche Edelsteine, die Königs hier am Wasser gefunden hatten und einige davon uns schenkten. Mit geschulterten Sensenbäumen und die Taschen voller Juwelen zogen wir weiter.

Die *Pfarrhäuser* entlang verließen wir Mutzschen in Richtung Wagelwitz. Zur LPG dieses Ortes gehören die fünfhundert gelockten Vierbeiner und Schäfermeister *Andreas Wentzlaff* (36). „Ach was, ich bin nun schon zwanzig Jahre lang Schäfer, aber langweilig ist mir das nie geworden.“ Er erzählte von den Osterlämmern, von den zahlreichen Zwillingsgeburten und davon, wie Mutterschafe ihre Kinder erkennen.

**Hochwasser nagen an der meterdicken Lehmschicht am Prallhang und tragen sie allmählich ab**

In **Wagelwitz** staut seit 1985 ein Kleinspeicher einen Nebenbach des Mutzschener Wassers. Er bereichert die Landschaft, und Flora und Fauna haben ihn schnell als Standort angenommen. Halt machten wir vor dem Naus Nr. 16. Dort gibt eine Tafel Kunde: „Den 17. Aug. 1858 durch Brand verunklükt. Das Jahr 1859 von neuen erbaut von C. C. Poetzsch in 2 Hofreden.“ Hofreden? *Fritzkarl Leipnitz* klärt uns auf: Das waren damals zwei Brüder, und nach dem Brand wurde das Haus mit *zwei* Gütern wieder erbaut, also für jeden eins.

Freundlich empfangen wurden wir in der Nr. 15. *Fritzkarl Meißner* (59), besonders bei Pferdesportlern bekannt, führte uns zur Koppel hinter dem Bauerngut. Zwischen anderen edlen Warmblutpferden entdeckten wir die Fuchsstute *Donatella*, die uns mit ihrem siebenten Fohlen wiehernd entgegenkam.

Auf der einstigen Bahnstrecke schlichen wir weiter und hatten ein wenig Mühe, noch vorm Abend **Cannewitz** zu erreichen. Punkt 17 Uhr standen wir schließlich vorm Tor der Brauerei. Der fromme Wunsch aller Brauer „Hopfen und Malz, Gott erhalt's“ war in eisernen Lettern überm Tor zum 100jährigen Jubiläum neu gestaltet worden. Brau- und Malzmeister *Horst Lorenz* und seine Frau *Erika* boten uns im Kultur- und Speiseraum Sitzgelegenheiten und das kräftige „Mai-Bock“ an, den Cannewitzer Jubiläumsrenner. Geschenke, Glückwunschmappen und Blumen über Blumen verschönten unser Nachtquartier. Vorher feierten wir im Kulturhaus Cannewitz mit allen, die hier arbeiten oder früher tätig waren. Wo der *Rundblick* auftaucht, fühlt er sich nicht nur als Gast, sondern auch ein bißchen für die Programmgestaltung verantwortlich. Spät, sehr spät, leerte sich der Saal. Wir fanden doch tatsächlich unser Nachtquartier, einer allerdings mit merkwürdigen Irrungen und Wirrungen.

Am anderen Morgen gab's nach dem aufmunternden Lorenz-Kaffee noch eine Betriebsbesichtigung, ehe wir uns auf den Weg in Richtung **Denkwitz** machten. Wir sahen vor Nerchau Gräber aus der Bronzezeit, die sich als „drei Hügel" aus dem flachen Land emporheben, ließen das Wasserwerk an der Wüstrich hinter uns und schauten von der kleinen Brücke in **Neichen** auf unser Bächlein. Als Mäander schlängelt es sich dahin, im Bett gehalten durch Erlen, Weiden und Eschen am Ufer. Eine natürliche Befestigung, die dem Wässerchen und dem Landschaftsbild weitaus besser bekommt als mancherorts Beton.

Wir kamen der Mündung näher. Gegenüber vom Schloß in **Trebsen** standen wir vor einem Stück urwüchsigem Wald mit hüfthohen Sträuchern und Brennesseln. Hierin hatte sich bestimmt seit langem kein Mensch verirrt. Wir mußten durch! Mit den Händen bahnten wir uns den Weg durchs Dickicht. Das Unterholz zwischen Weiden, Erlen und Pappeln zeigte noch deutlich die Spuren des Hochwassers vom Winter. Ab und an hielten wir ein und lauschten den Stimmen des Waldes – da ein Kuckuck und dort sogar die Nachtigall. Und weil wir die Augen dabei nicht geschlossen hielten, fielen uns Spuren auf dem halbtrockenem Schlamm auf: Biber!

Schließlich lichtete sich der Trebsener Urwald. Vor uns lag die Mündung des Mutzschener Wassers in die Mulde. Auf der anderen Seite der Mulde erstreckte sich der Trebsener Schloßpark. Wir nahmen Abschied vom Bach, der zwei Tage unser Wegbegleiter war.

Doch dann glaubten wir unseren Augen nicht zu trauen: Zwischen Wurzeln und Stämmen im Bachbett Luftblasen wie Perlen. Der sie erzeugte, war ein hellbrauner Biber. Wir ließen uns viel Zeit und warteten auf die Rückkehr. Doch vergeblich. Wir vergaßen die müden Glieder und die nassen Füße – Wir waren nur noch dankbar: Symbolisch dem Bächlein, das uns die Bekanntschaft mit der vielgestaltigen Tier- und Pflanzenwelt unser Heimat vermittelt hatte, und aus ganzem Herzen den vielen freundlichen Menschen, denen wir in diesen beiden Tagen begegnet waren und die wir am liebsten bald wieder besuchen würden.

*Silke Hoffmann, 1987 S. 72*

**Der Weg führt hinein nach Wagelwitz**

# Die fetten Gänse im Lindigt

Jeder fängt mal klein an! Auch unser Weihnachtsbraten bringt am ersten Tag seiner Existenz nur ganze 95 g auf die Waage. Aber nach 65 Tagen Mast entsprechend TGL 33 683/02 heißt es: Kleine Gans ganz groß! Acht bis neun Pfund sind's dann schon, die dem Kenner das Wasser im Munde zusammenlaufen lassen, dem Fachmann aber sagen, daß der Zeitpunkt zur Schlachtung nach TGL 8657/01 herangereift ist. Und solche Tiere sind seit Anfang 1970 in **Wermsdorf** zu finden. Das war notwendig, denn bis dahin mußten fast 50 % des Gänsefleisches importiert werden.

Der Wermsdorfer Betrieb wurde von 1957 bis 1961 erbaut und war seinerzeit das erste Entenkombinat der Republik. Als Ende der 60er Jahre der Markt mit Enten gesättigt war, der an Gänsen allerdings kaum noch befriedigt werden konnte, erhielten die Wermsdorfer ihr neues Produktionsprofil. Obwohl die Gans sehr früh – vermutlich schon vor 3000 oder gar 5000 Jahren – zum Haustier gezüchtet wurde, gibt sie den Züchtern heute noch ihre Rätsel auf.

Weiße Vierecke, in denen es schnattert und flattert, wechseln sich mit langgestreckten Ställen ab, in denen es so ruhig zugeht wie bei einem Schachwettkampf. Die Intensivhaltung, verbunden mit natürlichem Auslauf, hat sich als effektiv erwiesen. Etwa 40 Tiere bilden eine Herde, in denen sich wiederum feste Familienverbände (um den Ganter, das Oberhaupt, scharen sich 3 bis 4 weibliche Tiere) bilden.

Die Elterntiere werden hier in Wermsdorf hauptsächlich zum Eierlegen gehalten. Nein, es muß besser Eierproduktion heißen, denn durch verschiedene Methoden (Dunkelställe, Lichtstimulierung) werden die Legeperioden derart beeinflußt, daß die Gans anstelle von Januar bis Juni nun das ganze Jahr hindurch Eier legt. Statt der normalen zehn bis zwölf Stück legt sie jetzt bis zu fünfzig.

Nach maximal 7 Tagen Lagerung kommen 3600 Eier in einen elektrisch beheizten Brutschrank, in dem die natürlichen Brutvorgänge nachgeahmt werden. So werden sie gerollt, gekühlt und temperiert, wie es eine Gans nicht besser könnte.

Wermsdorfer Gänse werden vorwiegend als Eintagsgössel für Mastbetriebe in LPG, aber auch für die individuelle Mast produziert. Dort werden sie gemästet, um wie die meisten zur Weihnachtszeit in den Bratröhren zu landen. Dieser Brauch geht vermutlich viele Jahrhunderte zurück, als nämlich die christliche Kirche während der Adventszeit zum Fasten anhielt, Gänsebraten jedoch erlaubte. Allmählich verschob sich deren Genuß in die Weihnachtszeit.

Und welche gebratene Gans schmeckt am besten? *Dr. Claus,* Produktionsleiter des Betriebes mit seinen achtzig Beschäftigten, hat da sein spezielles Rezept: „Braten wird sie sicher jeder nach individuellem Geschmack, entscheidend für mich ist, daß sie aus der Röhre sofort heiß auf den Tisch kommt!" Hier muß ich aufhören, denn mir läuft das Wasser im Mund zusammen .!

PS. In der Kantine des Betriebes gab es leider nur Bratwurst! *R. Rädler, 1987 S. 118*

HEUTE: Im Zuge der wirtschaftlichen Entwicklung nach der Wiedervereinigung ging die Anlage an den holländischen Betreiber *Eskildsen* über, der sie unter der Firma *Gänsezucht Wermsdorf* fortführt. Im Nov./Dez. findet alljährlich der Wermsdorfer Gänsemarkt statt.

# Ein Denkmal in Grimma erinnert an die blauen Husaren

Natürlich, die Fragen mußten ja kommen, als ich mit meinem Enkel auf dem Grimmaer Friedhof vor der Reiterplastik des Husarendenkmals stand, die hier seit 1945 „abgestellt" ist: „Was ist das für ein Mann mit dem Pferd? Ein Guter oder Böser?" Für einen Achtjährigen legitime Fragen, und Opa mühte sich redlich, angemessen verständlich Auskunft zu geben.

In der dicken Geschichte des II. Königlich-Sächsischen Husarenregimentes Nr. 19 von 1882 sind die Ruhmestaten des Regimentes seit seiner Gründung 1791 bis dato verzeichnet. Als militärisches Machtinstrument der sächsischen Wettiner trug es dazu bei, deren Interessen durchzusetzen.

Von 1819 bis 1918 war Grimma Stabsgarnison des Regimentes. Außer Zweifel steht, daß sich die „blauen Husaren" bei der Mehrheit der Bevölkerung großer Popularität erfreuten. Die jungen Burschen in ihren farbigen Uniformen belebten das Stadtbild. Von ihren Paraden, dem militärischen Zeremoniell zum Königsgeburtstag und zu anderen Anlässen, ging eine begeisternde Faszination aus.

Ihre Verbundenheit mit den Bürgern erwuchs wohl in erster Linie daraus, daß die Husaren durchweg samt ihren Pferden in Bürgerquartieren untergebracht waren. Aus den Aufzeichnungen eines Zeitgenossen *(C. Hensel)* erfahren wir Näheres: „Über dem Pferdestall befanden sich der Futterboden, die Husarenstube und der Schlafraum. Die Stube wurde alljährlich frisch gekalkt. Der Fußboden war blank gescheuert und mit weißem Sand bestreut. Die Einrichtung bestand aus einem einfachen Schrank, einem kräftigen Tisch, ein paar Stühlen oder Bänken, einem kleinen Kanonenofen und einer blakenden Petroleumlampe und – nicht zu vergessen – einem Stiefelknecht." Unser Gewährsmann schildert detailliert das herzliche Einvernehmen der Soldaten mit ihren Quartiergebern und natürlich auch, wie er selbst als Junge von den blauen Husaren angetan war.

Nach einer längeren Friedensperiode nahm das Regiment 1866 am Preußisch-Österreichischen Krieg auf der Seite Österreichs teil, 1870/71 am Deutsch-Französischen Krieg und am Ersten Weltkrieg.

**Die Blauen Husaren mit ihren Pferden bei der Schwemme in der Mulde**

**Das Reiterstandbild auf dem Friedhof**

Für die 96 gefallenen Husaren und auch zur Erinnerung an den „alten Husarengeist" ließ der Traditionsverein des Regimentes – unter Protest antimilitaristischer Bürger – am 8. Oktober 1922 vor der hiesigen Papierwarenfabrik in der Leipziger Straße ein Husarendenkmal errichten.

Man muß es den Künstlern *Völkerling* und *Müller* lassen: Ihr Werk bildet einen wohltuenden Gegensatz zu den Auslassungen der Regimentsgeschichte von 1930. Persönlich gesprochen: Mir steht der um seine Kameraden trauernde Husar, der sein Pferd am Zügel hält, näher als die gekrönten Häupter hoch zu Roß in Berlin und Dresden.

Es wird wohl kaum jemand erstaunt darüber sein, daß 1945 Grimmaer Antifaschisten forderten, das Denkmal zu beseitigen. Das ist u.a. durch den Einspruch des damaligen Sowjetischen Kommandanten verhindert worden. Es wurde (ohne) Sockel auf den Friedhof umgesetzt. Es wäre heute an der Zeit zu prüfen, ob man dort nicht einen günstigeren Platz finden und etwas mehr für die Pflege der ansehnlichen Steinplastik tun könnte.

Wenn mein Enkel groß ist, werde ich ihm erklären, daß die Geschichte der Grimmaer Husaren zwar nicht zu unseren fortschrittlichen demokratischen Traditionen gehört, wohl aber zum unabweislichen Erbe der Vergangenheit unseres Volkes, das wir kritisch zu bewältigen haben.

*Gerhardt Gimpel, 1987 S. 112*

HEUTE: Im Jahre 1990 erfolgte die Wiederaufstellung des Denkmals an seinem alten Platz an der Leipziger Straße. Im Jahre 1999 gründete sich ein „Husarenverein Grimma e.V.", der mit seinen Auftritten die Erinnerung an die Husarengeschichte wachhalten will.

## Die Grethener sammeln alles vom „roten Hahn"

Das Gebäude, ein nüchternes und schmuckloses ehemaliges Wohnhaus steht inmitten der Feldflur in Richtung Beiersdorf am Rande von Grethen. Nur ein ziemlich holpriger Feldweg führt zum Ziel: ins *Grethener Informationskabinett der Feuerwehr*. Vor dem Eingang standen und begrüßten uns, uniformiert, aber feuerwehrlich herzlich, die „Museumsherren" und „-frauen": Brandmeister *Gerd Winkler*, Hauptbrandinspektor *Heinz Winkler*, Oberfeuerwehrmann *Lena Winkler* (die Frau von Heinz und Mutter von Gerd), Löschmeister *Gottfried Constation* und *Josef Schwindt*. Sozusagen der „Tag der Feuerwehrhistorik" stand auf dem Programm anläßlich des Tages, da vor fünf Jahren das Informationskabinett hier quasi aus der Taufe gehoben wurde.

Zahlreiche Stücke, die das mittelalterliche Löschwesen dokumentieren, zeigte und erklärte uns *Gerd Winkler*. Da gab es die Stock- und Handspritze aus Holz vom Jahre 1500 als ältestes Stück zu sehen, eine spätere aus Messing, daneben Ledereimer, Krückenspritzen, Rufhorn und Trompete als Signalinstrumente, ein Feuerwehrliederbuch, und wir erhielten auch eine Vorstellung von der „Schlange", dem ersten Schlauch aus Leder. Und auch von einen Holzteller, um den sich die folgende Geschichte rankt: Im Jahre 1742 ordnete *Herzog Ernst August von Sachsen-Weimar* an, hölzerne Teller, worauf schon gegessen worden war, des Freitags bei abnehmendem Monde mittags zwischen 11 und 12 Uhr mit frischer Tinte und neuer Feder mit gewissen Figuren und Buchstaben zu beschreiben, vorrätig zu halten und „im Namen Gottes" ins Feuer zu werfen. Wenn es nicht das erste Mal helfe, werfe man dreimal, „dadurch dann die Glut unfehlbar getilgt werde."

1841 wurde die erste freiwillige Feuerwehr Deutschlands in Meißen gebildet. Verschiedene Helme, Uniformen und Schulterstücke lassen erkennen, daß die Feuerwehrbekleidung vergangener Zeiten stets vom Geldsäckel der Gemeinde abhing. Daß die große Handdruckspritze aus dem Ende des 19. Jh. ein Schmuckstück ist, muß irgendwie auch der Fernsehfunk mitbekommen haben. Denn für den Kessel Buntes ließ man sie aus Grethen kommen.

Sogar im Detail ist Feuerwehrtechnik kompliziert. Gerd Winkler zeigt uns eine ganze Reihe verschiedenster Kupplungen, mit denen die Schläuche aneinandergeschraubt werden können oder auch nicht, weil sie nicht paßten. Erst später gab es einheitliche Sturz-Kupplungen. Die Sammlung zeigt noch mehr: 120 verschiedenartige Feuerlöscher, Atemschutzgeräte und der Dinge mehr.

Vor 13 Jahren hatte Gerd Winkler mit dem Sammeln feuerwehrhistorischer Geräte begonnen. Weihnachten 1980 wurde es Mutter Lena zu bunt. Man konnte im Haus vor Spritzen, Schläuchen, Uniformen kaum mehr treten. „Entweder du ziehst aus, oder die Sammlung verschwindet!", so lautete ihre Alternative. Aber sie hing ebenso dran wie Sohn und Mann, und alle waren froh, als der örtliche Rat das leerstehende Haus dafür zur Verfügung stellte. Viel Zeit, Arbeit und Engagement steckte Gerd Winkler da hinein, und Tausende Besucher kamen in den fünf Jahren, um sich über die Feuerwehrgeschichte zu informieren.

*Silke Hoffmann, 1987 S. 4*

HEUTE: Auch die Räume im genannten Domizil reichten bald nicht mehr aus, die Sammlungstücke aufzunehmen. Die Grethener Feuerwehrleute konnten 2004 einen alten Bauernhof im Dorf übernehmen und zu einem stattlichen Feuerwehrmuseum ausbauen. Alljährlich findet dort im April ein Museumstreffen statt. Gerd Winkler wurde für seine Aktivitäten mit dem Heimatpreis für Kultur ausgezeichnet.

**Gerd Winkler (links) und sein Mitstreiter Gerhard Krueger inmitten ihrer Pappkameraden im neuen Museumsgebäude (2004)**

**Oschatz**: Seit 1894 arbeitete in der Stadt eine **Zuckerfabrik**, in der jeweils von Ende September bis zum Jahresende die Zuckerrüben verarbeitet werden. Fuhrwerke, Lastwagen und die Kleinbahn (Zuckerrübenbahn) brachten die Feldfrüchte ins Werk, wovon zuletzt täglich 700 Tonnen verarbeitet wurden. Der gelbe Rohzucker kam dann in eine Raffinerie, die Schnitzel wurden verfüttert. Die letzte Zuckerkampagne erfolgte 1985. Danach dienten die Werksanlagen, wie schon seit 1960, nur noch der Trocknung von Grünfutter. *1987 S. 129 – Das Trockenwerk stellte seine Produktion nach 1990 ein.*

**Bernbruch**: Ein Sturm entwurzelte die große **Linde** am Friedhofseingang. Sie war ein Denkmal volkstümlicher Rechtsgeschichte, weil daran der Pranger hing, ein eisernes **Halseisen**. Wer noch vor 200 Jahren gegen allgemein anerkannte Rechtsnormen im Dorf verstieß, konnte sonntags zur Strafe am Pranger angeschlossen werden und hatte den Spott der Kirchgänger zu ertragen. Inzwischen wurde eine neue Linde gepflanzt und das erhaltene Halseisen vorläufig in die Mauer eingelassen. *1987 S. 130*

**Beucha/Naunhof**: Zu einer *Rundblick*-Runde trafen sich die Redaktionsmitglieder mit Beschäftigten im **VEB Elegant** in Beucha und in Naunhof beim **VEB Sachsenpelz**. Während in Naunhof die Rohfelle von Schafen und Lämmern, auch wertvollen Persianern, die in einem aufwendigen Prozeß gegerbt und veredelt werden, erfolgt in Beucha die Verarbeitung der Felle zu begehrten Kleidungsstücken. Nachdem die Lautsprecher bis in alle Winkel verkündet hatten: „Der Rundblick ist da!“, warfen die weiblichen Mitarbeiter schnell noch einen Blick in den Spiegel. Höhepunkt war in der wißbegierigen und (kulinarischen) Runde eine Modenschau mit betriebseigenen Modellen und Produkten. Die Geschichte von Sachsenpelz begann 1923 mit der *Paul Kuppe AG*, ging 1945 mit der Verstaatlichung weiter, wo zuletzt 420 Beschäftigte und 45 Vietnamesen tätig waren. Der Betrieb ging nach der Wende durch die Treuhand in westdeutschen Besitz über und endete 1995 in der Liquidation. Ein Teil der Gebäude ist abgerissen worden, das Hauptgebäude wurde zeitweilig noch durch verschiedene Betriebe, z. T. auch als Hotel *Zur Alten Gerberei*, genutzt.
*Elegant Beucha* entstand 1958 mit der Gründung einer PGH durch die drei selbständigen Handwerksmeister *Horst Löschke, Martin Geidner* und *Maria Linke* mit 12 Mitgliedern. 1972 erfolgte die Überführung in einen VEB mit 70 Beschäftigten und Spezialisierung auf Pelzkonfektion aus Kanin. Mit der Wende wurde der Betrieb aufgelöst. *1987 S. 82*

**Maria Lipsius** *(La Mara)*, Leipzig/Schmölen, *1837 †1927. Musikwissenschaftlerin, Pädagogin, Sängerin und Pianistin. Hatte eine enge Bindung mit den Musikgrößen ihrer Zeit, lebte von 1922 bis zu ihrem Tod auf dem Rittergut in Schmölen, Grabstein auf dem Friedhof. *1987, S. 92*

## LESERPOST

**Besonders lesenswert** finde ich die Dorfgeschichten, wobei neben der Ortsgeschichte viel Beachtens- und Lobenswertes aus der Gegenwart festgehalten wird. Gleichzeitig erfolgen kritische Hinweise, durch die sich gewiß mancher Bürger angesprochen fühlt. Dergleichen Dorfgeschichten sind auch für Hunderte andere Orte in der DDR zutreffend, doch nur für wenige Orte werden so treffliche Aufzeichnungen gemacht, die nach Jahren selbst Geschichte sind .
Interessant finde ich jedesmal die einfallsreichen und humorvollen Wanderfahrten, sowie die ornithologischen Berichte .
Weil es mir die Muldenlandschaft besonders angetan hat, versuche ich alljährlich, auf Fahrten und Wanderungen in die *Rundblick*-Kreise einzudringen, um Dörfer und Städte, die Landschaft und ihre Menschen kennenzulernen. Ich habe also den *Rundblick* nicht nur als unterhaltsame Lektüre abonniert.

*Erwin Scholz, 1987 S. 65*

| 1988 | 35. Jahrgang |
|---|---|

**Der Rundblick**. Kulturspiegel der Kreise Wurzen-Oschatz-Grimma. 2 Hefte A 4 mit 136 Seiten, 3,50 M

**Oschatz 1238 – 1988**
Beiträge zur Vergangenheit und Gegenwart der Stadt. Festschrift zur 750-Jahr-Feier. Ein Autorenkollektiv. 96 S.

## Die lange Reise mit Tandems zwischen Collm und Mulde über Stock und Stein

Entwirf deinen Reiseplan im großen – und laß sich im einzelnen von der bunten Stunde treiben. Das meinte *Kurt Tucholsky*. Also legten wir fest: Wir radeln mit vier Tandems in vier Tagen um die drei *Rundblick*-Kreise, suchen uns drei Übernachtungen und dazwischen – lassen wir uns überraschen.

Zeitweilig mußten wir ganz gehörig in die Pedale treten, wenn es bergan ging und wenn uns die Zeit davonrannte. Das Tandemradeln hat so seine Tücken. Der Hintermann liegt zwar im Windschatten, aber er muß sich willen- und bedenkenlos dem Vordermann ausliefern. Denn nur dieser sieht, wo es langgeht.

Wir hatten die Doppelsitzer in der Mutzschener Jugendherberge ausgeborgt. Kleine Reparaturen, besonders an Schlauch und Mantel, verursachten immer wieder mal Zwangspausen. Wahrscheinlich waren die Lasten zu schwer. Das verursachte arge Probleme, denn 26er Mäntel bietet der Handel nicht an, dafür die anderen in Fülle. Die Umstellung der Fahrradproduktion auf 26er Felgen hat die Gummiindustrie vermutlich noch nicht mitgekriegt. Hilfsbereite Menschen fischten aus finsteren Schuppenecken immer wieder mal noch verwertbare Reste heraus.

Und noch eine Empfehlung: Wer auf eine längere Reise geht, der sollte sich gut verpflegen. Auf dem flachen Lande jedenfalls. Die Gastronomie liegt dort im argen. Lediglich der *Konsum* bringt wochentags einiges auf den Tisch.

Das müssen wir auch noch sagen, weil es das Wichtigste und Schönste ist: Überrascht und erfreut waren wir immer wieder von den Begegnungen mit den Menschen, von der Herzlichkeit der Gespräche und Handlungen. Wann und wo auch *Der Rundblick* auftaucht, da öffneten sich nicht nur die Türen, sondern auch die Herzen. Und das wird uns diese Reise unvergeßlich werden lassen.

Nun das Protokoll einer Radfahrt, das wir hier nur auf einige wenige Auszüge beschränken müssen, von den siebzig Orten, die wir berührten oder durchfuhren.

**Ablaß**. – Die Kinderkrippe hat Ausfahrt. Die „Tanten" sind ein fröhliches Volk. Sie bringen ihren Kleinen bei, was der *Rundblick* ist. Und was für Leute! Wir sind gerührt und versprechen ihnen künftig ein Abo. Weiter draußen riesige Erdbeerfelder voller Menschen und Kisten.

**Draschwitz**. – „Man liebt den Käse wohl, allein man deckt ihn zu", schrieb *Wilhelm Busch* vor hundert Jahren. Damals begann man im Ort, Käse zu machen. Das geschieht heute noch in der vierten Generation. Der alte Meister *Hans Arndt* zeigt uns den Betrieb und den Käse, der mal blau, mal gelb vor sich hinschimmelt. Unsere Marschverpflegung wird mit „Leichenfingern" bereichert.

Draußen vor dem Ort stolpern wir über Kartoffelzeilen und Futtergetreide. Wir suchen den *Rugestein*. Und wir finden ihn inmitten eines abgeernteten Kleefeldes. Wege führen nicht hierher. So können die Draschwitzer nur beschwerlich ihren Wettertip holen: Ist der Süßwasserquarzit

**Disput am Rugestein bei Draschwitz: Regnet's nun oder bleibt es trocken?**

**Stelldichein bei Walter Naumann (Mitte) in Böhlen**

trocken, so können sie Gras hauen. War er angelaufen, „schwitzte" er, kann es in den nächsten Tagen regnen oder gewittern. Nicht gut fürs Heumachen. Heute ist er trocken. Das stimmt uns hoffungsvoll.

**Böhlen**. – Der nahe *Thümmlitzwald* birgt viele Geheimnisse. *Walter Naumann* kennt sie. Und deshalb liebt er dieses Stück Land. Er weiß alles darüber, fast alles. Zumindest als Sage oder Legende. Und wenn es keine gibt, dann macht er sie selbst. Wir plaudern mit dem liebenswerten alten Herrn in seinem sauberen Fachwerkhaus. Die „treue Seele", *Frau Fischer*, kocht derweile Kaffee. Einen Riesentopf voll. Aus dem Konsum nebenan holen wir Brot und Butter, Wurst und – Käse, nein, den haben wir im Gepäck. Es ist unser Mittagstisch.

**Tanndorf/Podelwitz**. – Ein Hinterreifen fliegt davon. Die BHG kann nicht helfen. Dafür *Kästners* und der Wirt von Podelwitz. Er kam zufällig vorbei. Am Stammtisch müssen wir sein Bier probieren. Trotz Ruhetag. Vorher dringen wir ins dörfliche Rathaus ein. Der Bürgermeister ist stolz: Er besitzt ein Original von einem ansässigen Maler. *Andreas Wachter* hat die „Muldenaue bei Erlln" gemalt. Eine Landschaft, wie sie jeder erleben kann. Wir müssen nicht fragen: Was will uns der Künstler sagen? Wir sehen es und sind begeistert. Auch davon, daß eine Gemeinde dafür Geld ausgibt.

**Bockwitz**. – Es geht ständig bergauf zur Südostecke des Kreises Grimma. Ungeahnte Fernblicke öffnen sich. Kleine Sensation: Die Konsumfrau bietet uns Bananen an, jede Menge. Die Bockwitzer sind wohl überfüttert oder der Verteilerschlüssel hatte einen Haken.

**Colditz**. – Von Zschadraß her geht es steil hinab in den Tiergarten. Zum Glück funktionieren die Bremsen und halten die Last im Zaum. Im Thumirnichter Wanderquartier finden wir eine erholsame Nacht. Ein Gewitter verzögert den Start am Morgen. Von den Bäumen tropft der letzte Regen. Auf dem Schneiderstein erinnern Schere, Elle und Nadel an den Tod eines Meisters. Eine Wildsau soll ihn auf dem Gewissen haben. Wir passen höllisch auf, damit uns ein solches Vieh nicht in die Quere kommt.

**Ballendorf**. – Die Gemeinde gehört seit 1974 zum Kreis Geithain, doch sie bleibt

„rundblickverbunden“ durch das weinumschlungene Haus der Familie *Oliva*. Hier wirkte *Hans Oliva* (1906-1971), Lehrer und Volkskünstler. Nicht nur im Dorf hat er seine Spuren hinterlassen. Wir bleiben zur Kaffeestunde bei der liebenswerten Frau Oliva. Die efeuumrankten Fenster lassen seit eh und je Zeit zum Träumen. Das Vergängliche, hier ist es ein Gleichnis .

**Etzoldshain**. – Die kulturgeschichtlich wertvolle Kirche lockt uns zu einem weiteren Aufenthalt.

**Lauterbach**. – Die schnurgerade Chaussee wird von elf gewaltigen Linden halbiert. Naturdenkmal und historischer Rastplatz. Zwei stillgelegte Steinbrüche sind mit Wasser gefüllt, Paradies für die Dorfjugend. In der nahen Ferne Schlote, Kühltürme, Abraumhalden. Das Bornaer Braunkohlenrevier. Der Preis für Wärme und Behaglichkeit ist hoch, sehr hoch. Der Tagebau rückt bedrohlich nahe.

**Otterwisch**. – Das lange Dorf hatte früher drei Gaststätten. Uns speisen die Küchenfrauen der Genossenschaft. Unbürokratisch und ohne viel Federlesen mit gebratenem Fisch. Eine Delikatesse. „Weil ihr vom *Rundblick* seid .“ Die Leute im Speisesaal vermuten Erntehelfer.

**Rohrbach**. – Die Teiche stehen unter Naturschutz, aber nicht unter Wasser. Auf dem Grund wirtschaften Planierraupen und Bagger. Einige Schilfbestände sollen stehenbleiben. Für die artenreiche Vogelwelt. Sie lockte schon immer die Ornithologen an. Jetzt ist es die *„Heilige Johanna von Rohrbach“*. Aus Gips und bunt bemalt. Daneben erstrahlt ein „Arsch mit Ohren“. Und andere Zotenreißer. Als Briefbeschwerer. „Die Nachfrage ist groß. Wir legen nur Kleinserien auf, so an die 500 Stück,“ verkündet stolz der Manufakturbesitzer *Rolf Näther*. Er erfand sogar ein Gipsgießkarussell um den Bedarf zu decken. Gartenzwerge in allen Formen. Konsumgüter. Zum Einheitspreis von 15 Mark das Stück. Wir erwerben ein Muster. Als Gallionsfigur schmückt es auf der Lenkstange unsere Fahrt.

**Fuchshain**. – Der Kirchturm sticht wie eine Kleopatranadel in den Himmel. „Oben“ und „unten“ zwei altersschwache Windmühlen. Die breite Dorfstraße, sauber im Pflaster, wird von Dreiseithöfen gesäumt. *Heppners* weithin bekannte Bäckerei liegt am Wege.

**Auf dem Kirchberg in Beucha: Wir lassen unsere Seelen baumeln ...und warten auf das kochende Wasser für den Kaffee**

**Beucha**. – Ein Denkmal an der Dorfstraße erinnert an die Steinmetzarbeit. Die danebenstehenden Papierkörbe laufen über. Oben auf der Höhe das Kirchberges zu Füßen des sakralen Bauwerkes holen wir den Spirituskocher hervor. Nach mehrfachen Versuchen kocht tatsächlich das Wasser. Kaffee türkisch an frischer Luft mit Kuchen aus der Kaufhalle. In der Kirche übt ein Organist. Dazu ein weiter Rundblick übers Leipziger Land. Sonne und in der Ferne eine Gewitterwand. Unter uns die glitzernde Wasserfläche vom alten Steinbruch. Wir lassen unsere Seelen baumeln. Was wollen wir mehr?

**Machern**. – Brandis und Machern sind nur Durchfahrtorte. Die Stadt lindert jedoch unsere Leiden: Wir bekommen im Konsum weiche Satteldecken. Fast zu spät. Auf dem Zeltplatz an den Lübschützer Teichen steht unsere Übernachtung. Wir merken kaum den Trubel um uns, versinken bald im wohltuenden Schlaf.

**Püchau**. – Wir dringen ins Schloß ein. Unangemeldet. Alte Leute verbringen hier ihren Feierabend. Alt ist auch das Gebäude. Vor hundert Jahren wurde es in neugotischer Form umgebaut. Eigentlich ein Jubiläum, aber wofür? Innen wie außen – Mangelkrankheiten, teilweise sehr bedrohlich. Wohl wurde einiges getan, aber eben viel zu wenig.

**Wasewitz**. – In der kleinen romanischen Kirche öffnet sich die schwere Holztür. Angenehme Kühle im Raum. Und Stille. Und Schönheit. Die spätgotischen Wandmalereien beeindrucken uns in ihren rötlichen Farben.

**Kollau**. – Vor dem Dorf steht am *Küchenwasser* der mächtige Ziegelbau des Wasserwerkes. Der Ort gehörte bis zur Gegenwart nach Preußen. Grenzeiche und Grenzstein markieren noch die Linie.

**Thallwitz**. – Klinik, Schloß, Park, neue Schule, Brücken. Unser Ziel sind Sägemühle und Mahlmühle von *Spotts*. Wir sitzen lange unter der großen Trauerweide. Kaffee im besten Porzellan und mächtige Kuchenpakete vom Bäcker füllen die Mägen. Kognak beflügelt die Seele. Wir hätten die Uhr anhalten können. Angehalten hat allerdings das Wasserrad. Eines der wenigen, das weit und breit noch existiert. Holz zur Erneuerung liegt schon bereit.

**Muldeüberquerung bei Canitz mit mühevollem Auf- und Abstieg an der Rohrleitungsbrücke**

**Schildau**. – Enttäuscht stehen wir am Schildbergturm. Nur bei Waldbrandgefahr geöffnet. Wir sind fix und fertig. Im wassergefüllten Steinbruch am Fuße des Berges holen wir uns die Frische zurück.

**Ochsensaal**. – Die Tore vom Pflanzgarten der Forstbaumschule stehen offen. *Eberhard Bussenius* erklärt uns den Nachwuchs. Nach einer Schotterfahrt und drohenden Gewitterwolken fallen wir im *Kuhstall-Café* auf die zum Glück noch unbesetzten Stühle. Sehr selten in diesem traulich-gastlichen Hause bei der freundlich-netten Bedienung. Und erst die Eisbecher! Draußen tobt sich das Gewitter aus. So muß es sein: Immer zur rechten Zeit ein Dach überm Kopf.

**Treptitz**. – Ohne Rast haben wir die dazwischenliegenden Dörfer durcheilt. Wochenendliche Ruhe am Freitagabend. Eigentlich merkwürdig für ein Dorf. Doch die Ursache wird bald sichtbar: Der *Rundblick* ist gekommen. Anlaß, ein abendliches Dorffest auszurichten. Also rechtzeitig in die Wanne und das Feine aus dem Kleiderschrank geholt. Steak-Düfte locken auch die Säumigen herbei. Die alte Gaststätte war extra renoviert worden. Dort sitzen wir dann in gemütlicher Runde mit der halben Einwohnerschaft. Dazwischen wird genossen, was die Treptitzer auftafeln. Und das ist viel, zu viel. Dann kramt *Ede*, was *Erich* ist, seine Ziehharmonika hervor. Laut und ein bißchen schräg. Wir singen mit. Unser Mundharmonikaspieler unterliegt im Wettstreit mit dem lustigen Dorfmusikanten.

In einem großen Bogen geht's anderntags ausgeruht weiter. In **Schirmenitz** erreichen wir beinahe die Elbe, in **Leckwitz** stoppt eine Kirschallee unseren eiligen Lauf, in **Ganzig** stehen wir nachdenklich auf dem Friedhof vor den verfallenen Steinen der Erbbegräbnisse, in **Reppen** locken weder Gasthof noch Kirche, weil es sie nicht gibt, in **Raitzen** suchen wir natürlich vergeblich die „Teufelsscheune", in **Hof** waten wir durch den Schlamm, den ein Wolkenbruch auf die Straßen gespült hat, in **Hohenwussen** bestaunen wir den 28 m hohen Hydroglobus und die riesige Wallanlage, in der die Kirche steht, um dann hinab in die Kleinstadt **Mügeln** zu rollen. Wir haben in der sonst gastlichen Stadt allerdings die Rechnung ohne den Wirt gemacht. Ruhetag reiht sich an Ruhetag. Bei *Strieglers* reicht uns endlich der Wirt trotz geschlossener Gesellschaft ein paar Limos über die Theke. Die Torten auf dem Tisch der Silberhochzeits-Gesellschaft lachen uns an. Wir blicken traurig-müde zurück. Draußen schnauft und qualmt die Kleinbahn. Sie hat's auch ziemlich schwer.

**Glossen**. – An der Verladerampe häuft sich Quarzitgestein. Es wird im nahen Steinbruch gebrochen. Im Gasthof, dem *Interhotel zur Knolle*, empfängt uns neugierig *Gerhard Horn*, der langjährige Besitzer. „Was will denn der *Rundblick* wieder mal .?" Ja, was wollen wir schon in einer Gaststätte zur Kaffeezeit?

„Kuchen? Leider nein. Es liegen zwar zwei Runde in der Kühltruhe, aber die brauche ich morgen für ein Rentnergesellschaft." Und jetzt geschah ein Wunder. Als die herbeieilende Wirtin unseren Rohrbacher Gartenzwerg zu Gesicht bekommt, entfacht der bunte Kerl dermaßen starke Gefühle, daß die Herzen zueinander in Liebe entflammen. „Na gut, tauschen wir Gartenzwerg gegen Obsttorte!" Der Satz steht nicht lange im Raum. Dafür im Nu die Torte auf dem Tisch. „Muß ich eben in der Nacht eine neue backen!" So stark kann Liebe sein! Und wir wollten den Gipskerl eigentlich in der Elbe versenken. Ein Glück, daß wir den Strom nicht erreicht haben. So hat eben alles seinen Zweck (oder: sein gutes Ende!).

Zu Ende ist auch unsere Tour. 180 km sind wir in vier Tagen gestrampelt. Das ist viel, oder auch nicht. Alles ist relativ. Wie wir hörten, sind in diesem Sommer einige Karl-Marx-Städter bis nach Taschkent geradelt. Das sind wohl einige tausend Kilometer und nicht nur ein bißchen mehr. Uns genügten die 180. Sie waren reichhaltig, erholsam, ein bißchen strapaziös und freudvoll. Was will man mehr.

*Das „Protokoll" schrieb auf den zehn gedruckten Seiten Manfred Müller und versah es mit Randbemerkungen der Mitradler Karin Schulze, Gabriele Teumer, Paul Holzberger, Horst Liebing, Matthias Müller, Eckardt Piotrowski, Rudolf Priemer und Jens Schröder. 1988, S. 82*

**Gemächliches Dahingleiten in der ebenen Muldenaue bei Wasewitz**

**Die kleine Dorfkirche von Ochsensaal**

# Idyllisches Walddorf am Rande der Heide

Vor fünfzig Jahren gab es für mich ein belangloses Erlebnis. Ich saß in der Eisenbahn, und im gegenüberliegenden Gepäcknetz baumelte ein Kofferanhänger. Darauf konnte ich den Namen **Ochsensaal** entziffern. Wie kann man bloß in einem Ort mit solchem Namen wohnen? Später siedelte ich mich in **Dahlen** an und lernte dieses stille Dörfchen kennen und lieben.

Ochsensaal – wie ist das Dorf zu seinem Namen gekommen? Es gibt dafür keine namenkundliche Erklärung. Daß da mal Ochsen auf einem Saal tanzten, ist eigentlich unglaubhaft, wenn man nicht . Nein, lassen wir diese Gedankengänge. Erstmals tauchte der Name 1473 als *Ochsensall* auf. Vermutlich ein Schelm machte 1555 mal einen *Ochsenstall* daraus. Vielleicht findet eines Tages mal ein Heimatforscher eine glaubhafte Erklärung.

Einige Wochen später besuche ich wieder mal den Ort. Am *Kuhstall-Café* stehen fünfundzwanzig Leute, die auf einen freien Sitzplatz warten. Diese Einkehr bei Frau *Christine Pöschel* ist sehr beliebt geworden.

Ich machte mich zunächst auf einen Dorfrundgang. In der ehemaligen Oberförsterei traf ich *Hildegard Meyer*. Sie ist trotz ihrer 77 Jahre eine geistig rege Frau und besitzt große Kenntnisse über die

Heide. Noch heute führt sie regelmäßig die Urlauber vom Sieben-Quellen-Tal bis zum Dammühlenteich. Die Stube mit dem großen Kachelofen strahlte behagliche Wärme aus. An den Fenstern hängen keine Gardinen. „So kann ich besser die Landschaft sehen und auf die Fledermäuse aufpassen ." In dem alten Rollokasten über dem Fenster wohnen seit Jahren diese Tiere, 1986 waren es 54 Stück.

Jedes Jahr brütet mitten im Dorf der Waldkauz. Wir machen eine Probe und klopfen an den Baumstamm. Da erscheint auch schon der runde, pludrige Kopf des Nachwuchses verwundert im Loch der Höhle.

An der Ecke zum Dorfplatz steht der *Gasthof Fröhlich*. Mit dem ehemaligen Besitzer, *Wolfgang Fröhlich,* blättere ich in einer großen Mappe. Seit 1854 haben die Vorfahren eine Gastwirtschaft mit Ausspannung betrieben. Heute gehört er dem Konsum, und *Rainer Fröhlich* kümmert sich in der fünften Generation um die Sommergäste und Heidewanderer. Alle 14 Tage reisen in der warmen Jahreszeit etwa 70 FDGB-Urlauber an. Sie finden hier natürlich nicht das große Flair der weiten Welt, sondern einen stillen Winkel unserer Heimat.

Ochsensaal hatte auch mal eine Schule. Das Gebäude steht noch da. Von 1901 bis 1903 hatte sie nur einen Schüler. Längst fahren die Schüler mit dem Bus nach Dahlen. In dem Schulhaus ist heute allerhand untergebracht: ein Kulturraum, eine Wohnung, das Sprechstundenzimmer für einen Arzt und die Gemeindeschwester, die Bücherei und die Filiale vom Rat der Gemeinde **Schmannewitz**.

Im Dorf leben jetzt 133 Einwohner, 1946 waren es gar 273. Die Jugend blieb damals nicht im Dorf! Heute werden die elterlichen Häuschen um- und ausgebaut. Das Interesse am Ort ist gewachsen.

Ich hole mir bei der freundlichen Familie *Horst Zieger* den Schlüssel zur Kirche. Zwei dunkle Zypressen kontrastieren zum hellen Gebäude. Unter einer großen Linde öffnet die Pforte den Weg über den Friedhof. Auf den Rasenflächen wachsen Margeriten und Glockenblumen. Wann die Kirche erbaut wurde, ist nicht bekannt, 1575 erstmals erwähnt. Im zinnernen Taufbecken ist die Jahreszahl 1679 eingraviert. Die schlichte Innengestaltung beeindruckt. In der gewölbten Apsis leuchtet ein buntes Glasfenster.

Es ist Abend geworden. Am *Kuhstall-Café* stehen keine Gäste mehr. Bei einer Tasse Kaffee lasse ich das Gesehene und Erlebte noch einmal Revue passieren, und ich stelle fest: Mein Ochsensaal lob ich mir!

*Renate Baumann, 1988 S. 18*

HEUTE: Das *Kuhstall-Café* und der *Gasthof Fröhlich* empfangen nach wie vor die zufriedenen Gäste. Urlauber finden in der *Heide-Pension* eine Unterkunft. Das Schulhaus steht leer, seit Anfang der 90er Jahre alle Einrichtungen geschlossen und die Mieter das Haus verlassen haben. Jetzt wartet das Gebäude auf einen Käufer, sicher vergeblich.

**An der Theke in Fröhlichs Gasthof mit Vater und Sohn**

## Der Dahlener Bahnhof nannte sich mal Luppa–Dahlen

Der 3735 verläßt Wurzen nur noch halb so schwer. Als Linie B der Leipziger S-Bahn war er bis eben noch knüppeldick besetzt. Nun sitzen nur noch wenige Personen im Zug. Mein Ziel ist der Bahnhof in Dahlen. Nur wenige Personen steigen aus und ein.

Mein Blick schweift vom Bahnsteig zum gegenüberliegenden Stationsgebäude, einem typischen Eisenbahnmehrzweckbau, der als Dienst-, Gepäck-, Warte- und Wohnraum genutzt wird und im Jahre 1987 sein „wohl unbemerkt" 100jähriges Bestehen erlebte. In der Dienststelle treffe ich

Reichsbahnoberamtmann *Arndt Schuster* (Jg. 42) in einem nüchtern wirkenden Büro. Von ihm erfahre ich Einzelheiten zum Bahnhof.

Dahlen ist ein Bahnhof der Rangklasse D/D mit 22 Beschäftigten, davon die Hälfte Frauen. In einer Längenausdehnung von 1,5 km bestehen seine Anlagen aus drei Haupt- sowie zwei Rangier- und Anschlußgleisen nebst Seitenrampe, Güterschuppen und Ladestraße sowie weiteren Anschlußgleisen für landwirtschaftliche Genossenschaften. Dazu kommt eine werkseigene Anschlußbahn des *VEB Kühlbetrieb* Leipzig. Zu den weiteren betrieblichen Einrichtungen gehören ein 1969 errichtetes Gleisbildstellwerk und in Richtung Oschatz die 5 km entfernte Blockstelle Großböhla.

Übrigens, die Station nannte sich in den ersten Betriebsjahren Luppa-Dahlen. Obwohl sich die Stadtväter von einst um einen Bahnanschluß in nächster Nähe bemühten, verhinderte das *Graf von Sahr*, Schloßbesitzer in Dahlen. So mußte die Station 2 km abseits auf Malkwitzer Flur errichtet werden. Während der eine durch das „fauchende Ungetüm" seine Geschäfte verdorben sah, gab es andere, denen die neue Eisenbahn gerade diese versprach. Als die Lok *Sturm* mit ihren sieben Wagen am 3.11.1838 den Streckenteil Luppa/Dahlen – Oschatz eröffnete, stand in der örtlichen Presse zu lesen: „Dem geehrten Publikum, welche mit der Eisenbahn reisen, erlaube ich mir hiermit, ein an der Bahn zwischen Luppa und Dahlen neu etabliertes *Gasthaus zum Bahnhof* bestens zu empfehlen, indem ich mir prompte und billige Bedienung zur Pflicht machen werde." Dem werbenden Gastwirt war es auch zu verdanken, daß die Station bis 1887 in seinem Hause einen Warteraum für die Reisenden hatte. Das geschichtsträchtige Gasthaus steht heute noch und dient mit seinen wohl von einst übernommenen Kanapees immer noch seinen Kunden.

Wir stehen unter der 75 m langen hölzernen Bahnsteigüberdachung. Welch ein Glück, aber auch welch (bisher) erfolgreicher Kampf der Dienststelle, daß es für die Fahrgäste diesen 75jährigen Wetterschutz noch gibt. Täglich halten 20 Personenzüge ganz nah an seinem Dach. Kofferbepackte Heideurlauber, rucksacktragende Jugendherbergler, aktenmitführende Geschäftsreisende, Schüler und Stahlwerker finden wir auf den Bahnsteigen, wo täglich 60 Züge staubaufwirbelnd vorbeirasen.

Wir verlassen die Hauptgleise. Vor uns liegt der Rangier-, Verlade- und Anschlußbahnbetrieb. Erst jetzt merkt der Betrachter, welche Industrie und welcher Handel dem abseits gelegenen Ort gegeben ist. Weit in die Felder gebaut, ragen die Hallen des VEB Kühlbetrieb auf. Lange Züge mit Kühlgefriergut können hier untergebracht werden. Die hohen Fabrikschlote des Heizwerkes neben den Kohlebergen sind richtige Wahrzeichen geworden. Weitere Verlader sorgen für ständige Bewegung auf den Rampen, Ladestellen und in den Anschlüssen. Kies, Teer, Holz, Futtermittel, Dünger und Baustoffe werden umgeschlagen. 60 000 Tonnen sind im vergangenen Jahr verladen worden. Dazu waren 10 000 Waggons nötig. Also: Hier ist allerhand los, im kleinen Bahnhof von Dahlen, wenn auch keine D-Züge halten. In den einhundertfünfzig Jahren des Eisenbahnbetriebes haben sich zahlreiche Betriebe der Kleinstadt in der Nähe des Bahnhofes angesiedelt.

*Reiner Scheffler, 1988 S. 96*

HEUTE: Den Bahnhof als Dienststelle existiert nicht mehr, er ist nur noch Haltepunkt mit Gleisanschluß. Die Fahrkarten gibt ein Automat. Das Gebäude steht leer und zerfällt allmählich zur Ruine.

**Die Bahnhofsanlagen in Dahlen**

# Dögnitz – wo sich über der Aue ein hoher Himmel wölbt

Kein Kirchturm zieht die Blicke an, wenn man ins Dorf fährt. Schüchtern blinken nur Mauern und Dächer aus dem Ensemble der Bäume und des Buschwerks aus der Aue. Jedes Jahr dasselbe Ereignis: Im Juni hat die Natur den Ort wieder vollständig in ihre Arme genommen.

*Püchau, Ortsteil Dögnitz, Kreis Wurzen* steht auf dem Ortsschild, das man doch meist übersieht, wenn man auf der Straße von Nepperwitz kommend Lübschütz zueilt. Man bemerkt rechts an der Straße einen gelben Klinkerbau, erkennt ihn von nahem als Gaststätte und Lebensmittelgeschäft. Dann ist man schon vorbei.

Dögnitz ist der kleinste Ort im Kreis Wurzen: Eigentlich drängeln sich nur sechzehn bewohnte Grundstücke, davon sind sieben als Bauerngüter zu erkennen, zu einem Rundweiler zusammen. Erstaunlich, daß es den Ort überhaupt noch gibt! Denn von den Auendörfern sind einige den siedlungsfeindlichen Elementen, vor allem den Hochwassern, zum Opfer gefallen.

Die Landschaft feiert den Ort. Weit und offen ist die Aue. Von allen Seiten nähert sie sich bis ans Dorf heran mit verschwiegenen Baumgruppen und Altwässern, übersummten Wiesen und Gräben, glucksendem Röhricht; mit ihren Eichen tritt sie gar ins Dorf hinein. Und über der Aue wölbt sich ein hoher Himmel. Die Luft ist warm und schwer, in ihr liegt der herbe Geruch von Dung, auch schon der Duft von Heu.

Die Wege in die Aue sind für uns manchmal urplötzlich zu Ende: vor einem elektrisch geladenen Weidezaun oder an einem Altwasser. Immer dringen wir in fremde Räume ein.

Vor Jahrhunderten mögen hier viele Arme der alten Mulde existiert haben, die sich um einen Werder schlossen, auf dem die Sippendörfer Grubnitz, Nepperwitz und Dögnitz angelegt wurden. Jedes von ihnen ein abschirmender Rundling. So gering der Höhenunterschied zum Fluß auch gewesen sein mag, er reichte zum Überleben.

Die Altwässer zeigen noch deutlich die alten Läufe des Flusses. Nördlich von Dögnitz sind sie besonders zahlreich: *Dögnitzer Mulde, Schusterbusch, Kroatenloch, Totes Männchen* . Es sind stille langgestreckte Gewässerschlingen, überschattet von Eichen, Weiden oder Erlen, längst abgeschnitten vom Fluß, deshalb auch sauberer, aber auch abgelegen, fast vergessen, deshalb nun wiederum mit seltener Lebewelt erfüllt. Stille, Stimmung und Namen dieser Stellen erregen die Phantasie, lassen an Nixen und Wassermänner denken oder an den Reigen von Elfen .

**Am Dorfrand von Dögnitz**

Das Unheimliche fühlt sich hier an. Es lebt in uns fort durch die Tatsache der heimlichen Bedrohung, der alle Auendörfer durch das Wasser der Mulde ausgesetzt waren und sind, mehrmals im 19. Jahrhundert, als die Dämme brachen, oder auch 1954, da schlimmeres Unheil doch noch abgewendet wurde. Das letzte Mal bisher wurden die Männer am 29. Dezember 1986 auf die Dämme und Deiche gerufen. Gefahr ist also noch immer gegenwärtig.

Und langsam nur verläuft sich das Wasser bei Überschwemmung. Oberirdisch und unterirdisch folgen die Wasser eigenen, uralten Absprachen. Die Dögnitzer vertrauen ihr Abwasser zu sorglos dem Landgraben an, oder sie lassen es gedankenlos versickern. Trinkwasser können sie der Aue nicht mehr entnehmen, sie holen es seit 1976 aus der Wasserleitung. Aber noch hat die Aue sich von ihnen nicht abgewendet. Der Frosch quakt immer noch beharrlich, Enten gehen vor dem Schilf nach Teichlinsen.

*Wolfgang Ebert, 1988 S. 92*

# Ein Fremder in Grimma

**Die Stadtmauer am Muldeufer mit den Sommerhäuschen**

An der Wand hängt ein präparierter Fischkopf. Es muß wohl ein Hecht sein; er reißt das Maul so weit auf. Gefangen hat man ihn in der Mulde. Nun starren seine glasigen Augen durch den Kneipendunst, und irgendwo sitzt dort ein kleiner Junge mit der Großmutter. Die beiden sind zu Besuch hier in Grimma und warten auf die bestellte Nudelsuppe. Man schreibt das Jahr achtundfünfzig, die Großmutter erzählt von des Großvaters fernen Tagen als Husar in dieser Stadt, aber der Enkel denkt immer nur an den Scherenschleifer und an die Hängebrücke, während die Nudelsuppe dampft und dampft.

Dieses Bild hat sich dem Fremden eingeprägt, als Erinnerung an seinen ersten Aufenthalt am Ort vor drei Jahrzehnten. Damals gewissermaßen ein fremdes Kind in Grimma. Heute kommt er zurück als Erwachsener. Besucher und Sucher zugleich.

Die Straßen in Hohnstädt träumen still vor sich hin. Die Klingel neben dem Tor ist neuzeitlich. Eine gutgelaunte und lebhafte Frau läßt uns ein. Sie heißt *Ulrike Müller* und leitet das *Museum Göschenhaus*. Dort bittet man ins Biedermeierzimmer. Der Fremde bestaunt den tönernen Etagenofen und sitzt Probe am historischen Schreibsekretär. Es ist eine Ausstellung zum Anfassen. Im Eckschrank drehen sich winzige Figuren zur flüchtigen Melodie einer Spieluhr.

Der Fremde nimmt einen tiefen Schluck aus der Kaffeetasse, sieht kurz aus dem Fenster auf die „herrliche Siedelei", um sich alsdann der Gegenwart zu widmen. Was etwa die Höhepunkte der letzten

**Hängebrücke und Gattersburg**

Museumsjahre gewesen seien, lautet eine seiner Erkundigungen. „Ach", seufzt die Gefragte vielsagend, „Höhepunkte?, ich kann das inflationierte Wort nicht mehr so recht hören. Nun ja, *Erwin Strittmatter* war hier, um mit dem Verleger *Hans Marquardt* seinen Geburtstag zu feiern und um zu lesen natürlich. *Peter Schreier* hat unlängst in alten Noten gekramt und musiziert. Es wurden etliche Räume neu gestrichen und weitere Exponate angeschafft, Meißner Porzellan und Kerzenständer aus der Zeit *Göschens*."

Hohnstädt entläßt seine Gäste noch immer mit angenehmen Aussichten „auf die schöne Gegend, die schon *Melanchthon* so lieblich fand, daß er dort zu leben wünschte. An den Bergen lagen die freundlichen Dörfer umher, und der Fluß wand sich gekrümmt durch die Bergschluchten hinab." Wir merken schon, *Seume*, unser Wandersmann und Begleiter im Geiste, neigte etwas zur Euphorie. Ganz so dramatisch wie es klingt, sind die Bergschluchten hier nicht. Die Wurzener Straße fällt gen Grimma eher gemächlich ab. Zur rechten münden Hopfenberg, Winzerweg und Weinbergstraße – Namen, die durstig machen. Unten am Ende findet sich dann das Sportstadion des örtlichen Fußballvereins. Er schaffte vor einiger Zeit den Aufstieg in eine höhere Spielklasse. Und weil im Fußball unseres Landes schon so viel danebengegangen ist, kann man die Hoffnung der Einwohner Grimmas auf weiterhin erfolgreiches Abschneiden wenigstens der eigenen Mannen nur allzu gut verstehen.

Nun aber weiter. Am Markt Nummer 19 prangt über der Tür ein goldener Löwe. Unten hängt das Bild eines zahmen Häschens im Fenster. Das wirbt merkwürdigerweise für die Rassegeflügelschau des VKSK. Was der Hase im einzelnen mit dem Federvieh zu tun hat, bleibt ein Verbandsgeheimnis der Kleintierzüchter.

In der Albert-Kuntz-Straße drängen sich die Einkäufer. Hin und wieder eröffnen die Hauseinfahrten den Vorübergehenden sehr menschliche Einblicke in den Alltag der Bewohner. Bei der Nationalen Front kann man gleich bis auf den Hof sehen. Ein hölzerner Pavillon steht dort, den praktischer Hausfrauensinn zum regengeschützten

**In der Albert-Kuntz-Straße**

Trocknen von Büstenhaltern und Herrenunterhemden auserkoren hat.

Durch die Köhlerstraße führt es den Suchenden endlich zum Schwanenteich. Und dort steht er dann auch, unser Scherenschleifer. Er bewegt sich heute nicht. Wie zu vernehmen war, verbringt er die kalte Jahreszeit ohnehin anderswo in frostsicherem Quartier. Doch auch so ist der kleine Schleifer einfach hübsch anzusehen, als scheinbar nebensächliche Alltagsfreude, deren viele am Ende doch unser aller Verwurzelung an einem Ort ausmachen. Nur selten sind es ja die Monumente und Feierstunden, die Glanzseiten und Höhepunkte, aus denen sich Gefühle der Bindung ergeben. Der Weg, den wir täglich gehen, ein Nachbar, den wir grüßen, Bäume,

**Der Scherenschleifer im Schwanenteich**

die alte Parkbank, das Nachmittagslicht auf dem Fensterbrett – all das kann viel mehr bedeuten. Denn Vertrautheit wird stets nur empfinden, wer sich selbst in Menschen, Dingen und Verhältnissen wiederzuerkennen vermag. Davon läßt Grimma in manchem Winkel etwas spüren, und der Besucher nimmt es dankbar zur Kenntnis.

Durch die Thälmannstraße und Kellerhäuser zieht es uns nun unweigerlich hinan zur Gattersburg, die gar keine Burg ist, sondern eine Fabrikantenvilla im historisierenden Stile. So wenigstens steht's im mitgebrachten Reisepapier. Drunten tut derweil die Hängebrücke noch immer, was ihr der Wortsinn aufträgt: Sie hängt. Es ist jene Stahlkonstruktion, von der die Großmutter erzählte, daß es wie bei jeder Brücke verboten war, im Gleichschritt darüberzugehen, damit der Übergang nicht durch unerwünschte Schwingungen aus den Fugen geriete. Die Wehrmachtsoldaten des Zweiten Weltkrieges liefen auch nicht im Gleichschritt, ganz nach Vorschrift, aber die Brücken der Stadt haben die trotzdem zerstört, ohne Sinn, aber auch nach Vorschrift. So kommt es, daß heute Teile des ehemaligen Rabensteiner Eisenbahnviadukts irgendwo im Berliner Außenring verbaut sind. Die so kunstvoll aufgehängte Fußgängerüberführung jedoch ist erhalten wie auch Pöppelmanns Steinbrücke ein Stück weiter stromabwärts – beide nach dem Kriege wiedererrichtet und uns wegen der zweifachen Mühe des Baus doppelt lieb.

**Altgrimma, Holzstich von Jens Schröder, 1982**

Und um uns zu beweisen, daß wir beileibe noch nicht alles gesehen haben, öffnet *Rudolf Priemer* nahe der Klosterkirche einen Hausdurchgang. Wein rankt dort, man durchquert ein Gärtchen, Treppenstufen sind da, und zur Mulde hin streckt sich ein kleines Sommerhaus, ganz so, als wollte es bei Gelegenheit noch ein wenig wachsen. „Das gehörte alles mal dem Schriftsteller *Ferdinand Stolle*", erklärt Rudolf Priemer, und als wir mit dem Namen nicht sofort etwas anzufangen wissen, fügt er gleich noch einen Kurzvortrag über die Zeitschrift *Gartenlaube* an, die vom selbigen Literaten mitbegründet wurde. Auch einen Roman habe er geschrieben, der ganz wichtig gewesen sei. Für Grimma jedenfalls. Von drinnen äugt auf uns durchs Fenster eine etwas griesgrämige Schillerbüste. Irgendwo schlägt eine Uhr drei, obwohl es fünf ist. „Das kommt vom Individualismus", sagte unser Begleiter und schmunzelt vieldeutig. So steht er auch noch eine ganze Weile, nachdem wir uns bereits verabschiedet haben, als Hüter der einzigen Gartenlaube dieses Landes, von der sich mit etwas Phantasie behaupten läßt, sie habe ihrem Besitzer nicht bloß als Datsche gedient, sondern durch ihren Namen auch Zeitschriftengeschichte gemacht.

Zufrieden könnte der Fremde also den Ort verlassen; er hat die alten Dichter besucht und die Menschen von heute, sogar ein Stück der eigenen Kindheit vermochte er wiederzuentdecken. Und doch beschleicht ihn noch einmal dieses Gefühl, nicht alles Wichtige behandelt zu haben. Trösten wir uns also mit einem Wort des verschmitzten Rudolf Priemer: „Irgendwas bleibt immer übrig, das noch gemacht werden muß, und Ärger gibt's natürlich auch. Aber schön – schön ist es am Ende doch." Der Mann, so will es scheinen, hat recht.

*Ulrich Rhein, 1988 S. 4*

# Chronist mit Pinsel und Palette

Es gibt nicht mehr viele jener idyllischen Fleckchen in Wurzen, die zurecht als „Malerwinkel“ bezeichnet wurden. Das Auge des nunmehr Achtzigjährigen mit der Baskenmütze, ohne die er einfach nicht *Arno Straßberger* (*1908 †1990) wäre, spürt jedoch auch die letzten auf. Was der Spitzhacke an Altem, Erinnerungswürdigem noch nicht zum Opfer gefallen ist, das findet sich in seinen Mappen wieder als beachtenswerte Aquarelle, Zeichnungen oder Ölbilder. Er ist deshalb jedoch kein Romantiker alter Prägung.

Arno Straßberger gewinnt auch dem jetzigen Stadtbild Reize ab und entdeckt immer wieder neue, erfreuliche Ruhepunkte für das Auge, die etwas versöhnlich stimmen angesichts der die Peripherie unserer Städte beherrschenden Betonklötze. Er läßt nichts weg, fügt nichts hinzu, was nicht da ist, sieht Farben und Formen, wie sie jeder normal empfindende Mensch auch wahrnimmt. Und das ist meiner Ansicht nach das Beste an seinen Bildern, die den Betrachter optimistisch stimmen.

**Arno Straßberger in der guten Stube, seinem Atelier**

Wenn Arno Straßberger ein „Chronist mit Pinsel und Palette“ genannt wird, dann hat das schon sein Berechtigung, denn seit über dreißig Jahren ist er tätig als Amateurmaler und Zirkelleiter, hat viele Ehrungen und Auszeichnungen erhalten und denkt noch lange nicht daran, seine Farben eintrocknen zu lassen.

*Werner Ballschmieder, 1988, S. 61. 1982 S. 160*

**Dorfbild von Böhlitz mit den Hohburger Bergen. Ölbild von Arno Straßberger, 1980**

# Die sichtbaren Schätze des Mügelner Museums

Eines Morgens an einem Sonntag traf sich die *Rundblick-Runde* im Mügelner Museum. Erste kleine Sensation: Vor dem Museum steht ein Widder! Er stammt nicht aus **Oetzsch,** dem Dorf der Schafzüchter, sondern aus **Schrebitz,** dem Dorf der Pferdezüchter. Als Laie würde man ein paar Mark Schrottgeld herausschlagen. Doch Museumsbesuche bilden, und so weiß ich auch jetzt: Ein Widder ist eine technische Rarität, eine hydraulisch betriebene Pumpe, die sich durch das fließende Wasser von selbst antreibt (fast ein Perpetuum mobile, aber eben nur fast), von der es nur noch ganz wenige Exemplare gibt.

Das Mügelner Museum hat sich im Vorbereitung auf die 1000-Jahr-Feier gemausert – außen wie innen. Der junge Museumsleiter *Andreas Lobe* (26) hat sich nicht ins gemachte Nest gesetzt, sondern schon als Mitglied der AG Junge Historiker unter Leitung von *Fritz Thomas* (86) beim Aufbau des Museums fleißig mitgewirkt. So empfängt er uns nun als neuer Hausherr mit einem echt Mügelner Imbiß: Mügelner Käse und hausgebackene Brötchen. Seine Frau hat sie hergestellt und damit eine echte Versorgungslücke geschlossen.

Dann nimmt der *„alte Fritz"* das Wort. *Fritz Thomas,* ein ausgezeichneter Kenner der Mügelner Geschichte, macht die Führung ehrenhalber. Das Haus stellt er vor, das 1925 als Freibank und Heimatmuseum eingerichtet wurde. Die umfangreiche Sammlung des Heimatforschers *Richard Hummitzsch* war ein wertvoller Grundstock, der jedoch durch den Zweiten Weltkrieg arg dezimiert wurde. Im Obergeschoß befinden sich die Abteilungen Geologie und Vor- und Frühgeschichte. Heimische Minerale werden vorgestellt und ein halber Mahlzahn eines Mammuts, der auf der Dorfstraße in **Glossen** gefunden wurde. Besonders die **Leubener** Sandgrube gab viele Zeugen vergangener Zeiten frei. Ein Modell des nahen Festenberges regt zur Diskussion an. Viele Funde hatte dort einst der Lehrer *Otto Edler* geborgen. Der wertvollste – ein silberner Reitersporn – ging in der Dresdner Bombennacht im dortigen Museum verloren.

Meisterliches wird im Erdgeschoß gezeigt. Handwerkskunst und stadtgeschichtliche Exponate. Urkunden von Handwerksinnungen, meisterhafte Schlosserkunst und anderes mehr zeugen vom einst blühenden Handwerk der Stadt. Am Stadtdiorama erläutert der alte Fritz den einstigen Verlauf der Stadtmauer, läßt die Schweden erneut einfallen und erzählt von den Pestepidemien.

**Die Teilnehmer der Museumsrunde (v.l.n.r.): Siegfried Seltmann, Matthias Müller, Andreas Lobe, Fritz Thomas, Rudolf Priemer, Gretel Brauer, Gabi Teumer, Erich Kötz, Karin Schulze, Lutz Heydick, Bernd Brink, Gottfried Massanek (und Manfred Müller, am Fotoapparat).**

Nach einem ausgiebigen Stadtrundgang sitzt die *Rundblick-Runde* resümierend wieder am Tisch. Ofenwarmer Pflaumenkuchen duftet verführerisch. Sammeln und Forschen wollte Andreas Lobe einst, als er als junger *„Thomaner"* beim alten Fritz im Seitenwagen saß und durchs Mügelner Land fuhr. Als junger Museumsleiter merkt er indessen, daß es viel Papier zu beschreiben gibt und das Forschen und Sammeln nur gelegentlich betrieben werden kann. Gute Ideen schwirren durch den Raum. Von einem Schulneubau ist die Rede, der die Räume im alten Kino freisetzen würde. Platz wäre da für Depoträume des Museums. Ausgelagertes könnte dann den Augen der Besucher endlich gezeigt werden. Auch die Hoffnung wird ausgesprochen, daß sich irgendwann irgendwer der Geschichte der sächsischen Schmalspurbahnen annähme.

*Gottfried Massanek, 1988 S. 8*

HEUTE: Museumsleiter Andreas Lobe ist älter geworden, doch hat er mit Ausdauer und eifriger Tätigkeit das Heft als Museumsleiter immer noch in der Hand. Mit der Hilfe freiwilliger Mitarbeiter organisiert er regelmäßig Sonderausstellungen. Die Museumstätigkeit muß auf beengtem Raum erfolgen. Es besteht die begründete Aussicht, ins gegenüberliegende Gebäude der ehemaligen Mädchenschule umzuziehen. Der Stadtrat hat seine Zustimmung gegeben.

**Fritz Thomas, immer ein verschmitztes Lächeln im Gesicht, mit einem „historischen Topf"**

## Ein Leben fürs Museum und für seine Heimatstadt Mügeln

Das Leben von *Fritz Thomas* (*1901 †1989) war geprägt von der Liebe zu seiner Mügelner Heimat und ihren Menschen. Hier ist er aufgewachsen und hier ist er geblieben. Seine gediegene Schulbildung hat ihm die Grundlagen für eine aktive regionalgeschichtliche Arbeit vermittelt. Dieses reiche Wissen konnte er weitergeben, als Lehrer in **Mügeln** und **Niedergoseln**, als langjähriger Leiter des Heimatmuseums und als Redaktionsmitglied des *Rundblicks*.

Das 1956er Heimatfest in Mügeln anläßlich der 700jährigen Verleihung des Marktrechts und das Schul- und Heimatfest ein Jahr später in Niedergoseln waren Höhepunkte in seinem Leben. Der Wiederaufbau des Heimatmuseums nach dem Zweiten Weltkrieg war gewissermaßen sein Lebenswerk. Als Bodendenkmalpfleger befuhr er noch mit 87 Jahren in seiner Seitenwagenmaschine das *Mügelner Ländchen*, in dem er sich auskannte wie kein anderer. Und so konnte er zu jedem Dorf, ja fast zu jedem Haus etwas erzählen.

Stolz zeigte er immer die Briefe vor, in denen *Rundblick*-Leser oder Museumsbesucher Anteil an seiner Arbeit nahmen. Ein Gästeeintrag dokumentiert seine Beliebtheit sehr trefflich: „Das Museum ist gut, der Direktor noch besser!".

Sein *Mügeln-Heftchen* (*Rundblick-Information* Nr. 10) trug er immer bei sich, schon durch viele handschriftliche Eintragungen ergänzt. Täglich konnte man ihn in seiner Stadt antreffen, alles beobachtend, nach wie vor ausgezeichnet orientiert, lobend und kritisch. Nun fehlt der Mann mit dem Fahrrad und der Baskenmütze im Stadtbild. Die 1000jährige Stadt hat ein Original verloren, einen Menschen, der so viel wußte, der jeden kannte und von so vielen gekannt und verehrt wurde.

*Gottfried Massanek, 1989 S. 109*

# Ein Fremder in Wurzen

**Im Inneren des Wurzener Domes**

Am Crostigall empfiehlt es sich, den (Fern-, sprich Rund-)Blick wieder auf die unmittelbare Umgebung zu richten, einerseits wegen des schönen Posttores, zum anderen, um nicht überfahren zu werden. Hügelabwärts ziehen hier die Motorkarawanen unserer Gegenwart auf der alten Ost-West-Verbindung, die einst *Hohe Straße* hieß. Es qualmt und lärmt, es überholt und drängt mit vielfacher Pferdestärke hinaus ins flache Land.

In der Nachbarschaft grüßen die Häuser der Postgasse den Fußgänger mit sommerlichem Blumenschmuck. Ihre alten Fenster öffnen noch zur Straße. Man riecht, daß irgendwo Kohl gekocht wird. Nur vorübergehend geraten die mächtigen Gebäude des Nahrungsmittelwerkes außer Sicht. Das macht die Nähe. Ansonsten jedoch erblickt man die dicken Türme und das langgestreckte buntscheckige Dach von fast jedem Punkt der Umgebung. Womöglich ist es ganz und gar einseitig, aber der Fremde muß bei dieser Fabrik immerfort an Kekse denken.

Wenn immer an einem Ort, nah oder fern, jemand sein Gebäck genußvoll in den Kaffee tunkt, wenn auf einer Zunge, egal ob sie englisch oder russisch spricht, die Schokolade schmilzt und die Waffel fühlbar wird, dann hat vielleicht Wurzen einen kleinen Beitrag zu einem Augenblick des Wohlbefindens in der Welt geleistet. Ebendarum denkt der Fremde bei der Fabrik immer an Kekse, und er tut es mit Vergnügen.

„Vorsicht!", reißt uns ein Schild aus den Gedanken. „Putzbrocken fallen herab!" Am Dom wird gebaut. Eigentlich ist dies kein ungewöhnlicher Zustand, denn seit dem 13. Jh. wurde immer wieder erweitert, umgestellt und neu ausgestattet. Heute ist die alte Bischofskirche so groß, daß schon ihre bloße Erhaltung ernsthafte Schwierigkeiten bereitet. Während der Besucher die ungewöhnliche Bronzekanzel des Dresdener Bildhauers *Wrba* bestaunt, müht sich gleich daneben die Firma *Liebmann* ums Elektrische. „Wir legen hier schon jahrelang Licht", erklärt der Meister. „Eine schwierige Angelegenheit." Sein Blick verliert sich sorgenvoll in den Höhen des Mittelschiffs.

Weniger ans Stellen, sondern eher an gelegentliches Sitzen denkt man unwillkürlich bei dem benachbarten Gebäude. Das *Schloß* – oh Doppeldeutigkeit des Wortes – ist in seinen drei Geschossen mit „reichen Zellengewölben" ausgestattet, so läßt sich einer Stadtbeschreibung entnehmen. Das Ganze nutzt gegenwärtig die Volkspolizei für ihr Kreisamt. Selbstverständlich wissen wir, daß dort nur die Verwaltung sitzt und dennoch: Ein Schelm, wer Arges dabei denkt.

Vor 105 Jahren wurde am Orte einer geboren, der den Wurzenern besonders lieb ist und dessen bewegtes Leben bis heute bewegte Folgen hat. An *Joachim Ringelnatz*, dem Mann mit dem waghalsigen Humor, kommt keiner vorbei. Wir haben flugs die Domgasse durcheilt und das *Museum*, in dem Napoleon noch eine Tasse im Schrank hat, links liegengelassen. Dann erreichen wir den Markt, auf dem seit dem Hundertstem des großen Sohnes der Stadt ein *Brunnen* steht mit dem Spruch: *Überall ist Wunderland*. Wundern kann man sich in der Tat, nämlich darüber, wie die Wurzener ihrerseits zu dem Brunnen stehen. Kein Mensch konnte ahnen, welch heftiger Streit um die Skulptur entbrennen sollte, deren Interpretation ungefähr folgendermaßen geht: Ein Klabautermann mit Ringelnatzschen Zügen reitet auf einem Seepferdchen. Bildhauerkunst hin, Symbolik her – mit den stilisierten Gesichtsformen des Dichters mochten sich einige seiner Verehrer um keinen Preis anfreunden. Inzwischen ist seit jenem bemerkenswerten Ereignis der neueren Wurzener Kunstgeschichte schon etwas Zeit ins Land gegangen. Die erhitzten Gemüter haben sich wieder abgekühlt. *Ringelnatz* jedenfalls hätte an dem Spektakel bestimmt seine Freude gehabt.

Am Schmölener Fährsteg ist es still. Für potentielle Fahrgäste hat man einen Klingelknopf installiert, mit dem das Boot vom anderen Ufer gerufen werden kann. Wenn er gedrückt wird, ertönt drüben ein gewaltiges Horn. Wir beurkunden es hiermit unter Zeugen: Der Fährmann setzt sich kaum eine Minute später nach diesem infernalischen Ton in Bewegung, um seinen Dienst zu versehen. (Wie sehr wünschte man einigen Büros unseres Landes solche Rufeinrichtung!) „Seit nunmehr neunzehn Jahren mache ich das“, sagt er, während wir schon wieder ablegen, „jeden Tagen von zehn bis achtzehn Uhr.“ Der Motor tuckert, beruhigend wiegt uns das Boot. „Einkehren

**Schwere Lasten, leicht transportiert, vorm Marktplatz Nr. 5 (ehem. Brauerei)**

**Versteckte Plauderecke für ein Rentner-Trio auf dem Wurzener Markt mit Blick in die Domgasse**

könnt ihr hier übrigens nicht“, erklärt er, als wir eben das andere Ufer erreichen. „Aber ich fahre euch zurück. Drüben im *Fährhaus Schmölen* gibt's immer was.“ Unversehens kommen wir in den Genuß einer Rundfahrt. Hin und zurück – es müßte laut Preistafel vierzig Pfennige pro Person kosten, wenig genug, aber der Fährmann will am Ende gar kein Geld annehmen. „Ihr seid ja vergebens gefahren.“ Bei solcher Anteilnahme schämt sich der Fremde fast, diesem hilfsbereiten Menschen Zeit gestohlen zu haben. *Goethes* Satz vom leidigen Übersetzen bei Wurzen – er ist durch unseren Fährmann endgültig widerlegt. *Ulrich Rhein, 1988 S. 72*

HEUTE: Im Crostigall ist es ruhiger geworden, da er nicht mehr als Durchfahrtsstraße genutzt wird. Die steilen Stützmauern wurden Ende der 90er Jahre aufwendig saniert. – Im Dom konnte eine langwierige Restaurierung abgeschlossen werden. – Das Schloß gehört jetzt der Familie *Wedekind,* die nach einer umfassenden Restaurierung ein Restaurant mit Hotel und anderen Räumlichkeiten eingerichtet hat. Zugleich bedienen die Geschäftsinhaber die Fähre und die dortige Gaststätte in Dehnitz. Mit einem Motorboot können Kaffeefahrten bis zur Loreley bei Oelschütz unternommen werden. – Der Ringelnatzbrunnen auf dem Markt wurde bei einer Marktgestaltung um einige Meter versetzt und wird allgemein von den Wurznern akzeptiert.

**Otto Eduard Schmidt**, Dresden/Wurzen, *1855 †1945. Historiker. Gymnasiallehrer in Dresden und an der Fürstenschule Meißen. Rektor des Wurzner Gymnasiums von 1905 bis 1910. Gründer des Wurzener Geschichts- und Altstadtvereins. Heimatschriftsteller mit Hauptwerk „Kursächsische Streifzüge“ in sieben Bänden. *1988 S. 30*

**Theodor Schultze-Jasmer**, Oschatz/Prerow, *1888 †1975. Gebrauchsgrafiker, „Der Maler vom Darß“, Gründer der Darßer Kunsthütte. Teile vom Nachlaß im Oschatzer Museum. *1988 S. 99*

Petra Hachulla-Flemming in ihrem Atelier

**Petra Hachulla-Flemming,** Großsteinberg/ Leipzig, *1944 †1988. Malerin und Grafikerin, Figurenbilder und Wandmalereien. Zahlreiche Werke befinden sich im Leipziger Museum der bildenden Künste und anderen Museen. Das großformatige Wandbild „Frauen“ hängt heute in der Naunhofer Parthenhalle, wo sich einst die Baumwollspinnerei befand. *1988 S. 132*

Den **Hieronymus-Lotter-Preis** für Denkmalpflege im Bezirk Leipzig erhält der junge Museumsleiter *Matthias Müller (*1958)* für die Restaurierung des Hohburger Steinarbeiterhauses und dessen Gestaltung zu einem Museum. *1988 S. 103*

**Johann August Köhler**, Trebsen/Grimma, *1805 †1886. Pfarrer. Gründer des Trebsener Lehrerseminars, von 1838 bis 1874 Direktor des Lehrerseminars in Grimma. Köhlerdenkmal im Stadtwald. *1987 S. 27*

**Herrmann Ilgen**, Wurzen/Dresden, *1856 †1940. Geheimer Hofrat, Apotheker und Erfinder eines Giftes, das gegen eine deutschlandweite Mäuseplage in den 1880er Jahren eingesetzt wurde und ihm unerhörten Reichtum bescherte. Viel Geld legte er in Stiftungen an, wovon auch seine Geburtsstadt Wurzen profitierte: Kriegerdenkmal am Alten Friedhof *(s. Abb.)*, Ausstattung des Domes mit bronzenen Plastiken, Museumsschätzen u.a. *1992 S. 107*

**Cornelius Gurlitt**, Nischwitz/Dresden, *1850 †1938. Gurlitt-Geburtshaus in Nischwitz mit Gedenktafel. Architekt und Wissenschaftler. Wichtigste Arbeit die Erfassung aller auf sächsischem Boden befindlichen Denkmale, veröffentlicht in der „Beschreibenden Darstellung der älteren Bau- und Kunstdenkmäler des Königreiches Sachsen“ in 41 Bänden von 1881 bis 1924. Noch heute wichtiges Arbeitsinstrument der Denkmalpflege. *1988 S. 120*

**Bahren/Golzern**: Die Gebrüder Schröder, Besitzer der Papierfabrik, veranlaßten 1886 den Bau einer Arbeitersiedlung, die im Volksmund den Namen ***Kolonie Kamerun*** erhielt und der heute noch gebräuchlich ist. Über diese Namensfindung gibt es verschiedene Erklärungen. Mit der Ansiedlung erhielt sich das Werk einen Stamm an guten Facharbeitern. Zu den Gebäuden gehörten Feld und Garten, und mit dessen Früchten sowie einer intensiven Kleintierhaltung besserten die Bewohner ihren Lebensstandard auf. In einem Repräsentativbau an der höchsten Stelle im Gelände, der *Villa*, wohnten der Direktor und einige Angestellte. 1969 wurde Bahren Ortsteil der Gemeinde Golzern. *1987 S. 116*

| 1989 | 36. Jahrgang |
|---|---|

**Der Rundblick**. Kulturspiegel der Kreise Wurzen-Oschatz-Grimma. 2 Hefte A 4 mit 136 Seiten.
Mit dem 2. Heft erfolgte eine veränderte Titelgestaltung und eine übersichtliche und thematisch gebundene Innengliederung. Die Farbe grün wurde beibehalten. Eine „Bunte Seite“ soll der unterhaltsamen Heimatgeschichte dienen.

## Die Feuchtwiese bei Luppa

Schon Mitte der 70er Jahre begann die Diskussion um ein Stück Wiese bei Luppa, das von der Landwirtschaft nicht so recht genutzt wurde, weil es zu feucht war. Die Wirtschaftsleute forderten deshalb die Melioration dieses Gebietes. Naturschützer waren in den folgenden Jahren anderer Meinung. Weil solche feuchten Standorte immer mehr verschwunden waren und damit auch ein Artenreichtum an geschützten Pflanzen und Tieren, wollte man das Gebiet möglichst in seinem ursprünglichen Zustand erhalten. Die Dahlener Naturfreunde erkannten, daß in einer intensiv genutzten Agrarwirtschaft, wo die Artenvielfalt in ein Minimum gedrängt wird, solche Einzelobjekte für das biologische Gleichgewicht wie ein Augapfel behütet werden müssen.

Es ging Zeit ins Land, manches wurde überdacht. Dabei reifte die Erkenntnis, daß Naturschutz kein passives Registrieren, sondern aktives Handeln ist. Also, mußte die Feuchtwiese erhalten werden. Nach vielen Plänen und Besprechungen begann im tiefsten Winter Anfang 1986 die erste Aktion. Der ehemalige, nun schon in Vergessenheit geratene *Zschorns-Teich* sollte wieder entstehen. Mit Bagger und Planierraupe erfolgte ein Aushub, damit wieder Wasser angestaut werden konnte. Das geschah dann auch ein Jahr später, und im April 1988 war der Grasfrosch der erste, der das neue Laichgewässer bezog.

Weitere Arbeiten folgten. Die hilfreiche Schar der Mitstreiter erhöhte sich. Naturfreunde aus Dahlen und Luppa, Schüler der Agraringenieurschule und Kollegen einiger Betriebe beteiligten sich mit vielfältigen Tätigkeiten: Wiesenabschnitte mähen, Gräben ziehen für weitere Kleingewässer, Bäume und Sträucher anpflanzen.

Inzwischen ist ein Zustand erreicht, der es uns erlaubt, bei den staatlichen Organen den Antrag auf Bestätigung als Flächennaturdenkmal einzureichen. Wer heute von der F 6 aus seinen Blick auf das Gelände richtet, wird erkennen, daß es neben Nutzungsflächen auch wildwachsende und unberührte Abschnitte gibt. An vielen Stellen muß sich die Natur erst wieder regenerieren. Neben den alljährlich erforderlichen Pflegemaßnahmen werden wir vor allem dafür zu sorgen haben, daß keine zweckentfremdeten Nutzungen entstehen und die Flächen nur von Sachkundigen betreten werden.

*Wolfgang Vulpius, 1989 S. 42.*

# Wo in Grimma die Schultüten „wachsen“

*Die große Tüte .*

*Wenn die letzten, vollen*
*Erntewagen rollen,*
*Und in großer Hitzen*
*Alle Leute schwitzen,*
*Müssen unsre Kleinen*
*In der Schul' erscheinen.*
*An der Mütter Seiten*
*Stolz daher sie schreiten,*
*Und die Ranzen schmücken*
*Ihre kleinen Rücken.*
*Alle, die Bekannten,*
*Und die lieben Tanten*
*Stehen an den Türen*
*Und sie gratulieren:*
*„Ach du liebe Güte,*
*Diese große Tüte.*
*Nein, mußt du dich plagen,*
*Komm, ich helf dir tragen!“*
*Doch die kleinen Jungen*
*Sind zutiefst durchdrungen*
*Von des Tages Größe,*
*Zeigen keine Blöße,*
*Und die kleinen Mädchen,*
*Inge und Kätchen,*
*Trippeln ohne Pause*
*Hochbeglückt nach Hause.*

*Oskar Karich*

Bunte Werbeschrift an der Werksfassade: *„100 Jahre Fest- und Scherzartikel aus Grimma.“* Die Betriebschronik beruft sich auf *Goethe*. Dieser Mann ist immer und für alles gut. Im Ernst: Auch für den Scherz. „Unser größter deutscher Dichter“ organisierte in Weimar karnevalistische Massenumzüge!

Die Welt scheint gegen Ende des 19. Jh. recht feierwütig geworden zu sein, und *Hermann Weißing* eröffnete 1889 seine *„Papierbude“* zur Produktion von Dekorations- und Festartikeln aus Pappe und Papier und exportierte bald seine Produkte in alle Welt.

Inzwischen ist die Lage auf diesem frohsinnigen Sektor ernster geworden. Denn die ausländische Konkurrenz schläft nicht. Dennoch konnten und können sich die Grimmaer voll im närrischen Geschäft behaupten. Vor allem im Export. Sie belieferten schon 1949 wieder Kanada und gaben ihre Offerten in den USA ab. Auch im Inland hat der Betrieb prominente Kunden. Dazu gehören das Fernsehen, das Palast-Hotel in Berlin, die Nationale Volksarmee. Ein Narr, wer Arges dabei denkt. Knallbonbons werden nämlich samt und sonders exportiert.

Jetzt kleben und falzen die Frauen Wegwerfartikel. Kein Mensch sammelt Konfetti ein und rollt Luftschlangen wieder auf. Zum Fasching gibt's einen auf die Papiermütze, die Lampions zerknautschen, und am Aschermittwoch hängen nicht nur die Narren mächtig durch, sondern auch die

Girlanden. In der DDR nicht ganz so. Ich kenne Gasthofsäle, da bleichen und stauben solche Dekorationselemente oft jahrelang von einer Festivität zur nächsten vor sich hin. Zugegebenerweise mildert das die auf diesem Gebiet angespannte Versorgungslage etwas.

Oder nehmen wir die Zuckertüte, für die die Papierwarenfabrik Hauptherstellerist. Und zwar in sechs Größen, rund und achteckig. Der Bedarf steigt steil in die Höhe. Höher jedenfalls als die Geburtenrate. Es ist nämlich üblich geworden, die „Dinger" auch zu Verlobungen oder Rentnergeburtstagen (!) zu verschenken. So fließend sind die Grenzen zwischen Fest- und Scherzartikel.

Meisterin *Christa Möbius* arbeitet hauptsächlich als „Schultütenschließerin" (Man glaubt ja gar nicht, welche Tätigkeiten es so gibt!). „Narrenkappen sind leichter als Schultüten, denn bei letzteren muß man den ganzen Tag über stehen."

Fast 95 % der etwa 250 Betriebsangehörigen im hiesigen Hauptwerk sind Frauen. „Männer", erklärt *Renate Kretzschmar*, „sind für unseren Betrieb nahezu ein Hemmnis. Wenn hier mal ein attraktiver Mann auftaucht .!" Irgendwie fand ich es nett von ihr, daß sie mich dabei scharf ins Auge faßte.

Konfetti, um auch darauf noch einmal zurückzukommen, wird derzeit mit einem Stanzveteranen von 1927 hergestellt. Er schafft gerade 60 Kilogramm am Tag. In kunterbunter Mischung. Die Franzosen

**Und dann produzieren wir noch jede Menge Faschingshüte .**

**Beim Wickeln der Unterzüge für die Schultüte**

jedoch demonstrieren auch in kleinsten Kleinigkeiten Nationalbewußtsein. Ihr Konfetti muß oft in den Landesfarben Blau-Weiß-Rot trikoloriert werden. Eine neu ins Haus stehende Konfettimaschine darf auch das Feiervolk der DDR hoffen lassen. Wenn sie anläuft, soll einiges davon wie ein lang erwarteter warmer Regen über uns niedergehen. Na, sagen wir mal vorsichtig, wenigstens wie ein Konfettinieselregen. Und wie wird man das Zeug wieder los? Ein Erzeugnisgruppenleiter: „Vorher auffädeln!" – Eine Arbeiterin: „Liegenlassen und das ganze Jahr weiterfeiern!" – Der Parteisekretär: „Festtreten!" – Ein Technologe: „Aus dem Teppich rausschneiden!"

Wie bemerkte doch Jean Paul? „Der Scherz ist unerschöpflich." Nur die Scherzartikel sind es noch nicht!

*Rolf Pfeiffer, 1989 S. 24*

HEUTE: 1990 erfolgte die Umwandlung in eine GmbH, doch der Betrieb war nicht konkurrenzfähig und ging 1991 in Konkurs. 1998 wurden die Gebäude (außer der Villa) abgerissen. Heute hat dort ein Supermarkt seinen Standort.

**Die ganze Dorfmeute beim Gruppenbild auf der Wiese vor dem Festspiel**

# Die Klötitzer hängten dem Ochsen ein Kofferradio um den Hals

Es gibt Dörfer im Rundblick-Gebiet, die kennt man lediglich vom Namen her. Sehenswerte Gebäude oder spektakuläre Ereignisse sind nicht bekannt. Die Hauptstraßen führen vorbei. Zu ihnen gehört Klötitz im Kreis Oschatz. Bis eines Tages im Herbst '87 ein dicker Brief auf dem Redaktionstisch lag. Heraus kam eine Jahreszeitung, die Klötitzer Dorfzeitung im 4. Jahrgang, im Ormigverfahren abgezogen und mit originalen Fotos geschmückt. Der Redakteur staunte, las von Gartenfesten, von Reisen der Nachbarn, von Geburten und vom Sterben und von den kleinen alltäglichen Ereignissen, die das Leben im Dorf widerspiegeln.

Monate später. Wir treffen uns in einer großen Stube in Klötitz. Sie ist schließlich überfüllt. Fünfzig Leute sind gekommen. Die letzten sitzen auf Holzstiegen oder stehen herum. Man kennt sich. Nach über einer Stunde ergiebiger Diskussion heißt es: „Jetzt erst mal Pause!" Auf einem Riesenblech balanciert einer einen Berg frischer Pfannkuchen herein.

Weiter! Das nächste Dorffest ist angekündigt. „Wir reisen in die Südsee. Wenn unsere Frauen und Mädchen als Südseeinsulanerinnen so ganz wenig bekleidet." Zustimmung und Heiterkeit. Fernweh gibt's eben auch im kleinsten Dorf. Doch dann Bedenken vom Gast. Was hat Klötitz mit der Südsee zu tun? Nachdenken und neue Vorschläge. „Natürlich, wir haben auch eine Geschichte: Die alten Germanen, den Kaiser und den Nachtwächter Funke. Wißt ihr noch? ." Zur späten Stunde ist's beschlossen: Wir machen ein Klötitzer Heimatfest „Anno dazumal".

Klötitz hat sich in einer flachen Mulde angesiedelt zwischen Liebschützer Höhe (200 m) im Süden und Hutberg (140 m) im Norden. Eine Straße, flankiert von Dreiseithöfen, durchzieht den Ort. Ein typisches Straßenangerdorf. Hintenherum grenzen Feldwege die Obstgärten von den Feldfluren ab.

Mitten durchs Dorf schlängelte sich ein Wassergraben, jetzt als fast schnurgerade Linie in Betonplatten gepreßt. Die Romantik ist dahin, aber auch das Hochwasser. Wenn da an der Liebschützer Höhe ein Gewitter hing, dann rauschte es an den abschüssigen Hängen ganz gewaltig, und das Wasser ergoß sich ins Dorf, manchmal gar in die

Küchen und Stuben der Bauerngüter. Das ist nun Geschichte, seit der Wassergraben begradigt und vertieft wurde. Alles verlangt eben seinen Preis.

Der 12. Juni 1988 beginnt zu tagen. Die Sonne taucht das geschmückte Dorf in strahlendes Licht. Allmählich wird es unruhig. Gegen Mittag versammelt sich am Dorfende ein buntes Volk, ein Gemisch aus Vergangenheit und Gegenwart *(s. Abb.)*. Nach monatelangem Suchen und Probieren sind all die Gegenstände, Fahrzeuge und Kostüme gefunden und zusammengebastelt, die in der Historie des kleinen Dorfes eine mehr oder weniger große Rolle gespielt haben. Vielleicht waren diese Stunden gar das Beste vom ganzen Spektakel. Es ist keine Semmler-Kostüm-Parade (*Semmler* ist eine Kostümverleih-Firma in Leipzig), wie sie landauf und landab seit Jahrzehnten bei den Festumzügen zelebriert wird und sich zum Verwechseln ähneln. Hier ist es der urwüchsige Spaß der Nachbarn, die Freude am Spiel haben.

Gemächlich setzt sich der Zug durchs Dorf in Bewegung und biegt dann auf den Sportplatz ein. Einige hundert Menschen säumen das grüne Feld und amüsieren sich köstlich über das nun folgende Spiel mit all seinen kleinen Pannen und Ungereimtheiten. Texte, Lieder und Musik, aufgespürt und gedichtet von *Siegfried Zeisig*, waren vorher auf Band gespeichert worden, das nun synchron mit der Handlung abläuft – oder umgekehrt.

Natürlich beginnen „die alten Germanen" (wo bleiben die „jungen"?) den historischen Reigen. Ihre frischen Kuhhörner glänzen in der Nachmittagssonne. Kein Wunder, denn man hatte sie vorher vorsorglich ausgekocht. Im Einweckapparat. Der landete dann allerdings auf der Schutte, weil er seinen Gestank nicht wieder verlor.

Schwierigkeiten bekommt *Nachtwächer Funke*. Sein Hund wird von dem Drumherum so nervös, daß er sich im Buschgewirr verkriecht. Das kann dem Sörnewitzer Gastwirt *Heinz Skrotzki* nicht passieren. Sein Ochse trottet bedächtig zwischen den Zuschauern. Er ist an den Krach gewöhnt. Sein Besitzer hatte tagelang zuvor dem braven Kerl beim Weiden ein Kofferradio an die Hörner gebunden.

Weil der versprochene Esel nicht gekommen ist, kriecht kurzerhand ein strammer Bürger in ein selbstgeschneidertes Eselskostüm und zieht den Bäckerwagen übers Feld wie weiland das störrische Tier vom Bäckermeister *Karl Albrecht*, der damit noch bis in die 50er Jahre die Dörfer rundherum mit Brot und Brötchen versorgte.

Auch der 18jährige Johann *Gottfried Fuhrholz* ist dabei, der am 15. April 1814 auf dem Wellerswalder Richtplatz auf dem Berge am breiten Teich hingerichtet worden war, weil er „die 20jährige Tochter des dortigen Pferdners Leithold geschwängert, seine Geliebte am 5. September 1811 in seines Vaters Garten bestellt und dort aufs grausamste mit einem Hammer getötet und in einem Kartoffelfeld verscharrt hatte. Die Eltern wünschten eine reichere Heirath".

Früh am Morgen sinken die letzten erschöpft ins Bett. Montags drauf hat die Mehrzahl einen Urlaubstag genommen. Es muß ja alles wieder weggeräumt werden. Die Abbaumannschaft sitzt am Nachmittag an einer riesigen Kaffeetafel unter der Linde, und die ganz jungen Klötitzer, die werdenden Nachbarn, verdrücken jede Menge Kuchenberge. Fröhlicher Ausstand!

Doch noch einige Dankesworte. Sie gelten dem *Wolfgang Lindner* (33), der mit Kopf, Herz und Händen das Dörfliche bereichert. Es muß immer einer dasein, der die Ideen hat, der es versteht, die anderen mitzureißen. Zum Glück hat er eine gute „Hintermannschaft". Es sind die Kameraden von der Feuerwehr. Sie spielen die tragende Rolle, auch im wörtlichen Sinn. Dann sind da noch die Männer vom Fußball und die Frauen der Gymnastikgruppe. Sie und andere kommen, wenn sie gebraucht werden. Und als Dank machen sie dann schon mal eine größere Reise, um jedoch wieder festzustellen: Am schönsten ist es eben doch zu Hause in Klötitz! *Manfred Müller, 1989 S. 12*

HEUTE: Das damalige Festspiel von anno 1988 wurde 2005 bei einem weiteren Dorfest (550 Jahre Klötitz und 130 Jahre Freiwillige Feuerwehr) quasi wiederholt, natürlich modernisiert und technisiert. Leider löste sich die FFw wegen Nachwuchsmangels 2008 auf. Der Heimat- und Sportverein bildet den Rahmen für die dörflichen Aktivitäten. Dazu gehört auch eine „Dreschflegelgruppe".

# Heimatkundlicher Frühschoppen in Nauberg

Da war im Frühjahr '87 die *Rundblick*-Wandermannschaft den feuchten Spuren des *Mutzschener Wassers* gefolgt. So ein Bachlauf muß ja irgendwo eine Quelle haben, die wir glaubten, am Nauberger Dorfteich gefunden zu haben. Doch nicht lange darauf schrieb *Berndt Richter*, ein gebürtiger Nauberger, ganz nett und sachkundig: Nicht alles, was wir auf dem Mutzschener „Wasserweg" beobachtet, gehört und niedergeschrieben hatten, sei da unbedingt belegbar. Man wäre deshalb gern bereit, noch mal einen *Rundblick*-Treff zu organisieren.

Wir nahmen die Einladung gern an und kamen zwei Jahre später wieder zusammen. Mit *Berndt* und *Manfred Richter, Rolf Schneider, Werner Busch und Kurt Michael.* Treffpunkt war ein Gartengrundstück auf der *Alten Schanze* in Nauberg mit einem wunderschönen Panorama über Jeesewitz, Köllmichen und Ragewitz. Die Hausfrauen servierten ein üppiges Frühstück, und ein Handwagen ächzte unter einer geballten Ladung voller Flaschen. Heimatkundlicher Frühschoppen!

Die Vorstellung zur Alten Schanze, wie sie Prof. *Werner Coblenz* aus Dresden fixiert hat, haben auch heute noch ihre Berechtigung: „Den westlichen Ortsteil von Nauberg schließt ein Ringwall ein, der lediglich von der Dorfstraße durchbrochen wird. Der Durchmesser erreicht 150 m, die Höhe noch 5 m. Zahlreiche Funde bezeugen eine Erbauung im 9. oder 10. Jh. Urkundliche Hinweise fehlen für diese Zeit. Im Bereich der Burg befand sich eine Kapelle".

**Kluge Gespräche am Nauberger Zählstein**

Vielleicht umschloß der Ringwall in slawischer Zeit auch eine Kultstätte, an deren Stelle unter der deutschen Landnahme eine Kapelle des Bischofs *Benno von Meißen* (†1106) errichtet worden war. Von ihr soll noch der Altarstein herrühren, der nach dem Abbruch des Gebäudes übrigblieb. Mit viel Mühe hatten ihn Nauberger Bürger Ende der 50er Jahre auf den heutigen freien Platz gegenüber dem einstigen Gasthaus (heute Konsum) transportiert. Vermutlich diente der rechteckige Stein dazu, daß auf ihm die Zinszahlungen der Nauberger Fronbauern an das Kloster Buch erfolgten. Deshalb erhielt er auch den Namen *Zählstein,* wie er heute noch geläufig ist.

Dann kamen wir auf die Quellen des Mutzschener Wassers zu sprechen. „Da, in der Ragewitzer Flur liegt sie", zeigte Berndt Richter und meinte nach unseren luchsäugigen, nichts-entdeckenden Blicken, „allerdings verrohrt." Und Kurt Michael ergänzte: „Früher gab's dort Frösche und Forellen. Ein französischer Kriegsgefangener hat den Naubergern das Froschschenkel-Essen einst schmackhaft machen wollen. Ich weiß aber nicht, ob's ihm gelungen war."

Dann bestätigen uns die Landleute den fruchtbaren Bodenstrich. In einer Chronik heißt es: *„Bischof Benno*, ein Zeitgenosse von *Wiprecht von Groitzsch*, soll sich öfters nach Nauberg, das an der äußersten Grenze seines Bistums lag, zurückgezogen haben . Der heilige Benno betete viel für die Bauern, und alle Fluren, die sein Fuß betrat, segnete er, und überaus reiche Erträge waren die Folge." So hat sich der Ausspruch erhalten: *Hier ist Bischof Benno gegangen.*

Wir gehen auch mit etwas mehr Wissen über den kleinen Ort, mit einem letzten Panoramablick vom Wall und einigen neuen *Rundblick*-Freunden und mit dem Versprechen, gelegentlich mal wiederzukommen. Bestimmt aber dann, wenn die Nauberger ein Dorffest organisieren werden. Nach der runden Jahreszahl wird noch geforscht.

*Silke Hoffmann, 1989 S. 72*

**Blick über den Kleinspeicher der Göppertsge auf die Voigtshainer Windmühle**

# Auch in Voigtshain trieb der Kobold seinen Schabernack

Die hundertjährige Turmwindmühle zu Voigtshain erregte schon lange mein Interesse. Der Zahn der Zeit hat auch vor ihr nicht Halt gemacht. Mit ihren drei Flügeln ist sie nun lahm geworden. Trotzdem, eine alte Mühle hat etwas Geheimnisvolles, Romantisches an sich. Vom Müllermeister *Herbert Freigang* höre ich, daß sein Großvater *C. E. Freigang* aus Thammenhain die alte Bockwindmühle zusammen mit der dazugehörenden Wassermühle vom Müllermeister *Böttcher* aus Voigtshain gekauft hat. Wie alt sie war, weiß niemand.

1887, eines Nachts, großer Schrecken im Dorf: Feueralarm! Hochauf lodern die Flammen, die Mühle brennt! Einwohner laufen herbei, eine Eimerkette wird zur Lossa hin gebildet. Am nächsten Morgen boten die verkohlten Balken und Flügelstümpfe einen trostlosen Anblick. Was war passiert? Der Müllergeselle sollte nachts mahlen, war aber eingeschlafen. Waren die Lager heiß gelaufen oder war eine Petroleumlampe umfallen? Als der Müller aufwachte, war alles zu spät.

Schon ein Jahr später begann ein Neubau, diesmal in Form einer Turmwindmühle. Dazu waren hundert Fuhren Bruchsteine nötig. Bis zur Traufe ist die Mühle 9 Meter hoch. Jeder Flügel hat eine Länge von 8 Metern. Die Haube war mit Blech gedeckt und wurde aller vier Jahre gestrichen. Sie ist drehbar auf einem gußeisernen Zahnkranz gelagert, den die Firma *Deutloff* aus Wurzen hergestellt hatte. Sturmrollen laufen unterhalb des Kranzes in einer Nut entlang, um ein Abheben der Haube bei Sturm zu verhindern. Auch eine Bremse ist vorhanden, damit sich die Flügel bei starkem Wind nicht zu schnell drehen.

Seit 1960 dient die alte Mühle, elektrisch betrieben und mit einem Walzenstuhl versehen, nur noch der Herstellung von Futterschrot.

„Es klappert die Mühle ." Und was klappert da eigentlich? Ich sehe das dreikantige „Mühleisen". Es schlägt pausenlos an den „Rüttelschuh", über den dann das Getreide gleichmäßig in den Mahlgang fällt.

Und wo steckt der Kobold? Sagen und Legenden ranken sich in großer Zahl um die Mühlen. *Mutter Ellert,* die 103jährig starb, wußte jedenfalls Geschichten von einem Kobold auf der Mühle, der mit den Mägden und Knechten, die Getreide brachten, gern seinen Schabernack trieb. Sollte so etwas vererbbar sein? Wer Herbert Freigang kennt, der weiß, daß er nicht nur gern lacht, sondern auch immer zu einem Spaß aufgelegt ist. Auch ich blieb davon nicht verschont, aber das ist eine andere Geschichte.

*Heinz Martin, 1989 S. 19*

**Spiegelbilder im Plagwitzer Dorfteich**

# Plagwitz am Rande des Eises – und auch sonst in Randlage?

Nördlich von Machern und Gerichshain schwingen deutlich sichtbar von Westen kleine Hügelketten aus dem Tauchaer Land in den Kreis Wurzen herüber. Unruhiger scheint uns Flachländlern plötzlich die Landschaft, die mit ihrem kurzatmigen, kleinräumigen Auf und Nieder an noch nördlichere Gegenden erinnert. Am Rande dieser „buckligen Welt", zwischen Hügelwellen, liegt Plagwitz, gerade noch zum Kreis Wurzen gehörend, hart auch an der Grenze des alten Sachsens. Ein Dorf in Randlage.

Eigentlich müßten wir hunderttausend Jahre zurückgehen. Hier liegt der Eisrand fest in der Kältewüste. Hier schmilzt das Eis, hier lädt es Staub und Stein ab, Berge davon. Langgezogen. Ungeordnet. Die Wasser fließen nach Süden, waschen aus und ordnen die Massen: Steine, Sande, Lehme, Tone.

Der Eisrand weicht. Das Eis zerfällt, wird verschüttet, taut in der Tiefe nach, drüber sinkt das Hangende ein. Winde fallen von Norden über das nackte Land her und wehen aus, was locker und leicht ihm aufliegt. Das Grobe bleibt obenauf. Gerundete und geritzte Steine spült das Wasser frei. Sie hocken widerspenstig auf der Flur. Jeder Frostwinter fördert neue zutage. Die Tiefe ist unerschöpflich. Von Jahrzehnten liegt die „felsige Ernte" der Felder heute zuhauf am nördlichen Ortsrand, am alten Vorwerk, wo der Weg von den Fuchsbergen, aus Taucha, herunterkommt. In Mauern und Fundamenten sind die Findlinge versammelt: für den, der zu sehen weiß, ein geologisches Bilderbuch.

Wer kommt schon wann nach Plagwitz? Es liegt abseits. Nach **Püchau** eingemeindet, kann man auch nur von dort auf einer glatten Straße ins Dorf gelangen. Hat man es erreicht, ist für den motorisierten Zeitgenossen die Welt zu Ende. Nur noch Wege führen weiter, kiesig, steinig, verlieren sich hinauf und hinab zwischen den Feldern.

Im Telefonbuch steht Plagwitz nur einmal verzeichnet. Seit siebzig Jahren verband nur eine Sprechleitung die Plagwitzer mit der Umwelt. Erst jetzt, im 40. Jahr der Republik, ist eine zweite Verbindung (für die 123 Einwohner) zustande gekommen.

Es ist nicht ganz leicht, nach Plagwitz zu gelangen. Ein Bus fährt von Wurzen durch die Auendörfer und Püchau bis nach Plagwitz hinauf. Er wendet oben im Ort, am „Dreieck“ und vorm Konsum, und fährt wieder zurück. Aber nicht jeden Tag, im Sommer noch weniger als im Winter. Bleibt noch der Schulbus, der die Kinder nach Machern bringt, wenn nicht gerade Ferien sind. Er muß fahren, auch sonnabends.

Wir kommen zu Fuß in den Ort. Die Hunde schlagen an hinter Mauern und Zäunen: Fremde im Dorf! Knurrend zwängen sich Schnauzen unter Hoftore. Das Gebell reicht uns weiter, vom Dorfteich die Dorfstraße hinauf bis zum „Dreieck“.

Hier befindet sich (fast) alles, was als Wichtiges zum Dorf gehört: die Linde, die Feuerwehr, die Milchrampe, der kleine Konsum (Gebäude und Schild arg zerschlissen), ein Brunnen (abgedeckt und verschlossen), das Buswartehäuschen.

Jetzt knurrt der Magen. Doch es gibt keinen Dorfkurg mehr. Ein paar Schritte von hier verfällt der alte Gasthof. Uns bleiben nur die spärlichen Reste des Frühstücks und der total „versponnene“ Tisch aus dem reparaturbedürftigen Buswartehäuschen. „Bier gibt's bei Thieles“, läßt man uns hören. In der dortigen Garage sind wir nicht die einzigen, aber wir nehmen Platz neben den Bier- und Limokästen. Versuchen nicht nur zu trinken, sondern auch ein wenig zu plaudern, mit den Dorfbewohnern, mit der Frau des Hauses. Wortkarg und einsilbig erhalten wir Antworten. Sonst geschieht nichts. Wir bleiben die Fremden im Dorf.

Auch die Plagwitzer haben Bedürfnisse, Wünsche, Vorstellungen. Darin liegen Lebenskräfte. Als die Brunnen zu versiegen drohten, bauten die Plagwitzer vor zehn Jahren ihre Wasserleitung.

Und der Bürgermeister kann seine Einwohner nur loben: Sie sind bei der individuellen Erzeugung von Obst und Gemüse ganz vorn. Man kann abends kommen und am Wochenende, um das Dorf herumlaufen – die Plagwitzer hocken zwischen Rhabarber, Tomaten und Sträuchern oder unter Obstbäumen. Teilweise sind die geernteten Mengen beträchtlich. Einer baut Fingerhut an. Die aus der Pflanze gewonnene Droge wird wohl sogar exportiert.

Die Plagwitzer werden – hoffe ich – die Welt und die Ereignisse immer von Plagwitz aus betrachten. Von dort kann man sogar auf Wurzen herabsehen. Bei schönem Wetter natürlich! „Abseits“ muß nicht im Abseits liegen.

*Wolfgang Ebert, 1989 S. 77*

HEUTE: In Plagwitz ist es noch ruhiger geworden. Am Dreieck steht nach wie vor das Buswartehäuschen. Ein winziger Schaukasten vermittelt die Kirchennachrichten. Kraftfahrzeuge, die versehentlich von Püchau her ins Dorf gefahren sind, können hier umlenken und den Ort wieder verlassen. Lediglich ein Fuhrgeschäft mit großräumigen LKW hat im Ort seinen Stammsitz gefunden.

**Nur noch Wege führen weiter, kiesig, steinig.**

# Die Musikanten mit Brummtopf und Drehleier

So gefiel sie mir immer am besten, die Gruppe *Vergißmeinnicht* aus Wurzen, auf Straßen und Plätzen, inmitten fröhlicher Menschen.

Jahrmärkte und andere Volksfeste und natürlich auch Bühnen sind den Agierenden zum zweiten Zuhause geworden. Alte, zum Teil längst vergessene Küchen-, Gesellen- und Ständelieder bilden den Kern ihres folkloristischen Repertoirs. Sie der Vergangenheit zu entreißen ist eine dankenswerte Aufgabe, die sich die neun Mitglieder der Gruppe, bestehend aus den Familien *Ernst* und *Conrad*, selbst gestellt haben und mit viel Liebe und beachtlichem Können immer wieder zu erfüllen suchen. Das Bemühen um eigenes Colorit, um Unverwechselbarkeit und Originalität zeichnet die Wurzener

***Maria Ernst*** **mit dem Akkordeon leitet als „Prinzipalin" die Gruppe** ***Vergißmeinnicht***

Gruppe aus, und der Beifall ihrer Zuhörer ist ihnen stets gewiß.

*Werner Ballschmieder, 1989 S. 119*

# Wie bei Grethen eine Jugendherberge entstand

Am 17. Mai 1925 weihten die Leipziger Naturfreunde in Grethen nach vierjähriger Bauzeit ihr Naturfreundehaus ein, die heutige Jugendherberge. Der Aufbau vollzog sich in mühevoller Arbeit.

Nachdem ein hügliges Gelände mit Wiese und Mischwald bei Grethen erworben war, mußte es mit Schaufeln und Schubkarren eingeebnet werden. Material zum Bau war zu beschaffen, doch es fehlte ständig am nötigen Geld. Die Steine für die Mauern bis zum 1. Stock holten die Helfer aus einem stillgelegten Steinbruch. Den Transport erledigten sie, indem sie sich mit Stricken vor große zweirädrige Karren spannten. Von hinten mußte noch kräftig nachgeschoben werden. Große Mühe verursachte das Aufsetzen einer Lararettbaracke auf den massiven Unterbau. Sie war vorher in Leipzig abgebrochen worden. Auch das Ausschachten eines 8 m tiefen Brunnens geschah mit viel Kopfzerbrechen. Doch die Wanderburschen schafften es und nahmen 1925 ihr Heim mit großer Freude in Besitz.

*Alfred Klaus, 1989 S. 113*

# Das geheimnisvolle unterirdische Bauwerk am Brandiser Stadtrand

**Im Keller unterm Feld wird in der Lysimeter-Station das Niederschlagswasser „gewogen"**

Es geht um unser kostbarstes Lebensmittel, das Wasser, und es steht uns nicht uferlos zur Verfügung. Länger als hundert Jahre holt es der Mensch bei Naunhof aus dem Boden, und das mit steigender Tendenz, so daß ein Lenken und Leiten dieser Entnahme notwendig ist.

Nur mit dem Niederschlag läßt sich das Wasserdargebot ergänzen. Dazu sind exakte Messungen notwendig, die den ständigen Überblick gewährleisten. Die Kenntnis, wieviel Naß vom Himmel fällt, das ist die eine Seite. Doch nicht alles davon gelangt ins Grundwasser, weil es auch abfließt und verdunstet. Man muß also wissen, wieviel von den Niederschlägen in dem Boden versickert, sich „auflöst" (das Fremdwort dazu heißt lysieren).

Die Versickerungsfähigkeit von Boden zu Boden ist verschieden. Deshalb hat man unterschiedliche Bodenarten hierher gebracht und in 24 Lsymeter gefüllt. Diese bestehen aus 3 m hohen Stahlrohren, die auf einer Großneigungswaage von höchster Präzision ruhen. Wie funktioniert das nun?

Der oberirdische Teil des Lysimeters hat eine Fläche von 1 m$^2$, besteht aus Muttererde, die normal gedüngt, bestellt und abgeerntet wird. Alle Größen, wie Düngermenge, Ernterträge usw. werden gemessen, aufgeschrieben und statistisch über Jahre hinweg ausgewertet. Das machen die Mitarbeiter vom Wasserhaushaltlabor. Nun fällt auf die oben offenen Lysimeter der Niederschlag, wieviel, das wird mit dem Niederschlagsmesser genau ermittelt. Jetzt wartet man, wieviel von dem Naß unten durch ein Lochfilterrohr ankommt. Da dieser Boden auf einer Waage steht, läßt sich genau ablesen, wieviel Wasser durchgesickert ist. Bis zu einem zehntel Millimeter Niederschlag, das sind 100 g, zeigt die Waage präzise an.

Aus dem Vergleich zum Vortage ist dann die Verdunstung zu errechnen und daraus wiederum die erneuerte Grundwassermenge. Die Messungen müssen also täglich erfolgen und werden im Institut für Wasserwirtschaft in Berlin ausgewertet. Durch diese Messungen will man ermitteln, wieviel Grundwasser von den einzelnen Bodenarten in den unterschiedlichen Gegenden der DDR zu erwarten ist.

Das Wasserhaushaltslabor Brandis leistet damit große Dienste für eine Grundlagenforschung. Es gibt noch andere Lysimeterstationen im Lande. Brandis ist eine der größten und kann sich – so die internationalen Expertenmeinungen – im Weltmaßstab sehen lassen.

*Heinz Thümmler, 1989 S. 126*

# 350 Jahre Fähre zwischen Höfgen und dem Kloster Nimbschen

**Jubel und Trubel am Jubiläumstag und Andrang an der Fähre**

Wer kennt sie nicht, die Fährfrau von Höfgen und das 1638 erstmals urkundlich erwähnte idyllisch gelegene Fährhaus an der Mulde. *Brigitte Müller*, die Fährfrau, hatte da wieder so einen Einfall. „Man müßte es doch mal versuchen!" Zustande kam das erste Fährmannstreffen der DDR – eine Initiative vom Muldenufer.

Bei frühherbstlicher Septembersonne pilgerten die unübersehbaren Scharen der Vergnügungssüchtigen und Neugierigen zum Fährhaus. Rundherum duftete es nach Kaffee und Kuchen, selbstgebacken! Es wurde gebraten, gekocht, gegrillt und natürlich zugelangt. So viele Gäste waren nicht erwartet worden. Es floß so mancher Schweißtropfen. Die unkomplizierte Werbung in Bild und Schrift an der Fährhauswand hatte gewirkt. Historische Informationstafeln, Gedichte und Fotos fanden viele Schaulustige. Der Fährmann aus Stoff, der Froschkönig aus Blech, das Filzreptil, das die größte Freude der Kinder war. Brigitte Müller besitzt Humor und Originalität. Und besondere Freude kam auf, als die hübsche Tochter des Hauses das große Lukullusfährschiff anschnitt.

Am anderen Muldenufer unter der 800jährigen *Fähreiche* bot die wartende Menschenmenge, die sich eine Jubiläumskahnfahrt nicht entgehen lassen wollte, dem Auge Abwechslung. Die Stühle und Tische der Gastgeber waren knapp geworden. Aber die Leute fühlten sich auf der Wiese ebenso wohl. Besonders dort, wo es etwas zu kaufen gab. Das wußten die Händler zu schätzen.

Film und Lagerfeuer ließen ein improvisiertes Volksfest ausklingen. Vielen wird es in Erinnerung bleiben. Nun träumt das Fährhaus wieder im Muldennebel. Gute Ideen und engagierte Taten hängen nicht allein von den Jahreszeiten ab.

*Jens Schröder, 1989 S. 27*

## FÄHRHAUS UND FOTOGRAF

Der Leipziger Fotograf *Helfried Strauß* hat ungefähr zweieinhalb Jahre lang das Leben der Höfgener Fährfamilie in seinen Bildern festgehalten. 140 dieser Fotos, wetterfest für drei Monate ringsum am Fährhaus befestigt, ließen etwa 10 000 Besuchern die Wirklichkeit und ihr Abbild erleben. Er begegnete dabei einer Frau, die die seltene Eigenschaft besitzt, mit sich und ihrem Leben übereinzustimmen.

Natürlich hat auch die Fährfrau ihre großen und kleinen Sorgen. Wichtiger aber ist ihr der Beruf, in dem sie sich selbst verwirklichen kann. Sie bringt es auf die einfache Formel: Etwas für die Leute tun!

Nun sind die Wände des Fährhauses wieder leer, aber jeder, der ins Muldental kommt, wird eine reizvolle Landschaft finden und eine Fährfrau, die zu Ostern den Kahn mit bunten Eiern schmückt, zum Kindertag Blumen ans Geländer bindet. Sie freut sich, wenn sie ihre Fahrgäste überraschen kann. Dies wiegt ihr alle Mühen auf, und Mühe gibt es genug. Die Kahnstange ist schwer. Im Winter wird der Kahn aufs Land gezogen, entrostet und gestrichen, und bei

Hochwasser heißt es mit aller beweglichen Habe in ein Notquartier umzuziehen. Nach jeder Überschwemmung müssen die Ufer mühsam von den angespülten Schlammassen befreit werden. *Monika Strauß 1982 S. 81.*

**Die Fähre** verbindet seit mehreren Jahrhunderten das Kloster Nimbschen mit Höfgen. Das heutige Fährhaus entstand 1924, jetzt von zwei mächtigen Linden beschattet. Neben der Tür sind Hochwassermarken eingetragen. Bis 1999 führte *Brigitte Müller* den städtischen Kahn.

## Der Gastwirt und die Wassermühle

Im Mai 1976 konnte die Wassermühle als technisches Denkmal mit einer Darstellung der Wohn- und Lebensweise des Müllers eröffnet werden. Im kurfürstlichen Mühlenverzeichnis von 1721 wird erstmals eine Wassermühle für Höfgen belegt. Über ein großes Wasserrad wird die Mahleinrichtung angetrieben, die nun wieder für die Besucher voll funktionsfähig ist. Ab 1870 war sie über drei Generationen lang im Besitz der Familie *Ruhmer*.

Ebenfalls aus der Zeit der Erbauung stammt der Backofen zum Brot- und Kuchenbacken. Es wurden aber auch Backpflaumen gedarrt und Flachs geröstet. Hier liegt der Ofen mitten im Haus, gewöhnlich wurde er hinten angefügt.

Seit 1826 gibt es eine Konzession für Branntweinausschank des Müllers. Dadurch wurden Wartezeiten der Mahlgäste angenehm verkürzt; sie konnten beim Weizenanfahren „Korn" einfahren. Die *„Gastwirtsdynastie Ruhmer"* erwarb Ende des vorigen Jahrhunderts auch den Bierausschank. 1958 übernahm der gelernte Bäcker und Konditor *Hans Ruhmer (*1928)* vom Vater Gaststätte und Mühle. In der kleinen Gaststube finden dreißig Personen Platz. Dazu gibt es für fünfzig Platz in der heizbaren Veranda, und den Sommer über stehen noch sechzig Stühle im Garten unterm Hausbaum. Viele Gesellschaften und Gruppen feiern in der Wassermühle. Es scheint, daß sie eine Art von „Heiratsmanufaktur" wird, da zunehmend Brautleute mit ihrem Gefolge die Gastlichkeit zu schätzen wissen. Speziell zur Hauskirmes im November werden jedes Jahr erstaunliche Mengen an Karpfen und Wild angeboten und verzehrt. Gelegentlich beschickt der Wirt den Backofen im benachbarten Museum mit runden Broten. Als verkappter „Museumsleiter" betreut er die Mühle von Oktober bis April. Notfalls führt er auch durch die väterliche Mühle. Aber auch sonst läßt es sich hier gut verweilen und genüßlich speisen.

*Rudolf Priemer, 1979 S. 178; 1976 S. 156.*

HEUTE: Die *Wassermühle* gab der Gaststätte ihren Namen. 1998 erfolgte ein totaler Neubau im Anschluß an die historischen Gebäude, wo jetzt *Hans-Henning Ruhmer* Eigentümer ist und die Geschäfte führt, ebenso im Mühlenmuseum. Mehrmals im Jahr werden im Ofen runde Brote gebacken.

Durch Um- und Ausbau von *Steffen Sörnitz* entstand aus der zweiten Wassermühle ein Stück muldeabwärts eine weitere Ausflugsgaststätte mit dem Namen *Zur Schiffsmühle*, die es dort auf der Mulde mal gegeben hat und wo sich heute ein Nachbau mit musealer Einrichtung befindet.

**Und wer nicht hören will, muß fühlen ... meint ziemlich drastisch Hans Ruhmer, der Wirt der Wassermühle**

**Das *Goldene Tälchen* zu seinen „goldenen Zeiten" in den 20er und 30er Jahren**

# Die Wurzener Badeanstalten in früheren Zeiten

Die älteste Erwähnung eines Freibades wurde im *Wurzner Wochen- und Intelligenzblatt* gefunden. Danach ist am 9. Mai 1838 das *Eckhardtsche Bad* auf der Bleiche niedergebrannt. Einer Anzeige nach wurde es aber wenige Wochen später bereits wieder eröffnet.

Damals hat es an der Mulde und am Mühlgraben verschiedene Stellen gegeben, die wegen günstigen Zugangs und sandigen Untergrundes als Badeplätze bevorzugt und vom Rat der Stadt zugelassen waren. In einigen Fällen hat es dort Umkleideräume und zeitweise auch eine Aufsicht gegeben. Der älteste Hinweis fand sich mit folgender Bekanntmachung des Stadtrates in einer Zeitung von 1839: „Diejenigen Stellen des Muldenarmes, zwischen dem Trauschkenstein und Nischwitz, wo das Baden ohne Gefahr stattfinden kann, sind mit besonderen Tafeln bezeichnet, und wird das Baden anderwärts bei namhafter Strafe hierdurch ausdrücklich untersagt."

An der Mulde bestand eine offizielle Badestelle für Mädchen bis 1927 beim Gasthof *Zum Schützenhaus*, die für die Männer lag weiter unterhalb in Höhe der Schießmauer. Frauen konnten es bis etwa 1924 nicht wagen, in einem offenen Bad zu erscheinen.

Der Besitzer der Wollwäscherei, *F. H. Schroth*, errichtete um 1870 vor seinem Betrieb im Mühlgraben fünf schwimmende Badezellen. Sichtblenden aus Leinwand schützten die Badenden vor unbefugten Blicken. Dieses Freibad hat etwa bis Ende des Ersten Weltkrieges bestanden.

1885 wurde das *Stadtbad* am Mühlgraben eröffnet. Das auf Pfeilern errichtete Kassen- und Umkleidegebäude steht heute noch. Das schwimmende Bassin wurde vor 1914 vergrößert. Nach Abschluß der Kanalbauarbeiten errichtete der Rat fast an derselben Stelle ein neues Bad mit betoniertem Schwimmbecken und eröffnete es 1927.

Der Ausbau des romantischen Mühlbachtales in **Dehnitz** zum Freibad *Goldenes Tälchen* war ein Geschenk des Dehnitzer Bauern *Friedrich Voigtmann*. Der Plan wurde akut, als das Stadtbad im Herbst 1925 für einige Jahre geschlossen werden mußte. Eine Untersuchung des

Mühlbachwassers ergab, daß es sauberer als das Muldenwasser, hygienisch einwandfrei und auch bei anhaltender Trockenheit von ausreichender Menge war. Die Einrichtung wurde von vornherein als „Familien- und Sportbad“ propagiert und mit großzügigen Anlagen auch realisiert. Die Einweihung erfolgte 1926. Das Bad war zu dieser Zeit das größte und modernste in der weiteren Umgebung Leipzigs, und sonntags kamen Hunderte von Auswärtigen mit Bahn und Auto nach Dehnitz. Es gibt keine Statiktik, wie viele Jungen und Mädchen hier ihre Schwimmprüfung ablegten, aber es mögen Tausende gewesen sein.

Nach dem Kriege verfiel die Anlage. 1953 übernahm die Stadt die Verwaltung. Mit Hilfe von Betrieben und Feierabendbrigaden wurde das Bad nach und nach rekonstruiert. Unerfreulich war, daß es im Juni 1975 wegen anhaltender Verunreinigung des Mühlbachs gesperrt werden mußte. Erst drei Jahre später konnte es wieder eröffnet werden, nachdem eine Einspeisung von Brunnenwasser aus der Muldenaue „über den Berg“ verlegt worden war. Seitdem halten sich dort wieder viele Familien und Schulklassen auf.

*R. Klinkhardt, 1989 S. 94.*

HEUTE: Nach 1990 zerfiel das *Goldene Tälchen* von Jahr zu Jahr, bis es ganz geschlossen wurde. Vandalisten gaben ihm den Rest. Es erfolgte ein Rückbau zur einstigen naturnahen Tallandschaft. – Das Stadtbad wurde mit immensen Fördergeldern in den 1990er Jahren zu einem Erlebnisbad mit mehreren gefliesten Becken umgestaltet. Das Becken für Kleinkinder erhielt eine Edelstahlwanne. Die Hochwasserflut vom Jahre 2002 zog auch das Bad in Mitleidenschaft. Die Schäden sind inzwischen behoben.

**Ansichtskarte von 1920**

# Das „Rankewinden“ macht in Bockwitz immer noch viel Spaß

Ein Wegweiser informiert uns: Bockwitz, 2 km. Am frühen Sonntagmorgen empfängt uns Entengeschnatter. Irgendwo kräht ein Hahn. Zwei sperrangelweit offene Hoftorflügel ermuntern zum Eintritt. Im Hof von *Seidels* liest die Familie die Möhren aus. Selbst Opa *Klopsch* ist dabei, obwohl er heute 80 Jahre alt geworden ist. Im Krätzegarten nebenan vergräbt ein Mann nach altbewährter Manier Maulwurfsfallen.

Der Gasthof mußte vor Jahren geschlossen werden. Der Saal – Schwamm drüber bzw. drinnen! Im Erdgeschoß befinden sich die Wäschemangel und der Konsum. Von außen sieht der Laden nicht gerade einladend aus. Die Verkaufsstelle reicht zur Versorgung der 70 Einwohner und noch für die gleiche Zahl Meuselwitzer. Kuchen und frische Brötchen holen sich die Einheimischen beim Erlbacher Bäcker.

Wir kommen mit *Hermann Katschmann* ins Gespräch: „Vor einigen Jahren haben wir donnerstags die Busverbindung nach Colditz durchgesetzt, vor allem für die Rentner. Das Dorf ist wie eine große Familie, denn alle nehmen Anteil an freudigen und traurigen Ereignissen. Aber glaubt nun ja nicht, daß wir keine Probleme hätten. Die Wasserqualität bereitet uns große Sorgen, auch die Instandsetzung der Gebäude. Vieles geht wegen Materialmangels zu schleppend voran. Oft entstehen aus Bagatellschäden unersetzliche Verluste. Es gibt unendlich viel zu Tun," sprach's, verschwindet kurz im Haus und kehrt mit einem vollen Tablett zurück. Die Gläser klingen.

Auf einem Wiesenplan stehen rot-weiß-lackierte Wohnwagen. Sie gehören zur Schaustellerfamilie *Stephan*. Jetzt im Spätherbst wird gemalert und geölt. Eine Kommission kontrolliert die Sicherheit der Karussells. Ab Mai dreht es sich dann wieder „immer rundherum für das hochverehrte Publikum". Orte im 100 km-Umkreis werden betreut.

Der Zufall will es, daß die Mitglieder der Freiwilligen Feuerwehr an diesem Vormittag eine Brandschutzkontrolle durchführen. Sie gingen zielgerichtet dem (Wohl-)Geruch nach. Jedenfalls gelangten sie zu *Beyers*. Drei der Uniformierten marschierten schnurstracks zum Küchenherd. Einer hob den Deckel der Riesenpfanne und entdeckte darin 16 (!) köstliche Krautwickel. Wir schlossen uns diesem Weg an.

Vor dem Mahl nehmen wir die Besichtigung des Vierseithofes vor. Sie erhält mit zunehmender Dauer den Charakter einer Hausdurchsuchung. *Anneliese Beyer* und Tochter *Kathrin* dulden unseren Entdeckerdrang. Im Korridor hängen historische landwirtschaftliche Geräte. Und erst auf dem Dachboden: Kummets, Zuggeschirre, Waagebalken und gar ein Korbkinderwagen der 20er Jahre. *Rudi Beyer* führt uns zur Scheune. Die Banse, der einstige Speicherraum für Getreidegarben, ist schon lange leer. Auf der Tenne stehen landwirtschaftliche Maschinen, sogar eine funktionstüchtige Dreschmaschine. Ein richtiges kleines Bauernhof-Museum.

Dann ist Mittagszeit. Oma und Enkelin tragen die sechzehn Krautwickel auf. Und anderes. In hochstieligen Gläsern funkelt der Wein. Nach Tisch kommt die temperamentvolle Kathrin so richtig in Fahrt: „Ihr denkt vielleicht, in unserem Nest ist's langweilig? Wir Jugendlichen fahren zwar oft zur Disko nach Leisnig, manchmal sogar nach Mittweida, aber wir machen im Dorf auch selbst was los. Die Grundstücke liegen dicht beieinander. Man riecht sofort, wenn jemand rostert. Da geht's hin. Natürlich nicht mit leeren Händen. Dann sitzen wir lange beisammen, reden über alles Mögliche und Unmögliche. Aber das Allerschönste ist das Rankewinden vor einer Hochzeit. Da herrscht vielleicht ein Töbs, toller als am Polterabend. Jaja, das Rankewinden." Ihr sehnsuchtsvoller Blick ist unschwer zu deuten. Noch wurde ihr keine Ranke gewunden.

Es ist Nachmittag geworden. Zeit zur Rückkehr. Wir verlassen das kleine Dorf abseits der großen Straße. Es hat zwar viele Gemeinsamkeiten mit anderen Dörfern unseres Landes, aber es besitzt ein eigenes Gesicht – und wird es hoffentlich weiterhin bewahren. Oben auf der Höhe 272 halten wir noch einmal an, überblicken die reizvolle Landschaft, in der Bockwitz liegt, im wechselnden Licht- und Schattenspiel dieses Herbsttages. *Wolfgang Stadler, 1989 S. 4.*

HEUTE: Konsum und Wäschemangel im alten Gasthof sind längst geschlossen, das Gebäude zerfällt zu einer Ruine. Die Schaustellerfamilie Stephan hat 2001 die Wohnwagen für immer abgestellt. Sauberes Wasser fließt durch das Leitungsnetz.

**Blick in die Dorfstraße von Bockwitz mit den Vorgärten und einem ausgedienten Backofen am Gutsgebäude**

# Er mußte sich einmischen!

Der Wurzener *Artur Zieger* (*1911 †1988) hat Geschichte geschrieben und ist selbst ein Stück Geschichte seiner Heimatstadt geworden.

In der Firma *Dämmich*, einer Kunstschlosserei, erlernte er den Beruf eines Musterzeichners. Während der Weltwirtschaftskrise verlor er 1931 seine Arbeitsstelle. Und so – notgedrungen, aber nicht erfolglos – wanderte er durch die Lande und malte und zeichnete was er sah. Die Natur und der arbeitende Mensch wurden seine Motive und sind es auch geblieben.

Nach Krieg und Gefangenschaft war er wieder in Wurzen. Auf den Nachkriegsausstellungen der Laienkünstler zeigte er erstmals seine Arbeiten der Öffentlichkeit. Wegen des Broterwerbs widmete er sich immer stärker dem graphischen Gewerbe und erfüllte Aufträge zur Messe in Leipzig sowie für Betriebe.

Sein Interesse für die Heimatstadt Wurzen war seit den fünfziger Jahren stetig gewachsen. In den Ereignissen der Vergangenheit suchte er eine Antwort für die Geschehnisse der Gegenwart. Mit *Kurt Bergt*, dem ersten Museumsleiter nach 1946, baute er das Heimatmuseum neu auf. Beim Archivieren und Forschen drang er immer tiefer in die Regionalgeschichte ein. Daraus folgte sein persönlicher Einsatz für die Erhaltung der Geschichtszeugen.

Er war unwahrscheinlich fleißig, ehrlich und kritisch. Er forderte Qualität auch von anderen. Für manche Leute wurde er dann unbequem. Nur deswegen ließ sich in Wurzen einiges verwirklichen, was nun Bestand hat: das Posttor im Crostigall sowie das dortige Ringelnatzhaus, die Liegenbank, die Postsäule in der Wenceslaigasse.

Seine besondere Liebe galt den Postsäulen. Überall in den Städten vom Erzgebirge bis in die Dübener Heide, wo sie dem Verfall preisgegeben waren oder wo sich nur noch Bruchstücke fanden, wurde er aktiv. Er durchforschte die Akten, fertigte detailgetreue Zeichnungen an, besorgte das Steinmaterial und den Steinmetzen, überwachte die Arbeiten und das Aufstellen der wertvollen Denkmale der Verkehrsgeschichte.

**Artur Zieger im Interview vor „seiner" Wurzener Postmeilensäule in der Wenzeslaigasse**

Nicht gleichgültig war ihm seine natürliche Umwelt. Aus Büchern, bei Wanderungen und in seinem naturnahen Garten holte er sich das Wissen und die Anregungen, die er zum aktiven Schutz der Natur brauchte. Mit Eifer sorgte er für die Bewahrung der Pflanzen und Tiere seiner Heimat.

So war es nur folgerichtig, daß er im *Rundblick* jene Zeitschrift fand, die seinen Neigungen und Interessen entgegenkam. Von Anfang an war er ihr eifriger und pflichtbewußter Mitarbeiter, doch zugleich auch ein sachkundiger Kritiker. Mit seinen Zeichnungen und Vignetten, Titelgestaltungen und Texten beeinflußte er die gesamte Gestaltung. Die Arbeiten bereicherten den Inhalt der Heimatschrift.

Sein Leben gestaltete er nach der *Goetheschen* Erkenntnis: „Manches Herrliche der Welt ist in Krieg und Streit zerronnen; wer beschütztet und erhält, hat das schönste Los gewonnen."

*Manfred Müller, 1989 S. 66*

## Der waghalsige Telegrafenbautrupp

Als ab 1890 die **Wurzener** Geschäftswelt verstärkt am Ausbau des Telegrafennetzes interessiert war, wurde auf dem Postamt ein eisernes Abspanngerüst aufgesetzt, das bis Anfang der 60er Jahre in Betrieb war. Nach Abbau und Einlagerung erfolgte 1989 eine Restaurierung, und als Denkmal der Postgeschichte erhielt es wieder seinen angestammten Platz. Die Telefonleitungen gingen damals vom Turm aus über das ganze Stadtgebiet. Dafür bauten Telefontrupps in unterschiedlichen Abständen bis zu 400 m auf den Dächern hölzerne oder eiserne Doppelgestänge, so wie auf unserem historischen Bild, das einen der Bautrupps in halsbrecherische Pose auf einem Gebäude am Markt (links steht der Rathausturm) zeigt.

*Bernd Haube, 1989 S. 32*

## NOTIZEN und PERSONALIEN

**Oschatz**: Am 21. Okt. 1988 kam es erneut zu einem **Unfall** mit der Kleinbahn. Am Bahnübergang F 6/Th.-Körner-Straße stieß ein LKW mit der Kleinbahn zusammen. Der Zug kam aus Richtung Mügeln und hatte Kaolin aus Kemmlitz und Güter aus dem Mügelner Chemiewerk geladen. Die Lokomotive und einige Wagen entgleisten. Dabei entstand ein hoher Sachschaden. Personen wurden dabei nicht verletzt. *1989 S. 62*

**Grechwitz**: Vor hundert Jahren begann im Ort *Bruno Schroth* in einem Betrieb Mauerziegel zu produzieren. Mit den ersten 200 000 Stück wurde die **Ziegelei** selbst gebaut, in der dann Dachziegel, Falzziegel, Drainrohre und poröse Ziegel in Handarbeit hergestellt wurden. Nach der Elektrifizierung wurde im Jahre 1918 die Dampfmaschine stillgelegt. und 1975, inzwischen volkseigener Betrieb, mit der Stillegung des Ringofens und der Errichtung eines Tunnelofens die Produktion auf jährlich 8 Millionen Ziegel gesteigert. *1989 S. 63*

**Brandis**: Alte **Braunkohlenschächte** in der Umgebung werden seit 1984 angebohrt und danach mit Kraftwerksfilterasche verfüllt, um das Auftreten von Bergschäden zu verhindern. Die stillgelegten Schächte stammen teilweise noch aus der zweiten Hälfte des 19. Jh., als in Brandis die ersten Anfänge seiner industriellen Entwicklung zu erkennen waren. Die Schächte liegen bis zu einer Tiefe von 20 m, manchmal deuten wassergefüllte Restlöcher auf ihr Vorhandensein hin. *1989 S. 133*

**Beucha:** Am 23. Sept. 1989 erhielt der Streckenabschnitt Beucha-Borsdorf Anschluß an das elektrische Netz der *Deutschen Reichsbahn*. Durch den Bau der Außenanlagen entstand ein völlig neuer Eindruck im Bahnbereich. Der erste Zug mit einer Elektrolok war ein mit Splitt beladener Güterzug, der planmäßig zwischen Seelingstädt und Greifswald verkehrt. Für die neunziger Jahre ist die Elektrifizierung der gesamten Strecke Großbothen – Döbeln – Dresden vorgesehen. *1990 S. 62*

**Schmannewitz:** Seit 1879 gibt es im Ort eine **Bockwindmühle**. Bis 1960 verrichtete sie ihren Dienst. Nach der Stillegung drohte sie zu verfallen. Auf Initiative von Tischlermeister *Rainer Kretzschmar* konnte sie mit der Unterstützung vieler Helfer rekonstruiert und als Schauobjekt erhalten werden. *1990 S. 63*

**Nemt:** Der **Männerchor** erhielt anläßlich seines 100jährigen Bestehens eine neue Vereinsfahne. Die alte, seinerzeit „von den Frauen und Jungfrauen“ des Dorfes gestickt, hatte ausgedient. *1990 S. 127*

**Albin Schöne,** Trebelshain/Kühren, *1844 †1930. Ein fortschrittlich denkender Bauer, der im Jahre 1876 den Ländlichen Wirtschaftsverein zu Kühren (mit Speicher und Kartoffelflockenfabrik in Wurzen) um die Mitglieder günstig zu versorgen und unabhängig vom Großhandel zu machen. Eine Straße in Kornhain trägt seinen Namen. *1989 S. 102*

**Artur Moritz**, Oschatz/Freital, *1893 †1959. Lehrer und freischaffender Maler. Seine Aquarelle und Zeichnungen zeigen die Schönheiten der Natur und den Menschen in seinem Umfeld. *1990 S. 36*

**Hugo Koch**, Dr., Nerchau, *1882 †1964. Architekt mit Geschäfts- und Wohnbauten in Nerchau und Grimma. Hohe Aufmerksamkeit für geschichtliche Gartenarchitektur, daraus entstand das Standardwerk „Sächsische Gartenbaukunst“ im Jahre 1910, ein Reprint erschien im Sax-Verlag Beucha. *1990 S. 54*

**Salomo Liscow**, Otterwisch/Wurzen, *1640 †1689. Pfarrer von 1664 bis 1685 in Otterwisch, danach Diakon in Wurzen. Dichter geistlicher Lieder, einige befinden sich im Gesangbuch der ev.-luth. Landeskirche. Historiker. *1990 S. 106*

**Reinhold Geidel**, Leipzig/Erdmannshain, *1889 †1976. Illustrator von Reiseliteratur, allgemeine Werbung, Aquarelle und Holzschnitte der Landschaft um Naunhof. *1990 S. 108*

**Grimma.** Zu Gast in der Veranstaltungsreihe „Das Künstlerporträt“ war Ende November 1989 *Carmen Nebel*. Sie wurde in Grimma geboren und verbrachte die Schulzeit im Sachsenland. Seit ihrer Studienzeit ist sie Wahlberlinerin. Von Beruf Lehrerin, beendete sie per Zufall erfolgreich eine Eignungsprüfung für Sprecherin und landete beim Fernsehen. Jetzt ist sie schon freischaffende Moderatorin mit der eigenen Sendereihe „Sprungbrett“. Auch andere Angebote nutzte sie, und Live-Sendungen wechseln mit Aufzeichnungen ab. *1990 S. 64*

**Wermsdorf**: Am Rande des neuen Döllnitzsees, dessen Bau 1983 vollendet wurde und der seitdem ebenso intensiv wie die anderen Teiche bewirtschaftet wird, steht jetzt ein **Denkmal**, mit dem die Geschichte der Binnenfischerei, die 1533 mit der Anlage der Fischteiche begann, und die Arbeit der Fischer gewürdigt wird. Der Dahlenberger Bildhauer *Bruno Kubas* hat mit 120 Einzelteilen aus gebranntem Ton ein Kunstwerk geschaffen, das dem Besucher eigentlich nicht erklärt werden muß, weil die Binnenfischer und deren Tätigkeit in plastisch-anschaulicher Weise dargestellt sind *(s. Abb.). 1987 S. 66*

| 1990 | 37. Jahrgang |
|---|---|

**Der Rundblick**. Heimatschrift für Geschichte, Natur und Kultur von Nordwestsachsen um Collm und Mulde. 2 Hefte A 4 mit 136 Seiten, 4 DM.

**Colditzer Geschichten.**
725 Jahre Stadt Colditz. Von Wolfgang Stadler, Text und Fotografien. 60 S.

# Grenzwege zwischen Schildberg und Leischingwiese

*Von einer Herbstwanderung auf dem S-Weg und der ehemaligen (neu entstehenden?) sächsisch-preußischen Grenze*

Vielleicht war es doch eine „ausgefallene" Tour: Vom Schildberg bis nach Röcknitz. Aber zumindestens eine hochpolitische. Wir waren nämlich Grenzgänger zwischen Sachsen und Preußen (wohl richtiger:

**Sächsisch-preußischer Grenzstein von 1825 am S-Weg**

**Der 23 m hohe Schildbergturm**

Sachsen-Anhalt). Und deshalb waren wir auch aktuell, denn in absehbarer Zeit werden diese Länder wieder neu erstehen. Wir unterstützen einhellig diese geschichtliche Berichtigung. Die friedliche Revolution macht es möglich.

Am Fuße des Schildberges steigen wir sieben *Rundblick*-Leute aus dem Taxi. Und stehen vor einer Grenzsäule. Seit 1815 markieren die Sandsteinquader die ehemalige Grenze von Sachsen und Preußen, die fast durchweg identisch ist mit den heutigen Kreisgrenzen zwischen Oschatz und Torgau, Wurzen und Eilenburg. Waren es einstmals ungefähr 28 solcher pyramidenförmigen Säulen zwischen Elbe und Mulde, die 120 cm groß auf unterschiedlich hohem Sockel standen, so ist heute nur noch die Hälfte davon vorhanden. Sie tragen eine Numerierung sowie die Buchstaben KP (Königreich Preußen) auf der eine Seite, KS (Königreich Sachsen) auf der anderen.

In den Wipfeln rauscht ein warmer Wind. Es riecht nach Herbst. Und nach Sterben. Aber es ist ein farbenprächtiges Dahingleiten, aus dem ein hoffnungsfrohes Leben erstehen wird. Wie in jedem Jahr.

Auf 217 Meter Höhe steht der Turm, oben auf dem Schildberg seit 1936, gemauert aus Bruchsteinen, wehr- und dauerhaft mit rötlich-violettem Porphyr aus dem anstehenden Gestein. Er ist 23 m hoch und überragt die Wipfel der Kiefern. Die Besteigung ist nur möglich, wenn der Brandwärter oben seinen Dienst verrichtet. Heute ist die Tür verschlossen .

Von einem Kahlschlag aus haben wir trotzdem eine gute Fernsicht nach Norden. Vor uns liegt eine Ebene mit vielen Feldgehölzen. Im Dunst schimmern das Schloß Hartenfels in Torgau und der Richtfunkturm bei Roitzsch. Die Wassermassen der Urelbe haben mit ihren ungeheuren Ablagerungen diese ebene Fläche hinterlassen. Irgendwo am Horizont ahnen wir den heutigen Elbestrom.

Und dann, beim Abstieg nach Westen zu, öffnet sich ein weiteres Mal der Blick in die Ferne, diesmal zu den Hohburger Bergen. Der Reigen der Bergkuppen beginnt mit dem Kleinen Berg und endet am Gaudlitzberg.

Der S-Weg spurt aus dem Wald hinaus auf eine Hochfläche. Sie wirkt als Wasserscheide zwischen Elbe und Mulde. Und als politische Grenze. Das „Grenzhaus" bei Kobershain erinnert wohl an diese Zeit. Ein hoher dichter Palisadenzaun schützt vor ungebetenen Gästen.

Später biegen wir erneut in den Wald hinein zum *Ellbogenteich.* Ein charmanter Name. Einstmals war dort ein versumpfter Naturteich in einer Senke entstanden. Vor Jahren haben Meliorationsbauer den Damm erhöht. Das war dem Teich förderlich. Libellen finden hier ideale Lebensbedingungen.

**Partie am Ellbogenteich**

Im Sonnenlicht umschwirren einige die Besucher. Am Ufer wächst ein Horst Pfeifenkraut. Wir überzeugen uns von seinen langen Halmen ohne Knoten. Doch wir haben keinen Bedarf, wir alle sind leidenschaftliche Nichtraucher. Am Hang hat seit vielen Jahren der Dachs seinen Bau. In der Folge verliert sich der S-Weg zwischen lichtem Baumbestand und in einer Wiese.

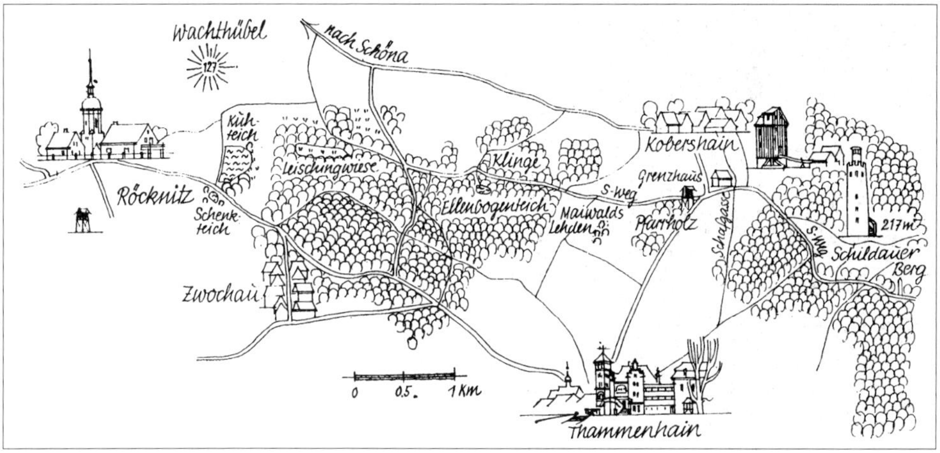


**Karte des Wanderweges, gezeichnet von Manfred Wagner**

Wildschweine haben sie umgepflügt. Ein Ackerpflug hätte es nicht gründlicher machen können. Der herangerollte Hochsitz kam vermutlich zu spät.

Dann halten wir überrascht inne. Auf den sanften Hängen hinauf zum Wachhübel zwischen Röcknitz und Schöna stehen Tausende von Saatgänsen. Sie halten Rast auf ihrer langen Reise aus dem Norden. Irgendein Störfall bringt Unruhe, und mit lautem Geschnatter erhebt sich der riesige Pulk. Kräftiges Flügelrauschen mischt sich mit den heiseren Schreien der Tiere. Wie eine Wolke schwingt sich der graue Pulk mal hierhin, mal dorthin. Wir lassen noch lange die grandiose Naturerscheinung auf uns einwirken.

Auf festem Boden und asphaltierter Straße erreichen wir Röcknitz. In *„Iwans Kuhstall"* werden wir zum Mittagessen erwartet. Das ist kein öffentliches Lokal, nur halböffentlich. Hier trifft sich *Siegfried Kleine* mit seinen Freunden, wenn er was zu feiern hat. So wie heute. Extra für uns sind die Lanz-Bulldogs aufgefahren. Ihnen gehört seine Leidenschaft. Mit seinen Technikfreunden hat er manchen Rosthaufen wieder gangbar gemacht. Einer nach dem anderen wird in Gang gesetzt. Allerdings sind schon eine Portion Gefühl und Erfahrung nötig, bevor die Maschine läuft. Mit einer Lötlampe wird der Glühkopf vorgewärmt. Dann muß das abnehmbare Lenkrad auf die Antriebswelle gesteckt werden. Mit kräftigen Muskeln versucht man nun, Schwungrad und Kolben zu bewegen. Endlich zündet der Motor, blauweiße Dampfringe steigen in den Himmel. Der dumpfe Klang ist Balsam für die Technikerseele. Wir fühlen uns wohl in dieser freundlichen Gemeinschaft.

*Manfred Müller, 1990 S. 10*

**Startversuche am historischen Lanz, noch bereift mit Hartgummi**

HEUTE: *Siegfried Kleine* ist vor Jahren verstorben, die Lanz-Sammlung ist aufgelöst. Die Dampfwalze steht im Gelände des Hohburger Steinarbeiterhauses. – Die einstige Grenzlinie zwischen Preußen und Sachsen ist nur noch Geschichte. Die politisch-administrativen Strukturen wurden 1952 mit der Bildung des Bezirkes Leipzig verändert, und mit der Wiedervereinigung Anfang der 1990er Jahre setzte der Freistaat Sachsen einen (vorläufigen) Schlußstrich.

**Das „Goldstück" der Sammlung von Siegfried Kleine (rechts), die aufgemöbelte Straßenwalze von 1932, mit der Techniker-Mannschaft.**

# In Zschetzsch muß man in der Hemmschuhschenke einkehren

**Am Stammtisch in der Hemmschuhschenke in den historischen Tagen der Friedlichen Revolution**

Es scheint, als ob sich Zschetzsch vor den Zudringlichkeiten der Außenwelt schützen wollte. Versteckt liegen die Häuser im Tal. Dort macht die Zwickauer Mulde einen großen Bogen um den Ort und fließt auf **Sermuth** zu. Auch das geschieht unter Ausschluß der Öffentlichkeit.

Der von **Schönbach** kommende Automobilist ignoriert den 62-Seelen-Ort geradezu: läßt ihn glatt links liegen. Freilich müssen sich seine Blicke hauptsächlich auf die kurvenreiche F 107 richten, die den Berg hinunter durchs *Zschetzscher Loch* führt und sich hinaufwindet in Richtung Colditz. Ohne Aufenthalt durcheilt übrigens auch die Muldentalbahn den Ort. Die Linie führt so dicht an einigen Häusern vorbei, daß der aufmerksame Reisende sogar sehen kann, was es bei Graischen's zu Mittag gibt.

Der Zufall der Geschichte will es, daß sich unser *Rundblick*-Quartett am Nachmittag jenes denkwürdigen 18. Oktober 1989 auf den Weg nach Zschetzsch macht, da sich unsere Republik anschickt, von Stund an einen neuen Weg zu beschreiten.

Die real-existierende Straße, auf der wir ins Dorf gehen, hatte man tags zuvor nach altbekannter Methode erneuert: Schlaglöcher waren über Gebühr mit Teersplitt gefüllt worden. Offenbar kalkulierten die Verantwortlichen: den Rest glättet das Leben! Wir kleben an Überschüssigem.

Unsere erste Inspektion gilt dem Sägewerk. Noch vor 15 Jahren fertigte *Erich Hanschmann* (80) mit seinem Schwager Treppen, Türen, Fenster, Dachstühle u.v.a. Seither ist die Werkstatt so gut wie geschlossen. Trotzdem riecht's nach Arbeit und frischem Holz. Draußen liegt ein Stapel Stämme. Er wird eines Tages durchs Gatter geschoben.

Zschetzsch besitzt einen *Widder* als Denkmal. Das ist beileibe kein in Stein gehauener Schafbock, sondern eine hydraulische Wasserhebemaschine. Seit 1904 versorgt sie den Ort und ist in der Lage, pro Sekunde 6 Liter Wasser ohne jegliche Fremdenergie in den hochgelegenen Reservebehälter zu befördern. Der steigende Wasserbedarf zwingt nun aber zum Bau einer modernen Wasserversorgung.

War schon *Schuster-Lene* einst eine legendäre Schankwirtin, Tochter *Anni* – in diesen Tagen gerade 70 geworden – ist es heute nicht minder. Der amtliche Name der *Hemmschuh-Schenke* lautet *Zur Linde*, obwohl eine Kastanie davorsteht. Bisweilen heißt's auch scherzhaft *Buttermilchschenke*. Manchmal sollen die Gäste mit den Worten begrüßt worden sein: „S Bier is alle, awor Buddermilch gennt ihr hamm." Hier am Berg hielt fast jeder Fuhrmann an und schob den Hemmschuh unter das Hinterrad. Der Wirt kam, fütterte eilfertig die Pferde, und die Kutscher futterten und tranken drinnen – oft hemmungslos.

Wie in anderen kleinen Dörfern findet man sich auch hier zu festlichen Familienfeiern zusammen. „Dann wird bei Anni einer geschwäppert" .

*Klaus Thalmann* hat eine Vision: Zschetzsch, ein Reiseziel für Erholungssuchende – Wanderpfade zwischen Muldenvereinigung und Colditzer Forst – an der Bushaltestelle im „Loch" ein schöner Rastplatz – das historische Sägewerk und der Widder

Besuchermagnete – „Hirngespinste“ meinen manche.

Spätabends verlassen wir die Hemmschuh-Schenke. Indes kreisen die Gespräche der Zschetzscher weiter um Tagesereignisse; freimütig, ohne mißtrauisch nach links und rechts zu schauen. Natürlich hoffen sie, daß die großen gesellschaftlichen Veränderungen auch ihr kleines Dorf erreichen. Und im Zug dieser Entwicklung wird wohl kein Zschetzscher Einwohner ein Hemmschuh sein. *Wolfgang Stadler, 1990 S. 6.*

HEUTE: Die Muldentalbahn hat 2002 die Strecke stillgelegt. Der Widder „arbeitet“ nach wie vor, jetzt als Schauobjekt an einem gemütlichen Rastplatz. – In der Hemmschuhschenke bewirten seit 1995 die Töchter von *Anni* die Gäste ebenso freundlich und charmant mit deftigem Essen.

**Im Sägewerk funktioniert immer noch das alte Gatter**

# Ein bißchen Wind . . . in der Oschatzer Wetterstation

Wenn der Gesprächsstoff knapp wird, übers Wetter läßt sich immer reden, sogar wettern. Es sei nicht mehr das, was es früher einmal war, meinen die einen; gut, daß man nicht dran drehen kann, sagen die anderen. Die einen schwören auf die tägliche Wettervorhersage, die anderen auf Bauernregeln. Der Mond muß herhalten und die zwölf Nächte werden bemüht. Einen richtigen Winter gäbe es schon lange nicht mehr, meinen die alten und die neuen Ski der Kinder, die seit Jahren auf dem Boden liegen, scheinen ihnen recht zu geben. Auch die hitzigen Verfechter der These; daß einem heißen Sommer ein kalter Winter folgt, sind spätestens seit diesem Jahr verunsichert. Es ist halt ein heißes Eisen, das Wetter.

Ein Netz von tausenden Wetterstationen rund um die Erde, einschließlich der Wettersatelliten im All, läßt heute kurzfristige Wettervorhersagen mit hoher Genauigkeit zu. Einer dieser Stationen galt unser Besuch. Einst führte der einsame Mitarbeiter ein „Rapunzeldasein“ im *Albertturm* auf dem Collm. Doch die Höhenlage unseres heimatlichen Bergriesen ließ keine für das Tiefland repräsentativen Werte zu. Daher wurde am Stadtrand von Oschatz Neues geschaffen. 1978 installierte man dort eine automatisch arbeitende Station, die seit 1983 besetzt ist. *Ursula Richter* leitet hier einen inzwischen achtköpfigen Mitarbeiterstab. Sie selbst hatte einst auf dem Collm als Lehrling begonnen. Nun wohnt sie in „ihrer Station“, noch immer im Blickkontakt zum alten Arbeitsort.

Wir stehen also an der Wiege des abendlichen Wetterberichtes. Daß in der Wetterhütte, jenem kleinen, weißen Häuschen, dessen Tür immer nach Norden zeigt, in 2 Meter Höhe Temperatur, Luftdruck und Luftfeuchtigkeit gemessen werden, weiß wohl jeder. Auch, daß ein Regenmesser ein Trichter mit einem untergestellten Meßzylinder ist, der per Hand geleert wird. Aber ein Regenschreiber, der im Freien mißt und im Raum Dauer und Menge des Niederschlages automatisch ausdruckt, beeindruckt uns schon. Zwei „Kesselpauken“ erregen unser Aufsehen. Sie entpuppen sich als Meßgeräte zur Ermittlung der Wolkenhöhe. Die eine sendet einen Lichtstrahl ab, der, von den

Wolken reflektiert, von der anderen wieder aufgenommen wird.

So kommen viele Informationen zusammen. Sonnenscheindauer und Bewölkung, Sichtweiten und natürlich auch bisher geheimnisumwobene Umweltmeßdaten. Alle Meßwerte sind codiert und werden auf einen Lochstreifen übertragen (Konfetti als Nebenproduktion?). Per Telex geht die Meldung stündlich nach Leipzig.

Natürlich werden viele Fragen diskutiert. Kann der Collm Gewitter teilen? Können manche Gewitter wirklich die Elbe nicht überqueren? Blättern wir mal beim Oschatzer Chronisten *Carl Samuel Hofmann* nach, der 1817 schrieb: „Den Landleuten dient der Collm gleichsam zu einer Wetterfahne. Denn solange die Kuppe desselben, auch bey übrigens heiterem Himmel, umnebelt ist, tritt ein beständig gutes Wetter ein. Der Collmberg raucht Tabak, sagt dann der Landmann, und richtet danach, soviel sich thun läßt, seine landwirtschaftlichen Arbeiten ein. Auch ist der Berg für die auf der Morgenseite liegenden Ortschaften in der Regel ein Ableiter, denn über seinem Gipfel teilen sich fast alle vom Abend heraufsteigenden Gewitter und Schloßenwetter." Die Meinungen darüber gingen jedenfalls auseinander. Natürlich werden auch andere „Weisheiten" diskutiert. Dazu gehören neben dem Laubfrosch im Wetterglas, der Mond und der Hundertjährige Kalender. Doch es sind untaugliche Propheten, die keiner Wissenschaft standhalten. Und nicht zuletzt kommen die wohlbekannten Bauernwetterregeln ins Gespräch, wobei einige davon sehr wohl auf einen fachlichen Rat und genaue Wetterbeobachtung zurückzuführen sind.

Das Wetter wird auch in Zukunft Gesprächsthema Nr. 1 bleiben. Ozonloch und Treibhauseffekt sind neue Begriffe, die uns mit Sorge erfüllen, uns nachdenklich machen. Ökologische Fragen sind keine Tabu-Themen mehr. Die Oschatzer Mitarbeiter des Meteorologischen Dienstes werden uns in einigen Jahren sicher gern bestätigen, daß es auch sächsische Luft verdient, besungen zu werden. Doch bis dahin ist noch ein weiter Weg, und jeder von uns sollte seinen Beitrag leisten. *Gottfried Massanek, 1990 S. 112*

HEUTE: Der manuelle Betrieb der Wetterstation wurde 2008 eingestellt. Einige der technischen Anlagen arbeiten automatisch, die ermittelten Werte gehen auf dem Funkwege an die Wetterdienststelle in Leipzig.

**Kann der Collm die Gewitter teilen? Eine umstrittene Frage mit gegensätzlichen Antworten. Auf alle Fälle beherrscht und verschönt er eindeutig die Landschaft im weiten Umkreis.**

# Schweta und die Dörfer rundherum in der Döllnitzaue

**Das schmucke Fachwerkhaus der Familie Schrimpf**

Himmelfahrtstag 1990. Eine Zwei-Männer-Partie durchstreift das Schwetaer Land mit seinen „Ablegern" **Ockritz, Wetitz** und **Oetzsch**. Was führt das *Rundblick*-Duo in diesen schönen Landstrich entlang der Döllnitz, eingebettet in schmiegsame Hügel, geprägt von sattgrünen Wiesen und weiten Feldern, durchschnitten von Waldstücken? Ein Jubiläum steht ins Haus, von dem selbst Einheimische offensichtlich überrascht sind. 1991 hat das Dorf immerhin 750 Jahre auf dem Buckel, jedenfalls nach der Ersterwähnung.

Gegen 8 Uhr morgens wiegt sich Schweta mit seinen 388 Seelen noch ein bißchen im Feiertagsschlaf. Ein paar Leutchen sind dennoch auf den Beinen, holen Futter von den naheliegenden Wiesen. Und der *Wilde Robert* sorgt auf seiner Schmalspurbahn gen Mügeln lauthals für Stimmung.

Unser erstes Gespräch übern Gartenzaun entspinnt sich. „Wie lebt's sich so in Ockritz?" fragen wir einen älteren Herrn im blauen Schlosseranzug. Im Hintergrund hängt die Frau des Hauses Wäsche auf. Es riecht nach Arbeit am Feiertag; viel Holz vorm Haus läßt ahnen, nicht nur die Kreissäge wird heute noch in Schwitzen kommen. „Naja, wir haben ja nicht viel zu bieten, keinen Konsum und so, aber wir haben hier dafür eine himmlische Ruhe inmitten der Natur", meinen *Waltraud* und *Robert*, die – ohne Flax – auf den gut passenden fleißigen Nachnamen *Arbeiter* hören. Seit fünfzig Jahren wohnen sie hier, weiträumig flankiert von ehemaligen Stallgebäuden und Scheunen aus rotem Backstein.

Unsere Rundreise führt uns zunächst nach Wetitz/Oetzsch hinein. Zwei kleine Orte, die so aneinander haften, daß der Unkundige wohl kaum erkennen kann, wo die Grenze verläuft. Die Einwohner sehen's halt auch nicht so verbissen. Unmittelbar auf Wetitzer Straßenseite erstrecken sich Mühle und Sägewerk von *Silbermanns.* Über der Haustür prangt die Jahreszahl 1895. Da stünde doch in wenigen Jahren eine große Jubelfeier ins Haus!? Wir sprechen mit Sohn Heiko, den 27jährigen Junior-Chef am Sägegatter. Die Mühle ruht derzeit aus gesundheitlichen Gründen des Vaters. Dafür klemmt die Säge nicht, täglich werden rund sechs Kubikmeter Holz doppelt geschnitten und gehobelt. „Die prächtigen Stämme vorm Haus sorgen für etwa vier Wochen Arbeit. Ja, die fünf Jahre bis zum 100jährigen Jubiläum werden wohl die härtesten", meint Heiko Silbermann ein wenig skeptisch.

Wir wechseln kurz die Fronten und landen gut 150 Meter weiter beim Holzbrunnenbaumeister *Kurt Thomas*. „Noch habe ich genügend Aufträge. Bis zu 40 Kilometer im Umkreis, hinein ins Wurzener und Grimmaische Land, haben wir Aufträge. Zwanzig Holzpumpen schaffe ich mit meinem Sohn im Jahr. Doch davon allein könnten wir nicht existieren. Deshalb haben wir mit Klempnerarbeiten ein zweites Standbein".

Zurück nach Wetitz. Bei Zschäbitz im Garten sorgen zwei Frauen für saubere Beete. „Wir erwarten am Pfingstsonnabend rund 30 Gäste," kommt's lachend aus dem Gärtchen herüber. Was Besonderes? Der Stein des festlichen Anstoßes ist ein Seitengebäude, an dem entlang sich in gut zwei Meter Höhe ein sogenannter Laubengang befindet; über eine Holztreppe erreichbar. Das architektonisch wertvolle Bauwerk kann auf 200 Jahre Geschichte zurückblicken und ist noch im Original erhalten. Wenn das kein Grund zum Feiern ist.

Gegen Mittag führt uns die Himmelfahrtspartie nach Schweta. Am weit über die Ortsgrenzen hinaus bekannten Fachwerkhaus machen wir Halt. Einst als Wohnsitz von Gärtner, Verwalter und Inspektor des Rittergutes der Familie *Rockstroh* ist es seit über vier Jahrzehnten das Zuhause der Familie *Schrimpf*. Seither hat sie ihre ehemalige Neubauernstelle mit viel Liebe und Aufwand in Schuß gehalten, wenn man bedenkt, daß das Häuschen weit über zweihundert Jahre auf dem Buckel hat. Schon allein die 95 (!) Mini-Fensterscheiben zu putzen artet in Schwerarbeit aus.

Gleich nebenan jenseits der Döllnitz erstreckt sich der Park. Seinen Höhepunkt erlebt er mit dem jährlichen Volksfest Mitte Juni. Das Menschengewimmel übersteigt da die Einwohnerzahl um ein Mehrfaches. Im Sportlerheim laufen gewisse Vorbereitungen auf Hochtouren. Ein junger Mann läuft uns in den Weg. „Was ist hier los?“ – „Polterabend!“– Welcher? „Mein eigener“, erklärt freudig und knapp *Karsten Kohl*. Da erinnern wir uns an eine Liste am Scheunentor, die Wahlvorschläge für das Gemeindeparlament und an einen Namen: *Hannelore Kohl*. „Ja, das ist meine Mutter, aber weder verwandt noch verschwägert mit dem Bundeskanzler.“ „Ist das nicht toll, zwei Großereignisse im Wonnemonat – erst gewählt, dann vermählt.“

Wohl jedes Dorf hatte früher eine Mühle. Die Hofmanns nennen sie in Schweta ihr eigen. Das Wasserrad steht allerdings längst still, seit Müllermeister *Hofmann* verstorben ist. Auf dem Hof treffen wir die Meisterin, nun auf die Achtzig zugehend. „Ist es nicht ein schöner Himmelfahrtstag?“ entbieten wir unseren Gruß. Da bekommen ihre Augen einen besonderen Glanz freudiger Erinnerung. „Himmelfahrt 1937 werde ich nie vergessen, damals lernte ich meinen Mann kennen, auf dem Collmberg, wo sich ja viele junge Leute trafen zum Heiratsmarkt, wie man so scherzhaft sagte. Zwischen uns war's gleich eine ernste Geschichte. Vor lauter Begeisterung ließ ich meine Handtasche liegen, dafür hatte ich aber einen Mann fürs Leben gekriegt. Schöner Tausch, oder?“

Und 63 Jahre später? Der Zahn der Zeit hat am Mühlenrevier genagt. Doch Sohn Arndt schmiedet seine Pläne. „Jetzt ist so viel die Rede von Ferien auf dem Bauernhof. Ich kann mir das gut vorstellen. Natürlich müssen wir noch einiges ummodeln, um künftige Gäste ordentlich zu empfangen. Aber warum nicht?“

*Reiner Stroh und Manfred Müller, 1990 S. 74*

HEUTE: Die Sägemühle in Wetitz arbeitet nach wie vor. Sohn Heiko Silbermann hat den Betrieb übernommen und betreibt mit einem Kollegen Lohnschnitt und Holzhandel. – Holzbrunnen werden nicht mehr hergestellt, doch Bernd Thomas führt das Klempner-Handwerk fort. – Im Schulgebäude hat sich seit kurzem eine evangelische Grundschule bis zum 4. Schuljahr eingerichtet. – Zu den Volksfesten, die aufwendige Organisation koordiniert ein Verein, kommen nach wie vor viele Gäste. – Das Mühlengrundstück ging in anderen Besitz über und wird jetzt als „Naturinsel Drachenmühle“ bewirtschaftet. – Und auch das muß noch erwähnt werden: Im Dorf wurden seit 1990 sechzig Eigenheime gebaut.

**Die Teichfront des Rittergutes in Oetzsch, jetzt vorzüglich saniert (2008)**

**Ursula Böstel (links) behält alles im Blick, was die neugierige Rundblick-Runde da in ihrem Garten ergründen will**

# Botanische und philosophische Gespräche im Polenzer Pfarrgarten

Das Pfarrhaus in Polenz hat gern Gäste. Ihre ständigen Bewohner sind *Ursula Böstel* (*1915 † 2007) und Tochter *Gertrud* (* 1941). Das Haus ist voller Geheimnisse. Geschichte und Volkskunde summierten sich hier zu einem lebenden Museum. Angereichert und interpretiert von der Liebenswürdigkeit, von der Offenheit und vom Wissen der beiden Frauen. Jeder Besucher verläßt das Haus mit geistigem und moralischem Gewinn. Und nicht selten mit Früchten des Gartens.

Zum Haus gehört nämlich ein weitläufiger Garten mit Blumen, Gemüse, Rasenflächen und vielen Bäumen und Hecken. Er liegt hinterm Haus, abseits vom hektischen Leben. Ein Paradies zum Ausruhen, aber auch ein Eldorado zum Arbeiten. Und zum Plaudern.

Wenige Tage nach *Johannis* (am 29. Juni) war der *Rundblick* eingeladen. Unterm verblühenden Fliederstrauch stand der Tisch mit den Stühlen. Dort erzählte Ursula Böstel die Historie ihres Gartens, und dort erlebten die *Rundblick*-Mitarbeiter einen nachhaltigen Dorfsommerabend.

„Unser Garten ist aufgebaut nach dem Prinzip des sächsischen Bauerngartens. Blumen- und Gemüsegarten sind nicht durch Betonkanten eingezwängt, sondern fließen ganz natürlich ineinander über. Das Dorf Fuchshain war für mich ein Vorbild. Die großen Güter dort haben alle einen Vorgarten, der so aufbaut ist. Wir leben von unserem Garten. Wie wir es schaffen? Ganz einfach: durch Arbeit. Natürlich bleibt es da und dort auch mal ein bißchen ‘wüscht’. Der Garten ist unser Lebensaufgabe. Er gibt uns gewissermaßen Kleidung, Wohnung und Nahrung. Uns macht er Freude. Was nicht wird, wird nicht. Die Natur lehrt uns auch eine gewisse Großzügigkeit. Auf keinen Fall will ich einen ‘so Schiet-Wessi-Vorgarten’ haben, wo der Rasenmäher jeden Halm auf Vordermann getrimmt hat. Die Sense sorgt für eine echte Wiese. Da können die Glockenblumen und die Margeriten blühen. Heute hilft uns hier ein Stück Technik – nämlich eine Motorsense. Für uns Frauen war der Umgang mit der normalen Handsense doch mit der Zeit anstrengend geworden.

Unser Garten ernährt uns: Kartoffeln, Gemüse und Obst reichen aus. Wir verkaufen nichts. Wer kommt, der kriegt. In der Zeit nach '45 konnte ich die Not einzelner damit lindern. 'Habt ihr noch ein Stückchen Brot, so teilt es in der Not.' Diesen Hinweis meiner Mutter habe ich beherzigt." .

Die Gäste verkrümeln sich zwischen Beeten und Hecken. Jedermann sucht Gewürz- und Heilpflanzen. Am Kaffeetisch werden sachkundige Erläuterungen gegeben, vor allem, welche Heilwirkung wird ihnen zugesprochen.

Zur späten Abendstunde versammeln wir uns im Foyer. Auf einem gewaltigen Tisch präsentieren die beiden Hausfrauen eine „Romanze in Ess-Dur". Was gibt es da für Köstlichkeiten! Die Art, Salate zuzubereiten, ist offenbar unerschöpflich. Man muß lediglich die heimischen Kräuter kennen. Ein Quark mit neunerlei Kräutern ist die Spitze. *Manfred Müller/Rudolf Priemer, 1990 S. 72. 1961 S. 297. 1981 S. 123*

## Das ist er, der Wendehals

Er wurde bei uns urplötzlich aus den bekannten Gründen zu einem der populärsten Vögel, obwohl er in freier Wildbahn sehr selten geworden ist und selbst dort, wo er noch vorkommt, ist er schwer zu beobachten.

*Harry Gugisch* gelang am 13.6.1990 in der Schmannewitzer Oberheide diese faunistisch wertvolle Originalaufnahme am Brutplatz (Abb.). Wahrscheinlich war es in diesem Jahr die einzige Brut in der gesamten Dahlener Heide. Ein weiterer Wendehals war am Südwest-Abhang des Schildberges nur für kurze Zeit zu hören.

Wendehälse sind keine Singvögel! Sie sind wärmeliebend, reichlich sperlingsgroß und gehören zoologisch zur Ordnung und zur Familie der Spechte. Sie brüten in Naturhöhlen oder in Nistkästen, da sie die Fähigkeit, sich selbst eine Bruthöhle zu zimmern, nicht mehr besitzen. Noch in den 50er und 60er Jahren brütete er regelmäßig in unseren Wäldern, hauptsächlich in der Dahlener Heide, doch ab 1970 setzte ein katastrophaler Rückgang ein, so daß gegenwärtige Bruten nur noch sporadisch vorkommen.

In der Nahrungssuche weichen die Tiere von den meisten Spechtarten stark ab. Sie ernähren sich hauptsächlich von Rasenameisen, die sie vom Boden aufnehmen. Im Herbst verlassen sie ihr Brutgebiet. Sie überwintern dann vorwiegend in Indien und im tropischen Ost- und Westafrika. Hoffentlich kommen in den folgenden Jahren mehr von den kleinen Wendehälsen, wie es früher einmal war, zu uns zurück. Die andere kometenhaft erschienene Wendehals-Population (als Synonym im politischen Leben) allerdings möge schnell verschwinden! *Hartmut Kopsch, 1990 S. 118*

# Ein „Spitzen"-Erlebnis aus Grimma

**„Machen wir mal eine Anprobe mit unserem schönen Produkt"**

Also, Kekse aus Wurzen oder Waagen aus Oschatz, das konnte ich mir noch lebhaft vorstellen. Doch Spitzen aus Grimma? Und dazu noch Plauener? Sollte ich vielleicht gar einem Etikettenschwindel auf die Spur gesetzt werden?

Doch weit gefehlt: Produktionsstättenleiter *Sigfrid Weinhold* (58) erklärte mir unmißverständlich, daß die vielgerühmten Plauener Spitzen tatsächlich nur aus dem Vogtland kommen. Das ist eine andere Technologie, die Grimma nicht hat. Hier wird Spitze hergestellt, bei der im direkten Verfahren das Material zu filigranen Mustern verflochten wird, und das ist für den gelernten Spitzenweber Sigfrid Weinhold die „Krone der Weberei".

Seit 1907 wurde in Grimma Spitze gewebt. Auf englischen Spitzenwebmaschinen, die für die damalige Zeit technischen Höchststand darstellten. Mit dieser Technik mußten sich die Grimmaer bis 1970 abmühen, dann erfolgte eine Umstellung auf alternative Wirktechnik mit neuen Maschinen. Vom ersten Tage an wurden die Maschinen dreischichtig ausgelastet. In einem Frauenbetrieb bringt das immer Probleme mit sich.

Die Nachfrage nach Spitze im In- und Ausland ist immer noch groß. 40 % ihrer Spitzenerzeugnisse exportieren die Grimmaer, u.a. nach Finnland, Bulgarien, Kuba, die BRD. Sogar für Kunden aus Hongkong oder Kuweit ist kein Weg zu weit. Auch Schweden importiert Grimmaer Spitze. Doch für die vielzitierten „schwedischen Gardinen" ist sie wohl nicht geeignet.

Der Betrieb hat seine großen und kleinen Probleme. Der vorhandene Maschinenpark ist überholungsbedürftig, um nicht zu sagen, überaltert. Da blieb schon mal eine Maschine für längere Zeit abgeschaltet, weil ein verschlissenes Wälzlager für ein paar Mark einfach nicht zu kriegen war. Es gibt zwar eine automatische Fadenbruch-Meldung, doch die hat ihre Tücken. Schon eine Fliege kann die Automatik überlisten und die Wirkmaschine bleibt grundlos stehen.

Etwas wärmer ums Herz wird mir, als ich die Konfektion aufsuche. Hier herrscht Ruhe, überall liegen luftige Gewebe umher. Geübte Frauenhände entwirren die Knäuel und fertigen daraus fensterfertige Gardinen. Davon werden in Grimma jährlich etwa zwei Millionen Quadratmeter hergestellt. Diese Menge würde mehr als 190 große Fußballfelder bedecken.

Mode wird immer auch den Bedarf an Spitze für Bekleidungszwecke mitbestimmen. Daß sich jedoch nur etwa 10 % der Grimmaer Produktion auf den Ladentischen zwischen Ostsee und Fichtelberg wiederfindet, erscheint mir doch etwas zu wenig. Ich glaube, hier wird das Modebewußtsein des schönen Geschlechts in unserem Lande unterschätzt. *Reinhard Rädler, 1990 S. 48*

HEUTE: Nach einjähriger Dauer als Filiale der Leipziger Gardinen- und Spitzen GmbH wurde das Werk 1991 geschlossen. Das Fabrikgelände beherbergt jetzt eine Zeltverleihfirma.

# Mit vierzig Jahren ist der Berg erstiegen ...

## *Wege der friedlichen Revolution im Heimatgebiet*

Da ist er nun, der Tag X (was für irrige Vorstellungen verbanden sich seit meiner Schulzeit damit!), der 1. Juli 1990 *(1)*.

Meine Frau blättert mir neue bunte Geldscheine auf den Tisch. Und ich sehe mit gemischten Gefühlen hin. Blauer Marx und roter Engels gelten nun nichts mehr, der grüne Goethe hatte ohnehin nicht viel zu bedeuten. Jetzt wird nicht mehr gewendet: Köpfe, und was sich hinter ihnen verbirgt, sind oder werden endgültig „umgestellt" .

Dieser Tag ist bislang beispiellos in der Menschheitsgeschichte. Ein Staat, ein System gesellschaftlicher Beziehungen, Wertvorstellungen und geschichtlicher Entwürfe und Ansprüche, beginnt sich endgültig und perspektivlos aufzulösen. Sein Volk wollte dieses System nicht mehr ertragen, und die Inhaber der Macht waren nicht mehr imstande, ihre Herrschaft zu erhalten. Das ist das Geheimnis jener Umwälzung, die keinen Tropfen Blut kostete.

Nichts deutete zu Beginn des Jahres 1989 darauf hin, daß Monate später ein System zerbricht. Oder wollten wir es nur nicht wahrhaben?

Raketen steigen wie immer in der Silvesternacht zu 1989 in **Wurzens** Himmel. Sie setzen eine Scheune am Crostigall in Brand. Wer hätte darin ein Fanal sehen wollen?

Es geht alles seinen gewohnten Gang im neuen Jahr. Am ersten Arbeitstag besuchen – wie seit Jahren – die Mitglieder der SED-Kreisleitung die Werktätigen in den Betrieben. Alle werden eingestimmt auf die Kommunalwahlen und das 40. Jahr der Republik, wieder das erfolgreichste bisher. Dazu meint es auch der Winter gut mit uns. Das Bauen in der Stadt wird durch ihn nicht gebremst. Trotzdem geht es nicht so recht vorwärts in der Färbergasse, am Thüringer Hof oder mit dem geplanten Bau eines neuen Altenwohnheimes. Wie gewohnt.

Wurzener Bauleute müssen in Leipzig und Berlin Aufträge erfüllen. Es ist sinnlos geworden, gegen diese Tatsache anzurennen. Die Zahl der Wohnungsanträge ist drastisch

**Demonstration der Colditzer trotz Regen und mißlichem Wetter auf dem Markt**

gestiegen. Aber ebenso die Zahl der nicht mehr bewohnbaren Wohnungen. Die Innenstadt verfällt. Abrisse drohen, sie zu entleeren. Fast scheint man sich daran zu gewöhnen. Niemand will die anonyme Verantwortungslosigkeit wahrhaben.

Das „Wir wollen raus!" nach den Montagsgebeten vor der Leipziger Nikolaikirche oder anderswo skandierte Aufbruchsstimmung, sein Metrum grub sich tief ein und erweckte Neugier und Hoffnung. Die Ausreisewilligen und -antragsteller sensibilisierten die Gesellschaft, allein schon deshalb, weil ihre Zahl geheimgehalten wurde und deshalb die unterschiedlichsten Gerüchte kursieren konnten. Sie waren es, die den Staat augenscheinlich in Frage stellten.

So beginnt der Sommer mit bangen Ahnungen. Sie bewahrheiten sich schrecklich. Der Exodus der Jugend ergreift auch Wurzen, erfaßt meine Generation. Entsetzen, Trauer, Wut bestimmen den Sommerausgang: Ein Land „verblutet", seine Herrscher spreizen sich wohlgefällig und machen uns lächerlich vor aller Welt durch senile Entscheidungen. *(2)*

Jetzt wird montags in Leipzig gerufen: „Wir bleiben hier!" Das klingt noch drohender. Das Leben hat das Regime in seiner Unbelehrbarkeit endgültig überholt.

Nachdem die Friedensgebete in der Leipziger Nikolaikirche ab Jahresmitte immer mehr Teilnehmer anzogen, wurden sie auf andere Kirchen und das Umland ausgedehnt. Im Wurzener Dom finden sich am 16. Oktober etwa 400 Personen zusammen. Es werden von Woche zu Woche mehr, obwohl VP und Staatssicherheit absperren, kontrollieren, observieren. *(3)*

Betroffenheit, Auflehnung, Trotz, die Suche nach neuer Identität, der Drang zu Selbstdarstellung sind die Motive, die Menschen auf die Bänke und Stühle des Domes drücken und Kerzen entzünden lassen. Wenn sich diese Menschen – Gläubige und Ungläubige, Kinder und Erwachsene, Andächtige und Radaubrüder, Mitglieder aller Parteien und Parteilose – nach einer Stunde wieder erheben, haben sie sich selbst erfahren, sie drängen als eine Bewegung hinaus ins Dunkel, erneut Kerzen entzündend.

„Unser Erich ist ab", begrüßt man mich am 18. Oktober .

Vor neun Tagen stand alles auf des Messers Schneide. Polizei, Feuerwehr und Kampfgruppenangehörigen merkte man es an. Eine Unheil drohende Stimmung lag über Stadt und Land. Für den Nachmittag des 9. Oktober waren alle möglichen und unmöglichen Veranstaltungen angesetzt. Sie sollten den Weg nach Leipzig erschweren. Aber nichts half mehr, es war wie ein Sog: gegen 15 Uhr brachen die Menschen auf. Gegen 20 Uhr kehrten die ersten zurück. Sie hatten zu den 70 000 Demonstranten auf dem Leipziger Ring gehört.

Jetzt wird zu be- und zu zerreden versucht. Alles, was in SED, Stadt, Kreis und Bezirk von Rang und Namen ist, sucht das „Gespräch" mit der Bevölkerung. Doch die endlosen „Dialoge" konnten nicht mehr zusammenführen, was sich schon längst getrennt hatte, weil es verschiedene Sprachen gebrauchte – Volk und Apparat .

Aus der hellen Tür des Domes quellen die Massen heraus ins Dunkle. Sie werden schon erwartet von vielen Menschen, die sich vom Domplatz, durch die Domgasse bis zur Liegenbank formiert haben. So beginnt die Demo: Kerzen werden entzündet. Die kleinen Flämmchen irrlichtern noch, erhellen Gesichter. Man trifft sich wieder, pärchen-, familien-, gruppenweise. „Der Dialog wird zur Phrase, drum gehen wir weiter auf die Straße!" Das Spruchband geistert vor dem Zug her: über den Markt, durch die Jacobsgasse. Spätestens hier ertönen die Rufe, die aus Leipzig gehört worden sind: Wir sind das Volk! Neues Forum zulassen! SED – das tut weh!

Auf die Mauer vor der SED-Kreisleitung am Park setzt man unzählige brennende Kerzen. Die Menge hält inne, und ein ohrenbetäubendes Pfeifen prallt gegen die Wände des dunklen Gebäudes . Im Dehnitzer Weg schwillt das Pfeifkonzert erneut an. Frauen recken ihr Transparent hoch: Stasi raus – Solid-Lederwaren rein! Rufe gehen gegen Mauer und Gebäude: Schämt euch was! Wir verdienen euer Geld! Faules Pack! Arbeitsklamotten werden über das Tor geworfen. Drinnen rührt sich nichts. Am nächsten Morgen sind die Spuren des Kerzenhalbkreises auch hier beseitigt.

Der Druck der Straße schränkt die Handlungsfähigkeit der alten „Organe“ mehr und mehr ein . In allen Parteien wird Dampf von unten gemacht. Viele Mitglieder verlassen ihre Parteien . Die Demontage setzt ein. Zuerst droht der SED der Zerfall, Mitglieder ihres Sekretariats werden abberufen oder legen ihre Ämter nieder. Die Kreisdienststelle der Stasi wird am 5. Dezember von einer Staatsanwältin versiegelt. Eine Kommission zur Untersuchung von Amtsmißbrauch und Korruption konstituiert sich.

Die Prozesse entwickeln Eigendynamik und sind kaum noch zu steuern. Schwarz-rot-goldene Fahnen werden auf dem Markt geschwenkt. Man läuft bald nicht mehr geschlossen durch die Stadt. Vor dem Ringelnatzbrunnen gestalten sich die Versammlungen zum Tribunal. Tumultartig steigert sich die Erregung der Anwesenden, wenn dort Vertreter der alten Macht das Wort ergreifen wollen.

Am 18. März und am 6. Mai 1990 rechnen die Bürger Wurzens mit dem Sozialismus der DDR eindeutig ab. Das Ergebnis hat keineswegs in erster Linie *Lothar Späth* bewirkt, der am 12. März vom Rathausbalkon zu den Einwohnern der Stadt sprach. Ihm wurde schon die Losung entgegengehalten: „Sozialismus ist Beschißmus. Schluß damit!“ Dahinter verbirgt sich nicht die „neue“ Art von Wahlkampf, sondern eine Erfahrung, die das Epochenverständnis mindestens zweier Generationen schmerzlich korrigiert hat. *(4)* *Wolfgang Ebert, 1990 S. 86*

Heutige Anmerkungen:
*(1)* Mit „Tag X“ bezeichnete die Propagandasprache der SED den „Ernstfall“, wenn die westdeutschen Imperialisten den Versuch wagten, militärisch den ersten sozialistischen Staat auf deutschem Boden aufzurollen.
*(2)* In den Sommermonaten 1989 begaben sich Tausende von DDR-Bürgern in die Botschaften der Bundesrepublik, vor allem in Budapest und Prag, um ihre Ausreise nach dem Westen zu erzwingen. Während Ungarn seine Grenze nach Österreich öffnete (und damit eine Ausreise der Flüchtlinge ermöglichte) mußten die Prager Botschaftsflüchtlinge noch einige Zeit warten, bis auch ihre Ausreise genehmigt wurde.
*(3)* Teilnehmer der ersten Friedensgebete im Wurzener Dom berichteten, daß sich bereits am 9. Oktober – also zeitgleich mit der gewaltigen Leipziger Demonstration – erste Gruppen im Dom eingefunden hatten.
*(4)* Die „Epochenlehre“ gehörte zu den quasireligiösen Überzeugungen der SED-Kommunisten: Nach ihrem Verständnis befand sich die Weltgeschichte seit der russischen Oktoberrevolution in der Epoche des unaufhaltbaren Übergangs vom Kapitalismus (mit Ausbeutung des Menschen, mit nationaler Unterdrückung durch das internationale Kapital, mit Kriegen und kolonialer Ausplünderung) zum Sozialismus/Kommunismus, der heilsgeschichtlich letzten Phase der Menschheit.

**Allerorten beteiligten sich die Menschen an heißen Debatten über ihre Zukunft, so wie hier im vollen Speisesaal des Colditzer Porzellanwerkes**

## NOTIZEN

**Grimma**: Auf dem einstigen Kirschberg erfolgte 1899 der Neubau einer Schule als Ziegelrohbau im gotischen Stil, die landläufig wegen ihres Aussehens den Namen ***Rote Schule*** erhielt. Bis 1925 diente sie als Realschule, danach zogen die Berufsschüler ein. Diesem Zweck dient sie noch heute. *1990 S. 55*

**Wurzen**: Ihre 100jährige Geschichte feiern die Wurzener **Rudersportler** um ihren langjährigen Sektionsleiter *Rolf Papst* von der BSG Motor Nord Wurzen. Die beiden Bootshäuser am Dehnitzer und Schmölener Ufer haben eine wechselvolle Geschichte geschrieben. Größere Erfolge errangen die Wurzener bei DDR-Meisterschaften. *1990 S. 60*

**Püchau:** Der tiefe Taleinschnitt zwischen Schloß und Kirche wurde schon im Mittelalter überbrückt, vermutlich mit einer Holzbrücke. Im Jahre 1564 folgte der Bau einer **Ziegel- und Bruchsteinbrücke**, die bis heute Bestand hatte *(s. Abb.)*. In den letzten Jahrzehnten nagte der Zahn der Zeit mehr und mehr am Mauerwerk, so daß jetzt eine grundhafte Sanierung erfolgen mußte. *1990 S. 110*

**Otterwisch**: Vor kurzem erfolgte die Restaurierung des **Pfarrhauses**. Das von 1702 stammende Bauwerk erhielt massive Mauern aus der im Dorf anstehenden Grauwacke. Fenster und Türen bekamen Porphyrtuffgewände aus Rochlitz. Schließlich hob ein massiver Dachstuhl mit abgewalmtem Satteldach das Pfarrhaus deutlich von den anderen Gebäuden im Dorf hervor. *1990 S. 63*

## LESERPOST

**Butterbemmen-Werfen**. Beim Lesen des Wortes *Bemme* und seiner Herkunft erinnerte ich mich, daß wir als Kinder an der Mulde oder an einem Teich am Butterbemmen-Werfen unseren Spaß fanden. Dazu wurde ein besonders flacher Stein im spitzen Winkel gegen die Wasseroberfläche geschleudert, der dann mehrmals auf dem Wasser aufschlug. Derjenige, dessen Stein die meisten Aufschläge zu verzeichnen hatte, war Sieger. *S. Fiedler, 1990 S. 64*

**Unsere Hochachtung**. Wir sind Leser vom ersten Heft an und im Bücherschrank nehmen die gebunden *Rundblick*-Hefte einen besonderen Platz ein. Stets haben Sie verstanden, die Liebe und das Interesse an unserer Heimat zu pflegen. Voller Achtung haben wir immer bemerkt, daß Ihre Beiträge stets der Wahrheit entsprachen. Und nun das erste Heft nach der Wende, für das aber noch zuvor Redaktionsschluß war. Unsere Hochachtung! *Der Rundblick* ist die einzige uns bekannte Zeitschrift, die sich nicht zu „wenden" brauchte. Also besonderer Dank für Heft 2/89. *Fam. Löbel, 1990 S. 64*

**Die sächsische Madonna.** Ganz herzlichen Glückwunsch zu Ihrem Titel auf Heft 1/90. Ist dieses Bild nicht ein echtes Sinnbild unserer Zeit: ein bißchen unordentlich, improvisiert, aber heiter, zuversichtlich, selbstbewußt: „Wir schaffen es!" Wie da die eine Kollegin sich von den beiden anderen ihr Spitzenkleid samt Häubchen drapieren läßt, mitten im Arbeitsraum einfach auf einen Hocker steigt – und nun steht sie da, schwebt sie, die Arme lässig-elegant erhoben, dazu (wie bei Raffael) die vier „lachenden Engel" am Tisch, DIE SÄCHSISCHE SIXTINISCHE MADONNA 1990. *H. S. Weicker, 1990 S. 129*

# Konferenz am Kamin

Mehrmals im Jahr müssen wir auf Geheiß unseres *Rundblick*-Chefs zu ihm nach Grimma kommen. Er versammelt seine Mannen dieses Bereiches um sich, macht in Perspektive und verteilt über einen Wust von Zetteln, Fotos und Aufstellungen die weitere Arbeit. Wir halten dabei schön brav still und nehmen geduldig seine Pläne als unsere eigenen in uns auf. Profan gesagt, ich spreche von unseren Redaktionssitzungen. Derartige Zusammenkünfte sind ja im allgemeinen reichlich humorlos, aber nicht die des *Rundblicks*, weil hier im engen Kreise die Atmosphäre aufgelockert ist und man sich wohlfühlt.

Und einmal im Jahr kommt der Höhepunkt! Kurz vor dem Weihnachtsfest treffen wir uns im Göschenhaus, und keiner läßt sich diesen Tag entgehen. Noch voll mit Problemen des Alltags treffen wir alle nach und nach ein im ehrwürdigen Hause des alten Göschen (s. Abb.), jeder mit Hallo und Hurra begrüßt. Das Kaminzimmer ist in trautes Dunkel gehüllt. Im wuchtigen Armsessel am Kamin sitzt unser Chef. Der erste darf die klobigen Scheite anzünden. Das Knacken und Knistern, die wohlige Wärme, das spannende Spiel der Flammen nimmt uns gefangen. Aber wir sind nicht deswegen gekommen. Es ist Sitzung!

Vorerst gibt's noch mehr zu schauen. Unsere liebe Gastgeberin, Frau *Renate Sturm-Francke* (die *sf)*, hat wiederum den Tisch mit Geschmack und Kunstsinn gedeckt. Diesmal steht vor jedem ein anderes Kaffeegeschirr. Erbost droht sie uns mit Kündigung der Freundschaft, der nicht aufpaßt, wenn sie alles erklärt. Dann folgt die Tradition des Nachmittags, der köstliche Stollen unserer Gastgeberin, längst ausgereift, weil er bereits im Oktober aus dem Ofen gezogen wurde.

Bald spricht der Chef sein Machtwort und drängt zu ernstem Tun. Ich sitze am Feuer und lege auf, meist schaue ich in die Flammen, und, der Chef möge mir verzeihen, die Gedanken schweifen ein bißchen ab. Heute gibt es zu Anfang eine frohe Botschaft: Der *Rundblick* hat für seine wertvolle Arbeit die Ehrennadel für heimatkundliche Leistungen in Gold erhalten. Wir gratulieren uns gegenseitig! Dann geht's los mit frischem Schwung. Die Aufgaben für das neue Jahr werden verteilt, neue Gedanken werden entwickelt, ergänzt, verworfen, formuliert – zahllose Ideen, die langsam Gestalt annehmen. Auch ich bekomme mein Arbeitspäckchen.

Lange sitzen wir. Draußen pfeift der Wind in die Fensterläden, im Zimmer ist's gemütlich warm. So ist unsere Stimmung heiter, locker, gelöst, trotz aller Arbeit und Problematik. *Sf* kredenzt das obligate Schnäpschen aus uralten, mundgeblasenen Gläsern, ja sogar das Sternburg-Bier schmeckt aus den verblichenen Zinnbechern.

**Das Göschenhaus in Hohnstädt**

Schließlich naht die Abendstunde. Das Wesentliche wurde gesagt. Längst wartet der prall gedeckte Nebentisch auf seine Gäste mit gesundem Appetit. Von alten Zinnleuchtern strahlen die Kerzen auf das blaugemusterte Meißner Porzellan. Danach sitzen wir wieder am Kamin, ein Jahr überdenkend, ein bißchen philosophierend, ein bißchen heiter und auch besinnlich, bis – ja, bis uns *sf* der Reihe nach zum Abtrocknen in die Küche befiehlt. Derweilen haben die Ortsansässigen leise das Haus verlassen. Wir „Ausländer“ drücken bis zum Morgengrauen historische Sofas und Chaisen.

Und nächstes Jahr sind wir wieder dabei.

*Heinz Thümmler, 1966 S. 610*

# *Der Rundblick* im Rückblick

*Cordia Schlegelmilch blätterte in den Heften und sprach mit dem Begründer und Redakteur. Danach schrieb sie eine Geschichte des Rundblicks.*

Es ist nicht nur die Mischung von Altem und Neuem, aus Tradition und Aufbruch, die sofort ins Auge fiel, sondern noch eine andere „Legierung“: Die Bilder aus der Wirklichkeit wurden Heft für Heft sowohl in einer fachlich anspruchsvollen Dokumentation festgehalten als auch durch eigenes (Nach-)Erleben fast spielerisch zu einer ganz persönlichen Sicht der Dinge verdichtet. Die Autoren scheuten sich nicht, Geschichte und Kultur selbst zu inszenieren. So wurde Geschichte zu Geschichten, in denen sich die Beteiligten wiederfanden, die die Leser fesselten und dazu anregten, sich selbst auf die Spuren des *Rundblicks* zu begeben.

Im Mittelpunkt standen stets Orte und Personen der Gegend, auf deren eigenständige Wirkung vertraut wurde. Wo immer es ging, wurden die betreffenden Leute, über deren Leben und Tätigkeit berichtet werden sollte, in ihrem persönlichen Umfeld aufgesucht.

Die *Rundblick*-Kollegen, das fiel mir auf, waren offenbar ständig unterwegs. Mit Sinn fürs Detail beschrieben sie bäuerliche Gehöfte, suchten Orte historischer Ereignisse auf. Mit Faltbooten fuhren sie auf der Mulde. Selbst winzige Bäche wie die Döllnitz blieben vor ihren Erkundungen nicht tabu.

**Einmal im Jahr trafen sich die Mitarbeiter und deren Partner zu einer Jahrestagung, stets an einem anderen Ort und mit wechselnden Weiterbildungsthemen. 1987 vereinte sich die Mannschaft im Naunhofer Rothenburger Erker mit anschließender Beobachtung (in Textil) des FKK-Strandes an den dortigen Badeseen.**

Sie wanderten an Flußläufen, historischen Landschaftsgrenzen und auf alten Poststraßen entlang oder unternahmen lange Radtouren. Sie charterten Planwagen und Postkutschen und zogen damit in mehreren Tagen durch die Lande zwischen Collm und Mulde.

Nicht nur die Texte in ihrer populären und dennoch wissenschaftlichen Art, gewürzt mit Humor und pikanten Nebensächlichkeiten, animierten zum Lesen. Auch die vielen Fotos hatten ihre besondere Note. Sie ließen sich kaum mit gängigen Alltagsbildern vergleichen. Und fotografiert wurde fast alles: Von der dicht behängten Wäscheleine bis zu den Menschen bei der Gartenarbeit oder beim Füttern der Tiere. Die meisten Leute blicken mir ungekünstelt, fröhlich oder auch stolz aus den Bildern entgegen.

Und so fing es an: Im Sommer 1954 saß *Manfred Müller* in einer Runde mit Mitgliedern des Kulturbundes und der Abt. Kultur beim Rat des Kreises Wurzen. Er legte sein Konzept eines Kulturspiegels mit Beiträgen zur Geschichte und Natur des Wurzener Landes vor. Es wurde angenommen, und er wurde zum sogenannten (ehrenamtlichen) Chefredakteur bestimmt. Und er blieb es die folgenden 45 Jahrgänge lang. Die winzige Schrift mit 16 Seiten im Format eines kleinen Schulheftes erblickte als *Der Rundblick* das Licht der Welt. Er mußte von Anfang an wirtschaftlich selbständig arbeiten. Geplant war, daß die über Anzeigen eingenommenen Gelder und der Verkaufspreis von 25 Pfennig (!) pro Heft die Produktionskosten decken. Der Vertrieb der Auflage in Höhe von 5000 Exemplaren wurde von der Post übernommen. Doch diese rief nach dem vierten Heft an mit der Frage, was denn nun mit den herumliegenden Stapeln der unverkauften Hefte werden solle: Den *Rundblick*, den wolle keiner haben!

Man kann sich vorstellen, wie der junge Redakteur aus seinen naiven Journalistenträumen gerissen wurde. Doch nur für den Moment! Dann hat er die Dinge selbst in die Hand genommen. Nach seinem Schulunterricht schwang er sich aufs Motorrad und fuhr von Dorf zur Dorf, im Rucksack Pakete mit dem *Rundblick*. Das wiederholte sich über mehrere Monate hinweg. In den Schulen gewann er Lehrer, die mit ihren Schülern die Hefte verkauften, in anderen Dörfern Rentner, Frauen und Männer, die nun von Haus zu Haus gingen und die Hefte unter die Leute brachten. Pro verkauftes Exemplar erhielten damals die neuen Vertriebsmitarbeiter 5 Pfennige.

**Ein Colditzer Bäckermeister schuf dieses Meisterwerk, den Rundblick in Farbe, Schokolade und Zuckerguß, zum 20. Rundblick-Geburtstag und servierte es auf dem Colditzer Marktplatz.**

Die Mitarbeiter waren Amateurschriftsteller, journalistische Laien oder ganz einfach Naturtalente. Nur zum Teil gehörten sie zu Berufsgruppen, die im Verfassen von Texten geübt waren, wie z.B. Lehrer, Pfarrer, Museumsleute oder Fachwissenschaftler. Für sie hat Manfred Müller längst einen liebevollen Namen gefunden. Wir alle, sagt er scherzhaft und überzeugt zugleich, waren *Fanatiker der Heimat*. Alle fieberten mit, wie sich die Schrift entwickelte, und freuten sich, daß sie mehr und mehr von den Lesern akzeptiert wurde. Nicht das ohnehin geringe Honorar, nein, der Stolz, daß das Geschriebene im *Rundblick* erschien, war Ansporn genug.

Beim *Rundblick* durfte jeder mitmachen, der wollte. Allerdings: Der Text mußte auf gesicherten Recherchen basieren, populärwissenschaftlich (was nicht unwissenschaftlich heißt) und stilistisch ansprechend geschrieben, möglichst unterhaltend und vielleicht gar mit einer Prise Humor gewürzt sein, eben *rundblickgemäß*! Das ist das Einfache, was so schwer zu machen war.

Was machte den *Rundblick* so populär? Es waren auch die vielen Erlebnisse und

Veranstaltungen, an denen jeder teilnehmen konnte. „Heimat“, so hört man oft, „ist etwas, was ich mache“ oder „Heimat ist erst dann richtig schön, wenn du sie erwanderst. Heimatgefühle entstehen nicht von selbst, sie lassen sich aber auch nicht durch eine politisch-moralische Beeinflussung herstellen.“

Gute Reportagen entstehen aus dem Dabeisein, dem Erleben vor Ort. Dazu war den *Rundblick*-Autoren kein Aufwand zuviel. Sie schlüpften sogar in andere Rollen und Kostüme. Als Bierzapfer und Küchenpersonal bewirtschafteten sie einen ganzen Tag lang ein HO-Café oder bereiteten zusammen mit den Dorfbewohnern Theateraufführungen vor. Sie campierten in Biwakzelten am offenen Lagerfeuer oder reisten in Biedermeierkostümen mit historischen Postkutschen durch die Lande. Welch erhebendes Gefühl war es 1985, als die gesamte Einwohnerschaft von Sachsendorf den Troß am Dorfrande erwartete, mit Brot und Salz und Wein willkommen hieß und zum Festplatz geleitete. Der Abend dann vereinte alle bei einem fröhlichen Dorffest.

Ende der 50er Jahre gab es in der DDR an die hundert Kulturspiegel. Zwanzig Jahre später war noch ein halbes Dutzend übrig geblieben. Der *Rundblick* gehörte dazu. Seine wirtschaftliche Unabhängigkeit, der unbändige Wille seines Chefredakteurs und seiner Mitarbeiter und die hohe Beliebtheit unter der Bevölkerung mögen wohl die Gründe gewesen sein. Trotzdem vollzog sich eine ständige Gratwanderung zwischen Verbot und Fortbestand. „Ich muß ganz ehrlich sagen, ich hatte nie vor, diesen Staat zu unterminieren, sondern meine Tätigkeit als Lehrer und *Rundblick*-Chef ging letzten Endes dahin, anderen Menschen eine Freude zu machen. Und weil die Resonanz bei meinen Schülern und den vielen Lesern so gut war, fühlte ich mich auch stark genug, meine Ideen durchzusetzen. Natürlich lebte ich auch mit der ideologischen Schere im Kopf, ja nichts falsch zu machen, und eher strich ich einen „verfänglichen“ Satz aus dem Manuskript oder nahm einen Text auf, den ich lieber in den Papierkorb geschmissen hätte. Ich durfte den *Rundblick* nicht aufs Spiel setzen, schon wegen der Tausenden von Lesern. Also mußte ich Kompromisse machen.“

All das zeigt, wie Engagement, Fingerspitzengefühl und politisch kluges Verhandeln Einzelner in der DDR bis zuletzt eine kleine Heimatzeitschrift möglich machten, die der Region nicht künstlich eine sozialistische Werthaltung aufdrückte, sondern Heimat als gelebte familiäre, freundschaftliche und nachbarschaftliche Erfahrungen thematisierte. Nicht nur der Blick in die Vergangenheit war wichtig, sondern auch auf die Gegenwart: „Was ist jetzt los?“ Gerade deshalb seien die Dorfgeschichten von den Leuten, die dort gelebt haben, doch am liebsten gelesen worden. In diesen Geschichten fanden sie sich und ihren Alltag wieder.

Als Chronisten der Heimat haben die Rundblick-Leute zweifellos Lokalgeschichte geschrieben und damit einen Fundus von hohem dokumentarischen Wert geschaffen, der die offizielle Geschichtsschreibung aus Ost und West vor allem dort ergänzt, wo es um Unterschiede lokaler und regionaler kultureller Muster und Lebensweisen im DDR-Alltag geht.

*Cordia Schlegelmilch, JB 1999 S. 8 (stark gekürzt)*

**Dr. Cordia Schlegelmilch**, geboren 1952 in Magdeburg, übersiedelte vier Jahre später mit ihren Eltern nach München. Dort erlebte sie die Schulzeit und legte das Abitur ab. Nach einem Soziologiestudium an der Freien Universität Berlin promovierte sie 1985. Von 1990 bis 1996 arbeitete sie in Wurzen an einer Gemeindestudie, bei der sie mit über zweihundert Bewohnern Interviews führte.

**Funk- und Fernsehleute begleiteten mehrmals die *Rundblick*-Wandermannschaft und profitierten von deren Ideen, 1985 mit der Planwagen-Fahrt beim Fernsehen im Krug zum grünen Kranze.**

# Mein kleines *Rundblick*-Lexikon
## *(anstelle eines Nachwortes)*

**Bückware**: Dazu gehörte in der DDR-Zeit auch der *Rundblick*. Die zuletzt (illegal) gedruckten 25.000 Exemplare reichten nicht aus, um den Bedarf zu decken. Genehmigt waren 9.000. Irgendwie war das Papier in der Druckerei trotzdem immer vorhanden.

**Dorfgeschichten**: Sie gehörten zu den beliebtesten Reportagen. Die *Rundblick*-Leute zogen durchs Dorf, wurden dort herzlich aufgenommen, sprachen mit alten und jungen Einwohnern, konnten in allen Winkeln und Ecken stöbern und schufen so ein freundliches Bild einer Dorflandschaft und ihrer Bewohner. Diese persönliche Art der Berichterstattung fand in anderen Publikationen zahlreiche Nachahmer.

**Druckerei**: Die Leute im VEB Kreisdruckerei Wurzen hatten es nicht leicht mit mir. Flog ich in den Anfangsjahren mal raus, weil ich die Druckrechnung nicht bezahlen konnte, schlüpfte ich durch die Hintertür wieder rein. Dauernd nervte ich die Kolleginnen und Kollegen mit Änderungen und Berichtigungen in der Text- und Bildgestaltung. Der historische Bleisatz verursachte stets erhebliche Mühen. Doch wir wurden eine verschworene Gemeinschaft, ich gehörte quasi zur Belegschaft.

**Gartenzwerge**: Die „niedlichen kleinen Kerle“ waren für uns ein Greuel. Unseren Feldzug gegen diese und andere „Geschmacksverirrungen“ haben wir dennoch verloren.

**Heimat**: Jeder fühlt sie auf seine Weise. Sie umfaßt ideelle Werte und materielle Dinge. Bestimmt liegt ihr Ursprung im Vaterhaus, im Dorf und vielleicht in einer überschaubaren Region wie der „Heimat zwischen Collm und Mulde“. Wir *Rundblick*-Mitarbeiter bemühten uns durch aktives Handeln und anspruchsvolle Texte das Heimatgefühl zu wecken und zu stärken.

**Lizenz:** Die Bezirksverwaltung erteilte mir die Lizenz zum Druck der Schrift. Ich war damit für den Inhalt voll verantwortlich (mit der „Schere im Kopf“). Jährlich erfolgte die Papierzuteilung, um deren Erhöhung ich einen aussichtslosen Kampf führte.

**Mitarbeiter**: Ich konnte mich auf über hundert „Fanatiker der Heimat“ verlassen. Zu vielen entstand eine feste Freundschaft. Mit Texten, Fotos und anderen Aktivitäten prägten die *Rundblick*-Freunde das äußere und innere Bild einer beliebten Heimatschrift.

**Papier:** Die Qualität des holzhaltigen Papiers war meistens miserabel, der Bilderdruck oft katastrophal (Phantombilder!). Die Papierfabriken lieferten des öfteren in letzter Minute oder verspätet. Für den Umschlag durfte die Druckerei glücklicherweise ein Kunstdruckpapier verwenden.

**Qualität:** Inhalt und Gestaltung sollten harmonisch und von guter Qualität sein. Für Phrasen („... und damit der Habicht ruhig fliegen kann, kämpfen wir gegen die Kriegstreiber!“) und ähnliche Platitüden hatten wir keinen Platz. Sie wurden unweigerlich in den Manuskripten getilgt, bis es schließlich alle Autoren verstanden hatten.

**Rucksack**: In den Anfangsjahren wichtiges Transportmittel für *Rundblick*-Hefte. Damit fuhr ich auf dem Motorrad von Ort zu Ort und brachte die Schrift den Vertriebsleuten, die ich nach und nach verpflichten konnte, ins Haus.

***Rundblick-Müller***: Geboren 1930 in Hohburg, Besuch der Höheren Handelsschule in Wurzen mit Abitur (1950).

Mein Leben und meine Leidenschaften: die Familie (verheiratet mit Gisela Krebs, die sehr viel Verständnis für meine Tätigkeiten aufbrachte, und drei Kinder) mit Haus und Hof in Hohburg, die Lehrertätigkeit (ab 1950 Berufsschullehrer, 1956 bis 1989 Lehrer für Geographie im Heimatdorf), dort auch Kulturveranstalter, Ortschronist und Museumsgründer, Fußballer. 1954 Initiator des *Rundblicks* und dessen Chefredakteur sowie Text- und Bildautor bis zum Ende 2009. Diese Tätigkeit und die berufliche Arbeit als Lehrer ergänzten sich gegenseitig und führten zu einem zufriedenen und beglückenden Leben, weil ich Tausenden von Menschen ein wenig Freude und ein echtes Heimatgefühl vermitteln konnte.

***Rundblick-Runden***: Exkursionen in Betriebe und Einrichtungen bei fachlich-heiteren Gesprächen mit der Vorstellung musealer Objekte und von Erzeugnissen der Fabriken.

**Samariter, barmherzige**: Diese Titulatur erhielten die *Rundblick*-Mitarbeiter während einer SED-Aktivtagung mit 400 Genossen im Gasthof „Drei Brücken“ verpaßt, weil sie angeblich zu viele Texte und Fotos von Kirchen aus dem Heimatgebiet veröffentlichten und in einer geschichtlichen Erläuterung über das Pestdenkmal auf dem Alten Friedhof in Wurzen nicht verdeutlichten, daß „heute (1957) im Staate der Arbeiter und Bauern die Pest dank der Partei nicht mehr auftreten kann.“

**Stolz**: Ein bißchen war ich es schon, als mir der sächsische Ministerpräsident im März 2008 das vom Bundespräsidenten verliehene

Bundesverdienstkreuz an die Brust heftete. Damit erhielt die langjährige *Rundblick*-Arbeit eine offizielle Anerkennung. Ich teile diese Auszeichnung mit meinen treuen Mitarbeitern, ohne deren Engagement der *Rundblick* nicht das geworden wäre, was er war.
Vor Jahrzehnten erhielt ich schon mal einen wertvollen Orden, wenn auch nur aus Pappe und handbemalt. Die Mädchen und Jungen einer 10. Klasse meiner Hohburger Schule hatten ihn gefertigt und überreichten ihn mir zu ihrem Schulabschluß: „Unserem besten Lehrer".

**Subventionen und Spenden:** Mußte ich niemals erbetteln, weil wir die Herstellungskosten und die bescheidenen Honorare allein durch den Verkauf der Hefte erwirtschafteten. Nur in den Anfangsjahren gab es einige Probleme

**„Unten":** Synonym für den Sitz der Wurzener SED-Kreisleitung in der Geschwister-Scholl-Straße am Park. Hin und wieder mußten ich oder mein Redaktionsmitglied *Ewald Mörl* („unser ideologisches Gewissen"!) dort vorsprechen und die „helfenden" Hinweise abholen, wie die Berichterstattung zu erfolgen habe oder gar scharfe Kritik einstecken, weil z. B. der 1. Sekretär der SED-Kreisleitung auf einem Foto nur von hinten zu sehen war.

**Vertriebsleute**: Wichtige, treue und oft langjährige Helfer, die in weit über hundert Orten für ein kleines Entgeld die *Rundblick*-Bezieher mit den Heften belieferten.

**Wandern**: „Die Heimat ist erst dann richtig schön, wenn du sie erwanderst". Nach diesem trefflichen Satz (auf dem *Rundblick-Stein* vermerkt) praktizierte eine *Rundblick*-Wandermannschaft über die Jahrzehnte hinweg die hautnahe Erkundung der Heimat und schrieb darüber erfrischende Reportagen.

**Zeit**: Das Ende der Zeitschrift schien einige Male aus politischen, wirtschaftlichen und persönlichen Gründen ziemlich nah zu sein, doch es verwirklichte sich zum Glück niemals. Mit Energie und Selbstbewußtsein ließen sich die Probleme schließlich immer wieder lösen. Erst nach reichlich vier Jahrzehnten ist im Jahre 1999 die *Rundblick*-Zeit schließlich abgelaufen, weil jedes Ding seine Zeit hat und in seiner Zeit lebt. Die Mitarbeiter des *Rundblicks* sind inzwischen sehr viel älter geworden, nicht wenige erkrankt oder verstorben. Jüngere sind kaum nachgewachsen, um die *Rundblick*-Tradition auf Dauer fortsetzen zu können. So ist es neben der Veränderung des Gesellschaftssystems vor allem der Generationswechsel mit anderen Lebensstilen und Formen des Erinnerns, der zu diesem Entschluß führen mußte.
Vielleicht kann dieses Fazit am Schluß stehen: Wir alle können uns freuen, daß der *Rundblick* jahrzehntelang da war und ein geistiges Kapital geschaffen hat, wovon man noch in hundert Jahren zehren wird. Möge dieses Buch dazu beitragen.

*Manfred Müller*

**Der *Rundblick*-Stein steht seit 2004 (50 Jahre Der *Rundblick*) im Garten vom Museum Steinarbeiterhaus in Hohburg, geformt aus Dornreichenbacher Quarzporphyr und verziert mit einer bronzenen Gedenktafel. Zu einer letzten Redaktionsberatung traf sich dort 2008 ein „Rest" der ältesten *Rundblick*-Mitarbeiter (v.l.n.r.): Manfred Müller, Horst Naumann, Matthias Müller, Gerhardt Gimpel, Karlheinz Herfurth, Lutz Heydick, Richard Klinkhardt, Jens Schröder, Siegfried Heidler, Reiner Scheffler, Werner Ballschmieder, Hartmut Kopsch, Herbert Appelt und Gerhard Weber (an der Kamera).**

## *Der Rundblick*

*Aus Kultur und Heimat*
*der Kreise Wurzen-Oschatz-Grimma*
**1954 bis 1990**
Herausgegeben vom Kulturbund Wurzen

| | |
|---|---|
| 1954 und 1955 | Wurzener Halbmonatsschrift |
| 1956 | Monatsschrift für die Kreise Wurzen und Oschatz |
| 1957 bis 1969 | Monatsschrift für die Kreise Wurzen-Oschatz-Grimma. A-5-Format, 52 Seiten, 50 Pf. |
| 1970 | 4mal jährlich A-4-Format, 52 Seiten, 2,50 M |
| 1971 | 6mal jährlich A-4-Format, 52 Seiten, 2,50 M |
| 1972 | Rundblick-Jahrbuch 1973, A 4, 100 Seiten, 3,50 M |
| 1973 | Rundblick-Jahrbuch 1974, A 4, 100 Seiten, 3,50 M |
| 1974 bis 1990 | 2mal jährlich, A 4, 100 Seiten, 3,50 M |

*Aus Kultur und Heimat*
*des Muldentalkreises* (Wurzen/Grimma)
**1991 bis 1999**

| | |
|---|---|
| 1991/1992 | 2mal monatlich, herausgegeben als Beilage im *Wurzener Tageblatt* und in den *Nachrichten für Grimma* |
| 1994 bis 1999 | Rundblick-Jahrbuch, jährlich im Sax-Verlag A 5, 200 Seiten, 7,00 DM |

## Weitere *Rundblick*-Veröffentlichungen

**Heimatkalender** der 3 Kreise 1956 bis 1969 (11 Folgen außer 1958 und 1961) A 5, 160 S.
**Heimatkundliches Lexikon.**
1971. A 4, 88 S., 800 Stichworte
**Zwischen Collm und Mulde.**
Ein Wanderkatalog. 1960, A 4, 72 S.
**Heimatkunde und Namenforschung.**
Orts- und Flurnamen. 1961, A 5, 48 S.
**1000 Jahre Wurzen**. 1961. Eine Festschrift
**Unsere Heimat**. 1969 bis 1972. Materialien für Heimatkunde-Unterricht
**Magnus Gottfried Lichtwer.**
1982. Der Wurzener Fabeldichter
**Hohburg.** 1986. Eine Festschrift
**Oschatz**. 1988. Eine Festschrift
**Colditzer Geschichten**. 1990. Eine Festschrift
**Rundblick-Information.**
Wanderhefte von 1970 bis 1987: 1 - Wermsdorf, 2 - Colditz und Bad Lausick, 3 - Dahlener Heide, 4 - Wurzen, 5 - Oschatz, 6 - Grimma, 7 -Machern, 8 - Thümmlitzwald, 9 - Naunhof–Brandis, 10 - Mügeln, 11 - Nerchau-Trebsen.

*

Alle vorgenannten *Rundblick*-Publikationen sind vergriffen. Sie können in folgenden Einrichtungen eingesehen und u. U. ausgeliehen werden: *Bibliotheken* in Wurzen, Oschatz, Grimma, Nerchau, Trebsen. *Stadtarchive* Oschatz und Grimma. *Museen* in Wurzen, Oschatz, Grimma, Colditz, Mügeln, Hohburg.
Das **Museum Steinarbeiterhaus Hohburg**, Martin-Luther-Straße 5 (Tel. 034263 41344), verwaltet das Rundblick-Archiv, sammelt und tauscht Nachlässe. Internet: www.steinarbeiterhaus.de

## Das Redaktionskollegium

(MdR = Mitglied der Redaktion, von bis)

**Albrecht, Wolfgang**, *1930, Oschatz, Angestellter, Fotoamateur. MdR 1956 bis 1990.
**Ballschmieder, Werner,** *1928, Wurzen, Drogist, Zoo- und Buchhändler. MdR 1957 bis 1999
**Bauch, Siegfried,** *1939, Wurzen, Former, Naturkundler. MdR 1985 bis 1999
**Baum, Hansreiner,** *1942. Dr., Wurzen/Hohburg, wiss. Mitarbeiter. MdR 1985 bis 1990
**Bergt, Horst**, *1914 †2001, Wurzen, Angestellter. MdR 1958 bis 1990
**Ebert, Wolfgang,** *1943, Wurzen, Lehrer, Stadtchronist, MdR 1986 bis 1999
**Fuchs, Johannes**, *1919 †2008, Dahlen, Lehrer, Museumsleiter. MdR 1956 bis 1986
**Glöckner, Heinrich,** Prof. Dr., *1924, Dahlen/Leipzig, Hochschullehrer. MdR 1956 bis 1960
**Grau/Unger**, Inge, *1928 †2006, Wurzen/Leipzig, Kreissekretärin des Kulturbundes. MdR 1956 bis 1986
**Heidler, Siegfried,** *1929, Calbitz, Lehrer, Historiker, MdR 1972 bis 1990
**Holzberger, Paul,** *1942, Dahlen, Angestellter, Fotoamateur. MdR 1984 bis 1990
**Käseberg, Walter**, *1896 †1966, Oschatz, Lehrer, Museumsleiter. MdR 1956 bis 1966
**Klaus, Alfred**, *1913 †1995, Grethen, Lehrer, Fotoamateur. MdR 1972 bis 1990.
**Kopsch, Hartmut,** *1932, Falkenhain, Lehrer, Ornithologe. MdR 1980 bis 1999
**Krämer, Elisabeth,** *1950, Wurzen/Suhl, Museologin. MdR 1961 bis 1971
**Kundisch, Ehrhart**, *1920 †1997, Borsdorf, Lehrer, Lektor. MdR 1961 bis 1986
**Laube, Karl-Heinz,** *1923 †2002, Grimma/Leipzig, Lehrer. MdR 1959 bis 1988
**Lehmann, Rudolf**, *1909 †1996, Wermsdorf, Lehrer, Historiker. MdR 1956 bis 1990
**Liebing, Horst,** *1943, Grimma/Borsdorf, Wartungstechniker, Fotoamateur. MdR 1986 bis 1999

**Massanek, Gottfried,** *1933, Neusornzig, Lehrer. MdR 1970 bis 1990

**Mörl, Ewald**, Dr., *1924 †1980, Wurzen, Lehrer, Schulrat. MdR 1954 bis 1980

**Müller, Manfred,** *1930, Hohburg, Lehrer. Chefredakteur des Rundblicks 1954 bis 1999

**Müller, Matthias,** *1958, Hohburg, Museumsleiter, Fotoamateur. MdR 1980 bis 1999

**Opéns, Wolfgang,***1934, Breslau/Grimma, Ing. für Chemieanlagenbau, Museumsleiter, MdR 1963 bis 1971

**Priemer, Rudolf,** *1938, Grimma, Museumsleiter, Heimatpfleger. MdR 1972 bis 1990

**Rädler, Reinhard,***1945, Oschatz/Leipzig, Angestellter. MdR 1982 bis 1990

**Schön, Sylvia,** *1951, Oschatz, Museumsleiterin, Angestellte. MdR 1976 bis 1990

**Schröder, Jens,** *1941, Grimma, Kunsterzieher. MdR 1987 bis 1999

**Stadler, Wolfgang,** *1924 †2008, Colditz, Keramik-Modelleur, Fotoamateur. MdR 1961 bis 1999

**Sturm-Francke, Renate**, *1903 †1979, Grimma, Journalistin, Museologin, Denkmalpflegerin. MdR 1957 bis 1979

**Teumer, Gabi,** *1958, Oschatz, Einzelhandels-Kaufmann, Historikerin. MdR 1986 bis 1990

**Thomas, Fritz**, *1901 †1989, Mügeln, Lehrer, Museologe. MdR 1956 bis 1989

**Thümmler, Heinz,** *1924, Thallwitz/Naunhof/Berlin, Lehrer, Ortschronist. MdR 1961 bis 1990

**Voigt, Max,** *1933, Grimma, Lehrer, Fotoamateur. MdR 1961 bis 1976

**Weber, Gerhard,** *1940, Colditz/Grimma, Fotografiker. MdR 1968 bis 1988

**Ziegler, Georg**, *1934, Wurzen, Lehrer, Karikaturist. MdR 1960 bis 1964

*Dazu siebzehn Mitglieder, die für einen kurzen Zeitraum mehr oder weniger intensiv eine „Gastrolle" gaben.*

## Weitere *Rundblick*-Mitarbeiter,

*die sich mit mehr als einem halben Dutzend Beiträgen oder durch andere Aktivitäten an der Gestaltung der Rundblick-Hefte beteiligten*

**Aé, Gerald,** *1933, Großzschepa , Landwirt, Museumsleiter, Ortschronist

**Albrecht, Hildegard**, *1895 †1979, Grimma/Colditz, Lehrerin, Museumsleiterin

**Appelt, Herbert,** *1930, Wurzen, Berufsschullehrer

**Bahnert, Beate,** *1954, Großbothen, Diplomgermanistin, Verlagslektorin

**Barth, Fritz**, *1923 †1983, Wurzen, Bibliothekar

**Barthel, Jutta**, *1928, Mutzschen, Lehrerin, Historikerin, Museumsleiterin

**Baumann, Renate**, *1921 †1999, Dahlen, Angestellte, Ornithologin.

**Baumgart, Astrid,** *1960, Wurzen/Gerichshain, Grafikerin

**Berger, Manfred**, Prof. Dr.,*1921, Kössern, Architekt, Denkmalpfleger

**Bergt, Kurt**, *1902 †1957, Wurzen, Maschinist, Museumsleiter

**Blaschke, Karlheinz,** Prof. Dr., *1927, Dresden, Archivar, Historiker, Hochschullehrer

**Böhm, Adolf**, *1937 †2001, Machern, Ingenieur für Wasserwirtschaft

**Brauer, Gretel,** *1918 †2008, Großbothen, wiss. Mitarbeiterin im Haus Energie

**Bräuer, A. Peter**, *1947, Colditz, Kantor, Organist, Chorleiter, Autor, Museumsleiter

**Burkhardt, Ernst,** *1900 †1968, Thallwitz/Falkenhain, Lehrer

**Döbler, Herbert**, *1906 †1976, Großzschepa/Grimma, Steinarbeiter

**Edler, Otto**, *1887 †1967, Naundorf, Lehrer, Historiker

**Engelhardt, Volker**, *1910 †1983, Wurzen, Maler

**Fiedler, Siegfried** *1930 †2008, Grimma, Angestellter, Numismatiker

**Fischer, Siegfried**, *1920 †1980, Grimma, Kunsterzieher, Schriftsteller

**Fritzsche, Dora**, *1907 †1991, Grimma/Hohnstädt, techn. Zeichnerin

**Fritzscher, Josef**, *1908 †1978, Dahlen, Fachschullehrer, Historiker

**Gerlach, Hildegard**, *1912 † 1996, Oschatz, Hausfrau

**Gimpel, Gerhardt,** *1923, Grimma, Lehrer, Autor, Historiker

**Gleisberg, Hermann**, Dr., *1908 †1986, Mühlenbetreiber, Mühlenhistoriker

**Grebenstein, Georg**, *1910 †1989, Leipzig, Ing. für Wassertechnik

**Große, Walter**, *1892 †1969, Wurzen, Angestellter, Botaniker

**Gugisch, Harry,** * 1935, Schmannewitz, Harzfacharbeiter, Fotoamateur

**Herfurth, Karlheinz,** *1935, Großbuch, Landwirt, Chronist

**Heß, Viola**, Dr., *1950, Leipzig/Wurzen, Journalistin

**Heydick Lutz,** *1941, Beucha, Historiker, Verlagslektor

**Hiersemann, Lothar**, Dr., *1929, Leipzig, Hochschullehrer, Denkmalpfleger

**Hoffmann, Silke**, *1949, Grimma, Journalistin

**Höhne, Thomas**, *1964, Wurzen/Hohburg, Restaurator, Kartenzeichner

**Hubrig, Werner**, *1934, Wurzen, Druckereileiter

**Janke, Günter**, Prof. Dr., *1952, Wurzen/Leipzig, Hochschullehrer

**Jordan, Manfred**, *1929 †1997, Wurzen, Schriftsteller

**Kaufmann, Hans**, Dr., *1930, Dresden, Archäologe
**Karich, Oskar**, *1896 †1959, Großbardau, Böttchermeister, Volkskundler
**Karl, Oskar**, *1898 †1973, Dahlen, Lehrer, Historiker
**Keilitz, Kurt**, *1911 †1986, Ammelshain, Schriftsetzer
**Klinkhardt, Richard,** *1916, Wurzen, Maschinenbau-Ing., Historiker, Autor
**Koch, Walter**, *1884 †1971, Wurzen, Archivar
**Koch, Walther**, *1905 †2007, Nerchau, Lehrer, Historiker
**Kraeger, Johanna**, *1910 †nach 1990, Grimma/Leipzig, Schriftstellerin
**Kretzschmar, Ernst**, *1895 †1976, Röcknitz, Lehrer, Vor- und Frühgeschichte
**Kuhnert, Paul**, *1889 †1976, Stadtarchivar 1953 bis 1961 in Oschatz
**Leps, Ingrid,** *1950, Wurzen, Journalistin
**Mengel, Helfried,** *1921, Großsteinberg, Lehrer, Ortschronist
**Moltrecht, Hans-Jürgen**, *1934, Wurzen/ Delitzsch, Historiker, Museumsleiter
**Müller, Elsa** *1919, Naunhof, Gutssekretärin
**Müller, Jens,** *1968, Brandis, Museologe, Ornithologe
**Müller, Gerhard,** *1941, Kühnitzsch, Pfarrer
**Müller, Ulrike**, *1951, Grimma, Museologin, Angestellte
**Naumann, Horst,** *1925, Grimma, Prof. Dr., Hochschullehrer, Historiker, Namenkundler
**Oliva, Johannes,** *1906 †1971, Ballendorf, Lehrer, Ortschronist, Chorleiter, Volkskundler
**Pfeiffer, Rolf,** *1932, Berlin, Wochenpost-Redakteur
**Pippig, Hans**, *1911 †1998, Grimma, Fotograf, Stadtchronist
**Püchner, Walter**, *1899 †1984, Canitz/Zeititz, Wasserwerks-Mechanist
**Rast, Horst**, Dr., *1920 †2005, Leipzig, Geologe, Hochschullehrer
**Rathmann, Margareta**, *1920 †1987, Oschatz, Volkskundlerin
**Ratzsch, Adolf,** *1886 †1961, Brandis, Lehrer, Stadtchronist
**Richter, Luise**, *1924, Röcknitz, Arztschwester, Ortschronistin
**Rinkefeil, Walter**, Dr., *1886 †1986, Trebsen/Radeberg, Lehrer, Historiker
**Römling, Wilfried,** *1958, Wurzen, Konstrukteur Maschinenbau
**Schaarschmidt, Karl**, *1927 †2005, Brandis, Lehrer
**Scheffler, Reiner,** *1936, Oschatz, Eisenbahner, Eisenbahn-Historiker
**Schimpke, Frank,** *1956, Brandis, Elektriker, Stadtchronist
**Schirmer, Uwe,** Dr., *1962, Albrechtshain, Hochschullehrer, Privatdozent
**Schmidt, Jürgen**, Dr., *1951, Großzschepa, Agr.-Oek., Oberbürgermeister a. D.
**Schormann, Walter**, *1920, Trebsen, Pfarrer
**Schumann, Helmut,** *1924, Naunhof, Lehrer, Stadtchronist
**Sieber, Wolfgang,** * 1929, Nerchau, Ing.-Oek., Abt.-Leiter, Stadtchronist, Ornithologe
**Slotta, Herbert**, *1941, Hohburg, Lehrer
**Spitzer, Walter**, *1896 †1976, Püchau, Lehrer
**Thiele, Otto**, *1887 †1971, Beucha, Lehrer
**Thomas, Ralf,** Dr., *1932, Wurzen/Freital, Pfarrer, Historiker
**Unger, Karl,** *1883 †1967, Grimma, Lehrer
**Unger, Manfred,** Prof., Dr., *1930, Leipzig/Beerheide, Archivleiter
**Ungewiß, Klaus,** *1945, Püchau, Dipl.-Ing.-Oek., Programmierer, Ortschronist
**Vulpius, Wolfgang**, *1942, Dahlen, Agr.-Oek., Naturkundler
**Wagner, Albrecht**, *1900 †1969, Nitzschka/Bennewitz, Musiklehrer,
**Wagner, Manfred**, Prof. Dr., *1938, Dresden, Hochschullehrer, Zeichner
**Wagner, Rolf**, *1918 †1995, Wurzen/Dötlingen, Fachschullehrer
**Weber, Horst**, *1928 †1997, Nerchau, Drogist, Stadtchronist
**Weiher, Hellmut**, *1910 †1973, Dahlen, Lehrer, Naturkundler
**Wendt, Volker**, *1945, Leipzig, Grafiker
**Wenzel, Max**, *1897 †1961, Trebelshain, Lehrer, Ortschronist
**Zieger, Artur**, *1911 †1988, Wurzen, Maler und Grafiker, Denkmalpfleger

*

Die **Fotos** stammen fast durchweg aus der Zeit, in der die Texte entstanden, andernfalls wurde die Jahreszahl vermerkt. Die Fotografen waren: *Wolfgang Albrecht*, Oschatz; *Harry Gugisch*, Schmannewitz; *Paul Holzberger*, Dahlen; *Günther Hunger*, Oschatz; *Horst Liebing*, Borsdorf; *Manfred* und *Matthias Müller*, Hohburg; *Wolfgang Stadler*, Colditz; *Gerhard Weber*, Colditz/Grimma.
Autoren mit Einzelfotos sowie Archive von Museen und Einrichtungen.

**Illustrationen** zeichneten: *Astrid Baumgart*, Wurzen/Gerichshain, *Volker Engelhardt*, Wurzen; *Siegfried Fischer*, Grimma, *Dora Fritzsche*, Grimma-Hohnstädt; *Gerhard Jany*, Leipzig; *Johannes Oliva*, Ballendorf; *Paul Kothe*, Grimma; *Walter Schäfer*, Wurzen; *Jens Schröder*, Grimma; *Manfred Wagner*, Dresden; *Heinz Weber*, Borsdorf; *Volker Wendt*, Markkleeberg; *Artur Zieger*, Wurzen; *Georg Ziegler*, Wurzen.

**Kartenzeichner** waren *Rolf Franz*, Zwenkau; *Thomas Höhne*, Wurzen; *Alfred Hoppe*, Leipzig; *Ehrhart Kundisch*, Borsdorf.

**PERSONEN**

## WANDERUNGEN FAHRTEN



## GESELLSCHAFT



## NATUR



## DÖRFER

## STÄDTE